V&R unipress

Deutschland und Frankreich im wissenschaftlichen Dialog
Le dialogue scientifique franco-allemand

Band / Volume 8

Herausgegeben von Véronique Gély, Willi Jung,
Françoise Rétif, Catherine Robert und Nicolas Wernert
Collection dirigée par Véronique Gély, Willi Jung,
Françoise Rétif, Catherine Robert et Nicolas Wernert

Willi Jung / Michel Lichtlé (Hg.)

Der Rhein – Le Rhin

Im deutsch-französischen Perspektivenwechsel – Regards croisés franco-allemands

Mit 43 Abbildungen

V&R unipress

Bonn University Press

MIX
Papier aus verantwortungsvollen Quellen
FSC www.fsc.org FSC® C083411

Bibliografische Information der Deutschen Nationalbibliothek
Die Deutsche Nationalbibliothek verzeichnet diese Publikation in der Deutschen Nationalbibliografie; detaillierte bibliografische Daten sind im Internet über http://dnb.d-nb.de abrufbar.

Veröffentlichungen der Bonn University Press erscheinen im Verlag V&R unipress GmbH.

Gedruckt mit freundlicher Unterstützung der Landesregierung Nordrhein-Westfalen, des Landschaftsverbands Rheinland und des Büros für Hochschulkooperation der französischen Botschaft (Nordrhein-Westfalen, Hessen, Rheinland-Pfalz und Saarland)

Umschlagabbildung: Bernard Joubert: Peinture de peinture – Andernach (2012), d'après Andernach de Victor Hugo
Druck und Bindung: CPI books GmbH, Birkstraße 10, D-25917 Leck
Printed in the EU.

Vandenhoeck & Ruprecht Verlage | www.vandenhoeck-ruprecht-verlage.com

ISSN 2198-5421
ISBN 978-3-89971-745-7

Inhalt

IV. Der Rhein und die Seine als Orte des Exils / Le Rhin et la Seine comme lieux d'exil

V. Statt eines Epilogs / En guise d'épilogue

Einleitung

Flüsse hatten schon immer eine große Bedeutung für den Menschen, daher sind sie in Geschichte und Gegenwart auch zum Gegenstand von Kunst, Literatur und Wissenschaft geworden. Der Rhein verbindet als europäischer Fluss die Schweiz, Deutschland, Frankreich und die Niederlande mit der Nordsee, und schon daraus ergibt sich seine polyvalente Funktion für Schifffahrt und Verkehr, Wirtschaft und Handel, Austausch und Abgrenzung, nicht zuletzt auch für das Mit- und Gegeneinander der Anrainerstaaten.[1] Der vorliegende Sammelband kann natürlich nicht auf die zahlreichen Aspekte der Rheinthematik eingehen; in ihm kommen Philologen, Kulturwissenschaftler, Historiker und Vertreter anderer Disziplinen aus Deutschland und Frankreich zu Wort, deren Beiträge einerseits traditionelle Rheinbilder reflektieren und andererseits den Blick auf diesen deutsch-französischen und europäischen Strom par excellence um neue Perspektiven erweitern. Sie führen den Leser an den Rhein als eine Initiations- und Inspirationsquelle, einen Grenzfluss, einen heiligen Fluss[2], der visionäre und reale Welten voneinander trennt oder wieder miteinander vereint.[3] Sie zeigen aus dem deutsch-französischen Blickwinkel den Fluss als Lebenselixier und Erotikon, aber auch seine todbringende Gewalt, und darüber hinaus die Flusslandschaft als einen Ort der Zuflucht und des Exils. Vor allem aber zeigen sie, wie der Rhein den deutsch-französischen Dialog über Jahrhunderte hinweg aufrechterhalten und revitalisiert hat und zu einem Strom der deutsch-französischen Freundschaft wurde. So wurde der Rhein auch metaphorisch zu einer Brücke zwischen beiden Ländern. Heinrich Böll, der große rheinische Dichter, sieht darin auch für uns Heutige eine Verpflichtung, an dem römischen Erbe der »Brückenbauer« festzuhalten. In seinen *Briefen aus dem Rheinland* schreibt er:

1 Zum Rhein allgemein und insbesondere kulturgeographisch vgl. Tümmers, Horst Johannes, *Der Rhein. Ein europäischer Fluß und seine Geschichte.* München, Beck ²1999 (¹1994).

2 *»Ganges Europas, heiliger Strom!« Der literarische Rhein (1900–1933).* Hg. von Sabine Brenner, Gertrude Cepl-Kaufmann, Bernd Kortländer. Düsseldorf, Droste 2001.

3 Zum Fluss allgemein s. die Anthologie von Seiderer, Ute (Hg.), *Panta rhei. Der Fluß und seine Bilder.* Ein kulturgeschichtliches Lesebuch. Leipzig, Reclam 1999.

> Der Rhein ist männlichen Geschlechts, keltisch ist sein Name, römischen Ursprungs sind die Städte an seinen Ufern. Die Römer brachten den Stein, pflasterten Straßen, bauten Paläste, Lager, Tempel und Villen. In Steinen brachten sie den vergeblichen Traum von Dauer, Steine blieben als Zeichen ihrer vergangenen Herrschaft. Den deutschen Kaisern hinterließen sie die Erbschaft: Herrschen bedeutet bauen und Gesetze geben. Auf Flößen rheinabwärts, die Nebentäler hinauf, brachten die Römer Marmorblöcke, fertige Säulen, Kapitelle – und die Lex. Der Rhein war Straße und Grenze zugleich, nicht Grenze Deutschlands, nicht Sprachgrenze, er trennt anderes voneinander als Sprachen und Nationen. Der Rhein hat nichts von der fälschlicherweise sprichwörtlichen rheinischen Verbindlichkeit. Bis in die Neuzeit hinein, die ein sechshundert Meter breites Wasser als kein Hindernis erachtete, bewies er, daß er Grenze ist. Im Jahre des Heils 1945 war es kein geringeres Abenteuer, als es zur Römerzeit gewesen sein muß, von einem Ufer auf das andere zu gelangen. Die Römer, erfahrene Eroberer, glaubten zu wissen, wodurch dieser breit dahinfließende, wilde Fluß zu zähmen sei: durch Brücken.[4]

Wie Brücken im wörtlichen Sinne Ufer verbinden, so tragen sie auch im metaphorischen Sinne zur Verständigung der an ihren Ufern lebenden Menschen bei. Das Bewusstsein des Verbindenden aufrecht zu erhalten bleibt auf Dauer eine der vordringlichen Aufgaben der »Brückenbauer«.[5] Das Rheinland gilt als einer der deutsch-französischen Erinnerungsorte (lieux de mémoire) par excellence. Der französische Historiker Lucien Febvre sah in ihm 1935 die Nahtstelle zwischen Frankreich und Deutschland: »S'il est vrai, pour tout dire, que les traits généraux, de leur histoire, la France et l'Allemagne les ont inscrits sur les deux feuillets d'un même dyptique, comment ne pas prêter toute son attention à ce qui en est la charnière: la région rhénane?«[6] Die Scharnier-Metapher Febvres bringt die Funktion des Rheinlandes als Verbindung zwischen beiden Ländern bildhaft zum Ausdruck. Ausgehend von dieser Fokussierung untersucht der vorliegende Band vor dem Hintergrund der deutsch-französischen Beziehungen im Allgemeinen Aspekte der vielfältigen kulturellen und historischen Beziehungen zwischen Frankreich und dem Rheinland im Besonderen.[7] Dabei wird der

4 Böll, Heinrich, »Der Rhein«, in H.B., *Briefe aus dem Rheinland.* Schriften und Reden 1960–1963. München, dtv, 1985 (Köln, Kiepenheuer & Witsch [1]1978), S. 18.

5 Vgl hierzu Goldschmidt, Georges-Arthur, *La traversée des fleuves.* Autobiographie. Seuil 1999 (dt. Übersetzung: *Über die Flüsse.* Autobiographie. Zürich, Ammann 2001). Über Brücken als historische Orte siehe jetzt Holl, Karl/Kloft, Hans (Hg.), *Elbe, Rhein und Delaware. Flüsse und Flussübergänge als Orte der Erinnerung.* Bremen, Edition Lumière 2017.

6 Febvre, Lucien, *Der Rhein und seine Geschichte.* Frankfurt/Main 1994, S.217. Die deutsche Übersetzung von Peter Schöttler enthält nicht die von A.Demangeon verfassten Kapitel der Originalausgabe: Demangeon, Albert/Febvre, Lucien, *Le Rhin. Problèmes d'histoire et d'économie.* Paris, Armand Colin 1935. Siehe ausführlich hierzu den Beitrag von A.Vanoncini in diesem Band.

7 Jansen, Wilhelm, *Kleine Rheinische Geschichte.* Düsseldorf 1997; Valentin, Jean-Marie, »Der Rhein«, in *Esprit/Geist. 100 Schlüsselbegriffe für Deutsche und Franzosen.* München 1989, S. 98–107; Wunderlich, Heike/Mondot, Jean (Hg.), *Deutsch-französische Begegnungen am*

deutschen und französischen Rheinliteratur besondere Aufmerksamkeit zuteil. Der Band versammelt vor allem Beiträge interdisziplinärer deutsch-französischer Begegnungen an den Universitäten Bonn und Paris-Sorbonne. Aufgenommen wurden darüber hinaus auch Gastvorträge an beiden Universitäten sowie Beiträge, die eigens für diesen Band verfasst worden sind. Den Autoren wurden keine Auflagen hinsichtlich des Umfangs und der thematischen Ausrichtung ihres Beitrages gemacht; das erklärt zum einen die Heterogenität der Beiträge, zum anderen aber auch unterschiedliche Zugangsweisen zur selbst gewählten Thematik. Der Band erhebt natürlich nicht den Anspruch auf Vollständigkeit, zu vielfältig sind die Themen und Bereiche, für die das Thema Rhein insgesamt steht. Aufgrund ihrer inhaltlichen Schwerpunktsetzungen wurden die Beiträge drei Themenblöcken zugeordnet: Geschichte und Politik, Literatur und Kultur sowie der Rhein und die Seine als Orte des Exils.

Als Ouvertüre oder Einführung findet der Leser zunächst in Kapitel I drei unterschiedliche Zugänge zur Rhein-Thematik. André Vanoncini befasst sich mit einem Klassiker der Rhein-Literatur, bis heute ein Standardwerk im deutsch-französischen Kontext. Lucien Febvres bereits zitiertes Rheinbuch dekonstruiert traditionelle Rheinmythen, sein methodisches Vorgehen kann nach Vanoncini bereits als trandisziplinär bezeichnet werden. Das war sicherlich ein Novum in den für die deutsch-französischen Beziehungen schwierigen dreißiger Jahren des 20. Jahrhunderts. Vanoncini bescheinigt Febvres Buch neben der gelungenen thematischen Erschließung des Sujets auch große literarische Qualitäten. Christian Schmitts Arbeit am »Fluvius Rhenus« zielt auf »Missverständliches und Missverständnisse aus linguistischer Sicht«. In der Frühgeschichte Westeuropas scheint für ihn der Rhein weitgehend aus dem Bewusstsein der Franzosen und Deutschen getreten zu sein: Historiker, Dichter, Politiker und Sprachwissenschaftler kennen ihn nicht als Grenzfluss oder Mittler von Sprache und Kultur. Abgesehen etwa von etymologischen Streitigkeiten zwischen Hunger(us) und Bovelles (1533), bei denen es um die Bewertung von Lehnwortschatz ging, spielt der Fluss keine besondere Rolle. Das ändert sich nach Schmitt erst mit Ludwig XIV., der seine besondere Aufmerksamkeit der Expansion der Ostgrenzen seines Reiches widmet. Der König nimmt die durch Annexion im Osten, Norden, Süden und Westen zu französischen Neubürgern gewordenen Einwohner in den Club von »ces étrangers qui ont fait la France« auf und lässt sie an der französischen Nationalgeschichte partizipieren. Marie-Louise von Plessen, die Kuratorin der großen Bonner Rhein-Ausstellung in der Kunsthalle der Bundesrepublik Deutschland 2016/2017, analysiert im Rückblick diese kulturhistorische Ausstellung, die den Rhein als europäische Flussbiografie darzu-

Rhein 1700–1789 / Rencontres franco-allemandes dans l'espace rhénan entre 1700 et 1789. Heidelberg 1994.

stellen sich zur Aufgabe gemacht hatte. In insgesamt zwölf Abteilungen wurden folgende Aspekte behandelt: 1. Navigation und Verbauung, 2. Strom der Römer, 3. Strom der Kirche, 4. Strom der Kaiser, 5. Strom der Händler, 6. Rheingold, 7. Residenzen und Festungen: Versailles am Rhein, 8. Marianne und Germania am Rhein, 9. Industrie, 10. Vater Rhein, 11. Wacht am Rhein: Brüche und Allianzen, 12. Europa am Rhein. Ihr Beitrag lässt diese Schwerpunkte der Rhein-Ausstellung für den Leser noch einmal lebendig werden, zumal sie auch anhand zahlreicher Illustrationen dokumentiert sind.

Kapitel II enthält fünf Beiträge zu Themen aus Geschichte und Politik. In diesem wie auch in den anderen Kapiteln sind die Beiträge nach Möglichkeit in einer chronologischen Folge geordnet. Manfred Groten behandelt die Beziehungen der nördlichen Rheinlande und Frankreichs im Hochmittelalter. Ausgehend von ihren gemeinsamen Wurzeln im fränkischen Reich werden die Sonderbeziehungen einer Geschichtslandschaft mit Frankreich erörtert. Besonders eng waren nach Groten die Beziehungen im Bereich der Kultur. So wurden insbesondere die Champagne und das Rheinland im Hochmittelalter zu europäischen Brückenlandschaften mit den großen Kathedralen Laon, Reims und Köln. Françoise Mélonio weist in ihrem Beitrag darauf hin, dass für Alexis de Tocqueville Geschichte und politische Wissenschaften nur als komparatistische Wissenschaften denkbar sind. Man kennt vor allem seine Werke über Amerika, England, Irland, Algerien und Indien. Mélonio geht auf einen weniger bekannten Aspekt aus dem Leben dieses Wissenschaftlers ein, seinen Aufenthalt an der Universität Bonn im Jahre 1854, dessen Anlass das Studium des alten politischen Systems in Deutschland war. Seine späte Entdeckung Deutschlands, und zwar im Rheinland, erlaubt ihm eine neue Geschichte Europas zu denken, aus der sozusagen ein politisch liberales Europa entstehen soll. Thomas Becker zeichnet den Lebensweg von Klara Marie Faßbinder nach, einer Alumna der Bonner Universität und späteren Professorin an der Pädagogischen Hochschule Bonn, die eine »Brückenbauerin« zwischen Deutschland und Frankreich im 20. Jahrhundert wurde. Sie war zugleich eine begnadete Claudel-Übersetzerin. Ihre tiefe Liebe zu Frankreich brachte sie immer wieder in Schwierigkeiten mit den Mächtigen in Deutschland. Ulrich Lappenküper geht es in seinem Beitrag um die politische Rolle des Rheins in der Außenpolitik der beiden großen Politiker des 20. Jahrhunderts, Konrad Adenauer und Charles de Gaulle. Signifikant ist der von ihm gewählte Titel »Vom Grenzfluss zum Verbindungstrom«, der auf jahrhundertealte Kontroversen zwischen Deutschland und Frankreich anspielt, die mit dem Elysée-Vertrag hoffentlich für immer ein historisches Ende gefunden haben. Lappenküper unterstreicht die zentrale Rolle der Rheinland-Frage, die in der Nachkriegszeit nach 1945 auch im Wirken des französischen Außenministers Robert Schuman für die neue Architektur Europas eine zentrale Rolle spielte. Die »neue Brücke« über den Rhein in einem metaphorischen Sinne, wie Lappenküper formuliert, haben Adenauer und de Gaulle gebaut. Jean-Paul Cahn widmet sich aus französischer Perspektive dem großen Kanzler Konrad Adenauer, den er einerseits in seiner zentralen Bedeutung für das Rheinland und andererseits in seiner wichtigen Rolle für die werdende Bundesrepublik darstellt. In De Gaulle sieht er für Konrad Adenauer eine wichtige politische Referenz, zumal beide politisch noch im 19. Jahrhundert verwurzelt sind. Cahn sieht in der internationalen Politik Adenauers vor allem einen politischen Pragmatismus am Werk; nicht zuletzt in seinen rheinischen Wurzeln identifiziert er die Triebfeder seiner Westintegrationspolitik.

Mit zehn Beiträgen bildet Kapitel III unter der Überschrift »Literatur und Kultur« einen thematischen Schwerpunkt in diesem Sammelband.[8] Stefania Acciaioli befasst sich mit einem für die Rheinliteratur des 19. Jahrhunderts wichtigen Vorläufer, dem Italiener Aurelio De' Giorgi Bertolà und seinem Werk »Viaggio sul Reno e ne' suoi contorni« von 1795. Neben diesem berühmt gewordenen Werk gilt Bertolà auch als Vermittler zwischen der europäischen Vorromantik und der italienischen Literatur. Neben seiner Übersetzungsarbeit aus dem Deutschen ist er auch mit seiner *Idea della bella letteratura alemanna* (1784) Verfasser der ersten deutschen Literaturgeschichte in Italien. Roland Ißler bezieht in seinem umfangreichen Beitrag zur literarischen Kontroverse über das Rheinthema in den vierziger Jahren des 19. Jahrhunderts auch die europäische Sicht auf den Rhein mit ein. Neben der patriotischen Banalisierung in der literarischen Rheinromantik stehen nationalistische Lieder und Gedichte im Zentrum seiner Analysen; zugleich berücksichtigt er auch kosmopolitische Visionen, die supranationale Verständigungsbemühungen kommender Generationen prägen werden. Michel Lichtlé zeigt beispielhaft anhand des Werkes des großen französischen Realisten Honoré de Balzac, welche Rolle der Rhein im Denken seines Autors einnimmt. Balzac ist ganz dem Denken des 19. Jahrhunderts verhaftet, das mit seinem Konzept der natürlichen Grenzen Frankreichs bis auf Caesars *De bello gallico* zurückreicht. In einem Brief an Madame Hanska gesteht Balzac, wie wenig er das (politische) Deutschland liebt. Aber mit seiner Novelle *L'auberge rouge*, die im Zentrum von Lichtlés Beitrag steht, hat er uns ein literarisches Zeugnis seines positiven Rheinerlebnisses hinterlassen. Arlette Michel widmet sich einem Übersetzer aus dem Deutschen und einem großen französischen Dichter des 19. Jahrhunderts, Gérard de Nerval. Er unternahm viele Reisen ins rheinische Deutschland, das er seine »zweite Mutter« nannte. Darüber berichtet er in *Lorely. Souvenirs d'Allemagne* von 1852. Der Autorin geht es einerseits um das Konzept des Reiseberichts bei Nerval und andererseits um die

8 Aus der Vielzahl der literarischen Anthologien sei verwiesen auf Schneider, Helmut J. (Hg.), *Der Rhein.* Frankfurt/Main 1983 (it 624); von Soden, Kristine, *Der Rhein. Eine literarische Reise von Mainz bis Köln.* Stuttgart, Klett-Cotta 2000.

Frage, warum aktuelle Bilder hinter den Erinnerungen zurückstehen, sodass ein etwas überholtes Deutschlandbild entsteht. In der deutsch-französischen Rheinliteratur ist vielleicht kein Werk so bekannt wie *Le Rhin* von Victor Hugo, das Wolfgang Matzat einer genaueren Analyse unterzieht. Victor Hugos Text wurde zum ersten Mal 1842 und dann in einer überarbeiteten Fassung 1845 veröffentlicht. Es handelt sich dabei um einen Reisebericht in Form von 39 an einen Pariser Freund adressierten Briefen, der durch eine umfangreiche ›Conclusion‹ ergänzt wird. Die in Hugos Text dargestellte Reise hat allerdings so nicht stattgefunden. Daher siedelt Matzat diesen Reisebericht zwischen Realität und Imagination an und geht auch auf die Eigenart romantischer Reiseschilderungen ein. Neben Aspekten rheinländischer Alterität und den Wonnen der Ursprünglichkeit analysiert er in diesen fiktiven Briefen die Dialektik von Verfremdung und Aneignung sowie die Kontroverse um den französisch-deutschen Rhein. Patrizio Collini sieht Wagners *Ring* im Banne einer Flut- und Endkatastrophe, die – von der Macht- und Goldgier bewirkt – in der Schlussszene der Tetralogie in die Rheinüberschwemmung mündet, die gleich dem Urozean die ganze Welt überflutet. Das *Rheingold* stellt nach Collini innerhalb von Wagners Theater eine markante Wende dar. Der Kunstbegriff und die Musik werden hier feminisiert, ihre Statthalter sind Frauen. Das Kunstobjekt ist nicht eindeutig und ausschließlich mit dem verhängnisvollen Rheingold zu identifizieren, es ist eins mit den »goldenen« Wellen des Rheins, der bei Wagner – entgegen der traditionellen, männlichen Mythologie vom »Vater Rhein« – als Frauenreich vorgestellt wird. Der Beitrag von Helmut Meter behandelt ein zentrales Rheinlandgedicht von Guillaume Apollinaire, »Le Dôme de Cologne«, in dem er beispielhaft Elemente der Modernität in der Lyrik des beginnenden 20. Jahrhunderts ausmacht. Apollinaires Gedicht über den Kölner Dom ist während seines einjährigen Aufenthalts als Privatlehrer im Hause von Madame de Milhau bei Bad Honnef vor mehr als 100 Jahren entstanden. Das komplexe und assoziationsreiche Gedicht gestaltet den Kölner Dom als Ausgangs- und Fluchtpunkt einer rheinischen Szenerie, die aufgrund von Andeutungen und Konnotationen Konturen annimmt. Zum kompositorischen Muster wird dabei die Dialektik von städtischem Zentrum und zugeordneter Peripherie. Henryk Chudak befasst sich mit einem für die deutsch-französische Rheinproblematik zentralen Text von Maurice Barrès, *Le Génie du Rhin*. Dessen Verfasser hatte 1920 an der Universität Strasbourg einige Vorträge über das Rheinland gehalten, in denen er auf die engen Beziehungen dieser Region mit Frankreich hinwies. Der in Charmes-sur-Moselle in den Vogesen geborene Barrès hatte Zeit seines Lebens eine starke Sympathie für die Landschaft an Rhein und Mosel. In seinen Texten ist der Rhein eine geopolitische, ideologische und auch kulturelle Grenze vor dem Hintergrund eines Dualismus von Germania und Jeanne d'Arc. Seine Auffassungen schreiben sich ein in einen von Entgermanisierung und Separatismus des

Rheinlandes getragenen Nationalismus. In einer Rheinischen Republik sah er eine Stärkung der Position Frankreichs. Die französische Rheinlandpolitik des Pariser Außenministeriums nach dem Versailler Vertrag reflektiert und fiktionalisiert Paul Morand in seiner Novelle *Les plaisirs rhénans* von 1925, die im Mittelpunkt des Beitrages von Willi Jung steht. Morands Novelle *Les plaisirs rhénans* erzählt in Briefform eine – in mehrfacher Hinsicht – »gefährliche Liebschaft« und situiert den Stoff historisch im politischen Kontext der französischen Besatzungspolitik an Rhein und Ruhr nach dem 1. Weltkrieg. Morand rückt nicht mehr den romantischen Rhein des 19. Jahrhunderts in den Blick, sondern den Rhein der 20er Jahre des 20. Jahrhunderts, und das heißt den Niederrhein und das Ruhrgebiet. Nach der Terminologie des französischen Historikers Pierre Nora zählt es heute zu den deutsch-französischen »lieux de mémoire«. In Rückgriff auf Dumas' berühmte Formel vom Rhein als »Quelle der Dichtkunst« befragt Irene Kann in ihrem Beitrag die Roman-Tetralogie von Ulla Hahn als Beispiel zeitgenössischer Rheinliteratur darauf hin, wie der Rhein hier zum Fluss des Erzählens wird. Das jüngste epische Werk von Ulla Hahn [*Das verborgene Wort* (2001), *Aufbruch* (2009), *Spiel der Zeit* (2014), *Wir werden erwartet* (2017)] hat einen Gesamtumfang von rund 2400 Seiten und macht sie zu einer »Chronistin des Rheinlandes« (L. Schröder) seit den 1950er Jahren. Durch das erinnernde Erzählen und transformierende Niederschreiben der eigenen Lebensgeschichte wird eine vielschichtige Persönlichkeit und Identität entworfen, deren Anker oder Wurzeln nicht zuletzt auf an den Ufern des Rheins gefundene und gedeutete Elemente, auf prägende Erfahrungen des Lebens am Fluss verweisen. Wie schon bei Heinrich Böll rückt hier nicht mehr der romantische Rhein, d. h. der Mittelrhein, in den Blick, sondern der Niederrhein und seine Landschaft zwischen Industrie und Natur. In der literarischen Gestaltung der Geschichte ihrer Protagonistin Hilla Palm an diesem »Fluss der kleinen Leute« findet auch die Schriftstellerin Ulla Hahn zur Verortung und Deutung ihrer schriftstellerischen Identität. Kanns Beitrag ist die erste zusammenhängende Darstellung der Rheinthematik im Werk Ulla Hahns.

Über das eigentliche Rheinthema hinaus weist das Kapitel IV des vorliegenden Bandes. Darin arbeiten drei Beiträge beispielhaft die Exilfunktion des Rheinlandes im Kontext der französischen Revolution und des Algerienkrieges heraus. Umgekehrt wurden in der Geschichte Paris und die Seine auch zum Ort des Exils z. B. für Heinrich Heine und vor ihm für Georg Forster, wie drei weitere Beiträge zeigen.[9] Die historischen und kulturhistorischen Implikationen von

9 Zum Thema allgemein vgl. den Ausstellungskatalog: *Deutsche Emigranten in Frankreich/Französische Emigranten in Deutschland. 1685–1945.* Eine Ausstellung des französischen Außenministeriums mit dem Goethe-Institut Paris 1983. Zum Konnex »Literatur und Exil« allgemein sei auf die exzellente Studie von Olaf Müller verwiesen: *Literatur im Exil. Zur*

Heines Pariser Exil werden aus deutscher und französischer Perspektive behandelt. Mechthild Albert widmet ihren Beitrag den rheinischen Emigranten im Pariser Exil, die vor der Gegenrevolution geflohen sind. Exemplarisch geht sie auf Georg Forster ein, erinnert zunächst an seine Biografie und seine herausragende Rolle in der Mainzer Republik – im Übrigen die erste Republik in Deutschland – und sein Pariser Exil bis zu seinem Tod. Am Beispiel des Theaterstückes von Rolf Schneider mit dem Titel *Die Mainzer Republik* und einer Inszenierung von 1980 zeigt sie, wie diese historische Episode zum kulturellen Gedächtnis des Rheinlandes und von Paris als Orte des Exils beiträgt. Michel Delon weist in seinem Beitrag einleitend darauf hin, dass zur Zeit der französischen Revolution nicht nur das rechtsrheinische Gebiet Zufluchtsort für Exilanten wurde, sondern es auch darüber hinaus andere Orte des Exils in Deutschland gegeben hat. Im Zentrum der bisherigen Forschung standen dabei Memoiren von Emigranten, die juristisch-politische Diskussion über den Status von Flüchtlingen und Exilanten und die Diskussion über die natürlichen Grenzen. Der Emigrationsroman verdient nach Auffassung von Delon größere Beachtung; er bezieht sich in seinem Beitrag vor allem auf die beiden Werke *L'Émigré* von Sénac de Meilhan, erschienen 1797 in Braunschweig, und einen Roman von Bilderbeck, der bisher in Literaturgeschichten fehlt, *Sophie de Listenai, ou Aventures et voyages d'une émigrée française en Allemagne et en Prusse*, erschienen 1807 in Paris. Deutschland und die rheinische Landschaft stehen im Zentrum dieser beiden Geschichten um deutsch-französische Paare, die zugleich Inkarnationen von Hoffnungen, Schwierigkeiten und ersten tastenden Versuchen auf dem Weg zu einem geeinten Europas sind, das noch auf der Suche nach sich selbst ist. Denn mit der Ankunft der Emigranten am Ufer des Rheins entstehen deutsch-französische Paare, die in nuce eine Überwindung alter Antagonismen erahnen lassen. So wird die Liebesgeschichte sinnfällig zur Metonymie für das Schicksal der Völker. Eine gewisse Ähnlichkeit mit der Liebesgeschichte in Paul Morands Novelle – mit anderen Vorzeichen, versteht sich – ist augenfällig. Stéphanie Genand behandelt unter dem Titel »An den Ufern der Geschichte« das Exil am Ufer des Rheins und die Wirren der damaligen Zeit (1803–1810). Dabei sieht sie in der Funktion des Rheins als geographische und zugleich politische Grenze seine Spezifizität für die Ereignisse der Revolution. Sie geht folgenden Fragen nach: Wie kann man den Rhein überqueren, ohne seine monarchische Vergangenheit oder die Erinnerung an die Revolutionskriege mitzunehmen? Welche Identität verleihen seine Ufer den Exilanten, die vor dem Terror und anschließend den Bedrohungen durch das Konsulat fliehen? Wer ist man schließlich auf dem anderen Ufer des Flusses, der zur Grenze eines

---

Konstitution romantischer Autorschaft in Frankreich und Italien. Frankfurt am Main, Klostermann 2012.

Jahrhunderts und einer durch die Revolution abgeschafften Welt geworden ist? Antworten auf diese Fragen geht sie in zwei Werken nach: *Le Retour d'un émigré, ou Mémoires de M. d'Olban*, einem Emigrationsroman von 1803 von einem gewissen B. A. Picard und *De l'Allemagne*, *Correspondance* und *Carnets de voyage* von Mme de Staël. Der Fluss wird nach Stéphanie Genand sozusagen zum Kristallisationspunkt für das Chaos der Epoche. Nach dem Sturz Napoleons unterdrückte die beginnende Restauration alle republikanischen und demokratischen Bestrebungen in Europa, einer der Gründe schließlich, warum sich auch Heinrich Heine für das Pariser Exil entschied. Lucien Calvié behandelt in seinem umfangreichen Beitrag über »Heine und das Exil« zunächst seine Biografie im Kontext der politischen Geschichte. Dabei legt er den Fokus vor allem auf den »französischen Affekt«, wie er in Heines Testament von 1843, wenige Jahre nach der schweren deutsch-französischen Krise, bezeugt ist. Hinter der Entscheidung für das Exil sieht Calvié seine Verweigerung des »deutschen Elends«. Weitere Überlegungen widmet er dem Zusammenhang zwischen Exil und »jüdischer Misere« in Deutschland. Den militanten Antisemitismus führender Intellektueller der Zeit, darunter auch liberaler und demokratischer Intellektueller, in Verbindung mit einer eklatanten Frankophobie, findet Heine unerträglich. Von 1831–1856 lebt Heine im Pariser Exil und – laut Calvié -wie »ein Fisch im Wasser«. Hier wird Heine konfrontiert mit Fragen einer Doppelidentität sowie methodologischen Konzepten wie Transfer und Vermittlung. Frankreich wird für ihn das Land der großen Organisatoren der Freiheit. In einer Art Schlussfolgerung führt Calvié intellektuelle, politische und affektive Elemente der Persönlichkeit Heines zusammen. Heines berühmtester Vorgänger im Pariser Exil war Georg Forster, der vor Reaktion und Repression in Deutschland geflohen war. Nach 1933 gab es eine antinationalsozialistische und jüdische Emigration ins französische und Pariser Exil, und für viele unter ihnen war gewiss die Erinnerung an Heinrich Heine lebendig. Bernd Kortländer befasst sich in seinem Beitrag unter dem Titel »Ein Gott im Exil« vor allem mit Heines Pariser Exil nach 1848. An der Jahreswende 1852/53 verfasste der todkranke Exilant Heine einen kleinen Text mit dem Titel *Die Götter im Exil*, dessen Entstehungsgeschichte nach Kortländer bereits Ausdruck und Spiegel der Existenz des deutschen Dichters im französischen Exil ist. Heine greift darin auf ein Motiv zurück, das er immer wieder bearbeitet hat: die Vertreibung und Unterdrückung der antiken Götterwelt durch das Christentum. Kortländer entwickelt an diesem kleinen Text eine Typologie unterschiedlicher Exilsituationen, quasi als Nebenprodukt; viel wichtiger ist ihm aber die Frage, was die Götter nach dem epochalen Einschnitt von 1848 in ihr Exil mitnehmen und welche Rolle sie jetzt noch für die menschliche Gesellschaft spielen. Es sind drei Felder, die er in Heines Text identifiziert: Sexualität, Geld und Macht. Erst durch sprachliche Gestaltung werden die Götter zum wirklichen Leben heraufbeschworen. Sie sind zwar unsterblich, aber ohne den Dichter gäbe es sie nicht. Die Dialektik des Spiels mit dem Mythos beschreibt nach Kortländer anschaulich die göttliche Macht und menschliche Ohnmacht des Exilanten Heine in seinem Pariser Krankenzimmer. Jean-Paul Cahn gibt seinem Beitrag den Titel »Die letzten französischen Emigranten in den rheinischen Gebieten«, ein Titel, der als Provokation verstanden werden kann, aber auch daran erinnert, dass die Ufer des Rheins für die Franzosen in der Geschichte häufiger Orte der Zuflucht geworden sind. Die letzten Emigranten, von denen Cahn hier spricht, waren überwiegend Algerier und Nordafrikaner, die in einen Interessens- und Überzeugungskonflikt mit Frankreich geraten waren, auch für nationale Selbstständigkeit und Autonomie zu den Waffen gegriffen hatten. Der französische Ableger des algerischen FLN, der nationalen Befreiungsbewegung, war ab 1957 im Rheinland aktiv und baute von hier seine Aktivitäten in Westeuropa aus. Cahn geht auf die allgemeinen Probleme dieses Phänomens ein, erläutert die Motive, warum sie sich für das Rheinland entschieden haben und berichtet über Algerier in Bonner Gefängnissen. Nach dem Ende des Algerienkrieges haben die meisten dann wieder Deutschland und das Rheinland verlassen. Die Präsenz von Nordafrikanern unter den französischen Besatzungstruppen 1923 war im Rheinland in unguter Erinnerung. Umso größer war nun die Erleichterung, folgert Cahn.

Sozusagen als Epilog findet der Leser unter Kapitel V Aquatintaradierungen des 2017 verstorbenen Wuppertaler Künstlers Johannes Birkhölzer, der romantisierenden Rheinansichten (überwiegend anonyme Stiche) des 19. Jahrhunderts seine kritischen und »überzeichneten« eigenen Rheinansichten gegenüberstellt. Durch die Kontrastierung von Zeitebenen und die damit verbundene Desillusionierung werden die Eingriffe von Industrie und moderner Technik in die Rheinlandschaft für den Betrachter offensichtlich. Ausweis der Verbindung Birkhölzers zur Universität Bonn war eine im Jahre 2000 gezeigte Ausstellung seiner Werke zum Rhein im Bonner Universitätsclub. Mit dem Abdruck ausgewählter Werke in diesem Band hat sich der Künstler noch zu Lebzeiten einverstanden erklärt. Auch seinem Sohn Jakob Birkhölzer bin ich sehr verbunden, er hat mir das Bildmaterial in digitaler Form zur Verfügung gestellt. Mein Dank gilt ebenfalls dem Direktor des Museums am Strom zu Bingen, Matthias Schmandt, der mir den Wiederabdruck seiner Einführung zu den Rheinansichten von Johannes Birkhölzer erlaubt hat.[10]

Aufgrund seiner thematischen Vielfalt, den deutsch-französischen Perspektivenwechsel (regards croisés)[11], die Interdisziplinarität, die Imagologie und die

10 *Johannes Birkhölzer, Rheinansichten – neu gesehen.* Kritische Ansichten vom Rhein in einer Gegenüberstellung zu den romantisierenden Stichen des 19. Jahrhunderts. Folge von Aquatintaradierungen. Wuppertal 2011, S. 3–5.

11 Vgl. grundlegend hierzu Werner, Michael/Zimmermann, Bénédicte, »Vergleich, Transfer,

methodische Berücksichtigung des Kulturtransfers unterscheidet sich dieser Band auch von zahlreichen und verdienstvollen Rheinpublikationen. Aus der inzwischen unüberschaubar gewordenen Rheinliteratur ragt vor allem das Opus von Gertrude Cepl-Kaufmann[12] heraus. Die erste zusammenhängende Kunstgeschichte des Rheins verdanken wir Roland Recht, der mit seinem grandiosen Werk von 2001 unter dem Titel *Le Rhin. Vingt siècles d'art au cœur de l'Europe*[13] die Kunstwerke am Rhein von Disentis bis Delft unter Einbeziehung der neueren Forschungen darstellt. Damit erschließt er dem Leser sozusagen das kulturelle und künstlerische Gedächtnis der Rheinlandschaft von der Quelle bis zur Mündung. Stellvertretend für viele andere Werke sei hier auch verwiesen auf Ulrich Meyer-Doerpinghaus, der in seinem 2015 erschienenen Buch über den Rhein als »Zauberfluss« herausgearbeitet hat, wie in der ersten Hälfte des 19. Jahrhunderts Dichter, Musiker und Gelehrte den Rhein zu einem »Sehnsuchtsort« machten.[14] Für die Donau hat Claudio Magris mit seinem fulminanten Buch beispielhaft eine kulturelle Biografie eines europäischen Flusses vorgelegt, die bisher ihresgleichen sucht.[15] Im Unterschied zu einer Monographie sind für Sammelbände oder *ouvrages collectifs* andere Kriterien maßgeblich hinsichtlich Entstehung, Konzeption und Realisation. Der vorliegende Sammelband beleuchtet verschiedene Facetten des Rheinstroms und die Beiträge kommen aus unterschiedlichen Disziplinen, zeigen zwar einen deutschen oder französischen Blick auf die jeweilige Rheinthematik, sind aber auch europäisch ausgerichtet. Nicht das Trennende, vielmehr das Verbindende wird jeweils aufgespürt, und so sind hier überwiegend die eingangs zitierten »Brückenbauer« am Werk, man

---

Verflechtung: Der Ansatz der Histoire croisée und die Herausforderung des Transnationalen«, in *Geschichte und Gesellschaft* 28, 2002, S. 607–636.

12 Vgl. u. a. Cepl-Kaufmann, Gertrude/Johanning, Antje, *Mythos Rhein. Kulturgeschichte eines Stromes*. Darmstadt, WBG 2003; Cepl-Kaufmann, Gertrude/Lange, Hella-Sabrina, *Der Rhein. Ein literarischer Reiseführer*. Darmstadt, WBG 2006; Brenner-Wilczek, Sabine, *Warum ist es am Rhein so schön?* Gedichte. Stuttgart, Reclam 2007; Meyer, Philippe, *L'or du Rhin, histoire d'un fleuve*. Perrin 2011. Zuletzt fand 2016 im Haus der Universität Düsseldorf eine DFG-geförderte Tagung zum Thema »Der Rhein als politische Landschaft zwischen Deutschland und Frankreich 1815 – heute« statt. Eine Publikation der Akten ist vorgesehen.

13 Paris, Gallimard 2001. Deutsche Übersetzung von Eugen U. Schmitz: *Der Rhein. Kunstlandschaft Europas*. München, Hirmer 2001.

14 *Am Zauberfluss. Szenen aus der rheinischen Romantik*. Springe, Klampen Verlag 2015. Unter dem Einfluss von Friedrich Schlegel und Dorothea Veit, Franz Liszt und Marie d'Agoult, Robert und Clara Schumann ist laut Verfasser ein Sehnsuchtsort entstanden, der die Imagination der Deutschen noch lange in seinen Bann schlagen wird. Er geht der Frage nach, wie in der Zeit der Romantik das Geistes- und Gefühlsleben vornehmlich durch die besondere Beziehung zwischen Landschaft und Kunstschaffen geprägt wird.

15 Ital. Originalausgabe: *Danubio*. Milano, Garzani 1986. Dt. Ausgabe: *Donau. Biographie eines Flusses*. Aus dem Italienischen von Heinz-Georg Held. München, dtv 2007 (München, Hanser [1]1988).

könnte auch sagen Über-Setzer, Fährleute, für die der Strom im Herzen Europas ein immerwährendes Kulturprojekt bleibt.

Zum Schluss noch ein Wort zum Umschlagbild: Da das Institut français in Bonn seit den 1950er Jahren ein zentraler Ort deutsch-französischer Kulturbegegnungen am Rhein geworden ist, lag es nahe, für den Umschlag ein Kunstwerk zu wählen, das sich dort im Treppenhaus befindet: Das 2012 entstandene Wandgemälde von Bernard Joubert, das auf der Grundlage einer Reproduktion einer vergrößerten Zeichnung von Victor Hugo entstanden ist: »Andernach«. In seinem 13. Brief in *Le Rhin* schrieb Hugo hymnisch: »Andernach est une ville charmante; eh bien! Andernach est une ville déserte. Personne n'y vient. – On va où est la cohue, à Coblentz, à Bade, à Mannheim; on ne vient pas où est l'histoire, où est la nature, où est la poésie, à Andernach.«[16] Jouberts künstlerisches Vorgehen basiert häufig auf Kunstwerken oder Fotografien, die er mit Farbstreifen versieht (peintures des peintures). Der 1946 in Paris geborene Künstler ist inzwischen durch zahlreiche Ausstellungen auch international bekannt geworden.[17] Unser Dank gilt einerseits dem Künstler und andererseits dem Direktor der Maison Victor Hugo für die großzügige Gewährung der Abdruckrechte. Darüber hinaus enthält der Band noch weitere Illustrationen. Zum einen sind sie komplementär zum Beitrag von Marie-Louise von Plessen und zeigen unter anderem Exponate der großen Bonner Rheinausstellung vom September 2016 bis Januar 2017 in der Kunsthalle der Bundesrepublik Deutschland. Zum anderen bilden die Aquatintaradierungen des Wuppertaler Künstlers Johannes Birkhölzer sozusagen den Schlussakkord.

Zu danken ist allen Autorinnen und Autoren, die an diesem Band mitgewirkt haben; einigen danken wir ganz besonders für den Langmut, den sie bis zum Erscheinen dieses Bandes aufgebracht haben. Aline Fischer, Judith Ponwitz und Lisa Saloch sei ebenfalls gedankt für die redaktionelle Mitarbeit, sie waren eine wertvolle Hilfe bei der Entstehung des Bandes. Der Landesregierung Nordrhein-Westfalen, der französischen Botschaft, vertreten durch den Hochschulattaché und Leiter des Institut français Bonn, sowie dem Landschaftsverband Rheinland danken wir für die Gewährung von Druckkostenzuschüssen. Den geneigten Leserinnen und Lesern wünschen wir eine anregende Lektüre, damit auch für sie der Rhein frei nach Dumas eine Quelle der Inspiration bleibt.

Bonn/Paris, im Mai 2018 Willi Jung/Michel Lichtlé

16 Hugo, Victor, *Œuvres complètes. Voyages.* Présentation de Claude Gély. Paris, Éditions Laffont 1987 (Coll. Bouquins), S. 97.

17 Nähere Informationen zum Künstler finden sich auf seiner Homepage: http://bernardjoubert.com.

I. Statt einer Einführung / En guise d'introduction

André Vanoncini (Bâle)

Le Rhin de Lucien Febvre : de la mythocritique à l'écriture innovatrice

En 1928, Lucien Febvre accepte d'écrire, en collaboration avec le géographe Albert Demangeon, un livre sur le Rhin. Il entreprend ainsi de répondre à la demande d'une banque strasbourgeoise, la SOGENAL (Société générale alsacienne de banque), qui souhaite marquer son cinquantième anniversaire par la publication d'un ouvrage consacré au développement historique de la région où elle est implantée. Après une première version publiée hors commerce en 1931, paraît en 1935, chez Armand Colin, une deuxième version remaniée et augmentée, sous le titre *Le Rhin. Problèmes d'histoire et d'économie.* Dans son édition la plus récente, parue en 1997 à la Librairie Académique Perrin, *Le Rhin* ne comporte que la partie procurée par Febvre en 1935, y compris la bibliographie qu'il avait établie à cette occasion ; la démarche géographique de Demangeon, en revanche, a été jugée trop datée pour mériter une republication[1].

Parmi tous les travaux de Febvre, *Le Rhin* est sans doute celui dont la création est le plus exposé aux pressions d'un contexte politique extrêmement tendu. Depuis la fin de la Première Guerre Mondiale, une partie de l'opinion française souhaitait la création d'une république rhénane autonome et démilitarisée, voire l'annexion de ces territoires et l'occupation durable de la rive gauche du Rhin. Cette logique expansionniste devait conduire la France jusqu'à occuper la Ruhr en 1923. En Allemagne, inversement, s'organisait une lutte intense pour rétablir les pays rhénans au sein de la mère patrie. Elle allait s'achever par la remilita-

1 C'est Peter Schöttler qui a établi ce texte en lui ajoutant deux brefs écrits de Febvre : la conclusion de la première édition ainsi qu'un article paru en 1953 sous le titre « Quelques réflexions sur l'histoire économique du Rhin ». Une troisième annexe contient une bibliographie complémentaire de travaux parus depuis 1935 au sujet de l'histoire rhénane et franco-allemande. Peter Schöttler fait précéder son édition du *Rhin* d'une excellente présentation intitulée « Lucien Febvre ou la démystification de l'histoire rhénane » (p. 11–56). Nous lui empruntons nos principales informations sur les circonstances dans lesquelles le livre de Febvre a vu le jour. Quant à nos références au *Rhin*, elles renvoient à cette même édition, les pages étant toujours indiquées entre parenthèses dans le corps du texte.

risation de la Rhénanie sous l'égide de Hitler, en 1936, peu après la parution de la deuxième version du *Rhin.*

Or, cet affrontement politique était idéologiquement alimenté par une intense activité éditrice des universitaires français et allemands. Ceux-ci se trouvaient engagés dans un « combat pour le Rhin », mené à coup de publications propagandistes. Dans le même esprit se concevaient certes aussi les recherches de l'Institut d'histoire régionale des pays rhénans de l'Université de Bonn, fondé en 1920. Les travaux menés dans ce cadre témoignent pourtant, au-delà de leur fonction idéologique, d'une visée historiographique nouvelle : ils cherchent à rendre identifiable un espace culturel rhénan à travers l'application interdisciplinaire de critères géographiques, économiques, ethniques et linguistiques[2]. On comprend donc, comme le dit P. Schöttler, que Lucien Febvre, en préparant le Rhin, avait « à l'esprit [...] à la fois le vacarme politique de l'actualité rhénane et la rhétorique tantôt simpliste, tantôt subtile de la littérature française et allemande sur le sujet »[3].

Or, Lucien Febvre était particulièrement bien placé pour analyser les différents enjeux de ce débat conflictuel. Après la première guerre mondiale, il avait participé, en effet, comme Marc Bloch, à l'établissement de l'université française de Strasbourg. Il avait enseigné, par ailleurs, dans une annexe de celle-ci, abritée par le Centre d'études germaniques de Mayence[4]. Pendant toute cette période, son effort était permanent pour opposer au monologisme mythifiant de l'histoire traditionnelle une approche plurielle et complexe du passé. De ce travail témoignent son grand ouvrage sur Luther[5], la fondation des *Annales* en 1929 et 1930, et sa présidence du comité directeur d'une nouvelle *Encyclopédie française*[6].

Placée sur ce fond historico-biographique, l'élaboration du *Rhin* prend une signification particulière. Par le choix d'un sujet politiquement explosif, susceptible de toutes les récupérations imaginables, Febvre soumet sa méthode à une épreuve radicale dont elle sort à la fois victorieuse et enrichie. Schöttler note justement que « sous la forme provisoire d'un essai court et actuel, [Febvre] pouvait présenter une autre conception de l'histoire et lancer, sur un point particulier, un nouveau programme de recherche »[7].

Ce programme nécessite la mise en œuvre de trois opérations spécifiques que nous essayerons de cerner par la suite. La première consiste à critiquer systématiquement l'usage plus ou moins conscient de concepts anachroniques, la

2 Voir *ibid.*, p. 29–31.
3 *Ibid.*, p. 32.
4 Voir à ce sujet *ibid.*, p. 14 et P. Burke, « Introduction: The Development of Lucien Febvre », *The Annales School*, édité par Stuart Clark, vol. 4, London and New York, Routledge, 1999.
5 *Un destin : Martin Luther*, Paris, 1928.
6 P. Burke, *art. cit.*, p. 7.
7 *Op. cit.*, p. 41.

deuxième vise à quitter la chronologie des événements politiques afin d'étudier la superposition de strates culturelles combinant des aspects géographiques, anthropologiques, économiques, sociaux et artistiques ; la troisième enfin tente d'opposer à la platitude pseudo-objective du discours doctrinaire la diversité rhétorique et stylistique d'une écriture innovatrice.

Aux yeux de Lucien Febvre, les principales déformations que subit l'histoire rhénane tiennent à ce qu'on organise cette dernière autour de concepts faussement évidents. Ainsi le Rhin, par le fait d'avancer entre deux rives, occidentale et orientale, a-t-il été confondu avec une ligne de démarcation, dès qu'un contexte historique dûment arrangé permettait de lui attribuer cette fonction (voir en particulier p. 61–62 et p. 76). Or ce fleuve, avant de lui faire jouer avec tant d'obstination fatale un rôle de barrage diviseur, ne doit-on pas d'abord l'interroger quant à ses prédispositions naturelles à former une bande cohérente depuis les Alpes jusqu'à la mer? Il suffit, en effet, d'envisager les différents environnements géographiques et économiques qu'il traverse pour qu'il ressemble à une juxtaposition de segments bien plus qu'à une coulée continue. Et Febvre d'ajouter que son tracé géographique peu unifié en amont de Bâle aurait même pu lui valoir une appellation différente, comme celle de l'Aar, par exemple : « Penchés dès notre enfance sur des cartes pleines de certitudes catégoriques, nous y prenons tout faits ces êtres géographiques, les fleuves, dont nul ne discute la nécessité » (p. 67).

À chaque fois qu'une dénomination s'impose comme naturellement, l'historien, ainsi que ses collègues en sciences humaines, ont pour tâche d'en vérifier la pertinence à tous les niveaux de fonctionnement. À commencer par les noms des Germains ou des Gaulois qui, à en croire un discours assez insistant depuis le XIXe siècle, désigneraient des tribus ou des races. De telles unités, conçues comme homogènes et taillées sur mesure, s'avèrent des idéaltypes chimériques dès qu'on regarde les humains et la variété de leurs modes d'échange et d'interaction. La tendance au métissage semble toujours plus forte que celle, inverse, à la préservation d'une identité unitaire. Le charnier préhistorique de Solutré le révèle à sa façon : il contient un tiers de squelettes dolichocéphales aux caractéristiques réputées germaines (grand et au crâne allongé), un tiers de brachycéphales à l'anatomie réputée gauloise (de taille moyenne et au crâne arrondi) et un tiers de « mixtes », les métacéphales (p. 85). Comment faire de cette diversité une appellation d'origine biologique contrôlée sans donner dans la rétrospection délirante? La réponse de Febvre, formulée en 1931 et confirmée en 1935, est fort claire : « Traitons les mythes comme des mythes : si l'on veut comme des mirages. Telle qu'on s'en sert encore dans tant de polémiques, la race n'est qu'un mirage » (p. 86).

Comme les agrégats d'humains, les civilisations et les langues qu'ils véhiculent frappent par leur perméabilité et leur capacité d'adaptation. Ainsi, les légions de

César établies sur le Rhin, pouvait-il paraître logique d'opposer la civilisation des Romains épanouie sur la rive gauche au grouillement des Barbares dans l'immense étendue située à l'est du fleuve. Pourtant, l'armée romaine des Gaules, si elle se compose d'Italiens et de Gaulois surtout, compte aussi des Bretons, des Espagnols, des Africains, des Orientaux et des Germains soumis (p. 105). Dès le premier siècle, l'administration romaine fait passer le fleuve à des groupes choisis de Germains pour leur permettre de cultiver des contrées comme la Basse-Alsace (p. 114). Et inversement sont implantés sur la rive droite des groupes celtiques (p. 116). On voit donc se former dans l'espace rhénan une population hétérogène quant à ses origines et traditions culturelles, mais uniforme par son acceptation de la langue latine et par sa fidélité à l'autorité impériale (p. 105 et 117).

Quand ces Romains du Rhin voient leur pays traversé, dévasté, puis occupé par des tribus venues d'Outre-Rhin, leur rôle ne sera pas de brandir le flambeau de la civilisation dans les ténèbres envahissantes de la nuit barbare. « Renonçons, écrit Febvre, à voir dans les Barbares des intrus supportés avec une répugnance impuissante par des aristocrates cultivés, fins jusqu'aux ongles : les derniers héritiers des grandes familles gallo-romaines obligés de s'incliner devant la force, mais du haut de leur culture latine, humiliant la barbarie de toute leurs supériorités secrètes... Fable [...] Julien au IVe siècle adopte la peau de bête, *more Germanorum ;* qu'auraient dit Auguste ou Tibère? Et à la fin du Ve , Syagrius, rempart de la latinité, commande en germanique aux derniers des « Romains » – dont les pères étaient Suèves [...] En vérité, le monde romanisé, comme il semble avide de se barbariser! » (p. 119–1120).

Le Rhin, resté de toute manière toujours franchissable sous les Romains, se défait à présent de ses dernières fonctions frontalières. Il coule pendant plusieurs siècles au milieu d'une zone de transit où s'établissent, comme partout dans l'Empire, des tribus germaines. Tel est aussi le cas des Alamans (p. 123), installés sur le haut Rhin et le haut Danube, curieusement choisis un jour par les Français pour donner leur nom à l'ancienne *Germania* de Tacite (p. 111). Si l'aspect de la frontière apparaît pourtant, il ne s'exprime pas en termes politiques et n'exige aucun rôle particulier de la part du Rhin. Le fait important, c'est qu'entre le IVe et le Ve siècle, un partage linguistique s'opère entre le roman et le germanique et attribue à ce dernier l'ensemble des terres rhénanes depuis la source jusqu'à l'embouchure (p. 127)[8].

Ce phénomène de civilisation, sans doute, apparaît comme un fait capital à tous ceux qui, dans l'entre-deux guerres, souhaitent motiver par des arguments

8 Un des premiers recenseurs allemands du *Rhin*, Gottfried Pfeiffer, reproche à Febvre d'avoir minimisé ce point, faute d'avoir publié une carte de la frontière linguistique (voir P. Schöttler, *op. cit.*, p. 48). Le reproche paraît peu justifié, puisque l'historien français consacre des pages importantes à l'effondrement du latin et au partage longtemps indécis entre territoires de langue germanique ou romane (voir p. 122–128).

ethniques l'enracinement de la Rhénanie dans la nation allemande. Febvre, quant à lui, refuse d'identifier aussi simplement une ère culturelle et linguistique à une totalité politique dont le caractère organisé n'émerge que bien plus tardivement : « Au VIIe, au VIIIe, au IXe siècle de notre ère, ne nous donnons pas le ridicule de vouloir transporter les réalités politiques du XIXe et du XXe. L'histoire n'est pas un bal costumé » (p. 129).

Febvre, en fait, ne veut pas parler d'une Allemagne prenant lentement conscience d'elle-même avant d'avoir abordé le XVIIe siècle. Les Carolingiens ne sont ni Allemands ni Français mais « Mosans essentiellement » (p. 131). L'empire carolingien ne se confond pas avec une communauté germanique ou romane : il est le cadre protecteur de divers peuples placés progressivement sous l'autorité spirituelle du Pape, dont les émissaires, avec la religion chrétienne, réinstallent le latin, du moins comme langue des savants (p. 132–134). Et c'est bientôt depuis une base rhénane, à savoir Mayence, que sera développée la vaste province ecclésiastique bordée à l'est par une ligne qui descend de Magdeburg à Coire. Une entité allemande, aux yeux de Febvre, se forme donc d'abord comme un espace ecclésiastique (p. 137), avant de recevoir, en 962, du pape romain un statut impérial, d'une valeur mythique certaine, mais d'une puissance politique nulle (p. 142).

Le Saint-Empire demeure une coquille vide où ne retentit pas le chant d'une nation, mais où résonnent des airs locaux et régionaux, pour former parfois de sublimes symphonies, comme celle des villes rhénanes à l'époque de la Renaissance. Ces villes-États situées sur le fleuve constituent alors ce que Fevbre appelle une « civilisation cosmopolite » (p. 161). Elles échangent non seulement les produits, mais les artistes, les savants, les pèlerins et les étudiants de toutes les origines, au point de devenir, à côté de l'Italie, le deuxième grand centre de la culture européenne. Febvre voit parfaitement exprimé cet idéal humaniste dans le portrait de Boniface Amerbach créé par Holbein le Jeune en 1519 : « Devant cette effigie, qui saurait articuler un nom de ville? Bâlois, certes, et grand Bâlois, Boniface Amerbach ; mais on le sait Bâlois ; nul, le voyant, ne dira : c'est un Suisse, ou bien un Allemand. [Mais il est] le produit d'une culture. De la culture vraiment humaine de ces villes du Rhin, créations magnifiques d'un fleuve et de son génie, lorsqu'elles se sentaient libres de leurs affinités […] » (p. 178).

Or, ces villes, faute de politique extérieure, périclitent dès la fin du XVIe siècle, laissant l'initiative diplomatique et militaire aux principautés, grandes ou petites (p. 178–195). Les conditions semblent alors se réunir lentement pour que puissent émerger un jour un espace et une identité formant le tout appelé Allemagne. À en croire Febvre, ni la réforme luthérienne (p. 195), ni, plus tard, la volonté d'expansion prussienne (p. 194) ne sauraient constituer des moteurs suffisamment forts pour générer à eux seuls une nation. L'historien, toujours méfiant à l'égard des explications monocausales, cherche à comprendre l'émergence de l'Allemagne à travers un processus à la fois vaste, complexe et puissant.

Les évolutions majeures qu'il retient sont d'ordre géopolitique et culturel au sens large du terme : il note d'abord la disparition, au XVe siècle, de l'entité bourguignonne (p. 188–193), puis au début du XVIIe siècle, la naissance officiellement reconnue d'unités indépendantes situées à l'embouchure et à la source du Rhin, en l'occurrence les Pays-Bas, catholiques d'un côté, calvinistes de l'autre, et la Suisse (p. 197). Ainsi, privé de sa tête et de ses racines, l'espace rhénan commence à perdre certaines de ses fonctions d'échange et de rapprochement. On trouve dès lors, « de part et d'autre de l'axe rhénan, les deux plateaux de la balance européenne. Dans l'un, pesant de tout son poids, la France : une vieille personne, une grande dame aux quartiers de noblesse immémoriale. Dans l'autre, une masse confuse de villes et de princes, d'États moyens ou minuscules [...], les Allemagnes, unies par la langue, divisées par la religion, opposées par l'intérêt, déchirées par la politique » (p. 197).

Or c'est précisément au sein de cet amoncellement que commence à se faire l'Allemagne. Elle se cherche d'abord à tâtons, imitant comme sous hypnose les grands modèles aristocratiques d'outre-Rhin (p. 200–208), ignorant le mot de *patrie* alors que les philosophes français le prononcent déjà avec volupté (p. 199). Mais à la fin du XVIIIe, puis surtout au XIXe, l'Allemagne, comme l'écrit Febvre, « s'est forgé un idéal sur quoi modeler son être – pour pouvoir ensuite l'y retrouver tout entier » (p. 195).

Ainsi le moment est venu où Febvre, qu'il le veuille ou non, ne peut plus analyser avec une distance sereine les visions déformatrices de l'Histoire sous l'effet d'un combat idéologique. Il doit désormais descendre dans l'arène pour y prendre part. Visiblement gêné par une telle contrainte, il décide d'accélérer le mouvement et de traiter le XIXe siècle en un chapitre de vingt-deux pages (sur un total de deux cent trente-huit) sous le titre : « Comment se fait et se défait une frontière » (p. 213–235). Quant aux trente premières années du XXe siècle, celles qui déterminent le plus directement et dramatiquement sa position d'énonciateur, il les passe entièrement sous silence[9].

Le scénario que Febvre fait présider à la constitution de l'Allemagne moderne est le suivant : la nation allemande s'est découvert une identité unitaire grâce à l'émergence depuis le « Sturm und Drang » d'un mythe germanique fondateur,

9 P. Schöttler note à ce propos : « Il est frappant de constater que Febvre ne s'exprime presque jamais sur la situation des territoires occupés à l'époque par la France. Il ne mentionne qu'en passant les controverses du XIXe siècle, comme si tout cela était bien connu. En revanche, il analyse de façon détaillée les lacunes de la recherche historique sur les bouleversements qui suivirent la Révolution, et à ce propos n'est pas avare de critique politique. Lorsqu'il parle de « Vienne » en 1815, tout lecteur peut suivre son regard et penser à « Versailles » en 1919 » (*op. cit.*, p. 42).

revendiqué d'abord par les milieux luthériens du nord et de l'est du pays (p. 210). Ce mythe aux sonorités anti-françaises (p. 210 et p. 226) se double, depuis la fin de l'ère napoléonienne, de l'expansion politique de la Prusse vers l'ouest, processus qui conduit celle-ci à nier une quelconque fonction frontalière du Rhin pour en faire un fleuve interne à l'Allemagne (p. 227). Quant aux Rhénans, hésitants sur la position à adopter sous Napoléon, ils se rebellent d'abord contre le dominateur prussien (p. 228–229), mais finissent par en épouser l'orientation politique, économique et, finalement, idéologique (p. 230). Quand ils se voient bientôt au centre de la plus grande agglomération industrielle d'Europe, ils assimilent le destin du fleuve à celui de l'Allemagne impériale : « L'or du Rhin », écrit Febvre, « ce ne sont plus les parcelles arrachées petitement aux sables roulés ; c'est un immense Pactole, fils du labeur humain, qui couvre les Rhénans d'orgueil et de bien-être » (p. 234). Il en résulte un fleuve accaparé, victime d'un « monopole d'oppression et d'exploitation » (p. 235), jusqu'à ce que la France, en 1918, se réinstalle sur ses bords.

Febvre ne pouvait prévoir qu'elle en serait encore chassée, pour y revenir une nouvelle fois[10]. Et, surtout, il ne pouvait savoir que le conflit franco-allemand allait un jour se résoudre et permettre ainsi au Rhin de redevenir une des références les plus prometteuses d'une ère de culture proprement européenne[11]. Son livre, nous l'avons vu, est profondément tributaire d'un contexte d'affrontements politiques et bientôt guerriers. Il a d'autant plus de mérite à dénoncer systématiquement les concepts et arguments « clé en main » dont pouvait se servir un historien de son époque quand il s'agissait de parler du Rhin et des espaces, populations et civilisations qui se le partageaient.

Febvre, en effet, exige de la part de l'histoire qu'elle applique consciemment les mots aux choses, sans faire semblant d'accéder par transparence aux dernières. Il montre qu'à trop prononcer sans réfléchir les noms de *Germains* ou *Gaulois*, ils finissent par cautionner l'image d'une tribu ou d'une race réellement existants. Il souligne de même que le mot *Rhin* s'associe pendant longtemps avec l'idée de « zone » ou de « trait d'union » (p. 81), avant de prendre au XIXe siècle seulement son sens prétendument fatal de « frontière ».

Febvre, en digne représentant des *Annales*, s'insurge avec une belle constance contre les grandes unités typologiques que l'histoire traditionnelle a mises en œuvre pour évoquer le « destin » du Rhin. Ainsi se démarque-t-il de ceux qui ont

10 Il en prendra acte dans son bref texte de 1953 « Quelques réflexions sur l'histoire économique du Rhin », publié en annexe dans *Le Rhin*, édité par P. Schöttler, *op. cit.*, p. 256.

11 Comme le dit Willi Jung : « Aujourd'hui, *Pater Rhenus*, le Rhin père, est le principal témoin d'une civilisation européenne âgée de deux millénaires, dont la renaissance, en présence de l'uniformisation galopante de la civilisation technique des supermarchés et d'internet est à appeler de nos vœux. » (« *L'Auberge rouge* et la vision balzacienne de la Rhénanie » (*L'Année balzacienne 2001*, Paris, Puf, p. 222).

voulu faire du traité de Verdun de 843 le certificat de naissance du conflit franco-allemand : « Les traités de Mérovingiens ou de Carolingiens éphémères ne méritent [pas] que l'histoire s'hypnotise sur eux. Elle n'est point le règne des formes creuses, mais des peuples gorgés de substance et de vie [...]. Et ce sont les hommes qui comptent, pas la boîte » (p. 113).

C'est dans la même perspective que Febvre se méfie des illusions de la permanence géographique, postulant le territoire d'une France ou d'une Allemagne éternelle. Et c'est encore dans une telle optique que Febvre dénonce les récits téléologiques dans lesquels une magique volonté de puissance ordonne les éléments de façon à les faire converger vers l'apothéose du présent de l'énonciation : « De loin et de haut, on pourrait brosser un brillant tableau, simplification historique de l'échiquier rhénan [...]. Nous y résistons. Le drame est autre – et le réduire, avec tant d'adorateurs survivants du bonnet de Gessler, à des astuces de diplomates et aux « grands desseins » de princes puissants par la sagesse : caricature, non portrait. En histoire, il faut se défier du trop simple. Et le moyen de bien poser les problèmes, c'est, souvent, de les compliquer » (p. 194)[12].

Au lieu d'attacher le sujet du Rhin à la pseudo-continuité du destin politique, Febvre exige de le projeter sur une multitude de paradigmes pertinents au savoir historique. Ce qu'il appelle « compliquer les problèmes » consiste à dégager sous l'évidence des événements canoniques les strates spécifiques d'une civilisation en devenir.

Voici pourquoi il ne cesse de procéder à ce que P. Veyne appelle « l'allongement du questionnaire »[13]. Il n'hésite pas, en effet, à manier les instruments du géographe, de l'anthropologue, de l'archéologue et du philologue pour tenter de comprendre les mouvements de population dans l'espace rhénan avant que des documents romains en témoignent. Quand il peut s'appuyer sur les textes de Tacite et d'autres (à partir de la p. 87), il ne renonce pas pour autant à l'apport des sciences mentionnées ci-dessus. Il place les données offertes par les sources dans une perspective socio-historique qui fait ressortir les pratiques économiques, religieuses et linguistiques. Et, dans ce cadre, il recourt fréquemment aux procédés de l'onomasiologie et de la toponymie[14].

12 La démarche de Febvre apparaît fort clairement si on la lit à la lumière de la réflexion épistémologique que P. Veyne mène dans *Comment on écrit l'histoire*, Seuil, « UH », 1971.

13 « L'enrichissement séculaire de la pensée historique se fait par une lutte contre notre tendance naturelle à banaliser le passé. Il se traduit par un accroissement du nombre de concepts dont dispose l'historien, et par conséquent par un allongement de la liste des questions qu'il saura poser à ses documents. » *Ibid.*, p. 258.

14 F. Braudel caractérise ainsi la démarche de Febvre : « Élève authentique de Vidal de la Blache, il est resté, sa vie durant, géographe autant qu'historien. Lecteur enthousiaste de *L'Année sociologique*, comme Marc Bloch, il s'est assimilé très tôt la pensée conquérante de Durkheim et de Lévy-Bruhl, plus encore les pensées fraternelles d'Halbwachs, de Marcel Mauss et de François Simiand [...]. Il a été un lecteur très attentif de Marx, de Max Weber et de Sombart,

Arrivé à la Renaissance, il caractérise la ville rhénane par sa configuration topographique, par le développement de son droit constitutionnel et, surtout, par son épanouissement culturel. En guise d'illustration, Febvre insère dans son texte de nombreuses gravures figurant les cités rhénanes du XVIe et du XVIIe siècle, ainsi que des représentations de tableaux de grands maîtres de la peinture médiévale et renaissante. Parmi ces derniers, les portraits de Holbein conduisent l'historien à quitter momentanément l'étude des processus collectifs pour évoquer dans un commentaire très personnel des images jugées représentatives de certains types psycho-sociaux (p. 176–186). S'agit-il, en revanche, de montrer les implications géopolitiques de l'anéantissement de la Bourgogne, Febvre résume dans une synthèse générale l'évolution de cette puissance au XVe siècle (p. 188–193). Dans un autre contexte encore, il fait parler l'architecture en focalisant sur le patrimoine monumental laissé par les princes allemands du XVIIIe siècle (p. 200–205). Dans toute la partie finale enfin, Febvre ne cesse d'ébaucher le projet d'une histoire des mentalités rhénanes : « Nous, qui voudrions comprendre, nous venons de voir qu'il faudrait, avant tout, dresser une carte précise des opinions – mieux, des systèmes d'idées qui, aux bords du Rhin, s'affrontant ou s'unissant, devaient dicter aux peuples leurs réactions » (p. 215).

L'intérêt du *Rhin* réside, nous l'avons vu, dans un équilibre subtil entre la critique de l'historiographie traditionnelle et l'ouverture à des démarches de type transdisciplinaire. À cela s'ajoute le talent créatif de l'historien, qui n'a rien à envier à celui d'un écrivain. Febvre est un maître de l'écriture littéraire, à tous les niveaux que ce concept sous-entend[15].

Ainsi, il sait donner une force visuelle à son texte à travers une série de métaphores animistes dont certaines se développent en synesthésies telles que « les eaux blondissantes » et « lueurs assourdissantes » du Rhin néerlandais (p. 78). D'autres passages sont imprégnés tout entiers d'une charge expressive dans la tradition de *Salammbô*, comme par exemple l'évocation du rituel sacrificiel à la romaine : « Dans une fosse couverte d'un plancher percé de trous, le fidèle recevait le sang chaud, d'une fadeur écœurante, qui giclait du cou d'un

surtout de Marx. Tout le monde ne le lui pardonnera pas aisément. Passionné d'histoire de l'art, il aura goûté à la fois les audaces d'un Francastel et la souveraineté classique d'un Émile Mâle. » (« Lucien Febvre et l'histoire », *The Annales School*, vol. IV, édité par Stuart Clark, London / New York, Routledge, 1999, p. 29).

15 P. Veyne écrit à ce sujet : « l'histoire n'est pas un de ces arts de connaissance où, pour citer Gilson, il suffit d'avoir compris la méthode pour pouvoir l'appliquer ; c'est un art de production où il ne suffit pas de connaître les méthodes: il faut aussi du talent. » (*op. cit.*, p. 272). P. Ricœur, quant à lui, distingue trois moments de l'opération historique qu'il appelle « phase documentaire », « phase explicative-compréhensive » et « phase représentative » ; par cette dernière, il entend « la mise en forme littéraire ou scripturaire du discours porté à la connaissance des lecteurs d'histoire » (*La Mémoire, l'histoire, l'oubli*, Seuil, « Ordre philosophique », 2000, p. 169).

taureau égorgé. Et il sortait de là hideux, repoussant, mais purifié de souillures – cependant que se déroulaient les danses frénétiques des femmes [...], les évolutions des prêtres émasculés, fardés, tailladant leur chair et secouant sur leurs tuniques à l'orientale leurs longues chevelures barbouillées de sang » (p. 106). Cette magnificence solennelle du style flaubertien se déploie aussi dans la description des basiliques romanes de la région colonaise, aux arcatures graciles et aux absides harmonieuses, « tandis que, dans les cryptes, sommeillent lourdement des impératrices hiératiques et dorées, venues de Byzance pour régner sur le Rhin » (p.143). Quand il évoque, en revanche, les paysans « dressant au-dessus de leurs têtes embroussaillées au vieux cri de *Bundschuh*, le gros soulier clouté des écraseurs de mottes » (p. 148), l'historien partage éloquemment l'inspiration de Michelet[16]. Et en suscitant l'ambiance qu'il juge typique des villes « filles du Rhin », il semble se souvenir de l'élégance poétique de Verlaine (p. 151).

Mais c'est sans doute par le rythme oratoire qu'il imprime à de nombreuses pages que Febvre témoigne le mieux de son génie littéraire. L'auteur du *Rhin*, face aux épanouissements et mutations d'une civilisation polyphonique, pratique une écriture lyrique fondée sur l'énumération saccadée, voire la répétition de mots. Comme si la réalité, la perception et l'expression de celle-ci devaient se confondre dans une sorte de parataxe fiévreuse qui n'est pas sans rappeler certaines intensités répétitives de *L'Or* de Cendrars. Écoutons cette rafale de phrases nominales sur le droit régnant dans les cités du XVIe siècle : [...]« la tolérance fondée sur l'expérience du monde, une vision élargie bien au-delà des murs étroits de la cité.../ Cela, et la paix. La paix spéciale des villes, agents de sécurité dans un monde de brutaux ; la paix que signifient aux limites du territoire urbain les croix de banlieue ; la paix que proclame, s'élançant dans les airs le beffroi, *Bergfried*, cette Tour de la Paix – la paix du plus ancien droit de Strasbourg » etc. (p. 156)[17].

Febvre, on le voit, aime interpeller son lecteur ; il n'hésite pas à le bousculer par des ruptures syntaxiques et des tours elliptiques[18], comme il ne cesse de le solliciter par toutes sortes de questions complices ou provocantes[19]. Ainsi, au lieu de nous servir une tranche de doctrine historique bien apprêtée, il nous associe à une vision enthousiaste et généreuse du monde. Et son plus grand mérite est peut-

16 Michelet a droit à une importante citation et à un commentaire élogieux à la p. 147.

17 Voir aussi les passages du même type aux pages 80, 96, 98, 124,135, 144, 149, 164, 196, 204, 206.

18 Un contemporain de Febvre, Léon Cahen, est visiblement irrité par ce qu'il considère comme une « prose parfois de lutteur qui se ramasse pour se détendre et semble défier le lecteur avec une phrase divisée, articulée à l'excès, coupée de rejets, pleine de mépris pour la stylistique normale. » Dans *Revue d'histoire moderne*, vol. 10, 1935, p. 283–285. Cité par P. Schöttler, *op. cit.*, p. 46.

19 Voir à ce propos le commentaire que B. Mazon présente dans son Introduction à L. Febvre, *L'Europe. Genèse d'une civilisation*, Perrin, 1999, p. 29–30.

être qu'il permet au littéraire de découvrir, au-delà d'une compétence et d'une intelligence d'historien, le travail magnifique d'un écrivain.

Christian Schmitt (Bonn)

RHENUS – Missverständliches und Missverständnisse

1. Vorbemerkungen

Kulturwissenschaftler sind schnell dabei, sogenannte »übergreifende« Themen zu wählen, wenn es um die Beziehungen von Frankreich und Deutschland geht. Dabei geht man selbstverständlich von der These aus, dass – angesichts der unzweifelhaft nachgewiesenen – Rheinromantik mit Burggrafen und alten Schlössern, die in der Literatur des 19. Jahrhunderts aufgegriffen und thematisiert wurden, ›natürlich‹ auch der Linguist über diesen Fluss mit keltischem Namen etwas zu sagen haben müsste.

Sicher ist der Rhein so etwas wie der Schicksalsfluss zwischen den Nationen geworden, die aus der Teilung des Frankenreichs hervorgehen sollten: Doch weder für Ludwig noch für Karl und erst recht nicht für Lothar bestand so etwas wie eine Rheingrenze, weder durfte der Rhein als kommunikationsfördernder noch als kommunikationshemmender Fluss angesehen werden, noch war er zu irgendeinem Moment der Geschichte eine Siedlungsgrenze oder eine Sprachgrenze.

Das Bewusstsein vom Rhein als wie auch immer gearteter Demarkationslinie zwischen zwei Kulturen scheint auch in den historischen Romanen, der »passion française« (Buisson 2007, 47) der heute links des Rheins lebenden Romanen nicht zu existieren. Weder haben ihn die vielgelesenen Werke eines Max Gallo, Christian Jacq, einer Mireille Calmel oder eines Patrick Rambaud in Erinnerung gebracht, noch besteht eine Rhein-Thematik in den Bestsellern dieser Saison, sei es

- Olivier Bleys, *Semper Augustus*, Gallimard ('07), dessen Handlung sich auf die Niederlande des 17. Jahrhunderts bezieht
- Jacques Pince, *La Vengeance de Bogis*, Borée ('07), der mit viel Phantasie einen Abschnitt der normannisch-französischen Geschichte behandelt
- Jean-Luc Gendry, *Le temps des otages*, Ed. du Rocher ('07), der Themen aus dem Frankreich der Vichy-Regierung darstellt

- Gore Vidal, *Création*, Ed. Galaade ('07), der die Antike mit der Gegenwart vereint und v. a. bei den Leerstellen der Texttradition besondere Einfallskraft entwickelt
- Jean-Claude Carrière/Milos Forman, *Les fantômes de Goya*, Plon ('07), die ein Thema der Inquisition aus dem Spanien des ausgehenden 18. Jh.s aufgreifen.

Nirgendwo ist in diesen in fast allen Supermärkten ausliegenden literarischen Werken vom Rhein die Rede; ja es scheint mir fast symptomatisch, dass stattdessen heute lieber zur Übersetzung von Bestsellern früherer Zeiten zurückgegriffen wird, wie z. B.

- Walter Scott, *Le Talisman*, traduit de l'anglais par Claude Dandréa, Phébus ('07), der den Leser in die Zeit der Kreuzzüge zurückführt, die bei unserem Nachbarn ein ungebrochenes Interesse für sich beanspruchen können.

2. Frankreich und seine »étrangers«

Man hätte wenigstens erwarten dürfen, dass der *Nouvel Obs* (26.VII.07, 46ff.) in seinem von Jean Daniel verfassten Leitartikel »Ces étrangers qui ont fait la France« etwas über die Bedeutung des Rheins für die französische Geschichte sagen würde. Hier ist die Enttäuschung für den Leser noch größer, denn der Autor, der weidlich Renans bekanntes Werk *Qu'est-ce qu'une nation* ausbeutet, erwähnt zwar alle wichtigen Etappen der Nationalgeschichte und verteilt holzschnittartig seine Bewertungen, der Flussname Rhein kommt hier allerdings nicht vor.

> »Les étrangers – l'occupant –, ce sont d'abord les Romains. Deux historiens, Jacques Bainville et René Grousset, ont été jusqu'à s'alarmer à l'idée qu'Alésia aurait pu être une victoire et Vercingétorix un vainqueur. La seule éventualité que nous aurions pu n'être pas romains, occupés, dominés et absorbés par Rome, remplit nos deux historiens d'une sainte frayeur. Gallo-romains? Si vous voulez. Mais il faut bien qu'il nous reste quelque chose de cet enseignement, à tous imposé, selon lequel nos ancêtres étaient les Gaulois. »*La France aux Français?*« Peut-être, mais nous devons tout à Rome«.

Und so wird die eingangs gestellte Frage »*La colonisation romaine?*« zur rhetorischen Frage, auf die es nur ein »*Entièrement positive!*« als Antwort gibt.

Noch erstaunlicher ist die von Marie-France Etchegoin und Sylvain Courage erstellte Karte der »100 Lieux qui ont fait la France«, die ich Ihnen nicht vorenthalten möchte (*Nouvel Obs* 1.VIII.07, 7): Hier sucht man den Rhein vergeblich, und der westlichste Punkt, Schönenburg, ist nichts anderes als »un rêve d'ancien combattant, grand blessé de la guerre de 14–18«, der Ort von André Maginots Verteidigungslinie.

Noch einmal muss man sich fragen: Warum wird hier mit keinem Wort eine Auseinandersetzung erwähnt, die wir nur durch die römische Geschichte kennen: Der Streit zwischen Caesar und Ariovist, bei dem der Römer dem germanischen Heerführer das linksrheinische Gebiet als angeblich gallischen Siedlungsraum entreißen möchte, denn schließlich hatte er ja dem Senat in Rom gegenüber den Rhein als Siedlungsgrenze angezeigt.

Wir wissen heute, dass Ariovist die besseren Argumente für sich besaß, denn längst vor Ankunft der Römer waren die linksrheinischen Gebiete von Germanen besiedelt worden, so gab es für Ariovist auch keinen Grund, sich auf die rechte Rheinseite zurückzuziehen und den imperialistischen Forderungen des römischen Despoten nachzugeben, der auch im Kölner Raum die Stammesgrenze recht ›großzügig‹ behandelte.

In der Frühgeschichte Westeuropas scheint dann der Rhein weitgehend aus dem Bewusstsein der Franzosen und Deutschen getreten zu sein: Historiker, Dichter, Politiker und Sprachwissenschaftler kennen ihn nicht als Grenzfluss oder Mittler von Sprache und Kultur (Schmitt 2000); abgesehen von etymologischen Streitigkeiten zwischen Hunger(us) und Bovelles (1533), bei denen es um die Bewertung von Lehnwortschatz ging (Schmitt 1997), spielt der Fluss keine Rolle, bis Ludwig XIV. seine besondere Aufmerksamkeit der Expansion der Ostgrenzen seines Reiches widmet und – im Osten, Norden, Süden und Westen – die durch Annexion zu französischen Neubürgern gewordenen Einwohner in den Club von »ces étrangers qui ont fait la France« (Daniel 2007) aufgenommen werden und an der französischen Nationalgeschichte zu partizipieren beginnen.

Der bereits erwähnte Artikel des *Nouvel Observateur* kennt im Grunde nur ein einziges Erklärungsmuster: Die gesamte Argumentation ist auf der These von Renans vielzitiertem Buch *Qu'est-ce qu'une nation* aufgebaut, während der von Barrès hervorgehobenen *Memoria* nur ganze zwei Sätze gewidmet sind (2007, 46f.). Von de Gaulles bekanntem Ausspruch

> »Je suis né de là, de l'une de ses provinces, et j'en tire fierté. Tout en m'émerveillant du renouvellement permanent que lui valent les immigrations successives auxquelles elle [scil. la France] doit une part de sa grandeur«,

über Mitterrands Aufnahme dieses Zitats bis hin zum Selbstverständnis des früheren Präsidenten Sarkozy »venu d'ailleurs«, nach der Diktion von Henriette Walter (1997), lässt sich damit eine direkte Argumentationskette schließen, die auf einer bestimmten Ideologie basiert. Als *autorité centralisatrice* findet allein Rom Anerkennung vor der Geschichte, was konkret heißt, dass Alésia und Vercingétorix aus der Gesamtsicht auszublenden sind: »[...] nous devons, tout a Rome« (Daniel 2007, 46b). Dieses Geschichtsverständnis führt direkt zu einer anderen Assertion des *Nouvel Obs:*

»Pour ces étrangers que nous avons été et que nous sommes, il n'était pas pensable que l'on pût ignorer la langue nationale, son histoire et la solidarité de ses épreuves« (Daniel 2007, 46b),

die in etwa das französische Selbstverständnis umschreibt.

Es überrascht also nicht, dass zwar

- im Band *Les relations entre la langue allemande et la langue française* des Conseil International de la langue française (Paris 1989)
- bei Bodo Muller, *Le français d'aujourd'hui* (Paris 1985)
- oder bei Henriette Walter, *L'aventure des mots français venus d'ailleurs* (Paris 1997)

ebenso wie bei Brunt (1983), Jones (1970) oder Telling (1988) viel über den relativ gut erforschten deutsch-französischen Lehnwortschatz geschrieben ist, nach dem Stichwort *Rhein* aber auch hier vergeblich gesucht wird.

3. Missverständliches und Missverständnisse

Diese Ausgangslage scheint es zu rechtfertigen, nicht die übliche Entlehnungsproblematik zu behandeln, sondern das Thema der kommunikativen Defizite aufzugreifen, dem Institute wie das unsrige und Studiengänge wie die Deutsch-Französischen Studien in Bonn und an der Sorbonne entgegenzuwirken sich zur Aufgabe gemacht haben; im Mittelpunkt sollen das Adagium frz. *araignée du matin, chagrin/araignée du soir, espoir* sowie *chaussures en vair (danser)* und ihre deutschen Äquivalente *Spinnen am Morgen bringt Kummer und Sorgen; Spinnen am Abend erquickend und labend* respective *in gläsernen Schuhen (tanzen)* dienen, die bis heute, wie ich staunend feststellen musste, immer noch missverstanden werden.

Als ›locution proverbiale‹ verzeichnet der Petit Robert *araignée du matin, chagrin, araignée du soir, espoir* (2003, 93a/b), ohne Datierung und ohne sonstige Markierung, so dass davon auszugehen ist, dass dieses Adagium, das im *Thesaurus galloromanicus*, dem FEW, nicht aufgenommen ist und mithin auch in den Dialektbüchern zu fehlen scheint, noch über kein hohes Alter verfügen dürfte: Allein sprichwörtliches *arègne du matin, c'est chagrin* findet sich in der ersten Fußnote zu Nivelles *arègne* »araignée« (Brabant), wobei – ohne Stellenangabe – noch auf bei Mérimée ausgewiesenes *araignée du matin, chagrin; araignée du soir, espoir* verwiesen wird (FEW 25, 1, 81b, s.v. *araneus*). Was diese sprichwörtliche Verwendung von *araignée* bedeuten soll, konnte mir bisher keiner der frankophonen Studierenden sagen; in der Regel wird auf die in Frankreich angeblich weit verbreitete Arachnephobie verwiesen und angenommen, man müsse diese armen, im Grunde dem Menschen nützlichen Tierchen töten, wenn man ihnen am Morgen begegne, vergleichbar der Begegnung mit schwarzen Katzen, die je nachdem, ob sie von links oder rechts und am Morgen oder am Abend den Weg kreuzten, mal mehr oder weniger Unglück brächten.

Den Schlüssel zur Erklärung der französischen Redewendung liefert das Deutsche, wie sich leicht zeigen lässt: Wenn heute dt. *Spinnen am Morgen bringt Kummer und Sorgen; Spinnen am Abend, erquickend und labend* auch vielfach, in einer Einführung mit über achtzig Studierenden gar von hundert Prozent ähnlich wie das französische Äquivalent gedeutet wird, dann liegt in diesem synchronischen Verständnis der Redewendung die Erklärung für die heutige Hermeneutik der Redewendung und die im Französischen erfolgte Äquivalenz *Spinnen* mit *araignée*(*s*), die historisch keinen Sinn macht. Im Deutschen liegt die substantivierte Form des Verbs *spinnen* vor, die für die heutigen Sprachbenutzer wie auch die galloromanischen Übersetzer homonym zum Plural von *Spinne* »araignée« geworden ist. Gemeint ist, dass das Spinnen am Morgen viel Kummer bereitet, da dem oder, in aller Regel, der Spinnerin noch ein langer, harter Arbeitstag bevorsteht, während die nur am Abend spinnende Person darin einen angenehmen Zeitvertreib erkennen kann. Die Tätigkeit des Spinnens ist allerdings den heutigen Menschen so wenig bekannt, dass der historisch korrekten Verbindung mit der Arbeit am Webstuhl die kryptische Verbindung mit der eher Gefühle des Schauders hervorrufenden, allein durch den Wortkörper deutbaren *Spinne*, frz. *araignée*, vorgezogen wurde, so dass heute in der Ausgangssprache wie in der Zielsprache dieselbe Aussage vorliegt, bzw. gegeben zu sein scheint, die in einem Übertragungsfehler irgendwo an der Sprachgrenze ihren Ursprung hat. Eigentlich müsste das frz. Translat *tistre* (*tissir, tisser*) *le matin, chagrin; tistre* (*tissir, tisser*) *le soir, espoir* lauten, je nach Datum der Nachbildung.

Den umgekehrten Fall stellt eine bekannte Stelle im Märchen vom Aschenputtel dar, wo von einem armen Mädchen die Rede ist, das die ganze Nach mit dem Prinzen in *gläsernen Schuhen* tanzte. Zwar weiß man spätestens beim »Wiege, Wiege, Walzerschritt« der Tanzstunde, dass Schuhe beim Tanzen nachgeben müssen, will man elegant über das Parkett dahingleiten. Aber für das Märchen und fiktive Texte scheint diese Erfahrung ausgeblendet, und Glas kann ja auch ein wertvolles Material sein.

Das Geheimnis liegt dieses Mal im Französischen, wo im Märchen vom Cendrillon von *pantoufles de vair* die Rede ist, die bereits Perrault als *pantoufles de verre* verschriftet hat (PRob 2003, 2060b), da ihm wohl der Terminus *vair* aus dem Kürschnerhandwerk, der heute noch in der Bedeutung »une des deux fourrures du blason, composée de petites pièces en forme de clochetons, disposées tête-bêche sur des lignes horizontales« in der Heraldik gebraucht wird.

Dieses *vair* (< lt. *varius* »bunt; verschieden; unbeständig«, FEW 14, 182b) bedeutete »gris-bleu, avec idée de clarté, en parlant des yeux«, aber auch »bigarré (étoffe; plume)« und »fourré avec la peau du petit-gris« sowie »fourrure d'écureuil, combinée en échiquier; fourrure d'hermine, imitée avec la fourrure de belette et peut-être d'autres animaux«, so dass sich bei den als Tanzschuhen gebrauchten *pantoufles en verre* (*vair*) als Übersetzung »Flickenschuhe; Schuhe aus Fell(resten)« anbietet. Wenn Perrault diese fachsprachliche Verwendung entfallen war, darf man der hessischen Großmutter hugenottischer Abstammung, die den Gebrüdern Grimm die Märchen ihrer frankophonen Ahnen erzählte, nicht böse sein, wenn sie [vE{] nicht ganz korrekt mit *gläsern* wiedergab; die Homonyme zu *vair* – *ver, verre, vers, vert* – sind in der Tat zu zahlreich und ohne sprachhistorische Kenntnisse kaum auseinanderzuhalten. Dem Märchen hat – in Frankreich wie in Deutschland – dieses Missverständnis sicher keinen Schaden zugefügt.

Man darf damit festhalten, dass kommunikative Fehlleistungen – auf beiden Seiten – nicht unbedingt Störungen hervorrufen müssen und dass die volkssprachliche Zeichenerklärung selbst dann noch den Austausch über die Sprachgrenzen gestattet, wenn offensichtliche Fehlinterpretationen zumindest für den Philologen vorliegen.

Anders ist dies, wenn unselige Relikte aus der Völkerpsychologie neu instrumentalisiert werden oder auch – wie im Artikel *français* des RobHist – bewusste Geschichtsklitterung betrieben wird (19 , I,). Im *Nouvel Observateur* vom 6.–12. September 2007 konnte man aus der Feder des medial besonders aktiven Lexikographen Alain Rey folgende Darstellung der lexikalischen Entlehnung lesen:

> »Dans la marmite qui a concocté le français, il y a le latin écrit et oral, ce dernier étant un créole de latin … *Caballus* a ainsi éliminé *equus* pour »cheval«, le premier (gemeint: le dernier, C. S.) s'étant conservé dans »équitation«. Pourtant, 30 % des ingrédients viennent du germanique. C'est ce que j'appelle »la grande métisserie« latino-germanique. Le mot »guerre« est francique, le mot »paix« latin. Ce n'est pas un hasard. L'Empire romain est un système violent mais pacificateur. Il cherche à gérer alors que le système germanique, qui va engendrer la féodalité, est un système où la guerre et l'invasion sont fondamentales. Mais, parfois, les envahisseurs deviennent des gestionnaires qui se sédentarisent, à l'exemple des Francs« (2007, 85b).

Der Text wurde offenbar nicht als anstößig empfunden, denn Leserzuschriften verzeichneten die folgenden Hefte des *Nouvel Obs* nicht.

Bei Reys Ausführungen, die inhaltlich falsch sind, handelt es sich nicht um Missverständnisse, sondern eine heute leider immer noch weit verbreitete ideologische Strategie, die auf der Instrumentalisierung von Halbwahrheiten basiert:

- es steht für jeden Romanisten fest, dass die romanischen Sprachen bei der gegebenen grammatischen Konstanz ein Kontinuum des Lateins bilden und keine Kreolsprachen sein können;
- mit einem Wort lässt sich der Beitrag von Sprachen nicht charakterisieren: Gerade weil das römische Kaiserreich keine *bella iusta* mehr inszenierte und von Kampagnen gegen die Schwächeren nach dem Aeneis-Motto *tu regere imperio populos Romane memento / hae tibi erunt artes pacifique imponere mores / parcere subiectis et debellare superbos* lebte, hatte das Wort *bellum* seinen Verwendungsbereich verloren, so dass anfrk. **werra* »Wirren, Streit« (FEW 17, 567), das auch in engl. *war* fortbesteht, als die passendere Bezeichnung für die dauernden Fehden (Rohlfs 1971) erscheinen musste;
- Alain Rey ist auch sicher nicht entgangen, dass anfrk. **treuwa* »Vertrag« in port. *tregoa*, sp. *tregua*, aokz. *trega*, afrz. *true* und nfrz. *trêve* weiterlebt und sogar von der Kirche in der fachsprachlichen Verwendung *trêve de Dieu* »institution par laquelle l'Eglise suspendait les guerres [...]« adoptiert wurde: kein vernünftiger Mensch käme auf den Gedanken, die Römer seien zu korrekten Verträgen nicht fähig gewesen, wie dies der Analogieschluss zu Alain Reys Ausführungen nahelegen würde.

Die Zeit, da subkutan Vorurteile vermittelt und unter dem Deckmantel der Wissenschaft einem breiteren Publikum bekannt gemacht wurden, sollte endlich vorbei sein: Wenn bei der Tour de France mehr von *dopage / Doping* als vom Radsport die Rede ist, darf man nicht die Zulus dafür verantwortlich machen, aus deren Sprache der Stamm [dop-] stammt, noch die Engländer, aus deren Sprache *doping* als *etymologia proxima* in die europäischen Idiome unterschiedlichster Genealogie entnommen wurde. Auch zahlreiche sog. Einsichten und Folgerungen der *grammaire contrastive* wie insbesondere der von Wundt (^{3}1911–1920) inaugurierten Völkerpsychologie sind aufzugeben, was voraussetzt, dass sie als textkonstituierende Grundlagen in Presseprodukten erkannt und von einem entsprechend sensibilisierten Publikum stigmatisiert werden (Schmitt 2004).

Der internationale Studiengang Bonn/Sorbonne legt großes Gewicht auf ein besseres Verständnis der wechselseitigen Positionen und hat es sich zur Aufgabe gemacht, die Studierenden zu befähigen, sprachliche wie geistige Produkte aus den Gebieten diesseits und jenseits des Rheins kritisch zu analysieren und etwa bestehende Ideologien zu erkennen.

Missverständnisse wird es immer wieder geben, aber die Beispiele vom *Aschenputtel* mit den *gläsernen Schuhen* und der *araignée du matin* haben gezeigt, dass sich damit eigentlich recht gut leben lässt, im Gegensatz zu manipulativen Aussagen, die darauf angelegt sind, wider besseres Wissen sprachliche und kulturhistorische Phänomene zu instrumentalisieren und die Linguistik, eine penibel beschreibende Geisteswissenschaft zu einem ideologischen Zwecken dienenden Medium zu pervertieren.

4. Bibliographie

Brunt, Richard James (1983), *The Influence of the French Language on the German Vocabulary (1649–1735)*, Berlin/New York.

Buisson, Jean-Christophe (2007), »Romans historiques: une passion française«, in: *Le Figaro magazine*, 1959, du 28 juillet, 47–48.

Conseil international de la langue française (1989; ed.), *Les relations entre la langue allemande et la langue française*, Paris.

Daniel, Jean (2007), »Ces étrangers qui ont fait la France«, in: *Le Nouvel Observateur* 2229, du 26 juillet au 1er août, 46–47.

Etchegoin, Marie-France/Courage, Sylvain (2007), »100 lieux qui ont fait la France«, in: *Le Nouvel Observateur* 2229, du 26 juillet au 1er août, 6–7.

FEW = Walther von Wartburg, *Französisches Etymologisches Wörterbuch*, Leipzig/Bonn/Tübingen/Basel, 1922–2005, 25 Bde.

Jones, William Jervis (1976), *A Lexicon of French Borrowings in the German Vocabulary (1575–1648)*, Berlin/New York.

Logeart, Agathe/Bazin, François (2007), »La République enracinée«, in: *Le Nouvel Observateur* 2229, du 26 juillet au 1er août, 32–34.

Muller, Bodo (1985), *Le français d'aujourd'hui*, Paris.

Renan, Ernest (1934), *Qu'est-ce qu'une nation?* Portrait par Georges Gorvel, Paris.

Rey, Alain (2007), »Français: mille ans de bravitude«, propos recueillis par Gilles Anquetil, in: *Le Nouvel Observateur* 2235, du 6 au 12 septembre, 84–85.

Rohlfs, Gerhard (1971), *Romanische Sprachgeographie.* Geschichte und Grundlagen. Aspekte und Probleme mit dem Versuch eines Sprachatlas der romanischen Sprachen, München.

Schmitt, Christian (1997), »Vulgärlatein und germanisches Superstrat. Erkenntnisse und Lehren aus einem Humanistenstreit über Etymologie«, in: Czapla, Beate/Lehmann, Thomas/Liell, Susanne/ (edd.), *Vir bonus dicendi peritus*, Festschrift für Alfons Weische, Wiesbaden, 371–379.

Schmitt, Christian (^{2}2000), »Sprach- und Nationenbildung in Westeuropa (bis zur Jahrtausendwende)«, in: Besch, Werner/Betten, Anne/Reichmann, Oskar/Sonderegger, Stefan (edd.), *Sprachgeschichte. Ein Handbuch zur Geschichte der deutschen Sprache und ihrer Erforschung*, Berlin/New York, 1015–1030.

Schmitt, Christian (2004), »Sprachliches Handeln und Verantwortlichkeit – Ziel und Zweck linguistischer Analysen von Medienprodukten«, in: Winfried Lenders (ed.), *Medienwissenschaft. Eine Herausforderung für die Geisteswissenschaft*, Frankfurt (e.a.), 15–49.

Telling, Rudolf (1988), *<Französisch> im deutschen Wortschatz. Lehn- und Fremdwörter aus acht Jahrzehnten*, 2. Auflage, Berlin.

Walter, Henriette (1997), *L'aventure des mots français venus d'ailleurs*, Paris.

Wiegand, Herbert Ernst (2001), »Fremdwörterbücher und Sprachwirklichkeit«, in: *Neues und Fremdes im deutschen Wortschatz. Aktueller lexikalischer Wandel*, hgg. von Gerhard Stickel, Berlin/New York, 59–88.

Wundt, Wilhelm ([3]1911–1920), *Völkerpsychologie*, 10 Bde, Leipzig.

Marie-Louise von Plessen (Saint-Firmin-sur-Loire)

Der Rhein als europäische Flussbiografie. Eine kulturhistorische Ausstellung[1]

> Ein edler, feudaler, republikanischer, kaiserlicher Fluss, dem es gebührt, zugleich deutsch und französisch zu sein. Die ganze Geschichte von Europa, unter ihren beiden Gesichtspunkten betrachtet, liegt in diesem Fluss der Krieger und der Denker, in dieser prächtigen Woge, die Frankreich toben und in diesem tiefen Gemurmel, das Deutschland träumen lässt[2].

Königsblaue Bogenwände und »Schwemminseln« begleiteten Kaiser Friedrichs I. »Königsstrom« in der Bundeskunsthalle. Vom Quellgebiet in Graubünden bis zum Europoort Rotterdam ordnete das fiktive Flussbett mit über 300 Leihgaben zahlreicher Schatzhäuser Europas in zwölf Kapitel nach Flusskilometern. Begleitet von zeitgenössischer Kunst, Musik- und Filmdokumenten endeten die kulturhistorischen Sedimentschichten[3] des »Biopics« über zweitausend Jahre mit der Integration Westeuropas nach 1945.

Josef Görres' *Schlagader Europas* wurde verbaut und verschmutzt, erobert und besetzt. Seine Ufer säumten militärische Kolonien, Klöster und Kathedralen. Der Rhein beförderte Kriegszeug und Luxuswaren, Kunstwerke und Bücher, Ideale und Ideen, Märchen und Mythen. Seit römischen Zeiten war er mit wechselnden Fronten zwischen Germanien und Gallien, der Schweiz und Burgund, Deutschland und Frankreich, Belgien und Holland zugleich Pforte, Festung und Grenze, Brücke und Furt.

Zum Auftakt lenkte Andreas Gurskys *Rhein I* zu Robert Schumanns *Rheinischer Symphonie*[4] von der Gegenwart auf das Doppelgrab des ca. 14 700 Jahre

1 *Der Rhein. Eine europäische Flussbiografie* (9. September 2016–22. Januar 2017). Eine Ausstellung der Kunst- und Ausstellungshalle der Bundesrepublik Deutschland in Zusammenarbeit mit dem LVR-LandesMuseum Bonn, kuratiert von Marie-Louise von Plessen.

2 Victor Hugo, Le Rhin (lettre XIV), 1838.

3 *Der Rhein ist eher ein römischer, universaler denn ein deutscher Strom. Sogar die gotischen Bauwerke wurden über römischen Unterbauten errichtet, die Burgen über den* castra, *die Kirchen und Klöster über ehemaligen Tempeln.* Jules Michelet, *Journal du Voyage au Rhin,* 1842. Zit. nach Febvre 1935, S. 95.

4 Robert Schumann: Rheinische Symphonie Nr. 3 Es-Dur (sog. Hymne des Rheinlandes), 1850. Titelseite bez.: Dritte/Symphonie/Es-Dur/ für/ Grosses/ Orchester/ von/ R.S./ Op.97. Zum

Abb. 1: Moritz von Schwind, *Vater Rhein*, 1848, Raczyński-Stiftung am Nationalmuseum in Poznań

Abb. 2: Max Ernst, *Vater Rhein*, 1953, Kunstmuseum Basel, Geschenk von Frau Dr. Gisela Giedion-Welcker im Sinn und zum Andenken von Prof. Dr. med. Wilhelm Löffler 1974

---

erstenmal aufgeführt Düsseldorf: d.6ten Februar 1851/ " " 2tenmal Cöln: d.20sten r/ " " 3tenmal Düsseldorf, d.13. März. Mit Röteleintragungen, Bleistift- u. Tintenkorrekturen des Schreibers Carl Gottschalk, Bleistiftpaginierung 1–225. Berlin, Staatsbibliothek zu Berlin, Musikabteilung Inv. Mus.ms. autogr. Schumann R.12.

Paar von Oberkassel. Moritz von Schwinds monumentales Historienbild (Abb. 1) säumte *Vater Rhein* nach dem Scheitern der Revolution von 1848 mit Allegorien von Speyer mit den Kaisergräbern, der Nibelungenstadt Worms, der Bundesfestung Mainz mit doppelter Mauerkrone. Max Ernst hingegen sah 1953 *Vater Rhein* (Abb. 2) eher kosmisch universal: *Hier kreuzen sich die bedeutendsten europäischen Kulturströme, frühe mediterrane Einflüsse, westliche Regionalismen, östliche Neigung zum Okkulten, nördliche Mythologie, preußisch-kategorischer Imperativ, Ideale der französischen Revolution und noch manches andere.*

1. Navigation und Verbauung

Der heute von Rheinfelden vor Basel bis Rotterdam[5] schiffbare Strom musste jahrhundertelang gezähmt werden. Um 1800 verzeichnen Landkarten auf 110 km Strecke mehr als 1600 Schwemminseln, die das Schmelzwasser der Eiszeit hinterließ[6]. Noch Peter Birmanns *Auenlandschaft des Oberrheins mit Blick auf Isteiner Klotz nach Süden gegen Basel* (Abb. 3) veranschaulicht kurz vor der Begradigung des Rheinlaufs ständige Überschwemmungen im kurvenreichen Flussverlauf.

Fossile Abdrücke von Pflanzen oder Fischen, Korallen und Riesensalamander aus rheinischen Kalken, ein 1802 bei Karlsruhe geborgener Nashorn-Schädel[7] bezeugen den geologischen Wandel von Fauna und Flora. Zwei anthropomorphe Riesensalamander deutete der Schweizer Naturforscher Johann Jakob Scheuchzer (1672–1733) gar als Kopfteile »fossiler«, in der Sintflut ertrunkener Menschen(Abb. 4)[8].

Nachdem sie bis 1789 an über 30 Zollstationen Maut erhoben hatten, vereinbarten die Souveräne der Anliegerstaaten 1805 im *Rhein-Oktroi* die Verbesserung der Schifffahrt von der Schweiz bis zur holländischen Grenze. Die Akte[9]

---

5 Auf 857 von insgesamt 1.320 km.

6 Im ›Porträt Europas‹ von 1939 stellt der spanische Kulturpolitiker Salvador de Madariagar (1886–1978) Großbritannien als Insel im Rheindelta vor: Die eiszeitliche Gletscherzunge mündete vor Cornwall in den Atlantik, so dass die Themse sein westlicher Nebenfluss gewesen wäre.

7 Merck'sches Waldnashorn (*Stephanorhinus kirchbergensis*), etwa 120 000 Jahre alt.

8 Scheuchzer erschloss die Funde für eine unvollendete Gesamtgeschichte der Erde: *Herbarium diluvianum* 1708, *Museum diluvianum* 1716, *Physica sacra*, erschienen Augsburg 1731–35. Darin beschrieb und illustrierte er die in Oehningen/Bodensee, Baden-Württemberg aus dem Miozän = ca. 30 Mill. Jahre gefundenen Salamander (das zweite, größere Original mit 50 cm Länge wird in Teylers Museum Haarlem, NL konserviert),1716 als *homo diluvii testis* im *Museum diluvianum.* Seine kuriosen Amphibienfunde gingen unter dem Namen *Cryptobranchus scheuchzeri* in die Wissenschaftsgeschichte ein.

9 1816 signiert von den Bevollmächtigten der Könige Frankreichs, der Niederlande, Preußens, Bayerns sowie der Großherzöge von Baden, Hessen und Hessen-Nassau.

Abb. 3: Peter Birmann, *Blick vom Isteiner Klotz rheinaufwärts gegen Basel*, um 1819, Kunstmuseum Basel, Birmann-Sammlung 1847

der *Zentralkommission für die Rheinschifffahrt* wurde 1815 in die Schlussakte des Wiener Kongress aufgenommen. Nun erst konnte der badische Wasserbauingenieur Johann Gottfried Tulla ab 1817 mit seiner *Rhein Rectification* den mäandernden Rheinlauf mit Durchstichen im oberrheinischen Graben zwischen Basel und Worms um 81 Kilometer[10] verkürzen. Ein Baustein der Europäischen Integration gründet auf der *Konvention der Rheinstaaten*, die seit 1831 bis 1868 zur Verbesserung der Navigation fortgeschrieben wurde[11]. Als älteste internationale Behörde Europas tagte die noch heute tätige Kommission zunächst in Mainz[12].

10 Johann Gottfried Tulla (Karlsruhe 1770- 1828 Paris): *Rhein Rectification* 1817.

11 *Uebereinkunft unter den Uferstaaten des Rheins und auf die Schiffahrt dieses Flusses sich beziehende Ordnung/ Convention entre les gouvernements des Etats riverains du Rhin et Règlement relatif à la navigation du fleuve*, zuerst zwischen Großherzog von Baden, König von Bayern, Großherzog von Hessen, Napoleon III. als Kaiser der Franzosen, König der Niederlande, Wilhelm I. König von Preußen vereinbart. So konnte das erste Dampfboot *Prinz von Oranien* ab 1816 stromaufwärts von Köln nach Rotterdam verkehren.

12 Wegen des deutsch-französischen Krieges bezog die Kommission 1870 das Mannheimer Schloss und wanderte nach dem Ersten Weltkrieg nach Straßburg und setzte ihre Arbeit nach 1918 und 1945 bis heute fort.

Abb. 4: *Cryptobranchus scheuchzeri* (Scheuchzers Name: *homo diluvii testis*), Kopf und Skelettteil des Riesensalamanders, Miozän, Fundort Oehningen/Bodensee, Baden-Württemberg, Paläontologisches Institut und Museum der Universität Zürich

2. Strom der Römer

Über den keltisch-germanischen Grenzstrom ließ Cäsar 55 und 53 v. Chr. zwischen Mainz und Koblenz eine Brücke schlagen. Grabbildnisse der Rheinschiffer und Weihesteine der germanischen Gottheit *Nehalenia* bezeugen die Verehrung des Stromes, dem die Kelten den Namen *Reno* gaben. Wie Flussfunde der jüngeren Eisenzeit neben Militaria und Handelswaren bezeugen, siedelten sie am *nassen Limes* der Römer bereits vor den Stämmen der Helveter, der Gallier, Germanen und Bataver. Der rheinische *limes* als Teil des römischen Militär- und Grenzsystems bildete mit dem *limes* der Donau die Grenze zur germanischen Zivilisation. Städtegründungen und spätere Kaiserpfalzen entlang der *Via Romana* gingen aus römischen Militärlagern hervor[13].

3. Strom der Kirche

Leihgaben aus dem Unesco-Weltkulturerbe bezeugen seit dem 9. Jahrhundert den Glanz der Schreibschulen mit illuminierten Heilsbotschaften und goldgehöhten Minuskeln am Bodensee, der Missionsklöster St. Gallen, der Reichenau und Schaffhausen. Bastionen der Kirche, die Kathedralen von Chur, Basel, Konstanz, Straßburg, Speyer, Worms, Mainz, Bonn, Köln, Xanten, Utrecht schmückten Kaiser Maximilians I. rheinische »Pfaffengasse«: *Speyer das andächtigste,/ Straßburg das edelste,/ Konstanz das größte,/ Basel das lustigste/ Bistum am Rhein.* Das Martyrium der getauften englischen Königstochter, der Kölner Stadtheiligen Ursula überliefert im Erzbistum die Christianisierung[14], indem sie deren Legende mit dem Fund eines römischen Gräberfeldes verknüpfte. Nach 1164 wurde Köln mit der *translatio* der Reliquien der Heiligen Drei Könige aus Mailand zu einem der wichtigsten europäischen Pilgerziele. Den Kölner Stadtpatronen huldigten die Kaiser als römisch-deutsche Herrscher nach ihrer Krönung im Aachener Dom.

---

13 Der 1968 gefundene Altarstein ›*Vater Rhein* (*Dem Vater Rhein gewidmet von Legat Oppius Severus, ernannt um 135 n. Chr. auf Posten in Argentorate*‹. RHENO PATRI/ OPPIUS/ SEVERUS/ LEG. AUG., Musée Archéologique de Strasbourg bezeugte drei Jahre später dessen erste Rheinquerung (58 v. Chr.) zwischen Basel und Mainz: Die Inschrift ist das bisher einzige Artefakt mit Bezug auf einen spezifisch dem Rhein gewidmeten Flusskult.

14 Im 3. Jahrhundert sollte die englische Prinzessin einen heidnischen deutschen Prinzen bekehren und heiraten; auf der Rheinreise verkündet sie in Köln ihren Wunsch, nach Rom zu pilgern, wo der Papst sie segnet. Am Rückweg heiratet sie den Prinzen in Mainz, in Köln wird die Heilige der Legende mit ihren elftausend Jungfrauen von Hunnen hingerichtet.

4. Strom der Kaiser

Karl der Große[15] ließ den Valkhof bei Nimwegen auf einem römischen Veteranenkastell errichten, das Kaiser Claudius 43 n. Chr. zur Invasion nach Britannien angelegt hatte. Auch Friedrich I. Barbarossa nutzte die strategisch günstige Kaiserpfalz am Niederrhein. Der Strom verband Habsburgs italienische und süddeutsche Territorien mit denen der Niederlande[16]. Viele Städte am Rhein prosperierten Dank der ihnen verliehenen kaiserlichen Privilegien. So war Speyer beispielsweise seit 838 Sitz von insgesamt 50 Hof- und Reichstagen und der unter Konrad II. im Jahr 1030 begonnene Speyerer Dom Grablege der salischer und staufischen Herrscher. Hier ruhen auch die Gebeine des 1273 zum deutschen König gewählten ersten Habsburgers Rudolf (Abb. 5). Maßgeblichen Einfluss auf den wirtschaftlichen Aufstieg rheinischer Städte hatten in dieser Zeit auch die jüdischen Gemeinden, die unter kaiserlichem Schutz standen.

Am *Königsstuhl* oberhalb Koblenz erreichten die Kurfürsten seit 1338 eine reichspolitische Wende zur Kaiserwahl[17] gegen Zusicherung von Zollfreiheit ohne künftige Weisung des Papstes. Am Reichstag zu Worms verteidigte 1521 Martin Luther seine antipapistischen Thesen ohne Widerruf vor Kaiser und Reich.

5. Strom der Händler

Unter dem Einfluss provenzalischer *Troubadours*, die sich mit den *Trouvères* des Nordens und deutschen *Minnesängern* am Kaiserhof der Staufer trafen, vollendete der Limburger Henric(k) van Veldeke um 1183 sein Troiaepos *Eneide* auf der Schwanenburg in Kleve. Als Spiegel des Rittertums verknüpfte Wolfram von Eschenbach[18] den Versroman *Parzival* mit der Artus- und Gralssage. Seit Johannes Gutenbergs Erfindung des Buchdrucks mit beweglichen Lettern wurden

15 Karls Nachfolge besiegelt die Militärallianz zwischen Kaiser Karl dem Kahlen und Ludwig dem Deutschen gegen Lothar I., den ältesten Sohn Ludwig des Frommen, als Teilung des Reiches im Schwur von Straßburg des Jahres 842.

16 Das Streben der Habsburger zur Integration ihres oberrheinischen Besitzes mit Tirol provozierte den Widerstand der (seit 1231 bzw. 1240) reichsunmittelbaren Bauern der Kantone Uri und Schwyz. 1291, in Rudolfs Todesjahr, gründeten die Eidgenossen den ›Ewigen Bund‹ zur Wahrung ihrer Urfreiheiten.

17 Zuerst zur Wahl Karl IV., 1347–1378.

18 Um 1197 bis 1210 nach einem walisischen Märchen und Chrétien de Troyes' *Perceval*-Fragment. Die wohl im Elsass/Straßburg zwischen 1228 und 1236 entstandene sog. Münchener Fassung enthält als wichtigste der 16 vollständigen Handschriften und vieler Fragmente ein Doppelblatt mit beschädigten Miniaturen.

Abb. 5: Hans Knoderer, *Grabplatte König Rudolf I.* (Gemäldekopie nach der zu Lebzeiten gefertigten Grabplatte aus dem Dom zu Speyer von 1290), 1508, Kunsthistorisches Museum Wien, Kunstkammer

um 1450 in den Sprachen der Gelehrten und den Vulgärsprachen[19] verfasste Werke wegen anderweitiger Zensurgebote in Basel, Straßburg und Mainz verlegt und europaweit vertrieben[20]. Wegen des Zunftverbots am Vorderrhein beförderten Basler Händler um 1670 ihre Textilien mit einer 390 Schiffe starken Rheinflotte flussaufwärts. In Dordrecht wurden die ›Holländer‹-Flöße aufgelöst und zu Bauholz für Schiffe verarbeitet oder im Bergbau verwendet (Abb. 6).

Abb. 6: Johann Adolf Lasinsky, *Der Rhein bei Koblenz Ehrenbreitstein*, 1828, LVR-Landesmuseum Bonn

Wein, Schriften, Bernstein, Edelmetall, Musikinstrumente, Schnitzaltäre, Leintuch aus Flandern, Steingut aus Frechen gelangten über die Rheinachse in die weite Welt. Die Achse zur Nordsee förderte seit dem Mittelalter in Köln den Handel mit Heringen. Englische Schafwolle, kölnische Rheingoldfäden zur Seidenverarbeitung in Lucca, Roentgen-Möbel aus Neuwied wurden zu Messen

19 Zu den Gelehrtensprachen zählten Latein, Griechisch, Hebräisch; zu den Vulgärsprachen Deutsch, Englisch, Französisch, Italienisch, Holländisch, Jiddisch.

20 Universitäten förderten Wissenschaft und Lehre seit 1460 in Basel, in Mainz seit 1477, in Leiden seit 1575, in Straßburg seit 1621, in Utrecht seit 1636. Die Aufklärungsschriften der Humanisten Erasmus, des Beatus Rhenanus, dessen Humanistenbibliothek das Kloster Schlettstatt (Sélestat) verwahrt, von Baruch Spinoza, Jean Calvin und René Descartes fanden ihre Leser entlang rheinischer Bildungszentren.

in die Niederlande, nach Österreich, Frankreich, in die Schweiz und transalpin bis nach Italien transportiert.

6. Rheingold

Legendär ist der Ruf des Rheins als Fluss der Schätze. Schon Kelten, Römer und Germanen wuschen Gold aus dem Rheinsand. Die Kassen der Rheinsouveräne füllten Einnahmen aus verpachteten Rheinsanden: so ließen etwa die Großherzöge von Baden 1807 bis 1814 aus 30 kg Gold an die 30 000 Dukaten prägen; der letzte rheinische Goldwäscher starb 1944. Immer wieder werden spektakuläre Funde aus dem Rhein oder seinen Altarmen geborgen, so auch der größte römerzeitliche Fund von Metallobjekten, der Hort von Neupotz. Zwischen 1960 und 1997 förderten die Archäologen insgesamt 1062 Objekte zutage.

Wie das Gold so gehört das wohl berühmteste mittelalterliche Epos der deutschen Literatur zum Rhein, das Nibelungenlied, dessen Abschriften im 18. Jahrhundert wiederentdeckt wurden (Abb. 7).

7. Residenzen und Festungen: Versailles am Rhein

Als Hort und Lager, als Furt und Festung säumten römische Veteranenkastelle und karolingische Kaiserpfalzen den Rhein. Während des 80jährigen Krieges[21] nutzten die Habsburger den Rhein als *Spanische Straße* in die Niederlande zum militärischen Nachschub von Mann und Ross. Schon der Friedensvertrag von Münster nannte den Rhein als Frankreichs »natürliche« Grenze, von Louis XIV sternförmigen Grenzfestungen befestigt. Vaubans Fortifikationen bezeugen das *theatrum belli rhenani* im Pfälzischen Erbfolgekrieg (1688–1697).

Doch Landschaftsdarstellungen holländischer Meister des 17. Jahrhunderts überliefern zeitgleich beschauliche Friedensidyllen am Niederrhein. Auch Gartenanlagen und Wasserspiele schmückten die Rheinufer. Johann Moritz von Nassau-Siegen terrassierte als Statthalter des Kurfürsten von Brandenburg-Preußen seine Residenz Kleve mit exotischen Kulturpflanzen. Um 1700 entstanden am Rhein nach dem europaweiten Leitbild von Versailles viele Musenhöfe, ins Leben gerufen durch die Kurfürsten Johann Wilhelm in Düsseldorf, Clemens Wenzeslaus in Koblenz oder Clemens August in Bonn, Brühl und Poppelsdorf.

21 1568 bis 1648 gegen sieben aufständische Provinzen der Generalstaaten.

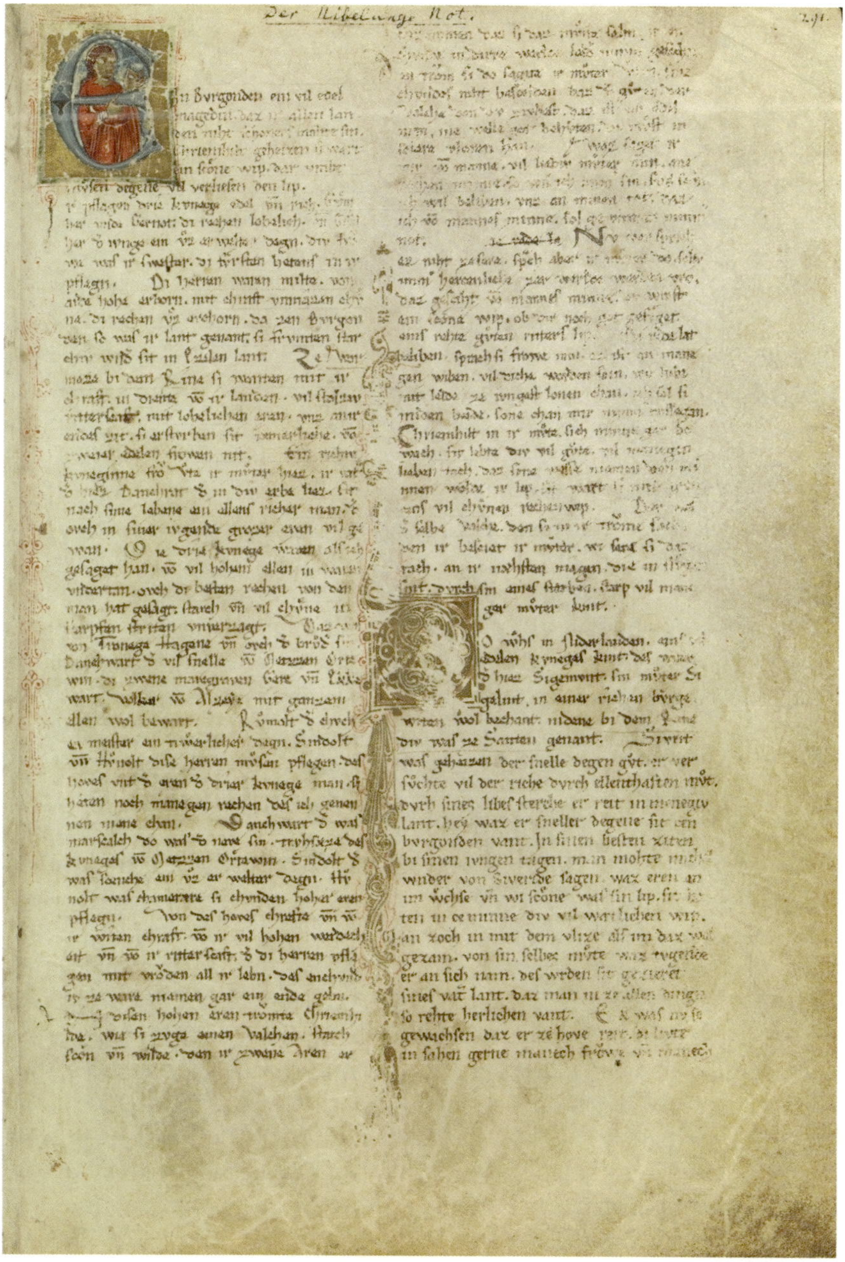

Abb. 7: *Das Nibelungenlied* (Manuskript B, sog. Prunner Codex), 1230–1260, Stiftsbibliothek, St. Gallen

8. Marianne und Germania am Rhein

In den Koalitionskriegen traf die Revolutionsarmee seit 1790 vom elsässischen *département du Haut Rhin* bis zu den Niederlanden auf 97 deutsche Souveräne. Besetzung und Franzosenzeit beendeten ihre Herrschaft: Zur Vermeidung öffentlichen Aufruhrs verbot der französische Stadtkommandant 1794 den Kölner Straßenkarneval. Habsburg verlor 1795 die Österreichischen Niederlande, das künftige Belgien, an Frankreich. Von Schaffhausen rheinaufwärts waren Freiheitsbäume zu errichten, deren Schändung in den besetzten Gebieten mit Gefängnis bestraft wurde. Nach linksrheinischen Annexionen entstanden 1798 am Westufer[22] vier *départements français.* Der Koalitionsfrieden von Lunéville (1801) leitete das brüchige Reich in die Auflösung[23]. Für politische Neuordnungen nutzte Bonaparte 1806 den Rheinbund mit rheinischen Territorialfürsten. Im November 1813 passierte der Kaiser der Franzosen den Rhein bei Mainz, zu Neujahr bei Kaub mit den Resten der *Grande Armée.* Als neuer Souverän modernisierte Napoleon das Rheinland mit einheitlichen Rechten und Gesetzen und versuchte, die Kleinstaaterei des Heiligen Römischen Reiches mit zentralen Verwaltungsmaßnahmen zu überwinden. Seine Herrschaft am Rhein machte jedoch viele ehemalige Befürworter der Französischen Revolution zu ihren Gegnern. Der Wiener Kongress restaurierte Europas Monarchien. Davon profitierte das Königreich Preußen mit der ihm zugesprochenen Rheinprovinz.

9. Industrie

Seidenmanufakturen und Färbereien machten kalvinistische Emigranten und Hugenotten am Oberrhein seit 1700 reich. Als Souverän der annektierten linksrheinischen Gebiete förderte Napoleon die Industrialisierung der Rheinlande mit Konzessionen für Färbereien und Metallverarbeitung (Abb. 8). Mit dem Ausbau der Industrie im 19. Jahrhundert entlang des Rheins begann auch die Zerstörung der natürlichen Lebensräume. Der Kohleabbau erforderte Regulierungsarbeiten und führte zur Urbanisierung und zur beginnenden Wasserverschmutzung durch die Entsorgung industrieller Abwässer. Diese Praxis übernahm auch die chemische Industrie, die in den 1860er Jahren aus der Farbenherstellung hervorging, um sich später auf Pharmaindustrie und andere Branchen zu spezialisieren. In 200 Jahren erlebte der Rhein eine Zerstörung und einen Verlust an Artenvielfalt wie kaum ein anderer Fluss. Die Flussver-

22 Mit den Haupt- und Verwaltungsorten Trier, Mainz, Koblenz und Aachen.
23 *Im Alter von 955 Jahren an Entkräftung und Schlagfluss bei völligem Bewusstsein* (Joseph Görres: Teutschland und die Revolution, 1816).

schmutzung führte schließlich zu Massenprotesten, die ein Umdenken einleiteten und zur Implementierung zahlreicher Schutzmaßnahmen führten.

Abb. 8: Unbekannter Künstler, *Färberei in einer Kirche*, um 1835, Historisches Zentrum Wuppertal

10. Vater Rhein

Schon vor 1800 empfahlen englische Schriftsteller, auf deren Reiseberichte die Rheinromantik gründet, die »schaurigen Kriegsruinen« im Rheintal aufzusuchen. Das *Gothic Revival* förderte die Rekonstruktion der in zahlreichen Kriegen gesprengten Höhenburgen des Mittelalters: Kronprinz Friedrich von Preußens neogotische Burg Stolzenfels wurde wie die Felsenge der *Lorelei* gemalt und besungen. Nach dem Wiener Frieden verewigte William Turner seit 1817 auf zahlreichen Rheinreisen Ruinen samt Stadtansichten. Auch Comte Hugo reiste seit 1838 mit der Rheinischen Dampfschifffahrt von Mannheim nach Köln; 1842 publizierte Victor Hugo unter dem Titel *Le Rhin* die mit Tintenzeichnungen versehenen Briefe an seine Frau Adèle. Auch das Beethovendenkmal des Dresdener Bildhauers Ernst Julius Hähnel gelangte über den Rhein nach Bonn. Am 12. August 1845 wurde es im Beisein von Queen Victoria und Prinzgemahl Albert, Friedrich Wilhelm IV. und Königin Elisabeth von Preußen auf dem Münsterplatz enthüllt[24]. Als Mahnmal einer künftig geeinten deutschen Kulturnation forcierte der Domherr Sulpiz Boisseré den Weiterbau des 1248 begonnenen Kölner Doms[25].

11. Wacht am Rhein: Brüche und Allianzen

Frankreichs Niederlage bei Sedan 1870 und Wilhelms I. Ausrufung zum Deutschen Kaiser am 18. Januar 1871 im Spiegelsaal von Versailles verschärften die Erbfeindschaft zwischen Kaiseradler und Trikolore. Im Jahr 1879 avancierte die von Rouget de l'Isle's 1792 für die Rheinarmee komponierte *Marseillaise* zur gallischen Nationalhymne gegen die Germania-Nationaldenkmäler der »Wacht am Rhein« (Abb. 9). Während sich in Deutschland die Vorstellung von der sogenannten Erbfeindschaft gegenüber Frankreich verfestigte, erzeugte die Annexion von Elsass und Lothringen einen gegen Deutschland gerichteten Revanchismus. Nach dem Ersten Weltkrieg wurde Deutschland zu Reparationszahlungen verpflichtet. Ab 1919 führte der deutsch-französische Kalte Krieg zur Demontage der Industrieanlagen; bis 1923/24 besetzten französische Truppen das linke Rheinufer. 25.000 der insgesamt 85.000 Besatzungssoldaten aus Frankreichs Kolonien in Nordafrika und dem Senegal geißelten die Deutschen als »Schrecken am Rhein« (Abb. 10). Dem Versailler Vertrag und den Verträgen von Locarno entsprechend blieben die linksrheinischen Gebiete sowie ein 50 km breiter Streifen des rechten Rheinufers entmilitarisierte Zonen. Diese Verträge brach Adolf Hitler 1936, als er die Wehrmacht in diese Zonen einmarschieren ließ. Im Juni 1940 zerstörte die deutsche Luftwaffe Rotterdam zu 40 Prozent. Im Vormarsch auf Berlin attackierte Marschall Montgomery mit US-Einheiten die Stadt Arnheim im September 1944; Köln und Mainz wurden im Februar 1945, Wesel Ende März 1945 zerstört. Die Befreiung der Brücke von Remagen leitete das Kriegsende an der Westfront ein. Auf den Rheinwiesen zwischen Remagen und Wesel errichteten die Alliierten Kriegsgefangenenlager für Hunderttausende entwaffneter feindlicher Soldaten. Die *Rhine meadow concentration camps* wurden bis Oktober 1945 aufgelöst.

24 Unter der Regie von Franz Liszt, der den Großteil der Kosten übernahm, da die Stadt Bonn sich nicht engagieren wollte.

25 Bevor ihn die Niederlage bei Sedan den Thron kostete, spendete selbst Napoleon III. als Kaiser der Franzosen für dessen Vollendung (1880).

Abb. 9: Lorenz Clasen, *Germania als Wacht am Rhein*, 1860, Kunstmuseen Krefeld

12. Europa am Rhein

Im Juni 1945 besiegelten die Alliierten in Potsdam die Rückkehr von Elsass und Lothringen nach Frankreich. Ab 1948 folgte die territoriale und politische Neuordnung mit Sitz von Rat und Parlament (seit 1979) in Straßburg. Im Juli

Abb. 10: Walter Riemer, *Protest der deutschen Frauen gegen die farbige Besetzung am Rhein* (Propagandaplakat), 1920, Stiftung Deutsches Historisches Museum Berlin

1948 stimmte der Parlamentarische Rat der Ministerpräsidenten bei Koblenz für eine föderative Verfassung.

Die bis zur Wiedervereinigung 1990 rheinisch orientierte Bundesrepublik vollendete ihren Weg zur Demokratie entlang der Rheinachse: Dem 1793 in Mainz versammelten rheinisch-deutschen Nationalkonvent, dem Zug der Liberalen zum Hambacher Fest 1832, dem Frankfurter Vorparlament, das 1848 in der Paulskirche tagte.

Entdecker, Glaubensflüchtlinge, Kolonisten und Auswanderer nutzten die Rheinmündung (Rynmond) seit dem 17. Jahrhundert als Tor zur Neuen Welt. Den Rundgang beendeten wandfüllende Projektionen des Europoorts in Rotterdam: Am Nordmeer trifft die rheinische Flotte auf Ozeanriesen.[26]

Bildnachweis

Abb. 1:	Raczyński-Stiftung am Nationalmuseum in Poznań
Abb. 2:	VG Bild-Kunst, Bonn 2016, Foto: Kunstmuseum Basel, Martin P. Bühler
Abb. 3:	Kunstmuseum Basel, Foto: Martin P. Bühler
Abb. 4:	Paläontologisches Institut und Museum, Zürich, Foto: Lukas Lindner
Abb. 5:	KHM Museumsverband
Abb. 6:	LVR-LandesMuseum Bonn, Foto: Jürgen Vogel
Abb. 7:	Stiftsbibliothek St. Gallen
Abb. 8:	Historisches Zentrum Wuppertal
Abb. 9:	Kunstmuseen Krefeld
Abb. 10:	Deutsches Historisches Museum, Foto: S. Ahlers

26 Für Zitate und bibliografische Verweise vgl. Buch zur Ausstellung Kunst-und Ausstellungshalle der Bundesrepublik Deutschland und Marie-Louise von Plessen (Hg.:) *Der Rhein. Eine europäische Flussbiografie.* München/London/New York 2016.

II. Geschichte und Politik / Histoire et politique

Manfred Groten (Bonn)

Die nördlichen Rheinlande und Frankreich im Hochmittelalter

Deutschland und Frankreich haben gemeinsame geschichtliche Wurzeln[1]. Die Nationalstaaten der Neuzeit sind in einem langen historischen Prozess aus dem fränkischen Reich Karls des Großen herausgewachsen, aus einem Reich, das weder deutsch noch französisch war, sondern ein Gemeinwesen, das Menschen unterschiedlicher Herkunft unter fränkischer Herrschaft vereinigte[2].

Die Landstriche längs des Rheins haben seit dem späten 9. Jahrhundert eine Sonderstellung in der Mitte Europas eingenommen. Den Begriff Rheinland zu definieren, fällt nicht leicht[3]. Nach geographischen Gegebenheiten lässt sich der über 1000 Kilometer lange Rheinlauf in drei Regionen einteilen, den Ober-, den Mittel- und den Niederrhein, aber diese Räume haben nur für kurze Zeitspannen eine gemeinsame Geschichte durchlebt. Wollen wir Geschichtslandschaften entlang des Rheins ausmachen, müssen wir bestimmte Epochen ins Auge fassen. Im Hochmittelalter, zwischen dem 11. und 13. Jahrhundert, lässt sich am deutlichsten der niederrheinische Raum mit dem Zentrum Köln als Geschichtslandschaft fassen[4]. Diesen Raum habe ich bei meinen folgenden Ausführungen

---

1 Der Vortragsstil wurde beibehalten, der Text nur geringfügig erweitert und mit den erforderlichen Nachweisen versehen.

2 Die Literatur zu diesem Themenkomplex ist kaum noch überschaubar. Hier sei nur einführend verwiesen auf Carlrichard Brühl: *Deutschland – Frankreich. Die Geburt zweier Völker*, Köln-Wien 1990, ²1995, Kurzfassung *Die Geburt zweier Völker: Deutschland und Frankreich (9.–11. Jahrhundert)*, Köln-Weimar-Wien 2001; »Beiträge zur mittelalterlichen Reichs- und Nationsbildung in Deutschland und Frankreich« (*Historische Zeitschrift*, Beiheft 24) hrsg. von Carlrichard Brühl und Bernd Schneidmüller, 1997.

3 Vgl. *»Rheinisch«. Zum Selbstverständnis einer Region*, hrsg. von Bernd Kortländer/Gunter E. Grimm, Stuttgart-Weimar 2001, darin v.a. Dieter Geuenich, »Landesgeschichte – Regionalgeschichte – ›Rheinische Geschichte‹« , S. 9–21, Georg Mölich, »Regionale Geschichtskultur ohne Geschichtsraum? Anmerkungen zum rheinischen Selbstverständnis in historischer Perspektive«, S. 23–28 mit weiterer Literatur; Wilhelm Janssen: »Rheinland – Begriff und Sache. Eine Skizze«, in: *Stadt und Region. Internationale Forschungen und Perspektiven. Kolloquium für Peter Johanek* hrsg. von Heinz Duchhardt/Wilfrid Reininghaus, Köln-Weimar-Wien 2005, S. 31–42.

4 Vgl. *Die Rheinlande und das Reich.* Vorträge gehalten auf dem Symposium anlässlich des 125-

im Auge, wenn ich gelegentlich auch über ihn hinaus nach Süden bis nach Trier, Mainz, Worms und Speyer ausgreife.

Die Gebiete links des Rheins sind über Jahrhunderte hinweg enger mit dem Westen verbunden geblieben als die Länder östlich des Stroms. Schelde und Maas bildeten seit 880 die Grenzlinie zwischen den beiden Reichen, die aus der Teilung des fränkischen Imperiums unter den Söhnen Kaiser Ludwigs des Frommen hervorgegangen waren, aber die Region zwischen Maas und Rhein nahm bis zum Jahre 925 eine Sonderstellung zwischen West- und Ostreich ein, die ihre Bewohner auf lange Zeit prägen sollte. Sie nannten sich Lothringer in Erinnerung an das Reich Kaiser Lothars I. und seines gleichnamigen Sohnes, das 870 zwar aufgelöst, aber nie vergessen wurde[5]. Kaiser Karl III. respektierte das Zusammengehörigkeitsgefühl der Lothringer, indem er ihnen 895 in der Person seines Sohnes Zwentibold einen eigenen König gab. 911 ließen sich die Lothringer in das Westreich Karls des Einfältigen aufnehmen, als im Osten mit Konrad I. ein Nichtkarolinger die Herrschaft antrat. 925 erkannten sie jedoch den neuen König des Ostreiches Heinrich I. als ihren Herrn an. Die Eingliederung der Gebiete links des Rheins in das Reich der Ottonen und ihrer Nachfolger hat auf Dauer Bestand gehabt. Man darf dieses Faktum aber nicht unter nationalen Gesichtspunkten interpretieren, wie es noch 1925 in den rheinischen Jahrtausendfeiern geschehen ist. 925 stritten zwei Könige, die beide ihr Königtum in der Tradition des fränkischen Großreiches verankert sahen, Karl der Einfältige in Westen und Heinrich I. in Osten um die Herrschaft über das Rheinland. Heinrich hat gesiegt, aber das eigenwillige Lothringen sollte auf Dauer eine Problemzone des werdenden deutschen Reiches bleiben[6].

Wenn wir uns den deutsch-französischen Beziehungen im 12. Jahrhundert zuwenden, finden wir auf der einen Seite das staufische Kaiserreich, das von Mittelitalien bis an die Nord- und Ostsee reichte, im Westen die Provence, die Gebiete östlich von Rhône und Saône, die Franche Comté, Lothringen und die heutigen Beneluxstaaten umfasste und im Osten nahezu bis zur Oder ausgriff. In diesem gewaltigen Reich gab es vom allgegenwärtigen Latein abgesehen keine gemeinsame Sprache, keine Einheitlichkeit der lokalen und regionalen Herr-

---

jährigen Bestehens der Gesellschaft für Rheinische Geschichtskunde am 12. und 13. Mai 2006 im Universitätsclub in Bonn, veranstaltet von der Gesellschaft für Rheinische Geschichtskunde in Verbindung mit dem Landschaftsverband Rheinland (Publikationen der Gesellschaft für Rheinische Geschichtskunde. Vorträge 34) hrsg. von Manfred Groten, Düsseldorf 2007.

5 Thomas Bauer, *Lotharingien als historischer Raum. Raumbildung und Raumbewußtsein im Mittelalter* (Rheinisches Archiv 136), Köln-Weimar-Wien 1997.

6 Gerd Althoff: »Die Rheinlande im 10. Jahrhundert – eine königsferne Landschaft?«, in: *Die Rheinlande und das Reich* (wie Anm. 4), S. 27–43.

schafts- und Lebensformen. Das Kaisertum, die Dynastie fügten die disparaten Länder zu einer prekären Einheit zusammen.

Auf französischer Seite sehen wir ein Königreich, dessen Herrscher über die Île-de-France hinaus kaum wirksame Macht ausüben konnte. Die französische Krondomäne war umgeben von Fürstentümern, deren Herren dem König zwar den Lehnseid schuldeten, dieser Pflicht aber nur zögernd nachkamen[7]. Umklammert wurde die Krondomäne von den Grafschaften der Grafen von Blois-Champagne. Die Herzogtümer der Normandie und Aquitaniens sowie die Grafschaft Anjou befanden sich in der zweiten Hälfte des 12. Jahrhunderts in der Hand der Könige von England. Der Graf von Flandern war zugleich Pair von Frankreich und Reichsfürst. Das Frankreich, von dem im Titel meines Vortrags so unbefangen die Rede ist, war im 11. und frühen 12. Jahrhundert eher eine Idee im Kopf des Dichters des Rolandsliedes oder des Abtes Suger von St.-Denis als eine politische Realität. Das Bild der politische Zerrissenheit und Schwäche Frankreichs verblasst aber vor der Strahlkraft der französischen Kultur, die sich seit dem 11. Jahrhundert anschickte, Europa zu erobern. In Frankreich entstand die hochmittelalterliche Konzeption des Rittertums[8], hier wurden in den Volkssprachen Epen und Gedichte geschaffen, die von Sizilien bis Island Resonanz und Nachahmung finden sollten[9], hier formierten sich Schulen der scholastischen Wissenschaft, deren Zentrum, die Universität von Paris, bis zum Ende des Mittelalters die bedeutendste europäische Bildungsstätte bleiben sollte[10].

Vor diesem Hintergrund ist es nicht weiter verwunderlich, dass uns im 12. Jahrhundert im Rheinland wie anderswo im staufischen Reich Einflüsse französischer Kultur in vielen Lebensbereichen begegnen. Es wird darum gehen, die Besonderheiten und die außergewöhnliche Intensität der rheinisch-französischen Beziehungen vom allgemeinen Trend abzuheben.

Zunächst hatten in den Quellen übrigens die Kritiker französischen Wesens aus dem konservativen Lager der Kirchenreformer das Wort, die in Lothringen eine besonders starke Stellung hatten. Siegfried, der Abt des Klosters Gorze südlich von Metz, ereiferte sich nach der Hochzeit Kaiser Heinrichs III. mit Agnes von Poitou im Jahre 1046 über das Einreißen »schändlicher französischer

7 Jean Favier: *Le temps des principautés de l'an mil à 1515*, Paris 1984, dt. *Frankreich im Zeitalter der Lehnsherrschaft 1000–1515*, Stuttgart 1989.

8 Maurice Keen: *Das Rittertum*, München/Zürich 1987 (= *Chivalry*, New Haven/London 1984 dt.).

9 Zu deutschen Dichtungen nach französischen Vorlagen vgl. Joachim Bumke: *Geschichte der deutschen Literatur im hohen Mittelalter*, München 1990, S. 56, 64f. (Alexander des Pfaffen Lamprecht, moselfränkisch, um 1150), 69 (Trierer Floyris, ripuarisch, um 1160/70), 139ff. (Heinrich von Veldeke, Eneit, größtenteils vor 1175). Vgl. auch Michael Embach: *Trierer Literaturgeschichte. Das Mittelalter (Geschichte und Kultur des Trierer Landes* 8), Trier 2007, S. 574–583.

10 Jacques Verger, *Les universités françaises au moyen âge*, Leiden 1995.

Sitten« im Reich, nämlich »das Stutzen der Bärte und das äußerst frivole und für keusche Augen abstoßende Kürzen und Verformen der Kleidung«[11]. Auf Suger von St.-Denis wirkten dagegen die Gesandten Kaiser Heinrichs V. 1107 in Châlons-sur-Marne (heute Châlons-en-Champagne) grob und unkultiviert[12]. Von diesem Urteil wird nur Erzbischof Bruno von Trier ausgenommen, der des Französischen mächtig war.

Nicht nur in der begierigen Nachahmung französischer Modetorheiten taten sich die Rheinländer besonders hervor. Im Prozess der Rezeption westlicher Kultur in Deutschland spielte das nördliche Rheinland und vor allem seine Metropole Köln eine führende Rolle. Wie ich nun zeigen will, war Köln im Hochmittelalter Frankreichs Tor nach Deutschland, sicher nicht das einzige, wenn wir etwa an Mainz denken, aber zweifellos eines der einladendsten.

In Köln verkündete Erzbischof Sigewin nach einem Lütticher Vorbild vom Vorjahr 1083 einen Gottesfrieden für sein Bistum[13]. Dieses Instrument der öffentlichen Friedewahrung hatten Bischöfe im unruhigen Süden Frankreichs angesichts der Schwäche der Königsmacht im späten 10. Jahrhundert entwickelt[14]. Charakteristisch für die Gottesfrieden war ihre genossenschaftliche Organisation, die alle waffenfähigen Einwohner des Friedensbezirks zur Selbsthilfe gegen fehdeführende Adlige und Räuber aufrief. In ihrer voll entfalteten Form stellten die Gottesfrieden waffenlose Personen – Frauen, Geistliche, Bauern, Kaufleute und Bettler – unter Schutz und erzwangen an bestimmten Wochen-

---

11 *Jahrbücher des deutschen Reichs unter Heinrich III. 1*, bearb. von Ernst Steindorff, Leipzig 1874, S. 191 Anm. 4: »*Unum tamen est, quod nos plurimum angit et silentii omnino impatientes facit, videlicet quod honestas regni, quae temporibus priorum imperatorum veste et habitu nec non in armis et equitatione decentissime viguerat, nostris diebus postponitur,* ***et ignominiosa Franciscarum ineptiarum consuetudo introducitur, scilicet in tonsione barbarum, in turpissima et pudicis obtutibus execranda decurtatione ac deformatione vestium*** *multisque aliis novitatibus, quas enumerare longum est*«.

12 *Vita Ludovici VI*, Kapitel 8, MG SS 26, S. 50: »*Hi siquidem erant archiepiscopus Treverensis, episcopus Alvertatensis, episcopus Monasteriensis, comites quam plures, et cui gladius ubique preferebatur dux Welfo, vir corpulentus et tota superficie longi et lati admirabilis et clamosus, qui tumultuantes magis ad terrendum quam ad raciocinandum missi viderentur. Singulariter et solus Treverensis archiepiscopus, vir elegans et iocundus, eloquentiae et sapientiae copiosus, Gallicano coturno exercitatus, facete peroravit*«.

13 *Die Regesten der Erzbischöfe von Köln im Mittelalter 1*, bearb. von Friedrich Wilhelm Oediger (Publikationen der Gesellschaft für Rheinische Geschichtskunde 21), Bonn 1954–61, Nr. 1152. Vgl. Hans-Werner Goetz: »Der Kölner Gottesfriede von 1083, Beobachtungen über Anfänge, Tradition und Eigenart der deutschen Gottesfriedensbewegung«, in: *Jahrbuch des Kölnischen Geschichtsvereins* 55 (1984), S. 39–76 und allgemein Elmar Wadle: »Die peinliche Strafe als Instrument des Friedens«, in: *Träger und Instrumentarien des Friedens im hohen und späten Mittelalter* (Vorträge und Forschungen 43) hrsg. von Johannes Fried, Sigmaringen 1996, S. 229–247.

14 Hartmut Hoffmann: *Gottesfrieden und Treuga Dei*, Stuttgart 1964; Hans Werner Goetz: »Die Gottesfriedensbewegung im Lichte neuerer Forschungen«, in: *Landfrieden – Anspruch und Wirklichkeit*, Arno Buschmann/ Elmar Wadle (Hrsg.), Paderborn 2002, S. 31–54.

tagen, an Kirchenfesten sowie in der Fasten- und Adventszeit die Einstellung aller Kampfhandlungen. Solange die Herrschaft der salischen Kaiser stabil war, bedurfte man in ihrem Reich keiner Gottesfrieden. Die Situation änderte sich, als zwischen Heinrich IV. und Papst Gregor VII. der Investiturstreit ausbrach. Dennoch blieb Köln der östlichste Außenposten der Gottesfriedensbewegung in ihrer in Frankreich entwickelten Form. Im übrigen Reich setzte sich nach dem Wiedererstarken der Herrschergewalt der von König und Fürsten getragene Landfriede als obrigkeitliches Instrument der Aufrechterhaltung der öffentlichen Ordnung durch. Im Kölner Raum wirkte dagegen die Gottesfriedensordnung noch bis zur Mitte des 12. Jahrhunderts nach[15]. Aus europäischer Perspektive würde man angesichts dieses Befundes die nördlichen Rheinlande und das Lütticher Bistum ungeachtet der herrschaftlichen Zuordnung zum salischen Imperium dem westeuropäischen Verbreitungsgebiet der Gottesfrieden zuordnen, das bis in die Pyrenäen reichte.

Ein ähnliches Bild ergibt sich, wenn man die Verbreitung neuer Entwicklungen im Lehnrecht (Offenhausrecht, Ligesse) in der zweiten Hälfte des 12. Jahrhunderts kartiert[16]. Auch auf diesem Feld erweist sich das Rheinland als eine innovationsfreudige Kontaktzone zum Westen, die Anregungen aus Frankreich nach Osten weitergab.

Am intensivsten waren die rheinisch-französischen Kontakte im 12. Jahrhundert auf kulturellem Gebiet. Friedrich I., der von 1100 bis 1131 amtierte, war der erste Kölner Erzbischof, der unseres Wissens seine Studien in Frankreich absolvierte[17]. Den bayrischen Grafensohn lockte offenbar der Ruf der disputationsfreudigen Meister der Frühscholastik. 1122 siedelte Friedrich I. in Kamp am Niederrhein Zisterziensermönche aus dem Kloster Morimond in der Diözese Langres an, das von einem Jugendfreund des Erzbischofs geleitet wurde[18]. Der Zisterzienserorden formierte sich seit 1098 mit dem Ursprungskloster Cîteaux und den vier Primarabteien Clairvaux, La Ferté, Pontigny und Morimond im französischen Herzogtum Burgund. Kamp war das erste Zisterzienserkloster auf

---

15 *Urkundenbuch der Abtei Steinfeld*, bearb. von Ingrid Joester (Publikationen der Gesellschaft für Rheinische Geschichtskunde 60), Bonn 1976, S. 603f., Nr. 1.

16 Volker Henn, *Das ligische Lehnswesen im Westen und Nordwesten des mittelalterlichen deutschen Reiches*, Diss. Bonn 1970, zum Kölner Raum Manfred Groten: »Zur Entwicklung des Kölner Lehnshofes und der kölnischen Ministerialität im 13. Jahrhundert«, in: *Tag bei Worringen 5. Juni 1288* (Mitteilungen aus dem Stadtarchiv von Köln 72 = Veröffentlichungen der staatlichen Archive des Landes Nordrhein-Westfalen Reihe C 27 = Blätter für deutsche Landesgeschichte 124), Wilhelm Janssen/Hugo Stehkämper (Hrsg.), S. 1–50, hier S. 4.

17 *Die Regesten der Erzbischöfe von Köln im Mittelalter* 2 (REK 2) bearb. von Richard Knipping (Publikationen der Gesellschaft für Rheinische Geschichtskunde 21), Bonn 1901, Nr. 87.

18 *REK 2* (wie Anm. 17), Nr. 193. *L'abbaye cistercienne de Morimond. Histoire et rayonnement. Colloque international organisé par l'Association des Amis de l'Abbaye et la Société historique et archéologique de Langres, Langres, 5 et 6 septembre 2003*, Georges Viard (Hg.), Langres 2005.

deutschem Boden. Abt Arnulf von Morimond begeisterte bei seinem Besuch in Köln adlige Scholaren für sein neues Ordensideal. Mehrere junge Männer folgten seinem Aufruf, darunter der Welfe Konrad[19], ein Onkel Heinrichs des Löwen, und Everhard, ein Sohn des Grafen Adolf von Berg, dessen Bruder Bruno Nachfolger Friedrichs I. als Erzbischof von Köln wurde[20]. Auch Bruno studierte in Frankreich[21]. In Reims lernte er Bernhard von Clairvaux kennen. Als Kölner Erzbischof vollzog Bruno die Umwandlung der aufgelassenen Stammburg seines Geschlechts in das Zisterzienserkloster Altenberg, das wie Kamp von Morimond aus besiedelt wurde[22].

Die Erzbischöfe Friedrich und Bruno, Söhne aus gräflichen Familien, denen man noch Philipp aus dem Geschlecht der Herren von Heinsberg, Kölner Erzbischof seit 1167, zur Seite stellen könnte[23], waren keineswegs die einzigen Absolventen französischer Schulen im Kölner Raum. Auch rheinische Kleriker aus weniger illustren Familien studierten in Frankreich. Bekannt ist etwa Gottschalk, der Sohn eines Dienstmanns der Kölner Kirche, der nach Studien in Paris Prämonstratenser wurde und 1149 die Leitung des Stiftes Selau (Zeliv) in Böhmen übernahm[24].

1057 wurde der Kölner Bruno, der Gründer des Kartäuserordens, Leiter der Domschule in Reims[25]. Auch in der ersten Hälfte des 12. Jahrhunderts besuchten rheinische Scholaren mit Vorliebe die Schulen von Reims und Laon, denen erst in der zweiten Jahrhunderthälfte die entstehende Universität von Paris den Rang ablief. Die Ausbildung in Frankreich prägte die rheinischen Studenten in vielfältiger Weise. Um die Jahrhundertmitte gestalteten Kölner Schreiber ihre Urkunden nach dem Muster nordfranzösischer Vorlagen[26]. Im frühen 13. Jahrhundert übernahm man in Köln und Trier den in Frankreich üblichen Jahresanfang zu Ostern[27].

19 Bernd Schneidmüller: *Die Welfen. Herrschaft und Erinnerung (819–1252)*, Stuttgart/Köln/Berlin 2000, S. 160.

20 Thomas R. Kraus: »Die Entstehung der Landesherrschaft der Grafen von Berg bis zum Jahre 1225« (Bergische Forschungen 16), Neustadt/Aisch 1981, S. 33–35.

21 REK 2 (wie Anm. 17), Nr. 287.

22 *Die Cistercienserabtei Altenberg* (Germania Sacra N F 2: Die Bistümer der Kirchenprovinz Köln, Das Erzbistum Köln 1) bearb. von Hans Mosler, Berlin 1965.

23 REK 2 (wie Anm. 17), Nr. 906 (Studium in Reims).

24 F. W. E. Roth, »Eine Briefsammlung des Propstes Ulrich von Steinfeld«, in: *Zeitschrift des Aachener Geschichtsvereins* 18 (1896), S. 265 Anm. 1 nach MG SS 17, S. 694f.

25 Gerardo Posada: *Der heilige Bruno, Vater der Kartäuser. Ein Sohn der Stadt Köln. Mit Beiträgen von Adam Wienand und Otto Beck*, Köln 1987.

26 Manfred Groten: »Untersuchungen zum Urkundenwesen unter den Erzbischöfen Arnold I. und Arnold II. von Köln (1138–1156)«, in: *Jahrbuch des Kölnischen Geschichtsvereins* 50 (1979), S. 11–38, hier S. 19.

27 Harry Bresslau: *Handbuch der Urkundenlehre für Deutschland und Italien*, Bd. 2, 2 aus dem Nachlass, Hans-Walter Klewitz (Hg.), Berlin/Leipzig 1931, S. 432–434.

In Reims begegnete Abt Wolbero von St. Pantaleon in Köln seinem Amtsbruder Suger von St.-Denis, dem er bei dieser Gelegenheit seinen Neffen empfahl[28]. In einem Dankesschreiben stellte Wolbero Suger tatkräftige Förderung seiner Angelegenheiten in Köln in Aussicht. Es war kein leeres Versprechen, denn Wolbero stammte aus einer einflussreichen Kölner Bürgerfamilie.

Die Episode wirft ein bezeichnendes Schlaglicht auf die Frankreichbeziehungen der Kölner Bürger. Um 1125 ließ sich nach einem Wunderbericht aus Soissons eine Kölnerin mit ihrem stummen Sohn in der Picardie in Clermont nieder[29]. Indirekt haben sich Kölner Frankreichbeziehungen in bürgerlichen Beinamen französischen Ursprungs niedergeschlagen, die in Kölner Quellen des 12. Jahrhunderts auftauchen. Da findet man Männer mit Namen wie Heinrich Kaldepisse[30], Gerhard Famelard[31] und Reiner Pitargent (=Pied'argent)[32], von denen man nicht weiß, ob es frankophone Zuwanderer oder Kölner mit engen Kontakten zu Sprechern romanischer Sprachen waren. In Köln ansässige Franzosen dürften Godefridus und Petrus Gallicus gewesen sein[33]. Andere Männer mit Beinamen wie Walo (Welscher) oder Romanus[34] könnten dagegen auch aus französischsprachigen Gebieten des Reiches stammen, etwa aus Metz oder Lüttich, wie in Einzelfällen festzustellen ist[35].

Der Männername Ywanus ist in Köln, und auf deutschem Boden nur in Köln, seit etwa 1170 mehrfach belegt[36]. Es handelt sich um den Namen eines Helden der Artussage, die die Kölner Bürger offensichtlich kannten und schätzten. Man wird davon ausgehen dürfen, dass sie die Geschichte von Yvain über eine volks-

28 Patrologia Latina 186, Sp. 1401: *Si quid autem per nuntios verstros agendum est in civitate Colonia, quod ad vestram spectet voluntatem sive utilitatem, ego et pater pueri vobis et vestris in omni negotio servire parati sumus.* Zu Wolbero vgl. Hans Joachim Kracht, *Geschichte der Benediktinerabtei St. Pantaleon in Köln 965–1250* (Studien zur Kölner Kirchengeschichte 11), Siegburg 1975, S. 139–164.

29 Hans-Werner Nicklis: »Eine Kölner Mutter und ihr stummer Sohn in Nordfrankreich« (1. Hälfte des 12. Jahrhundert), in: *Jahrbuch des Kölnischen Geschichtsvereins* 64 (1993), S. 1–14.

30 Sten Hagström, »Kölner Beinamen des 12. und 13. Jahrhunderts 1« (Nomina Germanica 8), Uppsala 1949, S. 127 (auch Aldepisse). Vgl. dort S. 478–482 allgemein zu Lehn- und Fremdwörtern französischer Herkunft.

31 Hagström 1, S. 266 (famelart = affamé).

32 Sten Hagström, Kölner Beinamen des 12. und 13. Jahrhunderts 2:1 (Acta Universitatis Upsaliensis 16), Uppsala 1980, S. 30.

33 Hagström 2:1, S. 108f.

34 Hagström 2:1, S. 184.

35 Kölner Schreinsurkunden des zwölften Jahrhunderts, 2 Bde. (Publikationen der Gesellschaft für Rheinische Geschichtskunde 1) bearb. von Robert Hoeniger, Bonn 1884–1894, Bd. 2,2, S. 255 s. v. Romanus: Theodericus Walo, Metensis, Lambertus Walo bzw. Romanus, Leodiensis.

36 Hoeniger (wie Anm. 35), Bd. 1, S. 107 (M 7 II 12, 1170/71, alle Daten erschlossen!)134 (M 9 I 32, ca. 1175–78), Bd. 2, S. 61 (N 1 VIII 12, ca. 1135–58?), 128 (N 9 I 14, ca. 1180–85), 152 (N 10 XI 6, ca. 1183–1192), 253 (Sev 1 VI 13, ca. 1185–1205), 261f. (Sev 2 III 12, 20, 23, ca. 1188–1210), 264 (Sev 2 V 17, ca. 1190–1215). Vgl. Hagström 2:1, S. 130.

sprachliche französische Version kennen gelernt haben. Das klassische Yvain-Epos hat um 1170 der wohl aus der Champagne stammende Chrétien de Troyes geschaffen. Auf seiner Dichtung basiert die deutsche Fassung Hartmanns von Aue.

Französische Sprachkenntnisse waren natürlich vor allem unter Kölner Klerikern verbreitet[37]. So formulierte etwa ein Schreiber anlässlich einer gerichtlichen Übertragung des Besitztitels an einem Haus: *se fecit saisiri id est geweldegin in ipsa domo,* »er ließ sich *saisir,* d. h. einweisen in besagtes Haus«. Hier wird der französische Rechtsterminus durch sein deutsches Äquivalent erklärt. In einem Verzeichnis von Einkünften des Kölner Stiftes St. Severin aus dem frühen 13. Jahrhundert steht unvermutet zwischen den Zeilen der Satz: *Ki bien le fra, bien aura.*

Auf wissenschaftlichem Gebiet erhielten die kölnisch-französischen Beziehungen im Jahre 1166 eine neue Qualität. Erzbischof Reinald von Dassel, der übrigens französisch sprach, berief in diesem Jahr den englischen Kirchenrechtler Gérard Pucelle, der in Paris lehrte, als Scholaster an die Kölner Domschule[38]. Es ist erstaunlich, dass Gérard den Ruf annahm, denn er gehörte zum Gelehrtenkreis um den im französischen Exil lebenden Erzbischof von Canterbury Thomas Becket, der als kompromissloser Anhänger Papst Alexanders III. galt. Alexander III. war aber heillos mit Friedrich Barbarossa verfeindet. Reinald von Dassel wiederum war einer der engsten Berater des Kaisers. Er war verantwortlich für den kirchenpolitischen Kurs des Staufers, der darauf abzielte, Alexander mit Hilfe eines kaisertreuen Papstes vom Petersthron zu verdrängen. Gérard begab sich also in die Höhle des Löwen. Seine Freunde schüttelten über ihn den Kopf. Angesichts heftiger Kritik hielt es Gérard auch nur wenige Jahre in Köln aus. In der kurzen Zeit seiner Kölner Lehrtätigkeit begründete er aber am Rhein kirchenrechtliche Studien nach Pariser Muster, die in seinem Schülerkreis bis ins frühe 13. Jahrhundert hinein blühten. In Gérards Fußstapfen trat zunächst ein Magister Rudolf[39]. Dieser Rudolf räumte seinem Lehrer das Feld, als

37 Zum Folgenden Manfred Groten: *Köln im 13. Jahrhundert, Gesellschaftlicher Wandel und Verfassungsentwicklung* (Städteforschung, Veröffentlichungen des Instituts für vergleichende Städtegeschichte in Münster A 36), Köln/Weimar/Wien ²1998, S. 50.

38 Peter Landau: *Die Kölner Kanonistik des 12. Jahrhunderts. Ein Höhepunkt der europäischen Rechtswissenschaft* (Kölner rechtsgeschichtliche Vorträge 1), Badenweiler 2008, vgl. aber auch schon Johannes Fried: »Gerard Pucelle und Köln«, in: ZRG KA 68 (1982), S. 125–135; Manfred Groten: »Der Magistertitel und seine Verbreitung im deutschen Reich des 12. Jahrhunderts«, in: *Historisches Jahrbuch* 113 (1993), S. 21–40, hier S. 28f.; ders., »Köln und das Reich. Zum Verhältnis von Kirche und Stadt zu den staufischen Herrschern 1151–1198«, in: Stefan Weinfurter (Hg.): *Stauferreich im Wandel* (Mittelalter-Forschungen 9), Stuttgart 2002, S. 237–252, hier S. 246f.

39 Ulrike Höroldt: *Studien zur politischen Stellung des Kölner Domkapitels zwischen Erzbischof, Stadt Köln und Territorialgewalten 1198–1332* (Studien zur Kölner Kirchengeschichte 27),

Gérard nach dem 1177 geschlossenen Frieden von Venedig zwischen Friedrich Barbarossa und Alexander III. mit dem Segen des Papstes auf seinen Kölner Lehrstuhl zurückkehrte. Als Gérard 1183 zum Bischof von Coventry gewählt wurde, kehrte Rudolf, der zwischenzeitlich in Paris gelehrt hatte, nach Köln zurück, wo er bis zu seinem Tod im Jahre 1201 die Domschule leitete. Friedrich Barbarossa, der mit Beatrix von Burgund, einer Fürstin aus einer französischsprachigen Landschaft des Reiches, verheiratet war, vertraute seinen Sohn Philipp der Kölner Schule zur Ausbildung an[40]. Magister Rudolfs Nachfolger Oliver kam vermutlich aus dem Schülerkreis des Pariser Magisters Petrus Cantor[41]. Er war damit hervorragend befähigt, den Austausch zwischen Köln und Paris fortzuführen. Oliver zog seit 1214 als Kreuzzugsprediger durch die Lande, wurde 1223 zum Bischof von Paderborn gewählt und beendete seine Karriere als Kardinalbischof von Santa Sabina. Sein Nachfolger als Kölner Domscholaster war ein weiterer Absolvent der Pariser Universität, der aus Brüssel stammende Theologe Magister Bonifatius, der von 1228 bis 1230 in Köln nachzuweisen ist. 1231 berief ihn der Papst auf den Bischofsstuhl von Lausanne[42].

Die gute sechs Jahrzehnte währende enge Verbindung der Kölner Domschule mit der werdenden Pariser Universität ebnete Kölner Scholaren den Weg an die Seine. Zu ihnen gehörte u. a. der spätere Erzbischof Konrad von Hochstaden, der 1216 zusammen mit seinem Privatlehrer Magister Arnold in Paris in einem Kreis deutscher Studenten aus Koblenz, Worms, Paderborn und Würzburg auftaucht[43]. Dieser Beleg macht zugleich deutlich, dass die Pariser Schulen zu Beginn des 13. Jahrhunderts keineswegs nur von Rheinländern besucht wurden. Aus allen Regionen des Reiches zogen Studenten nach Frankreich, nicht nur nach Paris, sondern auch zum Medizinstudium nach Montpellier[44].

Charakteristisch für das Rheinland ist hingegen der besonders rege Austausch mit der französischen Landschaft der Champagne. Die hochmittelalterliche

---

Siegburg 1994, S. 649; Johannes Fried: »Der Archipoeta – ein Kölner Scholaster?«, in: *Ex ipsis rerum documentis, Festschrift für Harald Zimmermann zum 65. Geburtstag*, Klaus Herbers u. a. (Hrsg.), Sigmaringen 1991, S. 85–90.

40 MG SS 21, S. 478: »*cuidam scolastico Coloniensi in clericum educandum commisit*«.

41 Höroldt (wie Anm. 39), S. 647 f.; Anna Dorothee von den Brincken: »Oliverus Scholasticus et Cardinalis (+ 1227)«, in: *Rheinische Lebensbilder* 12, Köln 1991, S. 47–67; Rudolf Hiestand: »Oliverus Scholasticus und die Pariser Schulen zu Beginn des 13. Jahrhunderts. Zu einem neuen Textfund«, in: *Jahrbuch des Kölnischen Geschichtsvereins* 58 (1987) S. 1–34. Zu Petrus Cantor: John W. Baldwin: *Masters, Princes and Merchants. The Social Views of Peter the Chanter and his Circle*, 2 Bde., Princeton 1970.

42 Höroldt (wie Anm. 39), S. 632; Letha Böhringer: »Kreuzzugsprediger, Domscholaster und fromme Frauen. Beobachtungen zum klerikalen Umfeld der ersten Kölner Beginen«, in: *Rheinische Vierteljahrsblätter* 72 (2008), S. 35–53, hier S. 38–43.

43 Groten, Magistertitel (wie Anm. 38), S. 32 f.

44 Groten, Köln (wie Anm. 37), S. 31.

Champagne deckt sich allerdings nicht völlig mit der heutigen Region[45]. Den größten Teil ihrer Fläche nahm die Grafschaft Champagne ein, die im Süden an das Territorium des Bistums Langres, im Norden an das der Diözese Laon grenzte. Als Enklaven lagen in der Grafschaft die Bistümer Châlons und Reims. Diese vier Bischofsherrschaften sollen im folgenden mit berücksichtigt werden. Die Champagne entwickelte sich seit dem späten 11. Jahrhundert zu einer der führenden Wirtschaftsregionen Europas mit einem dichten Netz von Marktorten. Die Landschaft nahm eine vermittelnde Rolle zwischen Flandern mit seiner blühenden Textilproduktion und den italienischen Handelsstädten ein, die Produkte aus dem östlichen Mittelmeer und dem Orient nach Nordwesteuropa lieferten. Im Laufe des 12. Jahrhunderts förderten die Grafen von Blois-Champagne den Aufbau eines Jahrmarktsystems, das praktisch den gesamten Jahreszyklus abdeckte. So entstanden die Champagne-Messen in Lagny, Provins, Troyes und Bar-sur-Aube[46]. Die Messeorte fungierten nicht nur als Warenumschlagsplätze, sondern mehr und mehr auch als Finanzmärkte, die europaweit Geldgeschäfte vermittelten.

Im frühen 13. Jahrhundert sind Kölner Kaufleute als Besucher der Champagne-Messen belegt[47], während rheinische Handelsbeziehungen zum übrigen Frankreich nicht nachzuweisen sind. Die Wirtschaftsregion am Rhein, deren Bedeutung in europäischem Maßstab nur um ein weniges geringer einzuschätzen ist als die Flanderns oder der Champagne, war von letzterer durch eine breite, dünn besiedelte Gebirgsbarriere getrennt, die sich von den Argonnen und den Ardennen bis zum Hunsrück und zur Eifel erstreckt. Weder dieses naturräumliche Hindernis noch die Verschiedenheit der Landessprachen scheint aber die intensive Kommunikation zwischen dem Rheinland und der Champagne im Hochmittelalter gehemmt zu haben. Die Beziehungen waren keineswegs nur wirtschaftlicher Art, sie erstreckten sich auch auf die Gebiete der Religion, der Kultur und der Wissenschaft. Es ist schon mehrfach von Rheinländern in Reims die Rede gewesen. Im Folgenden möchte ich diese Thematik noch etwas vertiefen.

Am Beispiel des heiligen Norbert von Xanten lässt sich zeigen, mit welcher Selbstverständlichkeit sich Rheinländer im frühen 12. Jahrhundert in der

45 Michel Bur: *La formation du comté de Champagne v. 950-v. 1150*, Nancy 1977.

46 Franz Irsigler/Winfried Reichert: »Les foires de Champagne«, in: *Messen, Jahrmärkte und Stadtentwicklung in Europa. Foires, marchés annuels et développement urbain en Europe* (Beiträge zur Landes- und Kulturgeschichte 5 = Publications du Centre Luxembourgois de Documentation et d'Études Médiévales 17), Franz Irsigler/Michel Pauly (Hrsg.), Trier 2007, S. 89–105.

47 Hektor Ammann, »Untersuchungen zur Geschichte der Deutschen im mittelalterlichen Frankreich«, in: *Deutsches Archiv für Landes- und Volksforschung* 3 (1939), S. 306–333, hier S. 317f.

Champagne bewegten. Norbert, geboren zwischen 1080 und 1085, stammte aus einem an der Maas beheimateten Adelsgeschlecht[48]. Er wurde in Xanten am Niederrhein zum Geistlichen erzogen und erhielt dort ein Kanonikat. Die freizügige Lebensweise der Stiftsherren befriedigte aber seine religiösen Bedürfnisse auf Dauer nicht. Seit 1115 setzte sich Norbert mit verschiedenen Reformrichtungen auseinander, ohne die ihm gemäße Lebensform zu finden. Als Reaktion auf Anfeindungen pilgerte er nach St.-Gilles-du-Gard zu Papst Gelasius II., der ihm gestattete, als Wanderprediger zu wirken. Solche Wanderprediger gab es im frühen 12. Jahrhundert viele, und nicht wenige von ihnen waren den kirchlichen Autoritäten als Häretiker oder Scharlatane verdächtig. Es war also eine prekäre Lebensweise, die sich Norbert erkoren hatte, vor allem, wenn er Landschaften durchwanderte, deren Sprache ihm nicht geläufig war. Ein Zentrum seines Wirkens war Nordfrankreich. 1120 ging er auf das Angebot des Bischofs Bartholomäus von Laon ein, in seinem Bistum ein Stift zu gründen, in dem er nach seinen Vorstellungen mit seinen Gefährten sesshaft werden konnte. Schließlich fiel die Wahl des Ortes auf Prémontré. Prémontré wurde zum Ursprungsort des Prämonstratenserordens, der sich nach Norberts Tod 1134 unter dem Abt Hugo von Fosse über die ganze westliche Christenheit verbreitete. Zwischen Prémontré und den rheinischen Prämonstratenserstiften entwickelten sich regelmäßige Kontakte.

Während Norbert von Xanten vom Niederrhein in die Champagne zog, nahmen eine Generation später die Katharer den umgekehrten Weg. Die Glaubensgemeinschaft der Katharer, die die größte Herausforderung für die katholische Kirche vor der Reformation darstellen sollte, war auf dem Balkan entstanden und hatte im frühen 12. Jahrhundert in Byzanz Fuß gefasst[49]. Die Lehre der Katharer enthielt zwar fundamentale christliche Glaubenssätze, die aber in einem stark dualistisch geprägten System neu interpretiert wurden. Der Teufel wurde von den Katharern als mächtiger Widersacher des guten Gottes gesehen, eine extreme Richtung ihrer Theologie, die sich in Westeuropa schließlich durchsetzte, ging sogar von der Existenz gleichrangiger antagonistischer Gottheiten aus.

Die menschlichen Seelen waren für die Katharer im irdischen Leib gefangene Geistwesen, die es aus den Fesseln der Materie zu befreien galt. Dies konnte nur durch äußerste Askese erreicht werden. Ob dieser Wesenszug zur Bezeichnung der Gläubigen als *kathari*, d. h. Reine, führte, ist umstritten. Im Deutschen wurde aus dieser Bezeichnung das Wort für Glaubensabweichler, Ketzer.

---

48 *Norbert von Xanten. Adliger, Ordensstifter, Kirchenfürst*, Kaspar Elm (Hrsg.), Köln 1984.

49 Arno Borst: *Die Katharer* (Schriften der Monumenta Germaniae Historica 12), Stuttgart 1953; Malcolm Lambert: *The Cathars*, Blackwell 1998, dt. *Geschichte der Katharer. Aufstieg und Fall der großen Ketzerbewegung*, Darmstadt 2001; Gerhard Rottenwöhrer: *Die Katharer, Was sie glaubten, wie sie lebten*, Ostfildern 2007.

In Konstantinopel ging der seit 1143 regierende Kaiser Manuel energisch gegen die Katharer vor. Vor dem byzantinischen Druck wichen katharische Gläubige auf den Handelswegen nach Westen aus. Ein frühes Zentrum ihrer Lehre entstand in der Champagne, vermutlich in Mont-Aimé an der Marne[50]. Hier wurde das erste katharische Bistum in Westeuropa gegründet, das für die gesamte Francia zuständig war. Erst seit 1167 wurden in Südfrankreich weitere Bistümer errichtet. Von der Champagne aus zogen Missionare weiter in das Rheinland. 1143 wurde eine Gruppe in Köln vor dem Erzbischof verhört[51]. Die meisten schworen unter Druck ihrem Glauben ab, zwei oder drei blieben aber standhaft und wurden in Bonn als Ketzer verbrannt. Es war die erste Ketzerverbrennung in Deutschland. Mit diesem Autodafé war der Kölner Katharismus aber noch nicht ausgerottet. 1163 kam es zu einer weiteren Verbrennung[52]. Im Untergrund behaupteten sich die Häretiker, die anscheinend sogar in den führenden Bürgergeschlechtern Kölns Anhänger fanden, jedoch bis ins 13. Jahrhundert hinein[53]. Die Katharer der Champagne sahen sich zu dieser Zeit gezwungen, nach Norditalien auszuweichen.

Als letztes Beispiel für die Beziehungen zwischen der Champagne und dem Rheinland auf religiösen Gebiet führe ich die Judengemeinden der beiden Regionen an, zwischen denen seit dem 11. Jahrhundert ein reger Austausch zu beobachten ist. Er entspann sich vor allem zwischen den Gemeinden von Troyes und Reims auf der einen Seite und den führenden deutschen Gemeinden von Mainz, Worms und Speyer[54]. Köln spielte in diesem Zusammenhang eine weniger bedeutende Rolle. Die Verbindungen lassen sich exemplarisch aufzeigen am Lebensweg des berühmten Rabbiners Schlomo ben Isaak genannt Raschi, der von 1040 bis 1105 lebte[55]. Der in Troyes geborene Raschi erhielt seine Ausbildung in Mainz und Worms, bevor er in seiner Heimatstadt 1070 seine Schule eröffnete, aus der Kommentare zur Thora und zum babylonischen Talmud hervorgingen,

50 Borst (wie Anm. 49), S. 231.

51 REK 2 (wie Anm. 17), Nr. 412. Die Zugehörigkeit dieser Häretiker zu den Katharern stellt in Frage Uwe Brunn: *Des contestataires aux »cathares«. Discours de réforme et propagande antihérétique dans les pays du Rhin et de la Meuse avant l'Inquisition* (Collection des Études Augustiniennes. Série Moyen Âge et Temps Modernes 41), Paris 2006, S. 124–160, 200–239. In diesem Punkt ablehnend die Rezensionen von Alexander Patschovsky in *Deutsches Archiv für Erforschung des Mittelalters* 64 (2008), S. 763f. und Daniela Mueller in *Rheinische Vierteljahrsblätter* 73 (2009), S. 274–276.

52 REK 2 (wie Anm. 17), Nr. 761.

53 Borst (wie Anm. 49), S. 94.

54 Michael Toch: *Die Juden im mittelalterlichen Reich* (Enzyklopädie deutscher Geschichte 44), München 1998, S. 26–29.

55 *Raschi 1105–2005. Leben und Wirken Raschis, die Juden in der Champagne und am Rhein*, Geoffroy Grassin (Hrsg.), Worms 2005; *Raschi und sein Erbe*, Daniel Krochmalnik/Hanna Liss/Ronen Reichman (Hrsg.), Heidelberg 2007.

die zu den bedeutendsten ihrer Art zählen. Raschis Schülerkreis wirkte bis weit ins 12. Jahrhundert hinein.

Zusammenfassend lässt sich feststellen, dass sich im Hochmittelalter das Rheinland und die Champagne flankiert von Burgund und Flandern über politische Grenzen hinweg zu einer wirtschaftlich und kulturell blühenden zentraleuropäischen Brückenlandschaft zusammenfügen, deren noch heute sichtbare Zeugnisse die großen gotischen Kathedralen von Laon, Reims und Köln sind.

Françoise Mélonio (Paris)

De la démocratie en Europe : les voyages d'Alexis de Tocqueville en Rhénanie

« …c'est une des infirmités singulières de notre esprit » – écrit Tocqueville en 1854 – « de ne pouvoir juger des objets, les vît-il clairement et en plein soleil, s'il ne place un autre objet à côté »[1]. Il n'y a pour Tocqueville d'histoire ou de science politique que comparée. On connaît bien Tocqueville observateur de l'Amérique, de l'Angleterre, de l'Irlande, de l'Algérie ou de l'Inde. On ignore souvent ce que sa pensée doit, sur le tard, à l'étude des pays germaniques. Si l'Angleterre et l'Amérique sont les comparaisons nécessaires pour comprendre la nature de la démocratie dans *De la démocratie en Amérique* (1835–1840), l'Angleterre et les pays germaniques permettent de penser l'histoire de France dans *L'Ancien Régime et la Révolution* en 1856. En 1854, pour écrire son ouvrage, Tocqueville va chercher un « autre objet » à l'université de Bonn où il étudie l'ancien régime allemand. Cette découverte tardive de l'Allemagne, en Rhénanie, lui permet d'inventer une nouvelle histoire de l'Europe, qui fonde une politique européenne libérale.

« Malheureusement …je ne connais pas l'Allemagne »

La méthode comparative ne singularise pas Tocqueville. Dans la première moitié du XIXe siècle, quasiment tout historien de la France pratique l'histoire comparée, comme tout historien de la littérature étudie la littérature comparée. Le XIXe siècle est le siècle des comparaisons. Il y a ainsi une « France plus qu'anglaise » pour reprendre le titre d'un pamphlet de 1788, une « France espagnole »[2], une France entichée de l'Allemagne avant que n'advienne à la fin du XIXe siècle « la crise allemande de la pensée française »[3] ; il y a aussi un rêve français de la

1 Lettre à Pierre Freslon, Bonn, ce 30 juillet 1854, publiée dans : de Tocqueville, A. : *Lettres choisies*, Souvenirs. Paris 2003, p. 1106. Edition désignée ci-dessous par Quarto.

2 C'est le titre du livre de : Schaub, Jean-Frédéric : *La France espagnole. Les racines hispaniques de l'absolutisme français.* Paris 2002.

3 Digeon, Claude : *La Crise allemande de la pensée française, 1870–1914.* Paris 2e éd. 1992.

Méditerranée, nourri des souvenirs de l'antiquité que les gens bien nés collectent dans leur « grand tour » …

Tocqueville participe de cette culture « européenne » des élites de son temps ; l'étonnant est le caractère tardif de son intérêt pour l'Allemagne. Il célèbre en effet d'abord, en jeune homme bien né, la fin de ses études par un « grand tour » à Rome puis en Sicile (décembre 1826 – avril 1827), admirant sagement les temples grecs, et méditant, comme d'autres quoique avec une acuité annonçant le futur sociologue, sur la décadence du mezzogiorno.

Très tôt, il n'ignore rien, non plus, des comparaisons entre l'histoire d'Angleterre et l'histoire de France, qui prenaient le plus souvent la forme de parallèles entre les révolutions. Louis XVI redoutait avant 1789 un équivalent français de 1640 et de la révolte contre la tyrannie de Charles Ier ; sous la Restauration on s'interroge sur ce que serait un équivalent français du changement de dynastie de 1688[4] ; après 1830 ces parallèles entre les révolutions de 1640/1789 et celles de 1688/1830 tournent au lieu commun, tout en perdant leur force contestataire et prospective, puisque 1830 semble clore l'histoire des révolutions françaises, comme 1688 avait clos l'ère des révolutions anglaises. Si Tocqueville récuse ces parallèles des révolutions de France avec les révolutions anglaises de 1640[5] et de 1688[6], il n'en reste pas moins que sa pensée se construit sur l'horizon de cette tradition et contre elle.

Il est bien moins familier de la culture germanique. Et pourtant, comme l'explique Michel Espagne, « le XIXe siècle est à bien des égards dans l'histoire de la vie intellectuelle française un siècle allemand. Il l'est dans le domaine purement littéraire, avec la fortune prestigieuse de modèles comme le *Werther* ou le *Faust*, l'exégèse de *L'Éducation du genre humain* ou les pièces de Schiller. Il l'est dans le domaine scientifique avec l'importation de la grammaire comparée, de la romanistique entre autres. Si les linguistes, les philologues, les orientalistes, les historiens, les géographes, les théologiens sont allés chercher outre-Rhin une inspiration qui les a souvent conduits à développer leur discipline sur des bases nouvelles, à lui conférer une sorte de certificat de modernité, la philosophie est un élément de cet effort de redéfinition intellectuelle de soi-même au prisme de l'Allemagne »[7]. L'Allemagne est en effet depuis le *De l'Allemagne* de Mme de Staël

4 Rappelons que Jacques II Stuart doit abandonner le trône à sa fille Mary et son gendre Guillaume protestant et stathouder des Pays-Bas. Ce changement de dynastie marque aussi l'extension du pouvoir du parlement.

5 Voir sur ce parallèle *Œuvres complètes* de Tocqueville, désignées ci-dessous par *O.C.* Cette édition publiée à partir de 1951 et encore inachevée est utilisée pour les textes et lettres non repris dans le recueil de lettres choisies de Gallimard-Quarto) t. 2, 2, p. 334–335.

6 *O.C.* t. 16, p. 558–561.

7 Espagne, Michel : *En deçà du Rhin. L'Allemagne des philosophes français au XIXe siècle.* Paris 2005, p. 12.

(1811) la figure même de l'altérité, à l'aune de laquelle les Français se mesurent. On dira que la philosophie, la romanistique, la linguistique n'étaient pas de nature à retenir le jeune Tocqueville, avide de se faire un nom dans la politique. Mais Guizot qui fut son maître à la Sorbonne et son principal interlocuteur intellectuel et politique, s'était lui-même formé par la littérature et la philosophie allemandes auxquelles l'avait initié le suisse Stapfer : « Depuis que je vivais à Paris, écrit-il dans ses *Mémoires*, la philosophie et la littérature allemandes étaient mon étude favorite ; je lisais Kant et Klopstock, Herder et Schiller, beaucoup plus que Condillac et Voltaire »[8]. Historien, Guizot embrasse dans un même récit le passé des différentes nations européennes. En 1828, son cours d'*Histoire de la civilisation en Europe* intègre l'étude de chaque nation dans le récit de la marche « universelle » de la civilisation – restreinte en fait à la civilisation européenne : « malgré de grandes diversités de temps, de lieux, de circonstances, partout cette civilisation découle de faits à peu près semblables, se rattache aux mêmes principes et tend à amener à peu près partout des résultats analogues »[9].

Tocqueville qui s'initia à l'Histoire en assistant aux cours de Guizot en 1828–1829 a, comme son maître, d'emblée l'ambition d'écrire une histoire universelle – ou tout au moins européenne. S'il vise principalement à réformer les Français, le particularisme national français ne lui semble pensable que sur fond d'une histoire occidentale. Un titre de chapitre de *De la démocratie en Amérique* dit bien en 1840 cette dimension européenne de la pensée de Tocqueville : « Que parmi les nations européennes de nos jours le pouvoir souverain s'accroît quoique les souverains soient moins stables »[10] . Mais sa réflexion, comparatiste toujours, se nourrit d'abord de l'étude du monde anglo-américain. Le départ pour l'Amérique en 1831 va durablement lui valoir le surnom de « Tocqueville l'Américain » ; deux voyages en Angleterre en 1833 et 1835 lui permettent de préciser ce que l'Amérique doit à ses origines anglaises. Avant 1849, il ne parcourt pas le continent européen, sinon pour le « grand tour » de fin d'études en Italie ou pour aller prendre les eaux en Suisse. À l'inverse de beaucoup de ses contemporains instruits comme Cousin, Quinet, ou Laboulaye, il ne passe pas le Rhin, ne parle pas allemand, et quoiqu'il ait rencontré à Paris beaucoup d'émigrés ou visiteurs italiens, espagnols, russes, ou allemands, il ne se préoccupe de l'Europe continentale que lorsque l'intérêt diplomatique de la France est en jeu[11]. En 1853, il avoue à son ami le théologien Bunsen : « Malheureusement, et à mon grand

8 Guizot, F. : *Mémoires pour servir à l'histoire de mon temps.* Cité par Espagne, Michel, *op.cit.*, p. 38–39.
9 Guizot, F. : *Histoire de la civilisation en Europe.* Paris 1985, p. 56.
10 *De la Démocratie en Amérique* (1840), 4ème partie, titre du chapitre 5.
11 Par exemple sous la monarchie de Juillet dans les tractations relatives aux « mariages espagnols ».

regret, je ne connais pas l'Allemagne. J'ai vécu presque exclusivement dans le monde anglais »[12]. Le tournant, brutal, est pris après février 1848 : il se rend deux fois outre-Rhin, en 1849 pour y observer le printemps des peuples puis en 1854 pour préparer *L'Ancien Régime et la Révolution* après avoir appris fort laborieusement, à presque cinquante ans, ce qu'il fallait d'allemand pour lire les gazettes et déchiffrer des traités de droit ou d'histoire.

Pourquoi, après avoir vécu presque exclusivement dans le monde anglophone, partir soudain au-delà du Rhin ? Tocqueville ne procède jamais qu'aux comparaisons utiles pour éclairer la situation française. Aussi bien le désir du voyage naît moins d'une curiosité pour l'étranger que de la nécessité de comprendre la France en la regardant d'ailleurs. Quitter la France permet d'y trouver son chemin. En 1835 *De la démocratie en Amérique* s'ouvre sur un aveu d'égarement : « où allons-nous donc ? ». Après 1851, Tocqueville se plaint d'être un voyageur perdu par une nuit d'hiver ; la révolution de 1830 l'avait précipité en Amérique pour y comprendre l'avenir ; le cycle révolutionnaire de 1848–1851 le précipite en Rhénanie en 1854 puis en Angleterre en 1857 pour y comprendre le poids des morts sur la politique des vivants. La place devenue centrale de l'Allemagne après 1848 dans la réflexion de Tocqueville est inséparable du regard nouveau qu'il porte sur la démocratie comme transition indéfiniment étirée plutôt que comme Fin de l'Histoire.

Le « moment américain » et l'horreur prussienne

Avant 1848, Tocqueville croit n'avoir rien d'essentiel à apprendre du monde germanique. Sous la Restauration les jeunes gens qui se vouaient à la vie politique couraient admirer en Angleterre la vie parlementaire, et en Prusse la rigueur de l'administration. En 1824, Tocqueville lui-même avait envisagé avec son cousin Kergorlay d'aller voir « ces coquins d'Anglais qu'on nous peint si forts et si florissants »[13]. Mais l'Amérique seule répond pleinement à la question théorique qu'il se pose après 1830 sur le triomphe de la démocratie. Partir pour l'Amérique plutôt que pour l'Angleterre ou la Prusse, c'est refuser de croire possible un maintien ou une restauration de l'aristocratie ancienne, c'est refuser aussi d'imaginer que l'Histoire s'achève avec le triomphe des classes moyennes ou de la bourgeoisie comme l'affirmait Guizot. C'est placer au centre de la réflexion politique non pas la rationalité administrative (à l'allemande) mais les progrès de l'égalité. Aristocrate vaincu, Tocqueville prophétise, avec un zeste de *schadenfreude*, la chute finale de la bourgeoisie – « pense-t-on qu'après avoir détruit

12 Lettre du 2 janvier 1853 : *O.C.*, t. 7, p. 329.
13 Lettre à Kergorlay : *O.C*, t. 13, 1, p. 69–74.

la féodalité et vaincu les rois, la démocratie reculera devant les bourgeois et les riches ? » écrit-il en 1835 ; puisque la démocratie est la Fin de l'Histoire, il est vain de la combattre, il faut l'accommoder. À programme nouveau, terrain nouveau d'enquête. L'Amérique n'est pas, sans doute, l'avenir de l'Europe, mais elle est ce lieu où l'Européen peut s'imaginer un avenir. À l'inverse l'Europe continentale n'offre que des motifs de désespérer. « On dirait que chaque pas que [les nations démocratiques de l'Europe] font vers l'égalité les rapproche du despotisme.[14] » Si dès 1836 Tocqueville projette un voyage Outre-Rhin, que les exigences de la vie parlementaire le conduisent à ajourner jusqu'en 1849, cet ajournement même est signe que la comparaison avec le monde germanique avant 1848, elle, n'est pas au cœur de son projet intellectuel et politique. Pour le jeune homme pressé des années 1830 et 1840, l'urgence, c'est d'implanter une démocratie libérale en France, ce pour quoi les États-Unis et l'Angleterre offrent des leçons ; mais quelles leçons de liberté pourraient bien donner les despotismes prussien, russe, autrichien, napolitain?[15] « Pays du silence », l'Allemagne ne permet de penser que la servitude, ce qui certes peut intéresser le savant ou l'historien mais pas l'homme politique. Tocqueville n'est pas l'homme des curiosités désintéressées. Comme Tocqueville ne peut ignorer l'importance de la philosophie allemande, *La Démocratie* se contente d'une allusion au monde germanique, dans le chapitre sur le panthéisme[16] – référence obligée, tant la « querelle du panthéisme » était notoirement d'origine germanique. Les lecteurs allemands, autrichiens, tchèques ont noté cet étrange silence sur l'Europe dans la *Démocratie en Amérique* : « je ne puis m'empêcher de croire » – écrit le tchèque Léo Thun – « que la connaissance de l'état et du mouvement intellectuel des Allemands vous aurait porté à changer quelquefois le point de vue dont vous regardez votre sujet »[17]. Tocqueville ne devait guère remédier à cette lacune pendant la monarchie de Juillet. Dans les années quarante il se fait composer par le jeune Arthur de Gobineau des reader's digests sur la morale de Kant, Fichte, Schelling et Hegel, mais ce sont des notes de synthèse pour un rapport commandé en 1840 par l'Institut sur les progrès de la morale, exercice imposé auquel Tocqueville d'ailleurs mit si peu de zèle qu'il ne le termina jamais[18]. La correspondance montre clairement qu'avant 1848 il ne cherche dans le monde germanique que des leçons très limitées d'administration

14 *De la démocratie en Amérique* (1840) : *Œuvres*, Bibliothèque de la Pléiade, Paris 1992, t. 2, p. 821.

15 Voir Lettre à Lieber, 2 décembre 1844, *O.C.*, t. 7, p. 264 : « L'Allemagne est encore le pays du silence, et je crains bien qu'elle ne soit jamais autre, du moins de notre temps. »

16 « Les écrits d'une portion de l'Europe en portent visiblement l'empreinte. Les Allemands l'introduisent dans la philosophie, et les Français dans la littérature. » *De la démocratie en Amérique* (1840), *Œuvres*. Paris 1992, t. 2, chap. 7, partie 1, p. 541.

17 Lettre inédite du 15 juillet 1841, archives Tocqueville.

18 Voir *O.C.*, t. 9, p. 309–328. Seules quelques brèves notes relatives à ce rapport ont été conservées dans les archives de l'écrivain.

municipale[19] ou universitaire[20], domaines où la Prusse excellait et dont la France aurait pu s'inspirer[21]. Il a donc fallu des circonstances historiques nouvelles pour que naisse une interrogation inédite qui conduise à déplacer la comparaison de l'outre-Atlantique vers l'outre-Rhin et impose au penseur politique l'étude de l'histoire européenne.

Et voici la révolution qui recommence ...

Cette interrogation, on la voit naître en 1847. Avant 1847, Tocqueville croit à une évolution possible de l'Europe vers le modèle de démocratie paisible des Américains. S'il ne méconnaît pas les risques d'une révolution permanente en Europe, il les imagine mineurs : « les grandes révolutions deviendront rares », prophétise-t-il imprudemment en 1840. En 1847–1848 il découvre à son corps défendant la violence des passions révolutionnaires et la force du sentiment des nationalités en Allemagne et en Italie, qu'il redoute et ne comprend pas[22]. Si bien que pour

19 En 1836 Tocqueville pose à son cousin Kergorlay, qui partait pour la Prusse, une série de questions sur l'administration prussienne : « Après l'Angleterre le pays que j'ai toujours le plus désiré parcourir est la Prusse [...] je te demanderai de prendre des renseignements aussi détaillés que tu le pourras sur le système *provincial et communal* prussien ainsi que sur les limites de la centralisation. J'attache une grande importance à cela. Ce ne sont point avec des arguments tirés de ce qui se passe chez des peuples républicains ou semi-républicains que nous pouvons espérer attaquer avec avantage la centralisation française. Il n'y a que les raisons prises chez les peuples à gouvernement absolu qui puissent faire une véritable impression sur la tourbe antilibérale qui nous gouverne. » (Lettre du 10 octobre 1836, *Quarto*, p. 367). On voit que ce qui importe ici est moins la Prusse que la stratégie de persuasion, oblique, à destination des Français.

20 La Prusse était admirée pour son instruction publique depuis les réformes de 1806–1811. L'organisation de l'instruction était pour Tocqueville un problème crucial, qu'il avait envisagé de traiter dans *De la démocratie* et auquel il consacre dans les années quarante une part importante de son activité parlementaire. Rien donc de surprenant à ce qu'en 1836 il interroge son cousin Kergorlay sur les effets de l'obligation scolaire. Voir sa lettre du 26 décembre 1836, *O.C.*, t. 13, 1, p. 432 : « 1. La loi qui *oblige* à envoyer ses enfants à l'école est-elle encore en vigueur, quels sont ses effets et comment s'applique-t-elle ? 2. Quelle part prennent les autorités locales dans l'instruction ? A-t-on pu parvenir à intéresser les localités aux écoles ? Comment s'y est-on pris pour exciter l'esprit public dans ce sens ? 3. Existe-t-il quelque degré intermédiaire d'instruction entre l'instruction primaire et l'instruction principale ? 4. L'instruction principale se donne-t-elle dans des collèges ou dans des académies ? »

21 Lettre à Kergorlay du 21 juin 1837, *O.C.*, t. 13, 1, p. 454. On trouve d'autres traces de l'intérêt de Tocqueville pour la pédagogie allemande : dans ses notes sur la question scolaire il utilise l'ouvrage de Cousin, Victor : *De l'instruction publique dans quelques États de l'Allemagne*, voir *O.C.*, t. 3, 2, p. 637. Par Gobineau il se fait aussi faire une longue note sur l'enseignement primaire en Prusse et la méthode de Pestalozzi, voir *O.C.*, t. 9, p. 356–365.

22 Voir Mélonio, Françoise / Quéffelec, Lise : « Tocqueville et l'Europe », *O.C.*, t. 7 (le manuscrit

comprendre la menace des révolutions et évaluer le risque d'une contagion en France, il va du 7 au 24 mai 1849 étudier les passions démocratiques et nationales à Bonn, Cologne puis Francfort, siège du parlement fédéral. Le choc est rude. À son ami Beaumont, il écrit le 18 mai 1849, de Francfort : « Toute la portion de l'Allemagne qui nous avoisine va devenir un immense foyer révolutionnaire très actif »[23]... On mesure ici la parenté de ce bref voyage en Rhénanie de 1849 – interrompu par la nomination de Tocqueville comme ministre des affaires étrangères – avec le voyage en Amérique de 1831. Tocqueville ne cherche pas à satisfaire des curiosités pittoresques ou savantes mais à éclairer l'avenir par une enquête sur le terrain.

Les *Souvenirs*, rédigés à partir de 1850, sont le premier texte où Tocqueville ébauche sa réflexion sur les passions révolutionnaires, à la lumière de son expérience diplomatique toute fraîche de ministre (2 juin 1849 – octobre 1849). À son entrée au ministère, « l'Europe était comme en feu, bien que l'incendie fût déjà éteint en certains pays »[24]. La France avait donné le signal du printemps des peuples en 1848 ; en juin 1849 elle donne le signal de la réaction. Mais ce retour à l'ordre n'éteint pas les passions, il en ajourne seulement la manifestation : « Je sais que la maladie qui travaille toutes les vieilles sociétés européennes est incurable, qu'en changeant de symptôme, elle ne changera pas de nature et que tous les anciens pouvoirs sont plus ou moins menacés d'être modifiés ou détruits ; mais je ne serais pas éloigné de croire que l'événement prochain ne soit le raffermissement de l'autorité dans toute l'Europe. [25]»

Parce que Tocqueville croit la maladie révolutionnaire incurable, il lui faut trouver une cause générale au va et vient incessant entre révolutions et réactions – et qui puisse éclairer à la fois l'histoire de la France et celle des pays voisins, tous également atteints du mal révolutionnaire. Tocqueville va donc à partir de 1852 s'atteler simultanément à l'histoire de la Révolution et de l'Empire en France et à l'histoire de l'Allemagne des XVIIIe et XIXe siècles. En 1854, il s'interroge : « Comment savoir ce qui est arrivé en Prusse immédiatement avant la révolution de Février ? Où trouver même le récit des agitations et des révolutions de l'Allemagne en 1848 ? Existe-t-il en allemand un précis de ce temps-là ? »[26] Il ne s'agit pas ici d'un souci d'actualité, ni même d'ailleurs d'un intérêt spécifique pour l'Allemagne mais d'une recherche de documentation historique. Car étudier les révolutions de l'Allemagne en 1848, c'est écrire un chapitre de l'Ancien Régime en

---

donne : V7, ce qui ne va pas. Le plus probable est qu'il ne faut conserver que 7. Mais je n'ai pas pu vérifier), p. 257–278.

23 *Quarto*, p. 652–653.

24 *Souvenirs*, *Œuvres*, Bibliothèque de la Pléiade, Paris 2004, t. 3, p. 927.

25 Fragment d'une dépêche du 24 juillet 1849 à Lamoricière placée dans les dossiers manuscrits de *L'Ancien Régime* avec une note de mars 1858.

26 Notes de *L'Ancien Régime et la Révolution*, *Œuvres*, t. 3, p. 1095.

Europe. Les Allemands sont en retard : dans le monde germanique, 1848 est le moment de la liquidation de l'Ancien Régime, 1789 s'étire jusqu'en 1848 qui achève le travail de la transition démocratique : « on pourrait presque dire que notre Révolution de 48 a produit en Allemagne des effets plus considérables que notre Révolution de 89. Il est bien certain du moins que toutes les parties de la vieille constitution de l'Europe que la première avait laissées debout ont été définitivement mises en poussière par la seconde. L'abolition d'un nombre infini de privilèges qui détruisaient ou gênaient la liberté civile datera de cette époque et survivra à la liberté politique »[27]. Après 1848 les privilèges ne subsistent plus qu'en Bavière car « La Bavière [est] restée plus Ancien Régime que le reste : la Bavière est peut-être aujourd'hui le pays de l'Allemagne où les vieilles institutions ont laissé le plus de traces parce que c'est le seul que la révolution de 48 ait à peine atteint »[28].

Tocqueville part donc pour la Rhénanie en 1854 afin de chercher les origines de la culture politique qui condamne l'Europe aux révolutions et à la servitude. En 1831 Tocqueville avait cherché aux États-Unis l'avenir du mouvement démocratique et avait pris pour médiateurs les élites bostoniennes, férues de culture européenne et les moins éloignées de l'esprit aristocratique ; en 1854 il va chercher en Allemagne, c'est-à-dire dans le passé, l'explication de la révolution et du coup d'État de Louis-Napoléon Bonaparte et prend pour médiateurs les Rhénans qui sont les plus proches de la culture française et les plus avancés. Si bien que la vieille Allemagne (et plus largement la vieille Europe) est sur l'axe du temps le symétrique de la jeune Amérique, et les Rhénans le symétrique des bostoniens : « Pour un homme qui a vu la société américaine, laquelle sort pour ainsi dire de l'Europe moderne du côté de l'avenir, il n'y a rien de plus nouveau et de plus curieux que de voir les sociétés qui en sortent du côté du passé »[29]. Encore faut-il préciser que de ce passé, l'Europe ne sort pas vraiment, tant il obsède le présent, et hypothèque l'avenir. La Rhénanie se présente donc comme cette partie évoluée de l'Allemagne qui par sa proximité géographique, politique et culturelle avec la France, est l'étape nécessaire pour qui veut remonter vers l'Ancien Régime.

27 Lettre à Corcelle, 2 octobre 1854, *Quarto*, p. 1116–1117.
28 Note du 30 juin 1854, *Œuvres*, tome 3, p. 324.
29 Lettre du 30 juin 1854 à Circourt, *Quarto*, p. 1100–1101.

Le séjour à Bonn

La méthode et le système conceptuel que Tocqueville construit pour comparer les Anciens Régimes français et allemand perfectionnent, sans en modifier la nature, la démarche adoptée en 1831 pour penser la démocratie.

Ce que définit Tocqueville, c'est d'abord une technique d'enquête orale et documentaire. Premier acte, dès lors qu'a été choisi le terrain de la comparaison, l'apprentissage de la langue. Tocqueville avait appris l'anglais sur le bateau pour l'Amérique ; il apprend l'allemand, à presque cinquante ans, à partir de 1853 ; il avait exposé sa méthode en 1837 à Kergorlay : « on apprend une langue en s'en servant pour apprendre le pays. C'est comme cela que j'ai appris l'anglais....Ce qui classe un voyageur, ce sont ses questions, ses recherches et non pas le plus ou moins de facilité avec laquelle il s'exprime dans la langue nationale. »[30] Il prend donc quelques leçons avec un « cuistre joufflu » et s'échine à lire la *Gazette de Cologne* à laquelle il est abonné d'octobre 1853[31] à juin 1854 ; il y glane des éléments sur la montée des passions socialistes ou les progrès de la centralisation en Allemagne[32], il y lit aussi les comptes rendus d'historiens allemands[33]. En 1854 le voilà prêt pour l'enquête sur le terrain.

Le 19 juin 1854 il est à Bonn, ville universitaire où l'attiraient la riche bibliothèque et un milieu universitaire libéral et très francophile. Il s'installe dans un petit appartement meublé au bord du Rhin, dans la Coblenzerstrasse ; dès le 20 juin Brandis, professeur de philosophie que Tocqueville connaissait déjà, organise une soirée en son honneur : « c'était l'université en masse ; les femelles aussi bien que les mâles, un raout de professeurs et de leurs femmes ; à neuf heures, il a fallu s'attabler à un immense souper où nous n'avons touché à rien (Tocqueville souffrait de l'estomac...) mais où les indigènes ont mangé comme

30 Lettre à Kergorlay, 4 juillet 1837, *O.C.*, t. 13, 1, p. 459–460.

31 Voir sa lettre à Anastasie de Circourt le 2 septembre 1853, *Quarto,* p. 1079 : « Vous avouerai-je, Madame, que je me suis remis à l'école et que j'apprends une langue, absolument comme si j'avais douze ans ? [...] Je me suis jeté à corps perdu dans cette abominable étude de l'allemand, où tout est étranger pour un Français, et le fond , et le tour et l'expression de l'idée, et ce qui est le plus ridicule, cette étude ingrate m'intéresse beaucoup. Il est vrai que je m'y livre avec le sentiment qu'elle est non seulement utile, mais indispensable pour ce que je veux faire ultérieurement. » Un petit carnet de notes sur *L'Ancien Régime et la Révolution* vendu par Christics présente des listes de vocabulaire.

32 Voir par exemple cette remarque sur le numéro du 16 janvier 1854 qui rend compte d'un vote à la chambre prussienne en faveur de la garantie judiciaire des fonctionnaires : « Monsieur le ministre de la justice parle en faveur de cette loi absolument comme un ministre français l'aurait fait. On ne veut pas montrer de défiance à la justice, au contraire. On n'agit que dans l'intérêt du principe de la division des pouvoirs...la même rocambole. »

33 Par exemple le compte rendu par la *Gazette de Cologne* (13 janvier 54) du livre von Sybel, Heinrich : *Geschichte der Revolutionszeit von 1789 bis 1795.* Ce compte rendu figure dans les notes de *L'Ancien Régime* (liasse Q).

des Allemands du XVIe siècle. Tout ce monde-là a été d'une amabilité extrême pour nous… en somme, nous avons été enchantés de notre soirée. »[34] Bonn n'était qu'une étape. Tocqueville comptait ensuite parcourir la Westphalie, Dresde et Berlin pour y observer les derniers restes du « monde antédiluvien » de l'ancien régime allemand[35]. Las, le 6 août Mme de Tocqueville fut prise d'un rhumatisme au poignet droit. Elle avait toujours eu un naturel contrariant. Adieu Bonn, Dresde, Westphalie, Berlin, il fallut partir le 17 août pour Wildbad, petite ville d'eaux de la forêt noire aux ressources érudites inexistantes. Le voyage est « entièrement gâté et rendu presque inutile » se lamente Tocqueville[36]. Il n'en est rien.

Le « voyage en Allemagne » est remarquable à la fois par la rigueur de l'enquête et l'originalité de la question, qu'on peut saisir grâce aux notes de *L'Ancien Régime*[37]. Comme aux États-Unis, Tocqueville procède par questionnaire systématique à partir d'une idée mère, qui préexiste à l'enquête, et sort renforcée de la vérification expérimentale ; il l'explique d'ailleurs avec une satisfaction ingénue à Beaumont le 16 juillet 1854 :

---

34 Lettre à Ampère du 21 juin 1854, *O.C.*, t. 11, p. 247.

35 Voir lettre à Circourt et Mme de Circourt du 30 juin 1854, *O.C.*, t. 18, p. 181. Sur le voyage l'article le mieux informé mais antérieur à la première édition des notes du voyage en Allemagne (publiées dans *Œuvres*, bibliothèque de la Pléiade, t. 3) est celui de Seidel, Karl-Joseph : « Tocquevilles Forschungsaufenhalt in Bonn 1854 », *Rheinische Vierteljahrsblätter*, 1977, 41, p. 283–297.

36 Lettre du 24 août 1854 à Ampère, *O.C.*, t. 11, p. 251.

37 Le dossier 43 Q relatif à l'Allemagne regroupe :
– deux carnets cartonnés intitulés « cahiers contenant des observations sur les *lieux* et sur les *hommes* » et contenant des notes prises par ordre alphabétique sur les travaux de Saint René Taillandier ;
– un dossier de 192 pièces de papier sans foliotage continu intitulé « Allemagne. Travaux sur l'Allemagne faits en Allemagne en juin, juillet , août et septembre 1854 »
– des notes séparées de conversations et réflexions sur la législation agraire prussienne, les « œuvres du grand Frédéric », les souvenirs de Goethe sur 1792, la Gazette de Cologne en 1854 et divers documents reçus par Tocqueville. Conversations et notes de lecture sont complémentaires, Tocqueville se faisant expliquer les ouvrages qu'il lit par ses interlocuteurs. Les notes prises en Allemagne, publiées pour la première fois dans le volume 3 de la Pléiade p. 320–338, sont difficiles à interpréter du fait que Tocqueville prépare deux dossiers, l'un sur la réception de la Révolution française en Allemagne, l'autre sur l'ancien régime allemand. Le premier dossier envisagé correspond au projet initial de 1852–1853 d'un ouvrage resté inachevé sur la Révolution et l'Empire ; le deuxième est relatif au projet plus tardif qui donne lieu à la publication de *L'Ancien Régime et la Révolution* en 1856. Sur le premier projet voir lettre à Circourt du 1er juin 1854 , *O.C.*, t. 18, p. 169: « Quant à mon principal objet, je veux surtout savoir dans quel état se trouvait l'Allemagne au moment où la Révolution française éclatait ; ce qu'y a produit d'abord notre contact, soit par les idées soit par les armes, et enfin pour compléter les connaissances dont je suis curieux, ce qui s'est passé de principal dans ce grand pays jusqu'au moment où il s'est levé en masse contre nous. Le travail qui a précédé cette levée en masse exciterait vivement ma curiosité. »

« ...Je n'ai vécu depuis mon arrivée ici que dans l'Allemagne du siècle dernier et je vois avec une certaine satisfaction que les idées que je m'étais faites d'elle sans la connaître et seulement par raisonnement abstrait, en recherchant pourquoi la Révolution avait eu lieu plutôt chez nous que chez elle, ces idées me paraissent pleinement confirmées par le détail des faits. L'état politique et surtout l'état social de ce pays me semblent être exactement ce que j'avais supposé. »[38]

Tocqueville se flatte là de plus de clairvoyance qu'il n'en avait. Car il est d'abord ébahi par le « chaos de l'ancien régime germanique ». L'université, parce qu'elle est un « corps » savant – bien plus que les universités françaises du 19e siècle – lui offre non seulement le plaisir de la sociabilité académique, mais aussi une multitude d'interlocuteurs érudits et politiquement aptes à saisir l'enjeu de son enquête. Certains des interlocuteurs lui sont communs avec Victor Cousin, tel l'historien Friedrich von Raumer, ou bien le philologue aristotélicien professeur à Bonn Christian August Brandis. La plupart sont des professeurs juristes ou historiens qui sont aussi des hommes politiques, libéraux ou conservateurs, partisans du self-government et d'un régime représentatif : c'est le cas de l'historien Friedrich Christoph Dahlmann (1775–1860), une des figures marquantes du libéralisme rhénan, membre de l'Assemblée nationale de Francfort en 1848, qui avait participé aux travaux de la chambre prussienne de 1849 et 1850 puis aux travaux du parlement d'Erfurt en 1851 ; de Hugo Hälschner (1817–1889), professeur de droit à Bonn de 1847 à sa mort, spécialiste de droit pénal, qui eut pour élèves les empereurs Frédéric III et Guillaume II et avait publié en 1846 un ouvrage sur la question constitutionnelle en Prusse ; Tocqueville interroge aussi Ferdinand Walter (1794–1879), professeur de droit à Bonn, membre de l'Assemblée nationale de Berlin, de mai à décembre 1848 (où il siégea à droite) et membre de la chambre haute de février 1849 à janvier 1850, Monnard, professeur de langues romanes, Suisse bon connaisseur de toute l'Europe libérale. Tous sont capables de lier le passé encore vivant dans la mémoire des hommes avec le présent de l'Allemagne et de permettre ainsi à Tocqueville de raisonner par « analogie » sur l'histoire du monde occidental. La complaisance des professeurs rhénans est extrême, et Tocqueville l'exploite sans vergogne comme il l'explique à Circourt son ami et introducteur auprès des Rhénans, dans une lettre du 27 juillet 1854 : « Un de mes principaux soins a été de me faire indiquer et de me procurer, en partie, les ouvrages qui traitent des objets et des temps qui m'intéressent. Les Allemands publient tant de livres que dans le nombre il s'en trouve quelques-uns qui répondent précisément à ce que je veux savoir. Quand j'y trouve des endroits qui m'offrent des difficultés et qui exigent des commentaires, je vais

38 *Quarto*, p. 1102.

trouver quelques-uns de ces messieurs de l'université qui se prêtent avec une extrême complaisance et souvent avec beaucoup de capacité à m'éclairer. »[39] ...

Mais ce n'est là qu'un premier pas ; la Rhénanie décidément ressemble trop à la France pour en éclairer le passé : « L'ancien régime [y] est si complètement et depuis si longtemps détruit, qu'on ne rencontre que peu de gens qui puissent dire avec quelque exactitude ce qu'il a été. [...] l'ancien régime des bords du Rhin, moins les institutions politiques, ressemblait singulièrement à l'ancien régime français. Ce qui m'intéresse bien plus c'est de savoir ce qu'était l'ancien régime allemand dans les parties de l'Allemagne qui avaient plus retenu l'état social et administratif du Moyen Age. »[40]

Tocqueville cherche donc à rencontrer ceux qui vivent encore au milieu des débris du monde ancien. Il fréquente avec grand plaisir (car c'est son monde) les membres des grandes familles aristocratiques, telle la comtesse Maximiliane von Arnim, fille aînée de la femme de lettres Bettina von Arnim, et épouse du comte Oriola qui faisait carrière dans l'armée prussienne. Et puis il cherche des « survivants ». Ainsi il rencontre le 19 juillet 1854 un vieillard de 84 ans, le résident Wurtzer qui avait été fonctionnaire public sous le dernier électeur de Cologne, archiduc d'Autriche, et avait donc connu « l'ancien régime ». On voit tout ce que l'enquête rhénane a de commun avec l'enquête américaine : le niveau d'analyse, puisque Tocqueville cherche à saisir la culture politique non pas seulement dans la littérature ou la philosophie mais dans les institutions, les mœurs et les pratiques administratives ; la technique d'interview, qui procède par questionnaire systématique à partir d'une hypothèse ; le choix des interlocuteurs, à la fois hommes d'étude et hommes d'action. Ce qui intéresse Tocqueville dans le passé, c'est le passé encore vivant dans la mémoire et les pratiques des hommes. Tocqueville n'a jamais que les curiosités historiques qui lui permettent de comprendre la politique de son temps.

Le principe d'analogie : absolutisme et socialisme en Europe

Le principe de la méthode de Tocqueville, c'est l'analogie ; le mot est récurrent dans son œuvre. L'inventaire minutieux des différences nationales s'intègre dans une philosophie de l'histoire qui retrouve partout le même mouvement vers la démocratie.

Tocqueville avait eu pour premier projet de chercher les différences et ressemblances entre l'Allemagne et la France. Pas les différences entre États allemands auxquelles *L'Ancien Régime et la Révolution* ne fera que quelques rares

39 *O.C.*, t. 18, p. 190.
40 Lettre de Tocqueville à Circourt, 30 juin 1854, *Quarto*, p. 1100.

allusions[41]. Ce qui l'intéresse au premier chef, c'est toujours la France, éclairée par comparaison. Il en résulte que dans l'ouvrage les références aux pays germaniques sont limitées au livre 1 et aux notes qui sont afférentes, et à une comparaison dans l'appendice sur les pays d'État entre le Languedoc et les États de Saxe et Württemberg (*Œuvres*, p. 1081). L'étude de l'histoire allemande comme celle de l'histoire anglaise apparaît comme un moyen heuristique de dégager la spécificité française : la pensée une fois mûrie, l'échafaudage est caché au lecteur – si bien qu'on a longtemps méconnu le versant allemand de la pensée de Tocqueville.

Toute l'enquête rhénane a en effet pour but de répondre à une question française : « Mais pourquoi cette Révolution, partout préparée, partout menaçante, a-t-elle éclaté en France plutôt qu'ailleurs ? »[42]. Le plutôt est ici un « plus tôt », le monde germanique n'étant pas épargné par les révolutions. Les différences entre les nations frappent moins Tocqueville que l'évidence d'un cours unique de l'histoire européenne, certaines nations étant à l'avant-garde (la France), et d'autres à la traîne (les pays germaniques). Partout s'observe au XVIIIe siècle la décadence des vieilles institutions féodales ; partout le droit romain triomphe du droit indigène : « cela vint de ce que dans le même temps, le pouvoir absolu des princes s'établissait solidement partout sur les ruines des vieilles libertés de l'Europe, et de ce que le droit romain, droit de servitude, entrait merveilleusement dans leurs vues. »[43]. Partout aussi se développe l'esprit révolutionnaire : le socialisme est un surgeon de l'absolutisme et la carte des révolutions spécialistes recouvre celle des souverains absolus (il n'y a pas d'ailleurs de socialisme aux États-Unis) : « à partir du milieu du [dix-huitième] siècle une nouvelle génération s'élève ; à la place de cette piété pour les formes traditionnelles que l'ancienne génération conservait involontairement, la génération qui s'élève professe le mépris du passé, le dédain de ces formes traditionnelles, un esprit nouveau apparaît de toutes parts, en l'absence de patries auxquelles on pût s'attacher et de vie pratique qui bornât et dirigeât l'imagination, on se jette dans l'amour général du genre humain, dans le mépris du patriotisme particulier »[44].

Si l'histoire de la civilisation suit le même cours sur tout le continent européen, du coup le « retard » de l'Allemagne devient la providence de l'historien, comme le note Tocqueville en lisant en septembre 1854 *Das Gesamte Würtembergische Privatrecht* de von Reyscher. « En lisant cet ouvrage, j'ai été frappé par la grande analogie qui existait entre ce qui se passait en Württemberg en 1836 et ce qui se

41 Voir notamment sur l'abolition du servage en Allemagne, *Œuvres*, Bibliothèque de la Pléiade, t. 3, p. 246–247 ; sur les biens des paysans en Allemagne (*ibid.*, p. 251.).

42 *Ibid.*, p. 70.

43 *Ibid.*, p. 245, voir aussi p. 336–337.

44 Notes de Tocqueville sur l'ouvrage de Hausser : *Histoire allemande.* En marge de citations de Herder et Lessing trouvées dans cet ouvrage Tocqueville note : « forme de l'esprit démocratique. On s'attache à l'égalité des hommes, faute de l'égalité des citoyens. »

passait en France en 1788, particulièrement quant à la position des paysans et la tenure du sol. À ce point que je suis convenu que la meilleure manière de bien comprendre l'état de ces choses en France en 1788 n'est pas d'étudier les documents français qui traitent dans une forme ancienne et avec des idées anciennes et qui se rapportent à des institutions tellement détruites que ce qui est sous nos yeux nous détourne de les comprendre, mais d'étudier les livres allemands de la nature de celui que je viens seulement de parcourir très légèrement qui, écrits de nos jours, avec les idées de nos jours, même au milieu d'institutions anciennes, nous font aussitôt apparaître clairement l'image du passé et le font comprendre. »[45] Le retard allemand offre à l'historien l'opportunité inestimable de pouvoir observer *in vivo* de l'autre côté du Rhin ... la monarchie absolue française.

Mais l'Allemagne prend elle aussi, à son rythme, le chemin de la démocratie. En partie par le mouvement général qui emporte tous les peuples, en partie par imitation de la France dont l'exemple obsède à la fois les révolutionnaires et les princes. Aussi se pose la question de la portée non plus historique, mais politique, de l'analogie avec l'Allemagne. Qu'enseigne la Rhénanie à Tocqueville, sinon le désespoir ? Les Rhénans de 1849 et de 1854 sont de « pauvres citoyens ». Mélancoliquement Tocqueville écrit à son ami Freslon : « Même point de départ que chez nous. Les idées appartiennent à la liberté, les mœurs et les habitudes au despotisme, une classe éclairée, divisée par d'anciens souvenirs en deux camps qui ne peuvent que difficilement s'entendre et où, des deux parts, on craint plus le voisin que le commun maître ; une société qui a perdu toute habitude de se gouverner elle-même, le pouvoir central, fourré partout dans les détails de la vie individuelle, le besoin des places universel, la vie publique sans puissance et sans organe. Vous connaissez, hélas, l'original de cette copie. Que vous dirai-je ? Je commence à croire que je ne trouverai nulle part, sur ce vaste continent, un lieu où il me plairait de vivre »[46]. Tocqueville écrira encore le 1er septembre 1856 : « j'ai souhaité passionnément une Europe libre »[47]. Cette Europe libre, ni l'Allemagne ni la France n'en laissent pressentir la figure tant les sociétés européennes du continent partagent toutes le même malheur historique, quoique chacune le vive à son rythme et à sa façon. Après 1848, Tocqueville, penseur de la Démocratie, incarne aussi la conscience malheureuse des Européens. On s'explique dès lors que *L'Ancien Régime et la Révolution* ait trouvé beaucoup de lecteurs en Allemagne[48]. Pour les Allemands, l'histoire de l'Ancien Régime et de la révolution était au XIXe siècle une histoire dont les effets n'étaient pas épuisés. Beaumont

45 *Œuvres*, t. 3, p. 1083.
46 Lettre à Pierre Freslon, 30 juillet 1854, *Quarto*, p. 1107.
47 Voir lettre à un ami américain d'origine allemande, Lieber, *O.C.*, t. 7 p. 265.
48 Voir mon livre : *Tocqueville et les Français*. 1993, p. 160–161.

aurait voulu que Tocqueville donnât à son livre sur l'Ancien Régime, qu'on a pris à tort pour un livre d'histoire, le titre de « Démocratie et liberté en France »[49]. Il aurait pu suggérer : « Démocratie et liberté en Europe » .

49 Lettre de Beaumont, *O.C.*, t. 8, 3, p. 372–373.

Thomas P. Becker (Bonn)

Klara Marie Faßbinder – Eine Rheinländerin als Mittlerin zwischen Deutschland und Frankreich

»Analyste pénétrante de l'âme française«, so hat der Germanist Robert d'Harcourt der Bonner Geschichtsprofessorin und Friedenskämpferin Klara Marie Faßbinder als Widmung in eines seiner Bücher geschrieben, die er ihr regelmäßig zuschickte.[1] Tief eindringen in das Wesen Frankreichs und der Franzosen – es penetrieren – das war in der Tat das, was schon die junge Studentin Klara Marie Faßbinder an der Universität Bonn zum Ziel hatte. Von ihrem Weg zum Verständnis Frankreichs als Schülerin und Studentin, von ihrer tatsächlichen Erfahrung mit Frankreich im letzten Kriegssommer des Ersten Weltkrieges und von ihrem Bemühen um Aussöhnung zwischen den beiden »Erbfeinden« in den 20er Jahren soll hier in erster Linie die Rede sein, allerdings auch vom weiteren Lebensweg dieser bemerkenswerten Frau, deren tiefe Liebe zu Frankreich sie immer wieder in Schwierigkeiten mit den Mächtigen in Deutschland brachte.

Klara Marie Faßbinder wurde am 15. Februar 1890 in Trier in der südlichen Rheinprovinz geboren. Ihr Vater Peter Faßbinder aus dem Eifelort Ehlenz war Volksschullehrer, wie es sein Vater Matthias vor ihm schon gewesen war.[2] Noch ein weiterer Sohn und eine Tochter des Matthias Faßbinder hatten den Lehrerberuf ergriffen, zwei weitere den geistlichen Stand gewählt.[3] Der Vater hat vielleicht die Liebe zur Pädagogik schon in Klaras Kinderherz geweckt, denn er wird, wie sie in ihrem Lebenslauf für das Staatsexamen 1916 geschrieben hat, ihr erster Lehrer.[4] Auch der Vater ihrer Mutter Anna Maria, geb. Schütz, die aus Daun in der Eifel stammte, war Lehrer von Beruf gewesen.[5] Angesichts dieser familiären

1 Klara Marie Faßbinder: *Der versunkene Garten. Begegnungen mit dem geistigen Frankreich des Entre deux guerres 1919–1939. Wiederbegegnungen nach dem Zweiten Weltkrieg*, Heidelberg 1968, S. 10.

2 Klara Marie Faßbinder: *Begegnungen und Entscheidungen*, Darmstadt o. J. [1961], S. 11.

3 Universitätsarchiv Bonn, Sammlung »Klara Marie Faßbinder«, Nachruf »Ein Lehrerleben: Schulrat Faßbinder 1857–1930«, Druckort und Autor sind unbekannt, aber es spricht vieles dafür, dass Klara Marie Faßbinder selbst die acht Druckseiten umfassende Schrift verfasst hat.

4 Universitätsarchiv Bonn, Bestand »Prüfungsamt 103«, Prüfungsakte Klara Marie Faßbinder.

5 Universitätsarchiv Bonn, Sammlung »Klara Marie Faßbinder«, Ahnenpass. Daun war die erste Station des frischgebackenen Lehrers Peter Faßbinder gewesen, wo er »das schönste Mädchen

Tradition mag es nicht weiter verwundern, dass von den insgesamt sieben Kindern des Ehepaares Faßbinder alle bis auf die jüngste Tochter den Lehrerberuf ergriffen oder ihn doch zumindest zum Ausgangspunkt für weitere wissenschaftliche Karrieren machten. So wurde der eine der beiden älteren Brüder, Franz, Germanist und Autor von Hand- und Lehrbüchern für den Deutschunterricht.[6] Sein Enkel ist der Regisseur Rainer Werner Faßbinder.

Klara Marie war das fünfte der Geschwister.[7] Sie wuchs in einem Elternhaus auf, in dem die im rheinischen Katholizismus tief verwurzelte Religiosität einen großen und identitätsstiftenden Stellenwert hatte. Zwei Onkel des kleinen Mädchens waren Pfarrer an der Mosel, bei denen die Kinder ihre Ferien zu verbringen pflegten, Religion und religiöse Motivation spielten für die Kinder eine große Rolle in der Legitimation ihrer alltäglichen Handlungen. Aber wie überall im deutschen Katholizismus war nach dem Ende der bedrückenden Auseinandersetzungen des Bismarck'schen Kulturkampfes jedes Ressentiment gegen das neue deutsche Kaiserreich verschwunden. Dies empfand das kleine Mädchen ganz besonders, nachdem die Familie 1896 von Trier nach Brühl im nördlichen Rheinland umgezogen war. Der Vater erhielt dort eine Stelle an dem Lehrerseminar, an dem er selbst einst ausgebildet worden war. Brühl, die Kleinstadt zwischen Bonn und Köln, war für das sechsjährige Mädchen die Begegnung mit der Fremde, die sie mit Deutschland – und noch weit stärker – mit Preußen assoziierte. Preußen, zu dem damals sowohl Trier als auch Brühl gehörten, drang nun in das Bewusstsein des Kindes als Hort der deutschen Freiheit und der imperialen Größe ein. Rückblickend schreibt sie, dass die Liebe zu Preußen ihr wohl von ihrem älteren Bruder Franz eingeimpft worden ist, der in der Brühler Zeit die Höhere Schule besuchte und im Geschichtsunterricht mit Preußens Gloria weit mehr vertraut gemacht wurde als mit der Geschichte der eigenen rheinischen Lande, die im prachtvollen Brühler Residenzschloss des Kölner Kurfürsten Clemens August ihr Monument hatten. Für das kleine Mädchen war dieses Schloss Augustusburg nicht Zeugnis für den vergangenen Ruhm der Kurfürsten gewesen, sondern es war ein Symbol für den Kaiser, dem es ja in

der ganzen Gegend« heiratete. S. Universitätsarchiv Bonn, Sammlung »Klara Marie Faßbinder«, Nachruf »Ein Lehrerleben: Schulrat Faßbinder 1857–1930«.

6 Unter seinen älteren Arbeiten, die auf den Lebensweg Klara Maries am meisten Einfluss gehabt haben dürften, seien zu nennen: *Eichendorffs Lyrik*, Köln 1911; *Friedrich Hebbel*, Köln 1913 (beides Vereinsschriften der Görresgesellschaft); *Das Leben und die Werke des Benediktiners Pierre Berçuire*, Bonn 1917 (zugleich Diss. phil.), *Deutsches Lesebuch für höhere Lehranstalten*, Münster 1925; *Einkehr. Ein Buch Gedichte*, Münster 1927; *Spiegel der Seele. Zwei Jahrhunderte deutscher Dichtung*, Münster 1928. Gerade das letztgenannte Buch, herausgegeben zusammen mit Friedrich Kortz, erlebte sieben Auflagen bis in die 60er Jahre hinein.

7 Der Bruder Alfons, der vor ihr geboren wurde, ist schon nach wenigen Monaten gestorben, so dass er bei der Widmung des Buches *Der versunkene Garten* in der Reihe der Geschwister fehlt. Vgl. *Begegnungen und Entscheidungen* (wie Anm. 2), S. 12.

der Tat zu diesem Zeitpunkt gehörte. Der missionarische Eifer des Bruders Franz, das gerade erworbene Schulwissen an seine drei kleineren Geschwister weiterzugeben, fand sein Pendant in der ruhigen und unaufdringlichen Hohenzollern-Verehrung des Vaters. Neben dem Namenstag des Vaters an Peter und Paul (29.6.) und dem Weihnachtsfest war in der Familie Faßbinder der 27. Januar, der Geburtstag Kaiser Wilhelms, das höchste Familienfest.[8] Die Verehrung, die das kleine Schulkind dem Kaiser entgegenbrachte, obwohl er in ihren Augen beängstigend »fatzkemäßig« aussah, gleicht der Devotion heutiger Teenager für ihre Popstars. Die Eltern versuchten, diese naive Begeisterung etwas zu zügeln, aber durch ihre eigene preußenfreundliche Haltung duldeten sie die patriotischen Eskapaden ihrer Kinder mit einem gehörigen Maß an Sympathie.[9]

Diese Liebe zu Preußen und zum deutschen Kaiserreich hat jedoch eine Konsequenz, zumindest bei den Kindern: So wie Preußen die Vormacht Deutschlands und der Garant deutscher Größe ist, ist Frankreich der »Erbfeind« Deutschlands und wegen seiner moralischen Verkommenheit zutiefst zu verabscheuen. Hier jedoch stieß die kleine Klärie zu ihrem eigenen Erstaunen an eine Grenze der elterlichen Geduld. In einer Erinnerung an ihr siebtes Lebensjahr berichtet sie in ihren Memoiren:

> »Die Mutter ruft uns ›drei Kleinen‹ zum Abendessen. Ich: ›gleich, ich bin noch nicht fertig!‹. Ein zweites Rufen. Da springe ich der Mutter entgegen. ›Jetzt kann ich essen, jetzt sind alle Franzosen tot.‹ Entsetzt fragt meine Mutter: ›Was sagst du da? Du hättest alle Franzosen tot gemacht?‹ Ich nicke voll Stolz: ›Jawohl, in der Schlacht bei Leipzig!‹ – ›Wie kannst du so etwas sagen! Die Franzosen sind gute Leute, die man nicht einfach tot macht, auch nicht im Spiel!‹« Doch die siebenjährige Klara läßt sich vom mütterlichen Zorn nicht einschüchtern. »Mama, wenn du die Franzosen kenntest, wie ich sie kenne, würdest du nicht sagen, sie sind gute Leute! Wenn wieder Krieg ist und sie kommen zu uns ins Quartier, dann schneide ich ihnen in der Nacht allen die Hälse ab. Hiermit!« Und sie hält der erschrockenen Mutter das große Brotmesser mit wildem Blick unter die Nase. Die Mutter fällt dem soeben dazukommenden Vater weinend in die Arme.[10]

Das Kind merkt zwar, wie ungehalten der Vater ist, obwohl er sie wegen ihres naiven Patriotismus in Schutz nimmt, sie sieht die Verzweiflung der Mutter, aber sie versteht nicht den Zusammenhang. Zu stark ist der patriotische Chauvinismus der Kaiserzeit schon in ihr verwurzelt, als dass sie sich darüber Gedanken machen könnte, dass ihre Eltern sich gegenseitig mit »Chéri« anreden und bisweilen französisch miteinander sprechen. Sie weiß, dass ihre Mutter als junge Frau einige Zeit in Frankreich gelebt hat und dass die Eltern Frankreich lieben. Sie bringt den Söhnen und Töchtern französischer Freunde ihrer Mutter, die

8 *Begegnungen und Entscheidungen* (wie Anm. 2), S. 12.
9 Ebd., S. 12.
10 Ebd., S. 13f.

immer wieder die Sommerferien im Hause Faßbinder verbringen, Sympathie entgegen. Aber in ihrem Kopf werden diese Dinge nicht zusammengebracht. Die Franzosen sind der moralisch verkommene Erbfeind, egal ob die geliebte Mutter ihnen Sympathien entgegenbringt oder nicht. Als die fünf Jahre ältere Schwester Katharina einmal aus der Schule nach Hause kommt und dort den Anfang aus Schillers »Jungfrau von Orléans« deklamierte (»Ja, liebe Nachbarn, heute sind wir noch Franzosen ...«), stürzt Klara Marie sich auf sie: »Du sollst nicht sagen ›heute sind wir noch Franzosen‹! Das ist nicht wahr! Wir sind Deutsche, und wir sind es morgen auch noch!«[11] Ihre Abneigung gegen alles Französische zeigt sich auch in ihrer Reaktion auf das Wort »Frauenemanzipation«, das sie im Alter von etwa 12 Jahren zum ersten Mal hört und sich vom Vater erklären läßt. Besonders beeindruckt sie daran, dass dann in der schulischen Ausbildung die Mädchen den Jungen gleichgestellt sind. Denn ihr schneller Verstand begreift sogleich, dass damit die Mädchen in Zukunft auch Griechisch lernen dürften statt des verhassten Französisch.[12]

Mit 16 Jahren kam Klara Marie Faßbinder auf das Höhere Lehrerinnenseminar nach Koblenz. Hier begann sich ihre Haltung zum »verhaßten Französisch« zu wandeln. Ihre Französischlehrerin an diesem Seminar bestärkte sie darin, indem sie ihr half, zwischen französischer Literatur einerseits und französischem Wesen und französischer Politik andererseits zu unterscheiden.[13] Das brachte den Wechsel in der Einschätzung des Faches, der noch dadurch unterstützt wurde, dass die beiden älteren Brüder, die an der Universität Bonn für das Lehramt an Gymnasien studierten, jeweils Französisch als zweites Fach gewählt hatten. Wenn auch die Franzosen verderbt und politisch skrupellos waren, so hatten sie doch eine schöne Sprache und eine ansprechende Literatur.

Im März 1909 legte sie vor der Königlichen Prüfungskommission in Koblenz ihr Lehrerinnenexamen für mittlere und höhere Mädchenschulen ab. Die erste Anstellung fand sie in der nach preußischen Lehrplänen eingerichteten zehnklassigen höheren Mädchenschule der Englischen Fräulein in Darmstadt. Bis 1911 unterrichtete sie hier vor allem die oberen Klassen, aber ihr Bildungshunger ist durch diese Tätigkeit keineswegs gestillt. »Schon in Darmstadt hatte ich Vorlesungen bzw. Übungen in Deutsch, Philosophie und Kunstgeschichte belegt«, so schreibt sie 1916 in ihrem Lebenslauf.[14] Der Hang zu einer höheren, einer universitären Bildung, wie sie auch die älteren Brüder erfuhren, wurde immer stärker. Wichtig für die junge Frau wurde der Umstand, dass seit dem Jahre 1908 endlich auch in Preußen Frauen zum vollen Studium an den Uni-

11 Ebd., S. 14.
12 Ebd., S. 15.
13 Ebd., S. 27.
14 Universitätsarchiv Bonn, Bestand »Prüfungsamt 103«, Prüfungsakte Klara Marie Faßbinder, Lebenslauf.

versitäten zugelassen waren. 1911 fand sie eine Anstellung in einer Bonner Schule, dem Lyzeum von Fräulein Emilie Heyermann, wohl mit der Absicht, sich hier auf ein Externenabitur vorzubereiten. Doch die Rechnung ging nicht auf. »Da die Arbeit für die Schule mir nicht genügend Zeit zur Vorbereitung auf die Reifeprüfung ließ, trat ich im Herbst 1911 in den von Frl. Oberlehrerin A. Schennings geleiteten realgymnasischen Kurs für Lehrerinnen ein.«[15] Durch ihr externes Abitur in Münster erhielt Klara Marie Faßbinder 1913 endlich die Zugangsberechtigung für die Universität.[16] Für sie kam nur die Alma mater Bonnensis in Frage, die Rheinische Friedrich-Wilhelms-Universität Bonn, an der schon ihr Vater und ihre Brüder vor ihr studiert hatten.[17] Als Fach wählte sie ebenfalls Französisch wie ihre Brüder vor ihr, dazu Geschichte und Philosophie. Sie hungerte nach Wissen, nach neuen Erkenntnissen und geistigen Erfahrungen. Freilich war ein Seminarlehrergehalt nicht ausreichend, um neben den beiden Söhnen auch den Töchtern das Studium zu bezahlen. Aber Großvater Matthias hatte daheim in der Eifel neben seiner Lehrertätigkeit auch eine florierende Baumschule für Obstbäume aufgezogen. Der Verkauf dieser Bäume war es, der den Mädchen die akademische Ausbildung sicherte.[18] Der Beschluss, die Töchter genauso studieren zu lassen wie die Söhne, war also nicht nur eine einsame Entscheidung der Eltern, sondern sie wurde von der ganzen Familie Faßbinder mitgetragen. Die ersten Eindrücke der Universität aber blieben weit hinter den hochgesteckten Erwartungen zurück: »Welche Enttäuschung, die meisten Vorlesungen des ersten Semesters! Die Uni erschien mir wie eine Wüste, die man halt durchwandern mußte, hinter der sich endlich doch das fruchtbare Land auftun würde. Und es tat sich auf, ganz unerwartet. Hans Heiss, Privatdozent für Französisch, führte uns in das Altfranzösische ein, unentbehrliche Grundlage, wenn man dieses Fach ›für Obere‹ machen wollte. Es war auch ganz interessant, diese Ableitungen aus dem Lateinischen und die Vergleiche mit dem modernen Französisch.« Durch Heiss wurde sie auf die Vorlesungen von Rudolf Thurneysen aufmerksam gemacht. Erst diese Vorlesung bei dem Sprachwissenschaftler und Keltologen Rudolf Thurneysen erschloss ihr die neue Welt der akademischen Studien. Und auch Thurneysen fiel sie bald auf, denn in ihrer selbstbewussten und unverkrampften Art fiel sie aus dem Rahmen:[19] Thurn-

15 Ebd.

16 Schon hier zeigt sich ihr hohes intellektuelles Potential: Die Noten in Chemie und Mathematik sind nur »genügend«, alle anderen Noten aber sind entweder »gut« oder »sehr gut«. Universitätsarchiv Bonn, Bestand »Staatliches Prüfungsamt 103«, Prüfungsakte Klara Marie Faßbinder.

17 Studium des Vaters, *Begegnungen und Entscheidungen* (wie Anm. 2), S. 42.

18 Universitätsarchiv Bonn, Sammlung »Klara Marie Faßbinder«, Nachruf »Ein Lehrerleben: Schulrat Faßbinder 1857–1930«.

19 »›Dem [gemeint ist Thurneysen]möchtest du einmal etwas Liebes antun‹, ging es mir eines Tages durch den Sinn. Das schien ziemlich unwahrscheinlich, denn zwischen Dozenten und

eysen wurde Klara Marie Faßbinders verehrter akademischer Lehrer und väterlicher Freund. Auf seinen Rat hin ging sie ein Semester lang nach München. Wieder zurück studierte sie intensiv und planmäßig und reichte im Sommersemester 1916 die Exmatrikel ein, um sich auf ihr Staatsexamen als Gymnasiallehrerin vorzubereiten. Die Zeiten sind auch elf Jahre nach Einführung des Frauenstudiums noch nicht reif für die Gleichbehandlung der Geschlechter: Auf dem Formular des Königlichen Prüfungsamtes steht nur »Herr« vor dem Namen und »Sohn des ...« bei den Stammdaten.[20] Klara Marie Faßbinder, die zu diesem Zeitpunkt noch nichts von Frauenemanzipation hält, ficht das nicht weiter an.

Als Themen für ihre schriftlichen Arbeiten hatte sie sich eine Hausarbeit über den provenzalischen Troubadour Raimbaut de Vaqueiras und eine über den französischen Moralisten La Bruyère aus der Zeit Ludwigs XIV. geben lassen. Die Arbeit über Vaqueiras ist in flüssigem und elegantem Französisch verfasst, Anmerkungen und Verbesserungen finden sich auf dem breiten Korrekturrand der handschriftlich verfassten Arbeit nicht. Das Prädikat: »inhaltlich sehr gut, sprachlich gut«. Die Beurteilung über ihre in deutscher Sprache verfassten Hausarbeit über La Bruyère aus der Feder von Adolf Dyroff spart zwar nicht mit wohlwollender Kritik (»eine gewisse Selbstüberhebung«), trägt aber dennoch das Prädikat »sehr gut«.[21] Auch die mündliche Prüfung ging neben Geschichte, Philosophie und Deutsch über das Fach Französisch. Das Staatsexamen bestand sie mit Auszeichnung. Der bei der Prüfung anwesende Pedell soll hinterher zu Klara Marie Faßbinder gesagt haben, ein solches Staatsexamen habe es an der Universität Bonn seit dreißig Jahren nicht mehr gegeben.[22]

Literatur und Geistesgeschichte Frankreichs werden ihr also immer vertrauter. Aber haben diese Studien der französischen Sprache und Kultur ihre

Studenten bestand eine tiefe Kluft. Später habe ich erfahren, daß es bei den Mitgliedern eines Seminars und seinem Leiter, manchmal auch zwischen dem Leiter einer Übung und den sich mühenden Anfängern (I=Kötteln auf höherer Ebene) anders war. Aber so als erstes Semester! Als einmal bei Heiss etwas unklar blieb und ich sagte: ›Ich schnappe ihn mal nach der Vorlesung‹, hieß es empört, ›Bist du verrückt? Du kannst den doch nicht einfach anquasseln!‹ – ›Will ich ja auch nicht. Ich frage ihn nur ganz höflich, ob ich ihn richtig verstanden hätte!‹ – Meine Kommilitonin schüttelte nur ihr Haupt. Nachher sagte mir Heiss, wenn ich noch einmal etwas hätte, solle ich nur kommen, aber besser in die Sprechstunde, denn es könne ja sein, daß er einmal etwas nachsehen müsse. Diese Unterredung hatte mir den Ruf besonderen Mutes eingetragen.« *Begegnungen und Entscheidungen* (wie Anm. 2), S. 32 u. 34.

20 Universitätsarchiv Bonn, Bestand »Prüfungsamt 103«, Prüfungsakte Klara Marie Faßbinder.

21 »*Die sachliche Kritik an La Br. Besteht zum Teil nur in Behauptungen statt in Nachweisen. Unangenehm wirkt auch eine gewisse Selbstüberhebung (z. B. S. 60), die aber vielleicht mehr auf unbeholfener Wahl des Ausdrucks beruht. Aber die Leistung ist sehr selbständig, im historischen Teil sehr gut und förderlich. Die sonderbaren Schreibfehler werden, wenn die Verf. selbst schrieb, auf Rechnung einer gewissen Aufregung kommen. Im ganzen ›sehr gut‹*«. Universitätsarchiv Bonn, Bestand »Prüfungsamt 103«, Prüfungsakte Klara Marie Faßbinder.

22 Ebd., S. 112.

Haltung Frankreich gegenüber verändert? Nein, im Gegenteil, ihr frankreichfeindlicher Chauvinismus ist eher noch gestärkt worden. Die an der Universität Bonn gepflegte akademische Ausbildung im Geiste Wilhelms von Humboldt, die Auseinandersetzung mit der Genese und dem Wesen der französischen Sprache, die Begegnung mit der französischen Literatur vom Mittelalter bis zu ihrer eigenen Zeit, alles das hat genauso wenig ihr Bild vom Erbfeind ankratzen können wie die Tränen der Mutter viele Jahre zuvor, als sie mit wildem Stolz den Franzosen den Tod androhte. In den Semesterferien 1916 fährt sie nach St. Wendel, wohin der Vater mittlerweile versetzt worden ist, und lernt dort für das Examen. In ihren Memoiren schreibt sie: »Ich sehe mich da hocken mit dem ›Grünen Heinrich‹ von Gottfried Keller in der kurz vorher herausgekommenen Urfassung. Daneben französische Romane des ausgehenden 18. Jahrhunderts, Rétif de la Bretonne, Laclos' ›Les liaisons dangereuses‹ mit ihrer parfümierten Laszivität. Aus tiefstem Herzen sprach ich ein Dankgebet, daß mich Gott in dem tugendhaften Deutschland und nicht in dem lasterhaften Frankreich hatte zur Welt kommen lassen!«.[23]

Nach dem Staatsexamen folgt ein Studienreferendarjahr an einer Kölner Schule, das alles andere als erfreulich war für Klara Marie Faßbinder. Auch wenn sie hinsichtlich ihres Frankreichbildes ihren antifranzösischen Chauvinismus nicht aufgegeben hatte, so war ihr ein unbedachter Hurra-Patriotismus doch völlig fremd. Annexionsvorstellungen hinsichtlich Eupen-Malmedy oder gar belgischer Häfen wie Antwerpen hielt sie für empörendes Unrecht und völkerrechtlich für völlig undenkbar. Damit setze sie sich in krassen Gegensatz zum Direktor der Kölner Kaiserin-Augusta-Schule. In den wachsenden Spannungen mit diesem Vertreter des Alldeutschen Vereins war es für sie wie eine Erlösung, als eine frühere Kommilitonin Anfang 1918 bei ihr anfragte, ob sie nicht Interesse hätte, sich zum »vaterländischen Hilfsdienst« zu melden. »Vaterländischer Hilfsdienst«, das bedeutete Einsatz unmittelbar hinter der Front.[24] Die Abteilung »Fortbildung und Unterhaltung« suchte eine in Geschichte und Nationalökonomie bewanderte Studentin, die durch Bildungsangebote in Frontnähe die Moral der kämpfenden Truppe stärken sollte. Voller Eifer und auch mit der brennenden Hoffnung, von dem entsetzlichen Kölner Direktor wegzukommen,

23 Ebd., S. 45.

24 Das Gesetz über den vaterländischen Hilfsdienst vom 2. Dezember 1916 richtete sich ursprünglich nur an alle männlichen Deutschen zwischen 17 und 60, die nicht eingezogen waren. »Als vaterländischer Hilfsdienst gilt außer dem Dienste bei Behörden und behördlichen Einrichtungen insbesondere die Arbeit in der Kriegsindustrie, in der Land [- und Forst]wirtschaft, in der Krankenpflege und in kriegswirtschaftlichen Organisationen jeder Art sowie in sonstigen [Berufen und] Betrieben, die für Zwecke der Kriegführung oder der Volksversorgung unmittelbar oder mittelbar von Bedeutung sind. Die Leitung des vaterländischen Hilfsdienstes liegt dem beim Preußischen Kriegsministerium errichteten Kriegsamt ob.«.

sagte Klara Marie Faßbinder dankbar zu. Natürlich fragte sie sowohl ihren Lehrer Thurneysen als auch ihre Eltern erst um Rat. Die Mutter hatte schwere Bedenken, nicht etwa wegen der Gefahr für Leib und Leben in der Frontnähe, sondern wegen der Gefahr für den guten Ruf eines Mädchens, weil man sich über die Tugend der Frauen in der Etappe nicht allzuviel Gutes in der Heimat erzählte. Doch gerade deswegen wollte Klara Marie ja an die Front, denn sie wollte den Franzosen beweisen, dass es auch anständige deutsche Frauen gebe.[25] Ende April sitzt sie im Zug an die Front. Erste Ernüchterung ist der kurze Halt auf der Strecke, als ein Gegenzug vorbeifährt, in dem Soldaten sind, die aus der Hölle der Schützengräben zurück in die Etappe verlegt werden und mit totengleichen Gesichtern in die Leere starren. Doch auch das hält die enthusiastische Patriotin nicht davon ab, am 1. Mai 1918 stolzerfüllt auf der Höhe von Sedan zu stehen und mit heißem Herzen an den Sieg über Frankreich und Napoleon III. zu denken und daran, dass sie nun mithelfen dürfe, ein weiteres Mal den Erbfeind in die Knie zu zwingen![26]

Ihr Dienst in diesem Sommer war beim Hauptquartier der 3. Armee, die vom Königreich Sachsen unterhalten wurde. Der Divisionsstab lag in dem kleinen Dorf Montgon südlich von Sedan, das nicht mehr als 300 Seelen aufzuweisen hatte. Dem Krieg entsprechend bestand die Bewohnerschaft aus Frauen, Kindern und alten Leuten. Die freundliche und sozial eingestellte junge Studienreferendarin aus dem Rheinland avancierte schnell zur Vermittlerin zwischen der französischen Bevölkerung und der deutschen Besatzungsarmee. Eine besonders enge Beziehung entwickelte sie zu einer Bäuerin, die sich allein mit ihren vier Kindern auf ihrer »Ferme« durchschlagen mußte. Ihr Mann war, wie alle anderen wehrfähigen Männer des Dorfes, auf der anderen Seite der Front bei der französischen Armee. Die fünfzehnjährige Tochter stand irgendwo in der Nähe in Diensten, aber der siebzehnjährige Gaston und die beiden kleinen Kinder, der zehnjährige Roger und die sechsjährige niedliche Renée waren noch auf dem Hof. Renée war ein hübsches Kind mit rötlich-braunem Haar und großen braunen Augen. Das wird noch wichtig werden, daher sei es hier kurz erwähnt. Eines Tages fand Klara Marie Faßbinder die Bäuerin bei ihrem Besuch völlig aufgelöst vor. Die Deutschen hatten ihren ältesten Sohn verhaftet und in Montgon in den deutschen Militärhilfsdienst gesteckt! Klara Marie Faßbinder verspricht zu helfen, aber um die arme Frau zu trösten, stellt sie ihr vor Augen, dass es doch nicht mehr lange dauern könne bis zum Sieg der Deutschen in diesem furchtbaren Krieg. So tief ist der Glaube an die gottgewollte Überlegenheit Deutschlands über seine Feinde verwurzelt, dass die junge Lehrerin auch in dieser Situation trotz ihres wochenlangen Aufenthalts in Frontnähe keine

25 *Begegnungen und Entscheidungen* (wie Anm. 2), S. 47.
26 Ebd., S. 48.

Sekunde an einen anderen Ausgang des Krieges glauben kann. Die Französin stellt diesem deutschen Hochmut ihren eigenen Glauben an die Größe Frankreichs entgegen (»C'est impossible que la France périsse«), und die beiden Frauen trennen sich, verlegen darüber, dass plötzlich etwas zwischen ihnen steht. Da war er wieder, der Gedanke vom »Erbfeind«. Die beiden kleinen Kinder wollen trotz des einsetzenden Regens die junge Deutsche noch ein Stück durch den Wald begleiten. Klara Marie Faßbinder wehrt ab und eilt allein nach Haus. An einer Wiese, hinter der das Gebiet des deutschen Armeelagers anfängt, hört sie hinter sich die Stimmen der beiden Kinder. »Mademoiselle Clarà! Mademoiselle Clarà!« Ohne Kopfbedeckung und Mantel eilen die beiden Kinder zu ihr. Auf ihre besorgten Ermahnungen, weil die Kinder ganz nass werden, antwortet die kleine Renée nur mit strahlenden Augen »ça ne fait rien!« und immer wieder »ça ne fait rien!«. Dieser Moment auf der Wiese im Wald bei Montgon, in dem zwei strahlende Kinderaugen voller Zuversicht sie ansehen, ist ein Schlüsselerlebnis für Klara Marie Faßbinder. Sie selbst beschreibt diesen Augenblick später als ihr »Damaskus-Erlebnis«:

> »Wie in einem Blitzschlag kam mir mein Hochmut zu Bewußtsein, aus dem heraus ich bisher den Franzosen geholfen hatte. ... Was ich von da ab für die Leute von Montgon tat, war äußerlich das gleiche wie bisher. Aber innerlich war es anders. Das Wort vom »Erbfeind«, das meine Kindheit und Jugend beherrscht hatte, war wie weggeblasen. Die fremde Geistes- und Kulturwelt, über die ich so viel gelernt hatte, wurde mit einem Schlag etwas anderes. M. le Maire, den ich von Anfang an gut hatte leiden können, aber immer mit dem Gefühl, daß er »an sich« , als Franzose, doch moralisch unter uns stehe, wurde mir auf eine neue Weise sympathisch. Kurz, ich entdeckte den Wert der andern, die Unsinnigkeit des Abwägens und Gegeneinanderausspielens der Völker.«[27]

Der Moment auf der Wiese bei dem kleinen Dörfchen Montgon verändert ihr Leben, er lässt ihr bisheriges Wertesystem ins Wanken geraten und den leidenschaftlichen Kampf für den Frieden und die Verständigung unter den Völkern an die Stelle des glühenden Glaubens an die moralische Überlegenheit Deutschlands treten. »Miles pacis« wird sie sich von nun an nennen[28], und aus dem ersten Erkennen Frankreichs und des französischen Volkes, das sie nicht aus den vielen, vielen Stunden über romanistischen Lehrbüchern und französischen Romanen, sondern aus den Augen eines Kindes empfangen hat, wird eine tiefe Liebe, die sie ihr Leben lang begleiten – und die sie sehr viel kosten wird.

Aber zunächst einmal ist sie in Montgon an der Front. Ihr einmal erschüttertes Vertrauen in den Sinn dieses großen Krieges wird in den kommenden Wochen immer weiter erschüttert, als sie aushilfsweise in der Fernsprechzentrale ihrer Kraftfahrabteilung eingesetzt ist und die Konfusion und den eklatanten Treib-

27 Ebd., S. 59.
28 Ebd., S. 7.

stoffmangel der deutschen Truppen kennenlernt. Die große deutsche Juli-Offensive scheitert, und die intelligente Frau, die nun nicht mehr gleichgültig den militärischen und politischen Entwicklungen gegenüber ist, erkennt zunehmend, wie sehr nicht nur der Krieg schon verloren ist, sondern auch die alte Ordnung des wilhelminischen Kaiserreiches.[29]

Nach Krieg und Novemberrevolution kehrte die Geläuterte nach Bonn zurück. Sie nahm ihre Studien wieder auf und arbeitete an ihrer Dissertation, für die sie ihr Staatsexamensthema über Raimbaud von Vaqueiras wieder aufnahm. 1919 wurde sie von der Philosophischen Fakultät der Universität Bonn summa cum laude zum Dr. phil. promoviert. Ihr alter Mentor Thurneysen wollte sie gern in der Wissenschaft sehen und sagte ihr eine glänzende Karriere voraus, aber Klara Marie Faßbinder entschied sich anders. Seit ihren Erfahrungen in Montgon lag ihr die Aussöhnung zwischen Frankreich und Deutschland mehr am Herzen als alles andere. Und der Frieden von Versailles hatte das Saargebiet unter französisches Mandat gestellt. Nirgendwo sonst prallten die Nationalismen der beiden Nachbarstaaten mehr aufeinander als hier. Genau darum schien das Saarland für Klara Marie Faßbinder der richtige Ort für ihr weiteres Wirken zu sein. Sie wollte um Verständnis für den alten »Erbfeind« werben und die Kluft zwischen Deutschland und Frankreich überwinden helfen. Aber es war nicht nur, wie sie selber schreibt »die junge Liebe zu Frankreich, der Wunsch, ihm nahe zu sein, tiefer in seine Kultur und Wesensart einzudringen, sondern auch ein deutscher Wunsch: Es war mir natürlich klar, daß … dies ein deutsches Land war und daß ohne seine Rückkehr zu Deutschland bei der Volksabstimmung 1935 nie Frieden zwischen Deutschland und Frankreich werden könnte.«[30] Schon hier zeigt sich, wie unbeirrbar Klara Marie Faßbinder ihren Standpunkt zu verteidigen und durchzusetzen bereit ist, ohne nur eine Sekunde daran zu denken, sich den Wünschen der nunmehr zunehmend von ihr bewunderten Franzosen unterzuordnen, aber auch ohne jede Rücksicht auf die diplomatischen Interessen der deutschen Regierung in Berlin. Diese unerschütterliche Haltung wird sie ihr Leben lang begleiten, und sie wird sie immer wieder in Schwierigkeiten bringen.

Die Jahre an der Saar jedoch sind zunächst einmal Jahre der beruflichen Erfüllung.[31] Sie hat die Lehrbefähigung als Lehrerin für den höheren Schuldienst (Stufe I) in den Fächern Deutsch, Französisch, Geschichte und Philosophie.[32] Am 1. Januar 1920 wurde sie von der Stadt Saarbrücken als Studienassessorin eingestellt. Saarbrücken – das ist in diesen Jahren »Deutschland und Frankreich in

29 Ebd., S. 63–69.
30 Ebd., S. 79.
31 Ebd., S. 82.
32 Universitätsarchiv Bonn, Sammlung »Klara Marie Faßbinder«, Personalakte der Pädagogischen Akademie Bonn (Kopie, das Original wurde vor Kurzem ins Hauptstaatsarchiv Düsseldorf in den Bestand BR 2221 übernommen).

einer Arena« (Uta Apel).[33] Klara Marie Faßbinder unterrichtete an der Cecilienschule, die erst 1912 als Reformschule vom Saarbrücker Stadtschulrat Franz Josef Niemann eingerichtet und als modellhaft für moderne Mädchenbildung angesehen wurde.[34] Der jungen Lehrerin gefiel es an dieser zukunftsorientierten Mittelschule sehr gut, denn mittlerweile hatte sie ihr Herz für die Frauenpolitik entdeckt, und es war ihr ein Anliegen, dass Mädchen eine verläßliche Schul- und Berufsausbildung erhalten und nicht nur auf ein Leben als Hausfrau und Mutter vorbereitet werden sollten. Die Versetzung an das Saarbrücker »Lyzeum II«, das sie als traditionelle Standesschule empfand, behagte Klara Marie Faßbinder dagegen gar nicht. Da war es wie ein Wink des Schicksals, dass sie Anfang 1921 in eine Versammlung des gerade gegründeten »Bühnenvolksbundes« geriet. Sie verließ die Veranstaltung als Leiterin des Landessekretariats Saar des BVB.[35] Damit beginnt ein neuer prägender Abschnitt in ihrem Leben, denn an der Saar war Theater alles andere als »nur« Kunst. »Allein bereits dadurch, daß der Gegensatz zwischen Völkerbundsregierung und Bevölkerung mit dem Aufeinanderprallen verschiedener Kulturen zusammenfiel, verloren kulturelle Selbstverständlichkeiten und Gewohnheiten auf beiden Seiten ihre politische Unschuld und gewannen latent eine politische Dimension«, schreibt der Saarbrücker Historiker Ludwig Linsmayer.[36] Gerade das Theater war der Ort, an dem sich die politische Ausrichtung an Deutschland und die Absage an alle französischen Angliederungswünsche besonders stark festmachte. Die Premierenberichterstattung in den Saarbrücker Zeitungen etwa war nicht nur Theaterkritik sondern Austragungsort für den politischen Meinungsstreit mit denen, die sich der französischen Politik nicht verschließen wollten. Die Franzosen auf der anderen Seite hatten auch die Wichtigkeit der aktiven Kulturförderung für die Beeinflussung der öffentlichen Meinung an der Saar erkannt, und sie hatten es nicht nur geschafft, durch das Hauptorchester der unter französi-

---

33 Uta Apel: »Klara Marie Faßbinder. Katholische Pazifistin und Mittlerin zwischen Deutschland und Frankreich«, in: *Lendemains* 22 (1997), Nr. 86/87, S. 76–93, hier S. 81.

34 Hilde Hoherz, »›… ein Ziel, allen Opfers wert‹. Klara Marie Faßbinder (1890–1974). Friedenspolitikerin für die deutsch-französische Verständigung während der Völkerbundszeit«, in: Annette Keinhorst, Petra Messinger unter Mitarbeit von Hilde Hoherz (Hrsg.): *Die Saarbrückerinnen. Beiträge zur Stadtgeschichte* (= Schriftenreihe Geschichte, Politik & Gesellschaft der Stiftung Demokratie Saarland, Bd. 2), Röhrig Universitätsverlag, St. Ingbert 1998, S. 65–88, hier S. 69. Hoherz beruft sich hier auf Berta Müllenmeister (Hrsg.), *Fünfzehn Jahre Cecilienschule 1912–1927*, Saarbrücken 1928. Das Werk war mir nicht zugänglich.

35 Gregor Kannberg: *Der Bühnenvolksbund. Aufbau und Krise des Christlich-Deutschen Bühnenvolksbundes 1919–1933*, Köln 1997, S. 23. Sie ist übrigens die einzige Frau unter den Landessekretären oder anderen sog. »Bundesbeamten« des BVB, obwohl dessen Mitglieder überwiegend Frauen waren.

36 Ludwig Linsmayer, *Politische Kultur im Saargebiet 1920–1932. Symbolische Politik, verhinderte Demokratisierung, nationalisiertes Kulturleben in einer abgetrennten Region*, St. Ingbert 1992, S. 306.

scher Verwaltung stehenden Saargruben (geleitet von Louis Fourestier, der einer der engsten Freunde von Klara Marie Faßbinder werden sollte) immer mehr Beachtung beim musikliebenden Saarbrücker Publikum zu erlangen, sondern sie entsandten auch regelmäßig ausgezeichnete französische Schauspieler an die Saar. »Le Bourgeois Gentilhomme« von Molière wurde 1922 der erste große Theatererfolg eines solchen Pariser Gastspiels.[37]

Schon im ersten Jahr ihrer Tätigkeit als Geschäftsführerin und Leiterin des Landessekretariats Saargebiet schrieb Faßbinder in der Zeitschrift »Die christliche Frau« einen programmatischen Aufsatz, in dem sie die Ziele des 1919 von Wilhelm Karl Gerst gegründeten BVB zusammenfasst: »Der Bühnenvolksbund will die weitesten christlichen Kreise für das Theater interessieren, ihnen zu Bewußtsein bringen, von welcher Bedeutung für die Bildung von Gedanken und Wertschätzungen das Theater ist. Diese Kreise will er in Besucherorganisationen zusammenschließen, die er Theatergemeinde nennt, um dadurch schon anzudeuten, daß sie nicht reine Konsumentenvereine sind, sondern daß eine innere Gemeinschaft sie verbinden soll. ... Indem sie aber immer weitere Schichten erfaßt, wird sie auch die öffentliche Meinung in Theaterfragen wirksam beeinflussen und dadurch einen Druck auf die ganze Theaterleitung ausüben.«[38] Der eher konservative Kulturbegriff des BVB brachte es mit sich, dass er bei der Auswahl der Stücke aus dem Spielplan, die er seinen Mitgliedern anbot, vor allem auf deutsche Klassiker Wert legte. Avantgardistisches Theater, vor allem aber alles, was mit Laszivität und Erotik einherging, wurde strikt gemieden. Klara Marie Faßbinder intervenierte mitunter auch bei der Intendanz des Saarbrücker Theaters, wenn sie in der Zurschaustellung von Lust eine Entweihung des Theaters als hehre Stätte der Bildung und Kunst befürchtete, die geeignet war, das Stadttheater in den Augen der bürgerlichen katholischen BVB-Mitglieder zu diskreditieren.[39] Wenn wir uns an die Examensvorbereitung von Klara Marie Faßbinder erinnern, so muß die Kulturauffassung des BVB ganz auf ihrer Linie gelegen haben. Eine Besonderheit des saarländischen Spielplans dürfte allerdings auf die Einflussnahme Faßbinders zurückzuführen sein: Obwohl im Saarland aus patriotischem Geist französische Stücke oder auch nur Stücke mit

37 Ebd., S. 310.

38 Klara Marie Faßbinder: »Der Bühnenvolksbund«, in: *Die christliche Frau* 19 (1921), S. 137–141, hier S. 140. Dem Bestreben nach einem rein katholischen Theaterwesen erteilt Faßbinder eine Abfuhr: »*Gerade die gebildete katholische Frauenwelt muß hier die Erkenntnis verbreiten helfen, daß eine wirkliche Reform des deutschen Theaters nach unserer nun einmal bestehenden Literatur und der Zusammensetzung unseres Volkes nur auf der breiten Basis des christlichen Gedankens möglich ist. Wir sollten uns der Aussicht, katholische Gedanken durch die Bühne in andersgläubige Schichten zu tragen, freuen, statt der Überzeugungskraft unseres Glaubens so wenig zu trauen, daß wir ihn der Berührung mit anderen Kreisen gar nicht auszusetzen wagen.*« Ebd., S. 141.

39 Linsmayer (wie Anm. 36), S. 320; vgl. auch Kannberg (wie Anm. 34), S. 28.

französischem Inhalt (Paradebeispiel: Büchners »Dantons Tod«[40]) generell abgelehnt wurden, tauchen im Spielplan des hoch angesehenen Saarbrücker Theaters neben den deutschen Klassikern auch Paul Claudel und Romain Rolland auf.[41] Und während Faßbinders Einfluss in der Saar-Metropole nur mittelbar ist, wo der BVB nicht selber das Theater organisiert, sondern nur durch Kartenkontingente auf den Erfolg von Stücken einwirken kann, sorgt er in den kleineren Städten der Saar selber für die Theateraufführungen, die meist durch das Engagement der »Pfälzischen Wanderbühne« arrangiert werden.[42] Und den Spielplan dieser Gastspiele in den kleineren Städten konnte Klara Marie Faßbinder nun viel stärker nach ihren Wünschen beeinflussen als das in der Großstadt Saarbrücken möglich war. Sie selber nimmt in einem Artikel dazu Stellung, der sich an die Saarländische Lehrerschaft richtet: »Der Spielplan des Wandertheaters sieht vor: Goethe, Clavigo, Grillparzer, Medea, Heijermanns, Hoffnung auf Segen, Goldoni, Diener zweier Herren, einen Militärschwank, Max Tell, Das Apostelspiel, R. Rolland, Ein Spiel von Tod und Liebe, und ev. Lenz, Heimliche Brautfahrt, das duftige Lustspiel, das im letzten Winter in Saarbrücken allgemeinen Beifall gefunden hat.«[43]

Der Erfolg des BVB war beachtlich. Es war dem unermüdlichen Einsatz von Klara Marie Faßbinder zuzuschreiben, dass der BVB im Saarland so erfolgreich war und zu Anfang ihrer Tätigkeit einen weit über dem Reichsdurchschnitt liegenden Rekrutierungserfolg verbuchen konnte.[44] Zusammen mit der 1921 als Landesverband Saar gegründeten »Freien Volksbühne« brachte es der BVB im Saargebiet auf fast zehntausend Mitglieder.[45]

Diese Arbeit als Geschäftsführerin eines Theatervereins, der in der Situation des Saarlandes alles andere als unpolitisch war, zog natürlich die Aufmerksamkeit der französischen Behörden auf sich. Zum ersten Mal in ihrem Leben wurde Klara Marie Faßbinder zu einem Verhör bei der Polizei einbestellt. In ihrem weiteren Leben sollte es noch zahlreiche davon geben. Doch schon hier beim ersten Mal ist sie unerschrocken, weil sie von ihrer Sache überzeugt ist. Der französische Polizeichef von Saarbrücken bestellt sie persönlich ein, weil er meint, hinter ihrer harmlos erscheinenden christlichen Volksbildung stecke

40 Linsmayer (wie Anm. 36), S. 313.

41 Ebd., S. 313.

42 Ebd., S. 318.

43 Klara Marie Faßbinder: »Der Bühnenvolksbund und die saarländische Lehrerschaft«, in: *Kulturleben an der Saar* 5 (1926), S. 327–329, hier S. 328. Zu den Aufführungen von Claudels Werken, vor allem »Der Bürge« s. *Der versunkene Garten* (wie Anm. 1), S. 243.

44 Linsmayer (wie Anm. 36), S. 319.

45 Paul Burghard/Ludwig Linsmayer, »Saarbrücken 1909–1932«, in: *Geschichte der Stadt Saarbrücken. Von der Zeit des stürmischen Wachstums bis zur Gegenwart*, Bd. 2, hrsg. von Rolf Wittenbroch im Auftrag der Stadt unter Mitwirkung von Marcus Hahn, Saarbrücken 1999, S. 131–242, hier S. 226.

noch etwas anderes. »Ja«, so antwortet sie, »es steckt noch etwas anders dahinter. Wir wollen durch unsere Arbeit dazu beitragen, daß die Volksabstimmung 1935 für Deutschland ausfällt, denn dies ist ein deutsches Land mit deutschen Menschen!« Und sie wagt sich noch weiter vor, denn sie fügt hinzu: »Wenn Sie nun andere Ziele verfolgen, werden Sie mich als Gegner finden. Aber als einen loyalen Gegner.«[46] Diese Loyalität wurde von den Franzosen anerkannt, und der Bühnenvolksbund bekam alle nötigen Bewilligungen für seine Arbeit. Klara Marie Faßbinder revanchierte sich auf ihre Art durch die schon erwähnten Bemühungen, auch zeitgenössische französische Dichter wie Claudel und Rolland auf den Spielplan zu setzen. Und sie tat noch weiteres, um die Verständigung zwischen den beiden Völkern zu fördern. 1925, noch vor der Veröffentlichung ihrer vielgerühmten Dissertation über den »Trobador Raimbaut von Vaqueiras«[47], erschien ein kleines Buch über Leben und Werk von Romain Rolland. Sie ringt mit dem Werk des Dichters, der bei Ausbruch des Ersten Weltkrieges nicht in seine französische Heimat zurückkehrte und lieber von der Schweiz aus Appelle des Friedens an die kriegsführenden Parteien sandte.[48] Zu sehr sah sie ihre eigene Erfahrung mit dem Krieg in der Haltung des Dichters gespiegelt, der ihrer Meinung nach schon da angekommen war, wo sie nach ihrem Erlebnis in Montgon erst noch hinwollte. Rolland hat es ihr nicht gedankt. In einem zornigen Brief distanzierte der Dichter sich von den Passagen ihres Buches, die sich auf den Aufenthalt in der Schweiz beziehen. Beschämt versuchte Klara Marie Faßbinder ihn zu besänftigen und durch mehrfache Zusendung ihrer Artikel in deutschen Fachzeitschriften seine Anerkennung zu gewinnen. Erst nach seinem Tod hat sie erfahren, dass er ihr längst verziehen hatte und ihr Schaffen mit Sympathie beobachtete.[49]

Die Bücher über Rolland und Raimbaud de Vaqueiras, zu denen zahlreiche Aufsätze in renommierten deutschen Zeitschriften wie etwa dem katholischen »Hochland« hinzukamen, waren aber nur die eine Seite ihres Schaffens, die sozusagen unpersönliche. Daneben stellte sie als besondere Aufgabe und Herausforderung die persönliche Begegnung von Deutschen und Franzosen, sei es durch ihre eigenen Besuche bei Franzosen im Saargebiet oder in Frankreich, sei es dadurch, dass sie Franzosen und Deutsche gezielt zusammenführte. Seit 1925 waren ihre Eltern und ihre jüngere Schwester Maria zu Klara Marie Faßbinder nach Saarbrücken gezogen.[50] Sie nutzte die Gelegenheit, die sich nun bot, zu

46 *Begegnungen und Entscheidungen* (wie Anm. 2), S. 84.

47 Klara Marie Faßbinder: *Der Trobador Raimbaut von Vaqueiras*, Halle 1927.

48 Klara Marie Faßbinder: *Romain Rolland. Der Mann und das Werk*, Dortmund 1925, S. 39–42.

49 *Der versunkene Garten* (wie Anm. 1), S. 69f.

50 Die schon lange kränkelnde Mutter starb allerdings schon vierzehn Tage nach dem Einzug. Universitätsarchiv Bonn, Sammlung »Klara Marie Faßbinder«, Nachruf »Ein Lehrerleben: Schulrat Faßbinder 1857–1930«.

Einladungen an Beamte, Intellektuelle, Kulturschaffende und Künstler aus beiden Nationen, wobei sie sehr viel Wert auf die harmonische Zusammensetzung der Gästeschar legte. Ihre Abendgesellschaften hatten bald eine gewisse Berühmtheit in der Stadt, Klara Marie Faßbinder war aus dem gesellschaftlichen Leben Saarbrückens nicht mehr wegzudenken.[51] Wahrscheinlich waren der bescheidenen Frau ihre Berühmtheit und die Beachtung, welche die Öffentlichkeit ihren Aktivitäten entgegenbrachte, gar nicht recht bewusst. An Ostern 1925 schickte das Außenministerium in Berlin eigens einen Regierungsrat als Emissär zu ihr an die Saar, um sie zu bitten, ihren Urlaub nicht an der französischen Riviera zu verbringen, wie sie es eigentlich vorhatte. Man fürchtete in Berlin, dass der Erholungsaufenthalt einer so sehr in der saarländischen Öffentlichkeit stehenden Frau als Billigung der französischen Annexionspläne für die Saar gewertet werden könnte. Natürlich hat sie sich – wie stets in ihrem Leben – nicht darum gekümmert, und mit einigem Stolz vermerkt sie in ihren Erinnerungen, dass die Saar auch ohne den Verzicht auf ihren Sommerurlaub zurückgekommen ist.[52]

Die bescheidene Berühmtheit, die Klara Marie Faßbinder in der Gesellschaft der Weimarer Republik zuteil wurde, lag nicht allein an ihrer publizistischen Tätigkeit und ihrem Wirken im saarländischen Bühnenvolksbund. Seit dem Ende ihrer universitären Bemühungen war sie eine unermüdliche Teilnehmerin an internationalen und bilateralen Friedenskongressen und Gesprächsrunden geworden. Den Auftakt machte im Jahre 1923 der erste internationale Friedenskongress in Freiburg im Breisgau. Auch wenn die verschiedensten Nationen beisammen waren, so erlebte Klara Marie Faßbinder diesen Kongress doch vor allem als ein Zusammenkommen von Deutschen und Franzosen. Es muß eine bemerkenswerte Versammlung gewesen sein, denn die Delegierten tagten mitten im dramatischen Ruhrkampf, als die Wogen der Erregung zwischen Deutschland und Frankreich immer höher schlugen. Gerade im Rheinland, zu dem die ehemalige Brühlerin ja immer noch engste Beziehungen unterhielt, wurde in diesen Tagen des Separatistenaufstandes und der Ruhrbesetzung der Hass gegen die französischen Besatzer geschürt wie nie zuvor. Auch in Freiburg reagierte man darauf und entschloss sich zu einer gemeinsamen Resolution gegen das Vorgehen der französischen Regierung. Aber an der Formulierung schieden sich die Geister, denn die Franzosen wollten es nicht dulden, dass in der Resolution stehen sollte, Frankreich würde den Deutschen durch die Ruhrbesetzung »unerträgliche Schmerzen« zufügen. Bei aller Kritik sei das, was an Rhein und Ruhr geschehe, doch längst nicht das, was die Franzosen in den zehn besetzten und zerstören Départements während des Weltkrieges zu erdulden gehabt hätten.

51 *Begegnungen und Entscheidungen* (wie Anm. 2), S. 99.
52 Ebd.

Klara Marie Faßbinder, die aus eigener Anschauung ermessen konnte, was die französischen Delegierten damit meinten, schaffte zwischen den erregten und beleidigten Männern beider Seiten den friedlichen Ausgleich durch den Vorschlag einer vermittelnden Formulierung. Wiederum bewies sie ihre Fähigkeit, die französische Seite zu verstehen und ihr ein Vermittlungsangebot zu machen, ohne ihren deutschen Standpunkt zu verlassen.[53]

Weitere Friedenskongresse folgten, so 1924 beim Völkerbund in Genf oder 1926 in Bierville. Daneben stehen Kongresse und Delegationen, die sie mit der internationalen Frauenbewegung der 20er Jahre in Verbindung bringen. Die Frauenbewegung und die Rolle, die sie darin spielte, sind wichtig für das weitere Engagement Klara Marie Faßbinders nach dem Zweiten Weltkrieg gewesen, im Zusammenhang mit Frankreich brauchen sie uns aber hier nicht weiter zu interessieren.[54] Wichtiger für ihr Streben nach Verständigung zwischen Deutschland und Frankreich war die Einladung zu den »Entretiens de Pontigny«, die seit 1912 von Paul Desjardins in einer alten Zisterzienserabtei in der Nähe von Auxerre jährlich zehn Tage lang abgehalten wurden.[55] Nur ein ausgesuchtes Publikum konnte auf Empfehlung an diesen Diskussionen teilnehmen, die jeweils zehn Tage dauerten und daher den Namen »Décade« trugen. François Chaubet, der Historiograph der »Gespräche«, spricht vom »clan Pontigny« als eines »aristocratisme ouvert«. Aus Deutschland waren der Schriftsteller Heinrich Mann, der Philosoph Max Scheler oder der Romanist Ernst Robert Curtius von der Universität Bonn dabei, daneben Engländer, Amerikaner und natürlich zahlreiche Franzosen, darunter Namen wie Jean Baruzi, André Chamson, André Gide oder André Malraux. 1928 war das Thema »Die europäische Jugend nach dem Kriege«, und zu diesem Thema war Klara Marie Faßbinder auf Empfehlung zweier früherer Teilnehmer auch eingeladen worden. Es ging den Teilnehmern um den inneren Prozess der Verarbeitung des Kriegserlebnisses, Chaubet spricht für die Dekaden zu Ende der 20er Jahre von »Thèmes de réflexion«. Da verschiedene der anwesenden Herren in den 50er Jahren des 19. Jahrhunderts geboren waren, ging es nicht nur um die gemeinsame Erfahrung des gerade erlebten Weltkrieges, sondern es wurde auch der deutsch-französische Krieg von 1870/71 in die Betrachtungen einbezogen. Damit kam nicht nur das Lebensgefühl einer Jugend zum Ausdruck, die nach dem gnadenlosen Ringen auf den Schlachtfeldern der Champagne den Sieg über den deutschen Aggressor für sich verbuchen konnte, sondern auch das derjenigen, die »im Schatten der Niederlage« aufgewachsen waren, wie das des Hausherrn Paul Desjardins selber, der

53 Ebd.a, S. 103.

54 Ein guter Überblick bei Hoherz (wie Anm. 34), S. 72f.

55 Die ausführlichste Studie dazu ist die Thèse von François Chaubet, *Paul Desjardins et les Décades de Pontigny*, Villeneuve d'Ascq Cedex 2000.

von seinem ersten Besuch in Deutschland am 1. September 1871 erzählte, als seine Mutter die Vorhänge des Zugabteils im Kölner Hauptbahnhof zuzog, damit der Junge nicht zu sehr unter den Geräuschen der Sedans-Feier zu leiden habe.[56] Klara Marie Faßbinder war gerade von diesen Schilderungen, die jede Parallele zu einer deutschen Dolchstoßlegende vermissen ließen,[57] tief bewegt, aber auch betrübt, wenn sie die hoffnungsvollen Berichte über Jugendliche der 20er Jahre aus Frankreich oder England mit dem verglich, was sie im Saarland erlebte. Ihre Emotionen halfen ihr hier genauso wie ihre intellektuelle Neugier, Brücken zu bauen zwischen Franzosen und Deutschen. In ihrem Buch »Der versunkene Garten« hat sie den beiden Dekaden in Pontigny, an denen sie teilnehmen durfte, ein bemerkenswertes Denkmal gesetzt. Vor allem Gesprächspartner wie André Malraux oder André Gide hat sie einfühlsam und plastisch geschildert. Dass die anderen Teilnehmer, und vor allem der Hausherr Desjardins und der engere Kreis, zu dem z. B. Gide gehörte, Klara Marie Faßbinder schätzen gelernt hatten, zeigt die Tatsache, dass sie im folgenden Jahr zur nächsten Dekade wieder eingeladen wurde, die dieses Mal dem Thema »Bourgeoisie«, oder besser dem Thema »Verhältnis von Bourgeoisie und Arbeiterschaft«, gewidmet war. Die Zeiten in Pontigny, vor allem die erste Dekade, waren für Faßbinder Höhepunkte in ihrem Leben.[58]

Die liberale Gemeinschaft der Schriftsteller, Philosophen und Wissenschaftler in Pontigny war nur eine der »familles spirituelles de la France«, die Klara Marie Faßbinder in diesen Jahren der Weimarer Republik kennenlernte und in denen sie für ein tieferes Verständnis für Deutschland warb. Eine andere war die des »katholischen« Frankreichs, die für Faßbinder vor allem den Kontakt mit dem Germanisten Robert d'Harcourt und mit der Journalistin Jeanne Ancelet-Hu-

56 *Der versunkene Garten* (wie Anm. 1), S. 159.

57 *Begegnungen und Entscheidungen* (wie Anm. 2), S. 109.

58 Apel (wie Anm. 33), S. 86, wertet in ihrem ausgezeichneten Aufsatz diese Begegnungen in Pontigny allerdings als ein eher »kleineres Kapitel« der Frankreicherfahrungen Faßbinders und meint, »Faßbinder war begeistert von der liberalen und internationalen Atmosphäre und beeindruckt vom intellektuellen Niveau der Treffen. In der episodenhaften Schilderung ihres Aufenthaltes wird aber auch deutlich, daß sie sich nicht als Dazugehörige empfand, sondern die Gespräche der Elite respektvoll und deutlich passiver als innerhalb ihrer geistigen Heimat, der bürgerlich-katholischen Friedensinitiativen, verfolgte«. Ich folge ihr darin nicht und möchte nur darauf hinweisen, dass die Berichterstattung Faßbinders über die »Semaine Sociale« 1927 in Nancy eine deutliche Kritik am katholischen Milieu Frankreichs beinhaltet, die sich in den Schilderungen ihrer Tage in Pontigny nicht wiederfindet: »*Und so bleibt Pontigny für mich vor allem jener Sommermonat 1928, in dem Sonne, Landschaft, Künstler- und Menschentum zu einem einzigartigen Ganzen verschmolzen, dessen Glanz die folgenden Jahre mit ihrer inneren und äußeren Not nicht zu verdunkeln vermochten. Auch die mannigfachen späteren internationalen Tagungen über verschiedene Themen blieben in meiner Erinnerung hinter dem Leuchten jener Dekade zurück.*« *Der versunkene Garten* (wie Anm. 1), S. 172.

stache bedeutete, die sie beide bei Tagungen französischer katholischer Vereinigungen kennen- und schätzen lernte. Dem französischen Katholizismus, der für sie als überzeugte und engagierte Katholikin eine ganz besondere Bedeutung hatte, stand Klara Marie Faßbinder allerdings durchaus nicht unkritisch gegenüber. Ihre erste Begegnung damit hatte sie auf der »Semaine Sociale des Catholiques de France«, die seit 1904 auf Initiative von Adéotard Boissard, Professor am Institut Catholique, jährlich veranstaltet wurden. An diesen Begegnungen nahm Klara Marie Faßbinder von 1927 ab immer wieder teil, zuletzt noch im August 1939, als dies nur noch unter großen Schwierigkeiten für sie möglich war und sie und ihre Schwester die einzigen Teilnehmer waren, die überhaupt aus Deutschland gekommen waren.[59] Trotz aller Frankreich-Bewunderung hat sie auch hier wieder ihren deutschen Standpunkt nicht verleugnet und in mehreren Artikeln Stellung bezogen. »Der französische Katholizismus und die Frauenfrage« ist etwa ein Beitrag in der von Gertrud Bäumer und Helene Lange herausgegebenen Zeitschrift »Die Frau« überschrieben, dem Zentralorgan der bürgerlichen deutschen Frauenbewegung, in dem sie schreibt: »Die Haltung der Bevormundung und Leitung der Frau durch den Mann, wie im politischen so im Erwerbsleben, wie im geistigen, drückte der größten Veranstaltung den Stempel auf, die bisher in Frankreich von katholischer Seite über die Frauenfrage unternommen wurde. … Es war die letzte ›Semaine Sociale‹, die im August des letzten Jahres in Nancy stattfand und als Gesamtthema ›La femme dans la société‹ behandelte.«[60] Faßbinder empört sich darüber, dass die Mehrheit der Konferenzteilnehmer sich eine glückliche Frau nur in der Rolle als Hausfrau und Mutter (von Söhnen!) vorstellen kann. In einem gleichnamigen Artikel in »Kulturleben an der Saar« wird sie sogar noch deutlicher: »Es werden dort, von wenigen Ausnahmen abgesehen, heute die Fragen erörtert, die bei uns vor 20 Jahren an der Tagesordnung waren und die inzwischen durch die äußere und innere Entwicklung durch andere abgelöst worden sind.«[61] Aber auch hier, wo sie nicht an Kritik und scharfzüngiger Ironie spart, bemüht sie sich darum, dem Anderen Gerechtigkeit widerfahren zu lassen: »Überblickt man die Vorträge als Ganzes, so verstärkt sich der Eindruck, daß der französische Katholizismus in der Frauenfrage wohl in den letzten Jahren Fortschritte gemacht hat, aber doch noch in alten, unhaltbaren Vorstellungen befangen ist. Dennoch – : hat sich in Deutschland schon einmal eine von Männern einberufene Tagung ausschließlich

59 Apel (wie Anm. 33), S. 86.

60 Klara Marie Faßbinder: »Der französische Katholizismus und die Frauenfrage«, in: *Die Frau* 35 (1928), Heft 9, S. 548–552, hier S. 549.

61 Klara Marie Faßbinder: »Der französische Katholizismus und die Frauenfrage«, in: *Kulturleben an der Saar* 7 (1928), S. 153–157, hier S. 156.

mit der Frauenfrage befaßt?«[62] Und sie sieht in ihrer Rolle als Sprecherin der deutschen Delegation wieder einmal eine Chance, durch persönliche Begegnung und geistigen Austausch zwischen Deutschen und Franzosen Anregungen zu geben und Brücken zu bauen.[63] Dass sie andere Aspekte des kirchlichen Lebens in Frankreich, die ihr ebenso nahestanden wie die Frauenfrage, durchaus mit großem Respekt sah, zeigen andere Beiträge in den 20er Jahren in »Hochland«, »schönere Zukunft«, »Die Frau« und anderen Zeitschriften.[64]

Neben dem Besuch der »Semaines Sociales«, an dessen deutscher Teilnahme neben Faßbinder auch der Bonner Französischlehrer und Honorarprofessor Hermann Platz regen Anteil hatte,[65] gab es auch die seit dem Locarno-Vertrag mehrfach abgehaltenen deutsch-französischen Gemeinschaftstagungen (1929 in Paris, 1931 in Berlin), in denen die Katholiken beider Länder Wege zur Verständigung suchten. Anders als in den privaten Kontakten traten aber die Gegensätze in den Auffassungen und Erfahrungen der Nachbarländer hier viel stärker hervor, etwa in der Bewertung der Besetzung Belgiens im Sommer 1914.[66] Der katholisch inspirierte Verständigungsprozess steuerte dadurch mehr und mehr in die Bedeutungslosigkeit, wie es Uta Apel ausgedrückt hat.[67] Für Klara Marie Faßbinder war das keineswegs überraschend, denn sie hatte diesen Verständigungsbemühungen keine großen Chancen eingeräumt, war ihr doch klar, dass der organisierte Katholizismus in Frankreich eine zu kleine Basis bildete, um mit dem ganzen französischen Volk zurechtzukommen.[68] Denn in ihren Begegnungen mit Frankreich erlebte Faßbinder noch weitere »familles spirituelles«, die dem deutschen Katholizismus zu fremd waren, um sie in ihr Kalkül einzubeziehen. Da waren die Sozialisten, die sie 1932 zu einer Vortragstournee

62 Klara Marie Faßbinder: »Der französische Katholizismus und die Frauenfrage«, in: *Die Frau* 35 (1928), Heft 9, S. 548–552, hier S. 551.

63 *»In der kurzen Begrüßung, die ich als Sprecherin der Deutschen bei dem ›banquet des étrangers‹ zu sagen hatte, betonte ich darum besonders den Gedanken der Berufsfreude und der innern (sic) Entfaltungsmöglichkeit der Frau an sich. Es schien sehr vielen aus der Seele gesprochen. Ich glaube, daß grade (sic) für die Stärkung dieses Selbstvertrauens die Zusammenarbeit zwischen deutschen und französischen Frauen sehr nützlich ist.«* Ebd., S. 551f.

64 Etwa der konsequente Wiederaufbau des katholischen Mädchenschulwesens, das durch die Vertreibung der Lehrorden durch die Republik völlig zum Erliegen gekommen war, und das, obwohl die Gesetze über das Verbot der Schulorden nominell weiterbestanden. S. dazu Klara Marie Faßbinder: »Vom kirchlichen Leben in Frankreich«, in: *Schönere Zukunft* 3 (1927/28) S. 1029f. Ein anderer Beitrag im selben Band ist »Christus in der Pariser Bannmeile« in: Ebd., S. 736.

65 So Faßbinder in ihrer Beschreibung des Treffens von Nancy in »Kulturleben an der Saar« (wie Anm. 61), S. 153.

66 *Begegnungen und Entscheidungen* (wie Anm. 2), S. 110f.

67 Apel (wie Anm. 33), S. 85.

68 *»Man will sich mit dem französischen Katholizismus an einen Tisch setzen, aber das andere Frankreich, die Mehrheit vielleicht, draußen lassen«*, Klara Marie Faßbinder in der Rhein-Mainischen Volkszeitung am 22.12.1929, hier zitiert nach Apel (wie Anm. 33), S. 87.

ins Département Yonne eingeladen hatten, und die Protestanten. Gerade letztere haben sie ebenfalls sehr beeindruckt: »Wenn André Gide in seinen Jugenderinnerungen die enge Seite des französischen Protestantismus zeichnet, aus dem er floh, so gab es auch die andere, die sich der Welt zuwandte, aber immer in dem Gefühl der Verantwortung, die sie dem Besitzenden auferlegt ... Wir sind meist gewohnt, nur die beiden Seiten Frankreichs, die katholische und die sozialistische, zu sehen. Diese andere hat ihre starke, in gewissem Sinne unterirdisch fließende Macht.«[69]

Die mannigfachen Bemühungen um die Verständigung zwischen Deutschland und Frankreich und ihre unerschrockene Art, die sie auch zu hohen Regierungsvertretern beider Länder führte und sie immer wieder im Saarland ihre Stimme erheben ließ, konnten in den dunklen Jahren nach dem Ende der »roaring Twenties« nicht ohne Folgen für Klara Marie Faßbinder bleiben. Die liberale Katholikin und mittlerweile bekannt gewordene Pazifistin kam unweigerlich in Konflikt mit dem erstarkenden Nationalsozialismus. Auch wenn nach der Machtergreifung das Saarstatut ihre Arbeit bis zur Volksabstimmung von 1935 schützte, so wurde doch der Druck stärker, dem sie sich ausgesetzt fühlte. Im Mai 1933, wenige Monate nach Machtübernahme und Reichstagsbrand, war Klara Marie Faßbinder auf einer Chinareise. Man telegraphierte ihr, der Bühnenvolksbund sei aufgelöst, und es sei besser, wenn sie in Asien bleibe. Natürlich kam sie dennoch zurück. Und wieder siegte ihre Beharrlichkeit – aber dieses Mal nur für eine kurze Zeit. Sie erreichte die Wiedereinrichtung des Bühnenvolksbundes, der NS-Gauleiter, der offiziell im Saarland noch gar nichts zu sagen hat, bot ihr an, weiterhin als Geschäftsführerin zu arbeiten, allerdings nur auf Saarbrücken beschränkt und unter Auflagen.[70] Das ging allerdings nur noch so lange gut, wie die von ihr doch einst so ersehnte Volksabstimmung vorbei war. Kaum war das Saarland wieder ans Reich angeschlossen, eröffnete man Klara Marie Faßbinder am 30. Januar 1935, dass sie ab dem 1. April, dem Tag der offiziellen Rückgliederung, entlassen sei.

Stellungslos und in finanziellen Nöten gelang Klara Marie Faßbinder in diesem schweren Jahr 1935 mehr durch Zufall das, was sie als Mittlerin zwischen französischer und deutscher Kultur mehr bekannt gemacht hat als ihre unermüdliche pazifistische Arbeit der 20er Jahre: Die Übersetzung der Werke Paul Claudels. Genau genommen nur einiger Werke, und in jenem Jahr 1935 auch nur eines einzigen, nämlich »Le Chemin de la Croix«, »Der Kreuzweg«. Sie tat es aus reiner Verlegenheit. Ein Freund von ihr, ein katholischer Priester, verehrte die Schriften Claudels, hatte aber die größten Schwierigkeiten, sich durch das

69 *Begegnungen und Entscheidungen* (wie Anm. 2), S. 111f. Die Juden allerdings fehlen in Faßbinders Erinnerungen, vielleicht, weil sie zu dieser Gruppe keinen Zugang fand.

70 Ebd., S. 145f.

Französisch des Autors zu kämpfen. Klara Marie Faßbinder, die kein Geld hatte, um ihm ein Namenstagsgeschenk zu kaufen, entschloss sich, stattdessen den »Kreuzweg« für ihn zu übersetzen.[71] Der Priester war so angetan, dass er sie überredete, den Text zu veröffentlichen. Realisiert wurde die Edition in der »Akademischen Bonifatiuskorrespondenz«. Klara Marie Faßbinder wollte den Text aber nicht ohne weiteres veröffentlichen, ohne die Genehmigung des Dichters dafür eingeholt zu haben. Ohne zu zögern, wandte sie sich nach Paris, um Claudel um die Erlaubnis zu bitten, seinen Text zu übersetzen, gleichzeitig aber auch, um durch den Dialog mit ihm einige Stellen zu klären, deren genaue Bedeutung ihr unklar geblieben waren. Claudel antwortete im März 1937 sehr freundlich und gab alle gewünschten Erklärungen und Genehmigungen. Die Verbindung zu Paul Claudel war dadurch aber noch nicht beendet. Der »Kreuzweg« wurde für den Verlag Ferdinand Schöningh ein unerwartet großer Erfolg, und man schlug vor, aus dem Zeitschriftenbeitrag ein kleines Büchlein zu machen. Das war nun mehr als sie ursprünglich geplant und auch bei Claudel angemeldet hatte. Schließlich war klar, dass bei den in Deutschland waltenden Verhältnissen Claudel für die Erscheinung des Bändchens keinen Centime Autorenhonorar würde sehen können, denn eine Auszahlung in Devisen war undenkbar. Das wollte sie nicht mehr brieflich mit ihm verhandeln. Kurz entschlossen fuhr Klara Marie Faßbinder trotz ihrer beschränkten Lebensverhältnisse mit geliehenem Geld nach Paris, um den Dichter persönlich aufzusuchen. Claudel aber, der ihr als bärbeißig und desinteressiert geschildert worden war, erwies sich als sehr freundlich und war mit allem einverstanden.[72] Vor allem aber wollte er von seiner deutschen Gesprächspartnerin alles wissen, was nun nach der Machtübernahme in Deutschland vorgehe, vor allem in Hinblick auf die Lage der katholischen Kirche. Klara Marie Faßbinder erweist sich wieder als Meisterin der Vermittlung: »Wie aber sollte man einem Ausländer ein klares Bild geben, da ja nicht nur äußere Fakten bedrückten, sondern vielfach unwägbare Dinge. In diesem Fall konnte ich von meiner Familie sprechen, wo von fünf Geschwistern, die in akademischen Berufen standen, vier ihren Beruf verloren hatten, und die, bis auf einen, der ›nur‹ degradiert worden war, sich sehr mühselig durchs Leben schlagen mußten.«[73] Claudel begreift, was sie tut, wenn sie seine Werke in die deutsche Sprache übersetzt. Als das Buch ein Jahr später erscheint, schreibt er ihr besorgt: »Je crains beaucoup que votre sympathie pour moi vous entraîne dans des ennuis avec la Gestapo«.[74]

Der Besuch war eine Bereicherung für beide Seiten und legte den Grund für

71 *Der versunkene Garten* (wie Anm. 1), S. 244.

72 Ebd., S. 244–247.

73 Ebd., S. 247.

74 Elly Steinmann, »Geliebt – geschmäht – geehrt«, in: Hanneclàre Baur/ Günter Fölsing, *Das politische Engagement des Christen heute*, Bonn 1970, S. 2–13, hier S. 6.

eine lange Freundschaft. Zu Weihnachten 1969 schrieb Claudels Sohn Pierre an Klara Marie Faßbinder: »Mein Vater hatte Sie sehr gern, liebe Klara Marie, und er bewunderte Sie! Er bewunderte Ihr Leben und Ihre Art, seine Werke in einer neuen Claudelianischen Kadenz zu übersetzen.«[75] Auf die Anerkennung dieser »cadence claudélienne« durch die Familie des Dichters war sie nicht zu unrecht stolz. Das Buch, das 1938 herauskam, war überaus erfolgreich,[76] und ein Jahr später folgte ihm eine zweite Übersetzung, »La Messe là-bas«, »Die Messe«. Nach dem Krieg sollten noch weitere Übersetzungen folgen, so »Der Schrei aus der Tiefe« (1948), »Die sieben Bußpsalmen« (1955) und ein Sammelband mit dem Titel »Morceaux choisis« (1955).[77]

Das Namenstagsgeschenk an den Pastor Thomas war zwar Auslöser für ihre Übersetzungstätigkeit, aber die Ursache für die Verbundenheit mit dem Werk Claudels reichte natürlich viel weiter zurück. Schon 1913, bei einem Aufenthalt in Hellerau bei Dresden, sah Klara Marie Faßbinder eine Aufführung der »Verkündigung« in der deutschen Übersetzung von Jakob Hegner. Bis dahin hatte sie noch nie von Claudel gehört.[78] Faßbinder besorgte sich den Text, der gerade von Hegner herausgebracht worden war, und sie war begeistert. Allerdings irritierten sie etliche Ungereimtheiten in der Darstellung, die sich erst klärten, als sie 1919 den Originaltext lesen konnte und feststellen musste, dass Hegner die Handlung vom 15. in das 11. Jahrhundert verlegt hatte. »Diese ›Verkündigung‹ hatte mich dem Werk Claudels für immer verbunden« schrieb sie später.[79] Und weil es ihr an der Vermittlung zwischen Deutschland und Frankreich lag, hat sie die Bewunderung für Claudel auch gleich genutzt, um diesen Dichter in Deutschland – oder zumindest doch im Saarland – bekannter zu machen, indem sie seine Stücke auf die Spielliste des Bühnenvolksbundes brachte.[80]

Die Liebe zu Frankreich hat Klara Marie Faßbinder auch in ihrem weiteren Lebensweg begleitet. Aber die Verhältnisse wollten es, dass daraus eher eine

75 Pierre Claudel, »Ein Brief«, in: Hannecläre Baur/ Günter Fölsing: *Das politische Engagement des Christen heute*, Bonn 1970, S. 20–22, hier S. 22.

76 Im Jahre 1960 erschien es bei Schöningh in der 14. Auflage.

77 Hannecläre Baur/ Günter Fölsing, *Das politische Engagement des Christen heute*, Bonn 1970, S. 170.

78 Die Aufführung war ein Ereignis, nicht nur für Klara Marie Faßbinder, denn auch Thomas Mann, Rainer Maria Rilke, Gerhart Hauptmann, Max Reinhardt und Martin Buber waren unter den Zuschauern.

79 *Der versunkene Garten* (wie Anm. 1), S. 243.

80 Und dies wohl von Anfang an, denn in der Zeitschrift »Die christliche Frau« schreibt Klara Marie Faßbinder schon 1921, Claudel werde als einer der wenigen katholischen Autoren auf deutschen Bühnen gespielt. S. Klara Marie Faßbinder: »Der Bühnenvolksbund«, in: *Die christliche Frau* 19 (1921), S. 137–141, hier S. 137.

Nebensache wurde. Solange es irgendwie ging, reiste sie in das geliebte Nachbarland, besuchte Freunde, nahm an Tagungen teil oder hielt Vorträge.[81]

In der bitteren Zeit des Zweiten Weltkriegs war Frankreich unerreichbar fern. Klara Marie Faßbinder, die im Saarland schon allein aus wirtschaftlichen Gründen nicht mehr bleiben konnte, erwarb trotz ihrer zahlreichen Lehramtsfächer noch die Facultas für Englisch, obwohl ihr die Erlaubnis zum Unterricht an öffentlichen Schulen ausdrücklich verweigert wurde, und übernahm ab 1940 die Leitung einer kleinen privaten Mädchen-Realschule, der »Quisisana« in Horrem, bei Köln im Gebiet der heutigen Stadt Kerpen gelegen.[82] Die wirtschaftliche Not zwang die Geschwister Klara Marie, Katharina und Maria, die keine Stelle mehr hatten, im Haus des Schwagers Josef Becker in Duisdorf (heute Stadtteil von Bonn) zusammenzuziehen, das dieser mit seiner ohnehin schon siebenköpfigen Familie bewohnte, seit er wegen seiner Treue zur katholischen Kirche als Bürgermeister von Zingsheim in der Eifel zwangspensioniert worden war.

Als der Krieg vorbei war, erhielt die politisch unbelastete Klara Marie Faßbinder - neben ihrem Amt als Schulleiterin - einen Ruf auf eine Professur für Geschichte an die Pädagogische Akademie in Bonn. Sie schrieb wieder Artikel und dazu Radiosendungen für den NWDR. Vor allem ihre frauenpolitischen Bemühungen, von denen hier noch nicht die Rede war, wurden von ihr wieder betont.[83] Doch ihre eigentliche Berufung in diesen Jahren nach dem Krieg fand sie 1950, als sie in der »New York Times« las, dass Konrad Adenauer nach dem Beginn des Koreakrieges die Wiederbewaffnung der Bundesrepublik gegen die

81 Der Entnazifizierungsbogen ihrer Personalakte an der Pädagogischen Akademie Bonn enthält zu Reisen ab 1933 folgende Angaben: »Frankreich: Jan. 36, Juli 36, Sept. 36, Okt. 37, Juni, Aug. Sept. 38, Juni, Juli/Aug. 39«. Als Zweck der Reise steht jeweils »Besuch von Freunden, schriftstellerische Besprechungen, Teilnahme an Tagungen«. Außerdem ist sie 1933 nach China und Japan gereist (»persönliche Gründe«), 1934 nach Norwegen (»Ferienreise«), 1935 nach Belgien (»Besuch einer Ikonenausstellung«), im März 1936 nach England (»Ausbildung im Englischen«). Dabei waren ihre wirtschaftlichen Verhältnisse alles andere als rosig. Sie gibt für die Jahre 1936–1938 als monatliches Einkommen an »Geringes Einkommen aus Artikeln, Vorträgen, Zimmermiete 90 M fest«. Ihr Gehalt als Geschäftsführerin des Bühnenvolksbundes dagegen beziffert sie mit 600 Mark. S. Universitätsarchiv Bonn, Sammlung »Klara Marie Faßbinder«, Personalakte Pädagogische Akademie Bonn (Kopie). Das Original ist im Hauptstaatsarchiv Düsseldorf, Bestand BR 2221.

82 Susanne Harke-Schmidt: »Klara Marie Faßbinder«, in: *Geliebt Geschmäht Geehrt. Frauen in der Kerpener Geschichte.* Katalog zur Ausstellung im Kerpener Rathaus vom 28. Februar bis 24. März 1993. Bearbeiterinnen: Susanne Harke-Schmidt, Birgit Immisch, Ursula Schlößer, Kerpen (Selbstverlag) 1993, S. 187–198, hier S. 190.

83 Vgl. dazu etwa Manuskripte ihrer Sendungen im »Frauenfunk« des Nordwestdeutschen Rundfunks, etwa zum Film über Bernadette Soubirous, auf die die Marienverehrung in Lourdes zurückgeht, vom 25. März 1949 oder ein Manuskript über Gertrud von Le Fort, beide im Archiv des Westdeutschen Rundfunks, Köln.

Machtbestrebungen des Warschauer Paktes wollte.[84] Das ließ die mittlerweile 60-jährige Pazifistin nicht ruhen. Ihre gesamte Kraft gehörte seitdem der Versöhnung und Verständigung mit dem Osten, mit Russland, mit Polen und mit dem anderen Teil Deutschlands. Im Adenauer-Staat, der die Demokratie erst lernen musste, war sie damit genauso unbequem wie vor 1935 an der Saar. Die Frau, der man 1950 noch einen Posten im Kabinett des Saargebietes anbieten wollte,[85] wird vom Geheimdienst und vom innerdeutschen Ministerium bespitzelt, wegen angeblicher prokommunistischer Äußerungen denunziert, der Bestechung durch den KGB verdächtigt und schließlich 1953 suspendiert, während ein Dienststrafverfahren gegen sie wegen Verletzung der Beamtenpflichten eröffnet wird.[86] Welch beschämende Parallele zu den Vorgängen von 1933! Mit ihrem unerschrockenen Anwalt Diether Posser, Rechtsanwalt in der Kanzlei von Dr. Gustav Heinemann, schafft sie es, alle Vorwürfe zu entkräften.[87] Die Suspendierung wird zurückgenommen, das Verfahren wegen Unhaltbarkeit der Anschuldigungen niedergeschlagen, aber auf Anweisung der Kultusministerin bleibt Klara Marie Faßbinder dennoch bis zum Erreichen der Altersgrenze beurlaubt und darf das Gebäude der Akademie nicht mehr betreten.[88] Ihrer engagierten Friedensarbeit tut das alles keinen Abbruch, denn nun setzt sie sich erst recht für die Verständigung mit dem Osten und zunehmend auch mit der Dritten Welt ein. Sie bereist die USA und konferiert mit zahlreichen Delegierten der UNO, sie spricht mit Chruschtschow und mit dem späteren Johannes XXIII. In der ganzen Welt ist sie geachtet. Deutschland hat jedoch nur Spott für sie. »Friedensklärchen« nennen die Zeitungen abfällig die kleine alte Dame mit dem unbeugsamen Willen.

Frankreich ist zwar in ihrem Herzen, aber in der Zeit der deutsch-französischen Verständigung unter Adenauer und de Gaulle sieht sie ihre Aufgabe anderswo nötiger als hier. Doch Frankreich holt sie ein am Abend ihres Lebens, und Frankreich beschert ihr die größte Ehre, die sie in ihrem Leben erfahren hat, aus

---

84 Gisela Notz: »›Unser Fräulein Doktor…, die hat uns immer die Wahrheit gesagt‹. Klara-Marie Faßbinder zum 100. Geburtstag«, in: *Beiträge zur feministischen Theorie und Praxis*, H. 27/1990, S. 161–171, hier S. 165.

85 Es handelte sich um das sogenannte »Frauenamt«, eine Position im Saarländischen Kabinett, das ihr im Sommer 1950 von Johannes Hoffmann angeboten wurde. Warum es nicht dazu kam, ist wohl noch nicht ermittelt worden. Vgl. Hoherz (wie Anm. 34), S. 75.

86 Vgl. die Interpellation der SPD-Fraktion in der »Angelegenheit Frau Prof. Faßbinder« (Drucksache Nr. 195), Landtag Nordrhein-Westfalen, 3. Wahlperiode, 22. Sitzung am 12. Juli 1955.

87 Diether Posser: »Der kalte Krieg im Gerichtssaal. Klara Marie Faßbinder: Eine katholische Pazifistin zwischen den Fronten«, in: Derselbe, *Anwalt im Kalten Krieg. Ein Stück deutscher Geschichte in politischen Prozessen 1951–1968*, München 1991, S. 60–90.

88 Interpellation der SPD-Fraktion in der »Angelegenheit Frau Prof. Faßbinder« (Drucksache Nr. 195), Landtag Nordrhein-Westfalen, 3. Wahlperiode, 22. Sitzung am 12. Juli 1955, S. 681.

der im selben Augenblick die größte Demütigung wird, die das Schicksal für sie bereithielt.

Seit 1965 nämlich waren in Paris Überlegungen angestellt worden, Klara Marie Faßbinder für ihre Verdienste um die Verbreitung der französischen Kultur, insbesondere wegen ihrer Übersetzung der Werke Paul Claudels, den Orden »Les Palmes Académiques« zu verleihen. 1967 ist es so weit, aber aus der Verleihung wird nichts, denn der Bundespräsident Heinrich Lübke macht von seinem Recht Gebrauch, einem deutschen Staatsbürger die Annahme eines ausländischen Ordens zu untersagen. Der Fall schlägt ungeheure Wellen in der deutschen Presse. Das Präsidialamt verweist darauf, dass es keine Begründung für diesen Akt zu geben habe, aber der »Spiegel« zitiert Lübke mit einem Ausspruch, in dem er Klara Marie Faßbinder verdächtigt, ihr Christentum nur vorzuspielen und eine heimliche Kommunistin zu sein. Die französische Regierung in Paris zeigt sich irritiert, möchte sich aber natürlich nicht in die innere Angelegenheit der Bundesrepublik einmischen. Für ihr einstiges Bemühen einer Aussöhnung mit Frankreich und einer Vermittlung der französischen Kultur hat diese Schmähung eine ungewollte Nebenwirkung, denn durch die zahlreichen Presseberichte erfährt die bundesrepublikanische Öffentlichkeit erst von ihren einstigen Aktivitäten und Anstrengungen im französisch-deutschen Dialog.

Doch 1967 ist nicht 1953. Die deutschen Intellektuellen reagieren irritiert und empört. Hat die alte Dame mit ihrem unbeugsamen Engagement für den Frieden etwa »weniger Verdienste als die Friseuse von Frau Lübke«, fragt die *Süddeutsche Zeitung* ironisch unter Bezug auf den madagassischen Orden, der Frau Loni Schmidt, der Friseuse von Wilhelmine Lübke, mit Genehmigung des Bundespräsidialamtes verliehen worden war.[89] Die anderen großen deutschen Zeitungen folgten dem Beispiel. Die gerade durch den Militärputsch in Griechenland und den bevorstehenden Schah-Besuch aufgebrachte studentische Linke sieht in Faßbinder ein Opfer des kapitalistischen Establishments und feiert die alte Dame begeistert bei einem Auftritt in der Bonner Mensa.[90] Für Heinrich Lübke haben die Studenten nur Verachtung übrig. Bei einem mehr oder weniger gewaltsamen Eindringen linker Studenten in das Amtszimmer des Bonner Rektors kritzeln sie unter die Eintragung des Bundespräsidenten im Goldenen Buch der Universität Bonn den diffamierenden Zusatz »KZ-Baumeister«.[91]

89 Artikel »Keine Palme für das Friedensklärchen«, *Süddeutsche Zeitung* vom 18. Januar 1967.

90 Der Rektor hatte am 8. Mai 1967 dem AStA einen Vortragsraum für Klara Marie Faßbinder verweigert. Daraufhin wurde die Veranstaltung in die Mensa verlegt, wo sie vor ca. 800 Zuhörern zum Thema »Schluß mit Deutschland« sprach. S. Gisela Notz, Klara-Maria Faßbinder. In: J. Matzerat (Hrsg.): *Bonn, 54 Kapitel Stadtgeschichte.* Bonn 1989, S. 371–376, hier S. 375f.

91 Universitätsarchiv Bonn, Bestand »Rara«. Vgl. zum Vorgang Bernd Pauly: »Klimawechsel an

Die Rehabilitation kommt erst zwei Jahre später. Nach dem Tod Benno Ohnesorges, dem Attentat auf Rudi Dutschke und dem »Mai 68« gewinnt die sozialliberale Koalition unter Willy Brandt die Wahlen. Neuer Bundespräsident wird Gustav Heinemann, der Klara Marie Faßbinder aus gemeinsamen Tagen in den 50er Jahren verbunden ist. Nun endlich kann sie den Orden »Les Palmes Académiques« erhalten, nun ist sie in Deutschland nicht mehr geschmäht und beargwöhnt, sondern hochgeachtet. Zu ihrem 80. Geburtstag 1970 erscheint eine Festschrift, zu der der Kölner Kardinal Frings das Vorwort schreibt, und in der neben Walter Dirks und Martin Niemöller auch Hanna-Renate Laurien oder Norbert Blüm zu finden sind.[92]

Noch einmal, in den Jahren vor und während der Ordensaffäre, schafft Klara Marie Faßbinder ein Zeugnis ihrer Verbundenheit mit Frankreich. Sie tut es mit ihren beiden Büchern über ihr eigenes Leben. Dies sind einmal ihre Memoiren mit dem Titel »Begegnungen und Entscheidungen« von 1961, in denen ihr Weg von der Nationalistin zur Kämpferin für die Aussöhnung mit Frankreich einen Großteil des Inhalts ausmachen, und ihr Buch »Der versunkene Garten. Begegnungen mit dem geistigen Frankreich des Entre-deux-guerres« von 1968, in dem sie einzelnen Freunden und Gesprächspartnern der Zeit zwischen 1919 und 1939 ein literarisches Denkmal setzt.

Klara Marie Faßbinder starb 84-jährig am 4. Juni 1974 in einem Altersheim in Berkum bei Bonn. Ihr sehnlichster Wunsch war es, mit dem Orden »Les Palmes Académiques«, der höchsten Ehrung, die ihr das geliebte Frankreich je zuteil werden ließ, begraben zu werden. Als Résumé ihres Lebens erinnerte sie oft an das Thema ihres Abituraufsatzes von 1913:

»Lorbeer ist ein bitt'res Blatt – dem, der's sucht und dem, der's hat.«

---

der Bonner Universität 1968«, in: J. Matzerat (Hrsg.), *Bonn, 54 Kapitel Stadtgeschichte.* Bonn 1989, S. 377–383, hier S. 378.

92 Hannecläre Baur/Günter Fölsing: *Das politische Engagement des Christen heute*, Bonn 1970.

Ulrich Lappenküper (Hamburg)

Vom »Grenzfluss« zum »Verbindungsstrom«: Der Rhein in der Außenpolitik Konrad Adenauers und Charles de Gaulles

I.

Grenzen sind seit jeher politische wie psychologische Messlatten transnationaler Kommunikation zwischen benachbarten Völkern. Dies gilt auch, ja gerade für das Verhältnis der Deutschen und Franzosen zum Rhein. Seit den Zeiten Julius Cäsars wiederholt zu einem Gallien und Germanien trennenden Grenzfluss deklariert, wurde der Rhein im Laufe der tausendjährigen Geschichte der beiden postkarolingischen Zwillinge zu einem Mythos verklärt, der sich nach dem Zweiten Weltkrieg in symbolischer Verdichtung als Verbindungsstrom manifestierte[1]. Welche Rolle der erste Bundeskanzler der Bundesrepublik Deutschland, Konrad Adenauer, und der erste Präsident der V. Französischen Republik, Charles de Gaulle, bei dieser Umwertung spielten, soll im Folgenden untersucht werden.

Entfacht von den Revolutionären Danton und Carnot, eroberte die These vom Rhein als »natürliche Grenze« seit 1793 einen festen Platz im kollektiven Gedankengut der französischen Nation[2]. Der deutsche Protest blieb zunächst aus: Republikaner wie Georg Forster begrüßten die Ausweitung des französischen Staatsgebiets bis an den Rhein sogar, und auch Kaiser Franz II. stimmte der Grenzverschiebung nach Osten im Frieden von Campo Formio 1797 zu. Erst die nach der Jahrhundertwende in den napoleonischen Kriegen Kontur gewinnende deutsche Nationalbewegung setzte sich gegen den französischen Anspruch zur Wehr und behauptete, der Rhein sei zwar »Deutschlands Strom aber nicht

1 Vgl. Febvre, Lucien: *Der Rhein und seine Geschichte*, übersetzt von Peter Schöttler (Hg.), Frankfurt a. M./New York 2006; Boldt, Hans / Hüttenberger, Peter / Molitor, Hansgeorg / Petzina, Dietmar (Hg.): *Der Rhein. Mythos und Realität eines europäischen Stromes*, Köln 1988; Gassen, Richard W. / Holeczek, Bernhard (Hg.): *Mythos Rhein*. 3 Bde., Ludwigshafen 1992.

2 Vgl. Wenger, Klaus: »Le Rhin, enjeu d'un siècle«, in: Pierre Ayçoberry/ Marc Ferro (Hg.): *Une Histoire du Rhin*, Paris 1981, S. 255–291, hier S. 255–258.

Deutschlands Grenze«[3]. Für die Patrioten vom Schlage eines Ernst Moritz Arndt war nicht die Geographie das bestimmende Merkmal der Grenzziehung im Westen, sondern die Sprache.

Auch nach dem Untergang des napoleonischen Empire blieb das Ziel des Rheinbesitzes bei maßgeblichen französischen Staatsmännern latent bestehen. In frappierender Kontinuität zu Danton oder Napoleon kleidete Außenminister Chateaubriand dieses Denken in die klassischen Worte: »Sans le Rhin notre indépendance nationale est livrée à la merci d'une seule bataille et d'une guerre de huit jours «[4]. Indem Ministerpräsident Adolphe Thiers 1840 den Eindruck erweckte, seinen Worten Taten folgen lassen zu wollen, versetzte er Frankreich in ein »nationalistisches Delirium«[5]. Mit nicht gekanntem Pathos verklärten französische Dichter den Rhein als »Nil de l'Occident« (Alphonse de Lamartine) und lösten damit jenseits des Stroms einen Sturm nationaler Entrüstung aus. »Sie sollen ihn nicht haben, den freien deutschen Rhein«, rief Nikolaus Becker voller Inbrunst auf dem Höhepunkt des Konflikts, woraufhin Alfred de Musset ihm sarkastisch erwiderte: »Nous l'avons eu, votre Rhin allemand«[6]. Am Ende des verbalen Säbelgerassels zog Frankreich es vor, den Janustempel nicht zu öffnen; die These von der natürlichen Grenze des Rheins blieb aber weiterhin lebendig – bis weit ins 20. Jahrhundert.

II.

Es war Charles de Gaulle, der Führer des Freien Frankreich, der nach Ausbruch des Zweiten Weltkrieges auf die revolutionären bzw. napoleonischen Vorstellungen zurückgriff. Ob den von der Gedankenwelt antideutscher Nationalisten wie Maurice Barrès und Jacques Bainville inspirierten General[7] mit einem Feriensitz im Lothringischen dabei vorwiegend regional-landsmännische, historische oder militärische Erwägungen leiteten, sei dahingestellt. Klar ist, dass de Gaulle als Reaktion auf die Verkündung der Atlantik-Charta am 25. August 1941 von der Anti-Hitler-Koalition »une extension de notre position dans les pays

3 Arndt, Ernst Moritz: *Der Rhein, Deutschlands Strom, aber nicht Deutschlands Grenze.* Leipzig 1813.

4 Zitiert nach: Krumeich, Gerd: »Der Rhein als strategische Grenze«, in: Peter Hüttenberger, / Hansgeorg Molitor, (Hg.): *Franzosen und Deutsche am Rhein 1789–1918–1945.* Essen 1989, S. 67–79, hier S. 70.

5 Baumgart, Winfried: *Europäisches Konzert und nationale Bewegung 1830–1978.* Paderborn u. a. 1999, S. 299.

6 Vgl. Wenger: *Le Rhin.* S. 259f. und S. 269.

7 Vgl. Maillard, Pierre: *De Gaulle und Deutschland. Der unvollendete Traum.* Bonn/Berlin 1991, S. 10 und S. 22–27.

rhénans«[8] forderte und in den folgenden Jahren ein Sicherheitskonzept entwickelte, das auf die Bildung eines westeuropäischen Staatenblocks unter französischer Ägide hinauslief[9]. Besonderes, ja zentrales Augenmerk legte der General dabei auf die Rhein-Ruhr-Region, die er als Einfallstor für deutsche Truppen und als »arsenal de guerre«den Deutschen zu entreißen gedachte[10]. Eine Annexion, so wurden seine Mitarbeiter in ihren Gesprächen mit ausländischen Diplomaten nicht müde zu betonen, schwebe de Gaulle nicht vor[11].

Nach der Befreiung Frankreichs wandelte der General seine Planungen in bemerkenswerter Weise ab. Um den von ihm nun als »nœud« französischer Sicherheit angestrebten Pakt mit der Sowjetunion zu erreichen, schlug der Chef der provisorischen Regierung dem sowjetischen Diktator Stalin Anfang Dezember 1944 vor, das Rheinland wie auch die Ruhr vom Reichsgebiet abzutrennen. Während er die linksrheinischen Gebiete unter ein von Frankreich verwaltetes Regime zu stellen beabsichtigte, gedachte er dem Rheinland insgesamt die Funktion eines »glacis« zu übertragen[12]. »Sous aucune forme«[13], so schrieb der General dem Generalissimus ins Stammbuch, dürften deutsche Staaten jemals wieder westlich des Rheins Souveränität ausüben.

Frankreichs »Rhenania-Projekt«, so gestanden Pariser Diplomaten in diesen Tagen offen ein, lief auf die Loslösung des Gebietes von Deutschland hinaus, diente mithin als »a form of dismemberment«[14]. Wenngleich Stalin diesem Konzept nicht viel abgewinnen konnte und auch innerhalb der französischen Regierung Bedenken aufkamen[15], hielt de Gaulle an seiner »géopolitique à la

8 De Gaulle an die »Délégation France Libre« in London, 25.8.1941, in: *Mémoires de guerre*, Bd.1: L'appel 1940–1942. Paris 1954, S. 478.

9 Soutou, Georges-Henri: »La politique française à l'égard de la Rhénanie 1944–1947«, in: Hüttenberger / Molitor (Hg.): *Franzosen*, S. 47–66, hier S. 48.

10 Pressekonferenz de Gaulles, 25.10.1944, in: *Discours et messages*, Bd. 1: Pendant la guerre juin 1940–janvier 1946, Paris 1970, S. 456–469, hier S. 457.

11 Vgl. Memorandum des amerikanischen Diplomaten Hamilton Fish Armstrong, 28.10.1944, in: *Dokumente zur Deutschlandpolitik*, I. Reihe, Bd. 5: Europäische Beratende Kommission 15. Dezember 1943 bis 31. August 1945, bearb. von Herbert Elzer. München 2003, S. 1336–1338.

12 Aufzeichnung der französischen Delegation in Moskau, 1.12.1944, in: Ministère des Affaires étrangères [MAE] (Hg.): *Documents Diplomatiques Français [DDF]* (1944/II). Commission de publication des Documents Diplomatiques Français, Paris 1996, S. 343–345, hier S. 343 und S. 345.

13 Unterredung zwischen de Gaulle und Stalin vom 8.12.1944, in: DDF 1944/II, S. 419–422, hier S. 419.

14 Vgl. Unterredung zwischen Botschafter René Massigli und dem englischen Diplomaten Gladwyn Jebb vom 2.12.1944, in: Steininger, Rolf (Bearb.): *Die Ruhrfrage 1945/46 und die Entstehung des Landes Nordrhein-Westfalen. Britische, französische und amerikanische Akten.* Düsseldorf 1988, S. 264f., hier S. 265.

15 Vgl. Etienne Burin des Roziers an Gaston Palewski, [4.1.1945] in: Ministère des Affaires étrangères. Commission de publication des Documents Diplomatiques Français (Hg.): DDF

française«[16] fest: Kontrolle Deutschlands mit sowjetischer Hilfe und Kontrolle der Sowjetunion mit einem von Frankreich geführten Westeuropa[17]. Auch die Vorbehalte seiner Mitarbeiter im Außenministerium am Quai d'Orsay ließen ihn nicht wanken[18]. Angesichts der leidvollen Erfahrungen mit deutschen Invasionen dürfe Frankreich den Krieg nicht beenden, ohne die »force française [...] sur le Rhin« installiert zu haben, beteuerte er unumwunden Ende Januar 1945[19]. Es gehe dabei nicht nur um die militärische Sicherheit und den wirtschaftlichen Wiederaufbau, sondern auch um Frankreichs Rückkehr »au premier rang des nations«[20].

Frankreich sei damit einverstanden, erklärte de Gaulle Anfang Februar im Vorfeld der Jalta-Konferenz an die Adresse der Anti-Hitler-Koalition, dass das Deutsche Reich vollständig besetzt und in verschiedene Besatzungszone eingeteilt werde. Es verlange aber im Gegenzug die Bildung einer französischen Zone, die jene Territorien umfasse, »que nous aurons décideé à séparer de l'Allemagne et de garder définitivement sous notre contrôle «. Dauerhaft in Schach gehalten sollte ein Gebietsstreifen von der Schweizer Grenze bis nach Köln, außerdem der Brückenkopf des Taunus bis vor Frankfurt, Mannheim und der Kaiserstuhl bleiben. Das rheinisch-westfälische Industrierevier wünschte er weiterhin einer internationalen Kontrolle mit maßgeblicher französischer Beteiligung zu unterstellen[21].

»Du Rhin, nous ferons une route française, une route française d'un bout à l'autre. Ce sera là le symbole, le signe et l'obligation de la victoire, cette fois durable, et de la grandeur retrouvée«, verkündete de Gaulle wenige Wochen später in Metz[22]. Einmal mehr unterstrich er die besondere Bedeutung des linken Rheinufers und machte keinen Hehl daraus, dass er sich in dieser Frage nicht mit

---

1945/I, Paris 1998, S. 7f.; Sitzungsprotokoll der Sous-commission politique chargée des Affaires allemandes vom 20.1.1945, in: ebd., S. 66–69; Aufzeichnung Burin des Roziers, 21.2.1945, in: ebd., S. 240f.; Burin des Roziers an de Gaulle, 16.3.1945, in: ebd., S. 362–364; Aufzeichnung des MAE, 17.4.1945, in: ebd., S. 522–524.

16 Soutou, Georges-Henri: »La place de l'URSS dans la politique allemande de la France 1943–1969«, in: Baechler, Christian / Müller, Klaus-Jürgen (Hg.): *Les tiers dans les relations franco-allemandes. Dritte in den deutsch-französischen Beziehungen.* München 1996, S. 45–62, hier S. 46.

17 Vgl. Maelstaf, Geneviève: *Que faire de l'Allemagne? Les responsables français, le statut international de l'Allemagne et le problème de l'unité allemande (1945–1955).* Paris 2000, S. 5–25.

18 Grundlegend Elzer, Herbert: *Zwischen Rheinstaat und Westeuropäischem Bündnis. Großbritannien, Frankreich, die kleineren alliierten Nachbarn und die Besatzung Nordwestdeutschland 1945.* Essen 2006.

19 Pressekonferenz de Gaulles, 25.1.1945, in: ders., *Discours*, Bd. 1, S. 502–514, hier S. 510.

20 Radioansprache de Gaulles, 5.2.1945, in: ders., *Discours*, Bd. 1, S. 515–519, hier S. 519.

21 Aufzeichnung de Gaulles, 2.2.1945, in: *DDF* (1945/I), S. 150f., hier S. 150.

22 Rede de Gaulles in Metz, 11.2.1945, in: ders., *Lettres, notes et carnets*, (Bd. 5 juin 1943–mai 1945). Paris 1983, S. 385f., hier S. 386.

den Alliierten abstimmen, sondern allein das französische Militär bestimmen lassen wolle[23].

In Washington, Moskau und London beobachtete man de Gaulles Kurs mit sorgenvoller Miene. Namentlich die Briten, um die sich die französische Diplomatie im Frühjahr 1945 besonders bemühte, äußerten unverhohlene Bedenken gegen das »Rhenania-Projekt«. Trotz aller Sympathie für die von der Nazi-Herrschaft traumatisierten Franzosen waren sie nicht bereit, ihnen ein militärisches Vorfeld und den Zugang zu den Kohlegruben klaglos zuzugestehen[24]. Besonders umstritten war die Zugehörigkeit von Köln[25], die de Gaulle schlichtweg als »clef de notre sécurité«ansah[26].

Nach der Niederringung Hitler-Deutschlands forcierte der französische Regierungschef noch seine Ansprüche. Obwohl das internationale System allmählich vom bipolaren Universalismus des Ost-West-Konflikts überschattet wurde, in dem Frankreich wie die übrigen europäischen Großmächte nur noch einen minderen Rang einnahmen, strebte der »Sieger zweiter Klasse« eine Vormachtstellung in Europa an und zielte dabei implizit darauf ab, die »deutsche Gefahr« dauerhaft zu beseitigen. Unter dem Motto »Plus de Reich centralisé! « verlangte de Gaulle die Aufteilung des »corps germanique« in mehr oder minder locker verbundene Einzelstaaten[27] und wies dem Rhein eine zentrale Rolle bei der territorialen Gestaltung der französischen Besatzungszone zu. »Eviter de briser l'unité rhénane qui, sur les plans ethnique et économique, doit trouver dans le Rhin une artère et non une barrière«, instruierte der Außenminister Georges Bidault Ende Mai 1945[28].

Nachdem die Alliierten sich auf eine für Frankreich wenig befriedigende Gebietseinteilung verständigt hatten, regte der französische Vertreter in London, René Massigli, Ende August 1945 im Auftrag de Gaulles die Schaffung einer Demarkationslinie entlang des Rheins von der Schweiz bis ins Rheinland unter Einbeziehung des Ruhrgebiets an und verlangte die Unterstellung der westlich davon gelegenen Räume unter französische bzw. internationale Kontrolle. Das südliche Rheinland sollte von französischem Militär, die Region nördlich der Kapitale Köln bis zur Nordsee von belgischen, niederländischen und englischen

23 S. de Gaulle an Jean de Lattre de Tassigny, nach dem 31. 3. 1945, in: ders., *Lettres*,Bd.5, S. 404f.

24 S. Memorandum des Foreign Office, 23. 1. 1945, in: Steininger (Bearb.): *Ruhrfrage*, S. 273–286.

25 Vgl. Bidault an Massigli, 28. 3. 1945, in: *DDF* 1945/I, S.423f.; Aufzeichnung des MAE, 17. 4. 1945, in: ebd., S. 525–527.

26 De Gaulle an Bidault, 12. 5. 1945, in: *DDF* (1945/I), S. 621f., hier S. 621.

27 Charles de Gaulle: *Mémoires de guerre*, Bd. 3 : Le salut 1944–1946. Paris 1959, S. 46.

28 De Gaulle an Bidault, 23. 5. 1945, in: ders., *Lettres, notes et carnets*, (Bd. 6 mai 1945-juin 1951). Paris 1984, S. 23f., hier S. 24, und in: *DDF* (1945/I), S. 679f., hier S. 680.

Truppen besetzt werden. Für die Ruhr sah Massigli ein internationales Kontrollregime vor[29].

Angesichts der fortbestehenden alliierten Intransigenz signalisierte de Gaulle im September eine gewisse Verhandlungsbereitschaft, ohne aber von seinen Maximalpositionen – die permanente politische, militärische und ökonomische Abtrennung der »région rhéno-westphalien«[30] – wirklich abzurücken. Nach dem Scheitern der Londoner Außenminister-Konferenz Anfang Oktober verschärfte er abermals seine deutschlandpolitische Marschroute: Annexion der Saar, Internationalisierung der Ruhr, Besetzung und Beherrschung des Rheinlandes, der Pfalz und Hessens. Die Gründung des von den Briten inzwischen akzeptierten Weststaates »Rhenania«[31] lehnte er jetzt mit der Begründung ab, ein solches Gebilde würde den französischen Einfluss durch den britischen ersetzen und die Rückkehr zu den historisch kleinen deutschen Staaten verhindern[32]. Als de Gaulle am 15. Oktober auf einer Pressekonferenz in Brüssel erklärte, es habe im Laufe der deutschen Geschichte nie einen separaten Rheinstaat gegeben, immer nur Einzelstaaten wie Hessen, die Pfalz, Westfalen oder das Herzogtum Berg, kommentierte der britische Gesandte entsetzt: Frankreich wolle die Uhr offenbar um 100 Jahre zurückdrehen und Westdeutschland zerstückeln; das sei »Unsinn«[33].

Zwar ließ de Gaulle in den folgenden Wochen zur Besänftigung der internationalen wie innerfranzösischen Widerstände erneut konziliantere Töne erklingen und stilisierte den Rhein in öffentlichen Reden wiederholt zum »lien de l'Europe occidentale«[34]. Noch immer aber bestand er darauf, dass die deutschen Staaten niemals mehr Macht auf der linken Rheinseite ausüben dürften[35]. Bei einem Besuch in Baden-Baden bezeichnete er es in evidenter Anspielung an die Zeiten des rheinischen Separatismus während der französischen Revolution wie nach dem Ersten Weltkrieg als französische Berufung, sich am Rhein festzusetzen[36]. Eile legte de Gaulle bei der Umsetzung dieses Zieles erstaunlicherweise

29 S. Unterredung zwischen Massigli und Oliver Harvey vom 28.8.1945, in: Steininger (Bearb.): *Ruhrfrage*, S. 311f.; Aide-mémoire Massiglis, 28.8.1945, in: *ebd.*, S. 312–314, und in: *DDF* (1945/II), S. 367–369.

30 Aufzeichnung der Direction générale des Affaires politiques im MAE, 8.9.1945, in: *DDF* (1945/II), S. 434–440, hier S. 434.

31 Vgl. Steininger (Bearb.): *Ruhrfrage*, S. 60f.

32 Vgl. Aufzeichnung über ein Gespräch mit de Gaulle vom 8.10.1945, in: *DDF* (1945/II), S. 577–579 und in: Steininger (Bearb.): *Ruhrfrage*, S. 340f.

33 Zitiert nach: Steininger (Bearb.): *Ruhrfrage*, S. 64, Anm. 31.

34 Rede de Gaulles in Straßburg, 5.10.1945, in: ders., *Discours*, Bd. 1, S. 622f., hier S. 623; Rede de Gaulles in Baden-Baden, 5.10.1945, in: ders., *Lettres*, Bd. 6, S. 95–98, hier S. 96: »cette route européenne qui s'appelle le Rhin«.

35 Aufzeichnung de Gaulles, [18.1.1946], in: ders., *Lettres*, Bd. 6, S. 183.

36 Rede de Gaulles in Baden-Baden, 5.10.1945, in: ders., *Lettres*, Bd. 6, S. 95–98, S. 96.

nicht an den Tag, glaubte er doch fest daran, dass die Zeit für Frankreich lief[37]. Je heftiger die ehemaligen Kriegsalliierten miteinander stritten, so sein Kalkül, desto stärker würde die Anziehungskraft Frankreichs auf die Bevölkerung im Rheinland wirken. Besondere Aufmerksamkeit erweckte bei ihm diesbezüglich die Haltung des Kölner Oberbürgermeisters Konrad Adenauer, der im Sommer 1945 in mehreren Geheimgesprächen mit französischen Besatzungsoffizieren für eine Verflechtung der rheinischen und französischen Wirtschaft als Basis für eine deutsch-französische Annäherung plädiert hatte[38]. »L'attitude prise par une personnalité de l'importance d'Adenauer«, schrieb de Gaulle daraufhin an den Oberbefehlshaber der französischen Besatzungstruppen General König, »est caractéristique à cet égard.«[39]

Natürlich hatte der Regierungschef mit seinem deutschland- bzw. rheinlandpolitischen Kurs bis zu seinem Rücktritt im Januar 1946 stets auch die öffentliche Meinung Frankreichs im Blick, den Ruf nach harter Bestrafung des »Erbfeindes«. Im Widerspruch zu der in der jüngsten Forschung bisweilen vertretenen Ansicht darf de Gaulles Zerstückelungspolitik aber nicht als bloße »Ablenkungsangebote« oder Leerformeln diplomatischer Manöver eingestuft werden[40]. Wenn Frankreich die Abtrennung des linken Rheinufers nicht durchsetzen könne, so resümierte einer der engsten Gefolgsleute des Generals Überlegungen, »nous avons perdu la guerre«[41]. Dass de Gaulle mit dieser Überzeugung in der französischen »classe politique« nicht allein stand, verdeutlicht ein Artikel von François Mitterrand, seinem späteren scharfen Widersacher und damaligen Chef des »Mouvement national des prisonniers de guerre et déportés«: »La France sur le Rhin«, schrieb er im Frühjahr 1945 in der Zeitschrift »Libres«, »c'est une France préservée des fragilités de la paix, mais c'est aussi une France apte à s'associer aux entreprises pacifiques qui, précisément, devront écraser l'impérialisme.«[42]

37 Vgl. Aufzeichnung über ein Gespräch mit de Gaulle vom 8.10.1945, in: *DDF* (1945/II), S. 577–579; in: Steininger (Bearb.): *Ruhrfrage*, S. 340f.

38 Vgl. Schwarz, Hans Peter: *Adenauer. Der Aufstieg 1876–1952*. Stuttgart 1986, S. 452–465.

39 De Gaulle an König, 29.10.1945, in: *DDF* (1945/II), S. 679–681, hier S. 680.

40 Hüser, Dietmar: *Frankreichs »doppelte Deutschlandpolitik«. Dynamik aus der Defensive – Planen, Entscheiden, Umsetzen in gesellschaftlichen und wirtschaftlichen, innen- und außenpolitischen Krisenzeiten 1944–1950*. Berlin 1996, S. 256.

41 Zitiert nach: Chauvel, Jean: *Commentaire*, Bd. 2: D'Alger à Berne (1944–1952). Paris 1972, S. 110.

42 Artikel Mitterrands, in: *Libres*, 8.2.1945. Bibliothèque Nationale Paris, Mikrofilm »Voices from Wartime France 1939–1945«, Rolle 107, S. 1.

III.

Der Druck des aufbrechenden Ost-West-Konfliktes zwang Frankreich seit 1947 zur politischen Umorientierung. Nach der Gründung von Rheinland-Pfalz revidierte die IV. französische Republik die de Gaulleschen Rheinlandpläne[43] und konzentrierte sich stattdessen auf die Ausbeutung des Ruhrgebiets zum Zweck der Modernisierung ihrer Industrie. Nach der Bildung der Bundesrepublik Deutschland 1949 vollzog die Pariser Regierung einen abermaligen Kursschwenk, zielte nunmehr darauf ab, den auf Bewährung in die Freiheit entlassenen Nachbarn d'outre-Rhin durch ein Geflecht internationaler Organisationen zu kontrollieren. Von der Notwendigkeit überzeugt, die »ewig unbefriedigten« Deutschen[44] in die Gemeinschaft der europäischen Demokratien einzubinden, wandte sich Außenminister Robert Schuman an europäisch gesinnte Politiker aus der rheinischen Region wie den Belgier Paul Henri Spaak oder den Luxemburger Joseph Bech und schlug ihnen die supranationale Einigung Europas vor. Einen kongenialen Partner fand der Mosellaner namentlich im Kölner Konrad Adenauer, spielte die Verständigung mit Frankreich in dessen politischen Vorstellungen doch seit jeher eine herausragende Rolle[45].

Schon nach dem Ersten Weltkrieg hatte der damalige Oberbürgermeister von Köln versucht, den Teufelskreis von »Erbfeindschaft«, Krieg und Revanche mit dem Vorschlag der Errichtung einer Rheinischen Republik im Rahmen des Reichsverbandes zu durchbrechen. Ende 1949 konkretisierte der frisch gekürte Bonner Regierungschef seine Vorstellungen in einem Zeitungsinterview, das über die deutschen Grenzen hinaus hohe Aufmerksamkeit gewann. Nicht ohne Bedacht stellte er sich der Öffentlichkeit als Rheinländer vor, der seine Heimat stets als »eine natürliche Brücke zwischen Frankreich und Deutschland erlebt« habe und nun die beiderseitigen Beziehungen zum »Angelpunkt« seiner Politik zu machen beabsichtige. Es gehe darum, die alte »Erbfeindschaft« endlich zu überwinden und beide Völker in Politik, Kultur und Wirtschaft anzunähern[46].

Adenauers Geste des guten Willens traf beim Hauptadressaten, den Franzosen, nur bedingt auf Wohlwollen. Gewiss, auf der moderaten Linken und in der Mitte des politischen Spektrums zeigte man sich seiner Worte durchaus empfänglich, differenzierte im Sinne des alten Topos von den »deux Allemagnes«

---

43 Dass die Idee von einem eigenständigen rheinischen Staat auch heute noch nicht völlig ausgelöscht ist, verdeutlicht das Plädoyer von Willi Arnolds, *Die Geschichte des Rheinlandes. Ein historischer Streifzug*, Eupen 2005, bes. S. 28 und S. 115.

44 Ansprache Schumans in Brüssel, 18.12.1949, zitiert nach: Poidevin, Raymond / Schuman, Robert: *Homme d'Etat 1886–1963.* Paris 1986, S. 214.

45 Grundlegend: Lappenküper, Ulrich: *Die deutsch-französischen Beziehungen 1949–1963. Von der »Erbfeindschaft« zur »Entente élémentaire«*, 2 Bde., München 2001.

46 Interview Adenauers mit *Die Zeit*, 3.11.1949.

zwischen dem westlichen, rheinischen, und dem östlichen, slawischen Deutschland. Ein »Rhénan« sei etwas anderes als ein »Allemand«, replizierte der Journalist Alfred Lang eine in Frankreich verbreitete Ansicht – »so eine Art Cousin aus dem heruntergekommenen Familienzweig«, der einem leid tun könne[47].

Auf der extremen politischen Linken dagegen deutete man Adenauers Zeitungsgespräch als Versuch, dem ‚guten' rheinischen Deutschland das ‚böse' Preußen – die DDR – gegenüberzustellen und so davon abzulenken, dass ein »boche« ein »boche« bleibe. Die Tatsache, dass auch Karl Marx ein Rheinländer gewesen sei, warnte der den Kommunisten nahestehende Schriftsteller Pierre Courtade, gebe keine Garantie für die Moralität des Rheinländers Adenauer[48].

Eine eigentümliche Zwischenposition in diesem Meinungsbild nahm de Gaulle ein. Wenngleich er Adenauers Westorientierung im Prinzip entschieden begrüßte, empfand er das von ihm und Schuman in Angriff genommene Europakonzept, das den Mythos vom Rhein als europäischem Verbindungsstrom neuen Auftrieb gab, als inakzeptabel. Zwar hatte der politische Eremit schon vor der Gründung der Bundesrepublik einer Einigung von Galliern und Germanen das Wort geredet[49] und die Erwartung ausgesprochen, dass der Rhein als »rue européenne« Frankreich, der Schweiz, den BENELUX-Staaten und den westlichen Teilen Deutschlands von Nutzen sein werde[50]. Doch die von den Kabinetten in Bonn und Paris in Angriff genommene supranationale Integration Westeuropas lehnte er kategorisch ab, weil sie mit seiner Überzeugung von der Unaufhebbarkeit der nationalstaatlichen Souveränität nicht vereinbar war[51].

Mit dieser Meinung stand der »General im Unruhestand« keineswegs allein dar, wie die qualvolle innerfranzösische Debatte über die 1952 unterzeichneten Westverträge verdeutlichte, die der Bonner Republik Souveränität geben und sie in die (klein-)europäische Gemeinschaft integrieren sollte. 1954 torpedierte die Assemblée Nationale die Ratifizierung der Abkommen, da die Mehrheit der Abgeordneten nicht dazu bereit war, für die Westbindung Deutschlands französische Souveränitätsrechte zu opfern. Dass die Westmächte der Bundesrepublik stattdessen einen gleichberechtigten Platz in der Nordatlantische Allianz zuwiesen, nahmen die Volksvertreter billigend in Kauf.

Mit dem Inkrafttreten der Pariser Verträge am 5. Mai 1955 begann im Ver-

47 Artikel Langs, Alfred in: *Stuttgarter Zeitung*, 22.11.1959.

48 Artikel Courtades, Pierre in: *L'Humanité*, 5.11.1949.

49 Vgl. Rede de Gaulles in Bordeaux, 25.9.1949, in: ders., *Discours et messages*, Bd. 2 : Dans l'attente. février 1946-avril 1958. Paris 1970, S. 304–310.

50 Rede de Gaulles in Stauffen, 1.8.1948, in: ders., *Lettres*, Bd. 6, S. 290–292, hier S. 291.

51 Vgl. Vaïsse, Maurice: *La grandeur. Politique étrangère du général de Gaulle 1958–1969*. Paris 1998.

hältnis zwischen der Bundesrepublik und Frankreich eine neue Ära[52]. Besorgt über die Entspannungssignale der Supermächte USA und Sowjetunion, bereinigten beide Regierungen die aus der Vergangenheit überkommenen Streitpunkte, formulierten eine in die Zukunft gerichtete solidarische Politik und trugen so maßgeblich zur Gründung der Europäischen Wirtschafts- und Atomgemeinschaft bei. Dass das westdeutsche Wirtschaftswunder die »unruhige Großmacht[53] partiell von der offenen Wunde der Teilung ablenkte, erleichterte diese Kooperation ebenso wie die fundamentale Neubestimmung der französischen Sicherheitsinteressen nach dem Ausbruch des Algerien-Krieges. »La Méditerranée, et non plus le Rhin, est l'axe même de notre sécurité, donc de notre politique étrangère«[54], erklärte François Mitterrand 1957 in der Nationalversammlung. Aus Sicht der Regierung wie des Militärs war die Verteidigungslinie der französischen Sicherheit von der Rheinschiene auf die Achse Paris–Algier–Brazzaville verschoben worden.

IV.

Nach der Rückkehr de Gaulles an die Schalthebel der Macht Mitte 1958 endete diese Blütezeit der »bonne entente franco-allemande«[55]. Weder die von den Staatsmännern der IV. Republik akzeptierte Gleichberechtigung der Bundesrepublik noch die von ihnen in Angriff genommene Kooperation auf dem Terrain der Nuklearpolitik war mit de Gaulles »certaine idée de la France« vereinbar[56]. Gewiß, auch er warb für die bilaterale Zusammenarbeit, weil er nur so glaubte, Westeuropa zur »Dritten Kraft« zwischen den Supermächten aufbauen zu können[57]. Eine Partnerschaft mit der Bundesrepublik durfte es seines Erachtens jedoch nur unter drei Bedingungen geben: Anerkennung der Führung Frankreichs, Aufrechterhaltung des westdeutschen ABC-Waffen-Verzichts und Fortbestand der Teilung Deutschlands.

52 Vgl. Hudemann, Rainer / Miard-Delacroix, Hélène (Hg.): *Wandel und Integration. Deutsch-französische Annäherungen der fünfziger Jahre.* München 2005.

53 Poidevin, Raymond: *Die unruhige Großmacht. Deutschland und die Welt im 20. Jahrhundert.* Freiburg/Würzburg 1985.

54 Rede Mitterrands in der Assemblée Nationale, 30.9.1957, im Auszug in: ders., *Politique.* Paris 1977, S. 134–137, hier S. 134.

55 Außenminister Pinay an diplomatische Vertretungen, Zirkulartel. 40, 4.5.1955, in: Ministère des Affaires étrangères. Commission de publication des Documents Diplomatiques Français (Hg.): *DDF* (1955/I). Paris 1987, S. 571–573, hier S. 573.

56 De Gaulle: *Mémoires de guerre*, Bd. 1, S. 7.

57 Vgl. Bozo, Frédéric: *Deux stratégies pour l'Europe. De Gaulle, les Etats-Unis et l'Alliance atlantique, 1958–1969.* Paris 1996; Vaïsse, Maurice: *La grandeur. Politique étrangère du général de Gaulle 1958–1969.* Paris 1998.

Angesichts solcher Kautelen konnte es kaum verwundern, dass der Pariser Regierungswechsel in der Bonner Republik höchst kritisch beobachtet wurde. Selbst Adenauer begegnete dem General mit tiefem Misstrauen, das erst zu weichen begann, als de Gaulle in der Ende 1958 ausbrechenden Berlin-Krise wie ein »homme de certitude«[58] auftrat. Während die USA und Großbritannien sich gegenüber der sowjetischen Pressionspolitik in Appeasement übten, stand Frankreich der Bundesrepublik mit Festigkeit bei – nicht aus Altruismus, sondern aus Kalkül.

Ende 1959 beschwor Frankreichs neuer Staatspräsident im Zuge der Konkretisierung seines europapolitischen Programms die Verbrüderung der ehemaligen »Erbfeinde« und stilisierte den Rhein zu ihrem Bindeglied: »Der Rhein, Euer Rhein, darf – wie ich es schon 1945 sagte und heute mit noch größerer Überzeugung sage – kein trennender Graben, sondern eine verbindende Straße sein, wo von der einen und der anderen Seite die Reichtümer, die Erzeugnisse, die Ideen und die Sehnsüchte zusammenfließen. Der Rhein muß (sic!) ein Verbindungsstrom sein zwischen allem, was groß und stark auf der einen und der anderen Seite des Flusses ist. «[59] Adenauer nahm diese hehren Gedanken mit Wohlwollen zur Kenntnis, hütete sich aber aus Rücksicht auf die übrigen Partnerstaaten davor, den Eindruck einer exklusiven Allianz, gar einer »Achse Bonn–Paris« aufkommen zu lassen. Die aber begann de Gaulle nun zu schmieden[60].

Vor dem Hintergrund fehlgeschlagener Bemühungen um ein nuklearpolitisches Triumvirat mit den USA und Großbritannien leitete der Staatspräsident 1960 den Aufbau Frankreichs zur Atommacht ein, empfahl den Partnern in der EWG eine politisch-militärische Zusammenarbeit und warb für die Schaffung einer »entente franco-allemande«[61]. »Ni le Rhin, ni les Pays-Bas, ni les Alpes, ni le Pyrénées, ni la Manche, ni la Méditerranée [...] ne les dressent plus les uns contre les autres. [...] Au contraire, la nostalgie, qu'inspire à chacun d'eux son abaissement relatif par rapport aux nouveaux grands empires, les réunit dans le

58 Bariéty, Jacques: »La perception de la puissance française par le chancelier K. Adenauer de 1958 à 1963«, in: *Relations internationales* (1989/58), S. 217–225, hier S. 221.

59 Rede de Gaulles in Straßburg, 21.11.1959, im Auszug in: *AdG* (1959), S. 8071 A. Erstaunlicherweise ist diese Rede nicht in die offizielle Edition der Ansprachen de Gaulles aufgenommen worden. Zur Reaktion im politischen Bonn vgl. das Bulletin des Presse- und Informationsamtes der Bundesregierung 1959, S. 2229 f. und S. 2269.

60 Vgl. Lappenküper, Ulrich: *Beziehungen*, Bd. 2; Legoll, Paul: *Charles de Gaulle et Konrad Adenauer. La cordiale entente.* Paris 2004.

61 Unterredung zwischen de Gaulle und Adenauer vom 30.7.1960, in: Ministère des Affaires étrangères. Commission de publication des Documents Diplomatiques Français (Hg.): *DDF* (1960/II), Paris 1996, S. 174–176, hier S. 176.

sentiment, qu'ensemble, ils retrouveraient cette grandeur dont les siècles leur ont donné le génie et l'habitude«[62].

Adenauer reagierte auf die privatissime gegebenen Eröffnungen zunächst voller Enthusiasmus, ruderte aber erschrocken zurück, als ihm klar wurde, dass die Umsetzung der Offerte auf die Zerstörung von NATO und EWG hinauslaufen würde. Wenn beide Politiker ihren Gesprächsfaden nach Wochen der Funkstille Anfang 1961 wieder aufnahmen, so lag das weniger an ihrer staatsmännischen Klugheit denn an einem Machtwechsel in den USA. Je unnachgiebiger nämlich der neue Präsident John F. Kennedy auf die amerikanische Vormachtrolle in der Atlantischen Allianz pochte und gleichzeitig die Entspannung zur Sowjetunion suchte, desto enger schweißte er Kanzler und General zusammen. Mitte 1961 gelang es ihnen, die Regierungschefs der übrigen EWG-Staaten für das von de Gaulle verfolgte Projekt einer Politischen Union zu gewinnen. In der Stunde des Berliner Mauerbaus Frankreich die Stirn zu bieten, konnte Adenauer sich nicht leisten.

Dass de Gaulle dieses Unionsprojekt Anfang 1962 torpedierte, weil ihm die in der Sechsergemeinschaft zwischenzeitlich ausgearbeiteten Pläne zu supranational anmuteten, stieß beim Kanzler auf große Verärgerung. Um den Verdruss aufzufangen, unterbreitete de Gaulle ihm rasch das Angebot, statt der Zusammenarbeit zu sechst die Kooperation zu zweit zu intensivieren. Adenauer wusste natürlich, dass die in der Ferne Konturen gewinnende bilaterale Allianz mit seiner bisher multilateral ausgerichteten Außenpolitik nicht kompatibel war. Dennoch stimmte er zu, und zwar aus Angst: der Angst, Frankreich als Bundesgenossen zu verlieren; der Angst, sowjetischer Bedrohung schutzlos ausgeliefert zu sein; der Angst vor einer niemals ganz ausgeschlossenen französisch-russischen Allianz!

Das Eisen der »entente franco-allemande« war heiß, nun konnte es geformt werden, dachte de Gaulle und lud Adenauer zu einem offiziellen Besuch nach Frankreich ein. Indem ausgerechnet der einst erste Widerstandskämpfer gegen Hitler-Deutschland jetzt die Aussöhnung mit den Deutschen propagierte, machte er sie politisch und psychologisch unangreifbar. »Nous allons sceller solennellement la réconciliation des deux peuples«, offenbarte er im Kreis seiner Minister. »Les Français et les Allemands doivent devenir des frères«[63].

Gekonnt inszenierte der Staatspräsident des Kanzlers Tour de France Anfang Juli 1962 als glanzvolle Demonstration deutsch-französischer Eintracht und unterbreitete seinem hohen Gast zum Abschluss der Reise den sensationellen

---

62 Rundfunk- und Fernsehansprache de Gaulles, 31.5.1960, in: ders., *Discours et Messages*, Bd. 3 : Avec le Renouveau mai 1958-juillet 1962. Paris 1970, S. 217–221, hier S. 220.

63 Zitiert nach: Peyrefitte, Alain: *C'était de Gaulle.* »*La France redevient la France*«. Paris 1994, S. 153.

Vorschlag einer »Union politique [...] à deux«[64]. Nach Momenten des Zögerns antwortete Adenauer mit Ja und ließ dem von de Gaulle so bezeichneten »Wunder unserer Zeit« seinen Lauf[65].

Zwei Monate später konkretisierten sie im Laufe des triumphalen Gegenbesuchs das Unionsprojekt: Der Kanzler wartete mit dem Wunsch nach einem geheimen »gentlemen's agreement« auf[66], der Präsident empfahl einen Mechanismus zur Konzertierung der Außen- und Verteidigungspolitik sowie eine enge Zusammenarbeit auf dem Feld der Erziehung. Um auch die Deutschen für die Zweier-Allianz zu gewinnen, kämpfte de Gaulle in seinen zahlreichen öffentlichen Auftritten um ihre Seele, sprach in meist einfachen, aber pathetischen Worten anerkennend über die Geschichte der Deutschen, ihre Leistungen, auch Opfer. Wieder bediente er sich, wo es ihm passend erschien, der Rheinmetaphorik. In Köln etwa beschwor er am 5. September 1962 vor 50.000 begeisterten Bürgern die deutsch-französische Freundschaft und feierte den ihn begleitenden Kanzler als großen Europäer. »Ich bin gerührt, weil heute, wo die freie Welt und an erster Stelle unsere beiden Länder bedroht sind, Köln, die Stadt am Rhein, beweist, daß die ehemaligen Streitigkeiten zwischen Deutschland und Frankreich der Vereinigung und Freundschaft Platz gemacht haben«[67].

In der Bundesregierung gefiel es allerdings nicht allen Ministern, dass der Staatspräsident bei einem feierlichen Staatsempfang auf Schloss Augustusburg bei Brühl sein beeindruckendes Plädoyer für die »union« der beiden Nachbarn mit dem Aufruf an die Deutschen und Franzosen verband, gemeinsam Nukleus eines europäischen Europa vom Atlantik bis zum Ural zu werden[68].

Ungeachtet wachsender innerdeutscher Widerstände nahmen die Regierungen nach der denkwürdigen Visite die Arbeit an einem von Adenauer und de Gaulle vereinbarten Protokoll zur Vertiefung der zwischenstaatlichen Zusammenarbeit auf. Anfang 1963 beschloss der Kanzler auf Anraten seiner Juristen, diese Übereinkunft nicht – wie zunächst beabsichtigt – in einem Regierungsabkommen, sondern in einem Staatsvertrag zu fixieren. Von seiner eigenen Partei zum baldigen Rücktritt gedrängt, hoffte der mittlerweile 87-jährige Fuchs,

---

64 Unterredung zwischen Adenauer und de Gaulle vom 5.7.1962, in: Ministère des Affaires étrangères. Commission de publication des Documents Diplomatiques Français (Hg.): *DDF* (1962/II), Paris 1999, S. 35–45, hier S. 40.

65 Tischrede de Gaulles im Elysée-Palast, 3.7.1962, in deutscher Übersetzung in: ders., *Memoiren der Hoffnung. Die Wiedergeburt 1958–1962*, München/Zürich 1971, S. 449–451, hier S. 450.

66 Unterredung zwischen Adenauer und de Gaulle vom 5.9.1962, in: *DDF* (1962/II), S. 175–181, hier S. 177.

67 Ansprache de Gaulles vor dem Kölner Rathaus, 5.9.1962, in: ders. : *Discours et Messages*, Bd. 4: Pour l'effort août 1962-décembre 1965. Paris 1970, S. 7f., S. 8.

68 Tischrede de Gaulles auf Schloss Brühl, 4.9.1962, in: ders., *Discours*, Bd. 4, S. 4–6, hier S. 4 und S. 5.

die deutsch-französische Verständigung so auf Dauer zu festigen. De Gaulle stimmte ihm umgehend zu, sorgte doch auch er sich darum, dass die Bundesrepublik das Werk der Verständigung nach einem Kanzlerwechsel nicht fortsetzen würde. »Pour un Strauß ou pour un Erhard la vérité fondamentale est que l'Allemagne est désormais ‚salonfähig'«, hieß es in einem Geheimdokument des französischen Außenministeriums. Die französisch-deutschen Beziehungen müßten sorgsam gepflegt werden, um die Bonner Republik vor Abwegen zu bewahren[69].

Mochte der von Adenauer und de Gaulle am 22. Januar 1963 unterzeichnete Freundschaftsvertrag auch in der deutschen und französischen Öffentlichkeit begrüßt werden – in den classes politiques stieß er auf massiven Widerspruch. Während die Einweihung einer neuen Rheinbrücke im badischen Neuenburg von den Regierungen als Beleg der Verständigung gefeiert wurde[70], schien der Bau politischer ‚Brücken', der politische Verkehr zwischen Bonn und Paris lahmgelegt. Wohl gab es kaum einen Politiker, der die Versöhnung der beiden ehemaligen »Erbfeinde« nicht begrüßte; aber nur wenige waren bereit, de Gaulle und Adenauer auf ihrem Weg in Richtung auf ein unabhängiges Europa zu folgen.

Indem der Deutsche Bundestag dem Ratifikationsgesetz zum Elysée-Vertrag Mitte Mai 1963 eine Präambel vorschaltete, die die multilateralen Verflechtungen der Bundesrepublik hervorhob, brach er der bilateralen Allianz die Spitze. Mit der in historischer Dimension wahrlich wunderbaren »étroite entente franco-allemande«[71] hatten Adenauer und de Gaulle in die Politik und Psychologie ihrer Völker ein grundlegend neues Element eingeführt. Am Ende verfehlten sie ihr Ziel, weil die politische Umwelt es ihnen nicht erlaubte, die »Vernunftehe«[72] zu vollziehen. »Je suis resté vierge«[73], grollte der General enttäuscht.

Bis zum Ende seiner Präsidentschaft hegte de Gaulle die Hoffnung, dass die einst von Rom, dann von Karl dem Großen geeinten Völker nach dem Ende ihrer jahrhundertlangen »combats sur le Rhin« der Ehrgeiz ergreifen würde, »de jouer ensemble un grand rôle pour le bien de tous les hommes«[74] – vergeblich. Kurz vor

69 Archives du Ministère des Affaires étrangères : *Europe 1944–1960, Allemagne 1956–1960*, Bd. 29, Bl. 22–27, Aufzeichnung der Unterabt. Zentraleuropa im MAE, 27. 11. 1959.

70 Zur Eröffnung der Rheinbrücke bei Neuenburg am 17. 8. 1963 vgl. *Bulletin des Presse- und Informationsamtes der Bundesregierung 1963*, S. 1297f.

71 Unterredung zwischen de Gaulle und Dwight D. Eisenhower vom 2. 9. 1959, in: Ministère des Affaires étrangères. Commission de publication des Documents Diplomatiques Français (Hg.): *DDF* (1959/II). Paris 1995, S. 283f., hier S. 284.

72 Poidevin, Raymond: *Die Vernunftehe 1945–1975*, in: ders.; Bariéty, Jacques: *Frankreich und Deutschland. Die Geschichte ihrer Beziehungen 1815–1975.* München 1982, S. 421–463.

73 Zitiert nach Schwarz, Hans-Peter: *Adenauer. Der Staatsmann 1952–1967.* Stuttgart 1991, S. 888.

74 Rede de Gaulles in Straßburg, 22. 11. 1964, in: ders., *Discours*, Bd. 4, S. 312–316, hier S. 316.

seinem zweiten, diesmal endgültigen Abschied von der Bühne der Macht offenbarte er dem damaligen Bundeskanzler Kurt Georg Kiesinger, wie schwer es Frankreich nach dem Zweiten Weltkrieg gefallen sei, seinem östlichen Nachbarn die Hand zu reichen. Das Verdienst für diese »Selbstüberwindung«[75] gebührte seines Erachtens allein Konrad Adenauer. Denn dieser »Rheinländer von durchaus preußischem Amtsethos«[76] hatte sich in einer neuen Ära deutscher Außenpolitik als »champion de la réconciliation de la France et l'Allemagne«[77] erwiesen. Während des Pontifikalamts zu Ehren des kurz zuvor verstorbenen Alt-Bundeskanzlers mögen de Gaulle am 25. April 1967 im Kölner Dom jene Gedanken durch den Kopf gegangen sein, mit denen er Adenauer zwei Jahre später ein literarisches Denkmal meißelte. »Dieser Rheinländer«, so heißt es in den »Memoiren der Hoffnung des quasi-naturalisierten Lothringers, «ist ganz von dem durchdrungen, was Gallier und Germanen einander ergänzen läßt und was einst die Blüte des Römischen Reiches am Rhein befruchtete«[78]. Für die Nachwelt steht fest: Adenauer und de Gaulle hatten eine Brücke über den Rhein geschlagen, waren in gewisser Hinsicht gar selbst zur »Brücke über den Rhein« geworden[79].

(Dieser Beitrag wurde erstmals in den *Rheinischen Vierteljahrsblättern* 78 (2014) veröffentlicht. Herausgeber und Autor danken der Redaktion für die freundliche Genehmigung des Wiederabdrucks in diesem Sammelband.)

75 Unterredungen zwischen de Gaulle und Kiesinger vom 14. 3. 1969, in: *Akten zur Auswärtigen Politik der Bundesrepublik Deutschland 1969*, bearb. von Eibl, Franz / Zimmermann, Hubert. München 2000, S. 402–410, hier S. 405.

76 Schwarz, Hans-Peter: *Adenauer. Der Staatsmann*, S. 980.

77 De Gaulle an Bundespräsident Heinrich Lübke, 19. 4. 1967, in: ders., *Lettres, notes et carnets*, Bd. 11 juillet 1966-avril 1969. Paris 1987, S. 97.

78 De Gaulle: *Memoiren der Hoffnung*, S. 217.

79 Vgl. die 1997 vom Institut für Film und Bild in Wissenschaft und Unterricht zum Einsatz im Schulunterricht und der Erwachsenenbildung herausgegebene Videokassette »Eine Brücke über den Rhein, Konrad Adenauer – Charles de Gaulle«: www.gpi-online.de/media/User/De tails.php, abgerufen am 23. 8. 2007.

Jean-Paul Cahn (Paris)

Konrad Adenauer le Rhénan

Parler d'« Adenauer le Rhénan » sur les bords du Rhin a un petit goût de démagogie. Il me semble percevoir chez certains la tentation de me poser la question : « Et de quel Adenauer parleriez-vous à Berlin ? ».

L'histoire incline à dissocier deux phases majeures dans sa vie, celle des responsabilités régionales et celle de l'œuvre nationale et internationale. Et si l'on reconnaît à la première phase de la carrière du premier chancelier de la République fédérale quelque efficacité, l'Adenauer passé à la postérité est celui de la chancellerie et non le maire et député rhénan – bien qu'il fût question de lui à deux reprises pour former un gouvernement sous la République de Weimar.

Cela implique que l'histoire réserve une large place à son action internationale. Le thème des célèbres entretiens de Rhöndorf du printemps 2008, organisés par le professeur Eckart Conze, est par exemple : « Le défi de la globalisation dans l'ère Adenauer ».

Cette dimension est indéniable et forte. À son arrivée à la chancellerie Konrad Adenauer dut prendre en charge les relations avec les représentants des puissances occupantes – qui ne relevaient pas, en termes de droit, de la politique étrangère, mais il s'efforça, dès la présentation de son gouvernement au Petersberg, de leur en donner la dimension. Qui ne connaît l'épisode célèbre par lequel il fit comprendre aux représentants des trois puissances occupantes qu'il entendait mettre à profit la moindre occasion pour récupérer au bénéfice de la République fédérale nouvellement créée une autonomie que lui refusaient ceux-là mêmes qui en avaient exigé la naissance – et qui est entré dans l'histoire sous l'appellation « anecdote du tapis » ? Quand Walter Hallstein devint secrétaire d'État aux Affaires étrangères le chancelier garda la haute main sur les relations avec l'extérieur, par goût autant que par nécessité, mais aussi parce qu'une tradition séculaire faisait de la politique étrangère le domaine réservé du monarque. En la circonstance il fit jouer pleinement la disposition de l'art. 65 de la Loi fondamentale qui prévoit que « Le chancelier fédéral fixe les grandes orientations de la politique et en assume la responsabilité ». Et quand il eut à choisir un ministre pour l'Auswärtiges Amt il jeta son dévolu sur un homme qu'il pensait lui être dévoué, Heinrich von Brentano, parce que c'était là un moyen d'y préserver une influence directe. Par contre, après les élections de 1961, il vit sans plaisir l'ancien ministre de l'Intérieur Gerhard Schröder, proche de Ludwig Erhard, prendre en charge la *Koblenzer Straße.* Et jusqu'en 1963 les questions internationales restèrent à des degrés divers *Chefsache*, un domaine auquel il accorda toujours une attention particulière. Un signe ne trompe pas : le nombre de notes émanant de ses proches collaborateurs pour interroger l'Auswärtiges Amt sur les points les plus divers.

L'attrait et le goût d'Adenauer pour la politique étrangère ne devaient rien au hasard. Ils participaient essentiellement de deux éléments – sur lesquels la référence à de Gaulle permet de jeter un éclairage parlant. Tout comme Charles de Gaulle Konrad Adenauer était culturellement enraciné dans le 19e siècle, avec les spécificités que cela impliquait. De Gaulle, né sous la Troisième République, resta sa vie durant fidèle à l'idée d'une nation forte et (parce que) centralisée ; Adenauer, natif de Cologne dans un Reich – que Bismarck avait conçu sous forme de confédération, resta sa vie durant partisan de l'idée fédérale, conscient que la centralisation n'était pas plus une garantie de puissance que la décentralisation du pouvoir n'y faisait nécessairement obstacle. Les exemples de la France et de la République fédérale corroborèrent d'ailleurs cette idée tant qu'il exerça les fonctions de chancelier.

Pour tous deux cependant la politique au-delà des frontières relevait, dans la tradition historique, du domaine de compétence du prince – conception qui marqua les deux hommes parce qu'elle correspondait aussi à leur goût profondément enraciné de l'exercice du pouvoir et de la puissance. Adenauer avait aussi en commun avec le chef du gouvernement puis de l'État français de considérer la politique étrangère comme un point de passage non seulement prioritaire, mais incontournable. Le rétablissement du pays dont ils avaient la responsabilité en des temps difficiles passait nécessairement par la case relations internationales, que ce fût après le discrédit consécutif au Troisième Reich ou eu égard au statut de puissance moyenne de la France : de Gaulle savait que la seule chance d'imposer à ses concitoyens un renoncement à l'Algérie était de donner des compensations – une puissance et un prestige retrouvés sur l'échiquier international ; nécessité et ambition se rejoignaient ici. Lui-même ne pouvait se satisfaire d'un statut de puissance moyenne. Adenauer n'ignorait pas davantage que le retour de l'Allemagne sur la scène internationale présupposait un rétablissement de la démocratie à l'intérieur, mais que cela ne suffisait pas, pas plus que ne saurait être suffisant le retour à la prospérité économique, quand bien même les progrès dans ce domaine contribuèrent largement à donner à Bonn la confiance des Allemands de l'Ouest à l'intérieur et un rôle important à l'extérieur.

La situation de la République fédérale telle qu'Adenauer la perçut et la conçut imposait un dépassement des frontières et plus particulièrement un rapprochement dans un premier temps avec les États-Unis. Après avoir eu de la culpabilité allemande une conception très dure jusque dans les débuts de la dénazification les Américains se firent en effet, par réalisme politique, le soutien le plus actif de Bonn (*ERP* etc.). Washington ne fit d'ailleurs jamais grief à Bonn d'avoir rétabli dans des fonctions importantes des hommes dont le passé n'était pas exempt de taches.

L'aide des USA était indispensable non seulement au plan politique, mais aussi dans les domaines de l'économie et de la sécurité – le chancelier étant hanté par l'idée que le Kremlin pourrait vouloir asservir l'ensemble de l'Allemagne. Aussi eut-il le souci constant de ménager son image auprès de Washington durant ses premiers mandats ; la RFA devait apparaître comme le bon élève de la classe. En octobre 1954, pendant la semaine diplomatique de Paris, au moment où l'intransigeance de Pierre Mendès France sur la question sarroise menaça l'aboutissement des négociations sur l'admission de la République fédérale dans l'OTAN, il eut cette formule dans ses entretiens avec les représentants de l'opposition : il ne faut pas qu'en cas d'échec le pouilleux (*schwarzer Peter*) nous revienne. Par la suite ses priorités furent davantage européennes et françaises – mais toujours ancrées à l'Ouest.

Tout ceci confirme l'approche fondée sur deux périodes nettement distinctes dans sa vie. Et il est vrai que la césure du Troisième Reich est tentante et convaincante : elle permet d'établir un moment de rupture et de considérer qu'il y a un Adenauer d'avant et un Adenauer d'après.

Cette thèse doit cependant être fortement relativisée. « *Zwei Seelen, ach, wohnen in meiner Brust* ».

Né en 1876, Adenauer, qui avait étudié à Cologne et à Bonn, avait commencé sa carrière politique en 1906 par les fonctions d'adjoint au maire de Cologne ; il en fut un premier magistrat apprécié de 1917 à 1933. Il était âgé de 57 ans quand le nazisme le démit de ses fonctions. Douze ans de Troisième Reich et quatre ans d'occupation, période de traversée du désert, ne favorisèrent guère le rêve d'un destin national – bien que tout indique que le vieux monsieur de Rhöndorf n'y renonça jamais totalement. Ces années n'incitaient pas à se défaire de sa peau d'élu rhénan ni à se forger une dimension internationale – ce que les circonstances n'auraient d'ailleurs pas permis. Ajoutons que, rappelé aux responsabilités par l'Occupant en 1945, il se concentra sur l'action locale, on songe ici entre autres à la ceinture verte qu'il créa autour de la ville pour alimenter la population, et qui en fut un exemple.

Les facteurs de continuité sont remarquables. Adenauer ne garda pas seulement jusqu'à la fin de sa vie son solide accent rhénan. Hans-Peter Schwarz ne consacre pas par hasard le prologue de son *Adenauer* en deux volumes à Cologne dont la cathédrale, rappelle-t-il, « reste le symbole rhénan de l'affirmation allemande »[1]. L'éminent connaisseur du premier chancelier fédéral place ainsi d'emblée sa biographie sous un double signe, l'ancrage local (ou régional) et l'ouverture internationale. Devenu chancelier, Konrad Adenauer resta fidèle à ses valeurs – celles déjà d'une société occidentale chrétienne – comme à sa région.

L'Est était un domaine qui lui avait toujours paru étranger et, à des degrés divers, menaçant. L'URSS était inquiétante à la fois parce qu'elle était communiste et parce qu'elle était à l'Est. Ces deux facteurs s'additionnaient. La succession de Staline montra bien que pour le chancelier allemand les leaders soviétiques étaient interchangeables : des moujiks devenus tsars en passant par la case camarade. Adenauer ne révisa en rien son appréciation du danger militaire soviétique après la mort de Staline, pas même au moment où, dénonçant les crimes de Staline, Khrouchtchev sembla vouloir changer de cap – et que bien des diplomates expérimentés se laissèrent séduire.

À vrai dire, pour Adenauer l'Est commençait bien à l'Ouest de Moscou. Il n'aima jamais Berlin « la païenne » (« *das heidnische Berlin* »), elle-même déjà bien orientale pour lui !

Des historiens ont incliné un temps à interpréter comme une tentation séparatiste, dans les années 1920, ses positions face à la tentative française de création d'une république rhénane autonome. Les documents français induisent en erreur – car, en dépit des espoirs placés en Adenauer, son attitude modérée fit de Hans Adam Dorten et de sa « Rheinische Volksvereinigung » le leader du mouvement. En réalité, Adenauer n'avait aucune visée séparatiste, il ne concevait cette entité rhénane à laquelle il aspirait qu'intégrée au Reich. Par contre son projet visait à un rééquilibrage en Allemagne pour mettre un terme à la primauté écrasante de la Prusse : représentant d'une région rhénane incapable de rivaliser en termes d'influence avec Berlin, il percevait tous les inconvénients d'un tel déséquilibre. Le souci de réduire le décalage entre l'influence protestante et celle du catholicisme politique intervenait également : la dimension religieuse n'a jamais induit chez Adenauer une séparation claire entre domaine public et sphère privée, au contraire.

S'il ne contribua pas à la désignation de Bonn comme siège du Conseil parlementaire – il pensa d'abord à Coblence, autre ville rhénane – il ne tarda pas à voir les avantages de Bonn et il milita pour qu'elle devînt capitale provisoire de la république qui se créait. Le 8 octobre 1948 il écrivait par exemple au Belge Franz von Cauwelaert :

> « Personnellement je suis d'avis que, même du point de vue des puissances occidentales, Bonn est préférable à Francfort car les relations anciennes et traditionnelles entre la Rhénanie occidentale et les voisins occidentaux de l'Allemagne sont plus fortes que les relations entre Francfort et ses voisins occidentaux. En outre je considère que le travail

1 Schwarz, Hans-Peter : *Adenauer. Der Aufstieg : 1876–1952*. Stuttgart [2]1986, p. 21.

des futurs parlement et gouvernement fédéraux sera meilleur s'ils ont leur siège dans une ville plutôt petite, comme Bonn, et non dans la bruyante Francfort »[2].

Que l'accès en fût plus facile depuis sa résidence rhénane n'était probablement pas étranger aux avantages politiques dont il parait la ville. Toujours est-il qu'il s'engagea sans réserve. Et lorsque la désignation fut acquise, il alla jusqu'à remercier chaleureusement son adversaire chrétien-démocrate Karl Arnold, chef du gouvernement de Rhénanie du Nord-Westphalie, pour son engagement. Ce fut aussi à Rhöndorf qu'il parvint à imposer sa candidature à la chancellerie à ceux qui le destinaient à la retraite dorée de la présidence de la République.

C'est enfin à Rhöndorf, et en dépit de l'inconfort de certaines installations, que ce travailleur infatigable, qui notait en 1958 l'impossibilité de « prendre du recul par rapport à Bonn et à la politique »[3], trouvait quelque repos et se ressourçait. À Cadenabbia ou dans d'autres lieux de villégiature la politique lui semblait le poursuivre ; sur les rives du Rhin, où elle faisait partie de son quotidien, il parvenait à prendre de temps à autre quelque distance. Si l'âge lui permit de moins en moins d'en profiter, les villages rhénans, les collines autour de Bonn, la capitale ou, au loin, Cologne, apportaient des éléments stables à un chancelier que hantait en permanence maint sujet d'inquiétude. Les fêtes, Noël en particulier, qui réunissaient sa nombreuse famille autour de lui, avaient à ses yeux une importance réelle.

S'il n'hésitait pas à savourer les honneurs, notamment lors de ses anniversaires, cet homme, dont les rapports avec la campagne s'étaient un temps limités au rêve déçu d'y être notaire, resta pourtant proche de la terre et de cette région rhénane. La passion des roses, cultivées à Rhöndorf, lui avait appris qu'elles ne fleurissaient qu'à terme. Il retint la leçon – et elle lui fut utile face à des négociateurs parfois plus pétris de savoir que de sagesse.

De même les valeurs de la bourgeoisie de sa jeunesse imprégnèrent-elles son mode de vie. On raconte que, quittant Colombey-Les-Deux-Églises, où le service avait eu du mal à ouvrir une bouteille de Champagne, il aurait noté que les de Gaulle étaient « des gens comme nous… eux non plus ne boivent pas du champagne tous les jours ». De telles attitudes en politique fondaient le reproche que lui adressaient les sociaux-démocrates d'être conservateur. Il l'était. Mais avec une grande capacité à penser en avance sur son temps. Tout comme il ne fut pas étranger au caractère catholique conservateur rhénan et petit-bourgeois qui marqua les premières années de la République fédérale. On se souvient de la virulente critique que réserva à cette société, dans *Ansichten eines Clowns,* Heinrich Böll, écrivain lui aussi enraciné dans cette région. Il est vrai que, par ses réélections, Adenauer fut aussi le fruit politique de ce climat.

2 *Ibid.*, p. 584.
3 *Lettre à Dannie Heinemann*, cit. *ibid.*, p. 798.

Il ne fut pas plus à l'origine de l'intégration de la République fédérale à l'Ouest qu'il n'avait initié Bonn siège du Conseil parlementaire. L'occupation avait largement prédéterminé les structures et les orientations de la RFA, elle y avait introduit la démocratie plurielle, par la reconstitution de partis politiques comme à travers le contrôle exercé sur la renaissance d'une presse libre, et, le choix de Ludwig Erhard pour Francfort n'avait pas été le fait du hasard, orienté l'économie vers le libéralisme, si bien qu'au moment de sa naissance la République fédérale n'eut pas plus le choix de ses structures ni de ses orientations que ne l'eut la RDA.

Mais il l'acheva par la priorité absolue qu'il donna à la *Westintegrationspolitik*, laquelle alla au demeurant de pair avec une *américanisation* de la société. Ici l'appréhension des périls rejoignait les valeurs occidentales qui étaient les siennes : en faisant de l'Occident le point d'ancrage de sa politique, il donna priorité à la liberté sur l'unité – selon la formule consacrée. Mais, comme dans les années 1920, il ne sacrifia pas l'unité nationale : de même qu'il avait milité pour une république rhénane intégrée au Reich il eut à cœur de marquer toutes les étapes de l'intégration allemande à l'Ouest de dispositions préservant au maximum les chances d'un retour à l'unité nationale. La place de la région était dans la nation – de même qu'après 1945 la place de la nation allemande était dans l'Europe.

Parallèlement, son œil provincial lui permit de mesurer avec pragmatisme les chances de l'Europe naissante, d'appréhender le plan Schuman en des termes fédéralistes qui lui étaient familiers (il accepta le plan Pleven en dépit de son caractère discriminatoire pour l'Allemagne) ou encore de sentir la nécessité, début novembre 1956, de se rendre à Paris en pleine crise de Suez, quand ses conseillers l'incitaient à renoncer à rencontrer Guy Mollet[4]. Ce coup de poker psychologique et politique, qui eut d'abord des effets négatifs sur l'opinion allemande et qui profita un temps à l'opposition (laquelle réunissait en une même désapprobation l'intervention soviétique en Hongrie et celles des franco-britanniques à Suez), s'avéra à terme positif à la fois en Allemagne, comme le montrèrent les élections de 1957, et en France, où le gouvernement et l'opinion furent très sensibles à la solidarité manifestée par Bonn en une période où, contrairement à ce qui se passa en Grande-Bretagne, la France se sentit abandonnée.

4 Sur ce dernier point, voir Müller, Klaus-Jürgen : « Die Bundesrepublik Deutschland und der Algerien-Krieg », *in* : *Vierteljahrshefte für Zeitgeschichte* (1990/4), p. 609–641 ; « Suez 1956. Die Bundesrepublik zwischen London, Paris und Washington », *in* : Frank Otto/Thilo Schultz (Hg.), *Grossbritannien und Deutschland. Gesellschaftliche, kulturelle und politische Beziehungen im 19. und 20. Jahrhundert. Festschrift für Bernd-Jürgen Wendt (*1999), p. 195–210 ; Klaus-Jürgen Müller, « Aspekte des deutsch-französischen Verhältnisses während des Algerienkrieges », *in* : *Revue d'Allemagne et des Pays de langue allemande* 31, 1999, p. 509–532.

Ses années à la tête de la ville de Cologne lui avaient enseigné la notion de volonté politique. À ceux qui, jusque dans les instances de son parti, lui reprochaient le prix de la réconciliation avec Israël ou du retour de la Sarre il rappelait volontiers que, si les Allemands inclinaient à oublier un peu vite le passé, l'étranger, lui, s'en souvenait. Spectateur depuis Rhöndorf des exactions du nazisme, il en fut à la fois oublieux et tributaire : comme nous l'avons mentionné, il n'hésita pas, au nom de leur compétence, à appeler à ses côtés des hommes au lourd passé[5], mais il n'oublia pas davantage que ce passé ne passerait qu'au prix d'efforts particuliers des Allemands.

L'histoire a retenu l'ancrage d'Adenauer dans les valeurs à la fois du 19e siècle et du vingtième. Toute sa vie, son action en particulier en qualité de chancelier fédéral, c'est-à-dire d'homme que sa position et ses responsabilités poussaient à prendre en charge la République fédérale dans son ensemble, au plan national comme dans ses obligations internationales, montrent que cette dualité temporelle se retrouve dans le domaine spatial ; le pragmatisme diplomatique du premier chancelier de la République fédérale d'Allemagne s'ancre simultanément dans la perception pragmatique des relations internationales et dans un attachement viscéral à une région à laquelle il est resté fidèle au plus profond de lui-même.

5 Voir en particulier Wahl, Alfred : *La Seconde Histoire du nazisme dans l'Allemagne fédérale depuis 1945*. Paris 2006, particulièrement p. 128.

III. Literatur und Kultur / Littérature et culture

Stefania Acciaioli (Bonn)

Aurelio De' Giorgi Bertolas »Viaggio sul Reno e ne' suoi contorni« (1795)

Im Vergleich zur langen Tradition der deutschen Reiseliteratur über Italien, das traditionell als *die* Wiege der Kunst und der Kultur überhaupt[1] angesehen wird, präsentiert sich die umgekehrte Perspektive des italienischen Blicks auf Deutschland als weniger umfangreich, verdient aber dennoch durchaus eine nähere Betrachtung. Nachdem Deutschland lange entweder als romantisches Bild eines Landes »der Wälder und Ideen«[2] – d. h. als Heimat der Philosophie und der Dichtung – betrachtet oder allzu oft mit dem verhassten Österreich vertauscht wurde, vollziehen die italienischen Reisenden nach der nationalen Einigung zur Mitte des 19. Jahrhunderts eine ›Wende‹ und zeigen ein unerwartetes Interesse an der Zeichnung eines neuen, positiv besetzten Deutschlandbildes. Es handelt sich vor allem um das neue Deutschland unter Bismarck und Wilhelm I., das sich als siegreiches Land im Krieg sowie im industriellen Wettstreit zeigt, und das sich auf den beschleunigten Weg in Richtung der Verstädterung und der Moderne macht.

Aber vor dieser entscheidenden Wende – d. h. schon im 18. Jahrhundert – fällt das Werk des italienischen Literaten Aurelio De' Giorgi Bertola auf, dessen Interesse an Deutschland sowohl durch die bekannte ›Rhein-Reise‹ als auch durch seine Rolle als Vermittler zwischen der europäischen Vorromantik und der italienischen Literatur intensiviert wird. Der vorliegende Beitrag konzentriert sich auf diese Nebenfigur der italienischen Literatur, einen Autor, der aber in europäischer Perspektive eine Vorreiterrolle spielte und dem die Forschung mehr Beachtung zuteilwerden lassen sollte.

Durch seine vielfältigen Aktivitäten spielt er eine gewisse Schlüsselrolle in der zeitgenössischen Literaturszene. Seine frühe Beschäftigung mit deutsch-italienischen Übersetzungen während seines neapolitanischen Aufenthalts fließt zum

1 Vgl. Kruse, Bernhard Arnold/ Vivarelli, Vivetta (Hrsg.): *Il marmo, la fontana, il precipizio. Poesie tedesche sull'Italia*, Firenze: Le Lettere 2012.

2 Vgl. Visentin, Claudio: *Nel paese delle selve e delle idee. I viaggiatori italiani in Germania 1866–1914*, Milano: Jaca Book 1995.

ersten Mal gesammelt in das ebenso frühe Werk *Poesie diverse tradotte dall'alemanno* (1777) und kurz danach in dessen Erweiterung *Idea della poesia alemanna* (1779) ein, bevor diese ihrerseits zum ersten Band der endgültigen Fassung *Idea della bella letteratura alemanna* (1784) wird. Es handelt sich hierbei um die erste umfangreiche deutsche Literaturgeschichte, die in Italien verfasst wurde und die zusammen mit Bertolas Übersetzungsarbeit von zweifacher Bedeutung ist. Einerseits wirft das Werk einen neuen kritischen Blick auf die in Italien bis dato nur wenig geschätzte deutsche Literatur, indem es das substanzlose Vorurteil widerruft, dass Deutschland jede poetische Begabung fehle. Andererseits beschreibt der Autor – schon einige Jahrzehnte vor Mme de Staëls *De l'Allemagne* – die Notwendigkeit einer europäischen Öffnung der italienischen Literatur. Bertola ist also nicht nur ein Pionier einer damals ungewöhnlichen italienischen Auseinandersetzung mit der deutschen Sprache und der Kulturvermittlung, sondern auch Förderer einer neuen ästhetischen Öffnung. Gegen die allgemeine Meinung eines vermeintlichen Mangels an schöpferischer Kraft Deutschlands zeigt Bertola in seiner deutschen Literaturgeschichte, wie das Land bei näherem Zusehen »selbst während der finsteren und barbarischen Jahrhunderte des Mittelalters eine reiche Blüte an Dichtungen« wie dem Minnesang offenbart habe und wie es »seit der poetologischen Reform durch Opitz in stetem Aufschwung begriffen«[3] gewesen sei, bis seine Literatur im 18. Jahrhundert ihr Goldenes Zeitalter erreicht habe. Er teilt die Geschichte der deutschen Literatur in vier Epochen ein und verleiht nach seinem arkadisch-anakreontischen Geschmack einerseits einigen ›Lieblingsautoren‹ wie Hagedorn, Gleim und Gessner[4] besondere Aufmerksamkeit, während er andererseits – klassizistisch – Opitz mit Vergil vergleicht oder Günther »den deutschen Horaz«, Gellert »den deutschen Aesop«, Gessner »den modernen Theokrit« und Klopstock »den Homer des Nordens« nennt. Ebenso nach klassizistischen Kategorien beurteilt er z.B. Goethes *Götz von Berlichingen* mit Misstrauen, weil seiner Meinung nach alles, was sich dem klassizistischen Maßstab entzieht und sich somit einer alle Grenzen sprengenden Freiheit hingibt, ins Monströse ausartet. Trotz seiner Furcht vor dem Subversiven ist Bertola aber auch gleichzeitig von Klopstocks Erhabenem, von Albrecht von Hallers poetischem Ge-

3 Buck, August: »Aurelio de' Giorgi Bertòlas Deutschlandbild«, in: Heitmann, Klaus/ Scamardi, Teodoro (Hrsg.): *Deutsches Italienbild und italienisches Deutschlandbild im 18. Jahrhundert*, Tübingen: Niemeyer 1993, S. 162.

4 Über Bertolas intensive Beschäftigung mit Gessner, der von Bertola nicht nur übersetzt wurde, sondern auch einen starken Einfluss auf die *Favole* übte, vgl. Delli Priscoli, Roberta: *Di Gessner felice alunno. Aurelio De' Giorgi Bertola e la letteratura di lingua tedesca in Italia*, Salerno: Edisud 2009 sowie Di Stefano, Alice (Hrsg.): *Aurelio De' Giorgi Bertola – Favole*, Roma: Aracne 2007. Über das Leben und das vielfältige Werk Bertolas vgl. Piromalli, Antonio: »Bertola de' Giorgi Aurelio«, in: Branca, Vittore (Hrsg.): *Dizionario critico della letteratura italiana*, vol. 1, Torino: Unione Tipografico-Editrice Torinese 1986, S. 296–299.

mälde der Alpen sowie von Ewald Christian von Kleists empfindsam erlebter Landschaft (wie etwa in *Der Frühling*) fasziniert. Auch mit diesen Autoren erklärt er sich seelenverwandt und fügt sich somit in das vorromantische Klima ein, in dem er den Nährboden für das Goldene Zeitalter der deutschen Poesie sieht und das in seiner Rheinreise mit neuer Kraft wieder auftauchen wird. Dank dieses Werks zeigt sich Bertola also als Kristallisationsfigur ungewöhnlicher kritischer Interessen innerhalb einer traditionell konservativen italienischen Kultur, die ›entstaubt‹ und erneuert zu werden verlangt. Indem er sich gegen die damals verbreitete ›Klima-Theorie‹ des intellektuellen und künstlerischen Schaffens setzt und das italienische Bedürfnis offenlegt, die Beschränkung auf die nationale Ebene aufzugeben, erweist er sich mit seinem komparatistischen Ansatz als Fährmann[5] zwischen den beiden Literaturen, die zum ersten Mal auf der gleichen kulturellen Ebene einander gegenübergestellt werden, was somit die Voraussetzungen für eine fruchtbare Wechselbeziehung schafft. In seiner Mittler-Rolle unterstützt er also nicht nur den geistigen Verkehr der nicht mehr mit skeptischer Überheblichkeit betrachteten ästhetischen Neuigkeiten von »Jenseits der Alpen« mit Italien und nimmt somit die romantischen Debatten vorweg, sondern fördert auch die Gegenbewegung, indem er selbst eine Reise nach Deutschland unternimmt. Seine Rheinreise gilt in der Forschung als Krönung seiner steten Aufmerksamkeit für dieses Land und wird zum Sprachrohr einer neuen kulturellen Sensibilität[6].

Das Werk *Viaggio sul Reno e ne' suoi contorni* (1795) ist die literarische Bearbeitung eines Teils der Tagebücher, die »der kosmopolitische Abt«[7] während seiner Reise durch die Schweiz und Deutschland im Sommer und Herbst 1787[8] schreibt. Obwohl er von Anfang an vorhat, ein Buch über die besuchten Länder

5 Wielands Einfluss auf die italienische Literatur des 18. Jahrhunderts und insbesondere auf Foscolo ist z.B. Bertolas Übersetzungen zu verdanken. Dazu vgl. Bonfatti, Emilio: »L'antologia tedesca di Aurelio De' Giorgi Bertola«, in: Santato, Guido (Hrsg.): *Letteratura italiana e cultura europea tra Illuminismo e Romanticismo. Atti del Convegno Internazionale di Studi Padova-Venezia, 11–13 maggio 2000*, Genève: Librairie Droz 2003, S. 337–350. Über die ›klimatische Theorie‹ des künstlerischen Schaffens und deren Revision in *Idea della poesia alemanna* vgl. auch Bonfatti, Emilio: »Bertola e la letteratura tedesca«, in: Battistini, Andrea (Hrsg.): *Un europeo del Settecento. Aurelio de' Giorgi Bertola riminese*, Ravenna: Longo 2000, S. 425–436.

6 Vgl. z.B. Cerruti, Marco: »Aurelio de' Giorgi Bertola tra ›Aufklärung cattolica‹ e sperimentazioni neoclassiche«, in: *L'arte dell'interpretare. Studi critici offerti a Giovanni Getto*, Cuneo: L'Arciere 1984, S. 411–422.

7 Vgl. Piromalli, Antonio: *Aurelio Bertola nella letteratura del Settecento. Con testi e documenti inediti*, Firenze: Olschki 1969, S. 83. Piromalli betont Bertolas Einfluss auf Foscolo.

8 Noch vor Bertola gilt William Beckford (*Italy. With some Sketches of Spain and Portugal*, 1834) als erster bedeutender englischer Rheinromantiker, der auf dem Weg nach Süden die Rheinlandschaft nicht mehr pittoresk, sondern romantisch darstellt und sich dafür nicht zufällig – wie Bertola – für die Briefform entscheidet.

zu verfassen, vergehen acht Jahre, bis es zur endgültigen Fassung kommt[9]. Der wesentliche Unterschied zwischen der Tagebuchversion, welche Notizen über die ganze ungefähr viermonatige Reise enthält, und der Endfassung, die eher als literarisch ›verklärte‹ Stilisierung des malerischsten Teils des Rheintals gilt, ist aber nicht nur auf diese lange Bearbeitungszeit zurückzuführen. Obwohl die Tradition der Rheinreise zu Bertolas Zeit schon besteht, bedeutet sein Werk einen Wendepunkt, der den weiteren Verlauf dieser Tradition selbst stark beeinflusst. Vor ihm sind die Reisebeschreibungen grundsätzlich vom aufklärerischen Nützlichkeitsprinzip – sei es sachlich-informatorisch, sei es moralisch – gekennzeichnet und ihre Eigenschaften unterscheiden sich nach der jeweiligen Zielleserschaft. Entweder haben sie einen künstlerisch-antiquarischen Charakter mit Schwerpunkt auf den lokalen Altertümern wie bei Ph. W. Gercken oder J. H. Merck[10], oder sie sind naturwissenschaftliche Rheinreisebeschreibungen, wie im Fall von Collinis oder De Lucs[11], die Bertola in seinem Werk nennt. Weiterhin können die Reiseberichte noch ein aufklärerisches politisch-ökonomisches Interesse zeigen oder ein prosaisches, rein funktionales Ziel haben, indem sie praktische Anweisungen über bequeme Wege, Verbindungen, Unterkünfte usw. bieten[12]. Etwas mehr Pathos zeigt Riesbeck in seiner Landschaftswahrnehmung, während Lang zum ersten Mal eine Reisebeschreibung durch Titelabbildungen und eine Rheinkarte ausschmückt, ohne dass sich diese beiden Beiträge jedoch von einer letztendlich statisch bleibenden Landschaft und einem »Standpunkt zwischen gewollter Empfindsamkeit und vordringlicher Nützlichkeit«[13] völlig

9 Für die Entstehungsgeschichte vgl. Stäuble, Michèle e Antonio, *Introduzione* , in: De' Giorgi Bertola, Aurelio, *Viaggio sul Reno e ne' suoi contorni*, Firenze: Olschki 1986 sowie Ders., »Sul Reno: dalla realtà all'immaginazione«, in: Battistini, Andrea (Hrsg.): *Un europeo del Settecento*, a.a.O., S. 329–344. Die deutsche Buchausgabe seiner Reisebeschreibung erschien 1796.

10 Es handelt sich um folgende Werke: Philipp Wilhelm Gerckens *Reisen durch Schwaben, Baiern, angränzende Schweiz, Franken und die Rheinischen Provinzen etc. in den Jahren 1779–1782, nebst Nachrichten von Bibliotheken, Handschriften etc. Römischen Alterthümern, Polit. Verfassung, Landwirtschaft und Landesproducten, Sitten, Kleidertrachten etc. m.[it] K.[upfern]* (1783) und Johann Heinrich Mercks *Eine malerische Reise nach Cöln, Bensberg und Düsseldorf* (1778).

11 Cosimo Alessandro Collinis Hauptwerk ist das *Journal d'un Voyage qui contient différentes observations minéralogiques; particulièrment sur les agates, et le basalte. Avec un détail sur la manière de travailler les agates* (1776); wenige Jahre darauf wurde es auch ins Deutsche übersetzt. Jean André De Luc schrieb die *Lettres Physiques et Morales sur les Montagnes et sur l'Histoire de la Terre et de l'Homme* (1778), die im folgenden Jahr in einer erweiterten Fassung mit leicht verändertem Titel wieder erschienen: *Lettres Physiques et Morales sur l'Histoire de la Terre et de l'Homme.*

12 Vgl. Fechner, Jörg-Ulrich: *Erfahrene und erfundene Landschaft. Aurelio de' Giorgi Bertòlas Deutschlandbild und die Begründung der Rheinromantik*, Opladen: Westdeutscher Verlag 1974.

13 Ebd., S. 132. Es handelt sich hierbei um Johann Kaspar Riesbecks *Briefe eines Reisenden Franzosen über Deutschland an seinen Bruder zu Paris* (1783–84) und Joseph Gregor Christoph Langs *Reise auf dem Rhein. 1789* (bzw. 1790).

emanzipieren könnten. Auch in den fremdsprachigen – französischen und englischen – Versuchen, wie bei L.-B. Robineau oder R. Gray, fehlt wiederum »die Bereitschaft, das Empfundene zu versprachlichen«[14]. Wenn also Bertolas Reise als solche keine Neuigkeit bedeutet, besteht ihre Eigentümlichkeit, so Fechner, im Unterschied zwischen erlebter bzw. erfahrener und nacherzählter bzw. ›erfundener‹ Reise, d. h. im festen Willen »zur literarischen Verwendung der Reise, und zwar vollständig für den Deutschland betreffenden Teil der Fahrt«[15]. Zusammen mit einer zunehmenden Geschwindigkeit verweisen einige Änderungen im Text – die im Folgenden besprochen werden – auf Bertolas Verfahrensweise, die darauf abzielt, »das subjektiv empfindende Ich des Reisenden literarisch zu fixieren [...], Ebenen der Wirklichkeitserfahrung auszuklammern und sie durch erfundene Wirklichkeiten zu ersetzen, deren Zweck die Stimmigkeit der Landschaft ist«[16]. Laut Fechner verbindet Bertola fast symphonisch die natürliche Landschaft »mit einer zu ihr stimmigen Form menschlichen Zusammenlebens«[17]: Die Außenwelt spiegele die individuell-subjektive Erfahrungsebene wider, sodass die malerische Landschaft durch die empathische Wirkung der Natur auf den Betrachter von einer einfachen poetisierten Stimmungs- zu einer vorromantischen Seelenlandschaft werde. Gilt Fechners Studie als etablierter Beitrag zu Bertolas Rolle als Katalysator des neuen Fühlens und als Begründer des literarischen Mythos der Rheinromantik, so bleiben dennoch einige Fragen zu seinem detaillierteren ästhetischen Gesamtkonzept offen. Worin besteht genau die Besonderheit bzw. der Reiz von Bertolas Reisebericht und worauf stützt sich dessen Neuartigkeit?

Wenn Bertola – mit Langer – als »Wanderer zwischen zwei Weltvorstellungen«[18], der des paradoxerweise gleichzeitigen ›vorromantischen Aufklärers‹ und der des ›aufgeklärten Romantikers‹ zu verstehen ist, kann seine Rheindarstellung als eine Reise durch die verschiedenen Ästhetikauffassungen (*epistemai*) des 18. Jahrhunderts, die vom epistemologischen Wandel[19] zwischen 1775 und 1825 zeugen, gesehen werden. Die Reise besteht aus einem intertextuellen bzw. intermedialen Spiel zwischen Bildern bzw. Landkarten und 46 Briefen. Dabei handelt es sich um eine moderne literarische Erzählform, die ihre Blüte in der

14 Ebd., S. 135. Alexandre Louis-Bertrand Robineau schrieb *Voyage sur le Rhin, depuis Mayence jusqu'à Dusseldorf* (1791) und Robert Grays Werk heißt *Letters during the course of a tour through Germany, Switzerland and Italy, in the years M.DCC.XCI, and M.DCC.XCII. with reflections on the manners, literature, and religion of those countries* (1794).

15 Ebd., S. 177.

16 Ebd., S. 184–185.

17 Ebd., S. 199.

18 Monika Langer: *Der »Viaggio sul Reno« des Aurelio de' Giorgi Bertola. Eine Diskursreise durch das 18. Jahrhundert*, Trier: WVT 2007, S. 257.

19 Vgl. Michel Foucault: *Die Ordnung der Dinge. Eine Archäologie der Humanwissenschaften*, Frankfurt/M.: Suhrkamp 1997.

zweiten Hälfte des 18. Jahrunderts erlebt und die es dem Erzähler bzw. Reisenden ermöglicht, sein eigenes Befinden und seine Reiseempfindungen als neuen Gegenstandsbereich der Wahrnehmung in einem zumeist fiktiven Dialog[20] auszudrücken. Im ersten Brief kündigt Bertola Folgendes programmatisch an:

> Io potrei quasi dire di aver con voi fatto il mio viaggio sul Reno, su questo fiume, le cui rive già alquanto prima di Magonza formano una delle più *pittoresche* terre d'Europa. [...] Mal comprendo come queste rive maravigliose abbiano avuto finora sì scarso onore dai viaggiatori [...] perciocché [...] poche e brevi sono le descrizioni che ne leggiamo. [...] Io ho cercato di *narrare* e di *descrivere* soprattutto per coloro che si piacciono di quelle *campestri situazioni che ora muovono l'animo soavemente, ora l'agitano con forza e l'ingrandiscono* [...] io mi sono proposto di fare ciò che farebbe alcuno, il quale conducendoci a vedere una *galleria* a se già ben nota, ne venisse tratto dicendo: guarda; e mentovasse l'epoche, le scuole, gli autori. Né io dispererei di piacere anche a quelli che non pensano punto di uscire della loro patria, dove mi fosse riuscito di accoppiare l'evidenza coll'*esattezza* [Hervorhebungen S.A.][21].

> Fast könnte ich sagen, ich hätte meine Rheinreise mit Ihnen gemacht. [...] aber wenn ich mich in dem Anschauen dieser herrlichen Ufer verlohr, die schon etwas vor Maynz eine der mahlerischten Gegenden Europens bilden, wähnte ich bisweilen, Sie an meiner Seite zu haben. [...] Dasjenige abgerechnet [...] haben wir über diese Gegenden nur äusserst wenige und sehr kurze Beschreibungen. [...] Ich habe vornehmlich für diejenigen zu schreiben gesucht, die sich an der Betrachtung von Gegenden freuen, welche bald das Herz mit süsser Rührung erfüllen, bald das Gemüth erschüttern und über sich selbst erheben. [...] Ihnen [...] wünsche ich das zu seyn, was uns ein Begleiter in einer ihm bekannten Gemähldesammlung ist, der uns auf die vorzüglichsten Werke derselben aufmerksam macht, und über die Meister, die Zeitalter, die Schulen belehrt. Auch dürfte ich denen zu gefallen hoffen, welche die Gränzen ihres Vaterlandes nicht zu verlassen gedenken, wenn es mir gelungen wäre, in meiner Beschreibung Anschaulichkeit mit Genauigkeit zu vereinbaren. [Hervorhebungen S.A.][22]

Neben der Betonung des eigenen originellen Beitrags zum bislang vernachlässigten literarischen Gebiet der Rheinbeschreibung sind einige leitmotivische Schlüsselwörter zu bemerken. Zum einen möchte der Autor malerische Landschaften genau erzählerisch beschreiben bzw. ›malen‹, sodass die Liebhaber einer Ästhetik des Schönen sowie des Erhabenen ihre Befriedigung finden können. Zum anderen versinnbildlicht er seine Intention durch den Vergleich

20 Das Werk (*Viaggio sul Reno*) ist zwar der adligen Signora Orintia Sacrati Marchesa Romagnoli gewidmet, aber im Werk selbst wird ein Adressat für das »Voi« namentlich nicht erwähnt. Daher resultiert der *Viaggio* als ein monologisches Werk *à la Werther* oder *Ortis*.

21 Aurelio De' Giorgi Bertola: *Viaggio sul Reno e ne' suoi contorni*, Rimini: Luisé editore 1998, S. 1–4. Im Folgenden wird aus dieser Ausgabe zitiert. Vgl. auch Giuseppe Chicchi: *Introduzione*, ebd., S. IX–XXXI.

22 Für die deutsche Übersetzung vgl. *Mahlerische Rheinreise von Speyer bis Düsseldorf.* Aus dem Italienischen des Abbate de Bertola mit einem Nachwort von Jörg-Ulrich Fechner, Heidelberg: Universitätsverlag Winter 2004, S. 3–6.

mit einer Gemäldegalerie. Das, was er ankündigt, ist also eine Reihe bzw. »galleria« von literarischen Landschaftsbildern, die hier am Anfang noch vorwiegend im Sinne des klassischen Prinzips des *ut pictura poesis* steht, das aber gleichzeitig das dialektische Verfahren eines paradoxischen Nebeneinanders mit anderen *epistemai*[23], wie der des Erhabenen, mit einbezieht. Die geschwisterliche Nähe zur Malerei zeigt sich direkt im 2. Brief, wo Bertola nach dem Muster der holländischen Genremalerei, welche im 17. Jahrhundert die Kartografie in die bildende Kunst mit aufnahm, die topografische Lage des Rheingrabens durch imaginierte Bilder aus der Vogelperspektive beschreibt. Bei der Schilderung der Berge, der Weinberge, der Mineralien und Metalle sowie der des Gewässers und seiner Quellen im Rheingebiet vom 2. bis zum 4. Brief erscheinen verschiedene Tableaux bzw. Landschaftstypen, deren Reiz sich in variierten Mischformen des Lieblichen und des Schrecklichen aufzeigt. Diese »vedute«, wo sich »l'ameno«, »il ridente« und »il terribile«[24] abwechseln, sind einerseits durch die traditionelle Betonung einer für die Malerei und das Theater typisch statischen visuellen Wahrnehmung, andererseits durch neue Begriffe wie »bel disordine« und »romanzesco« charakterisiert. Werden hier auch die Variation, die Fülle an Formen und Farben – unter denen Leonardos »sfumati« und die Schönheit der kurvigen Linien überwiegen –, optische Kontraste, unerwartete Kombinationen sowie synästhetische Eindrücke betont, die in vorromantischer Perspektive wie im Ritterroman (»romanzo cavalleresco«) die Einbildungskraft des Betrachters zum freien Spiel der Vorstellungen imaginativer Welten anregt, so fügen sich diese Elemente doch noch in ein Panoramabild von harmonischer Ausgewogenheit hinein, welche die Atmosphäre der darauffolgenden Briefe vorwegnimmt. Der 5. Brief über Heidelberg lässt sich mit seiner Schilderung der Schlossruine und der Neckarbrücke, die einen pittoresken Blick auf die Stadt bzw. aus ihr heraus bietet, ins Gesamtbild einer vollkommenen und idealen klassisch-römischen Landschaft *à la* Winckelmann bzw. eines arkadischen *locus amoenus* wie bei Poussin oder Lorrain einordnen. In diese vorwiegend harmonische *veduta* schleichen sich aber durch additive Verknüpfung unerwartet auch schon Elemente der vorromantischen Sensibilität hinein. In der Wonne der Sinne vor dem farb- und gefühlsintensiven Sonnenuntergang im zweiten Teil des 5. Briefs sowie vor der an Italien erinnernden Landschaft zwischen Heidelberg und Heppenheim (6. Brief) geht der Vorrang des Auges – synästhetisch – in eine »musica pittoresca« über[25], die den Weg zur Wende vom Prinzip des *ut pictura poesis* zu dem des *ut musica poesis* vorbereitet. Dieser erste Wendepunkt er-

23 Für Bergsons paradoxische Zeitphilosophie der Gleichzeitigkeit des Ungleichzeitigen sowie für eine detaillierte Rekonstruktion der einzelnen *epistemai* des 18. Jahrhunderts vgl. Monika Langer, a. a. O.

24 Aurelio De' Giorgi Bertola: *Viaggio*, a. a. O., S. 8.

25 Aurelio De' Giorgi Bertola: *Viaggio*, a. a. O., S. 28.

scheint in der Mitte des 5. Briefs, wenn sich die bislang herrschende »grandiosità da per tutto [...] che pasce l'animo di una delizia lunga, muta, tranquilla«[26] in eine »specie di sentimento ch'io non saprei definir bene«[27] umwandelt. Die Betrachtung der Ruine eines der vier Schlosstürme und dessen bedrohlicher Risse, welche genauso wie die Hecke in Leopardis *Infinito* als Hindernis zur natürlichen Sinneswahrnehmung und als Anregung zur Aktivierung des inneren Auges der Vorstellungskraft fungiert, setzt eine Eigendynamik in der Seele und somit die schöpferische Kraft in Gang:

> Io potrei quasi dire di aver con voi fatto il mio viaggio sul Reno, su questo fiume, le cui rive già alquanto prima di Magonza formano una delle più *pittoresche* terre d'Europa. [...] Mal comprendo come queste rive maravigliose abbiano avuto finora sì scarso onore dai viaggiatori [...] perciocché [...] poche e brevi sono le descrizioni che ne leggiamo. [...] Io ho cercato di *narrare* e di *descrivere* soprattutto per coloro che si piacciono di quelle *campestri situazioni che ora muovono l'animo soavemente, ora l'agitano con forza e l'ingrandiscono* [...] io mi sono proposto di fare ciò che farebbe alcuno, il quale conducendoci a vedere una *galleria* a se già ben nota, ne venisse tratto tratto dicendo: guarda; e mentovasse l'epoche, le scuole, gli autori. Né io dispererei di piacere anche a quelli che non pensano punto di uscire della loro patria, dove mi fosse riuscito di accoppiare l'evidenza coll'*esattezza*[28]. [Hervorhebungen S.A.]

> Fast könnte ich sagen, ich hätte meine Rheinreise mit Ihnen gemacht. [...] aber wenn ich mich in dem Anschauen dieser herrlichen Ufer verlohr, die schon etwas vor Maynz eine der mahlerischten Gegenden Europens bilden, wähnte ich bisweilen, Sie an meiner Seite zu haben. [...] Dasjenige abgerechnet [...] haben wir über diese Gegenden nur äusserst wenige und sehr kurze Beschreibungen. [...] Ich habe vornehmlich für diejenigen zu schreiben gesucht, die sich an der Betrachtung von Gegenden freuen, welche bald das Herz mit süsser Rührung erfüllen, bald das Gemüth erschüttern und über sich selbst erheben. [...] Ihnen [...] wünsche ich das zu seyn, was uns ein Begleiter in einer ihm bekannten Gemähldesammlung ist, der uns auf die vorzüglichsten Werke derselben aufmerksam macht, und über die Meister, die Zeitalter, die Schulen belehrt. Auch dürfte ich denen zu gefallen hoffen, welche die Gränzen ihres Vaterlandes nicht zu verlassen gedenken, wenn es mir gelungen wäre, in meiner Beschreibung Anschaulichkeit mit Genauigkeit zu vereinbaren.[29] [Hervorhebungen S.A.]

Dieses *je ne sais quoi* gipfelt direkt danach in der oben schon angedeuteten abendlichen frühromantischen Naturschilderung in Heidelberg:

> Tornai sul ponte al cader del sole. Gli sfondati de' colli erano già scuri; ma le prominenze brillavano di viva luce, il fiume rosseggiava tutto, e i gran monti in faccia eran d'oro. In

26 Ebd., S. 24.
27 Ebd., S. 25.
28 Ebd., S. 24.
29 Für die deutsche Übersetzung vgl. *Mahlerische Rheinreise von Speyer bis Düsseldorf.* Aus dem Italienischen des Abbate de Bertola mit einem Nachwort von Jörg-Ulrich Fechner, Heidelberg: Universitätsverlag Winter 2004, S. 3–6.

mezzo a questa gioja il palazzo già abbandonato da' raggi dava in *non so che di sublimemente tetro e patetico*; mostrava nel vero e faceva sentire in que' momenti il lutto della trista sua sorte[30]. [Hervorhebungen S.A.]

Beym Untergange der Sonne kehrte ich auf die Brücke zurück. Die tiefern Regionen der Hügel hatten sich schon in Dunkel gehüllt, während die Höhen von einem lebhaften Lichte strahlten. Der Fluß war mit dem Purpur des Abendrothes, die gegenüber liegenden Berge mit Golde bedeckt; und mitten unter diesen lachenden Gegenständen erhob sich das Schloß, auf welches kein Strahl der Sonne mehr fiel, in düsterer, feyerlicher Grösse. In diesen Momenten schien es über sein Schicksal zu trauern, und flößte dem Herzen gleiche Traurigkeit ein. [Hervorhebungen S.A.][31]

Eine solche ästhetisch erhabene Natur – *à la* Burke – kann nur subjektiv empfunden werden. So entsteht allmählich der Übergang vom äußeren Prinzip des Pittoresken, das sich nur noch auf Gegenstände bezieht, zu deren psychischer Wirkung. Aufgrund dieser Schlüsselrolle der Heidelberger Erfahrung dehnt der *Viaggio* im Gegensatz zum Tagebuch, wo Bertola zwei Tage auf der Hin- und drei Tage auf der Rückfahrt in Heidelberg verweilt, diese Reiseetappe auf sechs zusammenhängende Tage aus. Bertola nimmt allmählich Abschied vom aufklärerisch-klassischen Primat des Sehens, insbesondere ab dem 9. Brief, wo er – nicht zufällig – seine Reise zwischen Mainz und Köln nicht mehr zu Fuß, sondern mit dem Schiff fortführt. Dieses ›In Gang setzen‹ einer dynamischeren Bewegung stimmt mit einer Intensivierung des Empfindens durch das synästhetische Zusammenwirken aller sinnlichen Wahrnehmungen überein:

Entrammo in barca sul far del giorno. Vago e signoril ad un tempo è il prospetto di Magonza e de' suoi morbidi colli [...] Il borgo di Cassel poi sulla riva diritta e in cui mette il ponte, e le eleganti abitazioni sparse per le verdi pendenze spezzano in varie maniere il *color* del fiume e della campagna. Un venticel *fresco increspava* leggermente le acque, e *sibilava* gratissimo per mezzo agli alberi delle rive[32]. [Hervorhebungen S.A.]

Wir bestiegen unser Fahrzeug beym Anbruch des Tages. Schön und herrlich zu gleicher Zeit war uns der Anblick von Maynz bey der Entfernung von dieser Stadt, und die Ansicht ihrer sanften, blühenden Hügel. [...] Die Festung Cassel, an seinem rechten Ufer, wohin die Brücke führt, und reizende, auf den grünen Höhen zerstreute Wohnungen brachen auf mannigfaltige Weise die Farbe des Flusses und seiner Umgebungen. Ein frisches Lüftchen kräuselte das Wasser und säuselte lieblich in den Bäumen am Ufer. [Hervorhebungen S.A.][33]

Genauso wie das Erlebnis in Heidelberg spielt auch diese Etappe ästhetisch eine zentrale Rolle, daher wird sie im Vergleich zum Tagebuch, in dem von zwei Tagen

30 Ebd., S. 25.
31 Aurelio De' Giorgi Bertola: *Viaggio*, a. a. O., S. 25; Dt. Übersetzung, a. a. O., S. 37.
32 Ebd., S. 36.
33 Aurelio De' Giorgi Bertola: *Viaggio*, a. a. O., S. 36.; Dt. Übersetzung, a. a. O., S. 51.

auf dem Hin- und vier auf dem Rückweg die Rede ist, im *Viaggio* erneut auf zehn Tage ausgedehnt. Der Übergang von den rational wahrgenommenen klassischen *vedute* zu einer gefühlten Welterfahrung wurde aber schon im 6. Brief angekündigt. Hier trifft sich der »romanzesco«, d. h. das Gefühl für die Dramatik der abenteuerlichen Ereignisse, assoziativ gemischt mit literarischen Vorlagen der englischen Vorromantik, mit einer synästhetischen »musica pittoresca«. Außerdem fungiert das Schiff in Bertolas rekurrierender Theatermetaphorik als Zuschauerraum, während die Rheinlandschaft zur Bühne mit Protagonisten (etwa Dörfern, Ruinen, Wasser, Vegetation u.s.w.) wird. So ergibt sich, dass die Landschaftsbetrachtung nach steten Überraschungen sucht und aus einem raschen Wechselspiel der Szenen besteht. Die Verwunderung des Zuschauers entsteht aus dem Prinzip des Kontrastes und aus der Dynamik rascher Abfolgen verschiedener Veduten in steigender Geschwindigkeit. Diese zeigen eine Reihe von ›Landschaftsgärten‹, die sich allmählich aus einem geometrisch-rationalen, französischen Muster herauslösen und sich zur natürlichen Wildnis, deren Harmonie im unsichtbaren Übergang zur freien Natur besteht, nach englischem Vorbild als Zeichen der Hinwendung zu einer sinnlich erfahrbaren Welt entwickeln. Das schnelle Wechselspiel, das zum subjektiven »Aha-Effekt«[34] führt, ist beispielhaft im 13. Brief lexikalisch durch adverbiale Wiederholungen markiert:

> I borghi e i villaggi *variano* sempre nell'aspetto in che si presentano, cosicché si direbbe che averli alcuno qui tutti disposti ad arte a formarvi *differenti prospettive: ora* sembrano comporre una lunga lista, *ora* un gruppo, *ora* un grand'arco *ora* un'ala *ora* una massa sola *ora* molte interrotte dalla verdura, dietro cui spunta sovente il prospetto delle aperte fauci de' monti. [...] Siffatte degradazioni di molle verdura quasi nel centro di orride rupi eccitano una subita *maraviglia*, e sarebbero degne de' più signorili *giardini*. Certo pochi altri modelli possono al pari di queste rive avvivare la vecchia uniformità, o rinforzare *l'Inglese varietà giardinesca:* e io vorrei lusingarmi di giovare a quest'arte non poco, dove sapessi delineare con esattezza quel fantastico che qui brilla sotto mille sembianze[35]. [Hervorhebungen S.A.]

> Die Flecken und Dörfer verändern ihre Ansicht unaufhörlich. Sie scheinen von der Hand der Kunst an den Ufern vertheilt zu seyn, um die Anmuth und Mannichfaltigkeit der Gegend zu erhöhen. Bald bilden sie einen langen Streifen, bald eine Gruppe, bald einen Bogen, bald eine einzige Masse, bald kleine, mit dem grünen Boden gemischte Flecken. Hinter dem Grünen eröffnet sich oft eine Aussicht in die Klüfte der Berge. [...] Ein plötzliches Erstaunen ergreift den Reisenden bey dem Anblicke des mannichfaltigen Grünen, das sich gleichsam in dem Schoose rauher Felsen erzeugt, und von einem sinnreichen absichtlich zur Verschönerung der Aussicht hier angebracht zu seyn scheint. Ueberhaupt dürfte es nur wenige Gegenden geben, die mit so vielem Rechte, wie die Rheinufer, als Muster empfohlen werden könnten, um nach ihnen die Einför-

34 Monika Langer, a. a. O., S. 94.
35 Aurelio De' Giorgi Bertola: *Viaggio*, a. a. O., S. 50–52.

> migkeit unsrer alten Gärten zu beleben, oder die Mannichfaltigkeit der englischen Anlagen zu verstärken. Ich würde mir schmeicheln können, etwas zur Vervollkommnung der Gartenkunst beyzutragen, wenn es mir gelänge, die geistreichen Schönheiten, die sich hier unter tausendfältigen Gestalten offenbaren, mit Kraft und Wahrheit darzustellen. [Hervorhebungen S.A.][36]

Zu dieser abwechslungsreichen Landschaft gehören nicht nur malerische oder erhabene Veduten, sondern auch arkadische Bilder einer der Natur angepassten Kulturlandschaft, in der Mensch und Natur im Einklang sind, sich aber letztendlich als Bilder ohne Menschen erweisen, so etwa die bäuerlichen Gebiete bzw. die Weinberge um Bingen und Kaub im 10., 12. und 15. Brief. Trotz der Fülle an Kontrasten fügen sich diese in den ersten 15 Briefen aber immer noch in ein harmonisches Gefüge ein und sind von Malerei, Musik, Gartenkunst und Theater bzw. Theatralität geprägt.

Die entscheidende Wende der ganzen Reise vollzieht sich aber zwischen dem 16. und dem 21. Brief, die geographisch um St. Goar herum verortet sind. Dieser zentrale Nukleus »ist symptomatisch für ein das klassizistische Konzept ablösendes ästhetisches Bewußtsein, das sich nun aus einem Beziehungsgeflecht zwischen Subjekt und Objekt entwickelt«[37]. Dank dieses Geflechtes wird die bloße Literarisierung der Sinneseindrücke zugunsten der Bewegung von einer Außen- zu einer Innenwahrnehmung überwunden. Im St. Goar-Nukleus und insbesondere im 17. Brief besteht der Reiz – so Langer – der von Bertola erlebten Situationen nicht mehr in der Komposition von Farben, Formen oder Materialien, sondern »in der zeitlichen Abfolge von Veränderungen szenischer Bilder und Details. Mimesis als statische Fixierung einer Ästhetik des schönen (oder hässlichen) Objektes wird abgelöst von der augenblicklichen Veränderung der Gegenständlichkeit.«[38] Eben diese zentralen Briefe sind von mehrfacher Bedeutung. Einerseits beschleunigt sich durch die Weiterfahrt im Schiff die Bewegung, sodass eine Naturdynamik entsteht, die durch den Flusslauf, die Lichteinwirkungen und das Prinzip der steten Veränderung charakterisiert wird. Das Leitmotiv der Serpentine bzw. Schlangenlinie, welche die komplette Rheindarstellung begleitet, gipfelt hier sowohl auf sprachlicher bzw. lexikalischer[39] als auch auf inhaltlicher Ebene. Die Kurven des Rheins, die wiederum wie die Hecke in Leopardis *Infinito* die Sicht des Betrachters behindern und seine Affekte wecken, wirken sich zusammen mit den schwankenden Lichtverhält-

36 Aurelio De' Giorgi Bertola: *Viaggio*, a. a. O., S. 50–52; Dt. Übersetzung, a. a. O., S. 69–70; 72–73.

37 Monika Langer, a. a. O., S. 133.

38 Ebd., S. 76.

39 Vgl. Monika Langer, a. a. O. sowie Giuseppe Antonelli: »Lingua e stile di Aurelio Bertola viaggiatore«, in: Battistini, Andrea (Hrsg.): *Un europeo del Settecento*, a. a. O., S. 355–400.

nissen der nun sich schnell verändernden Landschaften romantisch-impressionistisch aus.

> Ci rimettemmo in cammino sul fiume, penetrando tuttavia e *serpeggiando* per sontuosi labirinti, errando dietro a que' tanti sporgimenti che fanno le rocce ardue, rotte, minacciose, ignude [...] Questi *scherzi* [*della luce e dell'ombre*] producono in uno stesso luogo *cangiamenti di scena singolarissimi* [...] *Un velo quasi trasparente* stendevasi dalle valli verso le sommità investite dal sol cadente [...] il velo *s'inspessiva grado a grado ma ininterrottamente.* Intorno a qualche sopracciglio de' monti *si addensavano i vapori* [...] già *il fondo delle rive si andava infoscando, incupando*; già *i tanti oggetti* di che sono esse fregiate e dipinte, *altro più non apparivano che una confusa massa* [...] *senza lasciar più discernere le mezze tinte de' confini:* solo le cime occidentali seguitavano a rosseggiare alcun poco ne' più isolati profili[40] [Hervorhebungen S.A.].

> Indem wir unsern Weg weiter fortsetzten, folgten wir dem schlängelnden Laufe des Flusses durch seine prächtigen Labyrinthe, und irrten um die wunderbaren Krümmungen der steilen, abschüssigen und drohenden Felsen [...] Dieses gaukelnde Spiel der Lichter bringt in einer und derselben Gegend die auffallendsten Veränderungen der Ansicht hervor. [...] Ein durchsichtiger Schleyer zog sich aus den Thälern an den Gipfeln der Berge hinan, die von den Strahlen der untergehenden Sonne glänzten [...] Allmählig ward jener Schleyer stellenweise dichter. An einer überhängenden Klippe häuften sich Dünste an [...] Schon trübte und verdunkelte sich in der Tiefe das Ufer; schon erschien ihr mannigfaltiger Schmuck, wie eine einzige verworrne Masse [...] die Mittellinien der Gränzen waren nicht mehr zu unterscheiden, und die Abendseite der höchsten Gipfel allein behielt noch etwas von ihrem röthlichen Glanze. [Hervorhebungen S.A.][41]

Die impressionistische Gegenstandsentfremdung, die insbesondere im zweiten Teil des Zitats verdeutlicht wird, ähnelt literarisch der Entmaterialisierung der Naturschilderung in Turners Malerei. Dieser amimetische, verfremdete Darstellungsmodus im 17. Brief zeugt von einer Transzendierung der Außen- in eine Innenwahrnehmung dank des dialogischen Verhältnisses von Objekt und Subjekt, Natur und Betrachter. Eine solche gegenstandslose Naturkomposition, in der sich Konturen, Farben und Licht modern auflösen, gipfelt in der Szene des Gewitters im 19. Brief. Hier wird die psychologische Kraft des erhabenen Moments eher als die Wirklichkeit selbst geschildert. Die nur affektiv angedeutete Szene des Gewitters löst sich in einem im Zeichen der *praeteritio* nur teils befreienden und ebenso vagen Ausdruck auf, der an Leopardis *La Quiete dopo la tempesta* erinnert. So lautet die Textstelle:

> *Non potrò io dire la bellezza dello spettacolo al cessar di quella* [della pioggia], al rompersi, al diradarsi delle nuvole, al fuggir della nebbia, al lieto ricomparire che fece il

40 Aurelio De' Giorgi Bertola: *Viaggio*, a. a. O., S. 67, 72.

41 Aurelio De' Giorgi Bertola: *Viaggio*, a. a. O., S. 67, 72; Dt. Übersetzung, a. a. O., S. 92–93, 99–100.

sole, al riaprirsi di quelle gole, di quelle sinuosità, di que' declivi, al ripercotersi e confondersi de' colori della luce contro la verde e fluttuante chioma delle rupi più vicine, tutta umida ancora e per dir così rinnovata[42]. [Hervorhebungen S.A.]

Ich bin nicht im Stande, die Schönheit des Schauspiels zu beschreiben, das sich unsern Augen darbot, als der Regenguß aufhörte; wie die Wolken sich trennten und zerflossen; wie der Nebel entfloh, und die Sonne in schönerem Glanze hervortrat; wie sich die Busen und Klüfte der Anhöhen gleichsam von neuem öffneten; wie die Farben des Lichtes sich mit dem grunen, schwankenden Haare der benachbarten Berge mischten, das von dem Regen noch naß war, und neu belebt schien. [Hervorhebungen S.A.][43]

Langer erklärt: »Die Momentaufnahme der Details, die erst in der bildhaften Gesamtheit der Darstellung ihre Wirkung entfalten, erschöpft sich sprachlich in einer syntaktischen Reihung substantivierter Verben des Handelns: *al cessar* usw.«[44] Langer führt weiterhin aus, dass in diesem St. Goar-Nukleus Naturempfindung zur Selbstfindung und die als erhaben wahrgenommene Natur zum erhabenen Menschen führe[45]. Die auf St.Goar und Umgebung bezogenen zentralen Briefe zeugen tatsächlich nicht nur von der Wende zur Innenwahrnehmung und somit zu einer frühromantischen Mythopoetik, sondern enthalten auch die einzigen beiden Menschenbilder, welche in der sonst ausschließlich von der Landschaft geprägten Rheinreise auftauchen und deshalb eine symbolische Rolle spielen. Einerseits handelt es sich um das Fischeridyll im 16. Brief, andererseits um den zurückgezogen lebenden Offizier im 21. Brief. Sowohl der idyllische Zustand der Fischerfamilie, die als moralisches Bild vom Glück geschildert wird, als auch die Lebensphilosophie des Offiziers, der zurückgezogen von der Zeitgeschichte in der eigenen *vita contemplativa* lebt, die an das Goldene Zeitalter oder einen arkadischen Zustand erinnert, sind Bilder eines *homme naturel* wie bei Rousseau und somit zwei wichtige mikrostrukturelle philosophische Digressionen innerhalb der narrativen Makrostruktur der Rheinreise. Die von Hogarth geerbte »serpentina«[46] wirkt also nicht nur auf der Mikroebene,

42 Aurelio De' Giorgi Bertola: *Viaggio*, a. a. O., S. 78.

43 Aurelio De' Giorgi Bertola: *Viaggio*, a. a. O., S. 78; Dt. Übersetzung, a. a. O., S. 108.

44 Monika Langer, a. a. O., S. 79.

45 Ebd., S. 84. Bertolas Konzept des erhabenen Menschen ist von Schiller beeinflusst. Außerdem spielt auch Sulzers dreistufige Wirkungsästhetik – die Ästhetik des Guten als moralisches Vergnügen, des Wahren als intellektuelles Vergnügen und des Schönen als sinnliches Vergnügen eine wichtige Rolle.

46 Zur Bedeutung der Schlangenlinie für die Ästhetik der Jahrhundertwende zwischen dem 18. und dem 19. Jh. bei Bertola, Hogarth, Sterne und F. Schlegel vgl. Andrea Battistini: »La sensibilità pittoresca della linea serpentina«, in: Battistini, Andrea (Hrsg.): *Un europeo del Settecento*, a. a. O., S. 237–262. Vgl. auch John Lindon: »Il ›Reno pittorico‹ di Bertola e i suoi prodromi inglesi«, in: Battistini, Andrea (Hrsg.): *Un europeo del Settecento*, a. a. O., S. 345–354; Elvio Guagnini: »Il viaggio, lo sguardo, la scrittura. Generi e forme della letteratura odeporica tra Sette e Ottocento«, in: Santato, Guido (Hrsg.): *Letteratura italiana e cultura europea tra Illuminismo e Romanticismo*, a. a. O., S. 351–366.

wie z. B. innerhalb des St. Goar-Nukleus als Zusammenwirken der horizontalen Schlangenlinie des Flusses und der vertikalen der Berge, oder der Variation von Vor- und Rückwärtsbewegung bzw. Außen- (bzw. »occhio«, Auge) und Innenwahrnehmung (»cuore«, Herzen), sondern auch auf Makroebene im Wechsel von dynamischer Narration und statischen Digressionen. Im zentralen Nukleus der Rheinreise ergibt sich also einerseits die Wende zur frühromantischen Innenwahrnehmung zwecks einer mythopoetischen Imagination, andererseits die ›anthropologische Wende‹, in der der Mensch sich selbst als ›ästhetisch-moralisches‹ Objekt der Beobachtung begreift. Die darauffolgenden Briefe stützen sich weiterhin auf die unendliche Variation über das Thema der ›Vielfalt im Einklang‹ bzw. der sich abwechselnden *epistemai* sowie auf eine wechselseitige Beziehung bzw. synästhetische Verschmelzung vom betrachtenden Subjekt, das zum Objekt der eigenen ästhetisch-moralischen Wahrnehmung wird, und dem betrachteten Objekt, das im Rhein zum verkörperten Mythos bzw. Helden sowie zur anthropomorphen Natur wird. Diese Pendelbewegung zwischen verschiedenen kartografischen Veduten, die von einer Reise durch die facettenreiche Ästhetik des 18. Jahrhunderts zeugt, endet im letzten (46.) Brief, der eine doppelte Rolle spielt und somit die beiden roten Fäden des Werkes wieder aufnimmt. Der Ausklang des *Viaggio* weist einerseits auf die Düsseldorfer Galerie hin: Die literarischen Landschaftsbilder der realen Natur münden somit in diejenigen der darstellenden Kunst, was als eine *mise-en-abyme* von Bertolas Werk und seines Prinzips des *in pictura narratio* gelesen werden kann. Andererseits wird die Darstellung des Rheins, der nach so viel Kraft und Majestät einfach erschöpft im Sand endet, mit dem menschlichen Tode verglichen und wiederum anthropologisch gedeutet.

Roland Alexander Ißler (Bonn)

Europas Strom, aber nicht Europas Grenze. Zur Genese einer europäischen Sicht auf den Rhein zwischen Rheinromantik und deutsch-französischer Rheinkrise[1]

> Entre la France et l'Allemagne, la seule question qui, après toutes les autres, restera longtemps pendante, est celle des *bords du Rhin*. Il est naturel que, des deux côtés, on y mette la même obstination; de quelque manière que l'avenir la résolve, les poètes au moins conservent sur elle un droit qu'ils peuvent toujours revendiquer[.]
>
> *Edgar Quinet*[2]

> Der Rhein ist eine der verkehrsreichsten Wasserstraßen der Welt. Seit Jahrtausenden befördert er Bodenschätze, Baumaterial und Menschen, aber auch Luxusgüter und Kunstschätze, Waffen, Ideen, Märchen und Mythen durch halb Europa. Beeindruckende Städte, Klöster und Kathedralen, ebenso wie Ballungsräume und Industrieansiedlungen säumen den Strom. Er war und ist Grenze und verbindendes Element gleichermaßen und prägt bis heute die Menschen, die sich an seinen Ufern niedergelassen haben. Seit römischer Zeit war der Rhein mit wechselnden Fronten zwischen Germanien und Gallien, der Schweiz und Burgund, Deutschland und Frankreich, Belgien und Holland Pforte, Festung und Grenze, Brücke und Furt. Er wurde reguliert, begradigt, verschmutzt, umkämpft, erobert und besetzt.[3]

Mit diesen Worten wies die Kunst- und Ausstellungshalle der Bundesrepublik Deutschland erst kürzlich auf die instruktive kulturhistorische Ausstellung *Der Rhein. Eine europäische Flussbiographie* (Bonn, 9. September 2016–22. Januar 2017) hin. Anhand vieler gegenständlicher Zeugnisse von fossilen Abdrücken und späteiszeitlichen Knochenfunden über Skulpturen und Gemälde, politische Plakate, Postkarten und Fotos bis hin zu aktuellen Spuren der am Fluss ange-

1 Der Beitrag nimmt Gedanken eines früheren Aufsatzes auf, den er zugleich aktualisiert: Roland Alexander Ißler, »Vater Rhein und Mutter Europa – Zum Austausch von Schlachtrufen, Schlagern und Chansons zwischen Frankreich und Deutschland«, in: Michael Fischer / Fernand Hörner (Hrsg.), *Lied und populäre Kultur / Song and Popular Culture, Jahrbuch des Deutschen Volksliedarchivs Freiburg* 57 (2012), *Deutsch-französische Musiktransfers / German-French Musical Transfers*, Münster: Waxmann, 2013, S. 111–141.

2 Edgar Quinet, *Allemagne et Italie: Allemagne. XIV: Les bords du Rhin* [Octobre 1836], in: *Œuvres complètes de Edgar Quinet: Les Roumains – Allemagne et Italie – Mélanges*, Paris: Pagnerre, 1857, S. 246–248, hier: 246.

3 *Der Rhein. Eine europäische Flussbiographie*, Werbeflyer der Kunst- und Ausstellungshalle der Bundesrepublik Deutschland, unpaginiert.

siedelten Industrie zeichnet die Ausstellung die Naturgeschichte und den Kulturtransfer entlang des Stromes und die Geschichte seiner Wahrnehmung nach. Zwölf Abschnitte präsentieren den Rhein in den letzten zwei Jahrtausenden als »Strom der Römer«, »Strom der Kirche«, »Strom der Kaiser« und »Strom der Händler« und folgen seinem Lauf vom natürlichen Flussbett bis zur Begradigung und Verbauung, stellen Festungen und Residenzen an den Rheinufern vor und widmen sich im Umkreis des Rheins entsprungenen Sagen. Die immer wieder umstrittene Frage, ob der Rhein eine natürlich-geographische oder politische Grenze darstelle, mündet in die Politisierung und nationale Vereinnahmung des Stroms, lenkt seine Fließrichtung schließlich aber in den ›Mutterschoß‹ Europas, das in dem vielbesungenen »Vater Rhein« vielmehr eine produktive »Achse der europäischen Idee«, der wirtschaftlichen Stabilität und der Friedenssicherung sieht.[4] »Oui, mon ami, c'est un noble fleuve, féodal, républicain, impérial, digne d'être à la fois français et allemand«, notierte schon Victor Hugo (1802–1885), der sich vom Rhein in den Spätsommer- und Herbstmonaten des Jahres 1840 selbst ein Bild machte. »Il y a toute l'histoire de l'Europe considérée sous ces deux grands aspects, dans ce fleuve.«[5]

Die folgenden Ausführungen betrachten mit der ersten Hälfte des 19. Jahrhunderts einen Ausschnitt dieser wechselvollen Geschichte und widmen sich der Genese und ungeradlinigen Entwicklung einer solchen europäischen Sicht auf den Rhein. Nach einem kurzen Blick auf die literarische Rheinromantik vor ihrer patriotischen Banalisierung stehen zunächst einige markante der zunehmend an den Rhein herangetragenen nationalistischen Lieder und Gedichte im Zentrum der Betrachtung. Sie lassen sich jedoch relativieren angesichts simultaner kosmopolitischer Visionen, aus denen zur gleichen Zeit supranationale Verständigungsbemühungen im Sinne eines zusammenfindenden Europas im Zeichen des Rheins erwachsen.

---

4 Vgl. den Ausstellungskatalog *Der Rhein. Eine europäische Flussbiographie*, hrsg. von der Kunst- und Ausstellungshalle der Bundesrepublik Deutschland und Marie-Louise von Plessen, München / London / New York: Prestel, 2016, sowie die Rezension des Katalogs von Christoph Bernhardt, verfügbar unter: *http://hsozkult.geschichte.hu-berlin.de/rezensionen/type=rezausstellungen&id=249* [05.02.17]. Zur doppelten symbolischen Aufladung des Rheins als »Symbol der Einheit d[eu]t[scher] Kultur und Natur sowie der nationalen Beziehung zwischen Deutschland und Frankreich« vgl. ferner Wiebke von Bernstorff, Art. »Rhein«, in: Günter Butzer / Joachim Jacob (Hrsg.), *Metzler Lexikon literarischer Symbole*, Stuttgart / Weimar: Metzler, ²2012, S. 345–347, hier: 345f.

5 Victor Hugo, *Le Rhin*, préface de Michel Le Bris, Strasbourg: Bueb et Reumaux, 1980, S. 142. Zu den genaueren Umständen der Rheinreise und der daraus erst später kompilierten Publikation vgl. Friedrich Wolfzettel, »Nachwort«, in: Victor Hugo, *Rheinreise*, überarb. und gek. Ausgabe nach der Übersetzung von C. Dräxler-Manfred (1842), Frankfurt am Main: Societäts-Verlag, 1982, S. 287–316.

I. Der Rhein als Lebensader und Sehnsuchtsort der Romantik: Von der touristischen Attraktion zu seiner Literarisierung

Früh schon bietet der Rhein sich einem europäischen Publikum dar. Wenn auch vom Rheinland selbst wichtige Impulse ausgehen,[6] sind es im Rückblick vor allem britische Reisende, welche die Romantisierung des Stromes eingeleitet haben. Ein zielgerichteter Rheintourismus kommt schon vor der Jahrhundertwende auf und floriert zunehmend mit dem industriellen Fortschritt: Aus London stammt denn auch das erste Dampfschiff, das 1816 Köln erreicht.[7] Die noch vor 1800 verfassten Reiseberichte lassen die bevorstehende Rheineuphorie noch nicht erahnen; während sie den Fluss vor allem nach dessen Nützlichkeit und geologischem Reichtum, seinen Bodenschätzen und seiner Fruchtbarkeit beurteilen, sind spätere Rheinreisende vor allem für die Ästhetik seiner landschaftlichen Beschaffenheit empfänglich.[8]

Eine in der Nachfolge Jean-Jacques Rousseaus (1712–1778) veränderte Landschaftswahrnehmung[9] lassen jedoch schon die Briefsammlung *Dreams, Walking Thoughts, and Incidents* (1783) des exzentrischen Schriftstellers William Beckford (1760–1844) oder der *Viaggio sul Reno e ne' suoi contorni* (1795) des italienischen Gelehrten Aurelio de' Giorgi Bertola (1753–1798) erkennen; die Reisenden fasziniert vor allem die geographische Koexistenz von lieblicher Schönheit und wilder Erhabenheit, das Nebeneinander der Kulissen am vom Weinbau geprägten mild-hügeligen oder felsig zerklüfteten Ufer des Mittelrheins. Dass diese der Vorstellungswelt der englischen Schauerromantik eine

6 Vgl. Heinz Duchhardt, »›Kriegs-Theatrum‹ am Rhein«, in: Ausst.kat. *Der Rhein. Eine europäische Flussbiographie*, a. a. O., S. 164–179, hier: 176.

7 Vgl. dazu u. a.: Imogen Rhia Herrad, *Vom »teutschen Rhein« zum Strom in der Mitte Europas*, gesendet am 17. August 2016, 13.30–14.00 Uhr (Deutschlandradio Kultur, Länderreport), *http://www.deutschlandradiokultur.de/deutschlands-laengster-fluss-vom-teutschen-rhein-zum-strom.1001.de.html?dram:article_id=363284* [05.02.2017]. 1827 wird zwischen Köln und Mainz ein regelmäßiger Schiffsverkehr eingerichtet, den später auch Victor Hugo, Alexandre Dumas und Gérard de Nerval auf ihrer Rheinreise nutzen werden. Zum frühen Rheintourismus vgl. u. a. Gisela Fleckenstein, »Warum ist es am Rhein so schön? Aspekte der Rheinromantik von etwa 1800 bis zur Gegenwart«, in: Hans Boldt u. a. (Hrsg.), *Der Rhein. Mythos und Realität eines europäischen Stromes*, Köln: Rheinland-Verlag, 1988, S. 189–202; Horst Johannes Tümmers, *Der Rhein. Ein europäischer Fluß und seine Geschichte*, München: Beck, 1994, insbes. S. 194–298; Gisela Albrod, *Der Rhein im illustrierten Reisebuch des 19. Jahrhunderts*, Diss. Aachen, 1984; Ausst.kat. *Der Rhein. Eine europäische Flussbiographie*, a. a. O., S. 253–269.

8 Vgl. dazu Nicolas Beaupré, »Der Rhein – eine Geohistorie«, in: Ausst.kat. *Der Rhein. Eine europäische Flussbiographie*, a. a. O., S. 34–53.

9 Vgl. dazu etwa Hofinger, Gesine / Becker, Ralf: »Großräumige natürliche Umwelten: Schutzgebiete, Wildnis und Landschaft«, in: Volker Linneweber / Ernst-Dieter Lantermann / Elisabeth Kals (Hrsg.), *Spezifische Umwelten und umweltbezogenes Handeln. Umweltpsychologie* (Enzyklopädie der Psychologie), Göttingen u. a.: Hogrefe, 2010, S. 365–408, hier: 370.

hervorragende Projektionsfläche bieten, zeigt nicht erst die literarische Verwendung der Rheinkulisse in Mary Shelleys (1797–1851) Roman *Frankenstein* (1818); ein exponierter Repräsentant der englischen Romantik, der als Rheintourist in Erscheinung tritt, ist auch George Gordon Lord Byron (1788–1824). Ihm wird der Strom im Dritten Gesang von *Childe Harold's Pilgrimage* (1812–1818) zur schwärmerisch verklärten Reiseetappe. Die genannten Werke ebenso wie die Naturgemälde William Turners (1775–1851)[10] verstärken nur noch den Wunsch vieler Reisender, den Rhein aufzusuchen.

Parallel zu den ausländischen Rheinreisenden erkennt natürlich auch die deutsche Romantik den poetischen Wert ihres Flusses. Als Beginn der deutschen ›Rheinromantik‹ wird gemeinhin das Jahr 1802 angesehen, in dem Clemens Brentano (1778–1842) und Achim von Arnim (1781–1831) auf einer gemeinsamen Wanderung im Frühling den mittleren Rheinabschnitt erkunden.[11] Aus diesem Besuch wird das Phantasiewesen Loreley hervorgehen, die wohl populärste der mit dem Rhein verbundenen Sagengestalten. Dichter wie Bildkünstler werden die verhängnisvolle romantische Figur und den nach ihr benannten Schieferfelsen weiter bekanntmachen,[12] bis sie zu den touristischen Hauptattraktionen gehört. Im selben Jahr entdeckt aber auch Friedrich Schlegel (1772–1829) auf einer Parisreise die wilde Schönheit des Rheins und akzentuiert die Kohärenz der Natur mit der Geschichte, nicht ohne die Begeisterung für die deutsche Landschaft mit einer Abwertung der französischen einhergehen zu lassen.[13] Das poetische Interesse am Rhein greift rasch auch auf andere Vertreter der Heidelberger Romantik über, die sich um die Wiederentdeckung alter Lieder und Epen verdient macht, und so entstehen hier bald Werke, in denen die sublime Schönheit des Stroms verherrlicht wird; selbst der Oberschlesier Joseph von Eichendorff (1788–1857) tauscht zeitweilig Oder und Neiße gegen Neckar und Rhein, den er in seinem »Lorelei«-Gedicht *Waldgespräch* besingt.[14]

---

10 Vgl. aktuell Jens Albes, »Das Spiel mit dem Licht. Rheinromantik: Vor 200 Jahren malte William Turner erstmals am Rhein«, in: *General-Anzeiger* (Bonn), 01.03.2017, S. 9.

11 Vgl. Tümmers: *Der Rhein*, a.a.O., S. 209ff.

12 Wie rasch und nachhaltig die Loreley zum festen Bildinventar der Rheinromantik avanciert, belegen u.a. mehrere der nachfolgend zitierten Texte, so Eichendorffs *Waldesgespräch* (s.u.), Prutzens *Der Rhein* (s.u.), Heines *Ich weiß nicht was soll es bedeuten* (Heinrich Heine, *Die Heimkehr*, in: Heine, Heinrich: *Sämtliche Schriften*, hrsg. von Klaus Briegleb, München: dtv, 2005, Bd. 1, S. 105–165, hier: 107) und selbst Nervals Aufzeichnungen zu seiner Deutschlandreise, für die er den Titel *Lorely. Souvenirs de l'Allemagne* (s.u.) wählt.

13 Vgl. Friedrich Schlegel: *Briefe auf einer Reise durch die Niederlande, Rheingegenden, die Schweiz und einen Teil von Frankreich*, in: *Kritische Friedrich-Schlegel-Ausgabe*, Bd. 4, hrsg. von Hans Eichner, Paderborn u.a.: Schöningh, 1959, S. 153–204; vgl. dazu auch Matthias Schöning, »Im Zeichen Europas. Friedrich Schlegels topographische Neuordnung seines Denkens«, in: *Athenäum. Jahrbuch der Friedrich Schlegel-Gesellschaft* 18 (2008), S. 123–138.

14 Joseph von Eichendorff, *Werke in einem Band*, hrsg. von Wolfdietrich Rasch, München: dtv, 1995, S. 304–305.

Die in großer Zahl über dem Rhein thronenden Burgen und Festungen regen die Phantasie der Romantiker an und ermöglichen es ihnen überdies, in den Ruinen die historische Vergangenheit, insbesondere das eben erst wiederentdeckte Mittelalter, zu glorifizieren. Zu den rekurrent mythisierten mittelalterlichen Gründergestalten zählt vor allem Karl der Große, an dessen Kaiserreich auch Napoléon gerade symbolisch anzuknüpfen sucht; die Beschwörung einer gemeinsamen Geschichte antizipiert einerseits bereits die Utopie eines geeinten Europas,[15] während andererseits die Nationalstaaten ihre Profile schärfen.

Zu den französischen Reisenden, welche die inzwischen vielbesungene, ja bereits literarisch kodierte Landschaft in den 1830er Jahren besuchen, gehört u. a. der Romancier Alexandre Dumas (1802–1870). Von Belgien und Aachen her bereist er im Spätsommer 1838 das Rheinland. In seinen auf feuilletonistische Aufzeichnungen für die *Revue de Paris* zurückgehenden *Excursions sur les bords du Rhin* (1841) bringt Dumas seinen Landsleuten einen legendenumwobenen personifizierten ›Vater Rhein‹ nahe, wie dieser unterdessen in Deutschland wahrgenommen wird:

> Il est difficile, à nous autres Français, de comprendre quelle vénération profonde les Allemands ont pour le Rhin. C'est pour eux une espèce de divinité protectrice qui, outre ses carpes et ses saumons, renferme dans ses eaux une quantité de naïades, d'ondines, de génies bons ou mauvais, que l'imagination poétique des habitants, voit le jour, à travers le voile de ses eaux bleues, et la nuit, tantôt assises, tantôt errantes sur les rives. Pour eux, le Rhin est l'emblème universel; le Rhin c'est la force; le Rhin c'est l'indépendance; le Rhin c'est la liberté. Le Rhin a des passions comme un homme ou plutôt comme un Dieu. Le Rhin aime et hait, caresse et brise, protège et maudit. Pour l'un, ses eaux sont un doux lit d'algues et de roses, où le vieux père des fleuves, tout couronné de roseaux, [...] comme un dieu païen, l'attend pour lui faire fête. Pour l'autre, c'est un abîme sans fond [...]. Mais, de quelque façon qu'il soit envisagé, c'est un objet de crainte ou d'espérance; symbole de haine ou d'amour, principe de vie et de mort. Pour tous c'est une source de poésie.[16]

Auch wenn der Autor sich im Zuge seiner heiteren Reiseberichterstattung den Anschein gibt, über die deutsche Verehrung des Rheins erstaunt zu sein, bleiben

---

15 Vgl. insbes. Novalis, *Die Christenheit oder Europa. Ein Fragment*, in: Novalis, *Werke in einem Band*, hrsg. von Hans-Joachim Mähl und Richard Samuel, München: dtv, 1995, S. 525–544 (Anm. S. 625–635); Friedrich Schlegel (Hrsg.), *Europa. Eine Zeitschrift*, Frankfurt am Main: Wilmans, 1803–1805, auch verfügbar unter: *http://www.ub.uni-bielefeld.de/diglib/aufkl/europa/* [28.02.17], sowie zu Schlegel Ausst.kat. *Der Rhein. Eine europäische Flussbiographie*, a. a. O., S. 253. Zu weiteren konstruktiven Europagedanken der Zeit vgl. Paul Michael Lützeler (Hrsg.), *Europa. Analysen und Visionen der Romantiker*, Frankfurt am Main / Leipzig: Insel, 1982.

16 Alexandre Dumas: *Excursions sur les bords du Rhin*, introduction de Dominique Fernandez, Paris: Flammarion, 1991, S. 239f. Dumas spricht wohlweislich von «les bords du Rhin», d. h. von beiden Ufern.

auch ihm die touristischen Vorzüge des Stroms nicht verborgen. Dass sein Report in Frankreich auf offene Ohren trifft, mag auch darin begründet liegen, dass seit 1810, als das von Napoléon indizierte, doch wirkmächtige Deutschlandbuch *De l'Allemagne*, erschien, mit dem Germaine de Staël (1766–1817) das Deutschlandbild der französischen Intellektuellen nachhaltig geprägt hat, kein nennenswerter französischer Literat mehr den Rhein bereist und öffentlich über den Strom informiert hat. Gérard de Nerval (1808–1855), der große romantische Vermittler deutscher Kultur in Frankreich, unternimmt seine erste Deutschlandreise nicht vor 1838, also zeitgleich und ab Frankfurt sogar gemeinsam mit Dumas,[17] und Victor Hugo, der auf seiner Rheinreise beinahe derselben Route wie Dumas folgt, wird erst zwei Jahre später aufbrechen und seine fiktiven Reisebriefe unter dem Titel *Le Rhin* weitere zwei Jahre später veröffentlichen.[18] Mithin hat in den 1830er Jahren in Frankreich noch immer ein idealisiertes Bild von Deutschland Gültigkeit, das selbst von diversen in der Presse (*Revue des deux Mondes, Revue germanique, Revue européenne, Le Globe* u. a.) oder monographisch erschienenen Reiseberichten bis hin zu dem zweibändigen Werk *Au-delà du Rhin* (1835) des Journalisten Jean Louis Eugène Lerminier (1803–1857) nie dementiert worden ist.[19] »Allen Texten und den in ihnen gegebenen Beschreibungen des Rheins ist eine ästhetische Betrachtungsweise gemeinsam, die für politische Überlegungen keinen Raum läßt. Alle Texte zeugen somit von dem intakten Deutschlandbild bis [...] 1840«.[20]

So greift auch Dumas, vielleicht unbewusst, mit der Bezeichnung »Schutzgottheit« (*divinité protectrice*) eine Bemerkung seiner Landsmännin de Staël auf, die den Strom gleichsam als »Schutzgeist Deutschlands« (*le génie tutélaire de l'Allemagne*) charakterisiert. In ihrem Kapitel über die äußere Beschaffenheit des Landes (*De l'aspect de l'Allemagne*) hatte sie festgehalten:

> Les paysages dont le Rhin est entouré sont superbes presque partout; on dirait que ce fleuve est le génie tutélaire de l'Allemagne; ses flots sont purs, rapides, et majestueux comme la vie d'un ancien héros [...]. Les contrées qu'il traverse paraissent tout à la fois si sérieuses et si variées, si fertiles et si solitaires, qu'on serait tenté de croire que c'est lui-même qui les a cultivées, et que les hommes d'à présent n'y sont pour rien. Ce fleuve

17 Vgl. Gérard de Nerval, *Lorely. Souvenirs de l'Allemagne*, Paris: Bernouard, 1929 (Œuvres complètes, 11), S. 27. Ein Kapitel der Dumas'schen *Excursions* ist sogar von Nerval verfasst.

18 Zur Datierung von *Le Rhin* vgl. Friedrich Wolfzettel, »Nachwort«, in: Victor Hugo, *Rheinreise*, übers. von C. Dräxler-Manfred und W. Schäfer, Frankfurt am Main: Societäts-Verlag, 1982, S. 287–316, hier: S. 296–299.

19 Vgl. Wolfzettel, »Nachwort«, a. a. O., S. 291. Historischen Aufschluss über die über den Rhein geknüpften literarischen Beziehungen gibt rückblickend am Ende des Jahrhunderts die monumentale *Histoire des relations littéraires entre la France et l'Allemagne* von Virgile Rossel (Paris: Fischbacher, 1897).

20 Wolfgang Leiner, *Das Deutschlandbild in der französischen Literatur*, Darmstadt: Wissenschaftliche Buchgesellschaft, ^{2}1991, S. 119.

raconte, en passant, les hauts faits des temps jadis, et l'ombre d'Arminius semble errer encore sur ces rivages escarpés.[21]

Dass Germaine de Staël schon im ersten Jahrzehnt des 19. Jahrhunderts den Cheruskerfürsten Arminius (Hermann) erwähnt hat, mag verwundern, zumal dieser in keiner direkten Verbindung zum Rhein steht. Bezeichnenderweise ruft die französische Autorin damit jedoch intuitiv einen germanischen Helden auf den Plan, der den Höhepunkt seiner Rezeption innerhalb Deutschlands erst noch vor sich hat, wenn die erfolgreiche Schlacht gegen die Römer im Teutoburger Wald das sich herausbildende Nationalgefühl der Deutschen zu beflügeln beginnt.[22] Mit Arminius wird vor allem nach der Niederlage Napoléons ein vermeintlicher deutscher Gründungsmythos konstruiert, der an den Sieg der Germanen über die invadierenden Römer unter Führung des Feldherrn Varus anknüpft. Die Einigung der diversen Stämme gegen Rom entspricht dabei der geeinten Abwehr Deutschlands gegen den französischen Kaiser – in beiden Fällen wird der Aggressor erfolgreich in die Flucht geschlagen.[23] Dennoch versäumt es Germaine de Staël, ihre Landsleute von der deutschen Freiheitsbewegung und deren aufkeimendem Franzosenhass in Kenntnis zu setzen. Nachdem Frankreich »das wachsende Bewußtsein deutscher Nationalität und Nationaleinheit […] bisher kaum wahrgenommen« hat,[24] wird schließlich der Schriftsteller und Herder-Übersetzer Edgar Quinet (1803–1875) die Verhältnisse jenseits des Rheins mit großer Schärfe analysieren und ab den 1830er Jahren explizit und maßgeblich an einer Revision des unpolitisch-verklärten Staël'schen Deutschlandbildes arbeiten.[25] In dieser Phase steuert die Beziehung der Nach-

21 Madame [Germaine] de Staël, *De l'Allemagne*, 2 Bde., Paris: Garnier, o. J., Bd. 1, S. 16.

22 Analog dazu wird in Frankreich der Caesargegner Vercingétorix verehrt. Die Gegenüberstellung beider Nationalhelden relativiert den Chauvinismus Deutschlands wie Frankreichs; vgl. dazu genauer Michael Bernsen, »Die Wacht am Rhein. Eine europäische Debatte«, in: Almut-Barbara Renger / Roland Alexander Ißler (Hrsg.), *Europa – Stier und Sternenkranz. Von der Union mit Zeus zum Staatenverbund*, Göttingen: V & R unipress, 2009 (Gründungsmythen Europa in Literatur, Musik und Kunst, 1), S. 497–508.

23 Auch wenn die Errichtung des monumentalen Hermannsdenkmals bei Detmold, seit 1819 geplant und 1875 eingeweiht, erst in die Zeit nach dem Tod Germaine de Staëls fällt, ist die Hermannsfigur über die Dramen von Klopstock und Kleist und schließlich über die bereits 1807 mit einer Gedenktafel für Arminius begonnene Walhalla im Rahmen der Erbauung deutscher Nationaldenkmäler im Gespräch. Zur Stilisierung historischer und mythischer deutscher Figuren (daneben u. a. auch die Nibelungen, Friedrich Barbarossa und Martin Luther) hat vor allem die Auflösung des Kaiserreichs beigetragen.

24 Irmline Veit-Brause, *Die deutsch-französische Krise von 1840. Studien zur deutschen Einheitsbewegung*, Diss. Köln, 1967, S. 26 f.; vgl. auch Leiner, *Das Deutschlandbild in der französischen Literatur*, a. a. O., S. 122.

25 »Le livre de l'*Allemagne* […] est la prière d'une âme exilée qui demande un refuge dans l'univers moral. […] Ce n'est pas, on le sait bien, une peinture exacte et méthodique. […] L'exaltation de madame de Staël pour l'idéalisme allemand ressemble à l'exaltation ascétique des saintes pour le Christ sauveur. […] Elle n'explique nulle part les poëtes et les héros de la

barländer auf eine unwürdige Auseinandersetzung zu, die als ›Rheinkrise‹ in die Geschichte eingehen wird.

Vor einer näheren Betrachtung von Texten dieser Zeit ist in Erinnerung zu rufen, dass das frühe 19. Jahrhundert für Frankreich wie für Deutschland eine höchst brisante Umbruchzeit darstellt. Nach der Französischen Revolution, dem Kollaps des *Ancien régime* und dem Aufstieg Napoléons ist in wenigen Jahrzehnten nichts weniger als ein tausendjähriges Kaiserreich zusammengebrochen (1806) und das auf dessen Ruinen zunächst hoffnungsvoll erstandene *Premier Empire* infolge des Sturzes Napoléons und schließlich seiner entscheidenden Niederlage bei Waterloo (1815) ebenfalls wieder zerfallen. Im Rahmen der daraus sich unmittelbar ergebenden politischen und staatsterritorialen Neuordnung Europas durch den Wiener Kongress sind die Grenzen neu zu ziehen: Frankreich werden seine Eroberungen der revolutionären und napoleonischen Phase wieder abgesprochen, und das seit 1794/95 (»Franzosenzeit«) französische Rheinland fällt 1815 Preußen zu.[26]

Anders als oftmals angenommen wird, so mag hier zunächst festgehalten werden, ist die Rheinromantik zu Beginn nicht eben nationalistisch, sondern vielmehr touristisch-international orientiert, ja sie erweist sich als recht eigentlich europäisch motiviert. Noch sind die Romantiker geprägt von den aufklärerischen Wurzeln und kosmopolitischen Idealen ihrer Väter. Doch spätestens mit der Rheinkrise von 1840 tritt der Widerstreit zwischen Patriotismus und Einheit der Völker Europas offen zutage. An der beiderseits des Rheins leidenschaftlich geführten Debatte werden nicht wenige prominente Vertreter der deutschen ebenso wie der französischen Literatur, des Journalismus und der Politik regen Anteil haben.

philosophie par les causes naturelles de l'histoire, de la tradition, de la langue.« (Edgar Quinet, *Allemagne et Italie: Allemagne. X: Des préjugés qui séparent l'Allemagne de la France*, a.a.O., S. 218–222, hier: 220f.; zu Quinets Deutschlandwahrnehmung vgl. wiederum Leiner, *Das Deutschlandbild in der französischen Literatur*, a.a.O., S. 124–133; Veit-Brause, *Die deutsch-französische Krise von 1840*, a.a.O., S. 31–36.

26 Vgl. Ausst.kat. *Der Rhein. Eine europäische Flussbiographie*, a.a.O., S. 211–225. Eine aktuelle Neuakzentuierung des Wiener Kongresses unternimmt Florian Kerschbaumer, »›Im Drei-Viertel-Takt zur Neuordnung Europas‹. Neue Perspektiven auf den Wiener Kongress 1814/15«, in: Peter Geiss / Peter Arnold Heuser (Hrsg.), *Friedensordnungen in geschichtswissenschaftlicher und geschichtsdidaktischer Perspektive*, Göttingen: V&R unipress, 2017, S. 131–150.

II. Die Rheingrenze als Politikum und historischer Zankapfel: Zur Vorgeschichte der Rheinkrise von 1840

Seit dem frühen 19. Jahrhundert war die Grenzdebatte zwischen Frankreich und Deutschland immer wieder aufgeflammt.[27] Als politische Grenze festgeschrieben wird die Rheinlinie 1795 mit dem Baseler Frieden. Nachdem das postrevolutionäre Frankreich aus dem Ersten Koalitionskrieg mit Preußen und Spanien als gleichrangige Großmacht hervorgegangen ist, fällt ihm das linke Rheinufer zu. Spätestens 1801, mit dem Friedensschluss von Lunéville zwischen Frankreich und dem Römisch-Deutschen Imperium am Ende des Dritten Koalitionskriegs, erkennt das kurz vor seinem Untergang stehende Kaiserreich diese Grenze an. Mit dem Aufstieg Napoléons, dessen Frankreich mithin bereits Herr der linksrheinischen Gebiete ist,[28] wird die Grenze zwischen Frankreich und Deutschland jedoch weiter gen Osten verschoben: Der im Sommer 1806 gegründete Rheinbund unter napoleonischem Protektorat umfasst, nebst kleineren Reichsteilen, Bayern (bis zum nördlichen Gardasee), Württemberg, Baden und Hessen-Darmstadt und besteht fort bis zu Napoléons Niederlage in der Völkerschlacht bei Leipzig 1813 gegen die alliierten Armeen Russlands, Preußens, Großbritanniens, Österreichs und Schwedens. Nachdem u. a. der Rheinbund zuvor zur Abdankung Franz' II. vom tausendjährigen Kaiserreich geführt hat, löst er sich nun ebenso auf, wie die von Napoléon gebildeten Staaten in der Mitte und im Norden Deutschlands von den Landkarten getilgt werden. Die historischen Folgen wurden bereits angedeutet; der Wiener Kongress entscheidet über die Verteilung der diversen Gebiete. Für das Rheinland, das die Fläche westlich des Rheins bis zu den Niederlanden, Belgien und Luxemburg einschließt, bedeutet dies, dass es ab 1815 als Rheinprovinz zum Königreich Preußen gehört.

Der Sieg über Napoléon sichert der deutschen Seite mithin zugleich die Hoheit über die Rheingebiete, und nach der Verbannung Napoléons auf St. Helena wird Frankreich in seine Grenzen von 1790 zurückverwiesen. Wie auf Abruf erscheinen im Gefolge der napoleonischen Niederlagen seit dem gescheiterten Russlandfeldzug Frankreichs (1812) antifranzösische Flugschriften und Kampagnen, und das Nationalgefühl der Deutschen erhält neuen Auftrieb angesichts

27 Zu den historischen Hintergründen vgl. Heinz Duchhardt, »›Kriegs-Theatrum‹ am Rhein«, a. a. O.; Hans Boldt, »Deutschlands hochschlagende Pulsader. Zur politischen Funktion des Rheins im Laufe der Geschichte«, in: Hans Boldt u. a. (Hrsg.), *Der Rhein*, a. a. O., S. 27–34. Eine Zeittafel zu den Ereignissen befindet sich im Ausst.kat. *Der Rhein. Eine europäische Flussbiographie*, a. a. O., S. 213.

28 Vgl. etwa Bernard Struck / Claire Gantet, *Revolution, Krieg und Verflechtung. 1789 bis 1815*, Darmstadt: Wissenschaftliche Buchgesellschaft, 2008 (Deutsch-Französische Geschichte, 5), insbes. S. 91–98.

des gemeinsamen Widerstandes gegen den expansionsbesessenen Kaiser der Franzosen.

Dass das Rheinland auch schon lange vor der Territorialverteilung des Wiener Kongresses ein höchst umstrittenes und von Frankreich wie von Deutschland mit Nachdruck umworbenes Gebiet ist, zeigt die seinerzeit wirkmächtige Schrift von Ernst Moritz Arndt (1769–1860) mit dem provokativen Titel *Der Rhein, Teutschlands Strom, aber nicht Teutschlands Gränze.*[29] Sie beginnt mit einer historisch um zwei Jahrhunderte ausholenden skeptischen Hinterfragung der vermeintlich natürlichen Nationalgrenze, für welche dem von Rügen stammenden Autor zufolge ein überzeugender Beweis nie erbracht worden sei. Bewiesen werde angesichts der napoleonischen Einmärsche ins rechtsrheinische Deutschland derzeit vielmehr die Willkür einer solchen »Naturgrenze«. Die anaphorische Akzentuierung dieses französischen Stereotyps im Verlauf der französischen Geschichte kann die rhetorische Wucht der Streitschrift hier nur andeuten, an deren Duktus die Dichtung noch Jahrzehnte später anknüpfen wird:

> Der Rhein ist Frankreichs Naturgränze bewies Sully im Jahre 1600 und 1610; der Rhein ist Frankreichs Naturgrenze rief Richelieu in den Jahren 1625 und 1635; der Rhein ist Frankreichs Naturgränze erklärte der Graf d'Avaux in den Jahren 1640 zu Münster in den heiligen Orten, wo Hermann der Cherusker den Römern weiland andere Erklärungen gegeben hatte; der Rhein ist Frankreichs Naturgränze klangen in den Jahren 1670 bis 1700 Louvois und Colberts Reden im Staatsrath Ludwigs des Vierzehnten und sangen die Hofpoeten Boileau und Racine im Vorzimmer; der Rhein ist Frankreichs Naturgränze schrieen die Ungeheuer an der Seine vom Jahr 1790 bis 1800. Der Beweis, den man vor zweihundert und hundert Jahren noch vergebens zu führen versucht hatte, gelang diesmal durch unser Unglück und unsere Zwietracht. Durch den traurigen Frieden zu Lüneville behielt Frankreich alles teutsche Land jenseits des Rheins mit allen Festungen und Wehren […]. Da die Ideen über die Naturgränzen Frankreichs sich bei den Franzosen und Napoleon jedes Jahr so sehr erweiterten, so konnte man voraussehen, daß die Elbe, die Oder, die Weichsel, ja, wenn die französischen Waffen den Beweis gehörig einleiteten, die Düna und der Dnepr bald Frankreichs Naturgränze heißen würden.[30]

---

29 Die herausfordernde Betitelung des Pamphlets ist noch heute als Inschrift auf dem Sockel des Ernst-Moritz-Arndt-Denkmals am Alten Zoll in Bonn zu lesen (Abb. 1), während etwa die Universität Greifswald gerade im Januar 2017 den Namen des umstrittenen Schriftstellers und Freiheitskämpfers offiziell abgelegt hat (vgl. *https://www.uni-greifswald.de/universitaet/information/aktuelles/detail/n/universitaet-greifswald-legt-namen-ernst-moritz-arndt-ab/*; *https://www.uni-greifswald.de/fileadmin/uni-greifswald/1_Universitaet/1.1_Information/1.1.0_Aktuelles/1.1.1_Medieninformationen/Medieninfo_PDF/Medieninfo_2017/Dokumente_2017/2018-009-Geaenderter_Universitaetsname.pdf* [05.02.2017]). Vgl. dazu kritische Reaktionen aus Bonn: Hermann Horstkotte / Ebba Hagenberg-Miliu: »Ein schwieriger Namenspatron«, in: *General-Anzeiger* (Bonn), 21.02.2017, S. 13.

30 Ernst Moritz Arndt, *Der Rhein, Teutschlands Strom, aber nicht Teutschlands Gränze*, Leipzig:

Abb. 1: Bernhard Afinger (1813–1882): *Ernst Moritz Arndt*, Standbild, 1865, Bronzeguss, gefertigt durch Georg Ferdinand Howaldt (1802–1883), Bonn, Alter Zoll, Fotographie von Roland Ißler, 06.09.2017.

Rein, 1813, S. 3f. und 7. Mit (Le Tellier de) Louvois und Colbert sind der Kriegs- und der Finanzminister Louis' XIV gemeint. – Interessant ist, dass Arndt hier wiederum Hermann den Cherusker als Gewährsmann aufruft, um im historischen Sieg der Germanen über die Römer gleichsam eine Vorhut des antinapoleonischen Widerstandes zu zelebrieren. Zum »Rhein als natürliche[r] Grenze« vgl. auch Lucien Febvre, *Der Rhein und seine Geschichte*, hrsg. und übers. von Peter Schöttler, Frankfurt am Main / New York: Campus, 1994, S. 15–42, insbes. 25–31.

Vor dem Hintergrund der gegenüber der traditionellen Rheingrenze erst jungen Grenzverschiebung liegt es nahe, dass sich auch in Frankreich immer wieder Stimmen erheben, welche die linksrheinischen Territorien für ihre Nation beanspruchen. Das hohe Ansehen, welches gerade der Mittelrhein aufgrund seiner literarischen Vereinnahmung sowohl von deutscher als auch von französischer Seite genießt, macht eine neuerliche Grenzkorrektur in westliche bzw. östliche Richtung für beide Seiten attraktiv. Immerhin steht ein Territorium von mehr als 30.000 km^2 auf dem Spiel, das sich nicht allein durch landschaftliche Schönheit, sondern auch durch natürliche Ressourcen auszeichnet und dadurch zudem von nicht unerheblichem ökonomischem Interesse ist.[31]

Im Jahr 1840 wird diese Diskussion besonders hitzig geführt. Die Rheinkrise fungiert zunächst als Nebenschauplatz einer komplexen diplomatischen Verstrickung (Orientkrise), in der Frankreich seinen Einfluss in Nordafrika durch die Unterstützung Ägyptens im Konflikt mit der Türkei zu stärken trachtet, sich in Europa jedoch gegenüber England, Russland, Österreich und Preußen isoliert.[32] Ausgerechnet der Dichter Alphonse de Lamartine (1790–1869), der den Konflikt als unabhängiger liberaler Abgeordneter später durch übernationale Überlegungen entschärfen wird, lenkt zunächst die politische Aufmerksamkeit erfolgreich von der Situation im Vorderen Orient auf die französisch-deutsche Grenzdebatte.[33] Indem Frankreich die Friedensordnung des Wiener Kongresses in Frage stellt, nimmt es aber in Kauf, im Nachbarland Argwohn zu erregen –[34] obschon »die Rheinambitionen der Franzosen 1840 im allgemeinen nicht mit einem nationalen Ressentiment gegen ›Deutschland‹ verbunden waren [und] sich scheinbar problemlos mit den größten Sympathien für Deutschland ver-

---

31 Vgl. Tümmers, *Der Rhein*, a. a. O., S. 216f. Zu relativieren ist der französische Anspruch auf den Rhein als Ostgrenze insofern, als Frankreichs Außengrenzen (Atlantischer Ozean, Pyrenäen, Mittelmeer, Alpen, Ärmelkanal), was oft übersehen wird, insgesamt fast vollständig geographisch motiviert sind; vgl. Waltraud Linder-Beroud, »›Immer hör' vom Rhein ich singen…‹ Der Rhein – ein Strom deutschen Gefühls«, in: Rolf Wilhelm Brednich / Heinz Schmitt (Hrsg.), *Symbole. Zur Bedeutung der Zeichen in der Kultur. 30. Deutscher Volkskundekongreß in Karlsruhe vom 25. bis 29. September 1995*, Münster / New York u.a.: Waxmann, 1997, S. 267–284, hier: 277.

32 Vgl. dazu genauer Irmline Veit-Brause, *Die deutsch-französische Krise von 1840*, a. a. O., insbes. S. 1–3, 6–26; James M. Brophy, »Vom Wiener Kongress zur Revolution von 1848/49«, in: *http://www.rheinische-geschichte.lvr.de/epochen/epochen/Seiten/1815bis 1848.aspx* [28.02.17]. Eine Analyse der politischen Hintergründe bietet Martin Franzbach, »Die deutsch-französische patriotische Rheinlyrik«, in: Martin Franzbach, *Kritische Arbeiten zur Literatur- und Sozialgeschichte Spaniens, Frankreichs und Lateinamerikas*, Bonn: Bouvier, 1975, S. 43–65.

33 Vgl. Veit-Brause, *Die deutsch-französische Krise von 1840*, a. a. O., S. 12–14.

34 Vgl. dazu u. a. Leiner, *Das Deutschlandbild in der französischen Literatur*, a. a. O., S. 119f.; Jakob Vogel, »Natürliche oder nationale Grenze?«, in: Ausst.kat. *Der Rhein. Eine europäische Flussbiographie*, a. a. O., S. 226–239, hier: 236–238; sowie ebd., S. 274–277.

einigen ließen«.[35] Zwei Faktoren heizen die bevorstehende Eskalation offenbar an: Die französische Forderung nach der Wiedererlangung des Rheins als natürlicher Ostgrenze trifft Deutschland sehr plötzlich, die deutsche Reaktion wiederum trifft Frankreich unerwartet heftig. Der Blick in die Literatur belegt, wie sich in dieser Zeit beiderseits des Rheins der Ton zusehends verschärfen wird.

III. »Sie sollen ihn nicht haben!«: Ein poetischer Fehdehandschuh aus Deutschland überquert den Rhein

Als August Heinrich Hoffmann von Fallersleben (1798–1874) im später zur Nationalhymne gekürten *Lied der Deutschen* (1841) das Land nach geographischen Gesichtspunkten vermisst und als (tatsächliche) natürliche Westgrenze die Maas besingt (»von der Maas bis an die Memel, / von der Etsch bis an den Belt«),[36] ist ein anderes Lied, *Der deutsche Rhein*, längst in aller Munde: Seine sieben Strophen, die für politischen Sprengstoff sorgen, werden 1840 zum Auslöser »einer nationalen Stimmungskampagne«[37] und eines monatelang schwelenden poetischen Schlagabtauschs. Weit davon entfernt, ein lyrisches Meisterstück zu sein, treffen die rhetorisch eingängigen patriotischen Verse einen Nerv ihrer Zeit und machen ihren Bonner Verfasser Nicolaus Becker (1809–1845) schlagartig bekannt. Durch die effektvolle Adressierung an den französischen Poeten und Delegierten Lamartine legt Becker selbst den Grundstein für eine breite Rezeption des Textes auch in Frankreich. Beckers Gedicht erscheint am 18. September 1840 in der neuen sozialistischen *Trierischen Zeitung*:[38]

35 Veit-Brause, *Die deutsch-französische Krise von 1840*, a. a. O., S. 30.

36 August Heinrich Hoffmann von Fallersleben, *Lied der Deutschen* (28. August 1841), zit. nach: Johannes Thiele (Hrsg.), *Das Buch der Deutschen. Alles, was man kennen muss*, Bergisch Gladbach: Lübbe, 2004, S. 341. Vgl. dazu auch Franzbach, »Die deutsch-französische patriotische Rheinlyrik«, a. a. O., S. 48.

37 Martin Franzbach, »Die deutsch-französische patriotische Rheinlyrik«, a. a. O., S. 47.

38 Zur rheinischen Presse zwischen 1815 und 1840 vgl. James M. Brophy, »Vom Wiener Kongress zur Revolution von 1848/49«, a. a. O.

Der deutsche Rhein
An Alphons de Lamartine

Sie sollen ihn nicht haben,
Den freien deutschen Rhein,
Ob sie wie gier'ge Raben
Sich heiser danach schrein,

So lang er ruhig wallend
Sein grünes Kleid noch trägt,
So lang ein Ruder schallend
In seine Woge schlägt!

Sie sollen ihn nicht haben,
Den freien deutschen Rhein,
So lang sich Herzen laben
An seinem Feuerwein;

So lang in seinem Strome
Noch fest die Felsen stehn,
So lang sich hohe Dome
In seinem Spiegel sehn!

Sie sollen ihn nicht haben,
Den freien deutschen Rhein,
So lang dort kühne Knaben
Um schlanke Dirnen frein;

So lang die Flosse hebet
Ein Fisch auf seinem Grund,
So lang ein Lied noch lebet
In seiner Sänger Mund!

Sie sollen ihn nicht haben,
Den freien deutschen Rhein,
Bis seine Flut begraben
Des letzten Manns Gebein![39]

Le Rhin Allemand
A Alphonse de Lamartine.

Ils ne l'auront pas,
le libre Rhin allemand,
quoiqu'ils le demandent dans leurs cris
comme des corbeaux avides ;

Aussi longtemps qu'il roulera paisible,
portant sa robe verte ;
aussi longtemps qu'une rame
frappera ses flots.

Ils ne l'auront pas,
le libre Rhin allemand,
aussi longtemps que les cœurs
s'abreuveront de son vin de feu ;

Aussi longtemps que les rocs s'élèveront
au milieu de son courant ;
aussi longtemps que les hautes cathédrales
se reflèteront dans son miroir.

Ils ne l'auront pas,
le libre Rhin allemand,
aussi longtemps que de hardis jeunes gens
feront la cour aux jeunes filles élancées.

Ils ne l'auront pas,
le libre Rhin allemand,
jusqu'à ce que les ossements du dernier homme
soient ensevelis dans ses vagues.[40]

39 Nicolaus Becker, *Der deutsche Rhein*, zit. nach: Wolf-Dietrich Gumz / Frank J. Hennecke (Hrsg.), *Rheinreise: Gedichte und Lieder. Eine Textsammlung*, Stuttgart: Reclam, 1986, S. 235–236.

40 Alfred de Musset, *Le Rhin allemand, par Becker. Traduction française*, in: Alfred de Musset, *Poésies nouvelles 1833–1852*, Paris: Conard, 1923 (Œuvres complètes, 7), S. 263–264 (abgedruckt auch vor Lamartines *Marseillaise de la Paix* in der *Revue des Deux Mondes* 4,26 (1841), S. 794–795; s. u.); Alfred de Musset, *Le Rhin allemand. Réponse à la chanson de Becker*, in: Alfred de Musset, *Poésies nouvelles*, a. a. O., S. 267–268. – Musset verzichtet auf eine Übertragung der sechsten Strophe.

In kürzester Zeit erlangt der schlichte Text eine enorme Popularität. Ungewöhnlich rasch verbreiten sich die Verse mündlich, werden vielerorts nachgedruckt und sogar als Werbeparole verwendet.[41] Die Wahl der regelmäßigen Volksliedstrophen ermöglicht es, die Verse auf verschiedene bekannte Weisen zu singen (Abb. 2–6). Als noch im selben Jahr in Wesel eine 16seitige Notenausgabe erscheint, die dem Text des Gedichts »acht Melodien nach den beliebtesten Volksweisen« (darunter Jagdlieder und der »Dessauer Marsch« aus der Königlich Preußischen Armeemarschsammlung) unterlegt, sind bereits mehrere Vertonungen durch Liedkomponisten im Umlauf, wie der Herausgeber Philipp Jacob Beumer (1809–1885) mitteilt:[42]

> Man war vielseitig bemüht, treffende Melodien zu dem Liede zu schaffen. Die Kompositionen von Kreutzer, Neidthardt, Weinbrenner, Derkum und Eickhoff sind bekannt. Die von Kreutzer nebst einer eigenen Composition haben wir in unserm ›Vaterländischen Liederbuche I.‹ mitgetheilt.[43]

Mehr als 70 Vertonungen mehr oder minder bedeutender Komponisten sollen bis zum 20. Jahrhundert kursieren.[44] Die erwähnte Version von Conradin Kreutzer (1780–1849) wurde am 15. Oktober 1840, kaum einen Monat nach dem Erstdruck des Gedichts, anlässlich des Geburtstags Friedrich Wilhelms IV. (1795–1861) im Theater der Stadt Köln aufgeführt,[45] und auch die Vertonung von Robert Schumann (1810–1856) stammt noch aus demselben Jahr. Um die Popularität des antifranzösischen Textes von Becker weiter zu erhöhen, hilft Beumer künstlich nach, ihn als ›deutsches Volkslied‹ zu etablieren:

41 Die gerade drei Wochen später erfolgte Aufnahme des Textes in die *Kölnische Zeitung* vom 8. Oktober 1840 trägt zum Beispiel erheblich zu seiner Bekanntheit bei. Zur Verbreitung als Werbespruch vgl. Franzbach, »Die deutsch-französische patriotische Rheinlyrik«, a. a. O., S. 49.

42 P[hilipp] J[acob] Beumer, *Das Nationallied »Sie sollen ihn nicht haben, Den freien deutschen Rhein« von Nik. Becker. Mit acht Melodien nach den beliebtesten Volksweisen bearbeitet*, Wesel: Bagel, o. J. [1840]. Beumer ist selbst als Biograph des erst im Juni verstorbenen »großen Heldenkönigs« Friedrich Wilhelm III. (1770–1840) in Erscheinung getreten, auf dessen Initiative der genannte Armeemarschkatalog zurückgeht (vgl. P[hilipp] J[acob] Beumer: *Erinnerungen an Friedrich Wilhelm III., den Standhaften, den Frommen, den Gerechten. Eine kurze Lebensbeschreibung des großen Heldenkönigs für Preußens Volk*, Wesel: Bagel, 1840). Die Schrift ist im Oktober 1840 erschienen; demnach muss Beumers Rheinlied-Ausgabe, in der die *Erinnerungen* bereits erwähnt werden, aus den letzten Monaten des Jahres stammen.

43 Beumer, *Das Nationallied*, a. a. O., S. 4.

44 Vgl. Bernsen, »Die Wacht am Rhein«, a. a. O., S. 499; Franzbach spricht sogar von über 200 Vertonungen (vgl. Franzbach, »Die deutsch-französische patriotische Rheinlyrik«, a. a. O., S. 49).

45 Der König hatte erst am 7. Juni desselben Jahres den preußischen Thron bestiegen; er würdigte Beckers Verdienste sogleich mit einer reichen Belohnung (vgl. Franzbach, »Die deutsch-französische patriotische Rheinlyrik«, a. a. O., S. 48).

Abb. 2: Beckers Rheinlied in ausgewählten Fassungen: »1. Melodie. (Frisch auf zum fröhlichen Jagen.)«, aus: P[hilipp] J[acob] Beumer, *Das Nationallied »Sie sollen ihn nicht haben, Den freien deutschen Rhein« von Nik. Becker. Mit acht Melodien nach den beliebtesten Volksweisen bearbeitet,* Wesel: Bagel, o. J. [1840], S. 5.

Abb. 3: Beckers Rheinlied in ausgewählten Fassungen: »2. Melodie. (Was schmettern die Trompeten etc.)«, aus: P[hilipp] J[acob] Beumer, *Das Nationallied »Sie sollen ihn nicht haben, Den freien deutschen Rhein« von Nik. Becker. Mit acht Melodien nach den beliebtesten Volksweisen bearbeitet*, Wesel: Bagel, o. J. [1840], S. 7–8.

Abb. 4: Beckers Rheinlied in ausgewählten Fassungen: »3. Melodie. (Weise des Dessauer Marsches.)«, aus: P[hilipp] J[acob] Beumer, *Das Nationallied »Sie sollen ihn nicht haben, Den freien deutschen Rhein« von Nik. Becker. Mit acht Melodien nach den beliebtesten Volksweisen bearbeitet*, Wesel: Bagel, o. J. [1840], S. 9.

Abb. 5: Beckers Rheinlied in ausgewählten Fassungen: »7. Melodie (des Thüringer Waldliedes.)«, aus: P[hilipp] J[acob] Beumer, *Das Nationallied »Sie sollen ihn nicht haben, Den freien deutschen Rhein« von Nik. Becker. Mit acht Melodien nach den beliebtesten Volksweisen bearbeitet*, Wesel: Bagel, o. J. [1840], S. 14.

Abb. 6: Beckers Rheinlied in ausgewählten Fassungen: »8. Melodie. (O Strassburg etc.)«, aus: P[hilipp] J[acob] Beumer, *Das Nationallied »Sie sollen ihn nicht haben, Den freien deutschen Rhein« von Nik. Becker. Mit acht Melodien nach den beliebtesten Volksweisen bearbeitet*, Wesel: Bagel, o. J. [1840], S. 15.

> Es wird sich nun fragen, welche [Komposition] den Sieg als Volksmelodie davon tragen wird. Das Volk hat darin einen eigenen und meistens richtigen Geschmack. In gegenwärtigem Schriftchen haben wir es versucht, das Lied den beliebtesten Volksweisen anzupassen, weil wir es für das sicherste Mittel erachteten, dasselbe bald allgemein zu machen.[46]

Bei Lichte betrachtet, repräsentiert das Gedicht einen äußerst schlichten Text, den mit der hochliterarischen Rheinromantikbewegung des Jahrhundertbeginns kaum noch etwas verbindet, sondern ihr im Gegenteil wenig mehr als chauvinistische Phrasen und abgedroschene Floskeln über rheinischen Wein, »kühne Knaben«, »schlanke Dirnen« und Sangeslust entgegenzuhalten hat, eingebettet in eine klischeehafte Konfrontation mit den als gierige Raben charakterisierten (französischen) Feinden. »Der Erhabenheit des Eingangs folgt [...] ein Abstieg ins Triviale zu ›Wein, Weib und Gesang‹.«[47] Angesichts der Verflachung der literarischen Rheintopoi und der zugleich immensen Verbreitung des nationalistischen Gassenhauers lässt sich nicht zuletzt anhand dieses Werks der längst überschrittene Zenit der romantischen Rheindichtung und ihre Banalisierung und Popularisierung konstatieren: »Der Aufgang der deutschen literarischen Rheinromantik ist auch ihr Höhepunkt. Sie verlor schnell ihren Rang und hohen Anspruch, stieg hinab in literarische Niederungen, erreichte zugleich aber immer weitere Kreise«.[48] Der breite Publikumserfolg in allen sozialen Schichten, die ungeheure, heute kaum mehr verständliche Wirkung der Verse, zumal aktiv als Lied rezipiert, liegt jedoch genau in der Schlichtheit und Sangbarkeit der Textanlage begründet:

> Das herrliche Lied: »Sie sollen ihn nicht haben, den freien deuschen [*sic*] Rhein« – ist seit wenigen Wochen der Gegenstand öffentlicher Blätter, der Gegenstand des Gesprächs in den vornehmsten und den niedrigsten Zirkeln geworden. Dasselbe wird gesungen von dem einen Ende Deutschlands bis an das andere, hier nach Kreutzer, dort nach Neidthardt oder nach eigenen Weisen.[49]

Beumer bietet auch gleich eine Erklärung dafür an, woher es denn »kömmt [...], daß dieses einfache, schlichte Lied in Aller Herzen wiederklingt[:] Es ist

46 Beumer, *Das Nationallied*, a. a. O., S. 1.

47 Bernsen, »Die Wacht am Rhein«, a. a. O., S. 499f.; vgl. auch Franzbach, »Die deutsch-französische patriotische Rheinlyrik«, a. a. O., S. 48. Auf den Reimzwang »Rhein – Wein« und seine Klischeebehaftung weist auch Waltraud Linder-Beroud hin (»›Immer hör' vom Rhein ich singen...‹«, a. a. O., S. 274).

48 Tümmers, *Der Rhein*, a. a. O., S. 212.

49 Der Druckfehler mag auf die eilige Drucklegung hindeuten, ebenso wie das orthographische Nebeneinander von »Komposition« und »Composition« (Beumer, *Das Nationallied*, a. a. O., S. 4).

ein deutsches Lied, ein Volkslied, ein Lied für die Gegenwart, eine Antwort auf das Gegacker der gallischen Hähne.«[50]

IV. Heisere Raben, gackernde Hähne und gierige Geier auf beiden Seiten des Rheins: Patriotische Resonanzen eines Gassenhauers

Mit dem »Gegacker der gallischen Hähne«, das die sich heiser schreienden Raben der ersten Gedichtstrophe Beckers vielleicht unbewusst aufgreift, spielt Beumer auf die politische Stoßrichtung des Textes an. Das refrainartig wiederkehrende Verspaar »Sie sollen ihn nicht haben, / Den freien deutschen Rhein« bestreitet den Anspruch der Franzosen auf ihre ehemaligen linksrheinischen Besitzungen, ohne die als potentielle Usurpatoren Besungenen überhaupt explizit zu nennen. Das Politische an Beckers Rheinlied beschränkt sich auf den gemeinhin mit Frankreich assoziierten Freiheitsbegriff, den der Dichter auf den »deutschen Rhein« appliziert, vor allem aber auf die Beschwörung eines als ›deutsch‹ empfundenen Stimmungsinventars, bestehend aus einer mit Felsen und Domen (4. Strophe), Fischen und Flut (6.–7. Strophe) verbundenen Rheinkulisse und den schon genannten Lustbarkeiten, die feuriger Wein (2. Strophe) und Gesang (3. Strophe) bieten. Allenfalls im Hochzeitsmotiv der Jugend (5. Strophe) und im Tode des »letzten Manns« (will sagen: der die deutsche Heimat verteidigt), klingen implizit nationale bzw. nationalistisch aufladbare Motive an. Das Kuriose ist, dass sich der gleichwohl hochpolitisch rezipierte,[51] sogar ausdrücklich als »Nationallied« (Beumer) instrumentalisierte Text jeder politischen Aussage verweigert. Allein der »freie deutsche Rhein« lässt auf die national gebundene Sprecherperspektive schließen, ansonsten ist das Bildinventar austauschbar und letztendlich nichtssagend. Die Blickrichtung des Sängers lässt neben dem »deutschen Rhein« im Grunde allein das paratextuelle Merkmal der Widmung erkennen: Als Abgeordneter hatte sich Alphonse de Lamartine zuvor ausdrücklich für die französische Wiedererlangung des Rheins eingesetzt.

Ist die Widmung ein Grund für die rasche Verbreitung des Textes in Frankreich, so ist ein weiterer die Übertragung der Verse durch einen anderen Dichter der linken Rheinseite: Neben Lamartine fühlt sich Alfred de Musset (1810–1857) von Becker zu einer Replik herausgefordert,[52] die er durch die oben bereits

50 Beumer, *Das Nationallied*, a. a. O., S. 3, Hervorhebungen im Original.

51 Zur politischen Wirkmacht des Textes bis hin zu Bismarck vgl. Franzbach, »Die deutsch-französische patriotische Rheinlyrik«, a. a. O., S. 48f.

52 Diese erscheint am 6. Juni 1841 in *La Presse* und nochmals am 15. Juni desselben Jahres in *La*

zitierte Übersetzung des deutschen Rheingedichts kontextualisiert. In seinem Antwortgedicht – das belegt schon dessen Titel – fügt sich Musset in die politische Reorganisation der Nationalgrenzen infolge des napoleonischen Untergangs (»l'aigle expirant«)[53] und gesteht den Deutschen zwar ›ihren‹ Rhein zu (»S'il est à vous, votre Rhin allemand«), macht aber zugleich mit Sarkasmus deutlich, dass Frankreich zuvor den umstrittenen Strom sehr wohl besessen habe. Strophe für Strophe evoziert er dieselben Bilder, die schon Becker verwendet hat (»Un couplet«, »sa robe verte«, »ce dernier ossement«, »Vos jeunes filles«, »votre petit vin blanc«, »Combien [...] de corbeaux«), bereichert sie jedoch vor allem um eine historische Dimension, welche die französische Nation mit Napoléon nicht nur in die römisch-imperiale Tradition Caesars stellt, sondern auch frühere historische Rheinfeldzüge, etwa den Louis' II, des Prince de Condé, vom Sommer 1644, in Erinnerung ruft. Mit den geschichtlichen Daten relativiert der französische Dichter wiederum den deutschen Anspruch auf das linksrheinische Land:

Le Rhin allemand
Réponse à la chanson de Becker

Nous l'avons eu, votre Rhin allemand.
Il a tenu dans notre verre.
Un couplet, qu'on s'en va chantant,
Efface-t-il la trace altière
Du pied de nos chevaux, marqué dans votre sang ?

Nous l'avons eu, votre Rhin allemand.
Son sein porte une plaie ouverte,
Du jour où Condé triomphant
A déchiré sa robe verte.
Où le père a passé, passera bien l'enfant.

Nous l'avons eu, votre Rhin allemand.
Que faisaient vos vertus germaines,
Quand notre César tout-puissant
De son ombre couvrait vos plaines ?
Où donc est-il tombé, ce dernier ossement ?

Nous l'avons eu, votre Rhin allemand.
Si vous oubliez votre histoire,
Vos jeunes filles, sûrement,

Revue de Paris; vgl. Alfred de Musset, *Poésies complètes*, édition présentée et annotée par Frank Lestringant, Paris: Librairie Générale Française, 2006, S. 841.

53 Ein gleichnamiges Denkmal hat Jean-Léon Gérôme (1824–1904) bei Waterloo zum Gedenken an die gefallenen Soldaten errichtet. Eine verkleinerte Replik des »Aigle expirant« aus vergoldeter Bronze ist heute im Musée Anne de Beaujeu in Moulins zu besichtigen.

Ont mieux gardé notre mémoire ;
Elles nous ont versé votre petit vin blanc.

S'il est à vous, votre Rhin allemand,
Lavez-y donc votre livrée ;
Mais parlez-en moins fièrement.
Combien, au jour de la curée,
Étiez-vous de corbeaux contre l'aigle expirant ?

Qu'il coule en paix, votre Rhin allemand ;
Que vos cathédrales gothiques
S'y reflètent modestement ;
Mais craignez que vos airs bachiques
Ne réveillent les morts de leur repos sanglant.[54]

Jenseits des Rheins erscheint als unmittelbare Reaktion auf Mussets Antwort eine polemische Rezension aus der *Beilage zur Allgemeinen Zeitung* (Augsburg) vom 23. Juni 1841, in welcher der Originaltext wiederum nebst einer deutschen Übertragung abgedruckt ist. Musset wird darin unpolitisch beschrieben als

> einer der zierlichsten Schriftsteller des jetzigen Frankreichs, ein poetischer Kleinmeister, welcher Novelletten, dramatische ›proverbes‹ und sonstige Nürnberger Spielsächelchen für den schöngeistigen Salonsverbrauch [*sic*] mit Leichtigkeit und in Menge producirt. Seine lyrische Muse verrichtet am liebsten Zofendienste im Schlafgemach blasser spanischer Marquisinnen –[55]

umso mehr erzürnt den anonymen deutschen Kommentator an dem aktuellen Gedicht, dass »Alfred – durch Lamartine's und Victor Hugo's Beispiel angesteckt – höchst unschuldige Boudoir-Poesie auf die Politik gewendet« habe.[56] Mit seinem Artikel möchte der Rezensent die aktuelle Berichterstattung »über die poetische Episode der Geschichte eines kritischen Jahres« vervollständigen; er teilt nicht etwa die Befürchtung eines anderen Zeitungskorrespondenten, »daß die Verbreitung des Musset'schen A n t i - R h e i n l i e d s demselben eine ungebührliche Wichtigkeit zuwege bringen könnte«, und ermahnt sich selbst, Mussets Verse nicht »zu ernsthaft« zu besprechen. Von dessen Argumenten lässt er immerhin eines – die vierte Strophe – gelten: »daß damals viele unserer schönen Landsmänninnen, wenigstens in Süddeutschland, von französischer Liebenswürdigkeit sich etwas zu schwach finden ließen«.[57]

---

54 Alfred de Musset, *Poésies complètes*, édition présentée et annotée par Frank Lestringant, Paris: Librairie Générale Française, 2006, S. 565–566.

55 »Alfred de Musset«, in: *Beilage zur Allgemeinen Zeitung* 174 (23.06.1841), S. 1385–1386, hier 1385.

56 Ebd., S. 1385. Hugos *Le Rhin* wird erst 1842 erscheinen; gemeint ist hier wohl sein politisches Engagement schlechthin.

57 Vgl. ebd., S. 1386.

Den Franzosen wirft er den Verrat ihrer politischen Ideale vor: »Ihr legtet euch einst als Republikaner zu Bett und erwachtet galonnirt in der Antichambre Napoleons.« Ihre historischen Eroberungen aber hält er im Gegensatz zu den deutschen für ephemere Erscheinungen:

> die Franzosen sind schon oft da und dort mit Waffenlärm und Victoriaruf über die Erde weggelaufen, aber fast jedesmal ging es vorüber mit Menuettschritt, wie Champagnerrausch. Elsaß und Lothringen ausgenommen [...], kaum irgendwo Nachhalt, Wurzelschlag, Zukunft. [...] Ganz anders war und ist es mit den deutschen Kriegs- und Friedenseroberungen; [...] das deutsche Volk erobert auf die Dauer [...], während jene Triumphatorenzüge vorüberbrausen, glücklich genug, wenn sie die Luft reinigen mit Gewitterregen.[58]

Eine zeitgenössische deutsche Übersetzung der Verse Mussets, die größere Verbreitung erfahren hätte, ist tatsächlich nicht bekannt. In Frankreich hingegen werden auch sie mit schneidigen Marschrhythmen kombiniert und ebenfalls in zahlreichen Versionen gesungen. Bemerkenswert ist dabei gleichwohl, dass der größte Teil der dokumentierten französischen Vertonungen von Mussets *Le Rhin allemand* erst mit einer zeitlichen Verzögerung von einigen Jahrzehnten entsteht und auch dann noch zur Aufführung gelangt bzw. durch Musikverlage neu ediert wird. Ihre Aktualität wird durch spätere militärische Konflikte, etwa den Deutsch-Französischen Krieg von 1870/71, in den meisten Fällen jedoch durch den Ersten Weltkrieg, geradezu neu heraufbeschworen, und selbst nach 1918 werden dem Liedtext Mussets noch neue Melodien unterlegt. Zu den in der Regel nicht datierten Fassungen zählen wenigstens die Liedkompositionen von Charles Delioux (1825–1915; »Allegro Marziale«, 1852 und 1870 [Abb. 7]), Albéric Magnard (1865–1914; »Avec insolence«, 1891), José Creus (18..–1926, »Mouvement de Marche«, 190. [Abb. 8]), Antonin Louis (1845–1915; »Résolument – Marche«, 1914 [Abb. 9]), Albert Renaud (1855–1924; 1915), Jean d'Agay (18..–19..; wohl 1915), Alexandre Bernn (18..–1920; 1916), Julien Tiersot (1857–1936; 1918), Félicien David (1810–1876; 1923) und Aimé Girod (18..–1942).[59]

Der postume Nachhall, den Mussets Gedicht zur Zeit des Ersten Weltkriegs finden werden,[60] beschränkt sich nicht etwa auf die Musik; auch in Versimita-

58 Vgl. ebd., S. 1385f.

59 Die vollständige Vertonung von José Creus aus Vaugirard (Éditions des Bons Auteurs) findet sich wiederabgedruckt bei Roland Alexander Ißler, »Vater Rhein und Mutter Europa«, a. a. O., S. 125f. Rhythmus und Melodie imitieren stellenweise sogar deutlich den »Aux armes«-Appell der Marseillaise (vgl. die Takte 24–27).

60 Gleiches gilt übrigens für Beckers Gedicht; vgl. dazu Franzbach, »Die deutsch-französische patriotische Rheinlyrik«, a. a. O., S. 48f. Die aus dem leicht sangbaren Gedicht abgeleitete kriegerische Stimmung wird sogar noch im Zweiten Weltkrieg fortdauern und vom Nationalsozialismus politisch instrumentalisiert werden. Nach dem Krieg werden dann rheinro-

Abb. 7: Mussets Replik in einer früheren Vertonung (1852) von Charles Delioux, wiederaufgelegt und öffentlich gesungen zur Zeit des Deutsch-Französischen Krieges, aus: *Le Rhin allemand*, Chanté au Théâtre Impérial de l'Opéra par M.r Faure, Poésie de Alfred de Musset, Musique de Charles Delioux, Paris: E. Heu, o. J. [um 1870].

Abb. 8: *Le Rhin allemand*, Poésie de Alfred de Musset, Musique de José Creus, Paris: Édition des Bons Auteurs, o. J. [wohl erstes Jahrzehnt des 20. Jahrhunderts], *http://www.nithart.com/images/chansons/musset1.jpg* [10.09.2018].

Abb. 9: Undatierte Liederpostkarte *Le Rhin allemand*, Poésie de Alfred de Musset, Musique de Antonin Louis, Paris: Henry Wykes, éditeur, o.J. [ca. 1914 laut Schätzung der Bibliothèque nationale de France].

tionen klingen die Strophen noch lange nach. Der aus Rouen stammende Dichter Georges Parmentier (geb. 1867) solidarisiert sich in seinem parodistischen Gedicht *Le Rhin franco belge* (1914) mit Belgien (»Au vaillant peuple belge & son héroïque souverain le roi Albert 1er«) und verarbeitet hörbar Versatzstücke von Beckers Lied und dessen Übersetzung durch Musset (z. B. »votre Rhin allemand«, »sa robe verte«). Ähnlich den blutgetränkten Äckern der französischen Nationalhymne solle hier das Blut der gemeinsamen deutschen Kriegsfeinde die rheinischen Wellen mit seiner roten Farbe tränken:[61]

> Bientôt nous le tiendrons, votre Rhin Allemand [...]
> La douce Lorelei ne dit plus sa chanson [...]
> Le Rhin doit être un jour

---

mantische Versatzstücke, getragen von der Rheinlieder-Popularisierung der Adenauer-Ära zwischen Karnevalsschlager und Stimmungslied, einer neuerlichen Trivialisierungswelle zum Opfer fallen; vgl. Fleckenstein, »Warum ist es am Rhein so schön?«, a. a. O., S. 201 f.; Franzbach, »Die deutsch-französische patriotische Rheinlyrik«, a. a. O., S. 64 f. Zum Konflikt zwischen Frankreich und Deutschland zwischen 1871 und 1945 vgl. Ausst.kat. *Der Rhein. Eine europäische Flussbiographie*, a. a. O., S. 279–291.

61 Das hier aufgerufene Bild steht in diametralem Gegensatz zu der pazifistischen Forderung Alphonse de Lamartines aus seiner *Marseillaise de la Paix*, dass niemals wieder Blut, gleich ob von Franzosen oder von Deutschen, das Rheinwasser tränken möge: »Il ne tachera plus le cristal de ton onde, / Le sang rouge du Franc, le sang bleu du Germain« (*La Revue des Deux Mondes* 4,26 (1841), S. 794–799, hier: V. 5–6, S. 795); vgl. dazu Abschnitt V.

Le gage d'une paix qui durera toujours
Et vous ne l'aurez plus, ce fleuve magnifique [.]
Oui, pour venger Arras, Reims, Liège et Louvain
L'onde rouge, sous peu, du sang vil du Germain
Arrosera bientôt la France et la Belgique.[62]

Doch zurück ins Jahr 1840, in dem Beckers Lied nicht nur von französischer Seite beantwortet wird. Ernst Moritz Arndt, der Nationaldichter der Freiheitskriege, meldet sich, über siebzigjährig, noch einmal angriffslustig zu Wort und lobt das »Lied vom Rhein« überschwänglich als »Wehrgesang« und Künder eines jungen Deutschlands, das sich der Wiederkehr »alte[r] Wahne[]« entgegenstemme wie seinerzeit dem Aggressor und Eroberer Napoléon:

Das Lied vom Rhein an Niklas Becker.

Es klang ein Lied vom Rhein,
Ein Lied aus deutschem Munde,
Und schnell wie Blitzesschein
Durchflog's die weite Runde,
Und heiß wie Blitzesschein
Durchzuckt' es jede Brust
Mit alter Wehen Pein,
Mit junger Freuden Lust.

Sein heller Widerklang
Vom Süden fort zum Norden
Ist gleich wie Wehrgesang
Des Vaterlands geworden.
Nun brause fröhlich, Rhein:
Nie soll ob meinem Hort
Ein Wälscher Wächter sein!
Das brause fort und fort.

Und stärkrer Widerklang
Gleich Pauken und Posaunen,
Gleich kühnem Schlachtgesang
Klingt Wälschland durch mit Staunen –
Es klinget: Neue Zeit
Und neues Volk ist da;
Komm, Hoffart, willst du Streit!
Germania ist da.

Drum klinge, Lied vom Rhein!
Drum klinget, deutsche Herzen!
Neu, jung will alles sein –

62 Zit. nach: *http://www.histoiredefrance-chansons.com/index.php?param1=mil466.php.* [28.02. 2017]; vollständig abgedruckt auch in: Ißler, »Vater Rhein und Mutter Europa«, a.a.O., S. 127.

Fort, fort die alten Schmerzen!
Der alten Wahne Tand!
Alleinig steh'n wir da
Für's ganze Vaterland,
Jung steht Germania.[63]

Arndts Worte belegen u. a., dass zur Zeit der Rheinkrise viel in das Becker'sche Lied hineingelesen wird, was ihm ursprünglich nicht eignet. Wie Arndt scheinen auch andere Dichter bei Becker die politische Zuspitzung zu vermissen. So ist es zu erklären, dass in engem zeitlichem Abstand ab 1840 vermehrt nationalistische Gedichte in Deutschland kursieren, die deutliche Anleihen an Beckers poetischen Duktus erkennen lassen. Sei es, dass sie das längst allenthalben bekannte Rheinlied bis in den Wortlaut hinein imitieren, sei es, dass sie seinen dreihebigen Jambus übernehmen – der unerwartete Erfolg des *Deutschen Rheins* ruft viele Nachahmer auf den Plan.

So lehnt sich etwa der Münchner Chronist Ulrich von Destouches (1802–1863) aufs Engste an Becker an, schreibt dessen Text aber so um, dass er das inhaltsarme Original mit nationalen Topoi füllt (»deutscher Glaube«, »deutsches Wort«, »deutsches Eisen«, »deutscher Mut«, »deutsche Treu« etc.)[64] und diese rhetorisch geschickt mit dem »deutschen Rhein« verknüpft. Der Titel impliziert, dass schon Beckers Text als Volkslied aufgefasst wurde; die Parodie erscheint noch im November desselben Jahres im *Bayerischen Landboten:*

Auch ein deutsches Volkslied

Wir wollen ihn nicht lassen,
Den freien deutschen Rhein,
Wie sie uns darob hassen,
Kann uns gleichgültig seyn.

Noch lebt der deutsche Glaube,
Noch gilt ein deutsches Wort,
Dieß wahrt vor jedem Raube
Und lebet fort und fort!

Wir wollen ihn nicht lassen,
Den freien deutschen Rhein,
Wenn sie sich auch in Massen
Kampflustig finden ein.

63 Ernst Moritz Arndt: *Das Lied vom Rhein an Niklas Becker*, in: *Gedichte von Ernst Moritz Arndt. Vollständige Sammlung*, Berlin: Weidmann, ^{2}1865, S. 412–413, Hervorhebungen im Original.

64 Ähnlich verfährt übrigens Hoffmann von Fallersleben in der zweiten Strophe seines *Liedes der Deutschen.*

Noch gibt es deutsches Eisen,
Noch gibt es deutschen Muth,
Noch strömt in seinen Kreisen
Der Deutschen treues Blut.

Wir wollen ihn nicht lassen,
Den freien deutschen Rhein,
Wir kennen kein Erblassen,
Sie schüchtern uns nicht ein.

Noch gibt es deutsche Fürsten,
Noch gibt es deutsche Treu!
Wie sie darnach auch dürsten,
Der Rhein bleibt deutsch und frei![65]

Ähnlich wie Destouches verfahren mehrere andere, oft unbekannte Dichter, die Beckers Rheinlied diversen Umtextierungen zugrundelegen.[66] Ob die Dichter Becker nacheifern und ihre Nationalgedichte mit Zitaten aus dessen *Deutschem Rhein* schmücken oder ob sie ihn unbewusst imitieren – es kann hier nur angedeutet werden, in wie vielen Texten Worthülsen und Versfragmente von Becker mitschwingen. Dabei werden die Rheinlieder immer offener militant. Geht es in der ursprünglichen Fassung noch lediglich darum, den Nachbarn den Rhein nicht zu überlassen, so kreuzen bald auch unerbittliche Schlachtrufe und Kampfansagen den Strom.

Ein in dieser Hinsicht markanter Text ist das Gedicht *Der Rhein* von Robert Eduard Prutz (1816–1872). Ebenfalls schon im Jahr 1840 erschienen, charakterisiert es den Rhein wiederum als »deutsch und frei« und hat neben den publizistischen Werken des Autors große Bekanntheit erlangt. In den emphatischen Drohgebärden verbirgt sich durchaus auch die Furcht vor einem französischen Eroberungskrieg, nachdem der Gebietsanspruch mit »heiserem Geschrei« bereits unmissverständlich formuliert worden sei. Aufgrund der Länge des Gedichts müssen hier kleinere Auszüge genügen, um die kriegerische Haltung Prutzens zu illustrieren. In der ersten Strophe heißt es:

Der deutsche Rhein –! Wie klingt das Wort so mächtig!
    Schon sehn wir ihn, den goldig-grünen Strom,
Mit heitern Städten, Burgen stolz und prächtig,
    Die Lurlei dort, und dort den Kölner Dom!

65 Destouches [, Ulrich von], *Auch ein deutsches Volkslied*, in: *Der Bayerische Landbote* 324 (19. 11. 1840), S. 1471.

66 Eine populäre Fassung von Beckers Rheinlied ist z. B. nachzulesen in: Franz Magnus Böhme, *Volksthümliche Lieder der Deutschen im 18. und 19. Jahrhundert*, Leipzig: Breitkopf & Härtel, 1895, S. 21; vgl. ein weiteres Beispiel bei Ißler, »Vater Rhein und Mutter Europa«, a. a. O., S. 130.

Der freie Rhein –! Gedächtniß unsrer Siege,
  Du mit dem Blut der Edelsten getauft,
Ruhm unsrer Väter, die in heil'gem Kriege
  Mit Liedern nicht, mit Schwertern dich erkauft! – –

Prutz stellt seinen Text sehr bewusst in den Kontext des Rheinlieds von Nicolaus Becker, den er sogar direkt apostrophiert (»der Du zuerst gesungen«):

Wer hat nun Recht, zu sagen und zu singen
  Vom deutschen Rhein, dem freien deutschen Sohn?
O diese Lieder, die so mutig klingen,
  Beim ew'gen Gott! sie dünken mich wie Hohn. [...]

– Es gilt nicht Dir, der Du zuerst gesungen
  Das stolze Wort vom freien deutschen Rhein
Das durch die Welt sich adlergleich geschwungen –
  Dich schließ' im Geist in meinen Arm ich ein!
Aus voller Brust ist Dir das Lied gequollen,
  Und nicht im Käficht hast Du es bewahrt:
Frei fliegt es hin, wohin die Winde wollen –
  Du thatest Recht! und das ist Sängerart.

Euch ruf' ich an, ihr Fürsten und Vasallen,
  In deren Händen unser Schicksal liegt! –
Euch Deutschen gilt es, nah und fern, Euch allen,
  So weit ein Hauch von deutschem Munde fliegt.
Mit Euch zuerst müßt Ihr den Kampf beginnen!
  Soll unverführt von heiserem Geschrei
Und ungetrübt des Rheines Welle rinnen,
  So seid zuerst Ihr selber deutsch und frei! [...]

Drum frisch gewagt und Euch mit ihm verbündet –
  Es ist der deutsche, ist der freie Geist! [...]

Sei deutsch, mein Volk! Verlern' den krummen Rücken,
  An den Du selbst unwürdig dich gewöhnt! [...]

So wird's erreicht! Und wenn in künft'gen Tagen
  Das stolze Frankreich unsern Rhein begehrt,
Wir werden es mit Lächeln dann ertragen,
  Dann ohne Lieder, doch die Hand am Schwert.
Denn dann gelang's, ihn ewig fest zu flechten:
  Die goldne Freiheit soll die Fessel sein!
Dann lohnt es sich, bis in den Tod zu fechten,
  Denn, deutsch und frei, dann bleibt er unser Rhein.[67]

67 R[obert] E[duard] Prutz, *Der Rhein. Gedicht von R. E. Prutz*, Leipzig: Wigand, 1840. – Aus dem ›Vater Rhein‹ wird hier subtil der (zu verteidigende) »deutsche Sohn«.

»Bis in den Tod zu fechten« – die Formulierung bietet einen Vorgeschmack auf den erbitterten Krieg zwischen Deutschland und Frankreich in den Jahren 1870/71, in denen die Lieder des »deutsch-französischen Dichterstreit[s] um den Rhein« tatsächlich wieder zum Einsatz kommen werden.[68]

Doch schon in seinem *Rheinweinlied* (ebenfalls von Oktober 1840, zuerst veröffentlicht 1841 und alsbald für vierstimmigen Männerchor sowohl von Felix Mendelssohn-Bartholdy [1809–1847] als auch von Franz Liszt [1811–1886] vertont) ruft der Vormärzdichter Georg Herwegh (1817–1875) zu den Waffen; ganz anders als noch in Matthias Claudius' (1740–1815) gleichnamigem Loblied auf den rheinischen Rebensaft (»Bekränzt mit Laub den lieben, vollen Becher…«, 1775) rechtfertigt hier der Wein den Abwehrkampf:

Rheinweinlied

Wo solch ein Feuer noch gedeiht
Und solch ein Wein noch Flammen speit,
Da lassen wir in Ewigkeit
  Uns nimmermehr vertreiben.
    Stoßt an! Stoßt an! der Rhein,
    Und wär's nur um den Wein,
  Der Rhein soll deutsch verbleiben.

Herab die Büchsen von der Wand,
Die alten Schläger in die Hand,
Sobald der Feind dem welschen Land
  Den Rhein will einverleiben!
    Haut, Brüder, mutig drein!
    Der alte Vater Rhein,
  Der Rhein soll deutsch verbleiben. […]

Kein Tropfen soll, ein feiger Knecht,
  Des Franzmanns Mühle treiben. […]

Der ist sein Rebenblut nicht wert,
Das deutsche Weib, den deutschen Herd,
Der nicht auch freudig schwingt sein Schwert,
  Die Feinde aufzureiben.
    Frisch in die Schlacht hinein!

68 Vgl. Paloma Cornejo, *Zwischen Geschichte und Mythos: La guerre de 1870/71 en chansons. Eine komparatistische Untersuchung zu den identitätsstiftenden Inhalten in deutschen und französischen Liedern zum Krieg*, Würzburg: Königshausen & Neumann, 2004, hier: S. 49. – Interessanterweise wird aber 1870 gerade auch Lamartines *Friedensmarseillaise* von Ferdinand Freiligrath ins Deutsche übertragen (zweisprachig in: Dieter Gutzen / Horst Rüdiger, *Epochen der deutschen Lyrik. Übersetzungen, Zweiter Teil.* München: dtv, 1977, S. 498–505).

Hinein für unsern Rhein!
Der Rhein soll deutsch verbleiben. […][69]

Versöhnlichere Töne schlägt das *Rheinweinlied* des Berliner Humoristen Adolf Glaßbrenner (1810–1876) an, in dem Herweghs Gedicht Nachhall findet. Darin heißt es zwar, die Reben sollen »unser«, also wiederum ›deutsch‹ bleiben, sie dienen hier aber zumindest auch als friedvoll verbindendes Zeichen:

Rheinweinlied.

Seit Tausend Jahren unverdrossen
Ist Euer Blut für uns geflossen
Ihr Reben an dem Rhein!
Drum will es Gott und soll es sein:
Wir schwören's hier,
So lassen wir
Auch gerne unser Blut für euch. […]

Doch ob wir auch dem Feind nicht weichen,
Seid lieber süßen Friedens Zeichen
Ihr Reben an dem Rhein!
Und will es Gott und soll es sein,
So trinkt der Feind
Mit uns vereint
Auf unsrer deutschen Freiheit Wohl!
Schenkt ein, schenkt ein
Den goldnen Wein
Vom Rhein,
Und laßt's uns wacker treiben!
Die grünen Reben an dem Rhein,
Sie sollen unser bleiben![70]

V. Kritische und mäßigende Stimmen: ›Vater Rhein‹ als Spötter und kosmopolitischer Friedensstifter

Wie sehr Beckers Rheinlied sich binnen kurzer Zeit poetisch ebenso wie politisch verselbständigt, ist bereits an einer Vielzahl zunehmend martialischer Gedichte deutlich geworden. Doch nicht alle Autoren lassen sich gleichermaßen von dem Säbelrasseln anstecken. Einige wahren auch kritische Distanz und antworten besonnen, andere parodieren und verballhornen die Textvorlage.

69 Georg Herwegh, *Rheinweinlied*, in: *Gedichte 1835–1848*, hrsg. von Ingrid Pepperle, bearb. von Volker Giel, Bielefeld: Aisthesis, 2006 (Werke und Briefe, 1), S. 17–18.

70 Adolf Glaßbrenner, *Rheinweinlied*, anonym veröffentlicht in dem Gedichtband *Verbotene Lieder. Von einem norddeutschen Poeten*, Bern: Jenni, 1844, S. 103–105, hier: 103, 105.

Den rheinischen Sängerstreit selbst besingt der Dichter und Hugo-Übersetzer Ludwig Seeger (1810–1864) unter dem Titel *Das Rheinlied.* Darin klagt er Becker an, mit seinem Gedicht großes Unheil angerichtet zu haben, und wünscht sich ein Ende des Gezänks. Anlass zur Klage sei vielmehr die Zensur und Unfreiheit im Deutschland seiner Gegenwart:

Das Rheinlied.

Herr Gott im Himmelslichte,
Sieh' einmal gnädig drein,
Und ende die Geschichte
Vom freien deutschen Rhein!

Das hat gesummt, geklungen,
Gepoltert und gezischt;
Da haben alle Zungen
Sich rührig drein gemischt.

Da rauschten alle Blätter
Im deutschen Eichenhain,
Ein Zwitschern, ein Geschmetter
Land auf und ab am Rhein;

Da rauschten alle Blätter,
Fürwahr, der Lärm war groß,
Als bräch' ein Donnerwetter
Im stillen Deutschland los.

Da drehte man sich Nasen,
Und log in's Blau hinein,
Und pries mit hohlen Phrasen
Den freien, deutschen Rhein,

Als wär' er frei. — Wir kennen
Die Freiheit, guter Gott!
Wem muss das Herz nicht brennen
Bei solchem herben Spott?

Als wär' er deutsch, und hätte
Nie fremden Grund geleckt,
Als stünden um sein Bette
Nicht Stöcke, buntgefleckt,

Grenzpfähle, bunt von Farbe,
Gespießt in's Fleisch dem Reich, [...]

O Becker, sanftes Mädchen,
Was hast du angericht't?
Du spannst aus seid'nen Fädchen
Ein zartes Kriegsgedicht, [...]

Wer mag von Freiheit sprechen,
Von Einheit, deutschem Geist,
Im Lande, wo Verbrechen
Die freie Rede heißt; [...]

Auf, deutsches Volk! – Gedichte –
Was hilft dich der Ersatz?
Erkämpf' in der Geschichte
Dir wieder einen Platz!

Steh' auf in deiner Glorie
Und träume länger nicht;
Dann wird dir die Historie
Von selber zum Gedicht.

Dann darffst du wieder schauen
Mit Stolz den deutschen Strom;
Dann lass't uns aus ihn bauen,
Der deutschen Dichtung Dom![71]

Mit der deutschen Zensur hat auch der Heinrich Heine (1797–1856) bittere Erfahrungen gemacht, so dass es kaum verwundert, dass der Dichter der Loreley sich auch hier zu Wort meldet. Wachen Auges verfolgt der aus Düsseldorf stammende Poet, der zum Zeitpunkt der Rheinkrise schon seit fast einem Jahrzehnt (seit 1831) in Paris lebt, die politische Entwicklung in Deutschland. Als Kondensat seiner Deutschlandreise von 1843 entsteht die dortselbst verbotene Schrift *Deutschland. Ein Wintermärchen*, deren französische Prosaübertragung (von Édouard Grenier) bereits ein Jahr später erscheint. Dieser Sammlung ist das folgende Gedicht entnommen. Heine gestaltet darin ein Zwiegespräch des lyrischen Sprechers mit dem personifizierten Vater Rhein, dem er auf diese Weise eine doppelte Kritik in den Mund legen kann – an Beckers »dumme[m] Lied« auf der einen, an der kindischen Reaktion Alfred de Mussets auf der anderen Seite:

Sei mir gegrüßt, mein Vater Rhein,
Wie ist es dir ergangen?
Ich habe oft an dich gedacht
Mit Sehnsucht und Verlangen.

So sprach ich, da hört ich im Wasser tief
Gar seltsam grämliche Töne,
Wie Hüsteln eines alten Manns,
Ein Brümmeln und weiches Gestöhne:

71 Ludwig Seeger, *Das Rheinlied*, in: *Der Sohn der Zeit. Freie Dichtung von Ludwig Seeger in Bern*, Leipzig: Verlagsbureau, 1847, S. 303–310, hier: 303–305, 309f. Die Forderung nach Pressefreiheit hatte zuvor schon Prutz im zitierten *Rheinweinlied* erhoben.

»Willkommen, mein Junge, das ist mir lieb,
Daß du mich nicht vergessen;
Seit dreizehn Jahren sah ich dich nicht,[72]
Mir ging es schlecht unterdessen.

Zu Biberich hab ich Steine verschluckt,
Wahrhaftig, sie schmeckten nicht lecker!
Doch schwerer liegen im Magen mir
Die Verse von Niklas Becker. [...]

Wenn ich es höre, das dumme Lied,
Dann möcht ich mir zerraufen
Den weißen Bart, ich möchte fürwahr
Mich in mir selbst ersaufen! [...]

Das dumme Lied und der dumme Kerl!
Er hat mich schmählich blamieret,
Gewissermaßen hat er mich auch
Politisch kompromittieret.

Denn kehren jetzt die Franzosen zurück,
So muß ich vor ihnen erröten,
Ich, der um ihre Rückkehr so oft
Mit Tränen zum Himmel gebeten.

Ich habe sie immer so lieb gehabt,
Die lieben kleinen Französchen –
Singen und springen sie noch wie sonst?
Tragen noch weiße Höschen?

Ich möchte sie gerne wiedersehn,
Doch fürcht ich die Persiflage,
Von wegen des verwünschten Lieds,
Von wegen der Blamage.

Der Alfred de Musset, der Gassenbub,
Der kommt an ihrer Spitze
Vielleicht als Tambour, und trommelt mir vor
All seine schlechten Witze.«

72 Die frühere Begegnung mit dem Rhein hält Heine später in seinen 1854 verfassten *Geständnissen* fest: »Den 1. Mai 1831 fuhr ich über den Rhein. Den alten Flußgott, den Vater Rhein, sah ich nicht, und ich begnügte mich, ihm meine Visitenkarte ins Wasser zu werfen. Er saß, wie man mir sagte, in der Tiefe und studierte wieder die französische Grammatik von Meidinger, weil er nämlich während der preußischen Herrschaft große Rückschritte im Französischen gemacht hatte und sich jetzt eventualiter aufs neue einüben wollte. Ich glaubte, ihn unten konjugieren zu hören« (Heinrich Heine, *Geständnisse*, in: Heinrich Heine, *Sämtliche Schriften*, hrsg. von Klaus Briegleb, München: dtv, 2005, Bd. 6/I, S. 443–513, hier: 459f.).

Bei allem satirischen Grundton ist die Bloßstellung Beckers und Mussets und ihrer Anhänger auf beiden Seiten des Rheins nicht die wesentliche Aussage der zitierten Verse. Von der in den Jahren der Rheinkrise so sorgsam kultivierten patriotischen Abgrenzung hebt Heine ein kulturell reges (und dabei dem grüblerischen Deutschland immer ähnlicher werdendes) Frankreich ab, das hinter der National- und Grenzdebatte bisweilen zurückzutreten scheint.

> So klagte der arme Vater Rhein,
> Konnt sich nicht zufrieden geben.
> Ich sprach zu ihm manch tröstendes Wort,
> Um ihm das Herz zu heben:
>
> O fürchte nicht, mein Vater Rhein,
> Den spöttelnden Scherz der Franzosen;
> Sie sind die alten Franzosen nicht mehr,
> Auch tragen sie andere Hosen. [...]
>
> Sie philosophieren und sprechen jetzt
> Von Kant, von Fischte [*sic*] und Hegel,
> Sie rauchen Tabak, sie trinken Bier,
> Und manche schieben auch Kegel. [...]
>
> Der Alfred de Musset, das ist wahr,
> Ist noch ein Gassenjunge;
> Doch fürchte nichts, wir fesseln ihm
> Die schändliche Spötterzunge. [...]
>
> Gib dich zufrieden, Vater Rhein,
> Denk nicht an schlechte Lieder,
> Ein besseres Lied vernimmst du bald –
> Leb wohl, wir sehen uns wieder.[73]

Aus eigener Anschauung kennt der Dichter die Hochachtung, die gebildete Franzosen für die deutsche Philosophie, auch während der Rheinkrise und von dieser unberührt, hegen; für den umgekehrten Kulturtransfer ist Heine selbst ein bedeutendes Beispiel. Als »[d]as Eigentümliche der Situation von 1840« bezeichnet denn auch die Historikerin Veit-Brause »das Nebeneinander von Kriegsgesinnung und tiefster Sympathie, begründet in der Verkennung der nationalen Gefühle Deutschlands, die unabhängig von allen übrigen politischen Anschauungen waren.«[74] Die preußischen Druckverbote gegen Heine haben so wenig wie seinerzeit die napoleonische Zensur gegen Germaine de Staëls

73 Heinrich Heine, *Deutschland – ein Wintermärchen* (*Caput V*), in: Heinrich Heine, *Sämtliche Schriften*, hrsg. von Klaus Briegleb, München: dtv, 2005, Bd. 4, S. 571–644, hier: 587–589, Kommentar S. 1032–1036. Vgl. dazu auch Franzbach, »Die deutsch-französische patriotische Rheinlyrik«, a. a. O., S. 52–55.

74 Veit-Brause, *Die deutsch-französische Krise von 1840*, a. a. O., S. 33.

Schriften zu verhindern vermocht, dass Deutschland und Frankreich einander nach wie vor wechselseitig als kulturelle Referenz schätzen.

Tatsächlich lebt seit dem Zeitalter der Aufklärung, aller patriotischen Besetzung der Rheinsymbolik und allem nationalistischem ›Gekrächz‹ zum Trotz, die auf Frieden bedachte humanistische und kosmopolitische Idee von der Einheit der Völker fort. Entsprechend sehen einzelne Literaten diese durch die nationalistischen Abgrenzungsversuche in der zeitgenössischen Literatur gefährdet. Das oben bereits erwähnte Antwortgedicht Lamartines von 1841, das er vielsagend mit »La Marseillaise de la Paix« überschreibt, ist – neben Hugos ein Jahr später erschienenen Briefsammlung *Le Rhin* – das wohl nachdrücklichste, wenn auch nicht einzige literarische Zeugnis einer Projektion dieses supranationalen Einheitsgedankens auf den Rhein. Lamartine hatte unterdessen auch Mussets Rheingedicht an Becker als »au-dessous de la dignité comme du génie de la France« bezeichnet und bedauert: »On voulait un refrain de caserne, on bafoua la note de la paix«.[75]

In seiner Erwiderung an Becker, der ihn persönlich herausgefordert hatte, rekurriert Lamartine auf dessen Begriff vom »freien Rhein«, den er hier in anaphorischen Strophenanfängen (»Roule libre«) eingängig wiederholt.[76] Aber weder mit Deutschland noch mit Frankreich verknüpft er den Rhein. Um wirklich »frei« fließen zu können, müsse der »Nil de l'Occident«, »artère[] du globe«, auch frei sein von jedwedem Nationalgedanken und von nationaler Vereinnahmung. In diesem Sinne erklärt sich der lyrische Sprecher selbst zum »concitoyen de tout homme qui pense«, dem der Geist mehr gelte als die politischen Grenzen einer Nation. Das nationale Band gehe vielmehr in der höheren Einheit der Menschheit auf: »Que l'homme soit un peuple et les fleuves une eau!« Neben den folgenden Auszügen steht im Paralleldruck die zeitgenössische Nachdichtung Ferdinand Freiligraths (1810–1876), die wiederum von der Resonanz der »Friedensmarseillaise« Lamartines im deutschsprachigen Raum zeugt.

75 Alphonse de Lamartine, *Cours familier de littérature, XIXe Entretien*, zit. nach der Ausgabe: Alfred de Musset, *Poésies complètes*, édition présentée et annotée par Frank Lestringant, Paris: Librairie Générale Française, 2006, S. 841.

76 Vgl. in der Übersetzung Freiligraths: »O rolle stolz und frei«; Freiligrath, *Friedensmarseillaise*, a. a. O.

La Marseillaise de la Paix Réponse à M. Becker. Saint-Point, 28 mai 1841.	**Die Friedensmarseillaise.** An Nicolaus Becker.
Roule, libre et superbe entre tes larges rives, Rhin! Nil de l'Occident! coupe des nations! […]	O rolle stolz und frei, zieh' deines Wegs gelassen, Du Nil des Occidents, Nationenbecher Rhein, […]
Roule libre et béni! Ce Dieu qui fond la voûte Où la coupe du gland pourrait te contenir, Ne grossit pas ainsi ta merveilleuse goutte Pour diviser ses fils, mais pour les réunir! […]	Roll' hin, frei und beglückt! Der Gott, der deine Wellen Hoch im Gebirge schlug aus Gletscher und Gestein, Ließ deinen Tropfen nicht zum mächt'gen Strome schwellen, Daß er entzweie – nein, dass er verbinde, Rhein! […]

Nicht nur, dass Touristen in Dampfschiffen den Rhein bereisen, wie in der zweiten Strophe hervorgekehrt wird – die Ruinen beiderseits des Flusses verweisen, wie auch Hugo betont, auf eine gemeinsame Geschichte. Gewiss nicht zufällig werden mit Julius Caesar die Gallischen Kriege hervorgehoben, die seinerzeit vor der Rheingrenze nicht halt gemacht haben; nicht zufällig wird wiederum mit Arminius ein Held der Germanen benannt; nicht zufällig schließlich mit Karl dem Großen ein Gründungsvater des modernen Europas evoziert. Alle drei hätten sich – ein eindringliches Bild überzeitlicher Einheit – am Wasser des Rheins erfrischt:

Roule libre et splendide à travers nos ruines, Fleuve d'Arminius, du Gaulois, du Germain! Charlemagne et César, campés sur tes collines, T'ont bu sans t'épuiser dans le creux de leur main!	Roll' hin, frei und in Pracht, umgraut von deinen Trümmern, Du Strom, an dem Armin entblößten Schwertes stand! Du Strom, den Cäsar trank, umringt von seinen Schwimmern, Und den nicht ausgeschöpft des großen Karol Hand!

Lamartines Text, der sogar die »nobles fils de la grave Allemagne« rühmt, erweist sich so Becker und seinen Nachahmern auf der rechten Rheinseite, aber auch Mussets Replik in Frankreich, als weit überlegen. Für Völkerhass sei kein Platz in einer aufgeklärten, von Gott nicht zur Trennung der Nationen geschaffenen Welt, deren Himmel keine Grenzen kenne und deren Wappenemblem die Einheit bilde:

Et pourquoi nous haïr et mettre entre les races	Und warum hassen uns? Warum ein Band gezogen,
Ces bornes ou ces eaux qu'abhorre l'œil de Dieu?	Das Gott ein Greuel ist, weil es die Stämme trennt?
De frontières au ciel voyons-nous quelques traces?	O hebt den Blick empor! schaut auf zum Himmelsbogen,
Sa voûte a-t-elle un mur, une borne, un milieu?	Ob eine Grenze wohl sein blau Gewölbe kennt!
Nations! mot pompeux pour dire barbarie!	Nationen! (stolzes Wort für eine schlechte Sache!)
L'amour s'arrête-t-il où s'arrêtent vos pas?	Ist euch die Liebe nur im eignen Hause Pflicht?
Déchirez ces drapeaux; une autre voix vous crie:	Zerreißt die Fahnen doch! was soll am Strom die Wache?
»L'égoïsme et la haine ont seuls une patrie;	Wer hat ein Vaterland? Die Selbstsucht nur, die Rache!
La fraternité n'en a pas !« [...]	Die Bruderliebe wahrlich nicht! [...]
Les bornes des esprits sont leurs seules frontières,	Kein Markstein, als der Geist! – Wie man die Karten färbe,
Le monde en s'éclairant s'élève à l'unité. [...]	Im Drang nach Licht erhebt die Welt zur Einheit sich! [...]
Et tissons de repos, d'alliance et de joie	Aus Lust und Einigkeit webt eine freudenvolle
L'étendard sympathique où le monde déploie	Weltfahne, die dem Schaun der Völker stolz entrolle
L'unité, ce blason de Dieu!... [...][77]	Die Einheit, Gottes Wappenschild! [...][78]

Der politische Titel des Gedichts lässt sich zugleich als ein von Lamartine wirkungsvoll und keinesfalls zufällig eingesetzter Seitenhieb auf den blutrünstigen Schlachtgesang seiner eigenen Nation auffassen, die 1792 in Straßburg vom Hauptmann und Dichter Claude-Joseph Rouget de Lisle als »Kriegslied der Rheinarmee« (*Chant de guerre pour l'armée du Rhin*) verfasst und die drei Jahre später zur Nationalhymne deklariert worden war.[79] Dieser hält der französische Dichter im Zeichen des Rheins nun seine Hymne an die Menschheit entgegen, in welcher der Rhein gleichsam zum Friedensstifter wird.

Gleichwohl regt sich auf französischer Seite Widerstand gegen diesen Vorstoß: Der Germanist Edgar Quinet, selbst ein guter Kenner des Rheins, verfasst nun wiederum ein Antwortgedicht »à M. de Lamartine«, in dem er diesem vorwirft, dem Schnabelhieb des erstbesten germanischen Geiers aufgesessen zu sein und zu schnell eingelenkt zu haben. Die von Lamartine besungene Einheit

77 Alphonse de Lamartine, *La Marseillaise de la Paix*, in: *La Revue des Deux Mondes* 4,26 (1841), S. 794–799.

78 Freiligrath, *Friedensmarseillaise*, a. a. O.

79 Vgl. *Nationalhymnen. Texte und Melodien*, Stuttgart: Reclam, [11]2006, S. 50–52, hier: 52; vgl. auch Ausst.kat. *Der Rhein. Eine europäische Flussbiographie*, a. a. O., S. 214f.

(*unité*) sei nichts weiter als ein Götzenbild der neuen Zeit; die Nationen hätten sehr wohl ihre Daseinsberechtigung:

Le Rhin
A M. de Lamartine.

Au premier coup de bec du vautour germanique,
Qui vient te disputer ta part d'onde et de ciel,
Tu prends trop tôt l'essor, roi du chant pacifique,
Noble cygne de France, à la langue de miel. [...]

Ah! qu'ils vont triompher de ta blanche élégie!
Que l'écho de Leipsig rira de notre peur! [...]

Ne livrons pas si tôt la France en sacrifice
A ce nouveau Baal qu'on appelle unité. [...]

Quinet ist nicht weniger hartnäckig als manche nationalistische Stimme auf deutscher Seite. Das kleine Stückchen Land, das Frankreich fordere, ermögliche eine symmetrische Teilung der Staatsgebiete entlang der Rheingrenze, so dass die Mündung des Rheins von beiden Nationen gespeist werde:

Nous ne demandons pas tout l'or de la montagne.
Du Nil de l'Occident nous ne voulons qu'un bord,
Pour que les cieux de France et les cieux d'Allemagne,
Sous les eaux partageant l'astre de Charlemagne,
Roulent ensemble au même port.[80]

Die Geschichte wird für Frankreich und Deutschland leider noch mehrere blutige Auseinandersetzungen bereithalten, bis Freundschaft und Frieden einer tragfähigen Beziehung der Nachbarländer eine belastbare Grundlage bieten werden. Bemerkenswert ist, dass auch Alfred de Musset sich in der Rheinfrage noch einmal zu Wort meldet. Wenn auch nicht ausdrücklich auf Lamartines Gedicht hin, so lenkt doch auch er in dem nachträglich in die *Poésies nouvelles* aufgenommenen *Chant des amis* (1852, vertont von Amboise Thomas) ein und rühmt im Zeichen von »Amour, patrie et liberté« das Ende des Blutvergießens vor dem Hintergrund eines Europas, das den Rhein ausdrücklich nicht mehr als Grenze und Graben, sondern als eine Brücke der Versöhnung zu begreifen habe:

Le chant des amis.

– »De ta source pure et limpide
Réveille-toi, fleuve argenté;
Porte trois mots, coursier rapide:
Amour, patrie et liberté! [...]«

80 Edgar Quinet, *Le Rhin. A M. de Lamartine*, in: *La Revue des Deux Mondes* 4,26 (1841), S. 932–936.

– »[...] Fils des Saxons, fils de la France,
Vous souvient-il du sang versé?
Près du soleil de l'Espérance
Voyez-vous l'ombre du passé?«

Le Rhin n'est plus une frontière;
Amis, c'est notre grand chemin,
Et, maintenant, l'Europe entière
Sur les deux bords se tend la main. [...][81]

VI. »Et, maintenant, l'Europe entière / Sur les deux bords se tend la main.« (Musset): Europas Strom, nicht Europas Grenze

Hatte schon Germaine de Staël die wichtige Rolle Deutschlands neben der Frankreichs für die Unabhängigkeit Europas erkannt und prophezeit: »L'Allemagne, par sa situation géographique, peut être considérée comme le cœur de l'Europe, et la grande association continentale ne saurait retrouver son indépendance que par celle de ce pays«,[82] so erwies sich die Rheinkrise von 1840 als ein unrühmlicher Einbruch und Rückschlag für die französisch-deutsche Verständigung im 19. Jahrhundert. In dieser Phase brachen alte Wunden auf und provozierten einen öffentlichen Schlagabtausch, der beiderseits des Rheins selbst die Poesie erfasste.

Dennoch wird angesichts solcher Widerstände gerade in jenen Jahren der Rhein zum völkerverbindenden symbolischen Fluss erklärt; für die Lyrik sind hier insbesondere Lamartine und Musset zu nennen, für die Prosa Victor Hugo. In *Le Rhin* berichtet er von seinen Reiseeindrücken entlang des Rheins just zur Zeit der Rheinkrise. Von der gemeinsamen Geschichte Deutschlands und Frankreichs ist darin die Rede, von der Komplementarität zweier Völker, die sich gleichsam als Natur und Kultur wechselseitig ausgleichen und ergänzen. Selbst wenn er sich in der Frage der Rheinzugehörigkeit profranzösisch äußert: »Il faut que la France reprenne le Rhin«,[83] sind seine Gedanken mit Blick auf eine Einheit Europas – das 20. Jahrhundert und die Europäische Union haben dies längst erwiesen – wegweisend:[84] »Die Befreiung der Rheinfrage aus der nationalen

81 Alfred de Musset, *Le Chant des amis*, in: *Poésies nouvelles*, a.a.O., S. 407–408. Das Gedicht entgeht der ansonsten luziden Analyse Franzbachs, der Musset eine rein nationalpatriotische Position zuweist (vgl. Franzbach, »Die deutsch-französische patriotische Rheinlyrik«, a.a.O., S. 55).

82 Staël, *De l'Allemagne*, a.a.O., Bd. 1, S. 6.

83 Victor Hugo, *Le Rhin*, a.a.O., S. 135–140 (*Lettre XIII: Andernach*), hier: S. 139. Zu Hugos Haltung vgl. auch Franzbach, »Die deutsch-französische patriotische Rheinlyrik«, a.a.O., S. 57f.

84 Auf Hugos berühmte Eröffnungsrede zum Pariser *Congrès de la Paix* (1849), auf welche die

Vereinnahmung führt im 19. Jahrhundert zu einem utopischen Kosmopolitismus, aus dem in unseren Tagen Wirklichkeit geworden ist.«[85]

Beginnen wird die Europäisierung des Rheins, auch bezogen auf Wirtschaft und Schifffahrt, nach dem Zweiten Weltkrieg mit dem Wiederaufbau des kriegsversehrten Kontinents und der Schaffung einer supranationalen Einheit, aus der heraus sich später die Europäische Union konstituieren wird.[86] Synthetische, auf Einigung und internationale Verständigung angelegte Vorstöße wie die genannten, die inmitten der aufbrandenden nationalistischen Auseinandersetzungen die Wogen zu glätten versuchen, sind – bei allen bestürzenden Bruderkriegen der nachfolgenden Geschichte bis ins 20. Jahrhundert – Keimzellen eines neuen, eines europäischen Geistes. In der Gegenwart sind Frankreich und Deutschland und der Rhein in ihrer Mitte längst in einer höheren Einheit aufgegangen, und »notre mère à tous«, wie Nerval es in seinem Reisebericht *Lorely* (1852) emphatisch ausdrückte, ist nicht mehr allein »la vieille Allemagne«,[87] sondern vielmehr ein Europa, das der Rhein als Strom, aber nicht mehr als Grenze durchfließt.

Analogiebildung der »États unis de l'Europe« nach dem Muster der »United States of America« zurückgeht, oder auch auf seine Einleitung zum Parisführer der Künstler zur Weltausstellung von 1857, sei hier zumindest verwiesen.

85 Bernsen, »Die Wacht am Rhein«, a. a. O., S. 507.

86 Vgl. dazu Martin Winter, »Eine Achse der europäischen Idee«, in: Ausst.kat. *Der Rhein. Eine europäische Flussbiographie*, a. a. O., S. 300–307.

87 Nerval: *Lorely*, a. a. O., S. 30.

Michel Lichtlé (Paris)

Le Rhin dans la pensée de Balzac

Longtemps, le Rhin n'a existé pour Balzac qu'en sa pensée. Selon sa biographie donnée par Roger Pierrot, qui sur la question qui nous intéresse reprend et complète un précieux article de *L'Année balzacienne 1992* sur les « Itinéraires balzaciens à travers l'Europe[1] », on observe que notre romancier n'a découvert pour la première fois le Rhin qu'en mai 1835, à l'occasion du voyage qui le conduisit alors à Vienne auprès de Mme Hanska. On sait peu de choses de ce voyage, sinon que Balzac fit en brillant équipage – il avait loué chez Panhard dit Prieur pour aller-retour à Vienne une calèche poste chaise, et était accompagné d'Auguste, son valet de chambre – étape à Weinheim, au nord-ouest de Heidelberg. Il y salua Lady Ellenborough, qui a prêté sans doute quelques traits à la Lady Dudley du *Lys dans la vallée*[2]. Mme Hanska, qui connaissait sa chronique mondaine, s'était inquiétée de cette relation. On sait ce que fit Balzac durant les cinq heures qu'il passa dans le jardin de Lady Ellenborough à l'attendre : il composa le brouillon de la deuxième série des « Pensées » de Louis Lambert[3]. De là, il se rendit à Vienne, d'où il visita quelques champs de bataille en compagnie du prince Frédéric Schwartzenberg. L'avancement de ses *Études philosophiques*, la rédaction de scènes projetées de la vie militaire, voilà ce que porte en lui Balzac quand il parcourt pour la première fois l'Allemagne. Au retour de ce séjour viennois qui s'était prolongé bien au-delà de ce qui était prévu, il fit rapidement étape à Munich, d'une façon qui le déçut[4].

1 Puf, 1992, p. 177–191. Le titre *L'Année balzacienne* sera désormais abrégé en *AB* suivi du millésime.

2 Voir Roger Pierrot, *Honoré de Balzac*, Fayard, 1999, p. 255–256.

3 Voir *Lettres à Mme Hanska*, éd. de Roger Pierrot, R. Laffont, coll. « Bouquins » (désormais *LHB*), 1990, t. I, p. 668 (lettre du 23 avril 1843). Pour les « Pensées du jardin », on se reportera, dans l'édition de *La Comédie humaine* publiée sous la direction de P.-G. Castex en 12 volumes dans la « Bibliothèque de la Pléiade », Gallimard, 1976–1981 (désormais *CH*), à *Louis Lambert*, t. XI, p. 1597 (var. *d* de la p. 690).

4 « Je ne suis pas content de Munich », écrit-il à Mme Hanska le 12 juin 1835. « C'est par trop de fresques, et par trop de mauvaises fresques. Celles du haut plafond de la Pinacothèque valent

C'est d'est en ouest à nouveau que Balzac traverse l'Allemagne en 1843, revenant de Saint-Pétersbourg. Après s'être un peu attardé à Berlin puis à Dresde, il arrive malade à Mayence le 25 octobre, et y apaise ses souffrances par des bains. Le 26, il descend le Rhin de Mayence à Cologne : en cette journée, « passée au milieu des beaux paysages des bords du Rhin, les continuels changements à vue de ces décorations d'opéras, la beauté du jour qui était un jour d'été, m'a fait du bien », écrit-il à Mme Hanska[5]. De Cologne, il regagne ensuite Paris à travers la Belgique, via Aix-la-Chapelle et Namur. C'est le voyage qui marque la véritable découverte de l'Allemagne par Balzac, découverte faite un peu par hasard, ou plutôt décidée de façon impromptue, car il avait d'abord songé à revenir de Saint-Pétersbourg comme il s'y était rendu, par bateau[6]. Mais découverte fructueuse, en particulier du paysage rhénan, associée par le voyageur à une atmosphère de mieux-être, comme d'une terre revigorante donc, ouvrant dans la zone d'Aix-la-Chapelle sur une sorte de nouvelle Suisse[7], c'est-à-dire, dans la géographie intérieure de Balzac, sur la patrie de l'amour[8].

Il retrouve l'Allemagne dès 1845. Il y rejoint, en mai, Mme Hanska à Dresde, et l'accompagne dans les longs séjours successifs qu'elle fait à partir de là à Bad-Homburg, près de Francfort, puis à la ville d'eau de Cannstadt, à côté de Stuttgart, où elle fait une cure. Avec elle, il remonte ensuite le Rhin, de Karlsruhe à Strasbourg au début de juillet, Strasbourg étant ici le point de départ du premier séjour en France, plus ou moins incognito, de la dame polonaise[9]. Elle y restera du 5 juillet au 11 août 1845, date à laquelle, de Strasbourg de nouveau, le couple fera toute la descente du Rhin par vapeur, jusqu'en Hollande, se rend de là en Belgique et se sépare à Bruxelles le 27 août, Balzac prenant la diligence pour Gand et de là le train pour Lille puis la route pour Paris, tandis que Mme Hanska rejoint Cologne et Karlsruhe[10].

Balzac aura encore par la suite de multiples occasions de retrouver le Rhin ou du moins de le franchir, mais sans guère en parler. En cette même année 1845, il passe encore six jours à Baden, fin septembre-début octobre, puis regagne Paris en malle-poste depuis Strasbourg le 4[11]. L'année suivante, à la mi-mai, venant d'Italie où il a rejoint fin-mars Éveline et sa suite, il se retrouve avec elle à Bâle, et l'accompagne jusqu'à Heidelberg. Nouveau voyage en Allemagne à partir du 30

seules quelque chose, et celles des salles d'en bas de la Kœnigsbaugh [*sic*]. Tout le reste est à la hauteur de nos décorations de cafés, à Paris » (*LHB*, t. I, p. 254).

5 *LHB*, t. I, p. 723 et 724 (lettre du 7 novembre 1843).

6 Voir Roger Pierrot, *op. cit.*, p. 393.

7 Voir *LHB*, t. I, p. 724 : « [...] la magnificence du pays, d'Aix à Liège, [...] vaut la Suisse ».

8 Voir Jacques Noiray, « La Suisse de Balzac ou les ambiguïtés d'un discours amoureux », *AB 1992*, p. 333–348.

9 Roger Pierrot, *op. cit.*, p. 414–416.

10 *Ibid.*, p. 419.

11 *Ibid.*

août 1846 : il retrouve ses amis à Kreuznach, les accompagne à Mayence, d'où il rentre en France par Metz, où il prépare un discret mariage avec Mme Hanska dont il pense attendre un enfant[12]. Mais c'est pour revenir bien vite à Wiesbaden, où il est le 11 octobre témoin au mariage d'Anna, la fille d'Ève, avec Georges Mniszech[13]. Quand en 1847 Mme Hanska effectue à Paris un nouveau séjour discret, Balzac va la chercher à Francfort en février, et l'y reconduit en mai[14]. De septembre 1847 à février 1848, il séjourne enfin longuement en Ukraine, puis à nouveau à partir de septembre 1848, ce qui implique allers et retours par l'Allemagne, traversée de façon plus moderne et rapide que précédemment en train, scandée toutefois de multiples étapes, jusqu'au terrible retour d'avril-mai 1850, effectué en voiture, qu'un Balzac enfin marié mais à la santé délabrée vit en calvaire plutôt qu'en voyage.

Les conclusions de cette enquête préalable sont donc claires : Balzac a eu de multiples occasions de contempler le Rhin, qu'il a même suivi de façon assez complète, de Strasbourg à son embouchure. Il a même traversé Bâle au retour d'Italie. Mais cette découverte n'a guère eu le fleuve pour objet premier. En fait, le « tourisme » balzacien est subordonné à des impératifs sentimentaux. Et c'est bien pourquoi Balzac est au demeurant un voyageur relativement tardif. Soumis à l'urgence de créer une grande œuvre, longtemps il n'a guère eu la possibilité de quitter Paris, ou du moins la France. Pour s'accorder le droit de partir, il lui fallait d'abord éprouver l'urgence du repos. Encore cette nécessité elle-même, souvent, ne lui suffit-elle pas, et il lui faut d'autres raisons pour se déterminer au voyage. Ce n'est qu'en 1832 que Balzac a franchi pour la première fois les frontières de la France : c'était pour aller rejoindre à Aix-les-Bains la marquise de Castries.

S'il apparaît donc que Balzac n'a vu le Rhin que tardivement, et d'abord pour rejoindre Mme Hanska, cela ne signifie nullement que ce fleuve n'ait pas eu d'importance dans sa réflexion et dans sa création. Réalité plus mentale que concrète, le Rhin balzacien existe pour lui doublement, bien avant 1835, mais comme référence politique, et aussi comme image littéraire.

*

Comme nombre de ses contemporains, en France du moins, Balzac pense à n'en pas douter que le Rhin est un fleuve frontière dont la rive gauche est naturellement

12 L'annonce de la possible maternité de Mme Hanska avait été faite par elle à Balzac avant qu'il ne quitte Heidelberg (*LHB*, p. 426). Dans une lettre qu'il reçut le 16 novembre, elle lui demanda de venir la chercher à Leipzig (*LHB*, t. II, p. 420), et le romancier lui promit en réponse le 17 de s'y trouver le 6 décembre. Il apprendra le 1er décembre la fin des espérances qu'il nourrissait à ce sujet, et l'inutilité des préparatifs qu'il avait mis en œuvre à Paris (*LHB*, t. II, p. 436 et note 2).

13 *Ibid.*, p. 426–427.

14 *Ibid.*, p. 449 et p. 451.

française, et doit le redevenir en fait[15]. C'est comme l'a montré Jean-Marie Mayeur[16] une constante de la pensée de Balzac en matière de politique étrangère, au même titre que l'hostilité à l'Angleterre qui y est d'ailleurs liée, l'Angleterre étant perçue non sans raison par Balzac comme la puissance qui s'efforcera toujours d'empêcher la France de retrouver, avec en elles le port d'Anvers, les frontières que lui avait données la Révolution.

Il arrive certes à notre romancier d'évoquer avec quelque ironie cet attachement aux « frontières naturelles » de la France, qu'il prête dans *Le Député d'Arcis* au candidat de la gauche, fils d'un colonel d'artillerie enrichi par son mariage avec la fille d'un banquier de Hambourg, l'avocat Simon Giguet. Candidat à Arcis, celui-ci souhaite bien sûr, du fait de son positionnement politique, montrer qu'en cette ville, en 1839, comme le veut son père, le « vieil esprit de 1789 » vit encore, esprit qui a conduit à l'idée de « grande nation » et à ses conséquences. Aux élites locales, désireuses plutôt de soutenir le candidat ministériel fils du banquier Keller, le colonel rappelle que c'est bien à l'esprit de 1789 et à la protection de Danton qu'elles doivent l'origine de leur fortune[17]. Son fils se veut donc candidat du progrès. Mais qu'est ici le progrès ? Si pour ce dernier, « c'est la réalisation de tout ce qui nous fut promis à la révolution de Juillet, c'est la réforme électorale[18] [...] », pour le colonel en retraite les choses sont claires : « C'est les frontières du Rhin pour la France ! [...], et les traités de 1815 déchirés [19] ». On sent bien dans le roman de Balzac que cette revendication est devenue le fait d'un militaire prisonnier de son passé et qu'au demeurant passionnent surtout désormais l'horticulture et la réussite politique de son fils. Il entre donc quelque chose de convenu dans la défense ici de l'idée de « frontières naturelles » à retrouver : elle appartient à cette date au programme d'un candidat « progressiste » dans la patrie électorale de Danton. Mais y croit-on, l'attend-on ? Ce qui intéresse principalement les électeurs champenois, c'est plutôt selon ce que montre Balzac le cours du blé et les faveurs individuelles que peut obtenir du ministère un député qu'il vaut mieux choisir proche de lui. Attention donc à la portée réelle de la moquerie

15 L'idée qu'il faudrait « déchirer les traités de 1815, et demander le Rhin à l'Europe » est présentée dans *Les Petits Bourgeois* comme l'une des banalités du discours tenu dans le salon des Thuillier (*CH*, t. VIII, p. 53).

16 « Balzac et la politique extérieure de la France », *AB 1992*, p. 89–90.

17 *Le Député d'Arcis*, *CH*, t. VIII, p. 739.

18 En abaissant d'abord dans la Charte de 1830 de trente à vingt-cinq ans l'âge nécessaire pour être électeur, et de quarante à trente ans celui qu'il fallait pour être éligible, puis dans la loi électorale du 19 avril 1831 du tiers le cens électoral et de la moitié le cens d'éligibilité, la monarchie de Juillet avait certes élargi le corps électoral, mais d'une façon dont l'insuffisance fut de plus en plus vivement dénoncée. Sur l'opinion de Balzac en cette matière, voir la quinzième des *Lettres sur Paris, in Œuvres diverses* de Balzac, publiées sous la direction de P.-G. Castex, « Bibliothèque de la Pléiade », 2 volumes parus (1990 et 1996) [désormais *OD*], t. II, p. 963.

19 *Ibid.*, p.741 et p. 740.

balzacienne : elle dénonce l'affaiblissement général, face aux intérêts, dans la France contemporaine, des idées en politique – qu'il s'agisse en la circonstance « des droits de l'humanité » en Pologne selon le fils ou du patriotisme selon le père[20] –, comme ailleurs du légitimisme.

La pensée personnelle de Balzac sur la question des frontières naturelles est au demeurant on ne peut plus claire. Quand en 1831–32, il songe à entrer en politique, en commençant par la députation mais en visant un ministère[21], il intègre explicitement cette revendication dans le programme qu'il confie à ses amis[22]. Il suffit d'ailleurs de lire les opuscules qu'il publie alors pour soutenir sa candidature, comme l'*Enquête sur la politique des deux ministères.* À ses yeux, la révolution de Juillet, « succéda à un pouvoir accusé de connivence avec les étrangers ou taxé de faiblesse », eut incontestablement pour but « de rendre à la nation française son libre arbitre comme à un homme qui, de captif et de gêné, devient maître de ses mouvements ; de la mettre en possession d'elle-même, et de faire triompher les principes de 1789[23] ». Ce qui impliquait nécessairement le risque de la guerre. De là trois chemins entre lesquels il fallut bien choisir. En face des partisans antérieurs de la paix, puis ceux du louvoiement « mixte et bâtard » qui sera retenu, dut bien s'élever, pense Balzac, quelque « homme énergique » pour développer en sa cohérence le programme qu'appelait la situation. C'est à ce partisan supposé du « mouvement » qu'est d'abord donnée la parole, et l'auteur de supposer qu'il « prit une carte d'Europe et la déploya ». Or, explique-t-il, « cette seule action, muette et simple, était déjà tout un système » :

> La délimitation fixée par la nature à notre *langue*, pour nous servir d'un vieux mot, est chose populaire. À l'aspect de l'Europe, qui ne nous assignerait pas pour frontières, les Pyrénées, les deux mers, les Alpes et le Rhin ? Tout ce bassin est France, la Savoie est France, la Belgique et les bords du Rhin sont France. Dans ce vaste carré, toute langue, tout cœur, toute science, tout génie est français.
> Entre ces quatre murs de montagnes et d'eau, nous sommes complets, comme pays ; clos par des haies ; chez nous, en sûreté comme l'Angleterre avec ses falaises. C'est notre île à nous, où nulle puissance autre que le coq gaulois ne doit pénétrer, ne peut crier sa loi.
> La première question, selon cet homme d'État, était donc celle-ci :
> Les Français acceptent-ils aujourd'hui les traités de 1814–15, ou les doivent-ils déchirer

20 *Ibid.*, p. 741.

21 Voir sa lettre au Général Baron de Pommereul du 26 avril 1831 : « l'ambition que j'ai est celle de faire triompher mes principes par un ministère » (*Correspondance* de Balzac, édition établie, présentée et annotée par Roger Pierrot et Hervé Yon, « Bibliothèque de la Pléiade », 2 vol. parus [désormais *Corr. Pl.*]), t.I, p. 345).

22 Voir la lettre à Zulma Carraud du 23 septembre 1832 : « La destruction de toute noblesse hors la Chambre des Pairs ; la séparation du clergé d'avec Rome ; les limites naturelles de la France [...], voilà les principaux points de ma politique, auxquels vous me trouverez fidèle. Il y aura cohésion entre mes paroles et mes actions » (*Corr. l.*, t. I, p. 646).

23 *Enquête sur la politique des deux ministères, OD*, t. II, p. 985.

> avec une épée ? Demanderont-ils à l'Europe de reconnaître les traités tout aussi sacrés que ceux de 1815, en vertu desquels la République et l'Empire leur avaient donné les limites du Rhin et des Alpes[24], ou laisseront-ils l'Allemagne et la Russie avoir des têtes de pont pour déboucher à leur fantaisie sur Paris en trois journées ?
> Cet homme aurait alors fait observer que les puissances signataires de la Sainte-Alliance, étant les ennemies implacables de tout système tendant à faire représenter un peuple par une assemblée, ne pardonneraient point à la France sa dernière révolution et qu'il s'agissait entre elle et le continent d'une guerre inévitable, où, pour la seconde fois, les principes de 1789 allaient entrer en lutte avec les gouvernements absolus[25].

C'est bien Balzac qui parle en ces lignes, même si – les circonstances l'ont bien montré – la guerre n'était pas inévitable. Elle était néanmoins souhaitable, pensait-il assurément : les insurrections belge puis polonaise de 1830 fournissaient à la France, avec l'aide de peuples étrangers, une merveilleuse occasion de régler le problème de l'insécurité historique de sa frontière nord. Or cette opportunité, que tout homme d'État de réelle envergure se fût empressé de saisir, le régime de Juillet l'avait gâchée. Non seulement par médiocrité, mais par « couardise » (la qualification apparaît sous la plume de Balzac[26]) et surtout par intérêt personnel. Louis-Philippe, souverain en quête de légitimité, a proposé à l'Europe un marché : qu'elle reconnaisse sa qualité de roi, et il renoncerait à défendre les intérêts territoriaux de la nation[27]. De même, Casimir Perier n'a pas voulu de conflit sur la frontière nord parce qu'il eût menacé les mines qu'il possédait près d'elles[28]. Balzac est évidemment très sévère. La France de 1830 était-elle prête à la guerre ? Aurait-elle trouvé dans les Belges, les Polonais et quelques Italiens, des appuis de nature à assurer la victoire ? Par ailleurs, il semble bien que l'objectif de la monarchie de Juillet, à défaut de reconquérir la rive gauche du Rhin, ait été de jeter par sa politique des germes de discorde à l'in-

24 Allusion au traité de Bâle du 5 avril 1795 avec la Prusse, de Campo-Formio avec l'Autriche du 17 octobre 1797, confirmé le 9 février 1801 par la paix de Lunéville, au traité de Paris du 15 mai 1796 avec la maison de Piémont-Sardaigne. On sait toutefois qu'avec le temps Napoléon s'embarrassa de moins en moins de consultations pour modifier les frontières européennes selon ses vœux.

25 *Enquête sur la politique des deux ministères*, *OD*, t. II, p. 986.

26 *Lettres sur Paris*, *OD*, t. II, p. 977. Voir aussi dans la *Chronique de Paris*, en date du 13 mars 1836 (*Œuvres diverses* de Balzac, Club de l'honnête homme, t. III, 1962, p. 341).

27 « Le lendemain du jour où, en toute hâte, cent et quelques députés baptisèrent un roi dans le sang de Juillet, toutes les questions soulevées par la révolution se rattachèrent malheureusement à l'existence de ce trône bâti avec les débris de celui que le peuple venait de démolir. Il y eut à satisfaire à deux égoïsmes, celui du peuple et celui d'un trône ; à deux existences, à deux intérêts. Il fallait faire *reconnaître* un monarque dans la famille des rois européens, tandis que le peuple n'avait pas à quêter de *légitimations* diplomatiques » (*Enquête [...]*, *OD*, t. II, p.p. 985–986).

28 Voir *ibid.*, p. 977 : « le gouvernement actuel a refusé la Belgique, sous prétexte que les mines de charbon, les calicots de M***, les draps de M *** seraient dépréciés ». Voir aussi la note 1 relative à cette page.

térieur de la Sainte Alliance, ce qui était bien dans l'intérêt du pays[29]. Mais cette politique était anglophile, de façon avouée, et privait la France d'un retour aux frontières dont l'humiliation de 1815 l'avait privée et que l'Angleterre était seule à n'avoir jamais voulu reconnaître : trahison, pour Balzac...

*

Son attachement à l'idée que le Rhin doive être atteint comme frontière naturelle de la France tient chez lui à plusieurs sources, sans doute anciennes pour lui. Il ne faut pas oublier d'abord que son père, après avoir été secrétaire au Conseil du Roi sous Louis XVI, était entré le 1er mai 1792 dans l'administration des subsistances militaires où il fera ensuite toute sa carrière jusqu'à sa retraite en 1819. Son premier poste à ce titre fut très précisément de trésorier au bureau central des fourrages de l'Armée du nord. C'était un emploi subalterne, mais redoutable, puisque la guerre à l'Autriche venait d'être déclarée le 20 avril[30]. C'est de Verdun, où il semble s'être acquitté fort honorablement de sa tâche puisque la ville regorgeait de vivres quand en commença le siège le 30 août qu'est expédiée la première lettre connue de Bernard-François Balzac, datée de juin 1792. Il reviendra assez rapidement à Paris où il est nommé le 1er septembre directeur et trésorier du camp sous Paris[31]. Mais on connaît le tragique enchaînement des événements politiques de cette année décisive : déclaration de la patrie en danger le 11 juillet ; journée du 10 août qui aboutit à l'incarcération du roi et de sa famille ; massacres de septembre, consécutifs à l'annonce du succès du siège de Verdun par les Prussiens, la ville étant tombée le 2. La victoire de Valmy, le 20 septembre, sauve provisoirement la situation militaire. Mais sur le front on passe en ces quelques mois d'une catastrophique entrée en guerre, aggravée en août par la désertion, par hostilité au cours de la Révolution, de La Fayette, aussitôt capturé par les Autrichiens, à son remplacement immédiat à la tête de l'armée du nord par Dumouriez – ex-ministre des Affaires étrangères fort convaincu au moment de la déclaration de guerre, mais qui avait eu le temps de mesurer le rôle joué par l'impréparation matérielle dans la défaite –, enfin à l'avènement de Danton, devenu le 13 août l'homme fort du gouvernement, où il occupe le ministère de la justice mais qu'il anime bien plus largement de sa parole énergique et de son ardeur conquérante. « Vous n'avez eu jusqu'ici que la guerre simulée de La Fayette », s'écrie-t-il le 28 août dans un discours préconisant l'autorisation de visites domiciliaires[32] ; « il faut avoir aujourd'hui la guerre de la Nation contre les

29 Voir Guy Antonetti, *Louis-Philippe*, Fayard, 1994, p. 666.

30 Voir Jean-Louis Déga, *La Vie prodigieuse de Bernard-François Balssa*, Éditions Subervie, 1998, p. 240.

31 Voir *ibid.*, p. 244.

32 A. Fribourg, *Discours de Danton*, Société de l'histoire de la Révolution française, Paris, 1910, p. 168–169.

despotes ». C'est un peu plus tard, le 31 janvier 1793, qu'il prononcera à propos de la Belgique son fameux discours sur les frontières naturelles :

> Je dis que c'est en vain qu'on veut faire craindre de donner trop d'étendue à la République. Ses limites sont marquées par la nature. Nous les atteindrons toutes des quatre coins de l'horizon ; du côté du Rhin, du côté de l'Océan, du côté des Alpes. Là doivent finir les bornes de notre République et nulle puissance humaine ne pourra nous empêcher de les atteindre[33].

La seconde carrière de Bernard-François, ancien secrétaire au Conseil du Roi, naît donc dans un contexte fort précis de prise de conscience de l'importante contribution des questions de fournitures à l'obtention de toute victoire, et singulièrement de celles qu'il était alors urgent d'obtenir sur la frontière nord de la France, contre l'Autriche, principale détentrice à cette date de l'espace belge. L'élan qui lui donnait sens est celui qui, après Valmy, conduisit à Jemmapes le 6 novembres suivant, victoire qui ouvrit à Dumouriez le chemin de Bruxelles, tandis que la Rhénanie allait être occupée par le général Custine. Il paraît difficile de penser qu'il n'y ait pas dans la dédicace par Balzac en 1846 de *L'Auberge rouge* au petit-fils de ce dernier quelque délicate allusion à cette campagne militaire réussie de son grand-père, qui fut néanmoins guillotiné en 1793. Au métier de fournisseur s'attachaient aussi, il est vrai, d'importantes perspectives d'enrichissement personnel auxquelles on reprocha beaucoup à Dumouriez et Danton de n'être pas assez insensibles. Ils devront défendre de l'accusation de malversations quelques-uns de leurs protégés, fournisseurs aux armées. On relève parmi eux le nom du commissaire-ordonnateur François Malus, qui sera innocenté[34], et dont le fils Sébastien deviendra en cette même année 1797 où il se marie le beau-frère de Bernard-François. Le père de Balzac fut ainsi lié à ces milieux proches de Danton, et l'on comprend mieux que l'idée de reconquête militaire de la rive gauche du Rhin puisse être associée dans le texte balzacien à la perspective d'un retour de la France à la République : « le parti pris de faire la guerre », qui semble bien avoir la faveur de l'auteur dans l'affaire belge, « entraînait une reconstitution complète du système républicain »[35]. Roland Chollet note avec raison que la formule a de quoi surprendre sous la plume du Balzac de 1831, qui certes « n'eût pas été pour la reconstitution complète du système républicain[36] » ! Mais de quoi s'agissait-il ? Nullement de plaider pour une forme de gouvernement particulière, mais de penser aux conditions nécessaires pour qu'un peuple dont les traités de 1815 avait refait une possession – en la circonstance de Guillaume de Nassau,

33 *Ibid.*, p. 268.
34 Voir Frédéric Bluche, *Danton*, Librairie académique Perrin, 1984, p. 245–248, et Jean-Louis Déga, *op. cit.*, p. 282.
35 *Enquête [...]*, *OD*, t. II, p. 987.
36 Voir *ibid.*, p. 1702, note 1 de la p. 987.

souverain des Pays-Bas – tout comme il l'avait été si longtemps de la maison d'Espagne, puisse redevenir acteur de son destin. La Belgique n'était pas à conquérir : elle réclamait un prince français ! S'il fallait une guerre pour répondre à ses vœux, elle se ferait nécessairement au nom d'une solidarité entre peuples, non entre dynasties. L'élan qui sous la Révolution avait permis à la France d'atteindre ses « frontières naturelles » se voulait aussi libérateur. Fort de l'expérience paternelle, Balzac savait fort bien ce que le succès de l'entreprise avait dû, aux antipodes de la conception monarchique de la guerre, à la levée en masse proposée par Danton.

Par ce même père, du fait de ses premières fonctions au Conseil du Roi, Balzac se trouvait cependant en même temps au contact de souvenirs de l'Ancien Régime auquel on a prêté, et notamment à Richelieu, grande admiration de notre romancier, l'intention de donner peu à peu au Royaume ses « limites naturelles ». Gaston Zeller a fait dans un article célèbre l'histoire de cette idée jugée fausse[37], et pour défendre son point de vue les arguments ne manquaient pas. C'est, pour reprendre une éclairante distinction, la notion de *frontière* – avec ses connotations militaires renvoyant à une réalité nécessairement mouvante au gré des campagnes et tout d'abord des ambitions mêmes (il fut ainsi un temps où les rois de France se préoccupèrent bien plus d'étendre leur domaine au-delà des Alpes que de la Meuse !) – plutôt que celle plus stabilisatrice de *limite politique*, définissant un espace relativement unifié, qui a intéressé les rois[38]. Dans cette perspective, ce sont les places fortes comme têtes de pont, préparant des combats ultérieurs qui importaient, et ces positions, placées souvent au-delà des limites, permettaient les passages de troupes à des fins qui n'étaient pas forcément de conquête. Au XVIIIe siècle toutefois, la politique royale française – et l'effort est général en Europe – sera plus préoccupée de rationalisation que d'extension des limites du royaume : de multiples négociations sont menées pour régulariser les confins, par compromis et échanges[39]. Quant au fameux « testament de Richelieu », sur lequel on s'est fondé pour juger de sa politique extérieure, on sait combien l'authenticité en fut discutée, notamment par Voltaire. Il est de toute façon admis aujourd'hui que « les objectifs rhénans de Richelieu ne se sont pas

37 « Il serait temps […] d'en finir avec cette idée passe-partout, cette idée malfaisante, qui a longtemps vicié et vicie encore tant de travaux par ailleurs estimables ou même excellents » (« La monarchie d'Ancien Régime et les frontières naturelles », *Revue d'histoire moderne*, n° 9, 1933, p.306).

38 Sur cette distinction, voir en particulier Daniel Nordman, « Des limites d'État aux frontières nationales », dans *Les Lieux de mémoire*, publiés sous la direction de Pierre Nora, Gallimard, coll. « Quarto », t. I, 1997, p. 1137 et *passim*.

39 Voir *ibid.*, p. 1154.

exprimés en un programme clair de limite définitive, qu'ils étaient liés à des préoccupations de pure opportunité, que ces buts même changèrent[40] ».

« Mais des chimères existent, elles font aussi l'histoire », ajoute aussitôt Daniel Nordman. L'idée de « limites naturelles », explique-t-il, ne date pas de la Révolution, ni même de Richelieu. L'image d'une France idéale dont les frontières coïncideraient avec la Gaule de César, a bien existé dans les esprits, et anciennement. Elle a été diffusée dans les collèges, et n'a donc pu être sans incidence sur les idées politiques. Ce n'est pas ici le lieu d'approfondir le débat. Mais il est clair qu'avant même Augustin Thierry[41], Balzac pense qu'il y a eu continuité de la politique française pour s'efforcer de donner au pays ses « limites naturelles ». Cette politique, pense-t-il, a eu ses éclipses : ainsi « les traditions de la politique de Henri IV, si vigoureusement soutenues par Louis XIII, Mazarin et Louis XIV, furent entièrement oubliées par les ministres de Louis XV[42] ». On sait en effet qu'à l'occasion des négociations qui conduisirent en 1848 au traité d'Aix-la-Chapelle, la France, forte des victoires remportées notamment à Fontenoy, aurait pu obtenir de l'Autriche d'importantes avantages territoriaux aux Pays-Bas : Louis XV n'en voulut pas[43]. C'était d'autant plus étrange que l'Autriche était l'ennemie traditionnelle de la France, alliée contre elle à la Prusse dont le roi Frédéric II, en revanche, jugeait son alliance avec la France si utile à ses intérêts antiautrichiens en Allemagne qu'il n'aurait vu « aucun inconvénient – c'est lui-même qui nous le laisse entendre – à ce qu'elle étendît sa domination jusqu'au Rhin, dont le cours,

40 *Ibid.*, p. 1129.

41 Voir ses *Considérations sur la France* [1840] : « On peut dire que [...] la nation ne voulut fermement et constamment que le maintien de nos limites naturelles. Quelle que soit notre fortune, bonne ou mauvaise, l'idée de les reprendre ne se perdra jamais ; elle est profondément nationale et profondément historique. Elle se réfère non pas aux Franks [*sic*], qui ne furent qu'un accident passager, et superficiel, en quelque sorte, dans notre nationalité, mais au fond même, au fond primitif et vivace de cette nationalité, à la Gaule, soit indépendante, soit romaine. On la voit poindre au XIIe siècle avec la renaissance du droit civil quand la fusion des races nouvelles au milieu du fond commun s'est accomplie ; il y en a des traces visibles dans la politique de Philippe-Auguste et dans sa double action vers le nord et vers le midi. On la voit reparaître dans la politique de Louis XI, ce roi du tiers état qui semble avoir anticipé l'esprit de la révolution française. Sous Louis XIV, elle fut près de se réaliser ; enfin la révolution la reprit avec une force irrésistible, atteignit le but, et, par malheur, alla plus loin » (« *Récits des temps mérovingiens* », précédés de « *Considérations sur l'histoire de France* », 2e édition revue et corrigée, t. I, Paris, Just Tessier, 1842, p. 193–195).

42 Article « Louis XV » du *Dictionnaire de la conversation*, *Œuvres complètes* de Balzac, Les Bibliophiles de l'Originale, t. 26, 1976, p. 490.

43 On s'est bien sûr interrogé sur les raisons, au demeurant fort mal comprises et appréciées des contemporains, qu'eut le roi de renoncer au bénéfice des conquêtes du maréchal de Saxe, qui avait réussi à faire passer sous la domination de la France les Pays-Bas autrichiens : conviction qu'avec la mainmise sur la Lorraine le royaume avait atteint le terme de son développement ? crainte de susciter l'hostilité irréductible de l'Angleterre ? scrupule religieux face aux avantages tirés de la guerre ? Voir à ce propos Michel Antoine, *Louis XV*, coll. « Pluriel », Hachette-Littérature [Fayard, 1989], p. 401.

écrivait-il en 1746 dans *l'Histoire de mon temps*, paraît formé exprès pour séparer la France de l'Allemagne[44] ». « Nos intérêts présents », écrivait-il encore dans son *Testament politique* en 1752, « surtout depuis l'acquisition de la Silésie, sont de demeurer unis avec la France, de même qu'avec tous les ennemis de la maison d'Autriche. La Silésie et la Lorraine sont deux sœurs, dont la Prusse a épousée l'aînée et la France la cadette[45] ». Les traités de Versailles de 1756 et 1757, consacrant pour la France un spectaculaire renversement des alliances engagé dès 1755, allaient tout bouleverser. De là datent les malheurs de la France, écrit très précisément en 1809 le père de Balzac dans son *Mémoire sur deux grandes obligations à remplir par les Français* envers Napoléon[46] :

> Le 22 septembre 1755, les bases du traité qui a fait le malheur de la France furent arrêtées dans un boudoir, à *Babiole*, petite maison au-dessus de *Bellevue*, entre la maîtresse d'un roi, un ambassadeur et un abbé. Les conseils d'état, ou privés, ou intimes, ou secrets, ou particuliers, les ministres et les ministères de tous les temps n'offrent rien au-dessus de ce trait ; et jusqu'à ce que l'histoire le fasse connaître dans tous ses détails, la principale cause de la révolution française sera généralement ignorée[47].

L'allusion renvoie clairement au renversement des alliances, négocié entre Mme de Pompadour, le ministre autrichien Kaunitz et l'abbé de Bernis[48]. Pour le père de Balzac, tout le malheur de la France tient donc au renoncement à l'alliance prussienne au profit de l'alliance autrichienne, c'est-à-dire à la rupture avec la politique éminemment incarnée par Richelieu. Le romancier reviendra sur l'anecdote dans son article sur Louis XV[49]. Pour pousser jusqu'au Rhin la frontière de la France, la diplomatie française ne devrait-elle pas renouer avec l'alliance prussienne en dépit des efforts déployés par les autres puissances et notamment la Russie pour l'empêcher ?

---

44 *Histoire des relations internationales*, publiée sous la direction de Pierre Renouvin. Tome III : *Les Temps modernes. II. De Louis XIV à 1789*, par Gaston Zeller, Hachette, 1955, p. 224.

45 Cité *ibid.*

46 Il s'agissait principalement de la construction en son honneur d'une pyramide… au Carrousel du Louvre.

47 *Mémoire […]*, à Tours, de l'imprimerie Mame, 1809, p. 42, note 1.

48 Voir à ce sujet Michel Denis, Noël Blayau, *Le XVIII*e siècle, 2ème éd. mise à jour, Paris, Armand Colin, 1990, p. 249. Notons que le jeune Bernard-François Balssa séjourna sans doute quelque temps à partir de 1766 à Albi, dont l'abbé de Bernis, devenu cardinal après avoir été ambassadeur et ministre, fut l'archevêque à partir de 1764 (voir Jean-Louis Déga, *op. cit.*, p. 90 et 92).

49 Art. cit., p. 490–491 : « Une flatterie que l'impératrice Marie-Thérèse adressa à la marquise de Pompadour fut la première cause de guerre de sept ans, où les armées françaises combattirent contre le roi de Prusse leur ancien allié, dont l'ambition, quoique fort active, ne pouvait être redoutable à la France. De déplorables désastres, mêlés de quelques vains succès, signalèrent notre coopération à cette guerre. Les rois et les ministres prédécesseurs de Louis XV durent être troublés dans leurs tombeaux par cette alliance avec l'Autriche, qui compromettait l'œuvre de tant de méditations et de campagnes. »

> Cette union était si simple et si naturelle ! La Prusse n'a rien à redouter de la France ; toutes deux, sauf de minimes questions soulevées par la contiguïté de quelques territoires, se développent sur des points géographiques tout différents. La France peut favoriser l'ambition du cabinet prussien sans avoir rien à craindre ; le cabinet prussien peut soutenir la maison de Bourbon sans danger pour lui[50].

Et Balzac de continuer en soulignant que cette alliance retrouvée « rendrait ces deux puissances arbitres des destinées européennes ». La Prusse est comme la France en quête de frontières stables et défendables ; lui laisser le champ libre au-delà du Rhin peut lui faire reconnaître – elle y a déjà souvent consenti – notre souveraineté sur sa rive gauche. À défaut, il faut selon Balzac envisager comme l'avait déjà fait Chateaubriand l'alliance russe[51]. Elle peut certes être dangereuse, car il s'agit assurément d'un pays en quête d'hégémonie[52]. Mais là encore, n'y a-t-il pas matière à marchandage ? Qu'on laisse la Russie s'emparer des possessions européennes d'un empire Ottoman en déclin, voire en décomposition, mais qu'en échange elle aide à notre expansion jusqu'au Rhin[53].

Telle est la position politique de Balzac, à l'aune de laquelle il condamne le régime de Juillet. Son attachement à une politique « nationale » qui rende à la France cette rive gauche du Rhin que la Révolution et l'Empire avaient su lui donner et que les traités de 1815 avaient eu à ses yeux l'injustice de lui retirer le rapproche certes des opinions défendues par l'opposition de gauche dans *Le National* ou d'autres organes de presse. Mais il pense à l'évidence aussi que les Bourbons auraient mieux défendu les intérêts territoriaux de la France que les gouvernements de la monarchie de Juillet, et que la Restauration elle-même, venue pourtant dans les fourgons de l'étranger, s'était montrée plus soucieuse des

50 Article du 24 février dans la *Chronique de Paris*, éd. cit., p. 320.

51 « Il y a sympathie entre la Russie et la France ; la dernière a presque civilisé la première dans les classes élevées de la société ; elle lui a donné sa langue et ses mœurs. Placées aux deux extrémités de l'Europe, la France et la Russie ne se touchent point par leurs frontières ; elles n'ont point de champ de bataille où elles puissent se rencontrer ; elles n'ont aucune rivalité de commerce, et les ennemis naturels de la Russie (les Anglais et les Autrichiens) sont aussi les ennemis naturels de la France. En temps de paix, que le cabinet des Tuileries reste l'allié du cabinet de Saint-Pétersbourg, et rien ne bouge en Europe. En temps de guerre, l'union des deux cabinets dictera des lois au monde. / [...] L'alliance de la Russie [...] nous mettrait à même d'obtenir des établissements dans l'Archipel et de reculer nos frontières jusqu'aux bords du Rhin » (*Mémoire* à M. le comte de la Ferronays, daté du 30 novembre 1828, recueilli dans les *Mémoires d'outre-tombe*, livre 30, chap. 13, éd. de la Pléiade, 1969, t. II, p. 274). En échange de son soutien contre les Turcs, la France pourrait ainsi exiger du Tsar « la ligne du Rhin, depuis Strasbourg jusqu'à Cologne » (*ibid.*).

52 « La Russie vise à un empire universel, elle est prête à descendre en Europe aussi bien qu'à se répandre en Asie » (*Chronique de Paris*, lettre du 24 février 1836, éd. cit., p. 314).

53 L'alliance russe est « la seule qui puisse faire avoir à la France et la Belgique et le Rhin. Tout ce que fait la Russie est contre l'Angleterre ; et, sous ce rapport, elle est française comme la possession de la Belgique est un fait antianglais qui sert la Russie » (Balzac, « Lettres russes », *in Revue parisienne*, 25 septembre 1840, Slatkine Reprints, Genève, 1968, p. 386).

intérêts territoriaux de la France que le régime qui allait lui succéder. C'était l'opinion de Chateaubriand, qui dans les *Mémoires d'outre-tombe* s'emploie encore à « venger la Restauration [...] des reproches absurdes qu'on s'obstine à lui adresser malgré l'évidence des faits » :

> La Restauration, aussitôt qu'elle choisit ses ministres parmi ses amis, ne cessa de s'occuper de l'indépendance et de l'honneur de la France : elle s'éleva contre les traités de Vienne, elle réclama des frontières protectrices, non pour la gloriole de s'étendre jusqu'au bord du Rhin, mais pour chercher sa sûreté ; elle a ri lorsqu'on lui parlait de l'équilibre de l'Europe, équilibre si injustement rompu envers elle : c'est pourquoi elle désira d'abord se couvrir au midi, puisqu'il avait plu de la désarmer au nord.

Balzac quant à lui signale dans ses *Lettres sur Paris* que selon la « brochure d'un ancien ministre de Charles X », « la pensée dominante du dernier gouvernement [celui de Polignac] était de reprendre nos frontières naturelles[54] ». En 1830, pour Balzac, la France, décidément, avait accumulé bien des formes de malheur...

*

Mais Balzac est principalement romancier, et à ce titre, les bruits de bottes qu'il entend ou appelle sont aussi source de création littéraire. Ce Rhin, présent comme on l'a vu dans sa pensée politique, devient aussi en 1831 décor de *L'Auberge rouge*, nouvelle qui paraît en août de cette année dans la *Revue de Paris*. On a justement remarqué, par rapport à l'ensemble de *La Comédie humaine*, le faible volume des *Scènes de la vie militaire*. Si toutefois l'on consulte le calendrier de la production balzacienne, on constate que *Le Dernier Chouan ou la Bretagne en 1800* date de mars 1829 ; en janvier 1830 a paru dans *La Mode El Verdugo*, qui renvoie à la guerre d'Espagne en 1809 ; en mai, à côté des *Deux rêves*, où l'on se reporte à la Révolution, *Adieu* évoque la Bérésina ; en décembre, c'est la campagne d'Égypte qui sert de cadre, à nouveau dans la *Revue de Paris*, à *Une passion dans le désert* ; en février 1831, paraît dans la même revue *Le Réquisitionnaire* ; à la fin d'août 1831, *L'Auberge rouge* y est à son tour publiée, en même temps qu'en librairie *La Peau de chagrin*. En liaison sans doute avec l'actualité, Balzac multiplie donc à cette date des scènes en rapport avec la vie militaire, mais qui en fait intégreront souvent les *Études philosophiques*, pour des raisons éditoriales sans doute, mais

54 Voir lettre XIX, *OD*, t. II, p. 977. L'allusion renverrait selon Jean-Marie Mayeur au projet de Charles-Joseph Édmond Bois-le-Comte : « Ce diplomate fut Directeur au ministère des Affaires étrangères, et à ce titre l'auteur d'un projet que reprit à son compte Polignac. Ce remaniement de la carte de l'Europe de 1815 à la faveur du démembrement partiel de l'Empire ottoman donnait à la France la Belgique. Il était fondé sur le soutien de la Russie à l'alliance de laquelle Polignac était attaché » (Jean-Marie Mayeur, « Balzac et la politique extérieure de la France d'après les *Œuvres diverses* », *L'Année balzacienne 1992*, Paris, Puf,, 1992, p. 95). Le projet ne résista pas à l'hostilité des puissances étrangères simplement sondées. Il n'en témoigne pas moins, observe Jean-Marie Mayeur, « de la volonté des ultras d'effacer l'humiliation des traités de 1815 ».

aussi de fond, car dans la vie militaire se manifeste pour Balzac une forme de l'humain que la vie sociale ordinaire, policée, dissimule : « Ne faut-il pas avoir réfléchi bien profondément sur la nature humaine, pour oser chercher ce qu'il peut y avoir de héros dans une troupe de malfaiteurs ? », lit-on dans *Une conversation entre onze heures et minuit* où nous est racontée l'histoire du capitaine Bianchi, qui se fit fort de manger le cœur d'une sentinelle espagnole au terme d'un pari[55] !

L'Auberge rouge sera donc un récit à la fois militaire et philosophique, qui cette fois nous transportera sur les bords du Rhin, c'est-à-dire au cœur symbolique[56] de cette Allemagne philosophique et rêveuse dont la lecture d'Hoffmann (cité dans le texte) vient alors de populariser l'image. Il se présente explicitement comme « une histoire allemande » destinée à « faire bien peur », maladroitement contée par « un bon gros Allemand » prénommé Hermann « comme presque tous les Allemands mis en scène par les auteurs », et retranscrite par un auditeur français qui a su en extraire « ce qu'elle a de poétique et d'intéressant »[57]. C'est dire les multiples formes de distance prises d'emblée par cet auditeur devenu à son tour narrateur avec les détails concrets d'une histoire dont il ne témoigne lui-même que des effets sur l'assistance parisienne, et dont il avoue avoir élagué tout ce qui pouvait nuire à son intérêt central qui est de mettre en évidence des limites parfois dangereusement incertaines qui séparent l'intention de l'action, le sommeil de la veille, la réalité du rêve, l'innocence de la culpabilité. Étude bien philosophique donc, comme le soulignera Félix Davin – « Dans *L'Auberge rouge*, cette sanglante histoire d'un parvenu, la plus terrible peut-être qu'ait imaginée M. de Balzac, se trouve une analogie magnifiquement exécutée entre l'idée d'un crime et le crime même[58] » – mais d'une thématique clairement inspirée néanmoins par cette attirance toute allemande pour le fantastique et l'anthropologie[59].

La genèse de la nouvelle révèle quelque hésitation du romancier par rapport à son décor précis. C'est à la Bouleaunière, auprès de Mme de Berny, que Balzac en entreprit la rédaction au mois de mai 1831. On possède de lui une lettre du 18

55 Ce texte balzacien a paru initialement dans le recueil collectif des *Contes bruns*, signé d'H. de Balzac, Ch. Rabou et Ph. Chasles, en janvier 1832. Voir l'édition préfacée par Max Milner, Laffitte Reprints, Marseille, 1979, p. 15.

56 « Les rives du Rhin sont pour les Allemands une image vraiment nationale », écrit Mme de Staël dans *De l'Allemagne* (cité par W. Jung, « *L'Auberge rouge* et la vision balzacienne de la Rhénanie », *L'Année balzacienne 2000*, Paris, Puf, 2001, p. 207).

57 *L'Auberge rouge*, *CH*, t. XI, p. 89–90 et 92.

58 « Introduction » aux *Études philosophiques*, *CH*, t. X, p. 1215.

59 Voir la dernière page de *La Vieille Fille*, où Balzac appelle de ses vœux la création en France de chaires d'anthropologie, « science dans laquelle l'Allemagne nous devance » (*CH*, t. IV, p. 935). Nicole Mozet rappelle justement dans la note afférente à ce propos qu'à l'époque le terme d'anthropologie s'applique à « l'ensemble de sciences psychologiques », et non pas encore à « l'histoire naturelle du groupe humain. »

adressée à Charles Rabou, alors directeur de la *Revue de Paris* où devait paraître le texte, dans laquelle il avoue en ces termes l'insuffisance de sa documentation :

> Si vous étiez un ami, vous auriez la complaisance de me faire une petite recherche dont j'ai besoin pour *L'Auberge rouge* – à savoir *en quel mois et en quelle année, et sous quel général républicain* les Français ont pénétré, au commencement de la Révolution, en Allemagne, à Dusseldorf, ou plus loin. Et quel corps ! Je suis ici sans un pauvre livre, seul dans un pavillon au fond des terres, avec *La Peau de chagrin* qui, Dieu merci, s'achève. Je travaille nuit et jour ne vivant que de café, aussi j'ai besoin, pour trouver une distraction à mon travail habituel de faire *L'Auberge rouge*, comme on va caresser la femme du voisin[60].

Rabou accusa réception de la lettre[61], et tout donne à penser que Balzac reçut donc la fiche demandée. Mais un flou chronologique certain demeure perceptible dès la première phrase de la nouvelle pour le récit cadre (« En je ne sais quelle année, un banquier de Paris [...][62] »), et les faits ensuite rapportés se situeront dans la nouvelle non plus « au commencement de la Révolution » et « à Dusseldorf » comme il était envisagé, mais à Andernach en 1799. Balzac sanctionna-t-il le choix de Rabou (ou de l'éventuel informateur auquel ce dernier put avoir recours) ? Il est frappant de constater que c'est à nouveau d'Andernach, à la veille du combat, que dans *Une ténébreuse affaire* les jumeaux de Simeuse adresseront leurs lettres, datées de 1794, faisant de Laurence de Cinq-Cygne l'arbitre de leur amour[63]. En vérité, on ne peut oublier qu'Andernach a été le lieu d'innombrables batailles. Il suffit à ce sujet, pour se rafraîchir la mémoire, d'ouvrir le Baedeker :

> La plaine fertile que parcourt la grande route [...] de Coblenz à Andernach, le théâtre habituel des grandes manœuvres militaires, est une véritable terre classique pour le soldat. Elle a eu des vicissitudes bien variées de victoires et de défaites : le premier passage de César [...], les combats de Charles le Chauve et de Louis le Germanique [...], les ravages des Normands [...], les guerres des empereurs allemands Othon le guelfe et Philippe de Hohenstaufen [...], puis les tourments de la guerre de trente ans [...], les incendies barbares de Louis XIV [...], la guerre de la succession d'Espagne [...], enfin les guerres de la révolution française (1794–1797, Jourdan, Marceau, Hoche). Les monuments de ces deux derniers généraux indiquent à peu près les deux extrémités du champ de bataille[64].

Dans la nouvelle balzacienne, la ville n'aura d'ailleurs guère de présence. Dans *Le Rhin*, Victor Hugo qui y séjournera en voyageur certes épris de pittoresque, en

60 Balzac, *Correspondance*, éd. de Roger Pierrot et Hervé Yon, Paris, Gallimard, « Bibliothèque de la Pléiade », 2006, t. I, p. 359.
61 Lettre du 21 mai à « Mon très Honoré collaborateur », *ibid.*, p. 364.
62 Voir *CH*, t. XI, p. 89 et p. 1244, var. *b.*de cette page. À l'origine, le récit est daté de 1830.
63 *CH*, t. VIII, p. 583.
64 *Les Bords du Rhin depuis Bâle jusqu'à la frontière de la Hollande. Manuel du voyageur*, par K. Baedeker, 5e éd. augmentée et corrigée, Coblenz, K. Baedeker éditeur, 1862, p. 226.

signalera la belle église, les croulantes murailles[65]... Rien de tel chez Balzac, où la topographie de la ville se réduit à celle d'une auberge, bordant un fleuve. Mais le choix d'une auberge comme décor d'un vol suivi d'un crime est lui-même à nouveau bien convenu, au théâtre aussi bien que dans le roman. Comme le signale Anne-Marie Meininger dans son introduction à *L'Auberge rouge* dans l'édition de la Pléiade :

> [...] environ deux douzaines de pièces eurent pour cadre une auberge dans la seule période qui sépare le début du XIXe siècle de la date de rédaction de *L'Auberge rouge*. Ce cadre était classique aussi pour un meurtre, selon une tradition établie depuis *Jacques le fataliste* de Diderot et renouvelée avec éclat en 1823 par le mélodrame de *L'Auberge des Adrets*.

Willi Jung a cependant établi qu'on pouvait trouver dans *L'Auberge rouge* les éléments d'une véritable « vision balzacienne de la Rhénanie », de ses paysages comme de son esprit et de ses mœurs[66]. « De Strasbourg à Cologne », écrit Balzac, Prosper Magnan et son compagnon ont « visité l'Électorat et les rives du Rhin en artistes, en philosophes, en observateurs » ; ils se sont donc « abandonnés à cette admiration profonde dont sont saisis les hommes instruits à l'aspect des rives du Rhin » ; ils ont admiré là une « nature forte, riche, puissamment accidentée, pleine de souvenirs féodaux, verdoyante, mais qui garde en tous lieux les empreintes du fer et du feu », Louis XIV et Turenne ayant transformé en ruines les admirables châteaux qui jadis ornaient le pays. Dans « cette terre merveilleuse couverte de forêts [...] le pittoresque du Moyen Âge abonde, mais en ruines ». De temps en temps, « par une découpure de la forêt, par une anfractuosité des rochers, ils apercevaient quelque vue du Rhin encadrée dans le grès ou festonnée par de vigoureuses végétations ». Enfin, ils découvrirent Andernach, « petit ville, assise avec coquetterie au bord du fleuve, où elle offre un joli port aux mariniers ». « L'Allemagne est un beau pays », s'écrie Prosper Magnan en découvrant les maisons peintes de la ville, « pressées comme des œufs dans un panier, séparées par des arbres, par des jardins et par des fleurs », et en admirant « les toits pointus à solives saillantes, les escaliers de bois, les galeries de mille habitations paisibles, et les barques balancées par les flots dans le port »[67]. Tous les éléments constitutifs du paysage rhénan dans l'image qu'on s'en fait traditionnellement sont là, mais de façon bien générale, souvent à travers le prisme de l'histoire, et sans jamais s'organiser en véritable paysage ou en description approfondie. L'évocation de l'auberge rouge elle-même dans laquelle on pénètre ensuite appelle des remarques analogues. Balzac d'ailleurs le reconnaît : les deux jeunes militaires y

65 *Œuvres complètes* de Victor Hugo, éd. Jean Massin, Paris, « Le Club français du livre », t. VI-1, 1971, p. 270–271.
66 Voir art. cit., en particulier p. 212–214.
67 *L'Auberge rouge*, *CH*, t. XI, p. 93–95.

perçoivent, « à travers les vapeurs du tabac, les accessoires obligés d'une auberge allemande : le poêle, l'horloge, les tables, les pots de bière, les longues pipes[68] ». On y sert le poisson du Rhin, de la choucroute quand il y en a, accompagnés du vin blanc local. Les natifs qu'on y découvre ont les mêmes caractéristiques que les hôtes allemands du salon d'où la nouvelle était partie : bonhomie, probité un peu naïve, tabagie, appétit tudesque... Willi Jung, dans l'article déjà cité, en relevant la part de clichés qui entrait manifestement dans la description balzacienne, observe remarquablement que parmi les images littéraires inspirées par l'Allemagne, celle donnée du Rhin s'était particulièrement prêtée au stéréotype. Et l'on sait par ailleurs ce que la rencontre culturelle de Balzac avec l'Allemagne doit à la médiation de Mme de Staël. Sa peinture des mœurs allemandes n'est certes pas étrangère à sa lecture de *De l'Allemagne*[69].

Adrien Goetz, dans la notice qu'il consacre à *L'Auberge rouge* à la suite de son édition du texte, est plus sévère. Pour lui, l'image qui sera donnée de la Rhénanie dans la nouvelle est en fait annoncée dès ses premières pages, dans les « vues de Suisse symétriquement accrochées sur les parois grises de la salle à manger[70] » où le banquier Taillefer reçoit ses hôtes : « l'Allemagne, terre d'élection du romantisme et du fantastique, ne sera dépeinte qu'avec les couleurs du Diorama de Daguerre, panorama artificiel et immobile, pour mieux mettre en valeur, sur ce fond de décor de théâtre mal peint, le drame dans toute sa puissance[71] ». L'inauthenticité de son tableau et ses sources ne sont-elles pas au demeurant confirmées par le romancier lui-même ? Ainsi dans le portrait donné de la femme de l'aubergiste, « grosse petite femme, ayant le bonnet de velours noir, la pièce d'estomac bleu et argent, la pelote, le trousseau de clefs, l'agrafe d'argent, les cheveux tressés, marques distinctives de toutes les maîtresses d'auberges allemandes, et dont le costume est, d'ailleurs, si exactement colorié dans une foule d'estampes, qu'il est trop vulgaire pour être décrit[72] ». Encore dans l'apparent consentement de l'écrivain à la platitude, faut-il faire la part de l'ironie, qui dans le texte même frappe « le romantisme et la couleur locale », inconsciemment bafoués par le pesant narrateur nurembergeois[73].

*

Il n'est pas impossible qu'au retour de Saint-Pétersbourg, en 1843, Balzac ait donné à sa dévouée servante et compagne Louise de Brugnol rendez-vous sur les

68 *Ibid.*, p. 96.
69 Voir art. cit, p. 206 et p. 216.
70 *L'Auberge rouge*, éd. cit., p. 90.
71 Balzac, « *Le Chef-d'œuvre inconnu* » *et autres nouvelles*, éd. d'Adrien Goetz, Paris, Gallimard, coll.. « Folio », 1994, p. 318.
72 *L'Auberge rouge*, éd. cit., p. 97.
73 *Ibid.*, p. 95.

bords du Rhin[74], pour lui en faire découvrir « le décor d'opéra ». C'est dire quelles multiples intentions, dans la pensée du romancier, l'image du grand fleuve pouvait servir. Les sentiments, la politique y occupent manifestement une importante place. « Je suis en ce moment à cheval sur un crime et je mange, je me couche dans *L'Auberge rouge* », écrit Balzac à Charles Rabou le 18 mai 1835, en lui promettant pour bientôt le « joli petit manuscrit » de la nouvelle, dont l'écriture entre en concurrence avec le travail pour *La Peau de chagrin* : « je ne voudrais pas », précise-t-il, « tromper mon ami Gosselin et donner un coup de canif dans sa peau de chagrin pour S.M. Frédéric-Guillaume[75] ». Mystérieuse référence pour les éditeurs de la *Correspondance*[76]. Rappelons que l'hôte dont la culpabilité se révèle dans la nouvelle balzacienne s'est appelé Mauricey avant de devenir Taillefer, mais s'est toujours prénommé Frédéric[77]. Prosper Magnan, en convoitant le trésor rhénan dont il renonce finalement à s'emparer, mais que son ami supposé fidèle dérobe, n'aurait-il pas à sa façon travaillé pour le roi de Prusse ? Il aura mis ses instruments au service d'une entreprise dont le bénéfice lui échappe. Par vertu certes, et en dépit de ses tentations, mais en rejoignant lui-même pour finir l'état de victime : en Prosper Magnan, soldat français accusé d'avoir assassiné le riche négociant allemand Walhenfer, originaire d'Aix-la-Chapelle et victime des désastres de la guerre, Hermann le narrateur, qui croit en son innocence et partage sa prison, reconnaît paradoxalement pour finir non seulement un être en qui « l'Allemagne respirait », « dans ses longs cheveux blonds » et « dans ses yeux bleus », mais une « véritable image de [s]on pays défaillant[78] ». La France amputée de la Belgique (où la Prusse, bien installée en Rhénanie après 1815, menaçait en 1830 de rétablir l'ordre militairement), n'était-elle pas à son tour devenue « un pays défaillant » et blessé ?

Nombreuses sont assurément les lectures dont *L'Auberge rouge*, étude philosophique, est susceptible[79], et d'autant plus que le tableau rhénan qu'elle fournissait s'avérait manifestement distancié. « Vous savez comme j'aime peu l'Allemagne », avoue Balzac à Mme Hanska le 1er juin 1848, à propos de politique encore il est vrai[80]. Il a en revanche, de multiples manières, aimé assurément le Rhin, et d'un amour de tête romanesquement fécond.

74 Voir Roger Pierrot, *Honoré d Balzac*, Paris, Fayard, 1999, p. 397–398.
75 *Correspondance* de Balzac, éd. cit., t. I, p. 359.
76 *Ibid.*, note 3 de la lettre 31–37, p. 1290.
77 Anne-Marie Meininger, « Histoire du texte » de *L'Auberge rouge*, *CH*, t. XI, p. 1243.
78 *L'Auberge rouge*, éd. cit., p . 107.
79 Voir par exemple Anne-Marie Baron, « *L'Auberge rouge* ou l'alchimie de la création », *L'Année balzacienne 2008*, Paris, Puf, 2008, p. 241–258.
80 *Lettres à Mme Hanska*, éd. Roger Pierrot, Paris, Robert Laffont, coll. « Bouquins », t. II, p. 853.

Arlette Michel (Paris)

Nerval, le Rhin et le voyage romantique

Nerval est l'un des grands voyageurs romantiques. Tous ses voyages, lointains ou proches, sont des pèlerinages en terre de culture, de souvenir. Il en est ainsi des quatre voyages qu'il fit dans l'Allemagne rhénane qu'il appelait sa « seconde mère » : il en rendit compte en 1852 dans *Lorely. Souvenirs d'Allemagne.* Ce récit regroupe les impressions des voyages de 1838, 1840, 1850 et 1852, qui le conduisaient aussi en Belgique et en Hollande[1].

À propos de ce texte, nous évoquerons rapidement comment Nerval conçoit le récit de voyage. Nous essaierons d'autre part de montrer que si Nerval transmet une image un peu passéiste de l'Allemagne, c'est parce qu'il cherche en Allemagne, comme en Orient, comme en Valois, non pas des images actuelles mais des « souvenirs ». Nous pourrons nous demander pourquoi.

*

De Baden qu'il découvre en septembre 1838, Nerval écrit une lettre au directeur du *Messager*, revue où paraît sa chronique de voyage en Rhénanie. Il y précise sa conception du voyage et du récit de voyage. Il note que son époque est friande de voyages et, spécialement, de voyages sur le Rhin[2]. Parmi les grands écrivains voyageurs, certains décrivent ce qu'ils découvrent, en forment des tableaux, mais

1 Sur la publication en revue de ces chroniques de voyage, voir Nerval, *Œuvres complètes*, Bibliothèque de la Pléiade (désormais *O. C.*), t. 3, p. 953–955. D'une manière générale, voir la mise au point de Lieven D'Hulst sur *Lorely. Souvenirs d'Allemagne*, t. 3, p. 933–952.

2 Voir *Notes et éclaircissements* joints à *Lorely. Souvenirs d'Allemagne*, *O.C.*, t. 3, p. 222, où Nerval écrit : « Lorsqu'on recueille après tant d'autres quelques impressions éparses, le long de ce vieux Rhin, qui s'en va finir dans la patrie de Rembrandt, on ne peut avoir la prétention soit de dire quelque chose de nouveau, soit de donner un fidèle itinéraire ». Il pense surtout à Dumas avec lequel il fit le voyage allemand de 1838 (*Excursions sur les bords du Rhin*, 1841) et à Hugo, *Le Rhin*, 2 vol., 1842 et 1845. S'il ne décrit pas davantage Francfort, c'est qu'il a scrupule à produire un « croquis » après le « tableau » de Hugo : sur Nerval et Hugo, voir J. Bony, *Le Récit nervalien*, Corti, 1990, p. 207. Le voyage du Rhin s'était banalisé entre 1840 et 1850 (voir F. Wey, « Déceptions de voyage. Au bord du Rhin », *Musée des familles*, mars et décembre 1846).

c'est pour donner un encadrement prestigieux à leur œuvre, pour « poser la scène de leurs vastes compositions ». Ce sont des « paysagistes littéraires » : ainsi de W. Scott, Chateaubriand, Hugo. Nerval ne se reconnaît pas en eux[3]. Il est encore plus éloigné de la seconde catégorie d'écrivains qu'il présente : ceux-ci, Byron ou Lamartine, « font des poésies et des poèmes avec la partie idéale et majestueuse de leur voyage ». Tels les « anges de Thomas Moore », ils donnent à croire que les « impressions vulgaires » et les « bizarres traverses » de la vie quotidienne du voyageur ne les atteignent pas[4]. Cette attitude est étrangère à Nerval. Il serait peut-être plus tenté de ressembler à une troisième espèce de voyageurs, les visionnaires qui, « sans sortir de Paris », par la puissance créatrice de leur imagination, revêtent de magnificence ce qu'ils ne connaissent pas encore. Mais le voyage réel risque de ne leur apporter que déception : « ils ne trouvent plus rien à dire quand la réalité succède à cette sorte de mirage intellectuel et magique ». Ainsi seraient Balzac, Janin, Musset, Sue[5].

En opposition avec ces trois catégories de voyageurs romantiques, voici maintenant ceux qui ont la prédilection de Nerval. Ils ont en commun « une façon particulière et fantasque de voir et de sentir ». Ils se nomment Sterne, auteur du *Voyage sentimental en France et en Italie*, Hoffmann, auteur des *Feuilles éparses d'un voyageur enthousiaste* ; puis sont cités Dumas et ses *Impressions de voyage*, ses *Excursions sur les bords du Rhin* et enfin Heine et ses *Reisebilder*[6]. Ceux-ci se tiennent au plus près de la réalité, qu'elle soit belle ou laide, ils s'abandonnent sans réserve à l'étrangeté du monde, ils se défendent contre ce que Nerval appelle « les molles contraintes de l'habitude ». Aussi sont-ils naïfs, réceptifs à toutes les sensations : ils voient et ils sentent selon leur originalité propre. Dégagés de l'habitude et aussi peut-être du fardeau de leur pensée, ils jouissent d'une entière liberté d'esprit et de cœur : ils peuvent être à la fois « enthousiastes » comme Hoffmann et « fantasques » aussi comme lui.

Fantasques : qu'implique ce mot ? Non seulement la liberté à l'égard du cliché mais une confiance faite au hasard et à ses fantaisies : Nerval nous dit que s'il aime la flânerie en voyage, c'est parce qu'elle permet « beaucoup de rencontres et d'admirations imprévues »[7]. L'humeur fantasque n'est donc pas incompatible avec l'enthousiasme, cet élan de joie fine qui naît de la découverte de la beauté. Et

3 Lettre à M.B.*** datée de Baden, 01.09.1838, publiée dans *Le Messager* le 18.09.1838 (*O.C.*, t. 1, p. 455). Sur cette poétique du voyage, voir J. Bony, *op. cit*,, p. 201–208.

4 *Id.* C'est au contraire la vie quotidienne qui fait l'objet des récits de voyage de Nerval.

5 *Id.* Sur la déception du voyageur, voir *Voyage en Orient*, *O.C.*., t. 2, p. 189 ou *Souvenirs d'Allemagne*, t. 3, p. 14.

6 *Id.* Sterne est pour tous les Romantiques le maître du récit fantasque, du récit qui se moque du récit (voir les éloges qu'en fait Balzac à l'époque de la *Physiologie du mariage* et de *La Peau de chagrin*).

7 Lettre à M.B.***, *O.C.*, t. 1, p. 456.

encore, l'humeur fantasque appartient au voyageur qui, tel Hoffmann, ne fait pas toujours de différence entre le réel et le rêve, encore qu'il soit très capable de se moquer de l'un et de l'autre.

Cette poétique du récit de voyage esquissée en 1838 est celle qui préside aux *Souvenirs d'Allemagne* de 1852, quelle que soit la date de rédaction des diverses pièces qui le composent. L'auteur se présente à nous « en flâneur plutôt qu'en touriste » ; il ne s'astreint pas à des « descriptions régulières » ; il préfère aux visites obligées se « replonger en liberté dans les rues tortueuses de la ville », comme il le fait à Strasbourg, à Francfort ou à Weimar[8]. S'agit-il de s'oublier dans la foule ? Peut-être aussi de se trouver : dans l'article du *Messager* que nous évoquions en commençant, il affirmait que « l'isolement solitaire » permet ensuite de « regarder sa vie d'un point de vue unique et sublime »[9]. Dans *Souvenirs d'Allemagne* cette idée se vérifie : c'est dans les instants heureux goûtés en Rhénanie, quand le souvenir et le rêve colorent la réalité, qu'il pense se connaître en vérité car il se connaît idéalement.

Nous posons donc la question : quel type de vérité faut-il chercher dans *Souvenirs d'Allemagne* ? Dans un article consacré en 1844 à *Hamlet*, Nerval distingue deux formes de vérité. La « vérité *vraie* » appartient au monde tel qu'il est : c'est cette vérité-là que Nerval veut reproduire dans les *Nuits d'octobre*, par un souci de « réalisme absolu ». Mais il existe une autre vérité pour un poète : c'est la « vérité sublime », elle appartient à la vie rêvée en perfection, une vie selon l'Idéal[10] . Au terme des *Nuits d'octobre*, où Nerval a visité les quartiers interlopes de Paris – purgatoire et enfer, il avoue : « le métier de *réaliste* est trop dur à faire ». La vérité dans *Souvenirs d'Allemagne* n'a pas cette âpreté : le voyageur cherche en Rhénanie un refuge provisoire contre le désespoir qu'inspire la « vérité vraie » et qui le conduit, il le sait, à la folie. Ce qu'il trouve, au contraire, en Allemagne, c'est la vérité du rêve : « Comme tout cela est allemand et romantique ! » écrit-il de Heidelberg ; et il ajoute : « et tout cela est vrai pourtant ! »[11]

*

C'est cette vérité poétique que nous chercherons dans *Souvenirs d'Allemagne* : contre la hantise de la laideur, de la violence modernes et de la folie, Nerval affirme que l'Idéal, la beauté et le bonheur existent, et qu'ils existent dans le souvenir, par le souvenir.

---

8 *Souvenirs…*, *O.C.*, t. 3, p. 15, 17, 38. C'est la flânerie dans la foire de Francfort qui fournit son point de départ au récit *Les Faux Saulniers*, *O.C.*, t. 2, p. 3 *sq.* ; il ne faut surtout pas être un « touriste », fût-il « littéraire » : Nerval pense-t-il malicieusement à Stendhal et à ses *Mémoires d'un touriste* parus en 1838 ?

9 Lettre à M.B.***, t. 1, p. 456.

10 « Hamlet », *L'Artiste*, 22.12.1844, *O.C.*, t. 1, p. 888.

11 *Les Nuits d'octobre*, *O.C.*, t. 3, p. 342 ; *Souvenirs…*, p. 43.

On s'est étonné que Nerval, à la différence de Quinet, de Lamartine ou de Hugo, s'attache à une image passéiste de l'Allemagne. Serait-il indifférent aux événements politiques qui ont transformé et transforment, en Allemagne et en France, la vie politique, sociale, intellectuelle ? Sans doute l'insertion de *Léo Burckart*[12], drame politique, dans le récit de voyage, paraît une faible preuve de l'intérêt de Nerval pour l'actualité. On trouve en effet aux sources de ce drame l'agitation dans les Universités allemandes après le Congrès de Vienne, l'assassinat de Kotzebue par l'étudiant Carl Sand. Le temps a passé : Nerval nous conte malicieusement que le bourreau de Sand est mort après avoir égayé de vignes grimpantes une tonnelle construite avec le bois de l'échafaud…

Si, en 1852, Nerval décide d'inclure *Léo Burckart* dans ses *Souvenirs*, quitte à en perturber le tranquille et poétique récit, c'est pour élever, à sa manière, une protestation politique contre le présent. Il fait précéder son drame d'une notice explicative dont le sens est clair. Il est un partisan convaincu de la liberté : sans doute est-ce la raison pour laquelle il dit son admiration pour le *Prométhée enchaîné* de Herder célébré à Weimar en 1850. Mais il affirme d'une part sa défiance à l'égard des révolutions qui conduisent toujours à la tyrannie ; d'autre part sa volonté d'artiste de refuser la politique, à laquelle il ne croit pas[13] :

> Et d'abord ce n'est ni Kotzebue, ni Sand, que j'ai voulu peindre, ni aucun personnage défini. Seulement j'ai toujours haï l'assassinat politique, qui n'amène jamais que le contraire du résultat qu'on attend.

Si Nerval voit la tyrannie naître d'une précipitation aveugle vers la liberté, il ne croit pas non plus, et d'une manière plus générale, à la politique, fût-elle libérale. *Léo Burckart* s'achève sur deux échecs : l'étudiant Frantz se suicide après avoir été compromis par la violence anarchiste de quelques comparses ; le libéral Léo se retire de la politique après avoir frôlé deux désastres public et privé[14] :

> J'ai supposé un honnête homme, ami de la justice et du progrès, qui essaie, d'un côté, de modérer les esprits trop impatients, et qui, de l'autre, refuse de s'associer à une réaction aveugle.

Ce qui est pire peut-être, Nerval qui prétend brosser « une composition dramatique, traitée librement à la manière de Schiller »[15], ne peut suivre son maître jusqu'au bout. Les drames de Schiller sont héroïques ; dans *Léo Burckart*, les médiocrités de la vie privée altèrent singulièrement les possibilités de l'héroïsme : au dénouement c'est la paix bourgeoise qui reprend ses droits, avec un plat

12 Sur ce drame, ses sources, sa composition, voir *O.C.*, Notice de J. Bony, p. 1014–1019 et Appendice présenté par Lieven D'hulst, p. 1019–1029.

13 *Souvenirs…*, *O.C.*, t. 3, p. 73.

14 *Id.*

15 *Ibid.*, p. 72.

contentement et un dur cynisme[16]. Triste bilan d'une réflexion qui concerne peut-être plus la France que l'Allemagne !

Nerval manifeste le dégoût et les craintes que la politique inspire à un poète qui voit la liberté menacée de tous côtés. Aussi cherche-t-il refuge en des images qui conservent ce qui est à ses yeux l'essence idéale de l'Allemagne, d'une Rhénanie dont il cherche les souvenirs avec respect et tendresse.

*

Passons donc le Rhin. C'est d'abord la Lorely qui se présente au voyageur. On ne peut manquer de noter le parallélisme de deux titres nervaliens : *Lorely. Souvenirs d'Allemagne* et *Sylvie. Souvenirs du Valois.* Le rapprochement de la patrie réelle et de la terre d'élection est confirmé dans *La Bohême galante* (où une cantilène folklorique chantée par une jeune fille rappelle au promeneur des ballades allemandes). Dans *Promenades et souvenirs du Valois*, la pluie surprend le rêveur au bord des forêts – « et voilà mon rêve germanique qui me revient entre la perspective des bois et l'antique profil de Senlis »[17].

La Rhénanie, le Valois, deux terres de refuge pour celui que pourchassent les réalités du désespoir et de la folie. De même que *Les Filles du Feu* sont précédées par la « lettre à Dumas » où Nerval affirme haut et clair qu'il n'est pas fou car il a soumis la folie à la poésie, de même *Souvenirs d'Allemagne* est précédé d'une adresse à Jules Janin qui avait cru bon, en 1841, après la première crise de folie de Nerval, d'écrire à son sujet une manière de nécrologie[18]. Avec une amertume qui ne s'est pas affaiblie depuis dix ans le poète écrit : « on m'avait cru mort de ce naufrage ». Or l'Allemagne pouvait être aussi, pour Nerval, la terre du naufrage. La Lorely en effet est pourvoyeuse de folie. Il a beau savoir qu'elle est « charme et mensonge », la Lorely, la folie fascinent le voyageur : elles peuvent être source de poésie, mais seulement si elles sont vaincues par la poésie : « cette fée radieuse des brouillards, cette ondine fatale comme toutes les *nixes* du Nord qu'a chantées Henri Heine, elle me fait signe toujours : elle m'attire encore une fois »[19]. Le Rhin que salue avec un enthousiasme filial le voyageur au début de son récit ressemblerait ainsi aux portes de corne et d'ivoire évoquées au début d'*Aurélia* ou à l'Achéron que le poète dit avoir traversé trois fois vainqueur dans le premier

---

16 Voir 6e Journée, Sc.VI, les dernières répliques : *Souvenirs*, p. 177 *sq.*

17 *La Bohême galante*, *O.C.*, t. 3, p. 288 *sq.* ; *Promenades et souvenirs du Valois*, t. 3, p. 691.

18 *Souvenirs...*, *O.C.*, t. 3, p.4–10. L'article de Janin avait paru le 1er mars 1841 dans le *Journal des débats.*

19 *Ibid.*, p. 4. Dans *Les Faux Saulniers*, œuvre qui procède aussi du cycle allemand de Nerval (*O.C.*, t. 2, p. 38 *sq.*), il rappelle encore les pouvoirs de la Lorely, mais ils sont un peu émoussés et il pense les combattre par le choix ironique du prosaïsme absolu : « Le Rhin est perfide ; – il y a trop de lorelys qui chantent le soir dans les ruines des vieux châteaux ! – Quant au Danube, quel bon fleuve ! Il me semble aujourd'hui qu'il roule dans ses flots des saucisses et de gâteaux glacés de sel ».

sonnet des *Chimères.* Il faut avoir franchi le Rhin en surmontant les tentations proposées par la Lorely : alors on peut entrer dans le pays où la réalité est poésie pour qui sait se souvenir. C'est ce qu'exprime, dans *Aurélia*, le rêve où se trouve évoquée une fois encore l'entrée en terre rhénane[20] :

> Un soir, je crus avec certitude être transporté sur les bords du Rhin. En face de moi se trouvaient des rocs sinistres dont la perspective s'ébauchait dans l'ombre. J'entrai dans une maison riante, dont un rayon du soleil couchant traversait gaiement les contrevents verts que festonnait la vigne. Il me semblait que j'entrais dans une demeure connue, celle de mon oncle maternel, peintre flamand, mort depuis plus d'un siècle.

On se rappelle l'ambition poétique de Nerval : diriger son rêve au lieu de le subir. Pour l'amoureux de la Rhénanie, il s'agit de le diriger vers les souvenirs de grâce innocente, de tendre nostalgie, d'Idéal où il reconnaît l'une des beautés du « Romantisme du Nord ».

Ces souvenirs sont ceux de « la terre de Goethe et de Schiller », comme les souvenirs du Valois sont ceux d'Henri IV et de la belle Gabrielle, des fêtes champêtres qu'aurait pu peindre Watteau. De tels pèlerinages exigent une foi tenace que nulle désillusion ne puisse entamer : ce qui a existé une fois, ou a été rêvé une fois par le poète ne peut pas, ne doit pas s'abolir. Le Valois évoqué dans *La Bohême galante* et encore dans *Promenades et souvenirs du Valois* échappe au temps ; c'est seulement dans *Sylvie*, en un moment d'angoisse ardente que l'image du Valois se dégrade : Sylvie n'est plus enfant ni dentelière, elle habite la ville, elle « phrase » quand elle chante et elle a épousé le pâtissier. Dans *Souvenirs d'Allemagne* le voyageur impatient de franchir le Rhin s'effraie un instant :

> au bout du pont mouvant de soixante bateaux, savez-vous ce qu'il y a ? ... Il y a l'Allemagne ! la terre de Goethe et de Schiller, le pays d'Hoffmann ; la vieille Allemagne, notre mère à tous !

Et si, le pont traversé, l'Allemagne avait changé, dérangé « ce bel univers magique que nous avait créé la poésie » ? « Là, tout se trouvait réuni, et tout plus beau, plus riche et plus vrai peut-être que les œuvres de la nature et de l'art »[21].

Le voyageur passe les « portes enchantées » et la force de ses souvenirs a raison de la réalité. C'est d'autant plus facile que la Rhénanie possède, comme toutes les terres de grande et ancienne culture, le génie du souvenir : Rome, la chevalerie, l'art gothique, le délicieux XVIIIe siècle ont laissé ici leur marque. Le duché de Bade plonge le voyageur dans un gracieux rêve éveillé : il se croit dans « une pastorale d'opéra » et rien « ne vient déranger ce petit monde romanesque ». Un tel XVIIIe siècle serait-il un peu édulcoré ? Le grand bal du samedi soir à Baden

20 *Aurélia*, *O.C.*, t. 3, p. 702.
21 *Souvenirs...*, p. 36.

revêt la poésie douce et innocente de la fête des archers dans *Sylvie*[22]. Nerval aime les *Idylles* de Gessner, elles sont pour lui l'antidote des violences du monde moderne, de ses rudes vérités. Aimer le XVIIIe siècle pour la naïveté et l'élégance du sentiment, c'est à la fois y chercher un refuge et les raisons d'une protestation.

Le XVIIIe siècle que Nerval cherche en Allemagne est surtout celui de Goethe et de Schiller, nous dit-il[23]. De Schiller il s'est inspiré dans son *Léo Burckart.* Nous préférons retenir un souvenir inventé, car il nous montre comment travaille la mémoire nervalienne, comment elle crée des images mythiques, symboliques, où elle enclôt ses rêves les plus chers pour qu'ils échappent au néant. Dans la chambre de Schiller à Weimar il dit avoir entendu Liszt interpréter sur le piano même du poète une paraphrase d'un lied de Schubert : « Les plaintes de la jeune fille »[24]. C'est tout le Romantisme allemand tel que l'aime Nerval qui est appelé ainsi à traverser le temps.

De Goethe, Nerval n'évoque pas les deux *Faust* qu'il avait lui-même traduits : à Francfort, c'est la musique composée par Spohr pour *Faust* qui le retient et, à Weimar, en août 1850, c'est *Lohengrin* dirigé par Liszt qui est à l'affiche pour la célébration de Goethe. On sait qu'en réalité Nerval n'arriva à Weimar qu'au lendemain des fêtes en l'honneur de Herder et de Goethe[25] . En revanche *Wilhelm Meister* représente sans doute pour Nerval l'essence du Romantisme allemand : il y trouve l'identification réalisée de la vie et de la poésie dans la fantaisie et la nostalgie. Précisons tout de suite qu'il paraît en retenir surtout la première partie, « Les années de pèlerinage » et, de ces années, les aspects les plus gais et fantasques : le destin de Mignon, par exemple, était peut-être pour lui une source d'angoisse qu'il préférait oublier.

Nerval est, comme Meister, comme Schubert, un *Wanderer.* L'errance est souvent chez le poète marquée du signe de la folie ou par la hantise de lui échapper. Ainsi en est-il parfois dans le *Voyage en Orient*, dans les *Nuits d'octobre.*

---

22 *Ibid.*, p. 28 *sq.* ; le grand bal du samedi, p. 30 *sq.*

23 Il conviendrait de joindre à ces deux noms celui de Herder dont Weimar commémore le génie en 1850. De Herder Nerval a retenu deux choses : l'amour de la liberté inscrit dans le *Prométhée enchaîné* de 1802 et aussi ce qu'il appelle (peu respectueusement) « ses rêveries poétiques et ses spéculations philosophiques » : Herder est vu par lui comme un « esprit amoureux du mythe, du symbole, de l'allégorie, de l'emblème ». En cela Nerval trouve en Herder un génie frère du sien (*O.C.*, t. 3, p. 1001).

24 *Souvenirs...*, p. 68 *sq.*

25 Sur l'arrivée tardive de Nerval à Weimar, voir la lettre à Franz Liszt du 28–30 août 1850 (*O.C.*., t. 2, p. 1274). Nerval composa, sur des notes demandées à Liszt, ses pages sur les célébrations de Herder et Goethe. De *Lohengrin* il retient surtout la fable chevaleresque sans percevoir la modernité de la musique de Wagner, pas plus que celle composée par Liszt pour le *Prométhée enchaîné* de Herder : l'une et l'autre lui paraissent continuer la tradition de Glück et de Spontini. Il arrive à Nerval de marquer quelque mauvaise humeur à l'égard de Goethe et de sa génération quand il veut, en contrepartie, faire l'éloge de Heine (voir « Les Poésies de Henri Heine », *Revue des deux Mondes*, 15.07.1848, *O.C.*, t. 1, p. 1123).

Les promenades du narrateur de *Sylvie* sont progressivement contaminées par le vertige. L'errance dans Paris conduit le narrateur d'*Aurélia* à la folie et à la tentation du suicide. En revanche le vagabondage poétique des comédiens et de leurs amis dans *Wilhelm Meister* constitue, dans *Souvenirs d'Allemagne* et jusqu'à la fin de l'œuvre de Nerval, un véritable mythe du bonheur et de la beauté : il fixe l'image de l'errance à la fois heureuse, tendre et nostalgique que pourrait être la poésie si elle se délivrait des angoisses que suscite chez le poète la tentation démiurgique, le désir fou d'être dieu[26]. Cette errance est heureuse car elle occupe une vie consacrée à la beauté et au rêve de la beauté, dans la sérénité des affections électives.

Dans la principauté de Hesse-Hombourg, le voyageur assiste à une « charmante fête » qui se déroule, dit-il malicieusement, dans « un château gothique tout moderne », autant dire un château de théâtre[27] :

> je croyais faire un de ces romanesques voyages de *Wilhelm Meister*, où la vie réelle prend des airs de féérie, grâce à l'esprit, aux charmes et aux sympathies aventureuses de quelques personnes choisies.

Dans un article de 1844 consacré à *Hamlet* il se remémore l'admirable scène du roman de Goethe où les comédiens, égayés dans une belle prairie au pied des forêts, se sont enthousiasmés pour la pièce de Shakespeare. Encore une fois il trouve dans de telles images le « chef d'œuvre de la muse romantique du Nord » : quel rêve ce serait de traduire *Hamlet* en compagnie d'« une troupe choisie d'aimables bohémiens qui se trouvent avoir à la fois la fantaisie, la bonne grâce et la beauté » ; mieux encore si ce rêve prenait corps « dans les vertes solitudes de la Forêt-Noire, au pied des châteaux ruinés que baignent le Neckar ou le Main »[28]. Au cœur de l'Ile de France, dans *Promenades et souvenirs du Valois*, c'est dans la voiture de Mignon et Philine qu'il souhaite trouver refuge. La pluie lui a fait accepter l'abri que lui offrent des comédiens ambulants dans leur roulotte : « En regardant les deux jeunes filles, l'une, vive et brune, l'autre, blonde et rieuse, je me mis à penser à Mignon et Philine dans *Wilhelm Meister* »[29].

Cet asile de poésie auquel Nerval veut croire en dépit de tout lui fait momentanément oublier que sa vie de *Wanderer* est, de plus en plus tragiquement, une fuite devant la folie. Il associe volontiers les comédiens de Goethe à ceux du

---

26 C'est l'image de l'artiste qui paraît dans *Les Chimères* et aussi à travers la figure d'Adoniram dans le *Voyage en Orient* (« Histoire de la reine du Matin et de Soliman, prince des génies »).

27 *Souvenirs*..., p. 36.

28 Article cité dans la note 10 : *O.C.*, t. 1, p. 887 *sq.*. Ce souvenir de *Wilhelm Meister* reparaît dans deux articles de l'*Artiste-Revue de Paris* : « Hamlet à Saint-Germain », 27.09.1846, et « Hamlet », (19). 12. 1847 (voir *O.C.*, t. 1, p. 1068 et 1264). Sur Shakespeare et *Hamlet* dans *Wilhelm Meister,* voir en particulier L. III, chap. XI ; L. IV, chap. III, V, XIII (c'est la fin du chap. IV et le début du chap. V qu'évoque Nerval de façon récurrente).

29 *Promenades et souvenirs du Valois*, *O.C.*, t. 3, p. 691.

Roman comique, à cet « essaim chantant d'histrions en voyage » dont parle Hugo dans « Tristesse d'Olympio », mais les uns et les autres sont aussi vus, parfois, comme les victimes d'un destin méchant qui les défigure. Les comédiens ambulants rencontrés à Meaux dans les *Nuits d'octobre* ont surtout à montrer la « femme-mérinos », un monstre. En ouverture aux *Filles du Feu*, le narrateur se représente lui-même sous les traits d'un comédien ambulant dénommé « l'illustre Brisacier », désigné ironiquement comme « Le Destin » par son nom de théâtre ; or il est en vain amoureux de la jeune première, « L'Étoile », il est humilié et, pour finir, se trouve abandonné, tel un monstre, sur le bord du chemin, par la troupe[30].

*

On l'a compris, le voyage « fantasque » et « enthousiaste » au pays du Rhin comme en Valois est l'antidote, fragile peut-être, contre l'errance désastreuse qui conduit à la folie et à la mort. Tel est l'enjeu des pèlerinages du souvenir pour Nerval. La Rhénanie dont il veut magnifier la mémoire est pour l'écrivain un *locus amoenus* où la poésie échappe aux appels du vertige, s'identifie au bonheur et à la beauté dans une sagesse paisible. Parmi ses maîtres, Goethe, Hoffmann, Heine lui ont appris la rêverie du flâneur ironique et tendre. Il oublie peut-être un devancier, Rousseau et ses *Rêveries du promeneur solitaire* : il lui a appris la puissance poétique du souvenir. Il a oublié aussi Nodier et ses sept châteaux de Bohème[31]. Nodier a tout connu du rêve : l'humeur fantasque, la fièvre inspiratrice du fantastique, et la folie. Nerval est trop familier de cette dernière. Il écrit *Souvenirs d'Allemagne* parce qu'il a échappé à la Lorely et pour échapper encore à ses sortilèges toujours renaissants.

30 *Les Filles du Feu*, « À Alexandre Dumas », *O.C.*, t. III, p. 451–458.

31 Si Nerval oublie Nodier dans *Souvenirs d'Allemagne*, il ne l'oublie certes pas dans *La Bohême galante* ni dans *Petits châteaux de Bohême* (dont les titres à eux seuls rappellent l'*Histoire du roi de Bohème et de ses sept châteaux* : voir en particulier le « Troisième château », *O.C.*, t. 3, p. 438). Pour la présence de Nodier dans l'œuvre de Nerval, voir les références à son nom dans l'*Index des noms de personnes*, *O.C.*, t. 3, p. 1579.

Wolfgang Matzat (Tübingen)

Verfremdung und Aneignung in Victor Hugos *Le Rhin*. Reisebericht zwischen Realität und Imagination

Victor Hugos Text mit dem Titel *Le Rhin* wurde zum ersten Mal 1842 und dann in einer überarbeiteten Fassung 1845 veröffentlicht. Es handelt sich dabei um einen Reisebericht in Form von 39 an einen Pariser Freund adressierten Briefen, der durch eine umfangreiche ›Conclusion‹ ergänzt wird. Den Gegenstand der Briefe bildet eine Reise, die zunächst von Paris durch die Champagne und die Lorraine nach Belgien führt, von dort über Aachen und Köln rheinaufwärts nach Mainz, Heidelberg, Straßburg, Freiburg und Basel, dann nach einem Abstecher nach Zürich an den Rheinfall von Schaffhausen und schließlich wieder über die Schweiz nach Paris zurück. Als Kernstück des Reiseberichts können die Briefe 9–28 angesehen werden, in denen der Reiseabschnitt von Aachen bis Heidelberg beschrieben wird, und innerhalb dieser Sequenz vor allem jene Briefe, die dem zentralen Abschnitt des sich zu Beginn des 19. Jahrhunderts ausbildenden Rheintourismus, der Strecke zwischen Köln und Mainz, gewidmet sind. Hervorgehobene Stationen sind hier Andernach, St. Goar, Lorch und Bingen.

Die in Hugos Text dargestellte Reise hat so nicht stattgefunden. Gemäß der Datierung der Briefe verlief sie in zwei Etappen in den Sommer- und Herbstmonaten der Jahre 1838 und 1839.[1] In Wahrheit stützte sich Hugo auf die Erlebnisse von drei Reisen in den Jahren 1838 bis 1840, wobei die letzte für die Abfassung des Buches die wichtigste war. Falsch ist auch der von Hugo in seinem Text immer wieder erweckte Eindruck, er sei allein gereist und habe die Erfahrungen eines einsamen romantischen *rêveur* niedergeschrieben. Er war nämlich – und zwar bei allen drei Reisen – mit seiner langjährigen Geliebten Juliette Drouet unterwegs, wovon weder seine Frau Adèle noch das größere Publikum etwas wissen sollten. Dieses Versteckspiel war insbesondere auch dadurch motiviert, dass Hugo seine auf der Reise geschriebenen Texte nicht an einen Pariser Freund, sondern an Adèle schickte – mit dem Auftrag, sie bis zu seiner Rückkehr

1 Ich beziehe mich auf die Anordnung der um 14 Briefe erweiterten Ausgabe von 1845. Zur Genese des Texts vgl. Horst Jürgen Wiegand: *Victor Hugo und der Rhein. ›Le Rhin‹ (1842/45), ›Les Burgraves‹ (1843)*. Bonn 1982, S. 45f.

gut zu verwahren. Allerdings wurden nicht alle Texte unterwegs verfasst, sondern einige auch in Paris. Zu ihnen zählt einer der schönsten und ausführlichsten Briefe, welcher die Schilderung einer zu Fuß zurückgelegten Etappe von Lorch nach Bingen enthält. So ist auch der am Briefeingang emphatisch gefeierte Fußmarsch – »Rien n'est charmant, à mon sens, comme cette façon de voyager«[2] – eine Fiktion. Hugo und Juliette benutzten eines der seit 1827 zwischen Köln und Mainz verkehrenden Dampfschiffe.

Hugos Reisebericht ist also im Grunde genommen eine Fiktion. Natürlich gilt das mehr oder minder für alle Formen des autobiographischen Schreibens, zu denen man ja Reiseberichte – und zwar insbesondere die der Romantik – rechnen kann. Frappierend ist allerdings, in welchem Ausmaß und wie unbekümmert Hugo die imaginäre Transformation seiner Erlebnisse ins Werk setzt. Übrigens hat er dieses Verfahren in seinem Vorwort ganz offen eingestanden. Dort führt er aus, dass sich mit der tatsächlichen Reise immer auch eine imaginäre Reise verbinde, die als solche keiner Hilfsmittel bedürfe: »Le caprice de la pensée franchit les mers sans navire, les fleuves sans pont et les montagnes sans route«.[3] Seine Briefe seien das Ergebnis der Vermischung dieser beiden Reiseformen. Die durch den Text selbst solchermaßen aufgeworfene Frage nach der imaginären Umgestaltung des realen Erlebnissubstrats soll im Zentrum meiner folgenden Ausführungen stehen. Dabei will ich nun die Ebene des Anekdotischen verlassen und zu einigen grundsätzlichen Erwägungen zur romantischen Reiseliteratur übergehen.

Zur Eigenart romantischer Reiseschilderungen

Ein grundlegendes Verfahren einer jeden Reisebeschreibung ist die Vermittlung des Anderen und Fremden mit dem Eigenen und Vertrauten, denn Reiseberichte sind im allgemeinen Texte, die für die zuhause Gebliebenen geschrieben werden. Wie wir gesehen haben, setzt auch Hugo einen solchen pragmatischen Kontext voraus, wenn er seine Briefe an einen Pariser Freund adressiert. Im Falle romantischer Reisebeschreibungen erfährt dieser Vermittlungsvorgang eine besondere, paradox anmutende Ausprägung. Einerseits wird dem Fremden als solchem, als Exotischem, ein besonderer Wert zugeschrieben. So ist ja die Oppositionsrelation zwischen einer unbefriedigenden Gegenwart und einer idealen Ferne – sei sie zeitlicher oder räumlicher Art – ein Grundmerkmal der

---

2 »Le Rhin. Lettres à un ami«, in: Victor Hugo: *Voyages*, hg. v. Claude Gély. Paris 1987 (*Œuvres complètes*, hg. v. Jacques Seebacher. Paris, Bd. 13), S. 1–451, hier: S. 135. Alle weiteren Verweise beziehen sich auf diese Ausgabe.

3 Ebd., S. 5.

romantischen Befindlichkeit. Andererseits erhält die Ferne aber gerade dadurch ihren idealen Charakter, dass das romantische Subjekt sich ihr in gewisser Weise immer auch zugehörig fühlt. Denn die eigene schlechte Gegenwart begreift der Romantiker als ein Exil, er sieht sich selbst als jemanden, der aus seiner Heimat vertrieben wurde, und sein Fernweh ist daher immer auch zugleich eine Form des Heimwehs.[4] Die romantische Imagination begegnet dem fremden Raum daher immer mit einer Doppelstrategie. Sie sucht im Fremden immer das Andere, das sich möglichst deutlich von der bis zum Überdruss bekannten eigenen Welt unterscheiden soll, doch ist dieses Anderssein des Anderen nur die Voraussetzung dafür, dass es zum Eigenen transformiert werden kann. Romantische Reiseliteratur steht somit im Zeichen einer Dialektik von Verfremdung und Aneignung.

Die kanonischen Beispiele – als solche haben sie in der kritischen Literatur der letzten Jahre eine besondere Aufmerksamkeit auf sich gezogen[5] – sind hierfür in der französischen Romantik die Beschreibungen von Orientreisen. Es sei hier nur an die wichtigsten Texte erinnert: Chateaubriands *Itinéraire de Paris à Jérusalem* von 1811, Lamartines *Voyage en Orient* von 1835 und Nervals *Voyage en Orient* von 1851. Ein zentrales Merkmal dieser Reiseberichte besteht darin, dass sich der Reisende immer selbst in seiner Vermittlungsfunktion in Szene setzt. Er zeigt sich immer wieder in der Rolle dessen, der nicht nur durch sein Wissen, sondern auch durch seine besondere Sensibilität die fremde Welt für den Leser zu erschließen vermag. In seiner Empfänglichkeit für die andere Welt kann er sich dabei immer auch in seinem eigenen Anderssein inszenieren und dem Leser damit eine entsprechende Erfahrung vermitteln. So etwa stilisiert sich Chateaubriand zum Pilger und Kreuzfahrer, der nach dem »siècle antireligieux« der Aufklärung Palästina als Wiege der christlichen Religion neu entdeckt.[6]

---

4 Bekanntlich wird in den kanonischen Selbstbeschreibungen der Romantik diese Befindlichkeit auf den Einfluß des Christentums zurückgeführt. Vgl. etwa die folgende Formulierung von A.W. Schlegel (*Vorlesungen über dramatische Kunst und Literatur*, hg. v. Giovanni Vittorio Amoretti, 2 Bde., Bonn 1923, Bd.1, S. 12): »Eine solche Religion muß die Ahndung, die in allen gefühlvollen Herzen schlummert, zum deutlichen Bewußtsein wecken, daß wir nach einer hier unerreichbaren Glückseligkeit trachten, daß kein äußerer Gegenstand jemals unsre Seele ganz wird erfüllen können, daß aller Genuß eine flüchtige Täuschung ist. Und wenn nun die Seele gleichsam unter den Trauerweiden der Verbannung ruhend, ihr Verlangen nach der fremd gewordnen Heimath ausathmet, was anders kann der Grundton ihrer Lieder seyn als Schwermuth?«.

5 Siehe z.B. Colette Juilliard: *Imaginaire et Orient. L'écriture du désir.* Paris 1996; Lisa Lowe: *Critical Terrains. French and British Orientalisms.* London 1991; Sarga Moussa: *La relation orientale. Enquête sur la communication dans les récits de voyage en Orient (1811–1861).* Paris 1995.

6 »Itinéraire de Paris à Jérusalem«, in: *Chateaubriand. Œuvres romanesques et voyages.* Hg. v. Maurice Regard. Bd. 2. Paris 1969, S. 695. Vgl. S. 769–770: »Je serai peut-être le dernier

Ähnlich begreift Lamartine seine Begegnung mit Palästina als Heimkehr, die nach »tant d'années flétrissantes et desséchantes« in ihm wieder die religiösen Gefühle seiner Jugend erweckt.[7] Natürlich wird dabei unter dem Deckmantel des Christentums vor allem die weltumgreifende Dynamik der romantischen Imagination demonstriert. Hugo, der Verfasser der *Orientales*, ist selbst nie in den Orient gekommen. Überhaupt war er nach seiner Eheschließung mit Adèle Foucher (1822) nicht mehr viel gereist. So musste er als bürgerlich-sesshafter Familienvater mit dem – ja auch in Mode gekommenen Rhein[8] – Vorlieb nehmen, um seine Wünsche nach einem anderen Leben zu befriedigen. Gleichwohl hat er es sich nicht nehmen lassen, seiner Rheinreise die Dialektik von Verfremdung und Aneignung in äußerst spannungsreicher Weise einzuschreiben.

Aspekte rheinländischer Alterität

Führen wir uns zunächst vor Augen, inwiefern das deutsche Rheinland für den Franzosen Hugo eine andere, fremde Welt darstellt. Dabei heißt Franzose vor allem *parisien*, denn nicht Frankreich, sondern Paris wird immer wieder als Bezugspunkt für das Anderssein des Rheinlands genannt. Es sei gleich vorab gesagt, dass hierbei die Sprache und Gebräuche der Deutschen kaum eine Rolle spielen. Hugo versteht kein Deutsch, doch schert ihn das wenig, da man im Rheinland der ersten Hälfte des 19. Jahrhunderts wohl ohne weiteres mit Französisch durchkommt. Auch von spezifisch deutschen Sitten hört man wenig – abgesehen von einigen kritischen Bemerkungen über die ungewöhnliche Zusammenstellung deutscher Menüs, mit der sich Hugo jedoch in der Pose des Dulders Odysseus abzufinden weiß.[9] Die Besonderheit des Rheinlands hat für Hugo andere, übrigens durchaus naheliegende Gründe: Einerseits ist er fasziniert durch den wilden, ursprünglichen Charakter der Natur – und das gilt natürlich vor allem für das Rheintal zwischen Köln und Mainz –, andererseits durch seine Geschichtsträchtigkeit, den altertümlichen Charakter seiner Städte

Français sorti de mon pays pour voyager en Terre Sainte, avec les idées, le but et les sentiments d'un ancien pèlerin.«

7 Lamartine: *Voyage en Orient*. Hg. v. Lotfy Fam. Paris o. J., S. 339f.

8 Davon zeugen in Frankreich die Reisebeschreibungen von Gérard de Nerval: *Loreley. Souvenirs d'Allemagne.* (1838); Edgar Quinet: *Allemagne et Italie* (1839), *Le Rhin* (1841); Alexandre Dumas: *Excursions sur les bords du Rhin* (1841). Zum Verhältnis zu Dumas vgl. Wiegand: *Victor Hugo und der Rhein*, S. 62f.

9 Vgl. *Le Rhin*, S. 125: »Là, on se répare à merveille, surtout si l'on sait se plier comme le voyageur Ulysse aux mœurs des nations, et si l'on a le bon esprit de ne pas prendre en scandale certaines rencontres bizarres qui ont lieu quelquefois dans le même plat, par exemple, d'un canard rôti avec une marmelade de pommes, ou d'une hure de sanglier avec un pot de confitures.«.

und die Vielzahl von sagenumwobenen Burgen und Ruinen. Wie oben dargelegt, entspricht es der Selbstinszenierung des romantischen Reisenden, wenn Hugo diese Faszination auf eine spezifische, ihn von der Masse der Rheintouristen unterscheidende Sensibilität zurückführt.[10]

Ein gutes Beispiel für diese Akzentuierung einer sowohl landschaftlichen als auch kulturellen Ursprünglichkeit ist die Darstellung von Bacharach. Die historische Alterität wird bereits zu Beginn der Beschreibung plakativ angekündigt: »Bacharach est bien le plus antique monceau d'habitations humaines que j'aie vu de ma vie. Auprès de Bacharach, Oberwesel, Saint-Goar et Andernach sont des rues-de-Rivoli et des Cités-Bergères.«[11]

Man sieht, wie Hugo durch die Wendung »monceau d'habitations humaines« eine Perspektive eröffnet, die weit hinter die Renaissance und das Mittelalter, denen im folgenden die Architektur des Städtchens zugeordnet wird, zurückreicht, denn in derselben Weise könnte man ja auch eine prähistorische Siedlung charakterisieren. Dabei erscheint die Differenz zwischen Bacharach und dem modernen Paris so inkommensurabel, dass der Vergleich nur über eine Zwischenstufe – die ja ebenfalls altertümlichen Nachbarstädte – gezogen werden kann. Schon über Oberwesel konnte man lesen, man finde dort »d'anciennes rues comme nous n'en voyons à Paris que dans les décors de l'opéra«[12]. Bacharach aber ist noch einmal so weit von Paris entfernt. Im Hinblick auf die Einwohner, eine »population d'habitants pittoresques«, unterstreicht Hugo dann den mittelalterlichen Aspekt: »[...] tous, les anciens et les jeunes, les marmots et les grands-pères, les goîtreux et les jolies filles, ont dans le regard, dans le profil et dans la tournure, je ne sais quels airs du treizième siècle.«[13] Angesichts dieser Zeitentiefe nimmt es nicht wunder, dass sich Hugo hier ganz und gar als Fremder fühlt: »On n'est pas seulement étranger, on est étrange«[14].

Ähnlich ursprünglich wie die Stadt selbst erscheint Hugo ihre Naturumgebung. So erwähnt er gleich zu Beginn einen mächtigen Felsblock unter der Wasseroberfläche des Rheins, der entweder vulkanischen Ursprungs sei – damit wird eine zu Beginn des 19. Jahrhunderts besonders aktuelle erdgeschichtliche Perspektive eröffnet – oder aber auf keltische oder römische Kulte verweise. Wenig später findet man folgende Charakterisierung der landschaftlichen Lage der Stadt: »Bacharach est dans un paysage farouche. Des nuées presque toujours

10 So kommentiert Hugo seinen Besuch im einsamen Andernach auf folgende Weise: »Personne n'y vient. – On va où est la cohue, à Coblentz, à Bade, à Mannheim; on ne vient pas où est l'histoire, où est la nature, où est la poésie, à Andernach«, ebd., S. 97.

11 Ebd., S. 126.

12 Ebd., S. 124.

13 Ebd., S. 127.

14 Ebd., S. 128.

accrochées à ses hautes ruines, des rochers abruptes, une eau sauvage, enveloppent dignement cette vieille ville sévère [...].«[15]

Hugo entfaltet hier eine Semantik der wilden Natur, die ebenso – und wohl auch besser – auf ein Alpental bezogen werden könnte. Insbesondere gilt dies für die Erwähnung der ständig wolkenverhangenen Ruinen, die angesichts der doch bescheidenen Höhe der Rheinberge wohl ein wenig übertrieben ist. Mit den Ruinen ist natürlich auch wieder der historische Aspekt der Rheinlandschaft angesprochen. Hugos Interesse für die Überreste der alten Burgen durchzieht den ganzen Text, und natürlich gilt dieses Interesse auch den mit den Ruinen verbundenen Rheinsagen, die er dem Leser immer wieder in effektvoller Weise zu präsentieren weiß. Die Schilderungen der Erkundungsgänge zu den alten Gemäuern – zur Burg Maus bei Wellmich, zur Burg Falkenstein und zum Mäuseturm bei Bingen – gehören daher zu den Höhepunkten des Texts. Auch hier wählt Hugo häufig eine Perspektive, welche die Relation der Fremdheit hervortreten lässt, so etwa beim ersten Anblick der Burg Falkenstein:

> Derrière la colline où j'étais assis [...] j'apercevais une sombre ruine, colossal monceau de basalte brune. On eût dit un tas de lave pétri par quelque géant en forme de citadelle. Qu'était-ce que ce château? Je n'aurais pu le dire, je ne savais où j'étais.[16]

Hugo war gut ausgestattet mit den einschlägigen Reiseführern, aus denen er auch bei seinen Erklärungen zu den architektonischen Besonderheiten der historischen Bauwerke gerne kopierte.[17] Von solchen angelesenen Kenntnissen ist hier – wie überhaupt im gesamten Text – nicht die Rede. Vielmehr stilisiert sich Hugo zum einsamen Entdecker in einem urweltartigen Szenario.

Die Wonnen der Ursprünglichkeit

Kommen wir nun zu den Strategien der Aneignung, durch die Hugo sich die Rheinlandschaft anzuverwandeln sucht. Eine erste dieser Strategien besteht darin, die ursprüngliche Natur zum Ort des Einsseins mit Gottes schöner Natur zu stilisieren. So berichtet er etwa, wie er während des – wie wir wissen, er-

15 Ebd., S. 127.

16 Ebd., S. 148.

17 Besonders häufig benutzte Hugo den ins Französische übersetzten Führer von A. W. Schreiber: *Manuel des voyageurs sur le Rhin qui passent depuis les sources jusqu'en Hollande, à Bade, à la vallée de la Mourg et à la forêt noire, aux principaux environs et aux bains de la contrée* [...]. 4ème éd. Heidelberg 1831 (vgl. René Andrianne: »Victor Hugo et le Rhin«, in: *Francofonia* (14) 1988, S. 87–107, hier: S. 91f.). Zu einer detaillierten Darstellung der Übernahmen aus dem Heidelberg-Führer von Charles de Graimberg (*Le Guide des voyageurs dans la Ruine de Heidelberg* [...]. Heidelberg 1836) siehe Jean Gaudin: »Notes sur *Le Rhin* de Victor Hugo«, in *Travaux de linguistique et de littérature* (2/1) 1964, S. 31–65.

fundenen – Fußmarsches von Lorch nach Bingen in ein einsames Seitental abbiegt. Was sich ihm dort darbietet, ist ein bukolischer *locus amoenus*[18]. Zu den topischen Versatzstücken gehören das Wasser des Wildbachs, der angenehme Schatten – »douces ténèbres que versaient les feuillages«– , die Vogelstimmen – »un tas de petits oiseaux y babillaient à qui mieux mieux« – und schließlich die Blumen – »mille fleurs sauvages« –, die den Pfad säumen. Diese Natur ist nicht wild und fremd, sondern unmittelbar vertraut, und so glaubt Hugo auch ihre Stimme zu vernehmen, die einfühlend seine Wünsche bestätigt: »tu veux mettre ton âme en équilibre avec l'âme de la solitude«. Die Szene endet mit einer eindrucksvollen Evokation der Erfahrung der Schöpfungsharmonie, aus der ich hier nur die letzten Zeilen zitieren kann:

> Vous dire ce que j'ai fait là, ou plutôt ce que la solitude m'y a fait; [...] le bruit doux et indistinct des végétations, des minéralisations et des fécondations mystérieuses; la richesse des scarabées, l'activité des abeilles, la gaîté des libellules, la patience des araignées; les aromes, les reflets, les épanouissements, les plaintes; les cris lointains, les luttes d'insecte à insecte, les catastrophes de fourmilières, les petits drames de l'herbe; les haleines qui s'exhalaient des roches comme des soupirs, les rayons qui venaient du ciel à travers les arbres comme des regards, les gouttes d'eau qui tombaient des fleurs comme des larmes; les demi-révélations qui sortaient de tout; le travail calme, harmonieux, lent et continu de tous ces êtres et de toutes ces choses qui vivent en apparence plus près de Dieu que l'homme; vous dire tout cela, mon ami, ce serait vous exprimer l'ineffable, vous montrer l'invisible, vous peindre l'infini. Qu'ai-je fait là? Je ne le sais plus. Comme dans les ravins de Saint-Goarshausen, j'ai erré, j'ai songé, j'ai adoré, j'ai prié.[19]

Der bukolische *locus amoenus*, der als solcher natürlich eher mit heidnischen Konnotationen befrachtet ist – hierzu passt auch die besondere Betonung der natürlichen Lebensvorgänge einschließlich von Fruchtbarkeit und Fortpflanzung –, wird hier mit der christlich-romantischen Sicht überlagert.[20] Dabei bleibt aber in für Hugo typischer Weise der Typ der Nahlandschaft erhalten, ganz im Gegensatz etwa zu Chateaubriand, für den sich der christliche Gott gerade in einer der heidnischen Antike nicht zugänglichen Weite der Natur manifestiert.[21] Das Harmonieerlebnis ist demgegenüber bei Hugo an den überschaubaren

18 Ebd., S. 146f.

19 Ebd.

20 Zu einer differenzierten Einschätzung von Hugos Naturdarstellung in *Le Rhin* – auch im Hinblick auf die Frage nach ihrem romantischen Charakter – siehe Wiegand: *Victor Hugo und der Rhein*, S. 73ff.

21 Vgl. »Génie du christianisme«, in: Chateaubriand: *Essai sur les révolutions. Génie du christianisme.* Hg. v. M. Regard, Paris 1978, S. 719: »Les déserts ont pris sous notre culte un caractère plus triste, plus vague, plus sublime; le dôme des forêts s'est exhaussé; les fleuves ont brisé leurs petites urnes, pour ne plus verser que les eaux de l'abîme du sommet des montagnes: le vrai Dieu, en rentrant dans ses œuvres, a donné son immensité à la nature.«.

idyllischen Raum gebunden, der als solcher natürlich keinen spezifisch rheinischen oder deutschen Charakter hat. Vielmehr wäre – und das haben schon die zeitgenössischen Leser bemerkt[22] – eine solche Naturerfahrung natürlich auch in einem Seitental der Seine möglich.

In ähnlicher Weise stellt Hugo auch eine Vertrautheitsrelation im Hinblick auf die bewohnten Gegenden des Rheinlandes her. Beispielhaft ist hierfür der spätnachmittägliche Blick – »vers l'heure où le soleil décline« – von der Burg Klopp auf Bingen. Hier evoziert Hugo durchaus die Weite der Landschaft. Doch stellt er zunächst die durch sie motivierte »profondeur de la contemplation« – ich werde auf diesen Aspekt später zurückkommen – hintan, um sich auf eine »sensation intime, exquise, inexprimable, pleine de petites jouissances secrètes« zu beziehen. Ermöglicht wird dieser intime Genuß durch den Anblick der naiven Alltäglichkeit des rheinischen Lebens:

> Aux fenêtres des mansardes, de jeunes filles chantent les yeux baissés sur leur ouvrage; les oiseaux babillent gaiement dans les lierres de la ruine, les rues fourmillent de peuple et ce peuple fait un bruit de travail et de bonheur; des barques se croisent sur le Rhin, on entend les rames couper la vague, on voit frissonner les voiles [...]. Les laveuses du Rhin étendent leur toile sur les buissons; les laveuses de la Nahe battent leur linge, vont et viennent, jambes nues et les pieds mouillés, sur des radeaux formés de troncs de sapins amarrés au bord de l'eau, et rient de quelque touriste qui dessine l'Ehrenfels.[23]

Hier entfaltet Hugo das Bild eines einfachen Lebens, das noch nicht durch die Entfremdungserfahrungen der modernen Zivilisation berührt scheint. Dabei führt die Zeitentiefe in diesem Fall nicht zu einer Fremdheitsrelation, sondern verstärkt den Effekt anheimelnder Ursprünglichkeit. Wiederum stellt sich damit der Eindruck heimatlicher Geborgenheit ein, wozu die rheinischen Mädchen und Frauen, deren Tätigkeiten Hugo hier in den Vordergrund rückt, einen nicht ganz unerheblichen Beitrag leisten.

Dialektik von Verfremdung und Aneignung

Die Erfahrung idyllischer Ursprünglichkeit ist für Hugo aber nicht die einzige Möglichkeit der imaginären Anverwandlung der rheinischen Landschaft. Neben die unterschiedlichen Versionen des idyllischen Tableaus tritt eine zweite Serie von Landschafts- und Stadtansichten, die durch das Gefühl des Unermesslichen und Unheimlichen geprägt sind. Korrespondierte die Idylle mit der Sehnsucht

22 Vgl. V. Raoul: *L'anti-Hugo*. Brüssel 1844, S. 112: »Encore un coup, ce sont de belles et bonnes choses à dire, mais qui pouvaient se dire aux bords de la Seine aussi bien que sur les bords du Rhin« (zitiert nach Andrianne, »Victor Hugo et le Rhin«, S. 89).

23 *Le Rhin*, S. 206.

nach einer Rückkehr ins unentfremdete Dasein, so bildet der zweite Typ den Rahmen einer *rêverie*, in der das Gefühl der Einsamkeit und des Ausgesetztseins prägnant zum Vorschein kommt. Während im Falle der bukolischen und naiv-alltäglichen Reisebilder der fremde Raum in einen vertrauten und heimatlich anmutenden transformiert wird, kommt es hier nun zu einer Steigerung der Alteritätserfahrung – die aber, indem sie der existentiellen Geworfenheit des romantischen Subjekts entspricht, wiederum zur Erfahrung der Eigentlichkeit werden kann. Dabei bieten solche Tableaus Hugo besondere Möglichkeiten, sich wirkungsvoll in seinem Anderssein zu inszenieren: als einen *rêveur* nämlich, dem aufgrund seiner ins Weite und häufig auch Dunkle strebenden Imagination ein dauerhafter Aufenthalt in den Räumen paradiesischer Ursprünglichkeit verwehrt ist.

So erklärt es sich auch, dass die idyllischen Tableaus sich immer wieder als labil erweisen, dass sie sich immer wieder verdüstern und somit in ihr Gegenteil verkehren. Es handelt sich hier natürlich um die typische Dynamik der Hugo-schen Imagination, für die das Gedicht »La pente de la rêverie« aus den *Feuilles d'automne* das kanonische Beispiel bildet. Kehren wir nun noch einmal zur Aussicht von der Burg Klopp zurück, um dieses Kippen der Idylle ins Unheimliche zu verdeutlichen. Nachdem die letzten Wäscherinnen verschwunden sind, erlebt der Betrachter die Abenddämmerung:

> [...] les bruits s'éteignent, les voix se taisent; une dernière lueur rose, qui ressemble au reflet de l'autre monde sur le visage blême d'un mourant, colore encore quelque temps, au faîte de son rocher, l'Ehrenfels pâle, décrépit et décharné. – Puis elle s'efface, – et alors il semble que la tour de Hatto, presque inaperçue deux heures auparavant, grandit tout à coup et s'empare du paysage. Sa fumée, qui était sombre pendant que le jour rayonnait, rougit maintenant peu à peu aux réverbérations de la forge, et, comme l'âme d'un méchant qui se venge, devient lumineuse à mesure que le ciel devient noir.[24]

Den mit der Abenddämmerung einhergehenden Stimmungswechsel hat Hugo hier auf grandiose Weise zur Darstellung gebracht. Dabei verwandelt sich die nachmittägliche Glückslandschaft in eine Landschaft des Todes und in eine Landschaft des Bösen – letzteres vor allem durch die Erwähnung des eine Schmiede beherbergenden Mäuseturms und des unbarmherzigen Mainzer Bischofs Hatto, der dort gemäß der Sage ein Opfer der Ratten wurde. Das Tableau findet darin seinen Höhepunkt, dass der Betrachter aus einem erleuchteten Fenster, von einer deutschen Mädchenstimme vorgetragen, eine provenzalische Weise vernimmt, die noch einmal auf das Ideal vergangener Ursprünglichkeit – »cette gaieté du temps passé«[25]– verweist. Doch dieses heitere Lied löst im Zu-

24 Ebd.
25 Ebd., S. 207.

hörer nur Schwermut aus, er bleibt als »pauvre rêveur effaré« allein draußen im Dunkeln.

Die wichtigsten Merkmale der imaginären Dynamik der *rêverie* sind die Auflösung fester Konturen, wie das in den Abend- und Nachtlandschaften der Fall ist, und die Erweiterung des gedanklichen Kontexts ins Unermessliche. Wie wir schon gesehen haben, hat diese Kontexterweiterung sowohl einen zeitlichen, in die Vergangenheit weisenden Aspekt als auch einen räumlichen. Beide Momente sind in der ersten der den Text durchziehenden nächtlichen Szenerien,[26] einem Blick auf die verdunkelte Silhouette von Aachen, zusammengeführt. So wird hier am Schluß – ähnlich wie der Geist Hattos im Blick auf Bingen – visionsartig der gigantische Schatten von Karl dem Großen evoziert, der zwischen den Umrissen von Rathaus und Kaiserdom wie zwischen einer Wiege und einer Bahre am Nachthimmel emporsteigt.[27] Zuvor jedoch wird auch der räumliche Kontext schon einer imaginären Ausweitung und Verfremdung unterworfen:

> Peu à peu la brume du soir, gagnant les toits dentelés des vieilles rues, a effacé le contour des deux beffrois qui, mêlés par la perspective aux clochers de la ville, rappellent confusément le profil moscovite et asiatique du Kremlin.[28]

Wer nicht in den Orient bzw. nach Asien reisen kann, muss dieses Asien eben in Aachen finden – so der sich anbietende Kommentar zu dieser Stelle. Dabei ist diese asiatische Reminiszenz beileibe kein Einzelfall. So erinnert ein durch einen Kropf verunstaltetes Mädchen bei St. Goar an eine indische Gottheit – »une idole de l'Inde accroupie près de son autel«[29]–, die Ruine von Fürstenberg an indische Wehrtürme – »aux mystérieux et massifs donjons de Samarcande, de Calicut ou de Canganor«[30] –, und eine dort wenig später gefundene Inschrift wirkt rätselhafter als die des Grabes von Ramses V.[31] Hier ist also die imaginäre Steigerung der Alteritätserfahrung, von der oben die Rede war, ganz deutlich zu erkennen. Genauso deutlich zeigt sich aber, dass diese Alteritätsprojektionen, die mit dem

---

26 Dieser Serie von »Nocturnes« ist in der Kritik eine besondere Aufmerksamkeit zuteil geworden. Vgl. J. Gaudon: *Le temps de la contemplation. L'œuvre poétique de Victor Hugo des Misères au Seuil du gouffre (1845–1856).* Paris 1969, S. 107ff.; Wiegand: *Victor Hugo und der Rhein*, S. 65ff.; Jerzy Parvi: »Nature et art dans *Le Rhin* de Victor Hugo«, in: Uwe Dethloff (Hg.): *Literarische Landschaft. Naturerfahrung und Naturbeschreibung zwischen 1750 und 1830/ Le paysage en littérature: la conception et la description de la nature entre 1750 et 1830.* St. Ingbert 1995, S. 169–183.

27 »[...] il me semblait voir l'ombre de ce géant que nous nommons Charlemagne se lever lentement sur ce pâle horizon de nuit entre ce grand berceau et ce grand tombeau«, *Le Rhin*, S. 70.

28 Ebd.

29 Ebd., S. 121.

30 Ebd., S. 144.

31 Ebd., S. 150.

deutschen Rheinland ja nun nicht viel zu tun haben, nur die Funktion besitzen, romantische Imagination ins Spiel zu bringen und damit den fremden Raum der Verfügungsgewalt des imaginierenden Subjekts zu unterstellen.

Der französisch-deutsche Rhein

Ich kann meine Ausführungen nicht beenden, ohne noch eine weitere – sehr viel konkretere – Aneignungsstrategie von Hugos Text zu erwähnen. Die Asiatisierung des Rheinlandes, die ja durchaus bereits auf dem linksrheinischen Terrain einsetzt, hindert Hugo nicht daran, das linke Rheinufer für Frankreich zu reklamieren. Hugos Text erschien in unmittelbarem zeitlichen Kontext der sogenannten Rheinkrise, die durch vor allem in der französischen Presse erhobene Forderungen nach einer Revision der im Wiener Kongress getroffenen Regelungen ausgelöst wurde.[32] Auf deutscher Seite schlugen die Wogen vaterländischer Begeisterung ebenfalls hoch, wir verdanken ihr u. a. das »Lied vom deutschen Rhein«, das Nikolaus Becker im September 1840 in der *Trierischen Zeitung* veröffentlichte. Man muss es Hugo zugute halten, dass er sich von der martialischen Stimmung kaum anstecken lässt. Nur einmal, als er das Grab des Marschall Hoche in der Nähe von Andernach entdeckt, lässt er die Stimme des Toten mit der Forderung »Il faut que la France reprenne le Rhin«[33] ertönen. Ansonsten verlegt er sich darauf, die providentielle Bedeutung des Rheins für die europäische Geschichte hervorzuheben. Die wichtigsten Agenten in dieser europäischen Geschichte sind aber seit Karl dem Großen Frankreich und Deutschland, die – so führt Hugo in der umfangreichen ›Conclusion‹ aus – gemeinsam eine Achse bilden sollen, um die Zukunft Europas zu gestalten. Die Voraussetzung sei dafür allerdings, dass Deutschland – bzw. Preußen – die linksrheinischen Gebiete aufgibt. Eine solche Lösung scheint sich Hugo schon aufgrund der Frankophilie des Rheinlandes anzubieten: »Toute cette rive du Rhin nous aime, – j'ai presque dit nous attend«[34]. Angesichts des Anlasses unseres Kolloquiums, der Bewahrung und Umgestaltung des hiesigen Institut français als »Institut Robert Schuman« ist es mir eine Freude, mit diesem Zitat zu schließen.

32 Vgl. hierzu Andrianne: »Victor Hugo et le Rhin«, S. 99 ff.; Wiegand: *Victor Hugo und der Rhein*, S. 31 ff.

33 *Le Rhin*, S. 96.

34 Ebd., S. 83.

Patrizio Collini (Florenz)

Wellenrausch. Romantische Metamorphosen in Wagners *Rheingold*

Kiefers Rhein-Legenden (1839), eines der bekanntesten Rhein-Bücher der ersten Hälfte des 19. Jahrhunderts, das von der Rheinmündung in die Nordsee bis zu den schweizerischen Quellen »gegen den Strich« zurückführt, wird durch eine Zuidersee-Legende eröffnet, die an die berühmte Zuidersee-Metapher von S. Freud denken lässt, indem sie diese auf den Kopf stellt (»Wo Es war soll Ich werden: Es ist Kulturarbeit wie die Trockenlegung des Zuidersee«). Es ist darin von der Rache des Meeres die Rede, das den gierigen, gewinnsüchtigen Menschen den Zuidersee zurückentreißt und ihn und seine Städte infolge einer Flutkatastrophe versinken lässt.

Wagners *Ring* steht ebenfalls im Banne einer Flut- und Endkatastrophe, die – von der Macht- und Goldgier bewirkt – in der Schlussszene der Tetralogie in die Rheinüberschwemmung mündet, die gleich dem Urozean (der nach der *Edda* die Weltinsel umarmt) die ganze Welt überflutet. Die Uridee des *Rings* hat sich aus dieser Endkatastrophe herauskristallisiert, die ihren Ursprung wohl in den chiliastischen, anarchischen Weltuntergangsvorstellungen des Dresdner Wagnerfreundes Bakunin findet und die, wie immer bei Wagner, auch eine erotische Färbung erhält: Götterdämmerung als Vollendung der Liebesekstase; großer finaler Tod als »petite mort en gros«. Dieser offenbar romantisch-antikapitalistische Stoff, von einer durchaus romantischen Mystik der Liebe getragen, liefert das metahistorische Gewebe zur Endzeitsszenerie der Tetralogie, die sich unerwartet und zweideutig – aber gleichwie programmatisch – schon in der ersten Zeile des Rheingold-Vorspiels zeigt, nämlich in jener »grünlichen Dämmerung«[1], die die tiefsten Wasserschluchten des Rheins umhüllt: ein wohl chiliastisch gefärbtes amniotisches Bild, das »Licht aus der Tiefe«[2] schöpft (wie es in der letzten Zeile der Urfassung des *Rheingold* lautet) und das eine musikalische Entsprechung in dem Rhein-und Erlösungsmotiv findet, mit dem die Tetralogie

1 Richard Wagner, *Dichtungen und Schriften*, Frankfurt am Main, 1983, Bd. 3 (*Der Ring des Nibelungen*), S. 11.

2 Richard Wagner, *Dichtungen und Schriften*, Frankfurt am Main, 1983, Bd. 2, S. 313.

ausklingt. Dieser Uridee lassen sich auch die zwei Grundthemen des *Rheingold* (dessen Urtitel *Der Raub des Rheingoldes* lautet) zuordnen: Das Gold und das Weibliche, die beide in der Wagnerschen Behandlung einen romantischen Ursprung verraten. Der psychische Grundprozess des *Rheingold* – der Transfer der auf Eros gerichteten Energie in Machttrieb (beispielhaft versinnbildlicht durch Alberichs Absage an die Liebe zugunsten des Goldes) und die parallellaufende Auslöschung der wassersprudelnden Erotik der Rheintöchter durch das metallbesessene, versteinernde männliche Subjekt, das nur dem Sex-Appeal des Unorganischen gehorcht – wurzelt in einer Reihe von Wagner gut bekannten und oft zitierten romantischen Quellen, deren gemeinsamer Nenner die romantische Zivilisationskritik und die von den Romantikern diagnostizierte psychische Spaltung des neuzeitlichen Subjekts im Zeitalter der fortschreitenden Verwirtschaftlichung aller Lebensbereiche ist (Novalis: »Die Natur will nicht der ausschließliche Besitz eines Einzigen sein. Als Eigentum verwandelt sie sich in ein böses Gift«).

Zum ersten mal taucht dieser Komplex in Wagners Werk in seiner Bearbeitung der *Bergwerke zu Falun* seines Lieblingsautors E.T.A. Hoffmann auf. In der Beschreibung vom nibelungischen Nibelheim lässt Wagner in der Tat keinen Zweifel, dass es sich bei dem abgründigen, unterirdischen Nachtreich der stets Metalle verarbeitenden Nibelungen um ein Bergwerk handelt (siehe hierzu das oft wiederkehrende Wort »Schacht«). Aus der mittelalterlichen Legende des in dem Rhein versunkenen Nibelungenschatzes entsteht im *Rheingold* das durchaus zeitgemäße industrielle Bild des Bergwerks, das von Wagner (und den Romantikern) mit dantesken Farben beschrieben wird. E.T.A. Hoffmanns Geschichte vom Matrosen Elis, der – von einer alles überwältigenden Besessenheit für das Nachtreich des Bergwerks und dessen steinernen Bergkönigin ergriffen – der Liebe und dem Tageslicht entsagt, erhält innerhalb jenes wahren romantischen Bergwerk-Komplexes, der vom 5. Kapitel des *Ofterdingen* über Tiecks *Runenberg* bis zu Wagner reicht, eine paradigmatische Sonderstellung, da darin die Mythisierung der zeitgenössischen Wirklichkeit in die Darstellung einer durchaus modernen Hölle mündet, welche aber auf mysteriöse Weise auch als Weihestätte einer neuen, artifiziellen Kunst erscheint (vgl. die symbolhafte, mit rätselhaften Zeichen beschriftete Steintafel, die in all diesen Texten von der Bergkönigin dem Helden dargereicht wird: Ein Kunstjuwel, dessen Besitz freilich das Leben kosten kann; so endet Wagners Bearbeitung beispielhaft mit dem alles verschlingenden Sturz des Unterreichs: nach Rienzi die erste Weltuntergangsdarstellung in Wagners Theater).

Es ist dies sowohl bei Hoffmann als auch beim frühen Wagner eine mysogine Auffassung der Kunst, die nur Männern zugänglich ist und die von der Liebe zu einer irdischen Frau rigoros ferngehalten werden muss. In den »romantischen Opern« Wagners (und beispielhaft in *Lohengrin*) ist der Weg der Erkenntnis ausschließlich einem edlen Ritter oder einem abenteuerlichen Seefahrer vorbehalten und muss notwendigerweise mit der Absage an die Frau oder mit dem Liebestod bezahlt werden.

In dieser Hinsicht stellt das *Rheingold* innerhalb von Wagners Theater eine markante Wende dar, da hier eine Feminisierung des Kunstbegriffs und der Musik unternommen wird, deren Statthalter (und Hüter) Frauen sind. Und das Kunstobjekt ist hier nicht eindeutig und ausschließlich mit dem verhängnisvollen Rheingold selbst identifizierbar, sondern es ist eins mit den stets schillernden, rauschenden, »goldenen« Wellen des Rheins, der bei Wagner – entgegen der traditionellen, männlichen Mythologie des »Vaters Rhein« – als Frauenreich vorgestellt wird (obwohl im Urentwurf des *Rheingold* von »Wodan im Rhein badend« die Rede ist: Wotan von waten).

Diese Wandlung der hermetischen Kunsterfahrung in Wagners Theater, die vom männlichen Besitz zur weiblichen Kontemplation führt, erfolgt paradigmatisch im *Rheingold,* wo es die Fluten des Rheins sind, die das Kunstsymbol des »schlafenden Goldes« hüten, und denen eine neue Musik im Einklang mit den rauschenden Wellen entsteigt (durch das onomatopoetische Singen der drei Rheintöchter Wellgunde, Woglinde und Flosshilde versinnbildlicht), während der Raub des Rheingoldes durch Alberich bloß als ein vom Mann verübtes Attentat auf die Unantastbarkeit einer weiblichen Schöpfung und auf das Naturweisheitspotenzial der Frau erscheint. Wagners berühmte genealogische Darstellung (in *Mein Leben*) des Es-Dur-Akkordes, mit dem das *Rheingold* eröffnet wird, steht im Zeichen einer orgiastischen Versinken-Erfahrung, die aus dem hypnotischen, langsam und konzentrisch sich verbreitenden Wellenrauschens entsteht. Dieser wahre Wellenrausch stellt die Urzelle des *Rings* dar und ist von den Figuren der drei Rheintöchter untrennbar.

Wir wissen nun, dass Wagner mit dem *Fliegenden Holländer* eine wahre Meeres-und Wassermythologie geschaffen hat, in der das Wasser und das Meer (das in *Mein Leben* bezeichnend als Metapher der revolutionären Volkskraft aufgefasst wird) maßgeblich mit der Musik und dem Akt des Komponierens selbst assoziiert werden, was in Wagners berühmtem La Spezia-Erlebnis von 1853 zur musikalischen Entstehung des Orchestervorspiels zum *Rheingold* als ein buchstäbliches ins Wasser Versinken und Untertauchen empfunden und beschrieben wird:

> »Dafür sank ich in eine Art von somnambulen Zustand, in welchem ich plötzlich die Empfindung, als ob ich in ein stark fließendes Wasser versänke, erhielt. Das Rauschen desselben stellte sich mir bald im musikalischen Klange des Es-Dur-Akkordes dar, welcher unaufhörlich in figurierter Brechung dahinwogte; diese Brechungen zeigten sich als melodische Figurationen von zunehmender Bewegung, nie aber veränderte sich der reine Dreiklang von Es-Dur, welcher durch seine Andauer dem Elemente, darin ich versank, eine unendliche Bedeutung geben zu wollen schien. Mit der Empfindung,

als ob die Wogen jetzt hoch über mich dahinbrausten, erwachte ich in jähem Schreck aus meinem Halbschlaf«.[3]

Es ist dies ein echter sexueller Wunschtraum, im Sinne einer passiven, androgynen Wasser-Erotik empfunden und beschrieben, in der sich das Subjekt als Objekt wollüstig den überwältigenden Wogen preisgibt.[4] Die drei Rheintöchter – als Projektionen der tiefsten Identifikationswünsche des Komponisten – finden ihren Ursprung wohl in diesem wollüstigen psychisch-erotischen Versinken-Erlebnis. Bemerkenswert ist auch, wie sofort in der Eröffnungsszene des *Rheingold* eine Äquivalenz zwischen dem den drei Wassermädchen vorbehaltenen autoerotischen Wellenspiel und ihrem selbstreferentiellen, onomatopoetischen Singen im Welleneinklang festgelegt wird:

»Weia! Waga!
Woge, du Welle,
Walle zur Wiege!
Wagala weia
Wallala, weiala weia!«[5]

Die Erotisierung des Rheinlaufs-und Bettes, als Frauenleib vorgestellt, ist übrigens durch die romantische Rheindichtung vielfach bezeugt:

a) »Rhein, du breites Hochzeitsbette!
Himmelhohes Lustgerüst!« (Brentano)
b) »Oben Lust, im Busen Tücken,
Strom, du bist der Liebsten Bild!« (Heine)

Das Gold selbst, welches eins ist mit den wasserumspülten, lichtdurchströmten Leibern der drei Wassermädchen, erscheint seinerseits als »schlafend«, als ein rein ästhetisches »Gut«: Ein seliger, unbewusster-vorgeschichtlicher Zustand, dem das »historische« Erscheinen Alberichs ein jähes Ende bereiten wird.

Auch bei der Erfindung der Rheintöchter erweist sich Wagners Weltanschauung als durchaus frauenfreundlich. Die drei unschuldigen, von Alberich betrogenen Wassermädchen widerlegen eine jahrtausendealte mysogine Tradition, die von den verhängnisvollen, mit Persephone/Proserpina verbündeten Sirenen der Odyssee bis zur unheilbringenden Lorelei des Heinegedichts reicht (man erinnere sich aber daran, dass schon in den mittelalterlichen Quellen zur *Lorelei*-Legende Elemente auftauchen, die von Wagner wiederaufgenommen

3 Richard Wagner, *Mein Leben,* Leipzig, 1958, Bd. 2, S. 84.

4 Dass dieses orgiastische Erlebnis an die Wagner-Hörer sozusagen weitergegeben wird, ist durch Baudelaires Brief an Wagner vom 17. 2. 1860 bestätigt: »Avant tout, je veux vous dire que je vous dois la plus grande jouissance musicale que j'ai jamais éprouvée...c'est l'orgueil et la jouissance de comprendre, de me laisser pénétrer, envahir, volupté vraiment sensuelle, et qui ressemble à celle de monter dans l'air ou de rouler sur la mer.«

5 Richard Wagner, *Dichtungen und Schriften,* Frankfurt am Main, 1983, Bd. 3, S. 11.

oder variiert werden. So der Loreleifels, als »musikalischer« Echofels bezeichnet, unterhalb dessen, in der Rheintiefe, ein Schatz gehütet wird – auch in Heines *Lorelei* rekurriert übrigens in der Beschreibung derselben dreimal das Wort »Gold«). Hierin erweist sich Wagner wiederum als ein guter Kenner der romantischen Literatur, die buchstäblich von Wasserfrauen überquillt: Von den Wasserlilienmädchen, aus deren Leibern in Novalis' *Ofterdingen* die blaue Blume emporkeimt, bis zur berühmtesten romantischen Wasserfrau überhaupt, Fouqués *Undine*, die in den letzten Szenen von Hoffmanns Oper beinah als Musikgeist auftritt und damit ihre Nähe zu den Rheintöchtern aufweist. Ganz anders geartet sind aber diese zwei Werke: In *Undine* gewinnt der Elementargeist eine Seele erst durch die Liebe des Geliebten, die Rheintöchter hingegen verlieren ihr Eigenstes durch Alberich.

Aus mittelalterlichen, klassisch-romantischen Quellen (vgl. Faust II) strahlte dann Wagner jene herrliche Intuition entgegen, die sich in den drei Schwanenjungfrauen – den Rheintöchtern aufs engste verwandt – seines Opernentwurfs *Wieland der Schmied* niederschlägt. Hier finden sich schon einige wesentliche Elemente wieder, die kurz darauf im *Rheingold* wiedererscheinen werden:

> »Wieland der Schmied...Da er am Meeresstrande badete, gewahrte er eine Schwanenjungfrau, die mit ihren Schwestern durch die Lüfte geflogen kam, ihr Schwanengewand ablegte, und ebenfalls in die Wellen des Meeres tauchte. Von heißer Liebe entbrannte Wieland, er stürzte sich in die Flut, bekämpfte und bekam das wundervolle Weib. Liebe brach auch ihren Stolz; in seliger Sorge füreinander lebten sie wonnig vereint. Einen Ring gab sie ihm: den möge er sie nie wiedergewinnen lassen; denn wie sie ihn liebte, sehne sie sich doch auch nach der alten Freiheit, nach dem Fluge durch die Lüfte zu dem glücklichen Eilande ihrer Heimat, und zu diesem Fluge gäbe der Ring ihr die Macht.«[6]

Wieland der Künstler, der von der Frau den Kunstring erhält, der ihm eine neue Kunst und der Frau die Unterwerfung erschließt. Wieland der Schmied, welcher der Schwanenfrau nur gewachsen sein kann, indem er sich Flügel schmiedet und lernt, zu fliegen.

So endet auch das *Rheingold* mit dem Schmerzenslied der Rheintöchter, die die Leere und die Verlassenheit der entweihten Rheintiefen beweinen:

> »Rheingold! Rheingold!
> Reines Gold!
> O leuchte noch
> In der Tiefe dein laut'rer Tand!
> Traulich und treu
> Ist's nur in der Tiefe:

6 Richard Wagner, *Dichtungen und Schriften*, Frankfurt am Main, 1883, Bd. 6, S. 158.

Falsch und feig
Ist, was dort oben sich freut!«[7]

Ein halbes Jahrhundert zuvor, in Tiecks *Blondem Eckbert,* dem ersten, Rousseau verpflichteten romantischen Märchen, hatte der Zaubervogel nach dem Raub des »Waldgoldes« sein ebenso trostloses Waldeinsamkeitslied erklingen lassen:

»Waldeinsamkeit,
Wie liegst du weit!
O dich gereut
Einst mit der Zeit,
Ach einzge Freud
Waldeinsamkeit!«[8]

7 Richard Wagner, *Dichtungen und Schriften,* Frankfurt am Main, 1983, Bd. 3, S. 72.
8 Ludwig Tieck, *Phantasus,* Frankfurt am Main, 1985, S. 139.

Helmut Meter (Klagenfurt)

Beginnende Modernität. Apollinaires Rheinland-Gedicht »Le Dôme de Cologne«*

LE DÔME DE COLOGNE
I Ton dernier architecte ô Dôme devint fou
Ça prouve clairement que le bon Dieu se fout
De ceux qui travaillent à sa plus grande gloire
4 Voilà ce que je sais Dôme de ton histoire
Témoin Hiram c'est sot calcul bâtir pour Dieu
II Tu dresses tes deux tours gothiques au milieu
D'une place moderne aux dorures d'enseignes
Pourtant par tes vitraux chaque couchant tu saignes
9 Jusqu'au Rhin ivre d'or et sous le vent fréquent
Le sang du Christ-soleil et du bon pélican
III Mais sois moderne et que tes prêtres déifiques
Tendent entre tes tours des fils télégraphiques
Et tu deviendras luth alors et l'ouragan
13 Fera gémir aux fils un hymne extravagant
IV Dôme merveille entre les merveilles du monde
La tour Eiffel et le Palais de Rosemonde
Les cigognes noires et blanches tout l'été
17 Imitent sur tes tours ton immobilité
V Tu recèles la pourriture des rois mages
Tes respirs sont d'encens tes soupirs de nuages
20 O Dôme je ne suis pas le seul à t'aimer
VI Les anges chaque hiver viennent se déplumer
Sur tes tours et les plumes fondent comme neige
23 Quand revient Carnaval charnel et sacrilège
VII Les chevaux des chars hennissent en crescendo
Primo vers tes cent gargouilles et secundo
26 Vers tes chevaux en bois de Richmodis-Ado
VIII Dans un bénitier plein Kobbes trempe sa trogne
Près d'un cuirassier blanc qui pince sans vergogne
29 Les fesses d'une demoiselle de Cologne

* Geringfügig veränderte und mit Anmerkungen versehene Fassung eines am 10. Mai 2001 an der Universität Bonn gehaltenen Vortrags.

IX Des funkes ne tricotant plus car ils sonst gris
Des onze mille vierges se croient les maris
32 Et les bedeaux ont peur de leurs fusils fleuris
X Le Bestevater ému confesse aux trois rois mages
Que sa femme a des seins mous comme des fromages
35 Et qu'une autre Gertrude accepte ses hommages
XI Marizibill qui chante en doux plat allemand
T'élit pour rendez-vous avec son gros amant
38 Drikkes imberbe et roux qui rote éperdument
XII Et la Venetia lasse de ses névroses
Viendra vouer à Dieu demain lundi des roses
41 Ses linges menstruels tachés d'hématidroses
XIII O Dôme ô l'auférant que le ciel a chapé
D'azur fourré d'hermine ô grand cheval houppé
De croix dont les vertus sont celles du pentacle
45 Regimbe hennis renâcle
XIV Mes durs rêves formels sauront te chevaucher
Mon destin au char d'or sera ton beau cocher
Qui pour brides prendra les cordes de tes cloches
49 Sonnant à triples croches
XV Mais le Dôme est l'église d'un dieu merveilleux
Créé par l'homme car l'homme a créé les dieux
Comme dit Hermès Trismégiste en son Pimandre
Et tourné vers une statue au regard tendre
J'ai dit à la mère de Dieu Toi qui souris
Mets au bord des chemins des rosiers tout fleuris
Et les cueilleurs de roses diront des prières
57 Quand les routes en mai deviendront des rosaires

I.

Apollinaires mehr als 100 Jahre altes Gedicht über den Kölner Dom, entstanden während seines einjährigen Aufenthalts als Privatlehrer im Hause von Madame de Milhau bei Honnef, hat eigentümlicherweise bislang ein eher geringes Interesse der Literarhistoriker und Textexegeten hervorgerufen[1]. Immerhin stellen die 15 unregelmäßigen, teils von Paarreimen, teils von Dreireimen geprägten sowie *rimes riches* und *rimes pauvres* umfassenden Strophen das längste Rheinland-Gedicht des seinerzeit einundzwanzigjährigen Autors dar. Darüber hinaus darf das Thema – die Hinwendung zum wohl bedeutendsten und sym-

1 Zitate und Textverweise zu Gedichten Apollinaires im Folgenden – unter ausschließlicher Seitenangabe – nach der Edition: Guillaume Apollinaire: *Œuvres poétiques.* Préface par André Billy. Texte établi et annoté par Marcel Adéma / Michel Décaudin. Paris 2001 ([1]1959) (»Le Dôme de Cologne«, S. 538–539). – Die in der Regel kuppelförmigen Bauten vorbehaltene Bezeichnung »dôme« erklärt sich hier wohl als einfacher Germanismus in Anlehnung an die üblichen Bezeichnungsformen »der Kölner Dom« oder »der Dom zu Köln«.

bolträchtigsten Bauwerk der Region – durchaus als gewichtiger gelten denn die meisten anderen Titel von Apollinaires rheinischer Lyrik[2]. So lastet auf dem im Februar 1902 konzipierten und sich auf den Karnevalssonntag beziehenden Text in Alexandrinern nur die beträchtliche Hypothek, dass sein Verfasser ihn nicht in die Abteilung der ›Rhénanes‹ in seiner ersten und bedeutenden Gedichtsammlung der *Alcools* aufgenommen hat und er somit erst posthum in den von Bernard Poissonnier und Robert Mallet erstellten Lyrikband des *Guetteur Mélancolique* (1952) Eingang fand[3]. Manches spricht dafür, dass dies als Attestierung mangelnder Qualität durch den Autor selbst zu verstehen ist, was allerdings über einschlägige Textvergleiche schwerlich nachweisbar sein dürfte. So mögen es durchaus andere Gründe sein, die Apollinaire bewogen haben, ein insgesamt bemerkenswertes Rheinland-Gedicht für die *Alcools* nicht zu berücksichtigen – eine Hypothese, der im folgenden anhand einer eingehenderen Gedichtanalyse Plausibilität verliehen werden soll.

II.

Die lyrische Vermittlungssituation in »Le Dôme de Cologne« ist durchgängig gekennzeichnet durch die Beobachtungen, Beschreibungen, Imaginationen und Urteile eines dichterischen Ich, das den Dom zumeist in Außensicht erfaßt, aber sporadisch auch einzelne Szenen aus dem Innenraum thematisiert. Von Beginn an – über 7 Strophen hinweg – wird der Dom in der Du-Form apostrophiert, was ebenso für Strophe XI, dann die drittletzte und die vorletzte gilt, während die übrigen – sie versetzen den Leser ins Innere der Kathedrale – vom Register der

2 Cf. zu dieser – in vielem immer noch aktuell – die Dissertation von Ernst Wolf: *Guillaume Apollinaire und das Rheinland.* Mit einem Geleitwort von Michel Décaudin (Hg.) und von Eberhard Leube. Frankfurt a. M. et al. 1988 [[1]1937] (Bonner Romanistische Arbeiten, 27); des weiteren: Pierre Orecchioni: *Le Thème du Rhin dans l'inspiration de Guillaume Apollinaire.* Paris 1956.

3 Cf. Guillaume Apollinaire: *Le Guetteur Mélancolique. Poèmes inédits.* Préface d'André Salmon. Frontispice de Picasso. Texte établi de Bernard Poissonnier et Robert Mallet. Paris 1952. – Michel Décaudin: *Apollinaire.* Paris 2002, S. 151, sieht als Grund für die nicht erfolgte Aufnahme von »Le Dôme de Cologne« in die ›Rhénanes‹ das Fehlen einer »tonalité mélancolique et pittoresque«, welche der Teilsammlung von *Alcools* eigne. Ein ähnliches Urteil ließe sich freilich im Hinblick auf die ›Rhénanes‹-Texte »Mai«, »La Synagogue« und »Schinderhannes« formulieren. Claude Debon: »Apollinaire colonais«, in: Kurt Roessler (Hg.): *Köln im Werk von Guillaume Apollinaire.* Bornheim 2002, S. 67–74, sieht den Grund für den Umstand, dass Apollinaire sein Gedicht nicht veröffentlicht hat, darin, dass »ses éléments essentiels ont été disséminés dans d'autres poèmes de premier plan« (S. 71). Wenn in dem Text indessen zugleich eine »matrice« (ebd.) des künftigen Œuvres von Apollinaire zu sehen sein soll, so hätte dies freilich für seine Veröffentlichung durch den Autor selbst sprechen müssen.

vertrauten Anrede ausgenommen sind und die abschließende Verssequenz gar in der dritten Person auf das Bauwerk Bezug nimmt.

Schon die einleitende 5-zeilige Versgruppe zeigt ein unorthodoxes Interesse des lyrischen Ich an der Kathedrale und dem, was sie unter religiösem Aspekt repräsentiert. Ihr letzter Architekt habe den Verstand verloren, mithin sei es dem ›lieben Gott‹ gleichgültig, wer sich für seinen ›Ruhm‹ engagiere. Auch das Beispiel Hirams bezeuge, daß es ein ›dummes Kalkül‹ sei, für Gott zu bauen. Kölner Dombaumeister von 1862 bis 1902 war Richard Voigtel, ihm voran ging Ernst Friedrich Zwirner[4]. Aus den verfügbaren Unterlagen geht indessen nicht hervor, daß einer von beiden eine mentale Beeinträchtigung im Zuge seiner Tätigkeit erlitten hätte. Ebensowenig ist mit den bekannteren geschichts- und religionswissenschaftlichen Hilfsmitteln zu erkunden, inwieweit der alttestamentliche Hiram – sei es der König von Tyrus, der Salomo Material und Fachleute für den Tempelbau in Jerusalem zur Verfügung stellte (AT, 1 Kön. 7, 16–24) oder der gleichnamige phönikische Erzgießer, der an ebendiesem Tempel einschlägige Arbeiten ausführte (AT, 1 Kön. 7, 13–51) – als ›Zeuge‹ für Apollinaires Argumentation dienen könnte[5]. Hier ist der Leser erstmals konfrontiert mit dem Vielleser und Autodidakten Apollinaire, der in ungeordneter Manier die unterschiedlichsten und nicht immer verläßlichen Texte wie Informationen aufnahm und diese mitunter auch seinen jeweiligen poetischen Bedürfnissen anpaßte. Jedenfalls wird zu Gedichtanfang die christliche Religion mit der altjüdischen auf eine Ebene gerückt, ein Zeichen für die übergeordnete Perspektive des Autors.

Die zweite, wiederum 5-versige Strophe hält zunächst die summarische Topographie des Doms fest, wobei seine ›moderne‹ Entourage hervorgehoben wird. Welch grundsätzliche Bedeutung die Dichotomie von alt und neu, die wechselseitige Durchdringung traditioneller und moderner Faktoren und Denkweisen für Apollinaire hat, ist weithin belegt und literaturwissenschaftlich bilanziert[6]. Deskriptiv gesehen, erscheint der Dom auf ein optisches Minimum

4 Cf. zu Voigtels Tätigkeit Herbert Rode: »Der Werdegang des Dombaumeisters Richard Voigtel«, in: *Kölner Domblatt. Jahrbuch des Zentral-Dombauvereins* (21. Folge) 1963, S. 157–158.

5 Cf. Matthias Stubhann (Hg.): *Die Bibel von A – Z: das aktuelle Lexikon zur Bibel.* Erlangen 1992, [s. v. »Hiram«].

6 Siehe auch exemplarisch das Schlussgedicht von Apollinaires *Calligrammes*, »La Jolie Rousse« (S. 313–314), mit der programmatischen Positionierung des argumentierenden Ich zwischen »tradition« und »invention« (S. 313). Den starken Anteil des Neuen hebt indessen besonders systematisch und nachdrücklich hervor Marie Louise Letengre: *Apollinaire. Le nouveau lyrisme.* Paris 1996. Dabei wird die generalisierende Beanspruchung Apollinaires für den Surrealismus (seit Breton und im Gefolge der an diesen anknüpfenden Kritik) eingeschränkt zugunsten des poetologischen Paradigmas einer umfassenden, von Optimismus getragenen »ambition moderne«, das alle beobachtbaren Manifestationen modernen Lebens – und zumal wissenschaftliche und technologische Erkenntnisse – beinhalte (cf. insbes. S. 220).

begrenzt: zwei gotische Türme und die Kirchenfenster. Größeres Gewicht kommt den spezifisch abendlichen Lichteffekten und der aus diesen abgeleiteten Bildlichkeit zu: Bis zum Rhein hin – und dies gewohnheitsmäßig – sondere der Dom das Blut des »Christ-soleil« und des ›guten Pelikans‹ ab (V. 9). In der terminologischen Integration von Christus und Sonne bricht sich eine teils heterodoxe religiöse Einstellung Bahn, während im Motiv des Pelikans ein orthodoxes katholisches Symbol des Opfertodes Christi vorliegt[7]. Der ›goldtrunkene‹ Rhein (V. 8) hingegen zählt zum vertrauten Inventar der Rheinlyrik Apollinaires und darf als erstes Anzeichen dafür gelten, dass der Text in einem weiter gesteckten Rahmen rheinländischer Charakteristika zu verorten ist[8].

Der adversative Einsatz der dritten Strophe, eines Vierzeilers – »Mais sois moderne [...]« – zeugt thematisch von dem Wunsch der beobachtenden Instanz, der Dom möge den gegenwärtigen Zeitläuften entsprechen. Dies wird imaginativ über die zwischen den Türmen verlaufenden Telegraphendrähte veranschaulicht, wobei – ein treffendes Beispiel für Apollinaires poetisches Vorgehen überhaupt – der Dom über die modernen Drähte nun bildlich zum alten Instrument der Laute mutiert. Deren ›extravagante Hymne‹ (V. 13) markiert denn auch eine Besonderheit, die nahezu gänzlich von dem realen Bauwerk abgehoben

7 Zu christlichen Motiven in den Texten Apollinaires cf. Robert Couffignal: *L'Inspiration biblique dans l'œuvre de Guillaume Apollinaire.* Paris 1966. Zu eventuellen Synkretismen von paganer Sonnenverehrung und Christentum seit der Spätantike cf. Martin Wallraff: *›Christus Verus Sol‹. Sonnenverehrung und Christentum in der Spätantike.* Münster 2001. Die Lichtmetaphorik der Gotik hat in der Gestaltung der durch das göttliche Licht illuminierten Glasfenster die Analogie zwischen dem christlichen Gott und dem Licht für die Gläubigen sinnlich nachvollziehbar gemacht. Das älteste und weitgehend authentisch erhaltene Fenster des Kölner Doms – Apollinaire dürfte es gesehen haben – ist von 1260/61 und befindet sich in der Chorscheitel-Kapelle, mithin im östlichsten Bereich des Sanktuariums der Kathedrale. Siehe hierzu Hiltrud Westermann-Angerhausen (Hg.): *Himmelslicht: europäische Glasmalerei im Jahrhundert des Kölner Dombaus (1248–1349).* Ausstellungskatalog. Köln [Schnütgen-Museum] 1998, S. 22 (Abb. 1), 25 (Abb. 4), 26 (Abb. 7), 28 (Abb. 10). – Unter den Gewändefiguren des Mittelportals der 1855 vollendeten Südfassade des Kölner Doms finden sich unter anderem ein »Pelikan und Hahn im Mosaik« – ein potentieller Ausgangspunkt für Apollinaires Pelikan-Motiv. Cf. Arnold Wolff: *Der Kölner Dom.* Stuttgart 1974, S. 78. – Zum seit den Anfängen der christlichen Kunst bestimmenden Bild des Pelikans – der mit dem Schnabel seine Brust öffnet, um die Jungen das herabfließende, lebensspendende Blut trinken zu lassen – als Symbol für Christi Todesopfer und Auferstehung cf. Engelbert SJ Kirschbaum (Hg.): *Lexikon der christlichen Ikonographie.* Hier Bd. 3. Rom/Freiburg/Basel/Wien 1974, Sp. 390–392. s. v. »Pelikan«. Es ist im übrigen anzunehmen, dass Apollinaire Mussets Vergleich des Dichters mit einem Pelikan, der seinen Kindern das Herz als Nahrung darbietet, aus »La Nuit de Mai« bekannt war. Cf. den letzten Sprechpart von »La Muse« mit der Beschreibung des aufopferungsvollen Pelikans und dem abschließenden Hinweis: »Poète, c'est ainsi que font les grands poètes.« in: Alfred de Musset: »La Nuit de Mai«, in: Alfred de Musset: *Œuvres complètes.* Texte établi et présenté par Philippe van Tieghem. Paris 1963, S. 151–152, hier: S. 152.

8 Cf. z. B. »Nuit Rhénane« (S. 111) und »La Loreley« (S. 115–116). – Cf. auch die Sondernummer *La Revue des Lettres Modernes. Guillaume Apollinaire* 9, 1970, mit dem Titel *Autour de l'inspiration allemande et du lied.*

ist und diesem die Rolle eines Mediums teils traditioneller, teils futurischer Assoziationen zuweist.

Vor diesem Hintergrund gesteigerter Emotionalität ist der superlativische Auftakt des anschließenden weiteren Vierzeilers (IV) zu sehen. Wenn der Dom als herausragendes Phänomen unter den ›Weltwundern‹ beurteilt wird, so geschieht dies anhand zweier Vergleichspole: des Eiffelturms und des ›Palasts der Rosamunde‹ (V. 15). Ist der Eiffelturm für die Generation Apollinaires das Emblem von Modernität schlechthin, so liegt mit dem anderen Vergleichselement ein privater Mythos des Autors vor. Dabei verdecken die rhythmische Harmonie und die semantische Oberfläche des Textes die tragische und blutige Geschichte der gepidischen Königstochter Rosamunde, die im 6. nachchristlichen Jahrhundert als Kriegsgefangene von dem langobardischen König Alboin gezwungen wurde, aus dem Schädel ihres von ihm erschlagenen Vaters zu trinken sowie seine Gemahlin zu sein, so dass sie schließlich die Tötung des verhassten Mannes veranlasste, bevor sie von Helmichis, ihrem Helfershelfer und Geliebten, zum Selbstmord genötigt wurde[9]. Abermals greift Apollinaire offenbar auf die Früchte seiner auch in frühen Jahren schon ausgiebigen Lektüre zurück, und auch hier bleibt eine Aura der Dunkelheit, da ein Palast der von Unheil betroffenen und ebensolches bringenden Dame historisch nicht bekannt ist.

Wie man sieht, bewegt sich Apollinaire entscheidend auf einer Ebene der Einbildungskraft und entrückt den Kölner Dom einem positivistisch unterbauten Betrachtungs- und Beurteilungsmodus. Auch die Störche auf den Türmen (V. 16), die die vertikale Achse der Kirche verstärken und deren offenbar positiver ›Immobilität‹ (V. 17) zusätzliches Relief verleihen, gehen nicht auf eine situationsgebundene Anschauung zurück. Bezieht sich das Ich in seiner Imagination doch auf Sommervögel und versetzt diese auch in die ihnen gemäße Jahreszeit.

›Immobilität‹ meint Beständigkeit und fungiert als Antithese zu den bewegten

9 Eine gute Darstellung des von Gewalt und Leidenschaft geprägten Lebens der Rosamunde im Umkreis von Ravenna findet sich in *La Piccola Treccani. Dizionario Enciclopedico*, Roma, Istituto della Enciclopedia Italiana, 1996, S. 479, s. v. »Rosmunda«. Der Stoff ist verschiedentlich literarisch aufgegriffen worden, besonders von Giovanni Rucellai / Vittorio Alfieri / Algeron Charles Swinburne / Giovanni Prati. Bei der Analyse von Apollinaires »Palais« gibt M.-J. Durry einen gerafften Überblick über die verschiedenen Rosemonde-Passagen in seinem Œuvre. Ihren Ausführungen ist zu entnehmen, dass sie als primären Ausgangspunkt Apollinaires eine andere Rosemonde ansetzt, und zwar Rosamunde de Clifford, die Favoritin des englischen Königs Heinrich II. (1133–1189). Einer spätmittelalterlichen Fassung der Sage zufolge soll des Königs Gemahlin, Eleonore von Aquitanien, Rosamunde ermordet haben, worauf sie von ihm gefangengesetzt worden sei. Cf. Marie-Jeanne Durry: *Guillaume Apollinaire. Alcools*, II. Paris [3]1979, S. 30–36. Cf. auch, ausführlich, »Fair Rosamund«, in: Elisabeth Frenzel: *Stoffe der Weltliteratur. Ein Lexikon dichtungsgeschichtlicher Längsschnitte.* Zweite, überarb. Aufl., Stuttgart s. d. [1]1963, S. 557–560.

Formen der Modernität. Dies verleiht dem Dom eine panchronische Qualität und damit unter anderem die Attribute und Anschauungsformen, die aus einer *longue durée* historischer Existenz und Entwicklung – denkt man an die jahrhundertelange Baugeschichte – resultieren. So kann der Hinweis auf die sterblichen Überreste der ›Heiligen Drei Könige‹ (V. 18), die das Gotteshaus der Überlieferung zufolge in sich birgt, als die schlüssige Fortsetzung einer Assoziationskette betrachtet werden, die nunmehr in Strophe V hineinreicht, die erste von acht gleichermaßen 3-zeiligen Gebilden. Das Syntagma »la pourriture des rois mages« (V. 18) denotiert das Heiligenmotiv in leicht negativer Weise, womöglich als Reflex einer Distanz zur katholischen Reliquienverehrung[10]. Im übrigen präsentiert sich der Dom nun erstmals mit kreatürlichen Attributen, ist er doch des Atmens und Seufzens fähig (V. 19). Es folgt das uneingeschränkte Bekenntnis affektiver Wertschätzung des Ich für den Dom, das zugleich eine Art spontanes Resümee des bisherigen dichterischen Duktus darstellt.

Die nächste Strophe (VI) eröffnet nämlich zu ihrem Ende hin das Thema des Karnevals, dem das winterlich inspirierte Bild der sich auf den Türmen mausernden Engel (V. 21) vorausgeht, ein deutliches Indiz dafür, dass der Beobachter nach wie vor im Außenbereich verweilt, so sehr auch die Zeitangabe – »chaque hiver« – auf einen habituellen und nicht einmaligen Vorgang Bezug nimmt. Der Karneval seinerseits sieht sich auf die beiden Merkmale der Sexualität – über das Attribut von »charnel« – und des Sakrilegs festgelegt (V. 23), was in den nachfolgenden Strophen illustriert werden wird.

So versetzt uns die nächste Vers- und Argumentationseinheit (VII) offenkundig in eine karnevalistische Szene, wenn von »Les chevaux des chars« (V. 24) die Rede ist, von Pferden, die – so ist anzunehmen – Fastnachtswagen vorgespannt sind[11]. Kann das ›Wiehern‹ der Pferde zu den Wasserspeiern des Doms hin (V. 24–25) noch als mimetischer Gestus verstanden werden, so gilt dies nicht mehr für ihre Hinwendung zu den »chevaux en bois de Richmodis-Ado« (V. 26). In verballhornter Form spielt Apollinaire hier auf die alte und bekannte Kölner Sage der Richmodis von Aducht an, jener im Zuge der Pest von 1357 anscheinend verstorbenen, jedoch nur scheintoten Patrizierin, die auf dem Friedhof von

10 Der Dreikönigenschrein befindet sich bekanntlich hinter dem Hochaltar des Doms. Die Gebeine der Heiligen Drei Könige wurden am 23. Juli 1164 durch Erzbischof Reinald von Dassel von Mailand nach Köln überführt. Cf. zur Legende: Manfred Becker-Huberti: *Die Heiligen Drei Könige: Geschichten, Legenden und Bräuche.* Köln 2005.

11 Szenisch gesehen, rückt das Interesse damit zunächst vom Dom weg; denn – wie Kurt Roessler (»Die lyrische Stadtlandschaft Kölns bei Guillaume Apollinaire«, in: id., *Köln im Werk Guillaume Apollinaires*, op. cit. [Anm. 3], S. 33–66, hier: S. 43) festhält – der Karnevalszug von 1902 führte nicht am Dom vorbei (doch hätte Apollinaire ihn am Vortag imaginieren können). Überdies – ein weiterer interessanter Hinweis Roesslers (ebd.) – findet sich in Apollinaires Gedicht kein Reflex des weithin bekannten Mottos, unter dem der Rosenmontagszug jenes Jahres stand: »Schiller und Goethe auf dem Karneval in Köln«.

Sankt Aposteln bestattet wird, doch des Nachts aus ihrem Grab hinausfindet und sich zu ihrem Wohnhaus begibt, wo der ungläubige Ehemann meint, eher liefen seine beiden Pferde die Treppe im Turm des Hauses hoch, als dass Richmodis vor dem Tor stehe. Und sogleich erscheinen die Pferde und traben die enge Wendeltreppe hinauf[12].

Erneut ist der Leser in ein Feld der Assoziationen versetzt, wobei er sich zunächst nach der Rolle der Holzpferde fragen muß. Handelt es sich hierbei um einen Aspekt im Karnevalstreiben? Liegt die Anspielung auf eine Jahrmarktszene vor? Begreiflicherweise kann es sich auch hier nicht darum handeln, einem konnotationsträchtigen Mikrokontext ein empirisches Korsett zu verleihen. Doch der Unbestimmtheitseffekt hat noch eine weitere Facette, denn die Holzpferde werden dem Dom zugeordnet: »tes chevaux en bois« (V. 26). Da es sich um keine architektonische Besonderheit der Kathedrale handeln kann, bietet sich die Erklärung an, das Kirchengebäude als Integrationsfaktor kölnischer Szenen und Begebenheiten aus Geschichte und Gegenwart zu verstehen. Im Blickfeld des Doms, diesem zugeordnet, liegt die Stadtlandschaft Kölns in humaner, sozialer und nicht zuletzt religiöser Hinsicht. Der Dom ist gleichsam Mittelpunkt einer sich konzentrisch um ihn herum gestaltenden, eigentümlichen Urbanität.

Dabei mag man zudem bedenken, daß über die Richmodis von Aducht-Sage ja auch die Kirche Sankt Aposteln in den Gesichtskreis des Lesers rückt und somit zugleich der an sie grenzende Neumarkt – seinerseits wiederum traditioneller Ausgangspunkt der unterschiedlichsten Karnevalszüge bis hin zu einigen der sogenannten »Veedelszöch«, von Umzügen, die sich, zumal an Karnevalssonntag, auf ein jeweiliges Stadtviertel konzentrieren[13]. Des weiteren muß der etwas kundige Leser an die alte und kleine Richmod-Straße denken mit dem gotischen Richmodis-Turm. Unwillkürlich entsteht solcherart eine erweiterte

12 Eine Chronik von 1499 hält die Sage fest. Cf. zur Geschichte im Einzelnen: Werner Schäfke: *Kölns romanische Kirchen. Architektur, Ausstellung, Geschichte.* Mit Fotos von Wolfgang F. Meier. Köln ^{5}1985, S. 64–65 (dort auch Reproduktion eines Kupferstichs zur Sage nach einer Zeichnung von Johann Toussyn, 1650). Zum Gedenken an das wundersame Geschehen soll Mengis von Aducht den Auftrag erteilt haben, zwei Pferdeköpfe am Turm seines Hauses anzubringen, was offenbar aber nicht geschah. Cf. hierzu Willehalm Paul Eckert: *Kölner Stadtführer. Wege zur Kunst, Kultur und Geschichte.* Köln 1990, S. 171–172. So erinnern die beiden Pferdeköpfe am gotischen Richmodisturm, der freilich zum geschichtsträchtigen Hackeneyschen Hof gehörte, heute nur scheinbar an die Sage. Sie beziehen sich vielmehr auf das Wappen der Familie des früheren kaiserlichen Rechenmeisters Nicasius Hackeney und wurden erst 1958 geschnitzt und am Turm befestigt.

13 Zu Geschichte und Charakteristika des Kölner Karnevals cf. den kompakten Überblick in: *Auswahlkatalog. Kölnisches Stadtmuseum* (Mitverf. Ute Bader / Red. Irmgard Tietz-Lassotta). Köln 1984, S. 77–84. Zum Phänomen der »Veedelszöch« cf. ebd., S. 84. Siehe zudem Klauser, Helene: *Kölner Karneval zwischen Uniform und Lebensform.* Münster et al., Waxmann, 2007 (zugl. Diss. Köln 2006); Michael Euler-Schmidt: *Kölner Maskenzüge. 1823–1914.* Köln 1991.

städtische Topographie im Einzugsbereich des Doms, dessen symbolische Ausgestaltung zunehmend deutlichere Züge annimmt.

Auf diese Weise ist der geeignete Rahmen für eine kleine Galerie von Gestalten aus dem volkstümlichen Köln geschaffen[14], die in den nachfolgenden 5 Strophen in den Vordergrund treten, wobei zum Teil das Dominnere zum Schauplatz wird. Das kurze Defilee populärer Figuren, die mit wenigen Strichen skizziert sind, beginnt in Strophe VIII mit »Kobbes« – offenbar dem rheinischen Köbes[15] – und einem Kürassier und deren leicht burlesken Handlungen. Es ist ein spontanes, instinktgeprägtes Köln, das hier zum Vorschein kommt und in seiner Mentalität auch nicht von der Aura des Doms getrübt wird.

Gleiches gilt für den nächsten Dreizeiler (IX), in dem Apollinaire auf die karnevalistische Tradition der Funken, der Nachkömmlinge der Kölner Stadtsoldaten von 1660 Bezug nimmt[16]. Das Motiv der Trunkenheit (V. 30) – von sakrosankter Beständigkeit zu Karneval – erinnert ein wenig an andere Rheinland-Gedichte – wie etwa »Nuit Rhénane« –, die freilich über den assoziativen Nexus von Rhein, Wein und Vergänglichkeit die atmosphärische Grundausstattung von des Autors rheinischer Lyrik deutlicher zutage treten lassen. Die Anspielung auf die Legende der 11000 Kölner Jungfrauen (V.31), die Gespielinnen der Heiligen Ursula – der Kölner Stadtpatronin – und wie diese von Etzel und seinen Hunnen gemordet, suggeriert wiederum den Hintergrund der Rheinlandschaft, hat Ursula doch mit ihren jungfräulichen Begleiterinnen eine ausgedehnte Rheinfahrt unternommen[17]. In diesem Falle kann Apollinaire vom

14 Cf. hierzu unter anderem die typenbezogenen Aspekte der Studie: Peter Fuchs / Max-Leo Schwering / Klaus Zöller: *Kölner Karneval. Seine Geschichte, seine Eigenart, seine Akteure.* Zweite, auf den neuesten Stand gebrachte Aufl., Köln 1984.

15 »Kobes« kann als die landkölnische Variante der stadtkölnischen Form »Köbes« begriffen werden. Cf. Adam Wrede: *Neuer Kölnischer Sprachschatz.* Band 2. Köln ^{6}1976.

16 Hier ist insbesondere an die »Roten Funken« zu denken, die seit 1823 den militaristischen Drill der Lächerlichkeit preisgaben. Später, ab 1870, gesellten sich die »Blauen Funken« dazu und weitere malerisch uniformierte Garden, die in ihrer Kostümierung stets den Bezug auf historisch Vergangenes bzw. Altehrwürdiges reklamierten. Zur Herausbildung und Funktion solcher karnevalistischen Gruppierungen, Garden und Rituale cf., in gedrängter Darstellung, *Auswahlkatalog. Kölner Stadtmuseum*, op.cit. [Anm. 13], S. 80–81. Siehe auch, ausführlich: Heinz Günther Hunold (Hg.): *Vom Stadtsoldaten zum Roten Funken: Militär und Karneval. Kölsche Funke Rut-Wieß vun 1823.* Unter Mitarbeit von Marcus Leifeld. Köln 2005.

17 Zur Legende der Hl. Ursula von Köln cf. unter den zahlreichen Publikationen besonders: Guido Wagner: »Vom Knochenfund zum Martyrium der 11000 Jungfrauen. Wurzeln und Entwicklung der Ursula-Legende und ihre Bedeutung für Köln als ›Sacrarium Agrippinae‹«, in: *Geschichte in Köln* (48) 2001, S. 11–44; des weiteren die Faks.-Ausg. zur Legende mit einem Verzeichnis der volkssprachlichen und lateinischen Ursula-Legenden im Kölner Inkunabel- und Frühdruck von Ursula Rautenberg (Hg.): *Ursula-Legenden im Kölner Druck: die ›Historie von den elftausend Jungfrauen‹: aus der Offizin Johannes Landen 1509 und 1517.* Köln [Bibliophilengesellschaft] 1992. Zur kultischen Verehrung der Heiligen siehe Klaus Militzer: »Ursula-Bruderschaften in Köln«, in: *Jahrbuch des Kölnischen Geschichtsvereins*

Ursulaportal des Südquerhauses des Doms angeregt worden sein; schließlich enthält dieses im Tympanon das Martyrium der Heiligen und im Bogenlauf die Darstellung ihrer Gefährtinnen[18]. Im Hinblick auf die Imaginationswelt Apollinaires muß man möglicherweise den »onze mille vierges« (V. 31) eine stärkere sexuelle Sinngebung zusprechen, als dies kontextuell *a prima vista* gerechtfertigt scheint. Man denke dabei an seinen pornographischen Roman *Les onze mille verges*[19], dessen Titel einen quasi-paronomastischen Bezug zur entsprechenden Wortgruppe des Gedichts aufweist, ein Umstand, der *per analogiam* auch die »fusils fleuris« (V. 32) der Funken als mehr denn ein Brauchtumsrequisit erscheinen läßt[20].

Hinter dem »Bestevater« (V. 33) der X. Strophe verbirgt sich indessen eine typologische Gestalt des Kölner Hänneschen-Theaters[21], nämlich »Besteva« oder »Bestervater«, mithin Hänneschens Großvater, ein trotteliger Alter, der oft und gern ins Glas schaut, ein Typus des seit 1802 bestehenden Puppentheaters, den Apollinaire nachweislich kannte[22]. Die Trias der Verse dementiert die lautere Moral der Namensgebung und verbleibt im Bereich einer burlesk anmutenden Erotik, die freilich *in nuce* durchaus die Umrisse einer volkstümlichen *conditio*

---

(66) 1995, S. 35–45. – Der Bezug der Ursula-Gestalt und ihrer verdeckt amazonischen Attribute zum Karnevalsbrauchtum – insbesondere zur Weiberfastnacht – ist bekannt. Cf. auch, popularisierend Renate Matthaei: *Matronen, heilige Jungfrauen und wilde Weiber. Zur Geschichte der Weiberfastnacht.* Weilerswist 2001.

18 Cf. auch Wolff: *Der Kölner Dom*, op.cit. [Anm. 7], S. 78. – Eine Anregung könnte allerdings auch von dem sog. Dombild bzw. Dreikönigsaltar (um 1445) von Stephan Lochner, dem damaligen Haupt der Kölner Malschule, ausgegangen sein, mithin von einem Triptychon, das Sulpice Boisserée nach 1809/10 in den noch unvollendeten Dom verbrachte und oberitalienischen ›Maestà‹-Darstellungen vergleichbar ist. Es zeigt auf der Mitteltafel die thronende Madonna mit den Hl. Drei Königen in Anbetung, auf dem rechten Flügel den Hl. Gereon sowie auf dem linken die Märtyrerscharen der Hl. Ursula. Siehe auch Rainer Budde: *Köln und seine Maler. 1300–1500.* Köln 1986, S. 75–82, Farbabb. 12 (linke Tafel, Detail) und 13 (Mitteltafel). Seit 1956 ist das Tryptychon in der Marienkapelle (südl. Seitenschiff) aufgestellt.

19 Cf. Guillaume Apollinaire: »Les onze mille verges ou les Amours d'un hospodar (1907)«, in: id.: *Œuvres en prose complètes* (III). Textes établis, présentés et annotés par Pierre Caizergues et Michel Décaudin. Paris 1993, S. 885–954. Versehen mit den ursprünglich nicht vorgesehenen Zeichnungen von Pablo Picasso ist der Roman zugänglich in Band V der Werkausgabe: Guillaume Apollinaire: *Œuvres.* Paris 1984.

20 Im unmittelbar referentiellen Sinne sind mit den Blumenverzierungen offenbar die in Köln so genannten »Strüßjer« gemeint.

21 Zum Hänneschen-Theater siehe Max-Leo Schwering: *Das Kölner Hänneschen-Theater. Geschichte und Deutung.* Köln 1982.

22 Zum ›Besteva‹ cf. Wrede: *Sprachschatz*, op.cit. [Anm. 15], Bd. 1, s. v. Eine kurze Eintragung im *Journal intime* weist Apollinaire als zumindest summarischen Kenner des Kölner Puppentheaters aus: »*Fantoches* de Cologne tenus par un fer raide à la tête et au bras. Hänneschen, Dom Drikkes, Marizibill, der beste Vater«. Apollinaire, Guillaume: *Journal intime 1998–1918.* Éd. présentée et annotée par Michel Décaudin. s. l. Paris 1991, S. 104.

humana erkennen läßt: Die schwindende Attraktivität der Ehefrau ebnet deren homonymem Ersatz den Weg (V. 35).

Marizibill, die nächste Gestalt im Reigen der Dombesucher (V. 36), erinnert an die gleichnamige Figur des *Alcools*-Textes »Marizibill«, die ebenfalls über einen rothaarigen Gefährten verfügt[23]. Das ›Rülpsen‹ (V. 38) des Begleiters hingegen ruft die Verhaltensweisen der derben Gesellen im »Schinderhannes«-Gedicht wach. Hieran zeigt sich ein weiteres Mal, dass Apollinaires rheinländische Welt in beträchtlichem Maße von intratextuellen Mustern bestimmt ist, dass sie sich unter anderem aus einem Netz fester Versatzstücke zusammensetzt. Ob dies für eine ausgeprägte Vorurteilsstruktur spricht oder aber von besonders markanten Eindrücken kündet, sei dahingestellt[24]. Jedenfalls vermittelt der repetitive Charakter solcher Poesie eine Eindringlichkeit, die mitunter zu einem volksliedhaften Refrain in Analogie gesetzt werden könnte[25].

Die kurze Parade der Kölner Typen wird beschlossen durch die, psychologisch gesehen, merkwürdigste Figur, die Frauengestalt »Venetia« (XII), die das programmatische Sakrileg am markantesten verkörpert. Der Ästhetik des Provokativen eignet hier freilich fast schon etwas Konventionelles, verbleiben wir doch mit der dargebotenen physiologischen Motivik (V. 41) in einem Vorstellungsrahmen, der von Rimbaud und den Symbolisten bereits essentiell abgesteckt wurde[26]. Die ›Hämathidrose‹, das Absondern von Blutschweiß, ist im übrigen ein Lieblingsmotiv von Apollinaire und bekundet seine stets wache Sensibilität für physiologische Vorgänge der ausgefalleneren Art. Dem korrespondiert auch der – zumindest für Kölner Verhältnisse – preziöse Name »Venetia«, der zwar implizit einen anderen, auch für das Rheinland bedeutenden Ort

23 Cf. »Marizibill«, S. 77. Marize(n)bell – von Maria Sibylle – ist die Ehefrau des Besteva Nikola Knoll, also auch ihrerseits eine Figur des Hänneschen-Theaters. Beide zählen zugleich zum Inventar der Figuren des Kölner Rosenmontagszuges. Drikkes, eine Kurzform zu Heinrich, Hendrich (Henricus) bezeichnet einen gutmütigen, bequemen und etwas urwüchsigen Menschen. Cf. dazu Wrede: *Sprachschatz*, op.cit. [Anm. 15], Bde. 1 und 2, jeweils s. v.

24 Die Gedichtzeilen 36–38 weisen im übrigen, wie verschiedentlich festgehalten, einen entfernten Bezug zur vierten Strophe von Heines Romanze »Schelm von Bergen« (1846) aus dem *Romanzero* auf: »Es jubelt die Fastnachtsgeckenschaar, / Wenn jene vorüberwalzen. / Der Drickes und die Marizzebill / Grüßen mit Schnarren und Schnalzen. » Heinrich Heine: »Schelm von Bergen«, in: H.H., *Gesamtausgabe der Werke.* Manfred Windfuhr (Hg.), Bd. 3/1: *Romanzero. Gedichte 1853 und 1854. Lyrischer Nachlaß.* Bearbeitet von Frauke Barbelt / Alberto Destro. Hamburg 1992, S. 19–20, hier: S. 19.

25 Dem wichtigen Aspekt der Spuren des Lieds in Apollinaires Dichtung widmen sich einige Beiträge der schon erwähnten Sondernummer *La Revue des Lettres Modernes. Guillaume Apollinaire* 9, 1970 unter dem Titel *Autour de l'inspiration allemande et du lied.*

26 Cf. etwa Arthur Rimbaud: »Les premières Communions«, in: A. R., *Œuvres.* Paris 1960, S. 121–126.

des Karnevals evoziert[27], doch ebensosehr ein Gegengewicht zum weitgehend grobschlächtigen Personal der vorangehenden Strophen abgibt.

Als Abschluß der Typengalerie verdeutlicht die Venetia-Strophe zudem, wie sich die dichterische Imagination nunmehr verselbständigt. Schließlich handelt es sich ja um einen zeitlichen Vorgriff auf den nächsten Tag, den Rosenmontag, und zudem nicht um eine Szene, der im Zweifelsfalle eine unmittelbare Anschauung zugrundeliegen könnte. Der Kölner Dom, die Stadt, das Rheinland geben somit das Rohmaterial eines lyrischen Transformationsprozesses ab, in dem mimetische Fragmente, persönliche Mythen, konnotationsreiche Motive und dichterische Experimentierfreude ein komplexes Gebilde entstehen lassen. Formal gesehen, was die reimenden Silben betrifft, sind die Verse vom Rosenmotiv bestimmt, wobei Apollinaire die etymologische Herleitung des als bildlicher Impulsgeber dienenden Rosenmontags von dem westmitteldeutschen »rosen« (toben, rasen) schwerlich bekannt gewesen sein dürfte[28].

Die drittletzte Strophe (XIII) – Apollinaire kehrt zum Vierzeiler zurück, gestaltet die letzte Zeile indes als Halbvers – leitet die Schlußpartie des Gedichts ein, und zwar über die apostrophierende Formel eines »O Dôme«, mit der zuletzt die Endzeile von Strophe V anhob. Doch der beschworene Dom ist jetzt ein anderer. Seine ›Immobilität‹ ist tendenziell geschwunden, er tritt uns als stattliches, von Kreuzen besetztes Ross entgegen, als mittelalterlicher »auférant« (V. 42), als ungestümes Vollblut[29]. Über drei Imperative sieht er sich zu spezifischen Ver-

27 Venetia war ursprünglich – im Zuge der Neuorganisation des Kölner Karnevals von 1823 – neben dem Helden Karneval, der Personifikation des Karnevals, als dessen ewige Braut die wichtigste Figur im karnevalistischen Brauchtum Kölns; dies in abnehmender Intensität bis zum Jahrhundertende. Sie verkörpert den Karneval des Südens, wobei aber stets ein Mann ihre Rolle ausfüllte. Auf sie kann Apollinaire sich mithin nicht beziehen. Demgegenüber – wiederum unter offenkundigem Bezug auf den venezianischen Karneval und Maskenfeste – ist Venetia von jeher der standardisierte Name der tatsächlich weiblichen Düsseldorfer Karnevalsprinzessin. Apollinaire allerdings ein grundsätzliches Wissen über den lokalpatriotisch geprägten – und zumal zu Karneval virulenten – Antagonismus von Köln und Düsseldorf zu unterstellen, dürfte eher gewagt sein, obwohl er vor dem Februar 1902 bereits einmal zu Besuch in Düsseldorf weilte. Zu Unterschieden in den rheinischen Karnevalstraditionen cf. Christina Frohn: *Der organisierte Narr. Karneval in Aachen, Düsseldorf und Köln von 1823 bis 1914.* Marburg 2000 (zugl. Diss. Bonn 1999 unter anderem Titel).

28 Cf. auch die Angaben zu ›Rosenmontag‹ in: Friedrich Kluge: *Etymologisches Wörterbuch der deutschen Sprache.* Bearbeitet von Elmar Seebold 24. durchges. und erw. Aufl., Berlin/New York 2002, S. 771.

29 Cf. den Eintrag ›auferan‹ (Substantiv) in der Bedeutung ›cheval de bataille, coursier‹ in: Godefroy, Frédéric: *Dictionnaire de l'ancienne langue française et de tous ses dialectes du IXe au XVe siècle.* Tome Premier. Paris 1880 (Kraus Reprint, Nendeln 1969), S. 496, Sp. 1–2. Angesichts des ausgeprägt assoziativen Charakters der semantischen Bestandteile des Gedichts sei angemerkt, dass Ursula im Germanischen ›kleines Schlachtross‹ bedeutete und somit eine Verbindung zwischen der Heiligengeschichte und dem ›auférant‹ sichtbar wird. Cf. auch zur alternativen Herleitung des Namens von ahd. Bildungen mit *hros* (Pferd) – anstatt von lat. *ursus* (Bär) – Brockhaus / Wahrig: *Deutsches Wörterbuch in sechs Bänden.*

haltensweisen aufgefordert, die allesamt markante Lebensäußerungen darstellen: »Regimbe hennis renâcle« (V. 45). Die phantasiegeleitete Transformation des Bauwerks setzt bei seiner Betrachtung von außen an, wobei ein von weißen Wolken durchzogener Himmel die Basis für die nobilitierende Metapher von »chapé / D'Azur fourré d'hermine« (V. 42–43) abgeben dürfte.

Wie die Pferdemetapher im einzelnen begründet sein mag, ist nicht verlässlich zu bestimmen. Textimmanent bieten sich als – freilich eher schwache – isotopische Bezugspunkte die Zugpferde der Karnevalswagen von Strophe VII und ebendort die Holzpferde von »Richmodis-Ado« an, letztere – man erinnere sich – mit einem direkten pronominalen Bezug zum Dom selbst[30]. Die exemplarischen Karnevalsszenen ihrerseits, mit ihrem Potential an situativer Extravaganz, können durchaus als vorbereitende Faktoren einer nunmehr forcierten bildlichen Phantastik gelesen werden, deren Höhepunkt indessen der vorletzten Strophe vorbehalten ist.

Apollinaire setzt die »vertus« (V. 44), die positiven Eigenschaften und Kräfte der Kreuze des Doms in Pferdegestalt, mit denen des sternförmigen Pentakulums gleich und unterscheidet folglich nicht zwischen katholischer Religion und magieorientiertem Aberglauben[31]. Entscheidend ist demnach die übergeordnete

---

Gerhard Wahrig / Hildegard Krämer / Harald Zimmermann (Hg.). Sechster Band, Wiesbaden/Stuttgart 1984, S. 450.

30 Eine südseitige Betrachtung des Doms – einer der Türme bleibt dabei vom anderen verdeckt – mag im Übrigen angesichts einer starken Phantasie erlauben, die sichtbare Architektur als stilisierte Pferdegestalt zu begreifen. Ebenso ist es bei einem Blickpunkt von der Westseite her möglich, die beiden Türme in Frontstellung als Vorderteil eines Pferdegespanns aufzufassen. Ebenso plausibel erscheint indes, morphologisch gesehen, eine equestrische Assoziation über die Fülle dicht gedrängter Strebebögen, die von den Kämpferpunkten der Gewölbe des Doms schräg nach unten führen, sich wechselseitig verdecken und in den Strebpfeilern ihre Gegenlager finden. Beide umgeben aus statischen Gründen den gesamten Bau (außer der Westfassade) und könnten Apollinaire wie die zum Sprung ansetzenden, in der Anzahl vervielfältigt erscheinenden Beine von Pferden vorgekommen sein. Neben den wohl zahlreichen Zugpferden der von Apollinaire wahrscheinlich beobachteten Karnevalswagen könnte ein weiterer, wenngleich banaler Umstand die Pferdemotivik im dichterischen Bewusstsein verfestigt haben: Die Ostseite des Doms weist zur Hohenzollernbrücke hin, über deren Vorgängerin – die Dombrücke – Apollinaire vom rechtsrheinischen Honnefer Raum nach Köln gelangt sein dürfte. Dabei müsste er die – damals noch linksrheinisch platzierten – die Brücke flankierenden, naturalistischen Reiterstandbilder von Friedrich Wilhelm IV. von Preußen und von Kaiser Wilhelm I. wahrgenommen haben, die auch vom Dom her sichtbar waren. Ein weiteres Reiterstandbild – des preußischen Königs Friedrich Wilhelm III. – befindet sich beim nahe gelegenen Heumarkt, unweit des Hänneschen-Theaters. Cf. auch die einschlägigen Passagen bei Wolfgang Vomm: *Reiterstandbilder des 19. und frühen 20. Jahrhunderts in Deutschland.* Köln 1979.

31 Das fünfzackige Gebilde des Pentakulums – abgeleitet von der *Clavicula Salomonis* – ist vor allem seit dem Mittelalter als magisches Zeichen bekannt. Ursprünglich verstanden als Symbol der Perfektion, hat es nach und nach eine okkultistische Sinngebung erhalten – etwa als Amulett oder Talisman, dem magische Kräfte zugeschrieben wurden, insbesondere als Schutz vor teuflischen Mächten. Gelegentlich findet sich das Symbol des Pentakulums auch

Kategorie übersinnlicher Kraft, die als solche nicht in Frage gestellt wird. Die teils heterodoxe Religionsauffassung des ersten Gedichtteils findet damit eine Fortsetzung. Unmittelbarer Anlass für die Gleichordnung von Kreuz und Pentakulum könnte die weitläufige formale Analogie beider Objekte sein, ein Umstand, der die assoziativ angelegte Gedichtstruktur einmal mehr verdeutlichte.

In der vorletzten Versgruppe (XIV) – ihre Bauform entspricht der soeben betrachteten – finden wir eine symbolistisch anmutende Bildlichkeit, die dem Prinzip einer *métaphore continue* nahekommt: Die ›Träume‹ des Ich reiten auf dem Dom, sein Schicksal wirkt als dessen Kutscher, die Glockenseile dienen als Zügel – ein insgesamt kompaktes und zugleich semantisch stark belastetes Bildfeld. Die Metaphorik des Reitens, als Umschreibung dichterischer Aktivität, ist allerdings nicht allein dem alten Pegasos-Mythos verpflichtet, sondern erweist sich zudem als eine zeitgemäße. Sie zeigt das Beherrschen des jeweiligen Reitobjekts – und dessen, was es symbolisiert – an und fand eine gewisse Verbreitung in den frühen Avantgarden. Als ein ebenso ausdrucksvoller wie einprägsamer Beleg kann ein Gedichtband-Titel des die universelle technologische Revolution propagierenden Futuristen Enrico Cavacchioli gelten, und zwar *Cavalcando il Sole*[32]. Apollinaires Vorhaben ist bescheidener und dennoch weitreichend, gilt es ihm doch, in einer weiten hermeneutischen Auslegung seiner bildhaften Formulierung, sich von dem Dom und mithin allem, was er repräsentiert, tragen zu lassen, ein historisches wie kulturelles Phänomen grundsätzlich zu beherrschen[33].

Wenn von »Mes durs rêves formels« (V. 46) die Rede ist, so umschreibt dies – als Ausdruck immanenter Poetik – die Intention einer zwar imaginationsgelenkten, zugleich aber präzisen, wo nicht kalkulierten Vorgehensweise und demzufolge ein klares dichterisches Konzept. Apollinaire verlegt den metaphorischen Reitvorgang in die Zukunft – »Mes durs rêves formels sauront te chevaucher« (V. 46) –, begreift seinen Anspruch demnach noch nicht als einen aktuellen – vielleicht im Bewußtsein einer noch begrenzten lyrischen Praxis und

in der architektonischen Ausgestaltung der Fensterbögen gotischer Kathedralen wie etwa in Amiens (»Rose Nord«). Cf. *La Piccola Treccani*, op.cit. [Anm. 9], s. v. »pentacolo«. Zu einer Umzeichnung des Fensterrosen-Maßwerks des nördlichen Querhauses der Kathedrale von Amiens – einem unmittelbaren Vorbild des Kölner Doms – cf. Günther Binding: *Maßwerk*. Darmstadt 1989, S. 92.

32 Cf. Enrico Cavacchioli: *Cavalcando il Sole*. Milano 1914.

33 Eine entfernte, nicht dem konzeptuellen Profil, sondern der burlesken Instrumentalisierung des Kirchenbaus geschuldete Analogie zu Apollinaires Bild ist in Gargantuas Ausruhen auf den Türmen von Notre Dame im Zuge seiner Besichtigung von Paris zu sehen, bevor er aus der Höhenposition heftig auf die ihn ob ihrer Neugier belästigende Menschenmenge uriniert. Cf. François Rabelais: »La Vie très horrifique du grand Gargantua, père de Pantagruel«, in: F.R., *Œuvres complètes*. Texte établi et annoté par Jacques Boulenger. Éd. revue et complétée par Lucien Scheler. Paris 1955, S. 1–164, hier: S. 53–54.

Erfahrung, wofür nicht zuletzt auch die sehr gedrängte Bildlichkeit sprechen könnte. Soll der dichterische ›Traum‹ formal gebändigt sein, im Sinne der »rêves formels«, so verweist dies auf den Plan einer reflektierten Poetologie und demzufolge einer systematischen Arbeit am lyrischen Text – ein Kriterium, das in »Le Dôme de Cologne« bereits zum Tragen kommt und im übrigen nur bedingt kompatibel ist mit der häufig bemühten und mitunter gar klischeehaften Vorstellung eines präsurrealistischen Apollinaire, dessen Schreiben gleichsam schon einem inneren Diktat gehorchte[34].

Die das Gedicht beschließende Strophe (XV) – mit 8 Versen die längste – vollzieht einen einschneidenden Perspektivenwechsel in mehrfacher Hinsicht. Bereits das einleitende, adversative »Mais« verweist auf einen anderen Gang der Argumentation, und der Dom erscheint nicht mehr als vertrautes Du, sondern als kirchliches Bauwerk in der dritten Person. Galt er in der 4. Strophe noch als »merveille«, so ist diese Qualität nun auf Gott übergegangen, einen »dieu merveilleux« (V. 50). Doch bevor sich der Leser auf eine vermeintlich neue Gottesauffassung Apollinaires einstellen kann, wird über den 2. Vers die göttliche Autonomie – zu Gedichtanfang fraglos noch vorhanden – zerstört: Der »dieu merveilleux« ist Menschenwerk, die ›Götter‹ sind allesamt vom ›Menschen‹ geschaffen (V. 51). Damit vollzieht sich eine schlichte Umkehr des christlichen Schöpfungsgedankens, und folgerichtig kann auch die Religion nur ein säkulares Phänomen sein. Apollinaire bezieht sich dabei argumentativ auf den auch in anderen Zusammenhängen von ihm geschätzten, zu den eklektischen Platonikern zählenden Hermes Trismegistos aus dem dritten nachchristlichen Jahrhundert und dessen *Poimandres*, mithin auf den okkultistisch ausgerichteten Wegbereiter manch hermetischer Dichtung und Dichtungsauffassung[35]. Im Grunde müßte der Kölner Dom nun als reines, wenn auch hochwertiges Kulturobjekt verstanden werden, ohne Ansehen numinoser Elemente. Doch Apollinaire befaßt sich im weiteren nicht mit dieser Folgerung aus seinem Denken,

34 Siehe zu dieser Fragestellung beispielsweise die Beiträge in *Apollinaire et les surréalistes*, der Sondernummer *La Revue des Lettres Modernes. Guillaume Apollinaire* 3, 1964.

35 Apollinaire verweist wiederholt in seinem Werk auf Hermes Trismegistos, der der Überlieferung zufolge dem ägyptischen Thoth, dem Schreiber der Götter und Gott der Weisheit, mit dem schon im Ägyptischen vorgebildeten Attribut des »dreimal Größten« gleichgesetzt wird. Cf. Michael Buchberger (Hg.): »Hermes Trismegistos«, in: *Lexikon für Theologie und Kirche.* Fünfter Band. Dritte, völlig neu bearb. Aufl., Walter Kasper (Hg.). Freiburg 1993, Sp. 9–10. – Lauterbach zufolge – im Unterschied zur Auffassung etlicher *apollinariens* – soll Apollinaire sich intensiv mit dem »allegorischen Verfasser der Hermetischen Schriften und Gottmenschen Hermes Trismegistos« befasst haben, was er mit teils wortwörtlichen Übernahmen aus der Übersetzung eines Passus des *Poimandres* zu belegen versucht. In den fraglichen Versen des *Dôme de Cologne* etwa finde sich die »im Corpus Hermeticum zum Ausdruck kommende paganisch-stolze Auffassung von der Gottmenschlichkeit des Weisen« wieder. Cf. Fritz Lautenbach: *Die Motivik und Symbolik des synthetischen Denkens im Werk Guillaume Apollinaires. Quellen. Parallelen. Wirkungen.* Frankfurt a. M. 1976, S. 199–202.

sondern konkretisiert dieses in paradoxer Manier anhand einer katholischen Besonderheit: dem Marienkult.

Deshalb rückt der Blick des Betrachters nun vom Dom ab und kehrt auch nicht mehr zu ihm zurück. Über die gleichordnende Konjunktion »Et« in Vers 53 wird eine nahtlose Verbindung zwischen dem Vorangehenden und dem Nachfolgenden hergestellt, letzten Endes zwischen der Auffassung der von den Menschen geschaffenen Götter und dem Verständnis der katholischen ›Gottesmutter‹, die als »statue au regard tendre«, mithin in positiver Sicht, ins Zentrum des Interesses rückt. Dieser ›lächelnden‹ »mère de Dieu« (V. 54) gilt nun die Anrede des Ich, und wenn die Götter ihre Existenz den Menschen verdanken, so scheint die ›Mutter Gottes‹ einen solchen Schöpfungsakt geradezu exemplarisch zu belegen, denn sie hat Christus in elementarer Weise Leben verliehen. Apollinaire thematisiert das nicht ausdrücklich, doch der Argumentationskontext suggeriert den naheliegenden Syllogismus. Offenkundig liegt damit ein deformierter Katholizismus vor. Eigentümlicherweise aber wird dennoch eine exponierte Gestalt der katholischen Religion sympathetisch hervorgehoben.

Eine weitere Wendung in der religiösen Thematik – und jene vollendet das Paradoxon – vollzieht sich über den abschließenden Sprechpart des Ich (V. 54–57), der einer Aufforderung oder Handlungsanweisung an die ›Mutter Gottes‹ gleichkommt. So einfach deren erwünschte Tätigkeit zu sein scheint – »Mets au bord des chemins des rosiers tout fleuris« (V. 55) –, setzt diese dennoch magische Fähigkeiten voraus – mithin gerade das, was den mythisierten Göttern in herkömmlicher Sicht zukommt, nicht aber den Menschen, als deren Hervorbringung diese ja den vorangehenden Äußerungen zufolge nur noch gelten. Somit endet das Gedicht über das an Maria exemplifizierte Motiv vom menschlichen Ursprung des Göttlichen paradoxerweise mit einer Reaktivierung mythischer oder religiöser Parameter. Zugleich stellt der Dom mit der Marienstatue – höchstwahrscheinlich handelt es sich um die Mailänder Madonna in der Sakramentskapelle[36] – einen religiösen Aspekt bereit, dem gerade im Rheinland von jeher eine besondere Bedeutung zukommt. Die das Textende bezeichnende Idylle marianischer Frömmigkeit im Marienmonat Mai, umrankt vom Motiv der Rosen, bildet trotz ihres paradoxen Untergrunds einen harmonischen Ausklang.

Am Ende steht ein konventionelles Rheinlandbild, mit dem sich das lyrische Ich offenbar in emotionalem Einklang weiß. Wenn die »rosaires«, die Rosen-

36 Das Lächeln der Madonna mit Kind aus dem späten 13. Jahrhundert legt dies nahe. Ansonsten befindet sich eine Marienstatue (ohne Kind) als Chorpfeilerfigur hinter dem Hauptaltar. Im nördlichen Querhausarm, in einem Gnadenstuhlfenster, ist die Krönung Mariens dargestellt. Im Außenbereich des Doms, am mittleren Westportal, gibt es eine Madonna mit Kind als Trumeau-Figur aus dem 19. Jahrhundert. Zu Abbildungen der Mailänder Madonna cf. Joseph Hoster: *Wegweiser durch den Kölner Dom*. Köln 1965, S. 16; Walter Schulten: *Der Dom zu Köln*. Köln 1970 [Nr. 40], S. 16.

kränze, als letztes Wort gesetzt sind[37], stellt dies eine klare Opposition zur karnevalistischen Verzerrung religiöser Normen dar. Die marienbezogene Semantik, man denke auch an Maria als *rosa caritatis* im Mittelalter – unter dem bevorzugten Symbol der Rose als Inbegriff weltlicher und geistlicher Schönheit wie Minne[38] –, ist eingebettet in einen Dekor der Harmonie. Im klanglichen Spiel der *figura etymologica* von »rosiers«, »roses« und »rosaires« dominiert das Blumen- und Frühlingsmotiv, ein lichter Ausblick.

III.

Aufs Ganze gesehen, ist »Le Dôme de Cologne« ein komplexes, assoziationsreiches Gedicht und vom Merkmal des Eklektizismus bestimmt. Der Kölner Dom gestaltet sich als der Ausgangs- wie Fluchtpunkt einer rheinischen Szenerie, die ihre Umrisse entscheidend über Andeutungen und Konnotationen gewinnt. Dieses kompositorische Muster – die Dialektik von städtischem Zentrum und ihm zugeordneter Peripherie – bestimmt nun freilich zwei weitere Gedichte Apollinaires, die zudem zu seinen bekanntesten zählen: »Zone« und »Vendémiaire«, den einleitenden und den abschließenden Text der Sammlung *Alcools.*

In »Zone« wird das Bild einer ausgedehnten Pariser Stadtlandschaft präsentiert, ein Bild zugleich moderner Lebensverhältnisse, dessen Implikationen deutlich über die Großstadt Paris hinausreichen. Konkreter Ausgangspunkt der städtischen Geographie ist der Eiffelturm, ihr deutlich benannter Endpunkt die Peripherie von Auteuil. Doch assoziative Ausblicke bis zu anderen Erdteilen hin sind in diesen Rahmen integriert[39]. In »Vendémiaire« zeigt das strukturbildende Wechselspiel von Zentrum und Umfeld ein nochmals anderes Gesicht. Das als großer, unersättlicher Schlund sich artikulierende Paris verleibt sich metaphorisch, als exemplarisches Modernitätszentrum, kleinere und größere Städte wie Regionen von nah und fern ein, Gegenden, unter denen sich auch das Rheinland befindet[40]. Der »gosier de Paris« berauscht sich schließlich, der durchgängigen Bildlichkeit entsprechend, am ›Wein‹ des gesamten Universums.

Gemessen an diesen Texten – sie sind wahrscheinlich im Herbst 1912 ent-

37 Hier ist darauf hinzuweisen, dass die Gründung der ersten »Bruderschaft des allerheiligsten Rosenkranzes« (1474/75) in Sankt Andreas zu Köln durch Prior Jakob Sprenger erfolgte. Dort findet sich auch das erste Rosenkranzgemälde aus derselben Zeit. Cf. hierzu, s. v. »Rosenkranz«, *Lexikon der christlichen Ikonographie*, op.cit. [Anm. 7], Dritter Band, Sp. 568–572.

38 Cf. ebd., s. v. »Rose«, Sp. 563–568.

39 Cf. »Zone«, S. 39–44, bes. S. 41–42.

40 Cf. »Vendémiaire«, S. 149–154.

standen – nimmt sich das Gedicht über den Kölner Dom noch eher bescheiden aus. Doch zeigt es durchaus Affinitäten zu ihnen, die über das strukturelle Grundmuster hinausgehen. Man denke hierbei etwa an eine, zumal bildlich bestimmte, Verfahrensweise des Erzeugens von Überraschung, an eine schon aufkeimende Thematik der modernen technisierten Welt, an einzelne Modi paradoxaler Verfremdung und nicht zuletzt an die poetische Integration wechselnder Blickpunkte und Perspektiven[41]. Darüber darf allerdings der entscheidende Unterschied nicht vergessen werden. Das lyrische Ich von »Le Dôme de Cologne« ist ein beobachtendes und reflektierendes, doch keines, das seine Erfahrungen, Gefühle und Sehnsüchte deutlich preisgäbe. Es fehlt die »Zone« und »Vendémiaire« auszeichnende Interferenz von moderner Stadtthematik und subjektivem Bekenntnis, die Ergänzung des Blicks nach außen um den nach innen. Dies zu erreichen, bedurfte es einer größeren Lebenserfahrung und nicht zuletzt einer Klärung des Verhältnisses von autobiographischem Bewußtsein und dichtungstheoretischem Anspruch.

So hätte »Le Dôme de Cologne«, als Teil der Sektion ›Rhénanes‹, die Architektur von *Alcools* durchaus beeinträchtigen können. Die progressive Entwicklung des Autors, die der Gedichtband vor Augen führt, hätte wegen der exponierten Stellung von »Zone« und »Vendémiaire« sowie deren programmatischer Funktion einen plakativen Zug erhalten, wäre das recht frühe Gedicht berücksichtigt worden. Der Einblick in die Dichterwerkstatt, den es bietet, wäre in diesem Kontext unvorteilhaft gewesen. Dies mag man als gewichtigen Grund für den Ausschluß des Dom-Gedichts ansehen, das indes seine Qualität in einer anderen Teilmenge von Texten Apollinaires besser entfalten kann, und zwar im Rahmen aller Rheinland-Gedichte. Hier zeigt sich denn auch sein wahrer Reiz: die beginnende Modernität seines Autors.

41 Es wäre freilich allzu kühn, im Falle von »Le Dôme de Cologne« beispielsweise von einem kubistischen Verfahren *avant la lettre* zu sprechen.

Henryk Chudak (Varsovie)

Barrès 1920 : pour une Rhénanie à la française

En 1920, à la mi-novembre, Maurice Barrès a donné quelques conférences à l'Université de Strasbourg consacrées à la Rhénanie en insistant surtout sur les rapports entre cette région et la France. Ces leçons ont été publiées un an plus tard sous le titre *Le Génie du Rhin* en tant que dernière partie de la trilogie *Les Bastions de l'Est.* Il convient de rappeler que Barrès, originaire de Charmes-sur-Moselle dans les Vosges, a gardé toute sa vie un sentiment plein d'émotion pour le pays et parle avec sympathie « des prestiges du Rhin et de la Moselle ». Cela explique sans doute qu'il se libère avec difficulté d'un ton très personnel et avoue que son imagination est hantée par le romantisme du Rhin :

> Magie des nuées qui flottent sur le fleuve et ses collines ! Nous tous, gens des deux rives, que nous nous tournions en esprit vers le Rhin, aussitôt nous sommes pris d'un tressaillement de poésie et d'un mystérieux attrait[1].

Cependant, contrairement à ce à quoi on pourrait s'attendre, le livre ne cristallise pas une impression littéraire du fleuve mystérieux, mais constitue un document politique qui reflète un certain état d'esprit, apporte un témoignage sur le climat social et politique qui caractérise les relations franco-allemandes deux ans après la fin des hostilités de la Grande Guerre. Et Barrès ne ménage pas les mots déclarant que sa démarche s'insère dans une campagne pour la politique rhénane et que son ambition est d'être l'expression de « la pensée de France ».

Vue sous cet angle la question essentielle de cet enseignement donné aux étudiants de Strasbourg en présence de Paul Tirard haut commissaire de la République Française dans les provinces du Rhin, était d'inciter les Français et en particulier la jeune génération, à trouver la solution la plus heureuse afin de surmonter les difficultés et d'établir les relations convenables entre les deux peuples. Pour Barrès il s'agit d'un véritable impératif national :

1 Maurice Barrès, *Le Génie du Rhin*, Paris, Librairie Plon, 1921, p. XI. La pagination indiquée dans le texte renvoie à cette première édition.

> À considérer notre situation dans le monde, et plus encore la vie intérieure de notre pays, on juge que les destinées de la civilisation française reposent sur le Rhin (p. XXIX).

C'est dans ce contexte que l'écrivain français formule la thèse selon laquelle c'est dans le passé qu'il faut apprendre le secret d'une coopération franco-allemande actuelle et future. Et pour adopter une ligne de conduite appropriée, il propose de remonter au temps de la Révolution de 1789 et de l'Empire napoléonien, passer en revue la présence française en Rhénanie au XIXe siècle, étudier ensuite les niveaux d'échanges, saisir la mentalité rhénane par le biais du folklore, des légendes afin de comprendre ce que sont la charité rhénane, le goût du bon travail, de l'organisation sociale et des activités économiques. On voit donc clairement qu'il s'agit bien d'un programme de politique historique qui revendique manifestement les droits de la France à sa part d'héritage rhénan :

> Il s'agit de retrouver dans l'esprit et les institutions du Rhin la part dont il est légitime d'attribuer la paternité à la France et que l'emprise de la Prusse a trop fait perdre de vue (p. XIII).

Dans cette perspective l'image de la Rhénanie qui se dégage du discours barrésien s'inscrit dans la courbe évolutive des rapports entre la France et l'Allemagne. Ainsi dès le début la Rhénanie prend la colloration spéciale d'un pays situé entre deux civilisations qui tantôt s'interpénètrent, tantôt se heurtent en produisant des étincelles incendiaires. Barrès souligne qu'elle a été façonnée par les uns et les autres mais selon des proportions inégales, avec une empreinte française très prononcée. Pour tout dire il pense que l'apport de la France à la vie spirituelle et économique de la Rhénanie a été décisif. Il est donc évident que la perspective historique sur la Rhénanie adoptée par le conférencier favorisait l'image d'antan au détriment de l'actualité. Il en résulte une dichotomie entre la fresque romantico-idyllique d'un pays harmonieux et l'image du Rheinland dominé par « les pangermanistes de l'acier et du charbon ».

*

Selon Barrès les problèmes de la Rhénanie sont essentiellement des problèmes de culture. Cette thèse lui permet de généraliser les sources du malaise rhénan : « le mal germain » est le même dans la mythologie des Grimm et des Wagner, dans les cartels et trusts ainsi que dans l'éloge de la civilisation matérielle. Afin de renforcer cette opinion, Barrès remarque au passage que c'est aussi le sentiment des Rhénans et il cite à l'appui ces paroles du Recteur de l'Université de Cologne prononcées en 1919 :

> Notre puissance économique et politique s'était développée plus que celle d'aucun autre pays ; dans la période des machines nous avions atteint une hauteur étonnante. Mais à la fin, nous sommes devenus nous-mêmes les victimes de cette technique tant vantée.Nous

n'avons pas accordé suffisamment d'attention aux états d'âme si décisifs pour notre destinée (p. XVI).

En commentant cet état de choses Barrès ne doute pas que la Rhénanie soit victime des dénaturations dues à l'idéologie pangermaniste de l'Allemagne prussienne : « Le teutonisme fait dévier les meilleurs valeurs allemandes. Il les défigure » (p. XX). Ce n'est qu'en libérant le génie du Rhin de la gangue prussienne qu'il est possible de constater que « l'esprit rhénan et surtout le mosellan ressemblent plus au lorrain qu'au prussien » (p. XXII).

Il y aurait donc, selon Barrès, un véritable substrat mental, une essence locale, régionale, solide, sur laquelle repose un système de valeurs « mariables à des choses françaises ». Il va de soi qu'aux yeux de Barrès cela légitime les prétentions françaises à la propriété spirituelle. De là, il tirait aussi la conclusion que le simple renouvellement des rapports économiques ne serait qu'une demi-mesure. « Il faut une véritable chaleur spirituelle », dit-il, une sympathie, une curiosité, un attrait. Avec conviction il souligne que « nous ne créerons pas les Franco-Rhénans dans la froideur et le déplaisir » (p. XXVI). Au contraire, afin de reconstruire les relations de bon voisinage, il propose de « vivifier la notion rhénane toujours sommeillante dans l'âme française »[2]. Les Français doivent aller au fond des choses et se libérer de certains clichés romantiques selon lesquels le Rhin est « la porte d'entrée des mystères et des musiques, l'introduction à l'idéalisme et à la rêverie » (p. 10). C'est l'image façonnée par Mme de Staël et entérinée par Victor Hugo qui pensait que « l'Allemagne est inopérante », « vouée au rêve, à l'indolence sociale ». Ainsi s'est créé un véritable mythe selon lequel « la musique est son langage ; Bethoven, le grand Rhénan, est aussi son grand homme. L'éparpillement et le fédéralisme sont pour elle une fatalité inéluctable. Le Rhin sépare deux civilisations différentes et complémentaires : d'une part, la France progressiste, et, d'autre part, l'Allemagne immobile, sinon retardataire » (p. 12–13).

La génération du Second Empire continue dans cette voie et Barrès observe, avec ironie, que le Rhin « devient le fleuve des villes d'eaux, d'Ems, de Wiesbaden, de Bade, une sorte de pays pour voyages de noces, où l'on entretient soigneusement des ruines pour touristes, où l'on exhume des légendes pour Anglais voyageurs [...] » (p. 14). Et dans le prolongement il ajoute que tout cela se passe au moment où « les énergies allemandes, saturées d'une farouche superstition nordique, tendent à se créer dans la Tétralogie de Wagner une expression triomphante » (p. 15).

2 De temps à autre Barrès hausse le ton : « L'issue de la guerre, les garanties que le traité de Versailles nous concède, la situation de fait qui nous est attribuée sur la rive gauche nous imposent de préciser notre pensée à l'égard du pays rhénan » (p. 5).

*

La défaite de 1870 marque un tournant dans la mesure où la France est séparée du Rhin : « C'est une rivière allemande, prussienne même, vouée à une organisation mercantile. Pendant un demi-siècle la France est séparée du Rhin » (p. 17). Le retour sur le fleuve en 1918 ouvre une nouvelle perspective. La France doit fonder ses relations avec la Rhénanie sur le respect de la libre disposition des peuples, elle doit apporter le désir de coopération en renouant avec sa propre tradition car les directives pour l'avenir se trouvent dans les leçons du passé. Aussi la rétrospective de la présence française semble-t-elle nécessaire : « C'est dans la Rhénanie du dix-neuvième siècle que nous chercherons notre éducation » (p. 7). Telles sont les paroles qu'entendent les étudiants de Strasbourg en présence des hauts fonctionnaires du gouvernement français.

Ce programme éducatif se propose surtout de dégager les mobiles de l'âme rhénane. Il s'agit de ramener l'image de la Rhénanie à ses traits les plus saillants. D'une part elle embrasse le grand fleuve, les vallées pittoresques, les châteaux, les ruines qui marquent la sensibilité romantique, les cathédrales, les abbayes – symboles de la religiosité, et d'autre part les symboles de la volonté :

> [...] cette puissante organisation industrielle et économique, ces usines en briques rouges à la silhouette de forteresse crénélées [...], ces rames de chalands, à l'aspect propre et confortable, traînés par de puissants remorqueurs, qui remontent le Rhin en pénétrant l'atmosphère de leurs fumées et ces grands ports intérieurs de Ruhrort, de Mayence, de Cologne, où le travail s'accomplit avec une telle méthode et une telle ferveur qu'on croit y distinguer une discipline militaire et religieuse (p. 28).

Évidemment Barrès ne manque pas d'interpréter à sa façon cette deuxième composante de l'imaginaire rhénan et souligne les déformations imposées par l'idéologie pangermaniste au détriment du rôle positif joué par les Français. Ainsi pour comprendre la sensibilité rhénane il faut savoir que le folklore du Rhin est local, qu'il reflète la vie primitive du fleuve et que toute l'histoire de la vallée est inscrite dans les ruines et les légendes. Or, l'ensemble de ces légendes a été soumis à une révision par des « pangermanistes de la tradition littéraire » :

> [...] Ils se sont donné pour tâche d'épurer et de compléter, bref, de réviser à leur gré le folklore rhénan. Reconstruction des légendes aussi bien que des châteaux. C'est l'heure de Grimm et de ses élèves (p. 72).

Ils ont annexé le folklore local d'origine parfois celtique et romane à la tradition nordique, à la mythologie du Walhala. Cette invasion se concrétise parfois dans des chefs-d'œuvre :

> Richard Wagner a jeté dans le Rhin l'anneau des Niebelungen, et les ondines ont chanté pour Siegfried le chant des éléments, la mélopée des mythologies nordiques. En donnant ce titre, *L'Or du Rhin*, à la première pièce de sa Tétralogie, Wagner veut proclamer que la

> Mythologie germanique est installée sur le Rhin, comme si elle y avait été éternellement chez elle (p. 83–84).

Du point de vue de Barrès tout cela impose à l'élite française la tâche de retrouver « sous l'alluvion du génie d'outre-Rhin les dieux en exil de la Rhénanie » (p. 84), autrement dit de restituer la vie légendaire du Rhin dans ses formes indigènes et de contribuer ainsi à dégager la vraie mentalité rhénane. Parmi les traits les plus caractéristiques de cette psychologie collective Barrès signale la religiosité, le catholicisme fervent pratiqué par des milliers de fidèles. « Nulle part ailleurs, en Allemagne, le catholicisme n'est porté par l'ardent dévouement des masses populaires ». Avec fierté il souligne que « cette vie religieuse a été guidée par une vague venue de la France ». Et il précise que les voisins de la rive gauche auraient développé en particulier le penchant à la charité qui semble être l'élément constitutif de la religion rhénane :

> [...] le cœur de la Rhénanie s'est ouvert aux influences de la France la plus généreuse, aux sollicitudes de nos administrateurs héritiers des philosophes du dix-huitième siècle, et aussi à l'activité de nos Sœurs de charité (p. 91).

Barrès suggère un peu naïvement que la charité a pu se développer grâce à des disponibilités de dévouement du Rhénan car la bienveillance et la bonté caractérisent la nature des gens du Rhin. Le mérite de la France est d'avoir institutionalisé ce penchant en lui assurant des formes concrètes : hôpitaux, maisons de retraite, orphelinats, écoles gratuites pour les pauvres, assistance des malades.

Or, cette action a été rompue par la guerre de 1870, et depuis l'administration bismarckienne impose d'autres formes dans les cadres de « Caritas-Verband für das Katholische Deutschland ». Barrès reconnaît que cette association dispose d'un appareil administratif et même scientifique mais pense qu'elle est dépourvue de « l'esprit de charité » et de sa fonction de perfectionnement individuel[3].

*

Deux ans après la guerre, Barrès n'a pas pu passer sous silence l'aspect le plus important dans le débat sur l'avenir, c'est-à-dire l'économie : « Le Rhin d'aujourd'hui n'est pas seulement le pays des vieux souvenirs historiques et des associations de charité, mais aussi et surtout un pays de fameux développement économique » (p. 146). Barrès reconnaît que cette activité économique extraordinaire a pris depuis 1870 un essor prodigieux mais récuse l'opinion que la Rhénanie doive cette prospérité à la Prusse. Une fois de plus il met en valeur les

3 « [...] l'organisation charitable est devenue un mécanisme savant de chauffage central, réglé par des professeurs et des statisticiens. Les Prussiens ont fait perdre au mouvement charitable du Rhin la valeur morale qu'il avait acquise au cours de soixante-dix ans d'influence française » (p. 141).

dispositions autochtones – « le goût de l'effort, l'application, l'attachement au métier » (p. 148) – sur lesquelles se sont superposées les influences françaises.

> [...] c'est la France qui, au début du dix-neuvième siècle, a mis en mouvement et en forme cette belle et bonne matière rhénane, alors immobilisée dans des formes surannées. C'est la France qui gît au cœur de toutes les institutions commerciales et industrielles du Rhin, et qui, invariablement, se retrouve à l'origine de ces puissantes manifestations (p. 148).

À maintes reprises Barrès souligne que ce sont les Francais qui ont libéré l'économie des entraves de l'Ancien Régime (douane intérieure, monopole, droits seigneuriaux, corporations). Ils ont ouvert ainsi la possibilité de libre circulation des marchandises et des services, bref ils ont apporté le « beau cadeau de liberté » à tous les agents économiques[4]. En plus ils ont introduit une pensée économique et des formes organisationelles (chambres de commerce, expositions etc.).

Aux yeux de Barrès cela n'épuise pas les mérites de ses compatriotes. Il pense notamment que la façon dont étaient résolus les problèmes économiques a eu des implications sociales importantes. Les Français ont voulu établir l'harmonie entre les classes, ils ont introduit une législation du travail afin de régler institutionnellement les conflits entre les propriétaires et les salariés (tribunaux composés d'industriels, de contremaîtres et d'ouvriers). Barrès rend hommage à cette politique qui refuse de séparer l'économique et le social, il y voit « des mesures de haute civilisation ». La conséquence essentielle , c'est la nouvelle organisation sociale :

> [...] c'est bien autre chose que la vie économique qui se crée : une société nouvelle s'organise, une société rhénane à la française. Et c'est ici que l'œuvre de la France dépasse lumineusement l'œuvre de la Prusse en 1870 (p. 165–166).

L'essentiel de cette mutation consiste dans l'apparition d'une nouvelle classe, d'une classe moyenne, d'une classe dirigeante et consciente de sa responsabilité. Ce sont très souvent les fonctionnaires, membres de différents organismes municipaux, les chambres de commerce qui ont donné un élan à la vie économique du pays, des citoyens cultivés et utiles, étroitement liés avec l'adminstration française. Tel est selon Barrès le résultat de l'influence que la France aurait exercée sur la gestation de la société moderne de l'âge industriel[5]. Ces processus

4 Selon Barrès il y aurait une véritable ligne de démarcation : « Maintenant quand les Allemands des deux rives discutent entre eux, c'est toujours sur cette donnée que la rive droite restait attaché au système de corporations et des classes, alors que la rive gauche avait fait sien le régime de la liberté » (p. 155).

5 « Une œuvre bien méditée et bien appliquée qui se propose de libérer l'élan de travail, de développer la prospérité et le bien-être, d'assurer l'harmonie et l'équilibre, enfin de créer le sentiment du devoir civique et des responsabilités municipales. Napoléon et ses adminis-

de développement économique et social ont été entravés après 1870 par la bureaucratie prussienne et apparemment rien n'a changé après 1918 :

> Au système des cartels de l'époque bismarckienne, déjà dressés comme des forteresses, comme des machines impitoyables de guerre économique, pour l'acier et pour le charbon, voici que succède plus brutale encore une impitoyable centralisation berlinoise. Elle impose sa loi et sa doctrine aux industriels du Rhin. Tantôt elle mobilise tous les chefs d'entreprises allemandes dans des trusts formidables ; tantôt elle les compartimente en autant de sections qu'il y a de branches dans l'activité économique, et ainsi militarisée elle les mène à nouveau au combat sur le champ de bataille de la concurrence universelle (p. 184)

Dans cette situation, selon Barrès, la France doit aider « la Rhénanie désorientée » et la protéger contre la domination du germanisme de Berlin.

*

L'horizon politique et économique de l'intervention de Barrès devant l'auditoire composé de jeunes Français est clair. Au centre de son discours se trouve la thèse selon laquelle les Français ont rendu de nombreux services à la Rhénanie dans le passé. La rupture qui s'est produite en 1870 n'a pas effacé les traces de cette œuvre et par conséquent la France doit jouer la carte rhénane afin de donner suite à sa présence. Ce sont là, dit-il, « nos titres éternels sur le Rhin », ce qui l'autorise à déclarer qu'il y a une destinée rhénane française (p. 197–198). Cela dit, Barrès ne se fait pas d'illusion sur le fait que la restitution des influences françaises ne sera pas facile car, comme il le souligne, la Prusse ne renonce pas à une assimilation complète du Rheinland : « elle tente de militariser et d'astreindre les libres dispositions de l'âme rhénane » (p. 199). Il n'empêche que la France doit faire tout son possible pour amener la Rhénanie à resserrer les liens avec l'esprit français.

L'image de la Rhénanie que Barrès transmet à la jeune génération de ses compatriotes est mouvante, régie par un passé dramatique et un présent en pleine mutation de l'Europe de Versailles. Dans cette image le Rhin est la frontière géopolitique, idéologique et culturelle. De ce fait la question de la Rhénanie est pensée en termes de rivalités entre deux puissances représentées dans le discours barrésien par les figures emblématiques de la Germania de Niederwald et Jeanne d'Arc, symbole de l'apostolat français.

Les opinions de Barrès s'inscrivent visiblement dans un nationalisme qui prône la dégermanisation et le séparatisme de la Rhénanie. Il n'est donc pas

---

trateurs n'ont rien épargné pour développer l'industrie de la basse vallée du Rhin, pour tirer parti de la fertilité du sol rhénan, mais ils ont voulu que ce développement de la vie économique fût aussi le développement de toutes les valeurs humaines du pays – et c'est là que les initiatives françaises se différencient vraiment et à fond de tout ce que les organisations ultérieures ont pu réaliser » (p. 174–175).

étonnant qu'il donne, à un certain moment, appui à l'idée de la République rhénane[6] car il pense que la sécession du Rheinland renforcerait la position de la France.

Barrès meurt en 1923, deux ans après sa conférence à Strasbourg et la publication du *Génie du Rhin*, à un moment où bien des épreuves très rudes attendaient encore la Rhénanie, la France et toute l'Europe.

6 François Broche explique ainsi la position de Barrès : « L'événement lui semble important : il marque la défaite du système prussien et des ambitions inhumaines de l'empire pangermaniste. Après des siècles d'oppression, les Allemands de la rive gauche viennent de se libérer; ils restent allemands mais ils brisent l'ancienne armature prussienne. Pour lui, la jeune République est une promesse de réconciliation et de paix, tandis qu'une Allemagne unifiée préluderait à une nouvelle guerre » (François Broche, *Maurice Barrès*, Paris, Éd.Jean-Claude Lattès, 1987, p. 511). Voir aussi Michel Winock, *Le Siècle des intellectuels*, Paris, Seuil, 1977, p. 177 et Pierre de Boisdeffre, *Maurice Barrès*, Paris, PUF 1962, p. 86.

Willi Jung (Bonn)

»Ce pays est ennuyeux«. Zu Paul Morands Novelle *Les plaisirs rhénans*

Paul Morand in einem Sammelband über den Rhein zu finden mag auf den ersten Blick überraschen. Denn er gehört er nicht zu den Klassikern der französischen Rheinliteratur wie z. B. Hugo, Nerval und Apollinaire. Zudem zählt Morand zu jenen Autoren, die zyklisch vergessen und wiederentdeckt werden. Aus diesen und auch aus anderen Gründen sollen daher einige Anmerkungen zu diesem Schriftsteller vorausgeschickt werden, den kein Geringerer als Maurice Druon von der Académie française in einem Grußwort zum Morand-Kolloquium an der Universität Montpellier im Jahre 1993 mit folgenden Worten charakterisiert hat:

> »Romancier et poète du monde moderne, d'un monde qui fut pour lui sans frontières, alors même que ces frontières – en Europe surtout – craquaient en maints endroits, Paul Morand vécut et écrivit au rythme accéléré de l'Histoire de son siècle. Sa hâte, ou une attention trop portée sur l'immédiat, le fit parfois se tromper de chemin, aux grandes bifurcations. Mais ce cavalier franchissait les obstacles par la vertu d'un style qui a su finalement accorder l'éclat de ses ›photographies lyriques‹ à la tradition du Montesquieu des *Lettres persanes*, à celle du cardinal de Retz ou du Prince de Ligne.«[1]

In einem Atemzug mit Klassikern der französischen Literatur genannt zu werden, ist gewiss eine nicht zu unterschätzende posthume Würdigung eines Autors, zu dessen erster 1921 unter dem Titel *Tendres stocks*[2] erschienener Novellensammlung sein Freund Marcel Proust das Vorwort schrieb, das zugleich ein Lehrstück zur Geschichte des französischen Stils ist. Paul Morand wurde 1888 in Paris geboren und verstarb ebendort 1976 im Alter von 88 Jahren. Er studierte Politikwissenschaft, u. a. in Oxford, stellte sich anschließend dem Botschafter-Concours und bestand als bester die Prüfung. Der Schriftsteller war über längere Zeiträume hinweg zugleich als Diplomat tätig, auch während des 2. Weltkriegs, zunächst in London, dann als Gesandter der Vichy-Regierung in Bukarest und Bern. Diese Phase im Dienst des Vichy-Regimes ist sicherlich die umstrittenste

1 *Paul Morand écrivain.* Textes réunis par Michel Collomb avec des inédits de Paul Morand. Montpellier 1993, S. 210.
2 Paul Morand, *Tendres stocks*, Gallimard 1921.

seines Lebens und trug ihm zahlreiche Anfeindungen ein. Wie François-René de Chateaubriand, Paul Claudel, Jean Giraudoux, Saint-John Perse, Roger Peyrefitte und viele andere mehr verkörperte Paul Morand den Typus des *écrivain-diplomate* und gehörte in den Zwanziger Jahren, den sogenannten *années folles*, zu den meistgelesenen Autoren in Frankreich. Der deutsch-französische Kultursender ARTE widmete ihm am 13. März 2001 einen Themenabend, in dem Philippe Sollers ihn nicht nur als größten Novellisten des 20. Jahrhunderts feierte, sondern ihn auch neben Proust und Céline zu den drei größten Schriftstellern dieses Jahrhunderts rechnete. In dieser Sendung wird Morand von Dichtern wie Philippe Sollers, François Nourissier, Michel Déon, Jean-Claude Guillebaud u.v.a.m. als »un des premiers chantres de la vie moderne, du cosmopolitisme, des voitures de courses, du jazz, des voyages« bezeichnet. Auch Arno Klarsfeld offenbart sich in dieser Sendung als Morand-Leser. Ein besonderes Kennzeichen von Morands Werk ist sowohl der Umfang als auch die Vielfalt der von ihm bevorzugten Gattungen. Gedichtsammlungen, Novellen, Romane, Reiseberichte, Stadtbeschreibungen, Theaterstücke, etliche Vorworte, zahlreiche Essays und Zeitungsartikel, verschiedene Drehbücher, einige Kleist-Übersetzungen sowie Biographien – unter anderen zu Maupassant – gehören zu seinem etwa 80 Bände umfassenden Gesamtwerk.[3] Das zeitweise geringe Interesse der Literaturkritik an seinem Werk, auch innerhalb der deutschen Romanistik, geht zum einen auf die fälschliche Einschätzung seiner frühen Werke als Kolportageliteratur zurück, zum anderen ist sie kausal verknüpft mit seiner diplomatischen Tätigkeit als Botschafter des Vichy-Regimes in Bukarest und in Bern und damit seiner Nähe zum Faschismus. Doch nach der beruflichen Rehabilitierung 1953 und später auch durch die Aufnahme in die *Académie française* im Jahre 1968 setzte in Frankreich eine stärkere wissenschaftliche Auseinandersetzung mit Morand ein. In Deutschland stellt die Bonner Dissertation von Birgit Winterberg von 1991 die erste größere deutschsprachige Arbeit zu diesem Autor dar.[4] In den von Michel Collomb herausgegebenen und bereits

---

3 Primärliteratur: *Nouvelles complètes*, 2 Bände, hg. von Michel Collomb, Gallimard, Bibliothèque de la Pléiade, 1992; *Romans*, hg. von Michel Collomb, Gallimard, Bibliothèque de la Pléiade, 2005. Sekundärliteratur: Pascal Louvrier, *Paul Morand: Le sourire du hara-kiri*. Perrin 1994; Gabriel Jardin, *Paul Morand. Un Évadé permanent*, Paris, Grasset, 2006.

4 *Literatur und Technik. Aspekte des technisch-industriellen Fortschritts im Werk Paul Morands.* Vgl. auch die neueren Arbeiten von Martina Stemberger: *Champions du Monde*. Sport, nation, sexe et genre chez Paul Morand. In *Essays in French Literature and Culture* 46 (2009). Dossier *Sport in French and Francophone literature and culture*, 223–246; »Où le Danube devient Niger…«. Mises en scène de l'Orient européen chez Paul Morand. In *Heterotopos* 1: *Vers l'Orient européen. Voyages et images. Pays roumains, Bulgarie, Grèce, Constantinople* (Ed. Lidia Cotea). București: Editura Universității din București, 2009, S. 301–314; The Plague in Paris or Burning Cities. Bruno Jasieński versus Paul Morand. In Elke Mettinger/Margarete Rubik/Jörg Türschmann (Ed.), *Rive Gauche. Paris as a Site of Avant-Garde Art and Cultural Exchange in the 1920s*. Amsterdam/New York: Rodopi, 2010, S. 229–250.

zitierten Akten des Colloquiums von Montpellier behandelt Michel Décaudin beispielsweise die Lyrik Morands, und Jacques Lecarme untersucht unter dem Titel »Des nouvelles de l'inconscient« den Einfluß der damals noch jungen Psychoanalyse Sigmund Freuds und vor allem Carl Gustav Jungs auf Morands Novellenwerk. In seinem literarischen Testament *Venises* von 1971 – meines Erachtens literarisch das Beste, was Morand je schrieb – hat der damals 80jährige sich über die Bedeutung der Psychoanalyse für sein Leben geäußert:

> »Enfant, je dormais le pouce replié à l'intérieur de la main; les psychanalystes voient là l'image de l'introversion. Dès 1917, un des frères de ma future femme avait été à Zurich se faire soigner par Smit Guisan, élève de Freud et de Jung; c'est ainsi que cinq ou six ans avant que la psychanalyse n'apparaisse en France, j'avais connu l'existence de cette tentative de libération; le contraste entre la vie sexuelle cachée et la vie sociale m'a toujours émerveillé. Gide dit quelque part qu'il a tourné autour de la psychanalyse; c'est elle qui a tourné autour de moi, pour ressemeler mes vieilles chaussures chrétiennes sur la route de la pénitence.«[5]

Mit der Entdeckung der Psychoanalyse wird ihm, wie er schreibt, auch der Kontrast zwischen dem verborgenen Sexualleben und dem gesellschaftlichem Leben bewusst, ein Kontrast, der, wie sich im Folgenden zeigen wird, für die Analyse der Novelle *Les plaisir rhénans*[6] von großer Bedeutung ist.

Morand war als Diplomat und Kosmopolit in der Welt zu Hause, Europa war für ihn grenzenlos, sozusagen ein »Schengenraum« vor der Zeit. Im Rahmen des vorliegenden Sammelbandes interessiert vor allem das Rheinlandbild in seinem Werk. Zwei seiner Novellen spielen in Deutschland: Im Rheinland *Les plaisirs rhénans*, erschienen 1925, in Berlin *La nuit de Charlottenburg* von 1923. Morand kannte Deutschland aus eigener Anschauung. 1905 war er in München Nachhilfeschüler des Germanisten Giraudoux. Verschiedene Reisen, u. a. im Auftrag des Quai d'Orsay, des französischen Außenministeriums, führten ihn Anfang der 20er Jahre nach Deutschland, so 1921 nach Berlin, 1923 nach Essen und Düsseldorf, 1932 wieder nach Bayern und in den Schwarzwald.[7] Beim Münchener Abkommen 1938 war Morand Unterhändler Frankreichs. Deutschland spielt sicherlich keine zentrale Rolle in seinem Gesamtwerk, aber seine Beschäftigung

5 Paul Morand, *Venises*. Gallimard, 1971, S. 84–85.

6 Auf folgende Erstausgaben sei hingewiesen: *Les Plaisirs rhénans* (Düsseldorf, librairie Léocadia, s.d., avec 7 lithographies érotiques de Gaston-Louis Roux – das Werk wurde ohne seine Zustimmung gedruckt, einen Teil davon ließ er einstampfen – die Novelle erschien anschließend in der Novellensammlung *L'Europe galante* (1926); *L'Europe Galante*- 14 nouvelles (Europe) (Vertès, 1927 – mit Schwarzweiß-Lithographien – Grasset, 1925, Ferenczi, 1928); *L'Europe galante*, 1925 (dt. *Faule Zeiten*); eine Livre de poche -Ausgabe erschien im Jahr 2000 (biblio 3325). – Dem Rhein und der Donau widmete er die kleine Schrift: *Rhin et Danube* (Nicolas Chaudun, 2011) – mit einem Vorwort von Olivier Aubertin.

7 Mitte Juli 1926 unterschreibt er einen Vertrag mit dem deutschen Ullstein-Verlag für die Publikation von drei Romanen.

mit der deutschen Kultur und dem deutsch-französischen Kulturtransfer ist gewiss nicht zu unterschätzen. Neben den beiden Novellentexten sei auf den 1931 in der *Revue de Paris* erschienenen Artikel »Retour à Richard Wagner« verwiesen, 1938 folgte in den Editions de France *Isabeau de Bavière*; 1956 erschienen bei Denoël in Paris seine zusammen mit Stefan Geissler bearbeiteten Kleist-Übersetzungen (*Cathérine de Heilbronn, Le Prince de Hombourg, La Cruche cassée, Penthésilée*). Diese Arbeiten zeigen zumindest eine tiefergehende Vertrautheit mit Deutschland und darüber hinaus trugen seine damaligen Deutschlandreisen immerhin literarische Früchte in Form von zwei Novellen, von denen eine im Zentrum der folgenden Ausführungen steht.

Morands Novelle *Les plaisirs rhénans* erzählt in Briefform eine – in mehrfacher Hinsicht – »liaison dangereuse«, eine »gefährliche Liebschaft« – stoffgeschichtlich gewiss ein Leitmotiv in der Geschichte der europäischen Novellistik – und situiert den Stoff historisch im politischen Kontext der französischen Besatzungspolitik an Rhein und Ruhr nach dem 1. Weltkrieg. Die Novelle wurde 1925 in der Sammlung *Chronique du XXe siècle. L'Europe galante* bei Grasset in Paris erstmals veröffentlicht.[8] Die Erzählsammlung ist ein Bilderbogen des galanten Europa, es sind Abenteuergeschichten mit erotischen Gewagtheiten, die zugleich ein Panorama der 20er Jahre des 20. Jahrhunderts in Europa darstellen. Die der vorliegenden Erzählung vorangehenden Paratexte erlauben es, die Genese der Novelle zu rekonstruieren. Der erste Eintrag lautet: »Essen, novembre 1923«[9] und entspricht zeitlich jener diplomatischen Mission, mit der Morand bei den französischen Militärbehörden der besetzten Ruhr im selben Jahr beauftragt war. Das Datum steht zugleich für die kritische Periode dieses für Frankreich unglücklichen Unternehmens: Während Hitler von der von den Deutschen nach dem Versailler Vertrag empfundenen Demütigung profitieren wollte und an der Spitze der NSDAP mit Unterstützung Ludendorffs am 8. und 9. November in München einen Putsch versuchte, hat die französische Regierung im Rheinland die separatistische Bewegung im Untergrund unterstützt. Im Archiv der Académie française wurden um die letzte Jahrtausendwende jene Briefe gefunden, die Morand als Vorlage für seine Novelle dienten. Was das Rätsel der Widmung betrifft, so ist es teilweise durch die Entdeckung dieser Briefe gelöst, die der Redaktion der Novelle dienten. Sie sind mit folgender Bleistiftnotiz versehen: »Gardez ces lettres sur cet amour; si nous pouvions faire un petit

8 Zur Textgenese cf. Paul Morand, *Nouvelles complètes*, Pléiade-Ausgabe Bd. I, S. 973ff.

9 In diesem Beitrag wird aus folgender Ausgabe zitiert: Paul Morand, *L'Europe galante*. Chronique du XXe siècle. Grasset, Les Cahiers rouges 2001 (1925); Verweise auf die Novelle »Les plaisirs rhénans« (S. 37–72) erfolgen mit der Abgekürzung LPR, hier S. 41. Der zeitliche Rahmen der Erzählung überschreitet das angegebene Datum. Versucht man, die interne Chronologie der Erzählung vom ersten reproduzierten und auf den 25. September datierten Brief zu rekonstruieren, so kann der letzte Brief erst vom 8. April 1924 datieren.

roman à nous deux.«[10] Alles deutet darauf hin, dass diese Briefe, von denen einige mit »Marie« unterschrieben und von einer Malerin an eine ihrer Freundinnen adressiert sind, von Marie Laurencin verfasst wurden. Sie war mit dem deutschen Maler Otto von Wätjen verheiratet und die Freundin Guillaume Apollinaires, dessen Rheinlandgedichte »Rhénanes« in der Gedichtsammlung *Alcools* (1913) einen Höhepunkt der modernen französischen Lyrik bilden. Sie mußte einige Tage nach ihrer Hochzeit bei Kriegsausbruch 1914 ins Exil gehen, hielt sich zunächst in Spanien auf und ließ sich dann in Düsseldorf bei der Familie ihres Mannes nieder. Bei ihren Gängen zum Auswärtigen Amt mit dem Ziel, die französische Nationalität wieder zu erlangen, die sie bei der Eheschließung verloren hatte, lernte sie Paul Morand kennen. Unglücklich mit ihrem Ehemann, einem gescheiterten Künstler und Alkoholiker, lässt sie sich erneut in Paris nieder und setzt am 29. Juli 1921 die Scheidung durch. In Deutschland war sie also schon seit langem nicht mehr, als die Franzosen die Ruhr besetzten, und Morand hat gewiss die in Briefform erzählte Liebesgeschichte adaptiert und in den politisch-historischen Kontext der Besatzungszeit übertragen. Zwei mit den Briefen erhaltene Pläne zeigen die Genese der Novelle, die ursprünglich als kleiner Briefroman konzipiert war. Bleibt noch die Frage der Adressatin der Briefe, die in Morands Novelle an eine gewisse Anita in den USA adressiert sind. Marie Laurencin hatte bekanntlich zahlreiche Brieffreundschaften, ihre Briefe waren sehr geschätzt. Die hier zugrundeliegenden Briefe entsprechen in Stil und Ton jenen, die sie an ihre lebenslange Freundin Nicole Groult geschrieben hat, die Frau des freischaffenden Designers André Groult. Zahlreiche Auszüge dieser Briefe sind in einer Biographie zu finden, die Flora Groult ihrer Patin Marie Laurencin gewidmet hat.[11] Nicole Groult ist die Mutter von Benoîte und Flora, von denen die erstere durch ihre Erfolgsromane (z. B. *Les vaisseaux du cœur*, dt. *Salz auf unserer Haut*) in Deutschland einen hohen Bekanntheitsgrad erreicht hat.

Der Titel der Novelle *Les plaisirs rhénans* von Paul Morand kündigt an, was der Plot im *sensus litteralis* einlöst: Vergnügungen im Rheinland. Im *sensus allegoricus* wird jedoch - wie später zu zeigen sein wird – einerseits der Bezug zur französischen Ruhrpolitik, andererseits die Frage der autobiographischen Repräsentation von Bedeutung sein. *Les Plaisirs rhénans* ist nach Stéphane Sarkany eine der besten Novellen, die Morand jemals geschrieben hat.[12] Darin zeichnet Morand die amourösen Verirrungen einer noch sehr jungen Französin namens

10 Paul Morand, *Nouvelles complètes*, Pléiade, Bd.I, S. 972.

11 Flora Groult, *Marie Laurencin*, éd. La Mercure de France, 1987.

12 Stéphane Sarkany, *Paul Morand et le cosmopolitisme littéraire*, suivi de trois entretiens avec l'écrivain, préface de Marcel Jouhandeau. Paris, Klincksieck, 1968, S. 79.

Francine nach.[13] Sie ist die Frau eines französischen Spitzenbeamten, der mit der Leitung der besetzten Ruhrindustrie betraut war. Bei ihrer Ankunft im Ruhrgebiet beschreibt sie die dort herrschenden Verhältnisse als »organisiertes Unglück«. »›Ici rien n'est joli‹ pense Francine. Voilà son âme française dépaysée« (LPR, S.41). Das Gefühl der Entwurzelung einerseits und ihr Lebensstil andererseits werden erzählerisch als Faktoren ihres Handelns eingesetzt. Sie begibt sich in eine »gefährliche Liebschaft« mit dem deutschen Ruhrbaron Walter von Ruhm, den sie später mit dem Attribut »Verführer« typisieren wird. Während es die Französin geradezu nach Gefühlen und ausgefallenen Vergnügungen dürstet, ist der Deutsche zwar verliebt, aber zeigt sich diszipliniert und geradlinig. Ihre Geschichte endet im Hass, auch und vor allem weil die politischen Umstände ihre Beziehung verkomplizieren. Die am Ende unerfüllte Liebesbeziehung wird in all ihren Spannungsgraden vom Flirt bis hin zu den einsetzenden Ausschweifungen im Düsseldorfer Nachtleben und den angedeuteten erotischen Exzessen in der Villa der von Ruhms nach den bekannten traditionellen Erzählmustern modelliert. Durch die Vertraulichkeit der Briefe, deren Adressatin in den Vereinigten Staaten lebt, wird wiederum narrativ die Diskretion der Novellenhandlung attestiert. Mit diesen Erzählelementen steht Morand in der Tradition der erotischen Novellistik und der französischen Libertinage-Literatur. Auf die Besonderheiten dieser Narrativik haben schon Philippe Sollers[14] und Giuseppe Tomasi di Lampedusa[15] aufmerksam gemacht. Der Morand-Kenner Stéphane Sarkany kommentiert die Handlungsführung wie folgt: »Morand conduit le récit d'une main si sûre et si habile qu'on ne sait ce qui décide du sort de ce couple: les circonstances politiques ou l'incompatibilité des caractères«[16]. Abgesehen von

13 Der Novellentext wird im Folgenden mit der Abkürzung *LPR* nach dieser Ausgabe zitiert: Paul Morand, *L'Europe galante. Chronique du XXe siècle.* Grasset, Les Cahiers Rouges, 1985 (^{1}1925).

14 1992 wurde Sollers mit dem von der Académie française verliehenen Paul Morand-Preis für sein Gesamtwerk ausgezeichnet. Es ist der höchst dotierte Preise der Académie. In einem anschließenden Interview (https://www.lesechos.fr/30/06/1992/LesEchos/16169-080-ECH_le-grand-prix-paul-morand-a-philippe-sollers.htm#RDLU5Xo3RfdjmmAV.99) äußert er sich wie folgt: »Quels sont les livres de Morand qui, de ce point de vue, vous semblent les plus marquants? – Je mettrais en priorité les nouvelles, *Ouvert la nuit, Fermé la nuit*, bien sûr, mais surtout *L'Europe galante* que je trouve absolument excellent comme livre. L'idée que plusieurs femmes pourraient faire d'un homme un portrait qui serait définitivement contrasté au point qu'on ne saurait plus qui c'est – c'est »La glace à trois faces« –, ça, j'aime bien.« (cf. auch http://www.philippesollers.net/morand.html). Pauline Dreyfus hat Morand einen Roman unter dem Titel *Morand, Immortel, enfin* (Grasset, 2012) gewidmet (cf. http://www.lemonde.fr/culture/article/2014/02/06/troublante-correspondance_4361624_3246.html#wxOKu4J28vB7Lsl7.99).

15 G. Tomasi di Lampedusa, Paul Morand (»Le opere e i Giorni«, V.5, 1. Mai 1926), in *Opere*, Introduzione e premessa di G. Lanzi Tomasi, Milano, Mondadori (»I Meridani«), 1995, S. 459–468.

16 Stéphane Sarkany, op.cit., S. 80.

der »liaison dangereuse« im Vordergrund der Erzählhandlung enthält diese Novelle einen realistischen Erzählkern, der zugleich eine dramatische historische Situation der Nachkriegszeit treffend charakterisiert und damit im Spannungsfeld von Literatur und Geschichte angesiedelt ist. Denn der französische Ehemann Hervé versucht im Hintergrund mit Geheimdiplomatie die Ruhrpolitik zum Zwecke der Unterstützung der Separatisten zu beeinflussen. Ausgerechnet in jenem Augenblick, als er heimlich einen Separatisten treffen soll, wird dieser ermordet, wahrscheinlich von Walter von Ruhm, der sich zu dieser Zeit zu einem Rendezvous bei der Ehefrau des hohen Beamten hätte einfinden sollen. An diesem Punkt kommt es nun zu einer Verknüpfung der beiden Handlungsfäden. Morand hat – wie gesagt – die beiden Novellenfiguren nach realen historischen Modellen konzipiert: Marie Laurencin ist der historische Prototyp der fiktiven Protagonistin Francine und der fiktive Ruhrbaron Walter von Ruhm ist zweifelsfrei ihrem deutschen Ehemann von Wätjen nachempfunden.[17] In seinen Deutschland-Novellen hat Morand zwei Deutsche porträtiert, die Aristokraten von Ruhm in *Les plaisirs rhénans* und von Strachwitz in *La Nuit de Charlottenburg.* Walter von Ruhm ist zweifellos der Antityp zu von Strachwitz. Von Ruhm ist ein nationalistischer Seigneur, ein schlechter Liebhaber, aber fanatisierter Patriot und Kapitalist, der sich seiner Interessen bewusst ist, ein echter Ruhrbaron, nach Sarkany »imprégné du même orgueil nitzschéen que Gonçalvez dans *Lorenzaccio.* Von Ruhm est présenté comme Mérimée l'aurait voulu: ni magnifié, ni condamné, simplement montré, malgré l'équivoque qui pèse sur lui.«[18] Beide Repräsentanten des deutschen Adels in Morands Deutschlandnovellen haben Beck zu dem Urteil finden lassen, daß »Morand ne sympathisait pas avec les Allemands, qu'il avait des préjugés typiquement français à leur égard.«[19] Das Novellenende hat aber über den *sensus litteralis* hinaus zugleich noch eine symbolische Bedeutung: Das Scheitern der Liebe zwischen der Französin und dem Deutschen symbolisiert zugleich das Scheitern der französischen Rheinlandpolitik und der Ruhrbesetzung. Dabei ist es Morand gelungen, durch die Überlagerung der beiden Handlungsstränge, des Liebeskonflikts einerseits und

---

17 Ibid.; zu von Wätjen cf. A. Gautherie-Kampka, *Les Allemands du Dôme: la colonie allemande de Montparnasse dans les années 1903–1914*, P. Lang, 1995; B. Meyer-Stabley, *Marie Laurencin*, Pygmalion, Paris, 2011.

18 Sarkany, op.cit., S.80. Sarkany verweist hier auf eine andere Novelle in *L'Europe galante:* »Lorenzaccio ou le retour du proscrit«.

19 Zit. nach Sarkany, S. 80. Wie diese typisch französischen Vorurteile über Deutschland und die Deutschen sich in den verschiedenen historischen Epochen darstellten, hat Wolfgang Leiner in seiner Monographie *Das Deutschlandbild in der französischen Literatur* (Darmstadt, Wissenschaftliche Buchgesellschaft, 1989) eindrucksvoll dokumentiert. Grundlegend zur nationalen Stereotypik im deutsch-französischen Kontext ist Ruth Florack, *Tiefsinnige Deutsche, frivole Franzosen.* Nationale Stereotype in deutscher und französischer Literatur. Stuttgart/Weimar, Metzler 2001.

der französischen Unterstützung der Separatisten andererseits, erzähltechnisch die Novellendramaturgie als »unerhörte Geschichte« zu entwickeln.

Auf zwei inhaltliche Aspekte der Novelle soll im Folgenden aufgrund des Rahmenthemas des Sammelbandes noch eingegangen werden: Morands literarische Repräsentation des rheinischen Separatismus und – damit zusammenhängend – Elemente seines Deutschlandbilds. 1923 war der Autor, wie eingangs bereits erwähnt, am Quai d'Orsay tätig und hatte sich in der Wohnung von Marie Laurencin einquartiert. Im selben Jahr arbeitete er auch an einer Reihe von Novellen und Erzählungen, die später wie gesagt unter dem Titel *L'Europe galante* erscheinen sollten. Als Morand im November 1923 im Auftrag des Pariser Auswärtigen Amtes nach Essen und Düsseldorf reist, wird er zum ersten und einzigen Mal mit der historischen Wirklichkeit an Rhein und Ruhr konfrontiert.[20] Bei dieser Reise wird jene Bildwelt genährt, die sich in der Novelle *Les plaisirs rhénans* wiederfindet. Morand interpretiert – im Unterschied zu vielen seiner politischen Weggefährten – die Ruhrbesetzung als politisches Abenteuer, das er einer literarischen Modellierung unterzieht und in ein fiktionales Liebesabenteuer umsetzt. Betrachten wir – paradigmatisch – einige in der Novelle angesprochene historische Fakten und ihre literarische Repräsentation bei Morand.[21] Francines Ehemann Hervé wird als Unterhändler Poincarés vorgestellt. Sein Auftrag lautet, eine Allianz mit den rheinischen Separatisten zu schmieden:

> »Poincaré a prié Hervé de préparer un accord économique avec certains éléments rhénans qui raffolent depuis quelques semaines de l'autonomie – comme on nomme ça. Hervé croit qu'il pourra, du même coup, broder là-dessus une entente politique. Il adore la diplomatie. Cela lui rappelle, dit-il, ses négociations avec les Chinois du Yunnan.« (LPR,43)

---

20 Die damalige politische Haltung des Diplomaten Morand, der sich nur kurz im Auftrag der französischen Regierung im Ruhrgebiet aufgehalten hat, kann eher in der Briand-Haltung als in der Position Poincarés zu suchen sein. Im Vorwort zur Gallimard-Ausgabe von 1957 von *Ouvert la nuit* schrieb er: »Vous vous rappelez certainement le mauvais esprit de la rue François[er] (les futures Relations Culturelles), cet Anti-Quai d'Orsay créé, en janvier 1920, par Philippe Berthelot; étrange succursale antipoincariste, anticlémenciste; mes premiers livres, comme un peu plus tard *Bella,* sont nés de cette atmosphère d'opposition, de colère contre la paix de Versailles et contre son conformisme.« (S. 9)

21 Zur Geschichte der französischen Rheinlandpolitik und Ruhrbesetzung cf. Wilhelm Jansen, *Kleine Rheinische Geschichte.* Düsseldorf, Patmos 1997, S. 375ff.; noch nicht erschienen sind die Akten einer Tagung *Der Rhein als politische Landschaft zwischen Frankreich und Deutschland 1815 – heute.* Düsseldorf 2016. Eine Sektion befaßte sich mit neueren Forschungen zu den Krisen der 1920er Jahre. Literarisch und kulturhistorisch sehr aufschlußreich ist das Kapitel über das Rheinland nach dem Ersten Weltkrieg in dem exzellenten Band von Gertrude Cepl-Kaufmann/Antje Johanning, *Mythos Rhein. Kulturgeschichte eines Stroms.* Darmstadt, WBG 2003, S. 271ff. Einen besonderen Raum nehmen hierin die Jahrtausendfeiern des Rheinlandes im Sommer 1925 ein. Morands Novelle ist früher entstanden, man konnte also darauf noch keinen Bezug nehmen.

Das Zitat verweist auf den historischen Kontext um den Chef der rheinischen Autonomiebewegung Dorten, der im Juni 1919 den Versuch unternahm, eine unabhängige Rheinische Republik zu gründen. Später sah er dann in der Ruhrokkupation einen willkommenen Anlass, seinem separatistischen Projekt mit Unterstützung der Franzosen neuen Schwung zu verleihen.[22] Im Zusammenhang mit diesen separatistischen Bestrebungen wird in der Novelle Ruhrbaron Walter von Ruhm als reserviert und fast apolitisch porträtiert: »Il n'est réservé que dans les questions rhénanes. Les événements d'Aix-la-Chapelle le laissent silencieux. A l'entendre, il n'est qu'un chef d'usine.« (LPR,50). Morand spielt mit dieser Textstelle – »les événements d'Aix-la-Chapelle« – auf ein reales historisches Ereignis an. In der Nacht vom 20. auf den 21. Oktober 1923 ließ der Industrielle Leo Deckers die öffentlichen Gebäude in Aachen besetzen und rief eine unabhängige Rheinische Republik aus. Beiläufig, aber präzise hält Francine diesbezüglich einige Phänomene fest, die sie als Unbeteiligte beobachtet und in ihren Briefen mitteilt. So liest man beispielsweise unter dem Datum des 2. November: »Des partisans de la République rhénane avec brassard sont passés ce matin à l'aube dans des camions de brasserie, allant au combat« (LPR,50). Am 16. November notiert sie: »Hervé est continuellement sur les routes. En politique, les Anglais et les Belges nous lâchent et nous voici, paraît-il, avec tout le mouvement séparatiste sur les bras« (LPR,60). Mehr als Last denn als politische Zukunftsperspektive erscheint der Separatismus in diesen Äußerungen Morands. Hervé ist zweifelsfrei eine fiktive Gestalt, eine literarische Schöpfung Morands, die nichts oder wenig dem Ehemann von Marie Laurencin verdankt, der historischen Bezugsgestalt von Francine.[23] Hervé greift auf Rauschmittel zurück und hofft auf diese Weise in die Atmosphäre Hanois und Indochinas, seinem früheren Wirkungskreis, zurückzukehren und die Ruhr zu vergessen.[24] Offenkundig fehlt ihm jegliche Begeisterung für die Fortführung seines politischen Auftrags. Auch Francine verspürt Langeweile und eine wachsende Unruhe angesichts der politischen Fragen, mit denen ihr Mann befasst ist:

> »Rien ne m'ennuie comme ces histoires politiques. De plus, cela m'inquiète. Ce soir, à dîner, Hervé me dit qu'il a, ici même, cette nuit, un rendez-vous avec Landeck, un des chefs séparatistes en qui on met de grands espoirs; nos derniers espoirs après les échecs

22 J. A. Dorten hat einen Bericht über seine Bemühungen und die fehlende Unterstützung der Separatisten durch die Franzosen unter dem Titel *La Tragédie rhénane* hinterlassen, der 1945 bei Laffont erschienen ist. Dt. Übersetzung: Jean Adam Dorten, *Die Rheinische Tragödie.* (La tragédie Rhénane), W. Münch: Übersetzung und Nachwort, Bad Kreuznach 1979. Zum historischen Kontext cf. Erwin Bischof: *Rheinischer Separatismus 1918–1924. Hans Adam Dortens Rheinstaatbestrebungen.* Europäische Hochschulschriften, Reihe 3/4, Bern 1969.

23 Im Übrigen scheint es so zu sein, dass Morand den in Düsseldorf geborenen Otto von Wätjen, deren Ehemann, niemals kennengelernt hat.

24 »...et oublie la Ruhr« (LPR,61).

de Deckers, Matthes et autres. Hervé prend au sérieux son rôle d'agent politique. Il me dit qu'il aimerait mieux que Walter continuât à ne pas paraître à Fürstenbrück. Moi, pas. D'après ses renseignements, le Séduisant est un membre actif du parti nationaliste et chef de la Société militaire *Odin*. Mais son attitude extérieure est irréprochable. Il n'a pu être pris aucune mesure contre lui. Je cache ma joie« (LPR,61).

Das Zitat verweist auf historische Gestalten, die einer Erläuterung bedürfen. Der Wahlrheinländer Matthes hatte die Bewegung *Freies Rheinland* ins Leben gerufen, die einen zum Sozialismus tendierenden Separatismus anstrebte. Der rheinische Industrielle Leo Deckers war Mitglied der *Rheinischen Volksvereinigung* und galt als Strohmann der Belgier, die die Aufteilung des Rheinlandes in zwei unabhängige Staaten favorisierten. Ihm gelang der Staatsstreich von Aachen und er verkündete anschließend einen Rheinischen Nordstaat. Der Industrielle Walther von Ruhm tritt in der Novelle – zumindest andeutungsweise – als entschiedener Gegner jener separatistischen Tendenzen in Erscheinung, dessen Arbeit im Untergrund offenkundig die Sympathien der Gattin des hohen französischen Beamten findet. Der Novellentext suggeriert dem Leser sogar, dass Walter den Separatistenchef Landeck ermordet hat.[25] Die Novelle verarbeitet teilweise folgerichtig und realistisch historische Fakten jener Zeit und nimmt damit – zumindest partiell – einen dokumentarischen Charakter an. Diese dokumentarische Intention des Schreibens hat zur Folge, dass die Verschiebung der Zeitperspektive hermeneutisch genutzt wird, um unmittelbar erlebte Geschichte in der Retrospektive neu zu deuten. Denn Francine notiert einen Monat später in Paris:

»Je suis rentré à Paris pour les fêtes […] L'Allemagne sous la neige, les forêts symphoniques, Walter, ces gens aux mains pratiques, aux cœurs fous, cela peut-il exister à douze heures de Paris? Ici, personne ne s'en doute. Tout ce qui m'entoure est plaisir, richesse. A Essen, ces boutiques bardées de fer derrière lesquelles il y a … un œuf; les gens qui s'attroupent devant un magasin de chaussures, comme nous devant Cartier. Souvent je pense à cette fin si lugubre de la République rhénane: une pièce sans public. Mon départ … ces jours d'émeute, les processions communistes précédées d'une tête de mort, les vitrines s'écroulant, les *schupos*, les automitrailleuses et la rue avec le sang et le verre pilé…« (LPR,69).

25 In jener Nacht vom 16. auf den 17. November, als es fast zum Vollzug des Ehebruchs in jener Dreiecksbeziehung kam, werfen sich Francine und Walter Unaufrichtigkeit vor. Walter verlässt das Haus, um wegen des Alkoholgenusses der vergangenen Nacht sich in frischer Luft zu bewegen. Als Hervé, der früh am Morgen das Haus verlassen hatte, gegen 2 Uhr zurückkommt, heißt es: »Il m'annonce la nouvelle: ce matin, à l'aube, son hôte d'hier soir, le chef séparatiste Landeck, qui allait prendre aujourd'hui même la tête du directoire, a été trouvé assassiné sur la route, à un kilomètre de Düsseldorf« (LPR,68). Zum historischen Hintergrund cf. Klaus Reimer, *Rheinlandfrage und Rheinlandbewegung (1918–33)*. Europ. Hochschulschriften III, 199, Verlag Peter Lang, Frankfurt am Main/Bern/Las Vegas 1979; Martin Schlemmer, *»Los von Berlin«: die Rheinstaatbestrebungen nach dem Ersten Weltkrieg*. Köln/Weimar/Wien 2007.

Francine entwirft in diesem Textausschnitt eine realistische Beschreibung der besetzten Ruhr, die von Hunger, Armut und politischem Protest gekennzeichnet ist. Hier stehe man Schlange vor einem Ei oder ein Paar Schuhen, so wie in Paris vor Cartier, heißt es im Text. Morands Einschätzung der historischen Umstände ist präzise und mündet in eine politische Metapher: Die Rheinische Republik als Theaterstück ohne Publikum. Diese Einschätzung kann man verblüffend ähnlich auch in Wilhelm Jansens *Rheinischer Geschichte* von 1997 nachlesen.[26] Höhepunkt der auf eine Trennung vom Reich zielenden Gewaltaktionen war die Ausrufung der Rheinischen Republik am 26. Oktober 1923 in Koblenz durch Dorten und Matthes. Dieser Separatistenrepublik war freilich nur eine kurze Dauer beschieden. Sie entsprach nicht den Wünschen und Vorstellungen der überwiegenden Mehrzahl der Rheinländer. Als die Separatisten es mit Gewalt versuchten, kam es zu Kämpfen, von denen die Schlacht im Siebengebirge unweit von Bonn am 15./16. November 1923 in besonders lebhafter Erinnerung geblieben ist.[27] Zu dem im obigen Zitat angesprochenen düsteren Ende der Rheinischen Republik kam es erst Ende Dezember 1923, als Frankreich auf Bitten Englands der Separatistenbewegung um Dorten seine Unterstützung entzog. Das definitive Ende wurde besiegelt durch die Beseitigung der Regierung in der Pfalz, nachdem zahlreiche separatistische Funktionäre in Pirmasens am 13. Februar 1924 ermordet worden waren. Dorten ging ins Exil nach Nizza.[28] Morands Einschätzung der Überlebenschancen solcher separatistischer Bestrebungen deckt sich im Übrigen mit den Überlegungen, die 1935 auch Lucien Febvre formuliert, nämlich dass »jeder Versuch, einen eigenen rheinischen Staat zu gründen, gescheitert ist, und zwar zu allen Zeiten.«[29]

In Morands Novelle sind weiterhin einige deutschlandbezogene Aussagen des Textes interessant, die aufschlussreich für die imagologische Deutschlandperzeption des Autors sind. Einige Textstellen ergeben mosaikartig ein clichébehaftetes Deutschlandbild. Zur Illustration sollen einige Details hier erwähnt werden, die diese These stützen. Was Francine unmittelbar nach dem Einzug in die Villa der von Ruhms auffällt, ist in der Tat clichéverdächtig: »Il y a de l'hygiène à en mourir« (LPR,44), heißt es etwa, wobei auf den sogenannten »Hygienetick« der Deutschen angespielt wird. Die Gesellschaft in Düsseldorf, ein Meltingpot aus Niederländern, Belgiern, Rheinländern usw., wird als rheinisch-kosmopolitisch beschrieben, und als »gratin du Rhin« (LPR,51), als Rheingratin,

26 Wilhelm Jansen, *Rheinische Geschichte.* Düsseldorf, Patmos 1997, S. 380f.

27 Cf. Elmar Scheuren, Christoph Trapp, *Separatisten im Siebengebirge, die »Rheinische Republik« des Jahres 1923 und die »Schlacht« bei Aegidienberg (16./17. November 1923).* Königswinter 1993.

28 Cf. Erwin Bischof, *Rheinischer Separatismus 1918–1924. Hans Adam Dortens Rheinstaatbestrebungen.* Europäische Hochschulschriften, Reihe 3;4, Bern 1969.

29 Lucien Febvre, *Der Rhein und seine Geschichte,* Frankfurt/Main 1994 ([1]1935), S. 216.

karikiert. Überraschend präzise fällt die Beschreibung des Intérieurs der Wohnung von Walters Schwester Lilith aus, die als moderne Bauhauswohnung mit zeitgenössischer Malerei beschrieben wird. »Picasso, Braque, je n'ai jamais entendu parler de ces peintres-là à Paris« (LPR,52). Morands Vorliebe für die Kunst der Moderne mag dieses deskriptive Detail vielleicht erklären, sein Vater war im Übrigen Kunstmaler. Laut Tagebucheintrag vom 13. November entscheidet sich Francine, Deutschstunden zu nehmen und Heine zu lesen.[30] Dass der große Sohn Düsseldorfs Heinrich Heine hier repräsentativ für die deutsche Literatur steht, erklärt sich aus der französischen Heine-Rezeption und der regionalen Bedeutung des Autors für Düsseldorf, wo sich die Protagonistin zum Zeitpunkt der Handlung befindet. Auch das Lebensgefühl der ins Ruhrgebiet »versetzten« Pariserin wird vom Autor kontrastiv und in einer überraschenden Weise eher positiv analysiert:

> »Mon Dieu, non je ne suis pas la Parisienne qu'aucun autre spectacle que Paris ne doit toucher. Je peux vivre sans les Galeries Lafayette. Et puis qu'avons-nous à faire, indigènes sans monnaie-or, à Paris, cette foire pour Américaines?? En France, j'ai l'impression de vivre dans un pays conquis; en Allemagne, du moins, je suis dans un pays libre.« (LPR,41–42)

Hier scheint ein kleines zeithistorisches Detail am Rande auf: Aufgrund des schwachen Franc hatten sich viele Amerikaner unmittelbar nach dem ersten Weltkrieg in Paris niedergelassen, und Morand macht eher beiläufig auf dieses historische Phänomen aufmerksam. Dass einerseits der Tourismus auch mit einer Besatzung gleichgesetzt werden kann und andererseits das besetzte Ruhrgebiet – freilich aus ihrer Perspektive – im Vergleich dazu als freies Land erscheint, ist zwar eine triviale, aber auch zutreffende Charakterisierung, die aber auch nicht frei ist von politischer Naivität. Morand hat – was angesichts seiner Biographie vielleicht überraschen mag – einen Blick für die soziale Schieflage, das Elend im Nachkriegsdeutschland, und zwar speziell an der Ruhr. Gleich zu Beginn der Novelle wird dies deutlich:

> »La chambre de Francine donne sur des rues pavées, d'une tenue municipale un peu relâchée, plantées de sans-travail et de Polonais en chiffons, coincés entre des piquets d'infanterie de marine et des patrouilles de Sénégalais. Les pauvres gens s'en vont au carreau des mines voler du charbon, et, une automitrailleuse montrant sa coupole au coin de l'avenue, s'égaillent entre les crassiers noirs et roses.« (LPR,40).

Szenen wie diese zeigen das Elend an der Ruhr, gekennzeichnet von Arbeitslosigkeit, Hunger, Durst und Kälte, so dass man auf illegale Mittel angewiesen ist, um das blanke Überleben zu sichern. Dem beschriebenen Elend des Volkes folgt die Beschreibung der Freude darüber, noch einmal davon gekommen zu sein, ein

30 »Je prends des leçons d'allemand. Je lis Henri Heine« (LPR,60).

Typikum nicht nur dieser, sondern jeder Nachkriegszeit. So werden Vergnügungsorte der Düsseldorfer Gesellschaft beschrieben, Treffpunkte nach der Sperrstunde für Besatzer und Einheimische, u.a. eine Bäckerei[31], in die man durch einen Geheimgang, nämlich den Ofen, hineingelangt, aber auch der Düsseldorfer Hauptbahnhof.[32] Das Fazit ihres Düsseldorfbesuchs lautet: »Deux jours à Düsseldorf m'ont suffi, au milieu de ces Allemands qui, depuis qu'on les empêche de nuire ou de vendre sont comme des insectes qu'on a mis sur le dos« (LPR,58). Die Typisierung der Deutschen in Form einer Tiermetapher ist in diesem Zitat wieder sehr clichéhaft, denn Geschäft oder Krieg werden als Hauptaktivitäten der Deutschen genannt. Morand schöpft aus dem Inventar typischer nationaler Attribute, die auch schon Leiner in seiner diachronen Studie über das Deutschlandbild aufgelistet hat.[33]

Der Novellenschluss wirft im Rückblick die Frage nach den Verirrungen des Herzens auf, indem – wie schon gesagt – eine Verknüpfung der subjektiven »liaison dangereuse« mit der Zeitgeschichte anklingt.[34] Nicht die Romantik der Rheinlandschaft, wie z.B. in der Literatur des 19. Jahrhunderts, dient hier als Erzählfolie, sondern vielmehr die Romantik der Affekte, und dies an einem Ort, der doch besiegt scheint. In der desillusionierten Retrospektive notiert Francine in Paris: »L'Allemagne sous la neige, les forêts symphoniques, Walter, ces gens aux mains pratiques, aux cœurs fous, cela peut-il exister à douze heures de Paris?« (LPR,69). Schneebedecktes Land, symphonische Wälder, praktische Hände, verrückte Herzen, welch eine Ansammlung kitschiger Deutschlandclichés, denen noch das Element des Exotischen anhaftet, oder sind es vielmehr affektive Anverwandlungen einer enttäuschten Liebe?[35] Empfindet die Protagonistin doch für Walter nach dem schmerzhaften Desillusionierungsprozess geradezu Hass »ce Walter me dégoûte«, notiert sie; »Il est de la race de son empereur. Les Allemands sont nos ennemis« (LPR,69–70). So wird aus dem einstigen Geliebten ein Abbild des abgesetzten deutschen Kaisers, und Walter

31 »On manque souvent de pain, d'alcool jamais. Effrayant ces gens qui viennent s'amuser parce qu'ils sont tristes. Quelles femmes! Ces Brunhildes mangent les chips à la cuiller. (Pour une fois que les Allemands pourraient se servir de leurs doigts!)« (LPR,55). Abgesehen von der karikaturalen Typisierung deutscher Frauen als »Brunhildes« wird hier auch die Esskultur karikiert.

32 Ein zweiter Ort nächtlichen Vergnügens, »le dernier club de nuit« (LPR,58) ist der Bahnhof Düsseldorf, in der sich die nächtliche Fauna einfindet, wo der Schwarzmarkt, -handel und die Tauschbörse blühen.

33 Siehe Fußnote 19.

34 »Anita, pourquoi ai-je passé là une nuit que jamais je ne passerais à Paris? Où je n'étais ni dans la réalité, ni dans le rêve, sans avoir bu, entre deux hommes beaux, bien faits et de manières attirantes, et cela en Allemagne, le pays vaincu?« (LPR,64).

35 Im Vergleich zu Deutschland erscheint ihr Paris als Kloster inmitten eines Gartens (»Paris … C'est un couvent au milieu d'un jardin« (LPR,69).

wird damit zum personifizierten Feindbild. Auch vor dem Begriff »Boche«[36] schreckt sie jetzt nicht mehr zurück, wenn sie über ihn spricht. Als es zu einem letzten Zusammentreffen in Düsseldorf kommt, das Walter eigens für Francine zu Hause mit seiner Frau arrangiert hat, ist sie wieder Herrin ihrer Gefühle, kühl und distanziert tritt sie auf, während sich Walter erneut und anders um ihre Gefühle bemüht. Die Affekte haben sich somit am Novellenende in ihr Gegenteil verkehrt. Aus dem Verführer wird ein Besiegter, und als einen weiteren Sieg von Paris [»Encore une victoire de Paris« (LPR,71)] umschreibt Francine die Endsituation, die Metapher entpuppt sich als Siegesmetapher – historisch und individualhistorisch.[37] Nach diesem emotionalen Abenteuer kehrt sie gefestigter in ihre Beziehung zu Hervé zurück. Hervés Größe zeigt sich am Ende. Die Beziehung ist stabilisiert – dank seiner Geduld und seines Verständnisses; das Ruhrabenteuer, auch in seiner symbolischen Dimension, ist überstanden.

Morand gelingt es, historische Einzelfakten der damaligen Separationsbewegung geschickt mit dem literarischen Plot zu verquicken und dabei dem Stilideal der »Impartialité« zu folgen. Die historische Einsicht in das Unmögliche zeugt auch von der diplomatischen Erfahrung seines literarischen Blicks. Im Spiegel der thematisierten Affektbeziehung wird der symbolische Gehalt des Plots evident: die gescheiterte Liebesbeziehung steht symbolisch für die gescheiterte Rheinlandpolitik Frankreichs in der Zeit der frühen Weimarer Republik.[38] Morands Deutschlandbild ist das Bild des Nachkriegsdeutschlands der jungen Weimarer Republik, dessen einstige »Technopole«, das Ruhrgebiet, als »défilé industriel«, mit »clochers sans fumée« und »cheminées sans Dieu« metaphorisiert wird (LPR,40). Wenn Natur nur noch in den Schrebergärten der Arbeiter zu finden ist, und die einstige Technopole zu einem »appareil de ruine et de rouille« (LPR,41) verkommen ist, so ist dies eine literarische Zustandsbeschreibung des aus vielerlei Gründen daniederliegenden Ruhrgebiets, ein Zustand, den Francine zu Beginn der Novelle mit »ici rien n'est joli« (LPR,41) resümiert. Morand zeichnet ein modernes Rheinlandbild, es ist nicht mehr die romantische Rheinlandschaft des 19. Jahrhunderts, sondern die industrielle Ruhrlandschaft der 20er Jahre des 20. Jahrhunderts, mit all ihren politischen und

36 Anläßlich ihres letzten Aufenthaltes in Düsseldorf hat Walter von Ruhm mit seiner Frau – »...il a épousé une Israélite parce qu'il a eu besoin d'argent, ruiné par notre occupation de la Ruhr«(LPR,70) – eine Soirée für Francine organisiert. Die große Düsseldorfer Gesellschaft war eingeladen, Millionäre, Bankiers, Tenöre. »Walter a dû tout lui raconter. C'est bien allemand.« (LPR,71). : »...dès qu'il a appris mon retour en Allemagne il a arrangé cette soirée, chambardé le Rhin pour me revoir. C'était émouvant, tout d'un coup, ce grand boche faisant camarade et moi si changée, si maîtresse de moi. Encore une victoire de Paris.« (LPR,71)

37 »Tout le monde – y compris moi-même – a été dupé; excepté lui« (LPR,72).

38 Man könnte sich vor dem Hintergrund des Rheinlandbildes generell nach Inhalten und Funktionen seines Deutschlandbildes fragen. Wolfgang Leiner behandelt diese Novelle nicht im Rahmen seiner Untersuchungen zum *Deutschlandbild in der französischen Literatur.*

sozialen Problemen, den Mangelerscheinungen und gesellschaftlichen Konflikten der jungen Weimarer Republik im Ausnahmezustand angesichts der separatistischen Bewegungen und der Besatzungspolitik der Siegermächte. Wenn es dann am Ende der Novelle heißt, »ce pays est ennuyeux« (LPR,70) – daher auch der Titel dieses Beitrags – , dann wird die einst als romantisch besungene Rheinlandschaft[39] als »langweilig« empfunden, somit ist der veränderte Blick nach Außen durch die Metamorphose der Protagonistin zu erklären, es ist das Resultat eines Desillusionierungsprozesses. Die erhoffte Liebesbeziehung hat sich als Illusion erwiesen, genauso wie die Verwirklichung der Rheinischen Republik. Noch in der Romantik wurde mit dem Rhein Reiz, Verführung und Schicksal assoziiert, er war mehr eine Welt der Phantasie als der Realität, in der man sich zu verlieren fürchtete. »Als 1919 beim Vertrag von Versailles Elsaß und Lothringen für Frankreich zurückgewonnen wurden und auch nach 1945 – allerdings nur für eine kurze Zeit – kreisten die französischen Deutschlandpläne fast immer um die deutschen Rheinprovinzen. Vom rheinischen Separatismus bis zur Ruhrbesetzung besteht eine große Kontinuität, selbst wenn es der französischen Seite weniger um Eroberungen als um Schwächung des Gegners ging.«[40] Diese Analysen des Pariser Germanisten Jean-Marie Valentin zeigen, wie sehr in der literarischen und politischen Deutschland-Imagologie der Franzosen der Rhein verankert ist. Und Morand greift in novellesker Form gerade jene von Valentin beschriebene Rhein-Funktion der Verführung und des Reizes auf. Der romantische Rheinmythos wird in sein Gegenteil verkehrt. Nicht die Lorelei verführt, sondern »Le Séduisant«, ein nationalistisch gesinnter Ruhrbaron, der der Liebesversuchung widersteht und damit die gescheiterte französische Ruhrpolitik personalisiert. Er personifiziert sie in einer französisch-deutschen Liebesbeziehung *in statu nascendi.* Morands Novelle beschreibt die fortschreitende Desillusionierung der Protaganistin als Ergebnis einer nicht erwiderten Liebe und als personifiziertes Paradigma gescheiterter französischer Ruhrpolitik. Die Novelle verweist eindringlich auf die Verflechtung von Industrie und Nazismus und die Beschleunigung des Nazismus gerade durch den Kampf um die Ruhr. Das französische Ehepaar Francine und Hervé sind zwar fiktive Figuren, aber sie haben einen autobiographischen Bezug. Morand war wie der

39 J.-M. Valentin, Artikel »Der Rhein«, in Leenhardt, Jacques/Picht, Robert (Hg.), *Esprit/Geist. 100 Schlüsselbegriffe für Deutsche und Franzosen.* München/Zürich, Piper 1989, S. 105: »Als die französische Romantik den Rhein entdeckt hatte, begann hier, oder vielmehr, hier am Rhein ließ sich lokalisieren, was in der Kultur eines Landes zu fehlen schien, das seines fast zweihundertjährigen Klassizismus überdrüssig geworden war: das Unklare, Fremdartige, Wundersame oder Groteske. Der Rhein wurde so zum umgekehrten Bild der eigenen Welt, zum Quell einer sich in ihm verjüngenden Inspiration, aber auch zum Inbegriff alles Deutschen, über den man nicht weiter hinauszugehen brauchte (...)«.

40 Ibid.

fiktive Held Diplomat und hatte geradezu eine Asienmanie, seine Frau Hélène war nicht frei von faschistischem und antisemitischem Denken. In Morands Liebe zu seiner Frau sah mancher Morand-Kritiker auch die Ursache für seine ideologischen Verirrungen. Vielleicht klingt daher auch im Novellentext das Motiv der Wahlverwandtschaft an, der »affinité élective« zwischen Francine und Walter. Morands Novelle lässt das Novelleske als unerhörte Begebenheit im Sinne Goethes aufscheinen. Die darin dargestellten Figuren und der zeitgeschichtliche Kontext lassen aber einen neuen, modernen Realismus bei Morand erkennen. Er rückt nicht mehr den romantischen Rhein des 19. Jahrhunderts in den Blick, sondern den Rhein der 20er Jahre, und das heißt den Niederrhein und das Ruhrgebiet[41], das in der Terminologie des französischen Soziologen Pierre Nora heute zu den deutsch-französischen »lieux de mémoire« zählt.[42] Zum Abschluss sei noch ein interessanter intertextueller Bezug angesprochen. Giraudoux, Morands Nachhilfelehrer 1905 in München, bediente sich desselben Stoffs wie Morand, der Biographie von Marie Laurencin und daraus entstand ungefähr zeitgleich sein Roman *Siegfried et le limousin* (1922).[43] Aber das ist ein neues Thema.

41 Findet man in der französischen Rheinliteratur eine quantitativ und qualitativ große Anzahl literarischer Texte aus dem 19. Jahrhundert, so lässt das Interesse am Rhein im 20. Jahrhundert allgemein nach, so auch in Frankreich. Das Heinrich-Heine-Institut in Düsseldorf dokumentierte den Rezeptionswandel des »heiligen Stromes« im Spiegel der Literatur von der Rhein- zur Industrieromantik. Die Ausstellung war bis 22. April 2001 zu sehen. Hatte sich der zu Beginn des 19. Jahrhunderts – von den Engländern forcierte – Rheintourismus vor allem auf die Schönheiten des Mittelrheins konzentriert, so verschob sich gegen Ende des 19. und zu Beginn des 20. Jahrhunderts das Interesse zunehmend nach Norden. Die wachsende Industrialisierung faszinierte die Dichter bis hin zu einer zukunftsgläubigen Rheinindustrieromantik, wie die genannte Ausstellung eindrucksvoll zeigte.

42 Daher behandelt auch in dem von Horst Möller und Jacques Morizet herausgegebenen Sammelband »Franzosen und Deutsche. Orte der gemeinsamen Geschichte« von 1996 Franz Knipping in historischer Perspektive »Das Ruhrgebiet zwischen Deutschland und Frankreich (1850–1950)«, der eine profunde historische Aufarbeitung der Bedeutung der Region für die beiden Nationen präsentiert.

43 Zu jener Zeit inspirierte das innere Drama von Marie Laurencin und ihrem Manne den Autor Giraudoux zu einem Roman, nämlich *Siegfried et le Limousin* (1922). Die Hauptpersonen des Romans, in dem sich im Übrigen noch die Zwei-Deutschland-Theorie findet, Siegfried und Eva, verkörpern ein modernes Deutschland des Jahres 1922. Marie Laurencin nimmt in diesem Roman die Züge der Malerin Geneviève Prat an, die mit dem deutschen Adligen von Zelten verheiratet war.

Irene Kann (Düsseldorf)

Der Rhein als Fluss des Erzählens. Zur Roman-Tetralogie von Ulla Hahn

»Für uns Franzosen ist es schwer zu verstehen, welch tiefe Verehrung die Deutschen für den Rhein empfinden.«[1] Bereits Alexandre Dumas d. Ä. beschreibt im 19. Jahrhundert nicht ohne Ironie die Personifizierungen und Mythisierungen des Rheinstroms: »Der Rhein ist Sinnbild für alles.«[2] Die euphorische deutsche Rheindichtung wurde längst von Ernüchterung abgelöst. Die Ereignisse und Katastrophen der deutsch-französischen und europäischen Geschichte haben bekanntlich alle glorifizierenden Rheinbilder überholt und sinnlos werden lassen. Hat der Rhein in der Gegenwart seine frühere Bedeutung als »Quelle der Dichtkunst«[3] völlig verloren?

Wenn der Rhein in der Literatur des 20. und 21. Jahrhunderts noch als literarisches Thema in Erscheinung tritt, gewinnen entmythisierende, dekonstruierende, persiflierende Zugänge die Oberhand.[4] Es entstehen Antitexte und Gegenbilder, die gerade die populärsten Mythen und Romantisierungen ironisieren oder in ihr Gegenteil verkehren. Über die literarische Banalisierung des Stromes einerseits und die Kritik an der Banalität volkstümlicher Rhein-Wein-Reimseligkeit andererseits hinaus kommt in der zweiten Hälfte des 20. Jahrhunderts zunehmend das Gefährliche, oft Tödliche des Flusses und seiner Mythen in den Blick.[5] Als Todesfalle nationalistischen Heldentums erscheint die Loreley, wenn in Erich Kästners bekanntem Gedicht ein Turner in Gedanken an

---

1 Alexandre Dumas d. Ä., Eine Reise an die Ufer des Rheins im Jahre 1838. Zit. nach Gertrude Cepl-Kaufmann und Hella-Sabrina Lange (Hg.), *Der Rhein. Ein literarischer Reiseführer*, Darmstadt 2006, S. 16.

2 Ebd.

3 Ebd.

4 Vgl. in Cepl-Kaufmann/Lange (2006) die Texte von Kurt Schwitters, »Vater Rhein«, S. 18f., und Kurt Tucholsky, »Der Rhein und Deutschlands Stämme«, S. 19f.

5 Vgl. die literaturgeschichtliche Skizze von der Romantik bis zum Umbruch im 20. und 21. Jahrhundert bei Sabine Brenner-Wilczek im Nachwort zu ihrer Anthologie: Dies. (Hg.), *Warum ist es am Rhein so schön?* Gedichte, Stuttgart 2007, S. 115–120. »Um so schwieriger gestaltete sich die literarische Annäherung an die Rheinlandschaft nach 1945.« Ebd., S. 119.

die von Heine besungene blonde Fee vom Felsen stürzt.[6] Der verschmutzte und vergiftete Rhein, todbringend für Fische und Menschen, wird zum Beispiel im »Rheinmärchen« von Erich Fried zum Thema.[7] »Meine Loreley« nennt Ulla Hahn ihr Gedicht, das in gebrochenen Bildern und poetischen Zitaten Gewalt gegen eine Frau evoziert und damit dem Mythos von der Männer betörenden und bedrohenden Loreley eine krasse Absage erteilt: »meine Schwester hat sich ertränkt / warum ist es am Rhein so / schön die Loreley zu sehn /«[8]. Der Bruch mit jeglicher Rheinromantik in der Dichtung scheint endgültig zu sein.

Ist also der Rhein spätestens im 21. Jahrhundert für die deutsche Literatur ein fast schon totes Gewässer? Taugt er nur noch als Negativfolie für Gegenwartserfahrungen? Wenn auch die große Zeit der Rheindichtung unwiderruflich vorbei zu sein scheint, so zeichnen sich doch neue Annäherungen und individuelle erzählerische Zugänge ab. Schon in der zweiten Hälfte des 20. Jahrhunderts beginnt neben der Abwendung vom poetisch besungenen »romantischen« Rhein die oft prosaische Entdeckung des unspektakulären alltäglichen Flusses, und das ist vor allem der Niederrhein. Marie Luise Kaschnitz schreibt in ihren Aufzeichnungen *Orte:* »Der Rhein wird mir lieb, wenn er sich aus dem Burgenzauber herauswindet, breit, niederrheinisch schön, ein Strom.«[9] Die Tiefebene, die schweren Wolken, die Melancholie der Landschaft haben bei Heinrich Böll[10], Hanns Dieter Hüsch[11] und anderen ihren individuellen literarischen Niederschlag gefunden. Böll traut nicht dem sommerlich heiteren Rhein: »Mein Rhein ist der, den ich aus meiner frühesten Kindheit kenne: ein dunkler, schwermütiger Fluss, den ich immer gefürchtet und geliebt habe«[12].

Auf einer Bank am Kölner Rhein lässt der vierzigjährige Übersetzer Alain in Arnold Stadlers Roman *Rauschzeit* seine französisch-deutsche Lebensgeschichte Revue passieren. In einem nostalgischen Strom assoziativer Erinnerungen an einen unvergesslichen Jugendsommer in Arcachon wird ihm die Bank auf der »Schäl Sick«, der »falschen Seite« des Rheins zum Rückzugsort und Fluchtpunkt seiner Betrachtungen. »Ja, es war die alte Stadt Köln und dazwischen das alte Wasser, von dem sich auch nicht mehr sagen ließ, als das es

6 Vgl. Erich Kästner, »Der Handstand auf der Loreley«, in: Helmut J. Schneider (Hg.), *Der Rhein. Eine Reise mit Geschichten, Gedichten und farbigen Fotografien*, Frankfurt am Main und Leipzig 1997, S. 122 f.

7 Vgl. Erich Fried, »Rheinmärchen«, in: Cepl-Kaufmann/Lange (2006), S. 22.

8 Ulla Hahn, »Meine Loreley«, in: Dies., *Herz über Kopf.* Gedichte, München 1981, S. 63.

9 Marie Luise Kaschnitz, zit. nach Schneider (1997), S. 22ff., S. 22.

10 Vgl. Heinrich Böll, »Undines gewaltiger Vater« (1957), in: *Werke. Romane und Erzählungen 2, 1953–1959*, hrsg. von Bernd Balzer, Köln 1987, S. 801–804.

11 Vgl. Hanns Dieter Hüsch, *Das schwarze Schaf vom Niederrhein. Texte und Lieder vom flachen Land*, München 1983, zum Beispiel das »Wanderlied« (ebd., S. 17): »Ich wandre immer in Gedanken / durch mein Niemandsland«.

12 Heinrich Böll, a.a.O., S. 801.

vorbeifloss, ins alte Meer, und dann die Menschen, wir. Und ich. Wir und ich. Und ich nie ganz da, aber auch nie ganz anderswo. An der Nahtstelle von hier und dort, Vergangenheit und Zukunft, Heimweh und Sehnsucht, da war es.«[13] Das Wasser des Rheins wird zum Sinnbild menschlichen Lebens.

Das autobiographisch geprägte Erzählen vom je »eigenen« Rhein bietet offenbar neue persönliche und individuelle Sichtweisen des Rheinstroms. Eignet sich der breit, träge und alltäglich gewordene Rhein heute für melancholische Stimmungsbilder? Sind die genannten Beispiele im Kontext einer neuen bewussten Zuwendung zum Regionalen, zur eigenen Herkunft und Heimat zu lesen?[14] Oder liegen in der Entdeckung des Rheins in seiner von Mythen befreiten Alltäglichkeit und sinnenhaften Präsenz erfrischende neue Impulse für eine zeitgenössische Rheinliteratur?

Der Rhein in der Roman-Tetralogie von Ulla Hahn

Ein prominentes Beispiel für einen gegenwärtigen literarischen Zugang zur Rheinthematik bildet das meist im Rheinland spielende epische Werk von Ulla Hahn: *Das verborgene Wort*, *Aufbruch*, *Spiel der Zeit*[15] und *Wir werden erwartet*[16]. In diesen viel gelesenen Romanen[17] spielt der Rhein eine beachtenswerte und bislang vernachlässigte Rolle. Das Romanwerk wird vor allem als Zeitroman

13 Arnold Stadler, *Rauschzeit.* Roman, Frankfurt am Main 2016, S. 84.

14 Zur literarischen Neuentdeckung des lange verpönten Begriffs »Heimat« und der eigenen Region vgl. zum Beispiel Bettina Fischer und Dagmar Fretter (Hg.), *Eigentlich Heimat. Nordrhein-Westfalen literarisch*, Düsseldorf 2014 (Schriftenreihe der Kunststiftung NRW Literatur, Bd. 3). Auf den Rhein beziehen sich die Beiträge von Gunther Geltinger, »Brücke für R.«, S. 43–50, und Christoph Peters, »Heimreise«, S. 159–165. Geltlingers Erzählung umkreist die Selbsttötung eines Freundes, der sich von der Mülheimer Brücke stürzte. Peters reflektiert die Veränderungen, die der »Fortschritt« industrialisierter Landwirtschaft in seinem Heimatort am Niederrhein verursacht hat.

15 Ulla Hahn, *Das verborgene Wort.* Roman, Stuttgart/München 2001 (im Folgenden zitiert: DvW); dies., *Aufbruch.* Roman, München 2009 (zit.: A); dies., *Spiel der Zeit.* Roman, München 2014 (zit.: SdZ). Im ersten Roman wird noch die alte Rechtschreibung verwendet, die Folgebände setzen die Rechtschreibreform um. Die Zitate behalten die jeweils vorgefundene Schreibweise bei.

16 Ulla Hahn, *Wir werden erwartet.* Roman, München 2017 (zit.: Wwe). In diesem letzten Band der Roman-Tetralogie führt der Lebensweg der Protagonistin nach dem ersten Teil »Der Tod« (Wwe, S. 9–276) vom Rhein an die Elbe und Alster. Der Akzent des vorliegenden Beitrags liegt daher auf den ersten drei Bänden; soweit die Rheinthematik eine Rolle spielt, wird auch der vierte Band einbezogen. Aufgrund des Gesamtumfangs von rund 2400 Seiten können nur einige zentrale Aspekte der Tetralogie zur Bedeutung des Rheins dargestellt werden.

17 Die Beschränkung der meisten Standardwerke der Romantheorie auf kanonisierte Romane und die Vernachlässigung von neorealistischer Literatur sowie Bestsellern der Gegenwart kritisiert Jost Schneider, *Einführung in die Roman-Analyse*, Darmstadt 2016, S. 15ff.

und Milieuschilderung der 50er, 60er und frühen 70erJahre rezipiert[18], aber auch als Entwicklungsroman des Hineinwachsens der Protagonistin in die Sprache, in die reale und poetische Welt[19]. Als »Chronistin des Rheinlands«[20] wurde Ulla Hahn anlässlich ihres 70. Geburtstags gefeiert, die ihrer Region ein Denkmal gesetzt habe. Über diese zutreffenden Interpretationen hinaus liegt es im Kontext der Rheinliteratur auf der Hand zu fragen, welche Rolle der Fluss selbst in den Romanen spielt und wie sich seine epische Darstellung zu zentralen inhaltlichen Aspekten verhält. Im vorliegenden Beitrag liegt daher der Akzent auf der Gestaltung der Rheinthematik. In Hinblick auf die Ausgangsfrage nach den Möglichkeiten einer gegenwärtigen Rheinliteratur gilt es zu zeigen, dass der Rhein hier weit mehr ist als der Schauplatz, die Kulisse oder das Lokalkolorit der Romanhandlung. In thematischen Querschnitten durch die vier Bände wird exemplarisch einigen Erzählsträngen und Aspekten nachgegangen, die einen besonderen Bezug zum Rhein aufweisen. Die verschiedenen Bedeutungsebenen sollen dargestellt werden, auf denen die Gestaltung von Rheinmotiven das epische Erzählen prägt und strukturiert. Am Ende steht die Frage, auf welche Weise die Schriftstellerin den Rhein im Sinn ihres ästhetischen Konzepts zum Fluss literarischen Erzählens gestaltet.

Kindheit am Rhein: Wellen, Weide und Kiesel

> »LOMMER JONN, sagte der Großvater, laßt uns gehen, griff in die Luft und rieb sie zwischen den Fingern. (…). Es ging an den Rhein, ans Wasser. Sonntags mit den Eltern blieben wir auf dem Damm, dem Weg aus festgewalzter Schlacke. (…) Mit dem Großvater liefen wir weiter, hinunter, dorthin, wo das Verbotene begann«. (DvW, S. 7)

Mit diesen Worten beginnt die Ich-Erzählerin Hildegard Palm die Geschichte ihrer Kindheit und Jugendzeit in Dondorf am Rhein.[21] Am Anfang jedes der vier

18 Vgl. zum Beispiel Dieter Borchmeyer, »Flucht in den Kopf«, in: *Die Zeit*, 23. August 2001. Diese Besprechung bezieht sich auf den ersten Roman *Das verborgene Wort.*

19 Vgl. Walter Hinck, »Nirgends seßhaft außer im Wort. Ulla Hahn zum Sechzigsten«, in: *Frankfurter Allgemeine Zeitung*, 29. April 2006, S. 39.

20 Lothar Schröder, »Die Chronistin des Rheinlands«, in: *Rheinische Post*, 15. Oktober 2015, über die ersten drei Bände: »Die 1800 Seiten der drei Romane sind eine vitale Geschichte des Rheinlands von den 50er Jahren bis zu den Studentenprotesten.«

21 Es ist kein Geheimnis, dass sich hinter Dondorf der Heimatort der Kindheit und Jugend von Ulla Hahn verbirgt: Monheim am Rhein, wo ihr Elternhaus inzwischen zu einem Literaturzentrum geworden ist. Anliegen des vorliegenden Beitrags ist nicht in erster Linie das Aufspüren der in Rezensionen häufig in den Vordergrund gestellten autobiographischen Bezüge bis hin zur völligen Identifikation von Ulla Hahn und Hilla Palm. Es soll hier zunächst um die fiktive Lebensgeschichte der Protagonistin am Rhein gehen. Erst abschließend wird die besondere biographische Beziehung der Autorin selbst zur Protagonistin der Romane und zur Rheinthematik reflektiert.

Romane steht das Leitmotiv des Aufbruchs ans Rheinufer und ruft Erinnerungen an prägende Kindheitseindrücke wach. Der Weg zum Rhein bedeutet Ausbruch aus der beengenden Welt der Eltern, mit denen man »auf dem Damm« bleibt, und zugleich wildes Vordringen durch Wiesen und Schilf in die unmittelbare Nähe des Wassers. »Ich riß mich los von der Hand des Großvaters, rannte vorwärts, zurück, ergriff seine Hand, ließ sie fahren und hielt sie wieder« (ebd.): Schon für das Kind ist der Rhein ein Ort erster Rebellion gegen Verbote, ein Raum der Freiheit. Der Wechsel des Sich Befreiens und freiwilligen Zurückkehrens zu den Menschen und Orten ihrer Herkunft wird zum charakteristischen Lebensrhythmus der Protagonistin und deutet sich bereits auf diesen Wegen mit dem Großvater an, die immer ans Rheinufer führen. Hier entstehen Erinnerungsbilder, die von Anfang an dem Erleben der Flusslandschaft entspringen und im weiteren Lebenslauf leitmotivisch in neuen Variationen und Kontexten wiederkehren.

Die Wellen am Rhein, das Schilf und die Weide, unter deren Laubdach Hildegard und ihr Bruder am Wasser unter der Obhut des Großvaters spielen, bilden die prägenden Grundelemente einer unvergessenen Kindheitstopographie. An diesem unscheinbaren Ort des Rheinufers findet Hildegard ihre ersten Zugänge zur Welt. Der naturverbundene Großvater, charakterisiert durch das Bild des Sämanns, lehrt die Kinder, auf die Wellen des Rheinwassers zu hören und ihre Sprache zu verstehen. »Ganz wie die Menschen sprach der Rhein.« (DvW, S. 8) Der Fluss nimmt für das Mädchen zunehmend die Rolle des »Vater Rhein« ein, die der eigene autoritäre Vater, gezeichnet durch seine Arbeit in der Fabrik, nicht ausfüllen kann, schon gar nicht als Vermittler von Sprache.[22] Unter der größten und schönsten Weide, die als »Großvaterweide« an entscheidenden Punkten von Hildegards Lebensgeschichte wiederkehren wird, lernen die Kinder Hören und Sehen. Geführt von der behutsamen Regie des Großvaters, tauchen die Geschwister ein in die Welt der Phantasie und der Märchen und benötigen für ihre Spiele nichts als die natürlichen Elemente des Rheinufers.

Die Steine als Fundstücke des Rheinstroms sind es vor allem, die Rheinkiesel, die im Kinderspiel entdeckt werden und im Romanverlauf eine tragende Rolle spielen.[23] Wenn der Großvater flache Steine über den Rhein springen lässt, wird jeder Aufprall zur Station einer imaginären Rheinreise. Zum »Zauberstein« erweckt er einen Kiesel, indem er ihn in die Sonne hält, »prächtiger als der Kranz der Maria im Kapellchen, das Auge Gottes in der Kirche, und ebenso allwissend.«

22 Auch Hildegards künftiger Freund Hugo steht seinem Großvater in seiner Verbundenheit mit dem Rhein näher als seinem Vater; hier deutet sich bereits die Auflehnung gegen eine als autoritär empfundene Vätergeneration an. Vgl. SdZ, S. 172, S. 314f.

23 Auf den Zusammenhang von Rhein und Steinen weist Dieter Borchmeyer in seiner Rezension hin (a. a. O., vgl. Anm. 18): »Das zentrale Leitmotiv des Romans sind die Steine, die der Rhein ans Ufer spült.«

(DvW, S. 9) Die Phantasie des Kindes verbindet den märchenhaften Stein mit ihm bekannten Elementen des rheinischen Katholizismus. In der Erinnerung erscheint der alte Mann als ein Magier im besten Sinn, ein Weiser, der den Kindern elementare Lebenszusammenhänge erschließt und ihnen eine erste Zeichensprache vermittelt.[24]

Als bedeutendste Gabe des Rheins an Hildegard wird der »Buchstein« dargestellt. Das in einem bücherarmen Milieu aufwachsende Kind hat bereits die Sehnsucht nach dem Buch entdeckt, als es am Rheinufer auf einen Stein mit feinen weißen Linien stößt: »Der Stein war beschrieben!« (DvW, S. 12) Der Großvater erzählt ihr zur Erklärung seiner Herkunft die Geschichte vom Stein, »der alles verwandelt.« (DvW, S. 13) Nach der Schöpfung sei er vom Himmel auf die Erde gefallen und in Bruchteilen über die ganze Welt zersplittert, die »Buchsteine«. »Wer diese Splitter finde, sei selbst ein Licht und leuchte in der Welt.« (DvW, S. 13) Wort und Buch, Schreiben und Lesen erhalten durch diese mythenhafte Erzählung eine positive, ethisch-religiöse Bedeutung. Die verwandelnde Kraft des Steins soll von der Finderin realisiert werden und ist eine Lebensaufgabe[25], die sich im Lauf der Zeit immer wieder stellt.[26] Während seines Erzählens verlässt der Großvater den Platz unter der Weide und geht zum Rhein: »Seine Augen hatten die Farbe des Stroms angenommen« (DvW, S. 13). So scheint er den Fluss zu verkörpern, werden Assoziationen an einen mythischen »Großvater Rhein« geweckt, der jedoch nicht die alten Rheinmythen wiederholt, sondern anhand tradierter Fundstücke eine neue Ursprungsgeschichte für das fragende Kind »erfindet«. Damit wird diese für das Gesamtwerk grundlegende Erzählung eng mit dem Rhein verknüpft, der von Anfang an als Fluss des Erzählens in Erscheinung tritt.

24 Die Rolle, die »ein mythenstarker Großvater« in dieser »Ursprungsgeschichte« einer Künstlerbiographie spielt, wird von Günter Blamberger mit kritischer Ironie bedacht: Ders., »Do häs de ding Boochstabe«, *Welt*, 27. 10. 2001. Die Bedeutung des Großvaters sollte jedoch nicht nur als Mythisierung der eigenen Biographie der Autorin gelesen werden. Sie hat zunächst familiäre und sozialgeschichtliche Gründe in der Abwendung der Protagonistin von der Vaterfigur (siehe Anm. 22) und ist auf dem Hintergrund der bedrückenden Verhältnisse des Elternhauses zu verstehen, die den Großvater als helfende und befreiende Gestalt erleben lassen. Durch seine enge Verbundenheit mit dem Rhein und seine natürliche Gabe des Erzählens wird er zu einer inspirierenden Gestalt für die Ich-Erzählerin, deren Einfluss sich im Lauf der Romane über seinen Tod hinaus entfaltet.

25 Die Eigenschaften des Steins erinnern an die des Opals in der Ringparabel in Lessings *Nathan der Weise* (1779) und seine »›geheime Kraft, vor Gott und Menschen angenehm zu machen, wer in dieser Zuversicht ihn trug‹.« Hildegard liebt das Theaterstück bereits als Schülerin und zitiert diese Verse (DvW, S. 200). Die Erzählung des Großvaters hat nicht nur mythische und religiöse, sondern auch pädagogische und aufklärerische Bezüge.

26 Zu Beginn des Folgeromans *Aufbruch* wird diese Geschichte fast wörtlich wiederholt, wenn die Protagonistin zu Beginn einer neuen Lebensphase wieder neu aufbricht, » an den Rhein, ans Wasser, dorthin, wo die Wellen mir mein erstes Buch vor die Füße gespült hatten« (A, S. 7 f.).

Archaische Zusammenhänge von Stein und Schrift stehen somit am Anfang der Geschichte des Erzählens, Lesens und Schreibens von Hildegard Palm, deren Ursprung in den Naturelementen des Rheinufers gesehen wird. Die Armut und der Mangel an Büchern im bildungsfernen Elternhaus werden zumindest in dieser frühen Lebensphase ausgeglichen durch Gaben der Natur, die der Phantasie Raum lassen. Die in Millionen Jahren geschliffenen Rheinkiesel als erste »Bücher« vermitteln dem Mädchen eine frühe »Leseerfahrung«, die tief in die Kulturgeschichte zurückreicht.[27] Die inspirierende Bedeutung des unscheinbaren Ortes am Rhein für die erzählerische Phantasie kündigt sich hier bereits an und wird im Verlauf der Romane immer deutlicher. Vor dem tatsächlichen Lesen lernt Hildegard am Rheinufer das Erfinden von Geschichten:

> »Ich hielt mir die Steine so lange vor Augen, bis sie heraufstiegen aus den steinernen Zeichen, die schönen Frauen und Männer, Kinder und Tiere, Feld und Wald, Dörfer und Städte, Gutes und Böses, alles, was ich mir vorstellen konnte.« (DvW, S. 14)

Die Steine erscheinen über die Ebene der Romanhandlung hinaus im Schriftbild des Textes als strukturierende Elemente des Erzählens: Die Abbildung eines Kieselsteins trennt jeweils die erzählten Episoden der Handlung der vier Bücher voneinander. So wird die Vorstellung geweckt, der Fluss des Erzählens bewege sich wie das Strömen des Rheins über die tragenden Kiesel auf seinem Grund hinweg. In *Spiel der Zeit* wird die erwachsene Protagonistin mit ihrem Freund drei besondere Rheinkiesel als »Buchsteine« deuten, als Symbole für die ersten drei Bände des Romanwerks[28], in denen sich das bis dahin Erlebte und Erzählte verdichtet.

Eine weitere zentrale Bedeutung wird den Rheinkieseln als »Wutsteinen« zugeschrieben, die es ermöglichen, Erfahrungen von Wut und Trauer buchstäblich im Rhein zu versenken. In ihrer Kindheit und Jugend ist Hildegard den rabiaten Erziehungsmethoden ihres Vaters ausgesetzt; der Großvater stellt den Zwängen und Härten der väterlichen Welt eine Strategie der Bewältigung gegenüber. Er geht mit Hildegard zum Rhein und erklärt ihr die Bedeutung eines »Wutsteins«: Man müsse diesen Stein so lange anschauen, »bis das Gesicht desjenigen erscheine, auf den man eine Mordswut habe.« (DvW, S. 21) Dann werfe man den Stein in den Rhein. Dieses symbolische Versenken eines Steins

27 Georg Forster, der den Niederrhein im Jahr 1790 bereiste, macht als Naturforscher eine in diesem Zusammenhang interessante Bemerkung: »Auf unserer kurzen Rheinfahrt haben wir oft mit den Pflanzen und den Steinen am Ufer gesprochen, und ich versichere Dich, ihre Sprache ist lehrreicher, als die dicken Bücher, die man über sie geschrieben hat.« Ders., *Ansichten vom Niederrhein, von Brabant, Flandern, Holland, England und Frankreich*, Berliner Ausgabe, 2013 (1791), S. 21.

28 Vgl. SdZ, S. 282f. Diese Geschichte weist im dritten Roman *Spiel der Zeit* auf die Anfänge in der Kindheit zurück. Im vierten Band wird an die Symbolik der drei Steine erinnert und ein weiterer hinzugefügt (vgl. Wwe, S. 273ff.).

mitsamt dem in ihn hinein projizierten Gesicht wird für Hildegard in der Kindheit, aber auch darüber hinaus zu einem Ritual der Befreiung von angemaßter Autorität, Gewalt und Unterdrückung. So manchen Kummer und Zorn gegenüber den Mächtigen und Reichen, sogar gegenüber ihrem Bild von Gott ertränkt Hildegard Palm im Lauf der Zeit in den Fluten des Rheins, dessen Ufer als Raum der Befreiung erlebt und dargestellt wird.

»Ein Rhein für kleine Leute«

Der Fluss, an dem die Protagonistin von Kindheit an ihre Freiheit gegenüber der Enge des Elternhauses entdeckt und verteidigt, wird ausdrücklich als ein »Rhein für kleine Leute« geschildert (A, S. 567). Die Hinwendung zum Sozialen und die Abkehr von den tradierten Topoi der Rheinromantik führen zu neuen Aspekten der Rheindarstellung. »Lommer jonn«, der lebensbegleitende Aufruf des Großvaters zum Gang an den Rhein steht im rheinischen Plattdeutsch als dem Original und wird dann ins Hochdeutsche übersetzt. Ganze Dialoge in Hildegards Familie sind im Dialekt geschrieben, tragen zur Typisierung bei und geben dem geschilderten Milieu der »einfachen«, von harter Arbeit gezeichneten Menschen seine Lebendigkeit und Authentizität.[29] Die »kleinen Leute« grenzen sich ausdrücklich ab von den »feinen Leuten«, die oft durch Elemente französischer Sprache und Kultur charakterisiert werden.[30] Auch wenn Hildegard in der Schule Hochdeutsch lernt und später sogar Latein als die mit Ehrfurcht betrachtete »Sprache Gottes« (DvW, S. 73), bleibt sie in der Familie und an ihrem Heimatort ihrer rheinischen Mundart treu. Als in der Schule Sprachverwirrung zwischen Dialekt und Hochdeutsch eintritt, wird das Arbeiterkind zur geschickten Vermittlerin: »Heldejaad war ich für die einen, Hildegard für die anderen. Ich brauchte einen Namen für beide.« (DvW, S. 182) Sie nennt sich Hilla und setzt diese Kurzform gegen den Widerstand ihrer Familie durch.

So wie die Dialoge im rheinischen Dialekt zur charakteristischen Erzählweise der Romane gehören, bestimmt die industrielle Prägung des Handlungsorts die

29 Michael Braun stellt in Hinblick auf *Das verborgene Wort* fest, dass »die Dialektpartien etwa ein Fünftel des rheinischen Kindheitsepos ausmachen. (…) Es ist offenbar dieser großzügig eingesetzte rheinische Originalton, der zur Erfolgsgeschichte des Romans beigetragen hat.« (Ders., Art. Ulla Hahn, in: *Kritisches Lexikon zur deutschsprachigen Gegenwartsliteratur*, hrsg. von Heinz Ludwig Arnold, Bd. 4, München 1978ff., S. 1–18, S. 16. – Andererseits sind die umfangreichen Dialoge im Dialekt ein Hindernis für die Übersetzung und ausländische Rezeption der Romane.

30 Wenn Hildegard zur Erstkommunion von der Tochter des Bürgermeisters ein Necessaire geschenkt bekommt, reagieren die Verwandten ablehnend: »Das Nässesähr ärgerte sie, das Nässesähr wor Quatsch, nix för usserens.« (DvW, S. 140) [»Das Necessaire ärgerte sie, das Necessaire war Quatsch, nichts für unsereins.« Ü: I. K.]

Darstellung des Rheins. In Dondorf, wo die meisten Einwohner in Fabriken arbeiten und Hildegard ihre Sommerferien in der Pillenfabrik verbringt, sind es entsprechende Gerüche und Geräusche, die sinnenhaft beschrieben werden: »Der Rhein roch nach Fisch und Metall, Seifenlauge und Laich«, »das Tuten der Schleppkähne« ist schon von weitem zu hören (DvW, S. 7). Keine lieblichen Düfte weht der Wind am Rhein herbei, sondern die Industriedünste der Raffinerie. Der Laut der Kähne kehrt leitmotivisch auf allen Lebensstufen der Protagonistin wieder und gehört zur unvergesslichen Welt ihrer Rheinimpressionen. Von der ersten Romanseite an wird deutlich, dass nicht der Rhein des Tourismus Ort der Handlung ist, sondern ein Fluss des Alltagslebens und der Industrie, der den Charakter des Erzählens prägt und auf neue Weise zum Erinnerungs- und Sehnsuchtsort werden kann.

Der Kölner Rhein, den die Protagonistin als Studentin kennenlernt, kann dem in Dondorf erlebten unscheinbaren Fluss den Rang nicht streitig machen. Sie sieht ihn zum ersten Mal in Begleitung ihres Bruders, der ihr die römische Geschichte des Stroms erzählen kann und ihr Brücken in die fremde Großstadt schlägt. Hildegard sieht den Rhein am Kölner Ufer mit Vorbehalt:

> »Der Kölner Rhein war berühmt. Aber um einen hohen Preis. Er war Knecht. Er diente. War vor allem Straße. Eine Straße neben anderen. (…) Die ganze Stadt machte dem Strom den Rang streitig. Dieser Rhein war nicht der meine. Jedenfalls noch nicht.« (A, S. 569)[31]

Die Polarität von Herrschen und Dienen, die Hildegard aus ihren Existenzkämpfen in Familie und Kleinstadt, in Schule und Arbeitswelt kennt, spiegelt sich in ihren Augen im Bild des Kölner Rheins. Der Strom, der zu Hause für sie Freiheit und Befreiung bedeutet, erscheint ihr in Köln als Knecht des Güterverkehrs, der Industrie, der ihn umschließenden Dämme und Herrschaftssymbole. Auch als geschichtsträchtiger Strom, über den ihr der Bruder Bildungswissen vermittelt, kann er für sie persönlich nicht mit dem Rhein ihrer Herkunft konkurrieren. Als Gegenbild bewahrt sie sich den Fluss ihrer Heimat als einen Ort, wo Mitmenschlichkeit und Phantasie sich frei entfalten können.

Gegen Ende des Romans *Aufbruch* bringt die Ich-Erzählerin ihr Rheinbild pointiert zum Ausdruck:

31 Diese Vorbehalte sind verwandt mit der Skepsis gegenüber dem Rhein der Römer bei Heinrich Böll: »Der Rhein ist männlichen Geschlechts, keltisch ist sein Name, römischen Ursprungs sind die Städte an seinen Ufern. Die Römer brachten den Stein, pflasterten Straßen, bauten Paläste, Lager, Tempel und Villen. In Steinen brachten sie den vergeblichen Traum von Dauer, Steine blieben als Zeichen ihrer vergangenen Herrschaft.« (Ders., »Der Rhein« (1960), in: *Essayistische Schriften und Reden 1, 1952–1963,* hrsg. von Bernd Balzer, Köln 1978, S. 334–339, S. 334. Auch für Böll ist der Niederrhein »keineswegs der geringere.« Ebd., S. 336.

> »Keine Burgen, keine Berge. Rüben statt Reben. An den Ufern Weiden, Pappeln, Schilf, ein Kirchturm, ein Fabrikschornstein von weitem. Unberühmt und unbesungen, heruntergekommen vom Siebengebirge und der großen Stadt Köln: der Dondorfer Rhein. (...) Ein Rhein für kleine Leute, einer der maßhält, behäbig dahinfließt, mit sich selbst zufrieden, keinen beeindrucken will, kleinbürgerlich, mit naher Verwandtschaft zu schwerer Arbeit. (...) Ein bescheidener Strom? Ja.« (A, S. 567)[32]

Dieses personifizierende Bild vom »bescheidenen Strom« prägt das Bild der Erzählerin von der Würde der arbeitenden Menschen mit ihrem niederrheinischen Plattdeutsch, ihren einfachen Träumen vom Glück und ihrer volkstümlichen Religiosität, die sie im Lauf ihrer eigenen Lebensgeschichte selbst gegen bedrückende Erinnerungen verteidigt. Darüber hinaus ebnet ihr die frühe Erfahrung des hier unscheinbaren, bilderarmen Flusses den Weg zur eigenen Phantasie und zu ihrer persönlichen Bildungsgeschichte.

Ein rheinischer Bildungsroman

Ihren eigenen Weg zur Sprache, zur Bildung und zur Welt der Literatur muss die Protagonistin sich hart erkämpfen und gegen den Widerstand ihres Herkunftsmilieus durchsetzen. Sie steht zunächst vor der Herausforderung, ihre »rheinische Zunge« zu besiegen (DvW, S. 174). Ausgehend von ihren Kindheitserlebnissen am Rhein und ihrer Entdeckung der »Buchsteine« entwickelt sie Ansätze einer kindlichen Philosophie der Sprache, entdeckt ihre unendlichen Möglichkeiten: »Wörter waren da, wie die Steine am Rhein« (DvW, S. 61). Die örtliche Buchhandlung wird ihr zur Pilgerstätte, die einzige Barriere bleibt das fehlende Geld. Hier wird der Bildungsroman eines Mädchens vom Niederrhein erzählt, das sich über Lektüren von Reclamheften, mit autodidaktischen Studien und ungeheurer Energie den Zugang zur Welt des Wissens und der Literatur erobert.[33]

Die Stufen des Bildungsweges von Hildegard Palm als Schülerin werden

32 Die Darstellung des Rheins als »bescheidener Strom« und »Rhein für kleine Leute« wird im vierten Romanteil wörtlich wieder aufgenommen, wenn Hildegard vor ihrem Aufbruch nach Hamburg einen Abschiedsgang mit ihrem Vater an den Rhein macht (Wwe, S. 256). Am Ufer des Rheins liegen die Ursprünge ihres Eintretens für die »einfachen« Menschen in ihrer Würde und ihrem Recht auf Bildung, das sich in *Wir werden erwartet* im politischen Engagement konkretisiert.

33 Der Gattungsbegriff des Bildungsromans bezieht sich jahrhundertelang auf die Bildungsgeschichte des Mannes. Vgl. bereits den Titel des Standardwerks von Jürgen Jacobs, *Wilhelm Meister und seine Brüder. Untersuchungen zum deutschen Bildungsroman*, München 1972. Ortrud Gutjahr (*Einführung in den Bildungsroman*, Darmstadt 2005) stellt auch die Entwicklung des weiblichen Bildungsromans dar und analysiert als jüngstes von drei Beispielen Ulla Hahns Roman *Das verborgene Wort* (vgl. ebd., S. 126–132).

immer wieder mit ihren Erfahrungen am Rhein verknüpft und mit intertextuellen Bezügen zu ihren Lektüren ausgestattet. Eine vielschichtige Episode früher Dichterliebe des heranwachsenden Mädchens hat ihren Ort am Rheinufer. Unter den Dichtern gilt Hildegards erste große Liebe und Verehrung Friedrich Schiller, für dessen Bild sie einen Altar baut. »›In deiner Brust sind deines Schicksals Sterne‹« (DvW, S. 394): Früh fühlt sie sich von Schillers Freiheitsgedanken persönlich angesprochen. Am Rhein begegnet sie seinem vermeintlichen Alter Ego in Gestalt eines Mannes, dessen Aussehen sie an ihr Schillerbild erinnert. Während ihre Schulkameradinnen mit seinen Begleitern, vier südländischen Männern, hinter den Kopfweiden verschwinden, geht sie mit dem geheimnisvollen Fremden namens Federico durch die Wiesen am Rhein und lässt ihn im Abendwind ihr Haar bürsten; Anklänge an die Loreley von Heine sind unüberhörbar. Zu Hause dichtet sie erste Verse vor Schillers Bild: »Ich ging am Rheine so für mich hin, da bist du gekommen in meinen Sinn.« (DvW, S. 255) Ein Artikel in der *Rheinischen Post* setzt den romantischen Projektionen ein jähes Ende: Italienische Fremdarbeiter hätten Dondorfer Mädchen belästigt. Hildegards durch Lektüren geprägtes Erlebnis von Rheinromantik wird konfrontiert mit den Vorurteilen ihres kleinstädtischen Umfeldes und der undifferenzierten Beschuldigung der fünf ausländischen Männer. Sie baut ihren Altar für Schiller ab, verabschiedet sich vorerst von ihren schwärmerischen Träumereien und meldet sich für die Sommerferien zur Fabrikarbeit.

Der Konflikt zwischen Literatur und Leben begleitet Hildegards weiteren Entwicklungs- und Bildungsweg. Anstatt in den Ferien in den Rheinwiesen zu lesen, ihre größte Glückserfahrung, arbeitet sie in der Fabrik, um sich die Klassenfahrt leisten zu können. Wenn sie als Klassenbeste nach der Mittleren Reife statt an ein Gymnasium zur Berufsschule gehen muss, bahnt sich eine tiefe Lebenskrise an. Nur mit der Hilfe von Gedichten, die sie sich in den Schuh steckt und heimlich liest, kann sie die Schikanen ihrer Vorgesetzten eine Zeitlang ertragen. So wappnet sie sich mit Rilkes Gedicht »Der Panther« und schreibt es um, indem sie es mit der Befreiung des eingesperrten Tiers enden lässt.[34] Die befreiende Gegenwelt zu den Zwängen des Arbeitslebens bildet für sie das Rheinufer, wo sie die jeweils mitgebrachten Verse spricht, »in allen Tonlagen, aus dem Flüstern der Wiesen in das Rauschen des Rheins« (DvW, S. 485). Die Gedichte und der Fluss verbinden sich zu ihrem Lebenselixier, Bücher und Bildung stärken ihre Widerstandskraft. Im Rückblick erkennt sie: »Meine Lernbegier, mein Lesehunger, mein Bildungsdurst waren von Anfang an auch von Aufsässigkeit und Angriffslust gespeist, geboren aus einer Haltung, es Denendaoben zu zeigen.« (Wwe, S. 233)

34 Vgl. DvW, S. 502f. und die Erinnerung an diese literarische Freiheitserfahrung in Wwe, S. 169.

Auf die Dauer durchlebt sie jedoch durch die alltägliche Unterdrückung ein großes Sterben der Wörter, Gedichte und Geschichten, das auch ihre eigene Existenz auszulöschen droht. Sie färbt ihre Kleidung in schwarzer Trauerfarbe und begeht an ihrem Zufluchtsort eine symbolische Selbsttötung: »Nahm den erstbesten Stein in die Hand (...) und versenkte mich in hohem Bogen im Rhein.« (DvW, S. 518) Die Krise in der Lebens- und Bildungsgeschichte der Protagonistin wird in Beziehung gesetzt zu einer vorwissenschaftlichen Entdeckung des französischen Existentialismus[35], der als Modeströmung in den 50er und 60er Jahren in populärer Form auch in deutschen Illustrierten Einzug hielt. In der Zeitschrift *Hör zu* liest sie einen Artikel mit dem Titel *Bonjour tristesse*[36] und trifft auf einen Satz, den sie sich spontan zu Eigen macht:

> »er war von einem Franzosen, Jean-Paul Sartre: ›Ich bin meine Freiheit‹. Ein Satz, als stieße man ein Fenster auf, frische Luft, das Sausen der Pappeln am Rhein und das Meer, das ich nicht kannte, Hauke Haiens Meer.« (DvW, S. 520f.)

Die Ich-Erzählerin kreiert hier eine Art von rheinischem Existentialismus, indem sie Sartres berühmten Satz aus dem Drama *Die Fliegen* (1943) mit ihrer eigenen Erfahrung von Freiheit am Rhein verbindet. Auch wenn Hildegard noch nicht den rebellischen Kontext des an Jupiter gerichteten Satzes kennt, findet sie darin eine persönliche Lebensmaxime. Diese verbindet sie mit den Elementen des Rheinufers, aus denen sie sich eine poetische Weltdeutung geschaffen hat, die sie als befreiend gegenüber den Zwängen ihres Lebens erfährt. Rückblickend resümiert sie: »Der Rhein, der Ort der Freiheit.« (Wwe, S. 139) Vor jeder ausdrücklichen Reflexion der geistesgeschichtlichen Zusammenhänge steht die Protagonistin in einem Kontext, der Schillers Freiheitsdenken mit existentialistischem Freiheitsanspruch und mit dem Bild des freien Rheins verbindet.

Unter den Zumutungen eines fremdbestimmten Arbeitslebens wird mit der Zeit auch der Rhein zur leblosen Kulisse: »Alles blieb auf der Netzhaut kleben, kleine Bildchen einer Guckkastenbühne.« (DvW, S. 528) Die Erfahrung von Sinnlosigkeit, Absurdität und Lebensekel[37] lässt sich weder durch kraftvolle Worte der Dichter noch durch den stärkenden Einfluss des Rheinufers bewäl-

35 Zu den Beziehungen der 1968er-Bewegung zum Existentialismus und zur Romantik vgl. Rüdiger Safranski, *Romantik. Eine deutsche Affäre*, München 2007, S. 386ff.

36 Der Titel bezieht sich auf den damals populären Roman von Françoise Sagan (1954), den die Protagonistin gelesen hat, dessen Darstellung von luxuriösem Lebensüberdruss sie jedoch abstößt. »Mein Überdruß, meine Hoffnungslosigkeit, meine Verzweiflung hatten andere Gründe als die der ›Hör zu‹-Existentialisten, und doch fühlte ich mich ihnen auf unbestimmte Weise verwandt, fühlte mich in meinen Trauerkleidern, meinen Protestkleidern, nicht mehr allein.« (DvW, S. 520)

37 In der Schilderung der Existenzkrise der Protagonistin sind Spuren ihrer Lektüre von Jean-Paul Sartres Roman *Der Ekel* (1938) zu finden, den sie bereits zur Zeit ihrer Firmung gelesen hat (vgl. A, S. 495).

tigen. So wie der Fluss zuvor die Selbstfindung der Protagonistin begleitet hat, wird er nun zum Spiegel ihres Verlusts von Lebenssinn. Wie viele Kolleginnen gerät sie in eine immer tiefere Abhängigkeit vom Alkohol. Drei von ihren Fähigkeiten überzeugte Mentoren[38] ermöglichen ihr schließlich den kostenlosen Besuch des Gymnasiums und eröffnen ihr so eine neue Lebens- und Bildungsstufe. Damit ist die Existenzkrise der Protagonistin überwunden, befreit sie sich von den gehorteten Underbergflaschen und wirft sie an ihrem Kindheitsort bei der »Großvaterweide« in den Rhein. Mit Bezügen zur Steinsymbolik, zum verwandelnden Stein des Großvaters und dem weißen Stein der Johannes-Offenbarung, endet der erste Roman *Das verborgene Wort.*[39]

Auf den weiteren Etappen der Bildungsgeschichte von Hildegard Palm während des Besuchs des Gymnasiums und der Kölner Universität in den Folgebänden geht die unmittelbare Bedeutung des Rheinstroms vorerst zurück. Ihr steht nun der Weg in die Welt der Literatur und Wissenschaft offen.[40] Das heimische Rheinufer gewinnt jedoch eine neue Bedeutung als Korrektiv gegenüber den Anmaßungen wissenschaftlicher Systeme, als Raum der Rebellion gegenüber quälenden Abstraktionen, vor allem als Fluss lebendigen Erzählens:

> »Hier sprachen Weiden, Gras und Schilf, erzählten mir Pappeln mit tausend Frühlingszungen ihre Geschichten. Ihre Zungen gegen die des Professors, der Tante, der Bücher behielten die Oberhand, und die Möwen mit ihrem aufsässigen Geschrei vertrieben die letzten kleinmütigen Grübeleien.« (A, S. 406)

Die Erfahrungen am Rheinufer vermitteln der Protagonistin Souveränität gegenüber dem in der Zeitung ihres ersten Studientages auf sie einstürmenden »Wirrwarr der Welt« (A, S. 412). Sie mustert kritisch die Rubriken von der Politik bis zur Frauenseite, greift am Ende spielerisch auf eine vom Großvater erlernte Falttechnik zurück und sendet die Blätter als Schiffchen den Rhein hinunter. »Dä

38 Die drei hilfreichen Förderer, die Lehrer Rosenbaum, Mohren und Pfarrer Kreuzkamp, werden humorvoll im Bild der Heiligen drei Könige gedeutet und mit dem rheinischen Katholizismus in Verbindung gebracht. Für ein Mädchen aus einer Arbeiterfamilie war in den fünfziger Jahren der Besuch des Gymnasiums offenbar ein säkulares Wunder.

39 Vgl. DvW, S. 592. Die Verbindung der drei Bedeutungsebenen des Steins – von der zum »Wutstein« stilisierten Underbergflasche über den Stein des Großvaters bis hin zum Stein der Johannes-Apokalypse (Offb 2,17) kann bei kritischer Lektüre allzu konstruiert erscheinen. Darüber hinaus kommt ein vom Lehrer geschenktes Bändchen mit Heine-Gedichten ins Spiel. Zum Pathos der Erlösung durch Literatur in DvW vgl. M. Braun (2002, S. 16): »Jenseits der erzählerischen Rekonstruktion einer bedrückenden Kindheit zielt der Roman allzu demonstrativ auf die Legitimierung eines kunstreligiösen Habitus.«

40 Dennoch: Wie früher ihre Reclamhefte, nimmt sie als Studentin der Germanistik ihren »Kluge« mit an den Rhein, der ihr die Herkunft von Wörtern wie »Stein« und »Kiesel« und ihre Millionen Jahre alte grenzüberschreitende Geschichte erklärt: »Kiesel wurzelten im indogermanisch-osteuropäischen ›gei‹, am Grunde der Moldau waren sie gewandert bis zu den Steinen am Rhein.« (SdZ, S. 120)

Rhing eraff [den Rhein hinunter] würde es für de Gaulle, Erhard und Adenauer gehen, Deutsche und Franzosen in einem Boot.« (A, S. 416) Die Nachrichten über die deutsch-französische Freundschaft werden ebenso wenig verschont wie die über sowjetische Abwehrraketen, die aktuellen Botschaften der Nachkriegsjahre schwimmen über den Rhein Richtung Meer: »Panta rhei.« (A, S. 416) Die Gleichgültigkeit der Studienanfängerin gegenüber politischen Ereignissen ändert sich mit der Zeit; was bleibt, ist ihre Fähigkeit zur Gelassenheit angesichts des Rheinstroms, dessen Fließen ihr ein alternatives Zeiterleben vermittelt.

Nicht der Kölner Rhein wird »ihr Rhein«, sondern der eigentliche landschaftliche Bezugsraum ihrer Geschichte bleibt der Fluss ihres Heimatortes. Hier findet sie Orientierung in der Welt der auf sie einströmenden Begriffe und Botschaften, in der sie erst Fuß fassen und sich behaupten muss. Am Dondorfer Rheinufer wird ihr ein vorbeifahrender Dampfer zum Bild unbeirrbar ruhigen Fortschreitens, führt ihr »eine durch nichts verlorene, durch nichts verlierbare Klarheit« vor Augen (A, S. 412). Der Rhein vermittelt ihr in einer Zeit der Umbrüche und Aufbrüche Bilder der Verlässlichkeit und Widerständigkeit.[41] Auch wenn er in Hinblick auf ihren Bildungsweg nun eher zu einer Unterströmung wird, bleibt er weiterhin der Fluss ihrer Selbstfindung, der schöpferischen Ruhe und wachsenden Kreativität. Diese Verbundenheit vermittelt ihr über die Kindheit und Jugend im Rheinland hinaus die Kraft, sich für die Bildung der Menschen einzusetzen, denen sie bislang vorenthalten wurde.

Raum für entscheidende Dialoge

Die Bedeutung des Rheins für die Geschichte der Protagonistin erschöpft sich nicht in den dargestellten Impulsen für ihre Sprachfindung, für ihr Verhältnis zum Milieu ihrer Herkunft und ihre Bildungsbiographie. Der Rhein erscheint darüber hinaus als das dynamische Element, als Fluss des Lebens und der Zeit, der die erzählte Handlung und das Erzählen selbst vorantreibt. Das Rheinufer wird als Landschaftsraum dargestellt, an dem entscheidende Begegnungen und Gespräche stattfinden, die wiederum von der Präsenz des Flusses geprägt werden. Die großen Anteile direkter Rede geben diesen Passagen oft den Charakter dramatischer Höhe- und Wendepunkte innerhalb der Romanhandlung.

Nach dem Großvater als der Urgestalt kindlicher Gespräche am Rhein ist es zunächst der Bruder Bertram, der Hildegard in Krisensituationen am Rheinufer

41 Wie wenig selbstverständlich diese Sicht ist, zeigt ein Vergleich mit dem Erleben des Rheins bei Esther Kinsky, *Am Fluß*. Roman, Berlin 2014. Sie widmet dem Fluss ihrer Kindheit ein eigenes Kapitel (S. 29–39) und erinnert sich an seine »unstete Eigenständigkeit« (S. 38): »Der Fluß war Bewegung, Unordnung und Unberechenbarkeit in einer Welt, die nach Ordnung strebte.« (S. 30).

zu finden weiß. Die Szene eines solchen Gesprächs wird ebenfalls vor der neuen Lebensstufe in der Biographie Hildegards dargestellt, ihrem ersten Studientag in Köln. Der Bruder möchte ihr mit seiner humorvollen Deutung eines Rheinkiesels als »Stein der Weisen« Mut zusprechen (A, S. 373), doch Hildegard kann ihm nicht mehr spontan in die erinnerte Kindheitswelt folgen. Eine Wende bringt ihr Entschluss, gemeinsam mit der Fähre auf die andere Rheinseite überzusetzen. Die Fährenfahrt von einem Rheinufer zum anderen »auf dem Rücken von Vater Rhein, glitzernd über Millionen von Wünschen, Wunschsteinen« (A, S. 377) löst ihre Ängste vor dem Unbekannten, stiftet Zusammenhang zwischen ihrer Vergangenheit und den Aussichten der Zukunft. Der Wechsel der Perspektive von der anderen Rheinseite auf das vertraute Ufer schafft zugleich Distanz und Kontinuität. »Eamus!«(A, S. 379), Bertram wandelt das »Lommer jonn« des Großvaters scherzhaft in die lateinische Sprache um. Das Über-Setzen mit der Rheinfähre bewirkt das Übersetzen der vertrauten Leitmotive auf neue Lebensstationen hin. Das Leben der Protagonistin spielt nun an beiden Ufern des Rheins und gewinnt neue Akzente in diesem erweiterten Sprach- und Landschaftsraum.

Auch in einem zentralen Gespräch mit ihrem Vater am Rhein erlebt Hildegard vor ihrem Umzug nach Köln die befreiende Wirkung des heimischen Ufers und zugleich eine unerwartete Wende im gegenseitigen Verhältnis. Erschöpft von ihrem Pendeln zwischen Köln und Dondorf, zerrissen zwischen den beiden Welten hört die Studentin hier widerstrebend die Lebensgeschichte ihres Vaters. Er erzählt ihr von seiner Lesefreude in der Kindheit, der durch einen brutalen Stiefvater ein krasses Ende bereitet wurde. Hier liegen die Ursprünge seines harten Arbeitslebens und seiner Aggressivität gegenüber der wissensdurstigen Tochter. Sichtlich gelöst von seiner Lebensbeichte, setzt er sich mit ihr auf einen Baumstamm unmittelbar am Rheinufer:

> »Der Vater sah geradeaus. Ich sah geradeaus. Vielleicht trafen sich unsere Blicke weit draußen auf dem Rhein in den schwarz-rot-goldenen Streifen der Flagge eines Schleppkahns, fuhren wir mit den Augen an Deck gemeinsam nach Duisburg oder nach Rotterdam ans Meer.« (A, S. 456)

An diesem Ort, der im Anblick des Rheins zumindest in der Phantasie eine gemeinsame Reise ermöglicht, eröffnet der Vater seiner Tochter das Geheimnis, um das es bei diesem ungewohnten gemeinsamen Spaziergang geht: das Erbe eines Sparbuchs, mit dessen Hilfe er Hildegard den Umzug nach Köln ermöglichen möchte und damit den Lebensweg, der ihm selbst verschlossen geblieben ist.[42] Als der Vater im Ruhestand von der lähmenden Fabrikarbeit befreit ist,

42 An dieses entscheidende Gespräch mit ihrem Vater erinnert sich die Ich-Erzählerin noch Jahre später, kurz vor seinem Tod: »Erinnere dich! An den Vater. An den Vater neben mir auf

führen die Wege mit der Tochter immer wieder »an den Rhein, ans Wasser« (SdZ, S. 245). Der heilsame Einfluss des Flusses verstetigt sich auch für die Ich-Erzählerin und wird in *Spiel der Zeit* in personifizierende Worte und Bilder, in lange fließende Sätze gefasst, die in Kontrast zu der oft lapidaren Alltagssprache der Dialoge stehen:

> »Was uns im Gespräch Auge in Auge am Küchentisch oder vis-à-vis im Wohnzimmer, den Gummibaum zwischen uns, niemals über die Lippen käme, hier bei dem großen alten Meister der Verschwiegenheit, dem ewigen Verkünder des ›Alles fließt‹, gerieten auch unsere Stimmen in Fluss, Redefluss, ließen wir uns treiben im Strom der Gedanken und wurden zu freundlichen, friedlichen Kameraden.« (SdZ, S. 245)

Zum Fluss der Versöhnung zwischen Vater und Tochter wird der Rhein endgültig in *Wir werden erwartet*, wieder vor Beginn einer neuen Lebensstufe, Hildegards Umzug nach Hamburg. »Der Rhein in Dondorf roch nach Abschied und Sehnsucht. Sehnsucht nach Rotterdam, dem Meer.« (Wwe, S. 255) In zwei Abschiedsgängen mit dem Vater an den Rhein kommt noch einmal die Verwurzelung der nun erwachsenen und in Hamburg lebenden Protagonistin am Rheinufer und die lange unterdrückte Liebe zwischen beiden zum Ausdruck. Die Abneigung des Vaters gegen Bücher und Bildung wandelt sich in Neugier und Interesse, so dass sich ein umgangssprachlicher Dialog über Schillers Drama *Die Räuber* und den Sinn von Geschichten entfalten kann. Das vom Vater in der Kindheit zerrissene Reclamheft und andere Relikte überwundener Gewalt werden an Silvester in dem bekannten spielerischen Ritual auf einem Papierschiff dem Rhein anvertraut: »Feierlich ließen wir das Boot zu Wasser, übergaben die alten Reste dem alten Jahr.« (Wwe, S. 263)

Die verbindende und versöhnende Wirkung des Rheins, seine Rolle eines stillen Zeugen und Mitspielers kommt immer wieder in den Dialogen Hildegards mit ihren Gesprächspartnern zum Tragen.[43] »Es ging an den Rhein, ans Wasser.« (A, S. 544) Mit diesem leitmotivisch wiederkehrenden Satz werden auch zentrale Gespräche mit Pfarrer Kreuzkamp, die er angesichts schwerer Lebenskrisen und Glaubenszweifel mit ihr führt, am Rheinufer verortet. Der Seelsorger, der Hildegard von Kindheit an in ihrer unkonventionellen Religiosität gegenüber der engen Volksfrömmigkeit ihres Elternhauses bestärkt hat, weitet in diesen Gesprächen ihren Horizont über ihr persönliches Lebensschicksal hinaus, weist ihr

---

einer Bank am Rhein, neben mir auf einem Baumstamm im Erlengebüsch, wo er sich mir anvertraut hatte, zum ersten Mal vertraut.« (Wwe, S. 356)

43 Ein weiteres Beispiel ist das Gespräch zwischen Hildegard und ihrer Kollegin bei der Arbeit in der Pillenfabrik, einer griechischen Gastarbeiterin. Auf einer Bank am Rhein erzählt Nestoria die Geschichte ihrer Auswanderung aus Griechenland aufgrund einer niedergeschlagenen Demonstration für die Demokratie (vgl. A, S. 517–521).

die Richtung zu einem ethisch-religiösen Zugang zur Literatur und bringt ihr stagnierendes Denken wieder in Fluss.

Das Rheinufer bildet in den dargestellten Gesprächen nicht den Schauplatz der eigentlichen Handlungen, zum Beispiel das Ausüben und Erleiden von Gewalt, die in den Räumen des Hauses, der Schule, der Fabrik stattfinden. Der Dondorfer Rhein wird den Innenräumen als ein Landschafts- und Kommunikationsraum gegenübergestellt, in dem Verschwiegenes erzählt und Verdrängtes endlich ausgesprochen werden kann. Der Rhein ist weit mehr als ein stimmungsvoller Hintergrund der Dialoge, die an seinem Ufer stattfinden. Die vertrauten Elemente wie Weiden, Schilf und Möwenschreie schaffen ein wohltuendes Klima für intensive Gespräche oder gemeinsames Schweigen, der Fluss selbst wirkt in seinem ruhigen Fließen lösend, bewegend, befreiend. In dem so gestalteten Lebensraum kann Stummheit in Sprache, Mutlosigkeit in Zuversicht und Schuld in Versöhnung gewendet werden.[44]

Wasser der Lebensbewältigung

Die Rolle des Rheins als »Sorgenschlucker« und »Wutverschlinger« (A, S. 11) wird eindringlich dargestellt in den Szenen, die nicht nur am Rhein spielen, sondern unmittelbar in Bezug zu seinem Wasser stehen. Mit der symbolischen Handlung des Werfens eines »Wutsteins« in den Rhein kann die Protagonistin sich seit ihrer Kindheit in verschiedenen Situationen existentieller Not erleichtern und befreien, vor allem von Erfahrungen ohnmächtig erlittener Gewalt. Das Versenken des Steins im Wasser bedeutet eine sublimierende Bestrafung des körperlich und hierarchisch Stärkeren, der Unrecht zugefügt hat, eine zeichenhafte Rebellion, aber auch eine seelische Befreiung, wie sie in der Redewendung »Mir fällt ein Stein vom Herzen« zum Ausdruck kommt.

Menschen, die sich nicht mit Symbolhandlungen entlasten können, sondern tatsächlich in größter Not und Ausweglosigkeit »ins Wasser« bzw. »in den Rhein

44 In den zentralen Dialogen am Rhein sind es männliche Gesprächspartner, die dem Geschehen eine neue Wendung geben. Pfarrer Kreuzkamp lässt sich mühelos in die Reihe der Vaterfiguren einordnen, die die Protagonistin auf ihrem Lebensweg voranbringen. Die weiblichen Figuren wie die Mutter oder die weltoffenere Großmutter schalten und walten im Haus und sind nur bei den seltenen Familienausflügen an den Rhein präsent in der freien Natur. Diese Konstellationen sind in Zusammenhang mit den Geschlechterrollen der 50er und 60er Jahre zu sehen, die sich erst gegen deren Ende langsam verändern. Die dominierende Bedeutung der männlichen Gestalten ist aber auch beeinflusst durch das Bild von »Vater Rhein«, der eben für die Ich-Erzählerin nicht nur eine Hintergrundlandschaft ist, sondern ein personifizierter Mitspieler: »Sorgenschlucker, Trauertröster, Wutverschlinger, mein treuer Vagabund, mein verlässlicher Stromer, mein Rhein.« (A, S. 11)

gehen«[45], haben in der Alltagssprache eine traurige Sprichwörtlichkeit erlangt. Ein solcher Fall, den Hildegard bereits als Schülerin während ihrer Fabrikarbeit erlebt, wird mit der Geschichte der jugoslawischen Gastarbeiterin Dunja erzählt, die von ihrem Landsmann Branko um sein Eheversprechen und ihr Geld betrogen wurde. Die *Bildzeitung* berichtet, man habe Dunjas Leiche an der Rheinbiegung gefunden, ihre Jackentaschen mit Steinen beschwert. Hildegard gibt ihrer Hilflosigkeit, Wut und Trauer mit sprechenden Gesten Ausdruck:

> »Kaum hielt ich ihn in der Hand, las ich Brankos Fotogesicht aus dem Stein. Zusammen mit einer Rose aus dem Garten knotete ich ihn in Dunjas Tuch und schleuderte Stoff, Stein und Rose in den Rhein, dort, wo man Dunja gefunden hatte.« (DvW, S. 295)

Das Versenken von Kleidern im Rhein kehrt wie ein Ritual wieder, wenn von der Vergewaltigung einer Frau erzählt wird, für die es in den 50er und 60er Jahren offenbar kaum Mitteilungsmöglichkeiten gab. Die eigene traumatische Erfahrung der Protagonistin, die sie lange Zeit verschweigt, bedeutet für sie den Tod ihres alten Ich. Auch ihre symbolische Reinigung im Rheinwasser, ihre Selbstanklage als Hilla »selberschuld« kann sie nicht befreien (A, S. 313). Wie bereits während ihrer Existenzkrise durch die Arbeit in der Fabrik vollzieht sie auch hier eine imaginäre Selbsttötung im Rhein:

> »Lange lag ich wach. Ließ einen endlosen Regen toter Steine auf mich herabfallen, bis ich unten lag auf dem Grunde des Rheins, aufgelöst in seiner Strömung.« (A, S. 318)

Sie versenkt die Kleidung jenes Tages im Rhein, nachdem sie Steine darauf geworfen hat, eine Handlung, die wie eine symbolische Selbststeinigung dargestellt wird. Anschließend schleudert sie das Bündel aus Steinen und Stoff »von der Kribbe bei der Großvaterweide in den Strom« (A, S. 323). Das zeichenhafte Ertränken ihres alten Ich ist für sie eine Überlebensstrategie, die sie auch ihrer Studienfreundin Gretel vermittelt, als diese durch eine ungewollte Schwangerschaft und ihren Abbruch in einen unlösbaren Gewissenskonflikt geraten ist. In den Mülheimer Rheinauen vollzieht Hildegard mit der Freundin ein ähnlich befreiend wirkendes Ritual. Auf ihre Anweisung hin zerschneidet Gretel die Kleidungsstücke jenes Tages, und gemeinsam schleudern sie die Stoffstücke in die Wellen, »dä Rhing eraff, den Rhein runter, nach Rotterdam, ins Meer.« (SdZ, S. 115) Nach langer Zeit erfährt Hildegard bei einer Wiederbegegnung mit der Freundin, die inzwischen Ordensfrau geworden ist, welche Bedeutung diese Ausdrucksmöglichkeit für sie hatte:

45 Ein literarisches Beispiel in der zeitgenössischen Literatur ist Heinrich Bölls letztes Werk *Frauen vor Flusslandschaft. Roman in Dialogen und Selbstgesprächen*, Köln 1985. Hier ist es Martha von Kreyl, die »in den Rhein ging« (S. 79).

»Du warst mein Schutzengel. Ohne dich wäre ich ins Wasser gegangen. Ich. Nicht die Kleider. Das kannst du büßen, hast du gesagt. Das hat mir das Leben gerettet.« (SdZ, S. 560)

Das stellvertretende Versenken der Kleidung im Rheinwasser wird als symbolische Sühnehandlung dargestellt, der die Befreiung und Lebenswende im weiteren Handlungsverlauf noch folgt. An diese Szene erinnert sich Hildegard Jahre später nach dem Tod ihres Freundes Hugo und sucht nun selbst Zuflucht am Mülheimer Rhein:

»Da war das Wasser, da war der Wind, die Weiden waren da und die Steine. Wellen liefen auf mich zu und schluchzend fort in den Strom, kehrten wieder und schluchzten ins Wasser zurück. Ein ununterbrochenes Schluchzen. Mir entgegen schickte der alte Vater Rhein seine Wellen und befahl sie jedesmal heim. Schlepper tuckerten wie eh und je. Nur einer fehlte, und alles war Nichts. Ich raffte nach Steinen, kleinen und großen, presste die Handflächen ein. Tot, schrie ich, oder schrie ich Gott?« (Wwe, S. 95)

Wie in ihrer Kindheit, wie in ihrer »existentialistischen« Phase bleibt für die erwachsene Frau der Weg zum Rhein als letzter Ausweg. Er endet nicht tödlich, sondern tröstlich und stärkend, nicht zuletzt durch das alte personifizierende Bild vom Vater Rhein und die rhythmische Sprache, die den Eindruck des Mitleidens seiner Wellen erzeugt. Der Weg zum Rhein erscheint als »Fluchtweg« (Wwe, S. 139) und Zuflucht in Lebenskrisen, als Raum der Befreiung, wo die handelnden Personen Kraft zum Weiterleben schöpfen.

Ufer der Liebesbegegnungen

Das Rheinufer als naheliegender Schauplatz erster Spaziergänge zu zweit, der Rhein als Zeuge erster Liebeserfahrungen fehlt nicht in den Romanen und spielt eine bedeutende Rolle. Doch die Begegnungen bleiben nicht lange stimmungsvoll rheinromantisch, sondern gewinnen schnell eine die Handlung auf Entscheidung hin vorantreibende Dynamik. Während ihre Mitschülerinnen in den Rheinwiesen erste erotische Erlebnisse suchen, sind die Erfahrungen der Protagonistin, in deren Elternhaus Aufklärung ein Fremdwort ist, auf diesem Gebiet zunächst rein literarischer Art. Sie erlebt ihre ersten Liebesbegegnungen am Rhein auf eine poetisch stilisierende Weise. Das Erlebnis mit dem Italiener Federico steht am Anfang einer Reihe von Bekanntschaften Hildegards mit männlichen Figuren, die alle früher oder später an den Rhein führen. Parallel zur wachsenden Intensität der Freundschaften erscheint der Rhein mit den Elementen seines Ufers zunehmend als der Fluss, an dem Liebesproben stattfinden und an dem sich die Geister scheiden.

Ihre erste wirkliche Liebesgeschichte erlebt Hildegard als Schülerin mit Sigismund, dem Sohn des Chefingenieurs der örtlichen Raffinerie, eine Beziehung mit großem sozialem Gefälle. Theaterfahrten nach Düsseldorf, zu denen Sigismund sie einlädt, machen die Freundschaft zu einem Teil ihrer Bildungsgeschichte. Die Sehnsucht, »es« endlich zu erleben, worin die Mitschülerinnen ihr weit voraus sind und wovon die Literatur nur indirekt spricht, gilt zwischen Angst und Begehren ihrem neuen Freund. Die Liebe und der Fluss sind in ihrer Phantasie untrennbar verbunden.[46] Sie malt sich Rheinspaziergänge in den Sommerferien nach der Fabrikarbeit aus, die in der ersehnten Vereinigung am Rheinufer münden:

> »An langen, hellen Abenden würden wir durch Porreefelder und Kohl aller Arten, durch Wiesen und Weiden an der Reithalle vorbei zum Rhein gehen. Und nicht nur a u f dem Damm. (…) Da, wo der Weg in die Weiden biegt, würde ich stolpern, Sigismund würde mich auffangen, auffangen müssen, und ich läge an seiner Brust. (…) Verschmelzen, verströmen, vergehen, im Laubschatten der Weiden, bei den Wellen vom Rhein.« (DvW, S. 361 f.)

Doch das ganz im Bild kindlicher Rheinerlebnisse und romantischer Lektüren phantasierte »erste Mal« findet nicht statt: Sigismund fährt mit einer Jugendgruppe in das ihr unerreichbare Spanien und ebenso die Unternehmertochter Beate Maternus. Wieder stößt Hildegard schmerzlich an die Grenzen ihrer poetischen Rheinprojektionen.[47] Wenn Hildegard und Sigismund schließlich im Herbstwind am Rhein entlang gehen, »durch das Fahrrad getrennt wie durch Siegfrieds Schwert« (DvW S. 445), gibt ihr der rheinische Sagenheld Halt in der Unsicherheit unbekannter und unaufgeklärter Regungen und Gefühle. Weit entfernt von lindenblühender Rheinromantik, kommt es bei klirrendem Frost zur ersten Umarmung: »Wir froren uns zusammen.« (DvW, S. 447) Der erste Kuss wird als wärmendes Zuflucht Geben in der froststarren Natur geschildert. Einen Hauch von Romantik spendet, zumindest in der Perspektive der Ich-Erzählerin, der Mond:

> »Mondlicht, das Licht dieser weiten Lampe, machte die Landschaft zum Zimmer, legte sich zum Schlafen nieder, auf den Strom und sein Ufer, die Weiden, die Pappeln, das Schilf, auf uns und auf unseren Schatten, zum Schlafen und Träumen, ein schlafendes, träumendes Licht, das Sigismunds Gesicht in bleichen Glanz tauchte.« (DvW, S. 447 f.)

46 Die enge Verbindung zwischen Mensch und Fluss, insbesondere in Hinblick auf das Begehren, ergründet Claude Foucart, »Der Fluß – ein Schatz vielfältiger Mysterien«, in: Ute Seiderer (Hg.), *Panta rhei. Der Fluss und seine Bilder. Ein kulturgeschichtliches Lesebuch*, Leipzig 1999, S. 223–231.

47 Eine leise Ironie der Ich-Erzählerin gegenüber der jüngeren Ich-Figur aus dem zeitlichen Abstand heraus ist unüberhörbar.

Wie wenig die frostige Rheinlandschaft in Wirklichkeit ein Zimmer war, wird bald deutlich: Sigismund hat sich eine Lungenentzündung zugezogen.[48] Als die beiden sich nach langer Wartezeit wieder am Ufer treffen, entspricht die Landschaft den Klischeevorstellungen von einer erwärmenden Liebesszene: »rot strömte die untergehende Sonne in den Rhein« (DvW, S. 569). Hildegard kann jedoch ihre Gefühle für den sie wortlos bedrängenden Freund hier nicht wiederfinden und erst recht nicht in den vier Wänden seines Elternhauses, aus dem sie vor seinen Annäherungen flieht. Bei der nächsten Theaterfahrt sieht sie ihn in Begleitung der Unternehmertochter, »die etwas auf französisch sagte, was ich nicht verstand« (DvW, S. 574), in der ihr fremden und unzugänglichen Sprache der »feinen Leute«.[49] Mit Rheinromantik ist die Liebe des Unternehmersohnes nicht zu halten.

Dennoch wird die Protagonistin im zweiten Roman *Aufbruch* in eine ähnliche Handlungskonstellation versetzt, wenn sie sich in der Buchhandlung mit dem Fabrikantensohn Godehard van Keuken anfreundet. Der Geologiestudent geht geschickt auf die Bücher- und Bildungsleidenschaft der Gymnasiastin ein und lenkt das initiierende Gespräch auf das Themenfeld der Steine und Mineralien, das für Hildegard mit eigenen Bedeutungen aus ihrer vielschichtigen Welt der Rheinkiesel verknüpft ist. Während der Firmenerbe den Vorzug der Edelsteine aufgrund ihrer Härte und ihres materiellen Wertes preist, hält Hildegard dagegen: »wenn aber das Herz hart wird?« (A, S. 51). Die Geschichte von Hildegard und Godehard steht damit im Kontext romantischer Märchen vom steinernen Herzen, in denen die verführerische und verhärtende Macht des Geldes mit der Menschlichkeit eines mitfühlenden Herzens kontrastiert wird[50].

Eine Zeitlang überlässt sich die Protagonistin neugierig, aber nicht ohne Ironie den luxuriösen Verlockungen ihres Verehrers, die durch populäre Elemente französischer Lebenskultur charakterisiert werden: ein Menu mit Champagner und Périgord-Trüffeln, ein Partyabend mit melancholischen Chansons. Im Gegenzug wird Godehards Verhältnis zu Hildegards einfacher

---

48 Aus einem Sanatorium sendet er Hildegard, die gerade ihre »existentialistische« Phase erlebt (vgl. oben S. 304), ein Selbstbildnis von Bernhard Buffet mit der Anmerkung, »daß ›Stilleben‹ auf französisch ›nature morte‹ heiße, tote Natur (…). Ob Sigismund auch ein Existentialist war?« (DvW, S. 521) Der Hinweis auf die »tote Natur« erinnert an die leblose Landschaft der ersten Liebesbegegnung am Rhein.

49 Die französische Sprache und Kultur bedeutet für die Ich-Erzählerin immer wieder die ihr unzugängliche Sprach- und Lebenswelt der neuen Bourgeoisie der reichen Industriellen, die dem Dialekt sprechenden rheinischen Arbeitermilieu gegenübergestellt wird. (Vgl. oben S. 300)

50 Vgl. E.T.A. Hoffmann, *Das steinerne Herz* (1817) und vor allem Wilhelm Hauff, *Das kalte Herz* (1827). Das Motiv des Tausches der Herzen geht auf das alttestamentliche Buch Ezechiel zurück (Ez 36,26). Die Ich-Erzählerin bezieht sich an späterer Stelle auf Hauffs Märchen, als sie sich nach der Vergewaltigung selbst ein »steinernes Herz« zuschreibt. (A, S. 313)

rheinischer Herkunft zum Prüfstein und zur eigentlichen Liebesprobe gestaltet. Sie führt ihn an den Rhein, an das Ufer ihrer Selbstsicherheit und Freiheit, wo sie sich wieder in ihren Kindheitsmustern bewegt:

> »da nahmen wir uns bei den Händen, den Weg hinauf an den Damm, wo ich mich losriss von Godehards Hand und davonlief, vorbei an Pappeln und Schilf, ans Wasser. Von weitem nickte ich der Großvaterweide zu. (...) Würde Godehard die Sprache der Bäume verstehen? Könnte er jemals aus Buchsteinen lesen?« (A, S. 150)

Als sie ihm einen schönen Stein vom Rhein in die Hand legt, verfehlt er fast ihre Prüfung: Es sei ein »ganz gewöhnlicher Rheinkiesel«, habe aber besondere Bedeutung als Stein von ihr, als »Hillastein« (A, S. 151); doch gerade dieses Souvenir vergisst er nach dem Familienbesuch mitzunehmen. Wenn er Hildegard anschließend verspricht, sie aus diesem »Loch« herauszuholen (A, S. 156), hat er die gemeinsame Zukunft verspielt. Nach seiner Abreise gewinnt Hildegard an ihrem vertrauten Ort unter der Weide am Rhein die Kraft, sich gegen den reichen Erben mit seiner verächtlichen Sicht ihrer sozialen Herkunft zu entscheiden. Hier hört sie eine vertraute innere Stimme: »Du bist Deine Geschichte.« (A, S. 157) Sie gibt Godehard den edelsteingeschmückten Verlobungsring in Form einer Schlange zurück, das Symbol der Verführung zu einem für sie falschen Leben.[51]

Erst in *Spiel der Zeit* begegnet die Protagonistin dem Partner, mit dem sie ihre Geschichte weiter leben will, dem Germanistikstudenten Hugo Breidenbach. Als sich die beiden beim Kölner Karneval kennenlernen, beginnt eine große Liebesgeschichte, in der sich die Vorausdeutungen auf den Rhein als Fluss der Liebe erfüllen. Hugo nennt Hildegard bei ihrem ungekürzten »Heiligennamen« (SdZ, S. 139), der auf die rheinische Mystikerin Hildegard von Bingen zurückgeht. Hildegard erkennt an Hugos Verwachsung die vom Großvater aus einem »Buchstein« gelesene Geschichte vom Jungen mit dem Buckel, »aus dem sich, wann immer es not tat, Flügel entfalteten.« (DvW, S. 14) Beide sprechen sich so gegenseitig eine zeitübergreifende, auch spirituell begründete Beziehung zum Rhein zu und finden darin einen gemeinsamen Lebens- und Deutungsraum in den Auf- und Umbrüchen der späten 60er Jahre. Wenn Hugo für Hildegard am Ende der ersten Begegnung eine zu dieser Jahreszeit imaginäre Kornblume pflückt, die ländliche Form der »blauen Blume«, klingt eine weitere Bedeutungsebene von Sehnsucht, Poesie und neuer Rheinromantik an, die sich im Lauf der Liebesgeschichte entfaltet.

Wesentliche Erzählfäden aus *Das verborgene Wort* und *Aufbruch* laufen in

51 Die Gegenüberstellung von Rheinkieseln und Edelsteinen, der Steine der Armen und der Reichen, ist ein wiederkehrender Gedanke des Romans. Er weckt Assoziationen an Märchen wie *Aschenputtel*, in denen die echten Werte den äußerlichen gegenübergestellt werden und in denen die Arme und Unscheinbare am Ende als die wahre Prinzessin in Erscheinung tritt.

Spiel der Zeit zusammen, werden in der Geschichte von Hildegard und Hugo verdichtet und mit den zeitgeschichtlichen Ereignissen des Jahres 1967 verwoben. An der Universität erlebt Hildegard mit ihrem Freund im gemeinsamen Germanistikstudium die Umwandlung ihrer einsamen Wissensvermehrung in einen lebendigen Bildungsroman. Mit ihm weiten sich ihre soziale Empathie, ihre engagierte und kritische Teilnahme am politischen Geschehen und ihre beherzte Auflehnung gegen Gewalt, die auch in Symbolhandlungen am Rhein ihren Ausdruck findet[52]. Mit Hugo kann Hildegard endlich ihre eigene Gewalterfahrung zur Sprache bringen und sich davon befreien. Ebenso hört Hildegard am Kölner Rhein Hugos traumatische Erinnerung an seinen Vater, der ihn an seinem zehnten Geburtstag zwingen wollte, seinen Teddy in den Rhein zu werfen, und angesichts seiner Weigerung beide ins Wasser stieß: »Todesangst hatte ich« (SdZ, S. 311). Hugos Elternhaus gibt ein weiteres Beispiel für die Kälte einer rheinischen Patrizierfamilie, die nun nicht mehr zur Barriere zwischen dem Sohn und der Arbeitertochter werden kann.

Hugo teilt Hildegards Verbundenheit mit dem Rhein, die auch ihm schon sein Großvater in der Kindheit vermittelt hat. Die Liebe der beiden entwickelt sich zwar im städtischen Raum, in Hörsälen, an Imbissbuden und in Kölner Kirchen. Doch am Rhein gibt Hugo der Freundin sein Versprechen:

> »Und die Weiden und die Wiese und der Himmel gehören dir. Und der Rhein. Und ich. So lange der Rhein vom St. Gotthard nach Rotterdam fließt und ins Meer. ›Oh ihr überglücklichen Anwohner des Rheins, dass euch der Fluss alles Elend abwischt.‹« (SdZ, S. 205)[53]

Indem Hugo die Dauer seiner Zugehörigkeit und Liebe mit der des Rheinstroms und den fast 700 Jahre alten Worten Petrarcas über dessen heilende Kraft verbindet, macht er den Fluss zum Zeugen seines zeitübergreifenden Versprechens der Treue und zum Liebesstrom ihrer gemeinsamen Geschichte. Damit erweist er sich als der ideale Lebenspartner Hildegards in ihrer existentiellen Verbundenheit mit dem Rhein. Dennoch ist es für Hildegard entscheidend, wie sich der Freund zu ihrer heimischen Rheinlandschaft in Dondorf verhält, zum »Urgrund« ihrer Kinder- und Jugendzeit, und führt sie ihm vor Augen: »Meine Landschaft, in die ich hineingeboren war. (…) Den Rhein.« (SdZ, S. 273) Im

52 So werfen die beiden einen »Wutstein« für den Polizisten Karl-Heinz Kurras in den Rhein, der den Studenten Benno Ohnesorg im Juni 1967 während einer Demonstration erschossen hatte. (Vgl. SdZ, S. 283)

53 Dieses Zitat stammt aus einem Brief Petrarcas an den Kardinal Colonna in Avignon von einer Rheinreise aus dem Jahr 1333. Am Abend des Johannistages erlebte er ein uraltes Reinigungsritual der Frauen im Rhein, die glaubten, »jedwedes für das ganze Jahr etwa drohende Unheil werde reinigend weggespült durch die Waschung im Strome an diesem Tage«. Petrarca, *Dichtungen, Briefe, Schriften.* Auswahl und Einleitung von Hanns W. Eppelsheimer, Frankfurt am Main 1980, S. 83–87, S. 84.

humorvollen Erzählen auf dem Weg zum Ufer im Stil einer »Fremdenführerin« (SdZ, S. 274)[54] verleiht sie ihrer Rheinlandschaft Märchenzüge und schafft zugleich eine sprachliche Distanzierung.

> »Und dann blinkte er zu uns herauf, der Strom, mein treuester Freund im Spiel der Zeit, Vater Rhein der kleinen Heldejaad, der verliebten Hilla, des unglücklichen Lehrlings op dr Papp [in der Pappenfabrik], der glücklichen Aufbauschülerin; reingewaschen hatte er Hilla Selberschuld, sie vor einem tödlichen Trost bewahrt.« (SdZ, S. 276)

In der Erinnerung an die Bedeutung des Rheins für ihre bisherigen Lebensstationen gelingt Hildegard die Wende vom Ich zum Wir, vom personifizierten »Vater Rhein« zu ihrem Lebensgefährten. Hugo, der ihr seine Treue im Bild des zeitlosen Flusses zugesagt hat, ist der von ihr »Erwählte« und zugleich der Mann, mit dem sie ihr Verhältnis zum Rhein auf eine neue Lebensstufe hin verändern kann. Gemeinsam erschließen sie sich fortan neue Wahrnehmungen und Deutungen der Rheinlandschaft. Das bedeutet keineswegs ihre Entzauberung, sondern ein humorvolles dialogisches Spiel mit poetischen und mythischen Überlieferungen. So erzählt Hugo der Freundin im rheinischen Schilf zur Erklärung von dessen »Flüstern« den Mythos vom Hirtengott Pan und der klagenden Panflöte; sie wiederum kennt die Geschichte vom König Midas und seinem geschwätzigen Barbier.[55] Der Austausch von Überlieferungen verschiedener Völker und Zeiten weitet das Verhältnis des Paares zum Rhein über das Regionale hinaus und schafft Verbindungen zu zeitlosen Erfahrungen des Lebens am Fluss.[56]

Auf der anderen Seite bleibt das Verhältnis zum gemeinsam geliebten und gedeuteten Strom immer konkret mit den Menschen an seinem Ufer verbunden. Im selben Kapitel seiner ersten Begegnung mit Hildegards Heimat versteht es Hugo, ohne Stolpern über soziale Schranken die Sympathien ihrer Familie zu gewinnen. Als Höhepunkt des gegenseitigen Kennenlernens wird sein Vorschlag einer Fährenfahrt[57] auf die andere Rheinseite geschildert, ein für die komplette Familie nie dagewesenes Ereignis. Auch wenn die Darstellung auf der Ebene einer realistisch und humorvoll erzählten Familienszene bleibt, so hat doch die

54 An dieser Stelle klingt das Thema Rheintourismus an. Gerade die unscheinbare Landschaft, die nicht im Reiseführer steht, wird durch die Phantasie bedeutsam.

55 Vgl. SdZ, S. 277f. Hier wird auch der Bildungsroman der Protagonistin mit ihren unterschiedlich belesenen Partnern fortgeschrieben (vgl. oben S. 314ff.).

56 Hugo zitiert Verse aus Hölderlins Gedicht »Der Rhein« (1801): »Die Stimme [wars] des edelsten der Ströme / des freigeborenen Rheins.« (SdZ, S. 276) Mit dieser poetischen Bildungsreminiszenz wird erneut der Freiheitsgedanke mit dem Rhein verbunden.

57 Es ist kennzeichnend für den Dondorfer Rhein, dass hier eine bewegliche Fähre und nicht eine steinerne Brücke die beiden Ufer verbindet. Vgl. die Reflexionen von Heinrich Böll über die Römer, die glaubten, den Strom durch Brücken zähmen zu können (siehe Anm. 31 zu »Der Rhein«, S. 334f.).

Überfahrt vom bescheidenen Dondorfer Rheinufer auf die Seite der Römerfestungen, das Überqueren des Rheins als Grenze zwischen dem rechten und linken Ufer symbolische Kraft. Der Besuch des Fährhauses in Plons[58] auf der gegenüber liegenden Rheinseite wirkt wie ein Aufbruch zu neuen Ufern, der Blick auf Dondorf über den Fluss hinweg ermöglicht eine ungewohnte Sicht auf Vertrautes, das gemeinsame Essen wird als ein Festmahl erlebt. Das Wasser war nicht zu tief – die Freierprobe am Rhein gerät erstmals zum Freudenfest, zu einem Höhe- und Wendepunkt in Hildegards Familiengeschichte.

Nach der Rückkehr gehen Hildegard und Hugo an diesem Tag zum dritten Mal an den Rhein und feiern den Abend allein in einem »Gräsernest« an seinem Ufer (SdZ, S. 302), das ihnen Geborgenheit und Raum in der freien Natur bietet[59] und wo sie sich bei Abendlicht und Wellenspiel finden:

> »von den Wellen am Rhein konnte eine nicht ohne die andere sein, und so fassten sie auch nach uns, die Pappeln, die Wellen, das lichte Gelichter, und so spielten auch wir einmal mehr das Du und das Ich ins Wir, hinein in das Kreischen der Möwen, das lang gezogene Tuten des Schleppers, in die sinkende Sonne der erst grünlich, später rötlich goldenen Dämmerung, aber das sahen wir, gefangen in Spiel und Wiɘderspiel[60] schon lange nicht mehr« (SdZ, S. 302).

In diesem langen melodischen Satz wird der Rhein zum Fluss der Liebesvereinigung, die in Bildern seines rhythmischen Wellenspiels als das von Hildegard lange ersehnte Verschmelzen mit dem Geliebten und zugleich mit der Naturlandschaft erscheint. In einem assoziativen Strom von Sinneswahrnehmungen, der Wellen, Lichter und Laute zu Impressionen einer befreiten Liebesbegegnung verbindet, kommt ein nahezu paradiesischer Zustand zum Ausdruck, in dem das Ich zum Wir wird.

Die Alltagswirklichkeit holt die Liebenden schnell wieder ein; die knappe, oft dialogische Sprache löst die poetischen Passagen über die Begegnungen am Rhein ab. Die Herausforderungen im familiären Bereich, in wissenschaftlichen Diskursen und in den politischen Ereignissen des Jahres 1967 lassen nur noch

---

58 In *Wir werden erwartet* erklärt Hugo der Familie beim letzten gemeinsamen Ausflug an den Rhein die römische Geschichte auch des rechtsrheinischen Ufers. Die Plonser Kirche habe bis zum 14. Jahrhundert auf der rechten Rheinseite gelegen, dann habe der Rhein sein Bett gewechselt (vgl. Wwe, S. 64f.). Durch sein Wissen und seine Verbundenheit mit beiden Rheinufern erscheint Hugo als Vermittler zwischen den unterschiedlichen Lebensräumen am Rhein.

59 Eine Übernachtung Hugos in Hildegards Elternhaus war durch den in den 60er Jahren noch geltenden Kuppeleiparagraphen unmöglich: »Und wenn ich im Keller bei den Kartoffeln schlafe, das müsste ich erst mal beweisen.« (SdZ, S. 299) Schon deshalb wird die Natur, hier besonders das Rheinufer, zum Ort der freien Liebe.

60 Das gespiegelte e ist von Ulla Hahn als graphisches Mittel gesetzt wie in ihrem Gedichtband »Wiɘderworte« (dies., München 2011), um eine semantische Brücke zwischen den Wörtern »wieder« und »wider« zu schlagen.

wenig Zeit für Rheinspaziergänge. Protestmärsche und Kundgebungen, die Auseinandersetzung mit den Folgen des Nationalsozialismus bewegen das Studentenpaar ebenso wie soziale Utopien und neue Visionen von Kirche. »›Schlagt die Germanistik tot, färbt die blaue Blume rot‹« (SdZ, S. 428): der Zeitgeist fordert gerade in ihrem Fach, der Germanistik, von den beiden immer wieder die Selbstreflexion ihres Verhältnisses zur Literatur, insbesondere ihrer gemeinsamen Liebe zur Romantik und ihrem Symbol, der blauen Blume.

Erst vor der Wende zum Jahr 1968 kommt wieder die Zeit zum Gang an den Rhein, an den Ort der Erinnerung, zur »Großvaterweide«:

> »Wir hielten uns an den Händen und hörten den Wellen zu, die uns versicherten, das alles könnt ihr haben, immer und immer, mehr und Meer schlugen die Wellen ein ums andere Mal ans Ufer, schlugen an, schlugen vor, schlugen uns vor, schlugen uns einander vor, versicherten Dauer, Zukunft, nahmen Abschied vom alten, zogen uns hinein ins neue Jahr, keine Woche mehr, und das neue Jahr, unser erstes volles gemeinsames Jahr, 1968, bräche an.« (SdZ, S. 403)

Wieder sind es die Wellen am Ufer, für die die Ich-Erzählerin von Kindheit an ein Ohr hat, für deren Klang sie nun mehrdeutige lyrische Sprachbilder findet. Die gleichmäßige Wellensprache verspricht in ihrer Wahrnehmung Beständigkeit im schnellen Wechsel der Ereignisse. Der Rhein erscheint nun weniger als Ort der Lebensbewältigung, der Rebellion und des Aufbruchs als in den ersten beiden Bänden; in *Spiel der Zeit* wandelt er sich mit der Lebensgeschichte der Protagonistin zum Fluss der Identitätsfindung und Kontinuität. Nicht die später geschilderte Silvesterparty bei Hugos flower-power-bewegter Tante Lilo bildet für das Paar den eigentlichen Aufbruch in das Jahr 1968. Es sind die stillen Momente zwischen den Jahren, in denen der Rhein zum Fluss der Zeit wird, des Übergangs von der Vergangenheit in die gemeinsame Zukunft, und zugleich zum Strom der zeitlosen Wiederkehr. An seinem Ufer erlebt Hildegard mit ihrem Freund einmal mehr die Bestätigung ihrer Lebensentscheidung. Diese ist verbunden mit ihrer Aufgabe, die sie im Lauf der Gespräche immer deutlicher erkennt: den Strom zum Sprechen zu bringen und ihn neu zum Fluss des Erzählens menschlicher Geschichten und Schicksale zu gestalten.

Fluss des Erzählens – Quelle der Dichtkunst

Erst in dem grundlegenden ersten Gespräch der Protagonistin mit ihrem Freund am Rhein[61] mitten im dritten Roman *Spiel der Zeit* wird offenkundig, was sich seit den Anfängen in *Das verborgene Wort* immer wieder andeutet: die Romane

61 Dieses Gespräch setzt in *Spiel der Zeit* die Reihe der entscheidenden Dialoge am Rheinufer fort (vgl. oben S. 306–309).

erzählen im Grunde vom Werden einer Schriftstellerin.[62] Wie aber wird der Rhein vom Fluss des Erzählens von Lebensgeschichten zur Quelle literarischer Erzählung und Dichtkunst?

Bei diesem ersten Gang mit Hugo an den Rhein ihres Heimatortes, der ihn an den »Urgrund« ihrer Lebensgeschichte führen soll, stellt sich die Ich-Erzählerin die Frage:

> »Und der Freund? Wie sah er diese schlichte Landschaft? Würde er diesen Dondorfer Rhein mit meinen Augen sehen können? Diesen Rhein, der so gar nichts Besonderes bietet und gerade daher meine Sehnsucht nach dem Sonderbaren angeregt und wachgehalten hatte.« (SdZ, S. 276)

Gerade an ihrem eigentlichen Erinnerungsort, der »Großvaterweide«, muss sie erkennen, dass sie dem Freund ihre Erinnerungen trotz aller Seelenverwandtschaft nicht unmittelbar mitteilen kann. Sie braucht die Vermittlung der Sprache, um ihm ihre Erfahrungen nahezubringen: »Und so erzählte ich Hugo die Geschichte von Hilla am Rhein.« (SdZ, S. 281) Die Erkenntnis, dass auch die Liebe die Grenzen eigener Wahrnehmung nicht überwinden kann, gibt ihr den Anstoß zum Erzählen. Der Rhein als Ort des Erzählens, an dem sich die erzählte Geschichte ereignet (hat), wird hier zum Fluss, der die Erzählung inspiriert und in Gang bringt.

Wenn Hildegard ihrem Freund die Unterweisung des Großvaters schildert, Geschichten aus »Buchsteinen« zu lesen, bringt Hugo diese Kunst mit bemalten »Seelensteinen« in Verbindung (vgl. SdZ, S. 281), aus denen die Phönizier ihre Schrift entwickelt hätten. Indem er das kindliche Spiel zu uralten Traditionen in Beziehung setzt, hebt er die Bedeutung des Großvaters und die der Rheinkiesel zu Trägern zeitübergreifender Botschaften.[63] Darüber hinaus gelingt Hugo im humorvollen Weiterführen des Spiels eine schöpferische Deutung der »Buchsteine« auf Zukunft hin. Er versteht es durch einen originellen Kunstgriff, die mündliche Erzählung seiner Freundin von ihren Erfahrungen am Rhein *aus* drei gefundenen Steinen zu entziffern und umgekehrt, das Erzählte *in* die Steine hineinzulesen und diese als konkrete Buchprojekte zu deuten:

> »Sieh mal, was hier steht. Hugo hatte einen besonders üppig geäderten Stein entdeckt: Ein dicker Roman, möchte ich meinen. Warte mal: *Das verborgene Wort*, entzifferte er.« (SdZ, S. 282)

---

62 Erst wenn man sich auf die Ich-Erzählung der Hildegard Palm einlässt und sie nicht von Anfang an vordergründig als Autobiographie der Schriftstellerin Ulla Hahn liest, erschließt sich die eigene Erzählweise, die »Poetik« der Romane (vgl. die Schlussreflexion S. 326–330).

63 Die initiierende Rolle des Großvaters nicht allein für den Bildungsgang der Protagonistin, sondern darüber hinaus für die Dichtungsvorstellung des Romans sieht bereits O. Gutjahr (2007, S. 132): »Der Großvater wird gleichsam zur Figuration des ›alten Vater Rhein‹, zu einem ›romantischen‹ Gründungsmythos der eigenen literarischen Imagination.«

Hildegard zeigt ihm anhand eines weiteren Kiesels die Fortsetzung mit dem Titel *Aufbruch*; den dritten Stein legt Hugo in Hildegards Hand: zu diesem Teil kennt sie noch nicht den Titel und das Motto. *Spiel der Zeit*, »liest« Hugo. »Noch nicht ganz vollgeschrieben. (...) Also, ich helf dir gern beim Weiterschreiben.« (SdZ, S. 283) In diesem Zwiegespräch am Rhein erkunden die beiden die Ursprünge des Lesens und Schreibens, erfinden für sich selbst den Übergang vom mündlichen Erzählen zum Schreiben eines Buches. Der »Buchstein« aus dem Rhein bildet für sie das Medium, das so handfeste wie poetische Symbol für den Zusammenhang von Natur und Kultur, für die Verwandlung des gesprochenen Wortes in die Schrift, das Buch, den Roman. Im Zusammenspiel von Hildegards ursprünglichen Lebens- und Leseerfahrungen am Rhein mit Hugos Wissen um Geschichte und Geschichten, von konspirierender Einfühlung in ihren Lebenslauf und in ihre erzählerische Begabung werden Elemente einer immanenten, schöpferischen »Poetik« des Rheins als Fluss des Erzählens entwickelt.

Die Deutung der drei Rheinkiesel als Symbole für die ersten drei Bände des Romanwerks wirft ein neues Licht auf das bisher konkret Erzählte. Hugo erkennt Hildegard als Erzählerin, die die Geschichte ihres Lebens selbst darstellen kann und wird, gemäß dem Rat ihrer Lehrer: »Lass nicht zu, dass andere Deine Geschichte schreiben« (A, S.157), und er ermutigt sie zum Gestalten ihrer Lebensgeschichte am Rhein. Die Ich-Erzählerin Hilla Palm scheint an dieser Stelle mit der Schriftstellerin Ulla Hahn nahezu identisch zu sein.[64] Die Nähe der Autorin als »Hillas großer Schwester« (SdZ, S. 513) zu der von ihr geschaffenen Romanfigur wird hier offensichtlich und muss dennoch differenziert gesehen werden. Hilla Palm tritt in der erzählten Zeit von ihrer Kindheit bis zu ihrem Studium als Lesende und Erzählende in Erscheinung, aber über Aufsätze, Briefe und Exzerpte hinaus kaum als im literarischen Sinn Schreibende[65]. Die drei Steine vom Grund des Rheins symbolisieren die Verdichtung gelebten Lebens, seine Formung im Strom der Zeit, und verweisen auf zukünftiges Geschriebenwerden.[66] Die Grenzen zwischen Leben und Erzählen, Lesen und Schreiben,

64 Diese Identität wird in vielen Besprechungen unkritisch vorausgesetzt. Die Engführung wird dann zur Kritik an der Autorin, die in den drei Romanen »poetologische Kulissenschieberei« betreibe, um die eigene Lebensgeschichte zu überhöhen. (Christof Siemes, »Schönheit ist schwer«, in: *Die Zeit*, 13. November 2014.)

65 Diesen Unterschied überspielt die Verfilmung des Romans *Aufbruch* (2016, Regie: Hermine Hundgeburth, Buch: Volker Einrauch), die aus Hilla Palm sehr schnell eine Schriftstellerin macht, die am heimischen Schreibtisch dichtet und am Ende in ihrer örtlichen Buchhandlung bereits eine Autorenlesung hält sowie ihre eigenen Bücher signiert.

66 Im Folgeband wird diese Szene nahezu wörtlich wiederholt: Hildegard erinnert sich an Hugos Grab an das Zwiegespräch am Rhein und fügt den hier vergrabenen Steinen zwei weitere hinzu, einen für die »Endfassung« von *Spiel der Zeit* und einen für den vierten Band als »Abgesang« mit dem Titel *Wir werden erwartet* (Wwe, S. 275). Das gelebte Leben wird mit der Zeit zur erinnerten, verdichteten und geschriebenen Geschichte.

Realität und Fiktion sind so fließend wie in der Redewendung »Geschichten, die das Leben schreibt« und werden gezielt in Fluss gebracht.

Obwohl die Protagonistin nicht als Romanautorin auftritt, gibt es in der »Geschichte von Hilla am Rhein« (SdZ, S. 281) viele indirekte Hinweise auf ihre Entwicklung zu einer Schriftstellerin. Sie kündigt sich bereits in *Das verborgene Wort* an und bildet eine Unterströmung des Erzählens, ohne je den Handlungsverlauf zu dominieren. Der poetische Blick auf die Welt zeigt sich bei Hildegard bereits in der Kindheit in der phantasievollen Deutung der elementaren Dinge am Rheinufer. Ihre Ohren fangen früh die Laute des Rheins ein und verstehen ihre Sprache: »Das Tuscheln der Wellen, ihr aufgeregtes Schlagen, wenn ein Kahn sich näherte, den Rhein hinauf oder hinunter, beladen oder leer.« (DvW, S. 11) Selbst im unscheinbaren Rheinkiesel schläft ein Lied, das gehört werden will. Die Fähigkeit, auf den Grund der Dinge zu sehen und sie beim Namen zu nennen, weckt Assoziationen an Eichendorffs »Zauberwort« und lässt eine neue, alltagsbezogene Rheinromantik anklingen. Die Rolle des Rheins als inspirierende Quelle des Erzählens und der Poesie entwickelt sich im Verborgenen von Anfang an und enthüllt sich immer deutlicher im Verlauf der Romane bis hin zur Schlüsselszene des Lesens der drei »Buchsteine« in *Spiel der Zeit.*

Auch die Liebe zur Literatur ist bei Hildegard Palm von Anfang an nicht nur rezeptiv, sondern schlägt sich im Sammeln lebensbegleitender Wörter und Sätze nieder, im Rezitieren, Erzählen und Schreiben. Sie lebt in der Welt der Literatur, die sie wenigstens zeitweise aus der Enge ihres Lebens entführt. Dichtung ist für sie jedoch ebenso wenig reiner Fluchtraum wie ihre Wege an den Rhein. So wie die Protagonistin sich dort den Begegnungen stellt und das Verhalten der Menschen angesichts »ihres« Flusses zum Kompass ihres Urteils macht, so misst sie die Werke der Dichter an ihrem Verhältnis zum wirklichen Leben. Einerseits weckt »das Tuten der Kähne« romantische Sehnsucht – »ach, wer da mitfahren könnte« (A, S. 531), andererseits wünscht sie sich in der Literatur mehr lebensnahen Realismus und sieht hier ein Defizit, das im Lauf der Zeit zum eigenen Schreibimpuls wird.

Poetische Inspiration geht auf den verschiedenen Lebensstufen der Protagonistin vom Rheinstrom aus. Wenn schon das Kind der Wellensprache lauscht, findet die Studentin in einer Atempause zwischen Semesterende und Fabrikarbeit am Rhein zu individuellen Natureindrücken und einer »ängstelosen Versunkenheit« (A, S. 491):[67]

> »Die Welt lag vor mir, ein unbeschriebenes Blatt, ich ritzte meine Zeichen hinein, Welle auf Welle, Stein auf Stein, Blatt für Blatt an Baum für Baum; (…). Das Sichtbare feiern –

67 Die Passage ist inspiriert durch die Schrift des protestantischen Mystikers Jakob Böhme *De signatura rerum* (1622), in dessen »Natursprachenlehre« sie sich am Rheinufer vertieft (A, S. 489).

die Bäume, die Wolken, Wasser, Steine, den Rhein; (…). Keine Alltagswörter mehr, die sich dazwischendrängten, zwischen mich in jedem Augenblick eines Sommernachmittags, wenn der Rhein mich in die Arme nahm und ich mit ihm und in ihm floss durch den Bogen an der Rhenania und weiter bis Rotterdam » (A, S. 490).

Das Eintauchen in das Naturerleben am Fluss erscheint als Vorstufe des Schreibens: Erst die Erfahrung des »unbeschriebenen Blattes« ermöglicht das Setzen eigener Zeichen, gibt den Impuls zum Lob der unspektakulären, noch unbesungenen Landschaft. Die lyrischen Wortspiele, die Wasser und Wellen der Erzählerin eingeben, die poetische Zwiesprache mit dem Rheinstrom initiieren im Lauf der Romane die Entwicklung einer Schriftstellerin. Die Augenblicke der Ruhe und Versenkung am Rhein, das Erleben des Getragenwerdens durch den Fluss machen es der Erzählerin möglich, sich ihrer eigenen Geschichte und der ihrer Mitmenschen im Alltag immer neu zu stellen und sie in Worte zu fassen.

Einen ausdrücklichen Auftrag zum Schreiben erfährt Hildegard Palm durch das Wiederfinden eines vergessenen Buchgeschenks, des *Liber Scivias* der Hildegard von Bingen. Als die Großmutter ihr die Nachricht von einem eigenen Zimmer im Kölner Hildegard-Kolleg übermittelt, stiftet sie zugleich eine Verbindung zwischen ihrer Enkelin und der Gelehrten des Mittelalters: »›Heldejaad von Bingen (…) kommt ja auch vom Rhing [Rhein]. Un studiert war die auch.‹« (A, S. 495) Die Namenspatronin wird durch ihre Herkunft vom Rhein menschlich fassbar und verwandt mit ihrer belesenen Enkelin. Hildegard stößt beim Aufschlagen des Buches unvermittelt auf die Worte: »›Schreibe, was du siehst und hörst!‹«(A, S. 497)[68] Die Wirkung dieses Satzes wird wie ein Erweckungserlebnis geschildert. Er trifft auf ihre zu dieser Zeit noch unbewältigte Gewalterfahrung und treibt sie ins Freie an das Ufer des Rheins:

> »Ich rannte und schrie, schrie, was ich sah, schrie dem Rhein seinen Namen ins Gesicht und nannte ihn bei Wasser und Wellen (…). War es nicht genug, zu sehen, zu hören: von nun an?« (A, S. 497)

Hildegard Palm erlebt durch den Satz aus der Vision der Hildegard von Bingen ihre eigene Berufung zum genauen Wahrnehmen dessen, was sie umgibt und ihr begegnet. Zugleich erfährt sie die Befreiung von der ihre Kreativität lähmenden traumatischen Erinnerung. Der expressive Schrei am Rhein, dem Fluss, dem sie seit der Kindheit ihre Freiheitserfahrungen verdankt, ermöglicht erst den künftigen Prozess des erzählenden Schreibens. Vor dessen Realisierung steht am Ende des Romans *Aufbruch* zunächst die Ankündigung durch einen Traum, in dem die Geschichte sich selbst erzählt:

68 Vgl. Hildegard von Bingen, *Wisse die Wege. Liber Scivias*, hrsg. von der Abtei St. Hildegard, Rüdesheim/Eibingen, Beuron 2010. Bemerkenswert ist der Zusatz zum Titel *Scivias:* »aufgezeichnet von einem einfachen Menschen« (ebd. S. 14).

»Nachts erschrieb sich vor meinen träumenden Augen eine Geschichte. Stein um Stein, Wort für Wort, ein Buchstabe nach dem anderen entrollte sich auf körnig hell durchleuchteten Steinen. Meine Geschichte. (...) Wie schön, dachte ich erwachend, wie vollkommen, nur schade, dass ich nichts behalten konnte. Aber ich würde sie weitersuchen, die Geschichte, meine Geschichte«. (A, S. 587)

Erst gemeinsam mit ihrem Lebenspartner kann die Protagonistin diese Geschichte finden und zur Sprache bringen. Er hilft ihr beim »Weiterschreiben« im dialogischen Erzählen, das für beide neue Perspektiven der Wahrnehmung eröffnet. Gemeinsam suchen sie nach Möglichkeiten, über die Erlebnisse der »einfachen Leute« angemessen zu schreiben. Dieses »Wunder« könne nur geschehen durch den »besonderen Blick« auf das Alltägliche (SdZ, S. 301). Gerade diesen Blick verdankt Hildegard der Landschaft ihrer Herkunft und findet hier Kriterien für genaues Sehen und Schreiben:

»Nichts, was am Dondorfer Rhein den Blick gebannt, gefesselt hätte. Wer hier Schönheit suchte, musste genau hinsehen. Gründlich. (...) Nichts für schnelle, über alles hinweggleitende Augen. Hinsehen und Hineinsehen: Buchstaben und Geschichten in belesene Steine (...). Das Unscheinbare zum Scheinen bringen, das Stumpfe zum Leuchten: Das lehrte mich in Dondorf der Rhein.« (A, S. 567f.)[69]

Was der Rhein als Lehrender, als »bescheidener Strom« und »Rhein für kleine Leute« (ebd.) Hildegard schon gegen Ende des Romans *Aufbruch* an Einsichten vermittelt hat, wird in den Gesprächen mit Hugo zu einem Schreibprojekt, bei dem der Freund mit seiner Affinität zur Dichtung eine mäeutische Rolle spielt. Die eine Seite dieser im Dialog entwickelten »Poetik« ist die Forderung, eine angemessene Sprache für das Leben der »einfachen« Menschen zu finden, ihnen aber auch die Rezeption des über sie Geschriebenen zu ermöglichen. Würde Hildegard »jemals Gedichte oder Romane schreiben...«, »...dann bitte so, fiel Hugo mir ins Wort, dass auch deine Mutter die verstehen kann« (SdZ, S. 473). Damit ist die Forderung impliziert, Sprache und Literatur nicht als ausschließendes Herrschaftswissen zu gebrauchen, sondern sie so zu verwenden, dass sie für Menschen verschiedener Bildungsstufen zugänglich sind.[70]

Neben dem Anspruch an die Literatur, die Wirklichkeit der arbeitenden Menschen realistisch darzustellen, sind in den Gesprächen der beiden auch Elemente einer romantischen Utopie zu finden, die der Phantasie Raum gibt. Eichendorff und Novalis vor allem inspirieren das Paar[71] in der Sehnsucht nach

69 Diese Reflexionen über die »Lehren« des Dondorfer Rheins werden zu Beginn des vierten Romans wieder aufgenommen und fast wörtlich zitiert (vgl. Wwe, S. 12f.).

70 In *Wir werden erwartet* bleibt die Protagonistin als Doktorandin in Hamburg und Mitglied im marxistisch orientierten »Werkkreis Literatur der Arbeitswelt« (Wwe, S. 198) diesem am Rhein entwickelten Gedanken treu: »Die kleinen Geschichten so groß erzählen, dass sie die kleinen Leute groß machen: Das wär's.« (Wwe, S. 205)

71 Hugo verbindet die Kornblume, die Lieblingsblume seines Großvaters und ihre christliche

einer Welt, die über die bestehende hinausgeht. Schon als Kind lauscht Hildegard, am Rheinufer im Sand liegend, auf »die Sehnsuchtsstille des Himmelblaus« (DvW, S. 11). Hugo schenkt Hilla immer wieder die »blaue Blume« in Gestalt einer Kornblume. Nach dem ersten gemeinsamen Tag am Dondorfer Rhein sendet er ihr ein Gedicht[72], das sie in Versen beantwortet; die Liebesbegegnung am Fluss hat den Geist der Poesie in beiden geweckt. Sie finden ihn auch in Meran auf den Spuren von Ezra Pound: »Wie in Dondorf an den Rhein ging es in Meran an die Passer.« (SdZ, S. 495) Blaue Blume, Stein und Fluss gewinnen gegen Ende von *Spiel der Zeit* eine erweiterte poetische Bedeutung über die heimische Rheinlandschaft hinaus.

Wie in einem Schlussakkord wird der kleine Kosmos bedeutsamer Dinge am Ende von *Spiel der Zeit* versammelt, wenn Hugo heimlich im *Kölner Stadtanzeiger* eine für seine Familie schockierende Verlobungsanzeige aufgibt, »umrahmt von Buchsteinen und Kornblumen« (SdZ, S. 601), wenn die beiden in humorvoller Rebellion die Anzeige mit dem »Lommer jonn!« des Großvaters zu einem Papierschiffchen falten, mit einer blauen Blume und einem Weidenblatt als Segel (vgl. SdZ, S. 602). Hildegards »Wegsehnen mit dem Strom, ins Weite, ins Ferne« (A, S. 568) wird nun zu einer gemeinsamen symbolischen Fahrt. Die Sehnsucht nach dem Horizont hat wie in der Romantik eine religiöse Dimension.[73] Indem die beiden ihr Boot dem Wasser übergeben, »nach Rotterdam und einmal um die Welt« (SdZ, S. 603), verwandeln sie das Papierschiff spielerisch in ihr Lebensboot auf dem Rhein.[74] Er ist für beide zum Lebensstrom geworden, zum Sinnbild der Befreiung, des Aufbruchs und der Sehnsucht, zum Fluss des Erzählens und Weiterschreibens ihrer gemeinsamen Geschichte.

Das fast märchenhaft glückliche Romanende gibt keinen Hinweis auf eine Fortsetzung, die schon bald einen radikalen Bruch in der Lebensgeschichte der Protagonistin bedeutet. Der Folgeband *Wir werden erwartet* wird zum »Abgesang« (Wwe, S. 275), zum Buch des Abschieds: von ihrem Verlobten, der durch

---

Symbolik (vgl. SdZ, S. 172), als Student mit ihrer Bedeutung in der Romantik und schreibt eine Arbeit über ›Die blaue Blume in Novalis' *Heinrich von Ofterdingen*‹ (vgl. SdZ, S. 306). Hildegard erhält bereits bei ihrer Abiturfeier von ihrem Lehrer eine Abschrift des gesamten Gedichts »Wenn nicht mehr Zahlen und Figuren« von Novalis (vgl. A, S. 371).

72 »Schön / Schreiben / wie der Wind / im Wasser vom Rhein schreibt« (SdZ, S. 304): Die Rheinlandschaft inspiriert das Gedicht.

73 Schon die Botschaft von Hildegards Studienfreundin Gretel »Gott richtet nicht. Gott richtet auf« senden die beiden »per Vater Rhein um die Welt.« (SdZ, S. 564)

74 An diese symbolische Handlung wird zu Beginn der Fortsetzung der Romane im vierten Teil als lebensbestimmende Schlüsselszene erinnert: »Lommer jonn, hieß das Böötchen, letzter Satz unserer Anzeige, Lommer jonn, der Großvatersatz. Er gehörte nun zu uns, dieser Satz, wie er zum Rhein gehörte. Und der Rhein zu Hugo und mir. Der Dondorfer Rhein, mein Gefährte aus Kinder- und Jugendtagen und für alle Zeit.« (Wwe, S. 12) Das Papierschiffchen auf dem Rhein gehört zu den wiederkehrenden Leitmotiven an Schlüsselstellen der vier Romane.

einen Autounfall ums Leben kommt, von Hilla Palm als »dem jungen Mädchen« (Wwe, S. 276) und nicht zuletzt vom Rhein, den sie schweren Herzens verlässt, um als Doktorandin nach Hamburg zu ziehen. »Abschied und Aufbruch (...). Was ich brauchte, nahm ich mit wie in einem Gedicht« (Wwe, S. 269). Der Rhein bleibt trotz der Entfernung der eigentliche Fluss des Erzählens, der den vierten Band mit den ersten drei Romanen verbindet, und wird mit der Zeit für die Ich-Erzählerin auch zur Quelle des eigenen Dichtens.

Ein Mittel der Verknüpfung mit der Rheinthematik sind die zahlreichen Besuche der Protagonistin in ihrer rheinischen Heimat. Darüber hinaus findet Hildegard geistige Brücken zu ihrer am Rhein entwickelten Freiheitssehnsucht und ihrem Engagement für die »kleinen Leute«, zum Beispiel bei ihrem Studium marxistischer Texte, deren Theorie sie mit ihren Erfahrungen des Arbeitsalltags verbindet. Statt an den Rhein führen ihre Wege nun an die Alster und Elbe, die dem ursprünglichen Strom ihrer Lebensgeschichte seine Bedeutung nicht streitig machen können. Hildegard genießt »den milden Trost des Alsterlaufs« (Wwe, S. 343) nicht ohne Vorbehalt gegenüber der Vornehmheit der ihn flankierenden Villen und Boote; an der Elbe hingegen erlebt sie den Kampf von Wind und Wellen, »wie es kämpfte in mir, um meinen Standort aus diesem Gemenge von Klassenstandpunkt und Vernunft.« (Wwe, S. 344) Ihre Auseinandersetzungen über eine angemessene Literatur der Arbeitswelt spiegeln sich in der Wahrnehmung der sie umgebenden Flüsse. Orientierung in den politischen Kämpfen der 1968er Jahre und der Suche nach ihrer eigenen Aufgabe gibt ihr weiterhin die Lebenserfahrung mit den Menschen am Rhein, ihrem Arbeitsleben, ihren Leiden und Hoffnungen.

Der Rhein bildet weiterhin das kontinuitätsstiftende Element der Lebensgeschichte der Ich-Erzählerin und den »roten Faden« ihres Erzählens, auch wenn er räumlich über weite Strecken zurücktritt. »Nicht zuletzt der Rhein hatte mich gelehrt, keine Angst vor Veränderung zu haben. So werden, so sein wie er wollte ich: immer anders und immer da.« (Wwe, S. 65) Diese Wandlungen, die sie über die schmerzhafte Zäsur in ihrer Geschichte hinweg tragen, gelingen Hildegard dank ihrer Phantasie, die aus Elbe und Rhein »ein Paar« (Wwe, S. 344) werden lässt und spielerische »Verschiebungen« (Wwe, S. 345) zwischen den beiden Flusslandschaften in Gang setzt.

> »Am Rhein saß die kleine Hilla im Schatten einer Kopfweide mit einem Buch, und der Strom, die Macht des Stromes floss durch sie hindurch und trug sie fort, Elbe und Alster entgegen« (Wwe, S. 619).

Die Augenblicke zusammenfassender Erinnerung und Selbstreflexion evozieren auch ihre vor Jahren am Rhein im Satz Hildegards von Bingen[75] erfahrene Be-

75 Siehe oben S. 322.

stimmung »›Schreibe, was du siehst und hörst‹« (ebd.; A, S. 497). Sie ist nun bereit, diesem Appell zu folgen.

Die Ich-Erzählerin entwickelt sich gegen Ende des Romans auf der Handlungsebene mehr und mehr von der Leserin und wissenschaftlich Schreibenden zur Dichterin. Nachdem sich ihre Arbeit in der DKP als »Umweg« (Wwe, S. 619) erwiesen hat, erkennt sie das literarische Schreiben als ihre eigentliche Lebensaufgabe. Was zunächst als »subversive Kritzelei« (Wwe, S. 378) auf den Rückseiten von Flugblättern beginnt und ihr »Freiheit, Luft« verschafft (ebd.), führt zum ersten gedruckten Gedicht: »Mein Vater« (vgl. Wwe, S. 481). »Ihr Kampfgenossen all«: Die Distanzierung von den Parteifreunden wird mit dem Gegenbild des Spiels auf einer Flöte aus Schilfrohr verbunden – eine Wiederbesinnung auf die am Rhein erstmals erfahrene Freiheit als wesentlich für ihre Identität. »Wenige Jahre später wurde das Gedicht in meinem ersten Gedichtband *Herz über Kopf* gedruckt.« (Wwe, S. 616)[76] Am Ende des Romans weist die Ich-Erzählerin Hilla Palm voraus auf die Lyrikerin Ulla Hahn. Das abschließende Kapitel »Das Fest« überwindet Raum und Zeit in einer traumhaften Jenseitsvision »am Rhein, an der Alster, der Elbe« (Wwe, S. 625). »Lommer jonn!« (Wwe, S. 630), der mit den letzten Worten des vierten Romans noch einmal erinnerte Aufruf des Großvaters zum Aufbruch an den Rhein fügt dem Fluss eine weitere Bedeutungsebene hinzu: er fließt ins Meer, ins Unendliche, Ewige, wird Strom der Erinnerung, Jenseitsstrom. Der Rhein als Fluss des Erzählens ist mit dem in Verse gesetzten Abschluss der Roman-Tetralogie an sein Ende gekommen; er bleibt »Quelle der Dichtkunst«[77], die das Werk der Schriftstellerin weiterhin inspiriert.

Schlussreflexion: Fluss der Selbstfindung einer Dichterin

Flusslandschaft und Freiheitsraum, Fluss der Zeit und des Erzählens: die Bedeutung des Rheins für die Roman-Tetralogie ist auf der inhaltlichen und poetologischen Ebene offensichtlich.[78] Nach der Darstellung einiger zentraler Aspekte in der Geschichte von Hildegard Palm soll abschließend der Blick auf das Verhältnis der Autorin selbst zum Rhein in seiner Relevanz für ihre Romane gerichtet werden. Sind in ihrer Biographie und in ihren autobiographischen Äußerungen Hinweise darauf zu finden, warum sie dem Rhein in diesem Er-

76 Die ersten gedruckten Gedichte sind im Jahr 1974 geschrieben, Ulla Hahns Gedichtband *Herz über Kopf* wurde 1981 veröffentlicht.

77 Siehe oben das Zitat von A. Dumas, S. 293.

78 Insbesondere unter motivgeschichtlichen, sprachlichen und kompositorischen Aspekten sind sicher noch weitere Entdeckungen und Differenzierungen möglich, die angesichts des Gesamtvolumens des Romanwerks einer umfangreicheren Abhandlung bedürften.

zählwerk so viel Raum gibt?[79] Bekanntlich hat Ulla Hahn ihre Kindheit und Jugend in Monheim am Rhein verbracht, dem Ort, der dem Romanschauplatz seine wesentlichen Züge gegeben hat. Bleibt man allerdings von vornherein bei der vielbeschworenen Nähe oder gar Identität von Dondorf und Monheim, Hilla Palm und Ulla Hahn stehen[80], übersieht man den räumlich-zeitlichen Abstand zwischen Realität und Fiktion, der den literarischen Charakter der Romane und ihrer Rheindarstellung begründet.[81]

»Der Rhein war immer mein Sehnsuchtsstrom«[82]: Diese Aussage von Ulla Hahn ist wesentlich zum Verstehen ihres Verhältnisses zum Rhein und ihrer literarischen Darstellungsweise. Die Autorin lebt bekanntlich seit langem in Hamburg und hat das dargestellte epische Werk im Wesentlichen an Alster und Elbe geschrieben. Der Blick aus der Ferne prägt ihre Sicht des Rheins, die neben dem Realismus der Darstellung des ihr vertrauten Rheinufers auch Züge des Heimwehs nach dem Erinnerungsort ihrer Kindheit und Jugend aufweist. Die Spannung von Nähe und Ferne ist charakteristisch für das Verhältnis von Ulla Hahn zu »ihrem« Rhein[83]. Das Wechselspiel von Vertrautheit und Sehnsucht setzt die Phantasie frei, die erst den Fluss des literarischen Erzählens ermöglicht. Die dichterische Imagination macht den Rheinstrom zugleich repräsentativ für

79 Zur kontroversen Diskussion um die Bedeutung des Autors für die Interpretation literarischer Texte vgl. den Sammelband *Texte zur Theorie der Autorschaft*, hrsg. und kommentiert von Fotis Jannidis u. a., Stuttgart 2000. Siehe hier vor allem Boris Tomaševskij, »Literatur und Biographie«, S. 49–61. Dieser Aufsatz, hier erstmals als deutsche Übersetzung des russischen Originaltextes von 1923 veröffentlicht, entwickelt bereits eine differenzierte »Typologie selbstinszenierter Autorschaft« (Einleitung der Herausgeber, S. 46f., S. 47).

80 Dieser Kurzschluss ist in vielen journalistischen Beiträgen zu finden. Zum Beispiel Hajo Steinert spricht von »den drei Bänden ihrer als Fiktion getarnten Autobiografie«. *Deutschlandfunk*, 30.4.2015, http://www.deutschlandfunk.de/zum-70-geburtstag-von-ulla-hahn-anspruch-und.700.de.html?dram:article_id=318843 (1.5.2017).

81 »Bitte nie vergessen: Ich habe einen Roman und keine Autobiografie geschrieben.« Diesen Appell der Autorin Ulla Hahn in einem Interview nach Erscheinen von *Spiel der Zeit* zitiert Peter Mohr, »Hilla in der großen bösen Welt. Ulla Hahns autobiografischer Roman *Spiel der Zeit*«, 11. November 2014, http://literaturkritik.de/id/19941. (30.4.2017).

82 Zitiert im Film von Mathias Haentjes: »Meine Kindheit am Rhein. Ein Gefühl, das bleibt«, 9.4.2016, http://programm.ard.de/TV/Programm/Sender/?sendung=2872517224217954 (30.4.2017). Im Interview mit Johannes Schröer im domradio sagt Ulla Hahn, »für sie seien die Bücher und der Rhein die wichtigsten Kraftorte im Leben.« (Ders., »Aus dem Ballast der Vergangenheit Proviant machen. Ulla Hahn über *Wir werden erwartet*«, https://www.domradio.de/print/radio/sendungen/autorengespraech/ulla-hahn-ueber-wir-werden-erwartet, 18.10.2017 (20.10.2017).

83 Insofern sind in den Romanen Anklänge an die Rheindichtungen aus der Perspektive eines freiwilligen oder unfreiwilligen Exils zu finden. Eines der bedeutendsten Beispiele ist Heinrich Heine, der vom Ufer der Seine aus die Sehnsucht nach dem Rhein zum Ausdruck bringt.

den Fluss schlechthin[84] und für das »Panta rhei«, seine Bedeutung als existentielle Metapher.

Neben der räumlichen Entfernung ist zugleich die zeitliche Distanz zu beachten, aus der die 1945 geborene Autorin über die Kindheit und Jugend ihrer »jüngeren Schwester« (SdZ, S. 8) in den 50er, 60er und frühen 70er Jahren des 20. Jahrhunderts schreibt, rund ein halbes Jahrhundert später. Zu Beginn von *Spiel der Zeit* blickt die Schriftstellerin auf ihre »kleine Hilla« (ebd.) zurück[85], die gerade ihr Studium in Köln beginnt, bereits entfernt von ihrer eigentlichen Heimat. Ziel der Autorin ist es, »Erfahrungen und Erfindungen so miteinander zu verschmelzen, dass jenseits von Erfahrung und Erfindung ein Drittes entsteht: die Erzählung, der Text.« (Ebd.)[86]

Der räumlich-zeitliche Abstand zur Biographie ihrer Jugend ermöglicht der Autorin die Fiktionalisierung im Roman. Eine Schlüsselrolle bei der literarischen Darstellung spielt wie gezeigt die Rheinthematik, wobei sich erinnerte Erfahrungen an seinem Ufer und gestaltende Phantasie untrennbar verbinden. Das persönlich Erlebte gibt dem Erfundenen seine Authentizität und Eindringlichkeit. So gehören in der Lebensgeschichte von Ulla Hahn die frühen Erlebnisse der Enge des Elternhauses im Arbeitermilieu der Nachkriegszeit zu den autobiographischen Wurzeln der Erfahrung und Gestaltung des Rheinufers zu einem Ort der Befreiung, nicht zuletzt für die »kleinen Leute«. Der einem Arbeiterkind verschlossene Zugang zu Büchern und Bildung[87], der auch für die Autorin erst auf dem zweiten Bildungsweg erreichbar war, führt zur Entdeckung und Deutung des Rheins und seiner Kiesel als natürlicher Quelle von Zeichen und Schrift. Die Aufenthalte von Hilla Palm am Rhein werden auf dem von Ulla Hahn selbst erlebten Hintergrund sozialer Selbstvergewisserung dargestellt. Für

84 In den ersten drei Romanen kommen in Beziehung zum Rhein als zentralem Fluss auch Nil (DvW, S. 79 f.), Moldau (SdZ, S. 120) und Passer (SdZ, S. 495) ins Spiel. Im vierten Band werden Elbe und Alster mit dem Rhein verbunden (vgl. zum Beispiel Wwe, S. 619).

85 Vgl. das Gedicht »Kleine Schwester« in: *Wiəderworte*, a.a.O., S. 175–179: Hier spielt die Lyrikerin mit den verschiedenen Schichten der Identität, die den kompakten Kern, die kleinste »russische Puppe« (S. 175) in ihrem Inneren umgeben.

86 Inwieweit dies in den Romanen gelungen ist, wird in den Rezensionen kontrovers diskutiert. Günter Blamberger wünscht Ulla Hahn in seiner Besprechung von *Das verborgene Wort* für die Fortsetzung »mehr erzählerischen Abstand« (s. Anm. 24). Für den vorliegenden Beitrag ist diese Frage in Hinblick auf die Rheinthematik relevant. Dieser Aspekt geht leicht unter in genereller Kritik am »Programm dieser Art autobiografischer Fiktion«: »Der Erinnernden ist alles gleich wichtig (…). Und so reiht sich immer noch ein Gang an den Rhein an noch ein Kölsch an noch eine Bratwurst zur Stärkung nach der nächsten Demo.« (Christof Siemes, siehe Anm. 64) In dieser additiven Reihung wird die zentrale inhaltliche und strukturierende Bedeutung der Rheinmotive übersehen.

87 »Ich wuchs – bis auf einen Band mit Heiligenlegenden – in einem Haushalt ohne Bücher auf.« Ulla Hahn, »Historische Provinzler. Bemerkungen zu meinem Umgang mit der literarischen Tradition«, in: Dies., *Dichter in der Welt. Mein Schreiben und Lesen*, München 2006, S. 32–36, S. 34.

die dichterische Phantasie der Autorin eröffnet die Erinnerung an den Rhein ihres Heimatortes Gestaltungsräume, den Rheinstrom auf ihre Weise als Fluss der individuellen Selbstfindung, der gesellschaftlichen Selbstbehauptung und der literarischen Inspiration darzustellen.

Indem Ulla Hahn sich zum Beispiel im Roman einen Vater »schenkt«[88], dessen Härte sich in Gesprächen mit der Tochter am Rheinufer löst und der sich barmherziger zeigt als der in der Kindheit erlebte, gestaltet sie den erinnerten Vater in eine angesichts des Flusses verwandelte Person. Wenn Hilla Palm ihre Freunde und Verehrer dem Test ihres Verhaltens am Rhein unterzieht, stilisiert die Autorin den märchen- und mythengetränkten Strom neu zum Fluss der Freierprobe und Entscheidung. In der mythischen Erzählung des Großvaters vom Stein der Schöpfung, in der legendenhaften Berufungsgeschichte Hildegard Palms in den Spuren der Hildegard von Bingen, in Reminiszenzen an den griechischen Flussgott im rheinischen Schilf verknüpft die Schriftstellerin Elemente unterschiedlicher Herkunft zu einem epischen Gewebe, in dem das Thema Rhein den »roten Faden« des Erzählens bildet.

> »Erzählen: zu den Farben gehen, den Gerüchen, Berührungen, an den Rhein (...). Mich herausschreiben, heraufschreiben unter die Großvaterweide, (...) mich suchen, dort, wo ich herkomme, und nie wieder loslassen, sesshaft machen im Wort (...). Nichts mehr wird vergessen, was teilhaben kann an meinen Erinnerungen im Wort. Verortet im Wort.« (SdZ, S. 274).

In dieser Reflexion inmitten von *Spiel der Zeit*[89], in der die Ich-Erzählerin Hilla Palm mit der Schriftstellerin Ulla Hahn in der Tat fast identisch wird – »weshalb ich immer noch schreibe, ich, Hilla Palm, meine kleine Schwester, meine große« (ebd.) – bilden auch »Ort« und »Wort« mehr als ein Wortspiel. Der im Erzählen erinnerte Ort am Rhein gibt im Suchen und Finden der Worte zugleich Halt für das in seiner Selbstgewissheit immer wieder bedrohte Ich. Das erinnernde Erzählen und Schreiben der eigenen Lebensgeschichte schafft eine persönliche Identität, die ihre Wurzeln nicht zuletzt in den gefundenen und gedeuteten Elementen des Rheinufers hat. Es sind nicht die Fundstücke als solche, sondern die literarisch gestalteten Dinge, die Identität stiften. Ihre Tragfähigkeit erweist sich auch in neuen Situationen und an fremden Orten wie in Hamburg an der Elbe. Durch die sprachliche Vergewisserung der realen Heimat am Fluss und ihre Verwandlung in Literatur wird der Rhein zum Fluss der Ichwerdung und

88 »Diesen Roman-Vater habe ich mir geschenkt. Als Schriftstellerin hat man dieses Privileg: sich Menschen schenken zu können, die es im richtigen Leben nicht gab.« Ulla Hahn im Gespräch mit Christiane Florin, »Ein Abschied von Sünde und Strafe – das wäre die Revolution«. Zwei Jahre Papst Franziskus, in: *Christ & Welt*, 11./12. 3. 2015.

89 Die Reflexion der Ich-Erzählerin ist eingefügt in die Schlüsselszene, in der Hilla ihrem Freund »ihr« Rheinufer nahezubringen versucht und darüber zur Erzählerin ihrer Lebensgeschichte wird (siehe oben S. 319).

Selbstfindung, des Verstehens des Anderen und Fremden, zum Movens autofiktionalen Erzählens.[90]

Die Passagen der Roman-Tetralogie, die den Rhein mit seinem Wellenspiel und seinen rhythmischen Lauten zur Sprache bringen, lassen über eingefügte Gedichte hinaus in der Romanautorin die Lyrikerin erkennen. Im lyrischen Werk von Ulla Hahn sind wiederum Gedichte mit Rheinmotiven zu finden, die mit der Rheindarstellung der Romane korrespondieren. Im Gedicht »Aufgewachsen«[91] geht vom »Kiesel am Rhein« ein Appell aus: »All die Linien / versunkenen Lebens / aufgeweckt in deinen Augen // Warten auf deine Antwort.« Die Romane können als Einlösung der Aufforderung gelesen werden, Geschichten vergangenen und vergessenen Lebens am Ufer des Rheins zu erzählen. Unter diesem Aspekt geht die Reichweite über die autobiographische Selbstvergewisserung hinaus und bezieht den Impuls zum Bewahren der Geschichten der Anderen mit ein, die sie nicht selbst zur Sprache bringen können.

Ulla Hahn gestaltet den Rhein auf ihre eigene Weise neu zum Fluss des Erzählens und Dichtens. Auch im 21. Jahrhundert gibt es offensichtlich jenseits der bekannten Rheinnarrative Möglichkeiten und neue Ufer literarischer Inspirationen durch den Rheinstrom. Insofern ist keineswegs passé, eher zukunftsweisend, was der französische Autor Alexandre Dumas im 19. Jahrhundert in Hinblick auf die Bedeutung des Rheins für die deutsche Literatur verwundert feststellte: »Wie immer er auch betrachtet wird, er ist ein Gegenstand von Furcht und Hoffnung, Symbol des Hasses oder der Liebe, Ursprung von Leben und Tod – eine Quelle der Dichtkunst ist er für alle.«[92]

90 In dieser Hinsicht geht die Rheindarstellung der Romane über die Wiederentdeckung des Regionalen in der Gegenwartsliteratur hinaus (vgl. Anm. 14).

91 Ulla Hahn, »Aufgewachsen. I Kiesel am Rhein«, in: *Wiǝderworte*, München 2011, S. 81. Das Gedicht wird hier dem früheren aus dem Zyklus *Freudenfeuer* (1985) gegenüber gestellt, das den Rheinwellen bei Hochwasser eine bedrohliche Sogwirkung zuschreibt: »Im Frühjahr stiegen sie warfen / Augenpaare nach mir aus dem Schlamm«. Ebd., S. 80.

92 Alexandre Dumas d. Ä., a. a. O., S. 16 (siehe. oben S. 294).

IV. Der Rhein und die Seine als Orte des Exils / Le Rhin et la Seine comme lieux d‘exil

Mechthild Albert (Bonn)

Entre Paris, Coblence et Mayence – Les exils à l'époque révolutionnaire

Au lendemain de la Révolution française, la Rhénanie est le lieu, à peu d'années d'intervalle, de deux mouvements d'exil opposés – opposés dans un sens géographique aussi bien qu'idéologique. De juin 1791 à août 1792, Coblence devient le centre politique de l'émigration royaliste, avec l'arrivée des frères de Louis XVI, le comte d'Artois et le comte de Provence, qui y tiennent leurs cours et développent des activités diplomatiques en vue d'organiser l'armée des nobles. D'octobre 1792 à juillet 1793, Mayence, siège du chancelier du Saint Empire, conquis par les troupes révolutionnaires sous le commandement de Custine, connaît un éphémère gouvernement républicain. Après la reconquête de la ville par les troupes de la coalition austro-prussienne et le retour de l'Électeur, les jacobins mayençais qui échappent à la prison et à la fureur revancharde sont voués à l'exil à Paris, Strasbourg ou ailleurs.

Ces deux villes rhénanes, Coblence et Mayence, sont devenues des « lieux de mémoire » pour les deux nations impliquées, la France et l'Allemagne :[1] Coblence en tant que mythe de la contre-révolution et de la collusion avec l'étranger ; Mayence, grâce à la récupération de la mémoire historique du jacobinisme allemand, en tant que symbole de la première république sur le sol allemand – avant les grands élans révolutionnaires du XIXe siècle, tels que l' Hambacher Fest de 1832 et l'assemblée de la Paulskirche en 1848. Récemment, les historiens ont consacré des recherches à l'exil royaliste français à Coblence[2] et, dans une

---

1 Cf. Ghislain de Diesbach : *Histoire de l'émigration, 1789–1814*, (1975) Paris : Perrin 1998 ; Daniel Schönpflug/ Jürgen Voss (éd.), *Révolutionnaires et émigrés. Transfer und Migration zwischen Frankreich und Deutschland 1789–1807*, Stuttgart : Jan Thorbecke Verlag 2002 ; Hans-Jürgen Lüsebrink/ Rolf Reichardt (éd.), *Kulturtransfer im Epochenumbruch. Frankreich – Deutschland 1770 bis 1815*, 2 vol., Leipzig : Universitätsverlag 1997.

2 Cf. Christian Henke : « Coblentz : Realität und symbolische Wirkung eines Emigrantenzentrums », in : Daniel Schönpflug/ Jürgen Voss (éd.), *Révolutionnaires et émigrés. Transfer und Migration zwischen Frankreich und Deutschland 1789–1807*, Stuttgart : Jan Thorbecke Verlag 2002, p. 163–181 ; Christian Henke, *Coblentz : Symbol für die Gegenrevolution. Die französische Emigration nach Koblenz und Kurtrier 1789–1792 und die politische Diskussion des revolutionären Frankreichs 1791–1794*, Stuttgart : Jan Thorbecke Verlag 2000 ; Karine

moindre mesure, à l'exil jacobin mayençais à Paris.[3] Du point de vue méthodologique, ces contributions relèvent de l'histoire sociale et de l'histoire des migrations, de l'étude des transferts culturels et des lieux de mémoire ainsi que de l'imagologie.

Faisant écho aux articles de Michel Delon et Stéphanie Genand sur les émigrés français en Rhénanie, en fuite devant la Révolution, le présent article est consacré aux émigrés rhénans à Paris en fuite devant la Contre-Révolution, en prenant pour exemple le cas de Georg Forster. Nous allons rappeler d'abord la biographie de Forster, son rôle éminent dans la République de Mayence, son exil parisien puis sa mort,[4] pour nous pencher ensuite sur une œuvre de théâtre, datant de 1980, qui illustre ce même épisode historique et qui contribue ainsi à la mémoire culturelle de la Rhénanie, terre d'exils.

1. Georg Forster, la République de Mayence et l'exil politique à Paris

Né en 1754, Georg Forster avait participé, en compagnie de son père, Johann Reinhold Forster, au second tour du monde de James Cook (1772–1775), dont il a laissé en 1778 le témoignage dans un ouvrage intitulé *A voyage around the world* qui fait évidemment écho de manière critique au *Voyage de Bougainville* et au *Supplément* de Diderot, écrit en 1772. À la suite de sa charge de professeur d'histoire naturelle à Cassel et à Vilnius, en contact avec les sommités des Lumières allemandes comme Lichtenberg, Lessing, Herder, Wieland et Goethe, il accepte en 1788 le poste de bibliothécaire à l'Université de Mayence sous l'Électeur-archevêque Friedrich Karl Joseph Reichsfreiherr von Erthal (1719–1802). Depuis Mayence, il entreprend au printemps 1790, en compagnie du jeune Alexander von Humboldt, un voyage aux Pays-Bas et à Paris. Le récit de ce voyage[5]

Rance, « Les mémoires de nobles émigrés en Allemagne : Coblence, ou prédire un échec advenu », in : Daniel Schönpflug/ Jürgen Voss (éd.), *Révolutionnaires et émigrés. Transfer und Migration zwischen Frankreich und Deutschland 1789–1807*, Stuttgart : Jan Thorbecke Verlag 2002, p. 221–235 ; Karine Rance, « Coblence, une ville allemande dans l'imaginaire politique français », in : Alain Cabantous (éd.), *Mythologies urbaines. Les villes entre histoire et imaginaire*, Rennes : Presses Universitaires 2004, p. 185–203.

3 Cf. Anne Cottebrune, « Des ‚réfugiés mayençais' dans le Paris révolutionnaire : histoire d'un exil politique 1793–1799 », in : *Annales historiques de la Révolution française*, numéro 331, [En ligne], mis en ligne le 18 avril 2008 (http://ahrf.revues.org/document807.html), consulté le 9 septembre 2008.

4 En ce qui concerne les données historiques de la République de Mayence, nous allons nous baser par la suite sur le catalogue *Deutsche Jakobiner – Mainzer Republik und Cisrhenanen 1792–1798*, 3 t., Ausstellung des Bundesarchivs der Stadt Mainz, Mainz 1981.

5 Georg Forster : *Ansichten vom Niederrhein, von Brabant, Flandern, Holland, England und*

marque le tournant révolutionnaire de ce représentant des Lumières et le début de son engagement politique contre l'Ancien Régime, en raison du spectacle révoltant de l'injustice et de l'inégalité sociale. De retour des Pays-Bas, il séjourne à Paris en juillet 1790, et a laissé des souvenirs qui témoignent de sa ferveur révolutionnaire – *Erinnerungen aus dem Jahr 1790.*[6] Il approuve la prise de la Bastille comme acte qui témoigne de la portée pratique et politique de la philosophie des Lumières. Quand les troupes de la France révolutionnaire sous Custine occupent Mayence le 21 octobre 1792, Georg Forster rejoint sans tarder le Club des jacobins locaux, « Amis de l'Égalité et de la Liberté » (fondé le 23 octobre 1792 – Forster y adhère le 5 novembre). Début 1793 il s'engage activement dans la fondation de la République de Mayence qui comprend la région entre Bingen et Landau, à l'ouest du Rhin. Forster est nommé vice-président de l'administration provisoire et élu député du Rheinisch-Deutscher Nationalkonvent, premier parlement démocratique en Allemagne. De janvier à mars 1793, il est rédacteur du *Nouveau Journal de Mayence ou l'Ami du peuple* [*Die neue Mainzer Zeitung oder Der Volksfreund*], saluant la liberté de la presse dans la ville de Gutenberg où fut inventée l'imprimerie. Le 25 mars il quitte Mayence avec les députés Adam Lux et André Patocki afin de demander le 30 mars le rattachement à la France devant la Convention de Paris dont le vote est aussitôt favorable ; le lendemain, la Convention de la République de Mayence tient sa dernière réunion. Quatre mois plus tard, le 19 juillet, Forster prendra encore une fois la parole devant la Convention nationale afin d'appeler la République française au secours de la République de Mayence, durement assiégée par les armées de la coalition. Trop tard hélas : le 23 juillet, les troupes d'occupation françaises de Mayence capitulent devant les forces austro-prussiennes et c'est la fin de la République de Mayence. Mis au ban pour collaboration avec l'ennemi, les membres de la délégation mayençaise sont interdits de retour et resteront en exil à Paris, sous la Terreur, exil auquel la mort mettra fin : Patocki va rejoindre les troupes révolutionnaires ; Lux sera guillotiné en décembre 1793 pour avoir plaidé en faveur de Charlotte Corday, la meurtrière de Marat ; Forster meurt d'une pneumonie le 10 janvier 1794, à peine âgé de quarante ans, dans une mansarde de la Maison des Patriotes Hollandais, rue des Moulins, misérable et seul, sa femme et ses enfants s'étant réfugiés en Suisse. Ajoutons, afin de compléter le tableau, que Custine fut exécuté dès le 28 août 1793 par le tribunal révolutionnaire et que l'Électeur-archevêque Erthal rentra en sa résidence mayençaise le 9 septembre de la même année.

Pendant les neuf mois qu'il vécut à Paris, épisode éclairé par les recherches de

Frankreich im April, Mai und Juni1790, publié par Ulrich Schlemmer, Stuttgart : Édition Erdmann 1989.

6 Georg Forster : *Physiognomie eines Revolutionsjahres. Erinnerungen aus dem Jahr 1790*, publié par Gert Ueding, Tübingen : Klöpfer und Meyer Verlag 1995.

Marita Gilli[7] et Gerhard Steiner,[8] Forster remplit deux missions diplomatiques relativement insignifiantes à la demande de la Convention nationale ; et il écrivit trois essais considérés comme son « testament politique »,[9] à savoir *Darstellung der Revolution in Mainz*[10], *Parisische Umrisse*[11] et *Über die Beziehung der Staatskunst auf das Glück der Menschheit*[12] . De ces écrits ainsi que de sa correspondance parisienne découle une position ambiguë. D'une part, dans ses lettres privées, il se montre un moraliste éclairé, profondément déçu par la réalité révolutionnaire, en particulier par l'esprit de parti. C'est ainsi qu'il écrit dans une lettre à sa femme, datée du 13 avril 1793 :

> Je mehr man in die Geheimnisse der hiesigen Intrigen eingeweiht, oder besser, je näher man mit dem ekelhaften Labyrinth bekannt wird, worin sich hier alles windet und dreht, desto mehr kalte [*sic*] Philosophie bedarf man, um nicht an Allem, was Tugend heißt, zu verzweifeln, und um ruhig von der Gerechtigkeit des Himmels einen guten Ausgang zu erwarten.[13]

D'autre part, dans ses écrits politiques, il maintient l'espoir en la perfectibilité de l'homme et dans la recherche du bonheur qui anime la volonté de tous. Il considère la Révolution comme un phénomène historique irrationnel, comme une irrésistible force de la nature, tel un « majestueux fleuve de lave »[14] ou un ouragan : « *Die Revolution ist ein Orkan. Wer kann ihn hemmen ? Ein Mensch, durch sie in Tätigkeit gesetzt, kann Dinge tun, die man in der Nachwelt nicht vor Entsetzlichkeit begreift.* » « La Révolution est un ouragan. Qui peut le freiner ? Un homme, emporté par lui, est capable d'actions que la postérité ne comprendra pas en raison de son caractère effroyable ».[15]

---

7 Marita Gilli : « Georg Forster in Paris », in : *Deutsche Jakobiner – Mainzer Republik und Cisrhenanen 1792–1798*, t. I, Ausstellung des Bundesarchivs der Stadt Mainz, Mainz 1981, p. 215–221 ; Marita Gilli, *Un révolutionnaire allemand, Georg Forster 1754–1794*, Paris : Éditions du Comité des travaux historiques et scientifiques 2005.

8 Cf. Gerhard Steiner : « Georg Forsters politisches Testament », in : *Deutsche Jakobiner – Mainzer Republik und Cisrhenanen 1792–1798*, t. I, Ausstellung des Bundesarchivs der Stadt Mainz, Mainz 1981, p. 223–228.

9 *Ibid.*

10 Georg Forster : « Darstellung der Revolution in Mainz », in : *id.*, *Werke. Sämtliche Schriften, Tagebücher, Briefe*, t. X/1, publié par Klaus-Georg Popp, Berlin : Akademie-Verlag 1990, p. 505–511.

11 Georg Forster, « Parisische Umrisse », in : id., *Werke. Sämtliche Schriften, Tagebücher, Briefe*, t. X/1, publié par Klaus-Georg Popp, Berlin : Akademie-Verlag 1990, p. 593–641.

12 Georg Forster : « Über die Beziehung der Staatskunst auf das Glück der Menschheit », in : *id.*, *Werke. Sämtliche Schriften, Tagebücher, Briefe*, t. X/1, publié par Klaus-Georg Popp, Berlin : Akademie-Verlag 1990, p. 565–593.

13 Lettre à sa femme, 13 avril 1793, publiée dans : Georg Forster, *Werke. Sämtliche Schriften, Tagebücher, Briefe*, t. XVII, par Klaus-Georg Popp, Berlin : Akademie Verlag 1989, p. 342–344, ici p. 342.

14 Lettre à sa femme, 24 octobre 1793, publiée dans : *Ibid.*, p. 460–461, ici p. 461.

15 Lettre à sa femme et à Ludwig Ferdinand Huber, 28 décembre 1793, publiée dans : *Ibid.*,

Forster est donc l'un des premiers à souffrir des conséquences humaines de l'échec de cette première expérience républicaine allemande. Après lui, plus de 200 jacobins mayençais qui eurent la chance d'échapper au lynchage et aux prisons impériales de Ehrenbreitstein et de Königstein, se réfugièrent à Paris. Tandis que Strasbourg offrait un refuge à ceux qui ne parlaient pas français, Paris promettait un exil privilégié à ceux qui, sachant cette langue, cherchaient à se trouver au centre des événements avec des chances d'emploi intéressant. Toutefois, leurs espoirs allaient être déçus : même les mieux formés d'entre eux ne trouvèrent pas d'emploi, ils restèrent isolés par rapport à la société française et durent réitérer leurs demandes de subvention à un gouvernement chiche et désorganisé, malgré une abondante législation destinée à « venir en aide aux réfugiés politiques » allemands.[16] Afin de se procurer un moyen de subsistance, l'émigré mayençais Anton Joseph Dorsch (1758–1819) prit même l'initiative de fonder un journal en allemand : avec l'approbation du Directoire, *Der Pariser Zuschauer*, édité par Dorsch et un groupe d'exilés rhénans (Nimis, Blau, Böhmer), verra le jour le 1er janvier 1796 et sera publié, à intervalles irréguliers, jusqu'en juillet 1797.[17]

2. Rolf Schneider, *Die Mainzer Republik* (1980)

Le triste sort de Georg Forster est illustré par le drame historique *Die Mainzer Republik* de l'auteur Rolf Schneider qui met en scène le va-et-vient des exils à l'époque révolutionnaire tout en proposant une réflexion désabusée sur le cours de l'Histoire. Né à Chemnitz en 1932, il est rédacteur de la revue est-allemande *Aufbau* (1955–1958), puis romancier et auteur dramatique très apprécié et populaire en RDA (romans *Reise nach Jaroslaw*, *Das Glück*, théâtre *Prozeß in Nürnberg*). Fidèle au régime socialiste, il maintient néanmoins de bons contacts avec les milieux intellectuels ouest-allemands, autrichiens et français. En novembre 1976 il fait partie des signataires du manifeste contre la déchéance de la nationalité de Wolf Biermann. Dès lors, il subit des pressions et chicanes de la part de la nomenklatura culturelle et on finit par l'exclure de l'association des écrivains de RDA en 1979. Par la suite, il va connaître l'exil lui-même, travaillant

p. 497–498, ici p. 498. Voir sur les métaphores de la révolution Rolf Reichardt, « Die *Revolution* – ein ‹ magischer Spiegel › », in : Hans-Jürgen Lüsebrink/ Rolf Reichardt (éd.), *Kulturtransfer im Epochenumbruch. Frankreich – Deutschland 1770 bis 1815*, vol. 2, Leipzig : Universitätsverlag 1997, p. 883–999, ici surtout p. 938–942.

16 Cf. Cottebrune : « Des ‹ réfugiés mayencais › », *op. cit.*

17 Cf. Hansgeorg Molitor : « Deutsche Publizistik in Paris und Straßburg unter dem Direktorium und Napoleon : *Der Pariser Zuschauer* und andere deutschsprachige Zeitungen », in : *Francia* 4, 1976, p. 409–420.

comme dramaturge auprès de théâtres ouest-allemands, notamment à Mayence et Nuremberg. Depuis la réunification allemande, il s'est consacré à une analyse critique du passé récent avec *Volk ohne Trauer* (1992) et est devenu un journaliste reconnu, tant par ses commentaires politiques (notamment pour Deutschlandradio, *Die Welt* et *Berliner Morgenpost*) que par ses essais littéraires (entre autres sur Victor Hugo, Vladimir Nabokov et Siegfried Lenz).

La pièce *Die Mainzer Republik*,[18] dont la première représentation a eu lieu le 26 novembre 1980 au théâtre de Mayence, est composée de 30 scènes, tableaux et récits plus ou moins fragmentaires qui illustrent différents aspects de l'éphémère République de Mayence : « Alles zusammen ergibt dann in lauter Stücken das Stück / Von der unmöglichen Wirklichkeit einer deutschen Republik » (87). Ainsi nous prévient-on dans le prologue qui annonce en outre « feurige Wörter », « zerfahrne Handlung » « und kurzfristige Wandlung / Und zwar solche von Ämter sowohl wie solche von Personen » (87). Tant par son langage que par sa structure dialectique et sa vision de l'Histoire, la pièce de Rolf Schneider rappelle les autres grands représentants du théâtre post-brechtien, à savoir Peter Weiss, Heinar Kipphardt et Rolf Hochhuth.

L'action, axée sur Georg Forster, reflète assez fidèlement les événements historiques de cette période de grands bouleversements qui s'étendent de début 1792 à janvier 1794, de l'Ancien Régime à la Restauration de l'Électeur et à l'exil du républicain Forster, en passant par la conquête de Mayence par les troupes révolutionnaires d'abord et sa reconquête par la coalition de l'Empire ensuite avec, au centre, l'expérience mouvementée de la république. Les personnages historiques forment trois groupes nettement différenciés. Il y a, d'une part, la cour de l'Électeur : l'archevêque Erthal, son ministre des Finances Albini, le duc de Braunschweig ainsi que les émigrés français accueillis par l'Électeur ; d'autre part, les représentants militaires et administratifs de la France révolutionnaire, à savoir le général Custine, Merlin de Thionville et Grégoire avec, sur la fin, Robespierre lui-même. Entre les deux groupes il y a Forster, qui, de bibliothécaire de l'Électeur, devient chef de la République pour mourir en exil dans un Paris révolutionnaire assombri par la Terreur. À ses côtés, le jacobin Wedekind, médecin attitré de l'Électeur qui, après l'échec de l'aventure républicaine, va rejoindre les rangs du pouvoir rétabli. On trouve enfin le noyau familial de Forster, c'est-à-dire sa femme Thérèse qui ne sait plus admirer le grand savant et l'homme politique, souffrant d'un mari qui délaisse le bonheur privé pour celui de tous ; en conséquence, elle va l'abandonner en compagnie de Huber, ancien élève et grand

18 Rolf Schneider : « Die Mainzer Republik », in : id., *Der alte Mann mit der jungen Frau. Die Mainzer Republik. Bewerbungen.* Mit einem Nachwort von Erika Stephan, Berlin : Henschelverlag Kunst und Gesellschaft 1990, p. 87–180. Par la suite, les indications de page entre parenthèse se rapportent à cette édition.

admirateur de Forster. Rattachés à chacun de ces trois groupes formés des protagonistes authentiques de l'Histoire, on trouve quelques personnages secondaires ainsi que des représentants du peuple, des paysans et des soldats.

Comme on vient de le dire, la pièce est régie par une pensée dialectique qui détermine l'évolution d'un même personnage ainsi que les rapports entre les personnages, étant donné qu'aucun des groupes n'est homogène dans ses points de vue. Et, qui plus est, la dialectique est essentiellement inhérente à la théorie et à la pratique révolutionnaires. Tout au long de la pièce, Rolf Schneider poursuit une réflexion désabusée à propos du rapport dialectique entre la liberté et la contrainte, la démocratie et l'autocratie, le bonheur public et privé, la minorité d'intellectuels et la majorité du peuple, l'individu, la classe sociale et l'humanité. À côté du cynisme révolutionnaire de Custine, c'est en particulier à travers le destin de Georg Forster qu'est mise en lumière une vision sceptique du progrès et de l'Histoire. La structure même des scènes obéit à cette logique de l'échec et de l'absurde qui s'oppose à l'idée optimiste selon laquelle ce sont les peuples qui « font » l'Histoire. Souvent, au bout de longues discussions acharnées sur les décisions à prendre, c'est un événement imprévu et indépendant de la volonté de tous qui crée soudain une nouvelle situation historique, mettant en évidence l'autonomie du processus historique, indépendamment de toute volonté – qu'elle fût volonté de tous ou volonté individuelle. Souvent, les individus même n'ont pas *une* volonté, mais des volontés changeantes, tel Georg Forster qui, de sceptique envers les révolutions car générant trop de victimes, devient un révolutionnaire actif sous l'influence de Wedekind et de Custine. D'intellectuel qui agit par la parole, il se transforme en homme d'action qui ne rédige pas seulement des proclamations mais qui, de ses propres mains, fait prisonnier le comte de Leiningen, scellant ainsi le passage de la parole à l'acte.

Cela dit, face aux péripéties révolutionnaires, il reste toujours l'utopie des mers du sud, entrevue par Forster lors de son voyage avec Cook, comme but idéal de la Révolution. Le souvenir de cet état édénique est évoqué à plusieurs reprises. Dès la première scène, le bibliothécaire Forster rappelle le bonheur, l'égalité et la propriété collective des indigènes, vertus qui vont prendre corps dans la devise révolutionnaire. Son supérieur l'Électeur, par contre, va trancher net en niant tout rapport entre ces « sauvages » et les sociétés « civilisées » :

> *Erthal*
> Ach Forster
> Die Zeit wir[d] unberechenbar
> Ein unbedachtes Wort
> Und eine Explosion ist verursacht
> Der Gebildete weiß
> Georg Forster ist ein Reiseschriftsteller
> Wieviel erfolgreicher war er

Da er über das ewige Eis am Südpol redete
Über die nackten Wilden von Tahiti
Forster
Letztere betreffend
Habe ich deren Glückseligkeit gerühmt
Hergestellt durch eine allgemeine Zugänglichkeit
Der irdischen Güter
Und eine große Gleichheit des einzelnen
Unter den vielen
Erthal
Es waren Wilde
Und sie waren nackt
Forster
Ich beendige die Audienz. (92–93)

La fois d'après c'est Forster lui-même qui paraît regretter d'avoir participé à une rencontre interculturelle qui a fait déchoir les indigènes de l'état de nature, les rendant victimes d'une civilisation meurtrière. Cette désillusion lui inspire un scepticisme désabusé face à l'idée du progrès et le fait pencher pour l'hésitation et le doute quand Wedekind veut l'enflammer pour l'action révolutionnaire :

Forster
Ich habe als Kind unschuldige Inseln betreten
Wo ich sie verließ
Waren die eingeborenen Weiber
Von den britischen Seeleuten
Zu Huren gemacht
Ihre Männer niedergemetzelt
Wegen eines billigen Vorwands
Alle Reichtümer waren geplündert
Alles Gebaute war zerstört
Das ist der Fortschritt
Wedekind
Ich vertrau ihm nicht. (99–100)

Indépendamment du désenchantement de l'ancien explorateur, l'identité entre état de nature et valeurs révolutionnaires – liberté, égalité, fraternité – est exaltée dans une espèce de mise en abyme, lors de la représentation d'une pièce au théâtre municipal « révolutionnaire » de Mayence qui montre une pantomime des voyages de Cook et Forster dans les mers du sud, vingt ans auparavant :

Den aus Europen Gekommnen erscheint alles dies
Wie ein unwirklicher Vorgriff aufs Paradies
Und ist doch nichts andres als argloses Greifen
Nach den Dingen die in natürlicher Freiheit reifen
Paradies das ist Gleichheit statt Hinterlist

Da nicht mehr der Stärkre den Schwächeren frisst
Da der Mensch dem Menschen ein Bruder ist. (165)

Néanmoins, à la fin c'est Robespierre lui-même qui va constater la non-identité foncière entre le paradis promis et l'enfer actuel, admettant par là l'échec ultime de la Révolution. Tandis que l'exilé cauteleux évite de porter un jugement sur la situation politique à Paris, l'Incorruptible – qui va d'ailleurs mourir à peine six mois après Forster – lui avoue avec une franchise impitoyable :

Sie sind vorsichtig
Sie scheuen jenes offene Wort
Welches zu lauten hätte
Die augenblicklichen Zustände
Sind den versprochenen paradiesischen
Weiter entfernt als die Hölle. (172–173)

3. Les mouvements d'exil sur scène

Parallèlement aux événements historiques qui se précipitent, l'action de la pièce de Rolf Schneider est rythmée par des « ondes » d'émigration, le cadre étant formé par les deux grands mouvements d'exil qui nous intéressent ici, à savoir celui des royalistes français en Rhénanie et celui des révolutionnaires allemands à Paris. D'abord on voit les émigrés français à la cour de l'Électeur (scènes 3, 6), épisode suivi par l'exil de l'Électeur lui-même qui cherche refuge auprès de son frère, l'archevêque de Würzburg (scènes 12, 28) ; plus loin, ce sont les citoyens de Mayence réticents à collaborer avec le gouvernement révolutionnaire qui prennent la fuite ou sont expulsés (scènes 21, 25) ; et pour finir, c'est Forster lui-même qui trouve la mort dans un exil involontaire à Paris (scènes 29, 30). Voyons comment sont représentés ces différents moments d'exil qui intègrent des personnages des deux nations, de différentes couches sociales et d'orientations idéologiques très diverses.

3.1 L'exil royaliste

Les aristocrates français exilés à Coblence, Mayence et Worms sont présentés au travers du regard du peuple qui les voit passer en carrosse : le prince de Condé, le comte d'Artois ainsi que le seigneur de Calonne, ancien ministre des finances. Quand une femme les traite de « sangsues », « Blutsauger », un moine lui réplique que du point de vue matériel et économique, nourrir et soutenir les émigrés qui consomment sur place les subventions que l'Électeur leur accorde, revient moins cher qu'une guerre contre la France révolutionnaire qui ne « produirait » que des invalides (95). Plus tard, lors d'une fête donnée par l'Électeur à l'occasion de l'élection du nouvel Empereur, François II, un émigré ivrogne provoque de la part d'Albini des remarques désobligeantes jouant sur l'ironie d'une toile (un tableau dans la galerie des ancêtres illustres) qui, une fois arrachée de son cadre (la société d'Ancien Régime), se transforme en haillons :

Albini
Solche waren einmal ernstlich
Das Vorbild Europas
Coudenhoven
Nimmt man vom Bild den Rahmen
Ist es ein Fetzen bekleckerten Stoffs
Albini
Fetzen von Stoff heißen Lumpen. (106–107)

On voit ici un reflet des tensions qui existaient en effet entre les émigrés français et leurs hôtes allemands.[19] L'ambiance de loisir, de jeu, de mœurs relâchées et de parasitisme évoquée dans la pièce demande bien sûr à être placée dans son contexte historique et social.[20] Quand un autre émigré jouant aux cartes se défend des insultes d'Albini en faisant appel à son honneur, le ministre des finances de l'Électeur réplique sèchement que l'indigence exclut l'honneur : « Man kann nur eines von den zweien haben / Eine Ehre oder einen leeren Geldbeutel. » (107) Pour Albini, le choix entre subventionner la vie somptueuse des émigrés français ou mener une guerre contre la France révolutionnaire se réduit à un simple calcul financier – voilà pourquoi il opte en faveur de l'accueil des émigrés. Le joueur de cartes par contre réclame d'urgence la guerre, craignant que la propagande révolutionnaire ne fasse des ravages en Allemagne. Par là, il appuie la position du duc de Braunschweig, le représentant le plus radical de l'Ancien Régime allemand. En fin de compte, la discussion s'avère futile : la France révolutionnaire vient de déclarer la guerre à l'Allemagne, donnant raison par là à la position extrémiste.

19 Cf. Jürgen Voss : « Oberrheinische Impressionen aus Memoiren und Tagebüchern französischer Emigranten der Revolutionszeit », in : *id.* (éd.) : *Deutsch-französische Beziehungen im Spannungsfeld von Absolutismus, Aufklärung und Revolution. Ausgewählte Beiträge*, Bonn : Bouvier 1992, p. 330–345. Dans ce sens, Voss (p. 232) cite une lettre du baron von Knigge écrite à Heidelberg en 1792 qui dit : « Es wimmelt jetzt hier von französischen Flüchtlingen, welche die gerettete Beute aus den Diebes-Magazinen des vormaligen Despotismus im Auslande verzehren, den Preis der Lebensmittel vertheuern und, zur Dankbarkeit für den Schutz, dessen sie sich erfreuen, ihren Beschützern mit Verachtung begegnen, den Ton angeben und die Jugend zu ausländischen Thorheiten verleiten. Ich gönne ihnen nichts [...] ».

20 Voir sur ce point le chapitre consacré à la « Maison du Roi » à Coblence dans : Henke, *Coblentz : Symbol für die Gegenrevolution*, *op. cit.*, p. 106–121.

3.2 L'exil de l'Électeur et son retour

Quelques scènes plus loin (12), on voit l'Électeur en exil chez son frère, l'archevêque de Würzburg – tels sont les revers de fortune que nous présente l'Histoire et telle est la pensée dialectique de Schneider. L'Électeur, naguère hôte des émigrés français, se retrouve maintenant en exil lui-même ; après avoir accordé des apanages à l'ancienne noblesse française, déchu, il doit maintenant implorer lui-même la générosité des puissants :

> *Erthal*
> Einst Herbergsvater
> Der französischen Emigration
> Lebe ich nun fast selbst
> Im Exil
> Und wie ich einst
> Um ihre Latifundien gekommenen Junkern
> Eine Apanage ausgesetzt
> Werde ich bald angewiesen sein
> Auf von andern mir ausgesetzte Apanagen
> Da die mir verbliebenen Länder
> Klein und armselig sind. (134)

L'expérience de la chute et de l'exil le marque à tel point qu'à moitié fou il se considère comme un misérable vers (« Wurm ») dont la vie éphémère ne dépasse pas deux clignements d'yeux de l'oiseau prêt à le dévorer. Cette image pessimiste de l'homme va de pair avec une vision de l'Histoire arbitraire et toute-puissante (scène 24) :

> *Erthal*
> Jene Strecke
> Die ein Vogel zurücklegt
> Zwischen einem Lidschlag und dem andern
> Überfordert das insgesamte Leben
> Eines Wurms (167)

Cependant, un nouveau renversement de fortune va le rétablir dans ses fonctions et l'installer à nouveau dans son palais féodal devenu depuis le siège de l'administration révolutionnaire sous Custine et Grégoire. Wedekind, ancien jacobin et anciennement médecin en titre de l'Électeur, n'hésitera pas à profiter de ce moment pour rejoindre le pouvoir rétabli (scène 28).

3.3 L'expulsion des citoyens de Mayence réticents à coopérer avec la République

Ce changement d'attitude de Wedekind s'annonce dans un dialogue avec Forster (scène 20) où il constate, désillusionné, les conséquences néfastes du mouvement révolutionnaire qui a apporté le malheur au lieu du bonheur promis. Exaspéré par les réquisitions de la part de l'administration française en faveur des troupes révolutionnaires, le peuple de Mayence prend la fuite, en particulier les fonctionnaires et même des citoyens membres du club jacobin :

> *Wedekind*
> Wir wollten das größte Glück des Menschen
> Wir haben nur Unruhe gebracht
> Niedergeschlagenheit
> Furcht vor dem großen Unglück
> Immer häufiger verlassen Lastzüge
> Mit Ladung aus unseren Speichern
> Die Stadt
> In Richtung Paris
> Die Menschen sagen
> Man plündert uns aus
> In immer kürzeren Abständen
> Flüchten Beamte aus Mainz
> Sie erweisen sich als unersetzlich
> [...]
> Wir haben die Revolution für die Menschen gemacht
> Die Menschen fliehen die Revolution (162–163)

Les derniers vers résument, à la manière d'une maxime, le rapport dialectique et tragique entre la Révolution et le peuple. Déclenchée au nom et pour le bien du peuple, la Révolution ne tarde pas à se retourner contre ce même peuple, qui en souffre et finit par la fuir. Voici une loi de l'Histoire qui peut s'appliquer tout aussi bien à la RDA, patrie de Schneider. Le dialogue cité a lieu le jour du plébiscite en faveur de la République de Mayence, lié à un serment de fidélité aux principes de la Révolution. Le résultat est désastreux : sur 46268 citoyens ayant droit au vote (les femmes en étant exclues), seulement 372 votent pour la République. Wedekind, choqué et confirmé dans ses propres doutes, croit que c'est la fin – « Das ist das Ende » – tandis que Forster insiste, intransigeant :

> Nein
> Es ist
> Der von uns gewollte
> Der von uns gemachte
> Der weiter zu nutzende
> Anfang (162–163)

Peu après et fidèle à cette « logique » révolutionnaire (scène 25), Forster, au nom de la Convention de Mayence, menace d'expulsion les citoyens qui refusent le serment sur la Constitution et proclame également des mesures contre ceux qui les aident.

Forster
Alle Bewohner des Freistaates
Besonders unter ihnen alle Beamten
Welche den Eid auf die Ziele
Der Freiheit und Gleichheit verweigern
Werden mitsamt ihren Familien des Landes verwiesen [...]
Alle Bewohner des Freistaats
Die mit Ausgewanderten Kontakte unterhalten
Werden mit Einzug des Vermögens bestraft. (169–170)

4. Forster en exil à Paris

Deux scènes plus loin et quelques semaines plus tard, Schneider nous montre Forster à Paris, dans une entrevue avec Robespierre, le soir du vote du rattachement de la République de Mayence à la République française. Robespierre, condescendant, le salue comme un citoyen de la périphérie du territoire. Quand il apprend que le délégué allemand est mal logé à Paris, il l'en félicite comme étant ainsi plus proche de la Révolution : « Derart können Sie guten Einblick nehmen / In den Alltag der Revolution » (172) et il exalte Paris comme cœur de la Révolution qui infuse le sang aux veines du pays – ce sang qu'il fera couler à flots : « Paris ist das Herz der Revolution / Sein Schlag ist unser Leben / Das Blut in den Adern des Landes / Wird durch es bewegt » (174). À la fin de l'entretien, Robespierre confronte Forster avec une nouvelle qui doit le terrasser : Mayence est assiégée, encerclée par l'ennemi : « Während Ihrer Rede vor dem Convent / Wurde Ihr Mainz / Die Festung der Revolution / Vom Feind eingeschlossen » (175). À partir de ce moment, Forster ne prend plus la parole. Sa mort nous est racontée indirectement par les propos d'une vieille femme qui le soigne. C'est elle qui dans un monologue résume sa vie, évoque son dégoût de la Révolution qui coûte trop de victimes et exprime le cannibalisme de la Révolution qui dévore ses propres acteurs. La femme du peuple ne comprend rien au prétendu progrès de l'Histoire et ne veut rien y comprendre. Pour elle, porte-parole du peuple et des victimes de l'Histoire, révolution est synonyme d'absurdité :

Ah
Ich erinnere mich
Wie Sie eines Tages hierher kamen
Geschüttelt vom Widerwillen

Sie riefen aus
Es sei leicht
Vom Töten zu reden
So lange man nicht
Dessen Zeuge gewesen
Sie waren es gerade geworden
Sie hatten erlebt
Wie man der verrückten Charlotte Corday
Säuberlich den Hals durchtrennte
Ah
Wie lange ist das alles her
Wie viele sind inzwischen verstorben
Ohne dass wir davon erfuhren
Auch der Henker der Corday
Wurde längst dem Henker überantwortet
Die Revolution geht weiter
Sie frisst ihre Fresser
Vielleicht ist Revolution bloß ein anderes Wort
Für Sinnlosigkeit
Ich verstehe nichts davon
Ich will nichts davon verstehen (179)

Tout à la fin, la voix anonyme d'un narrateur épique dresse le bilan de la République de Mayence : 6000 morts et Forster « crevé » dans son exil français :

Der Deputierte Forster ist im französischen Exil geblieben
Hat dort noch einige Traktate geschrieben
Zuletzt war sein Körper mit Schwären bedeckt
Eines Wintertags ist er einsam verreckt. (180)

5. Les exils, emblème de l'Histoire

En fin de compte, les mouvements de migration et d'exil qui ponctuent l'action de cette pièce illustrent l'absurdité de l'Histoire qui avance par rebonds, par allers et retours, en faisant partout des victimes. À un moment donné, vers le milieu de la pièce, un soldat montant la garde observe le chassé-croisé des exilés, symbole de la déraison de l'Histoire. Pendant que l'un, grand marchand mayençais et ancien sympathisant de la République, prend la fuite en carrosse vers l'est, de simples chariots de bois transportent vers l'ouest les soldats révolutionnaires blessés lors de la défense de Mayence contre l'avancée des troupes de la coalition austro-prussienne. Face à ces mouvements de fuite opposés, le simple soldat se croit au mauvais endroit :

Erster Soldat
Seh ich aber zu
Wie sich die zwei Wagen begegnen
Gerate ich ins Nachdenken darüber
Ob ich vielleicht
Auf dem falschen Platz steh (153)

Mais le soldat anonyme se trompe : il n'est pas au mauvais endroit, il se trouve juste au cœur de l'Histoire qui est une histoire de guerre et d'exils. À un autre niveau, l'absurdité de l'Histoire est évoquée inconsciemment par l'amant français d'une citoyenne de Mayence, Mme Böhmer, amie des Forster. Ce soldat révolutionnaire chante une chanson de Pierre-Jean de Béranger (1780–1857) - qu'on pardonne à Schneider ce léger anachronisme – qui parle des oiseaux que chasse l'hiver mais qui reviennent au printemps. Tenant compte des événements historiques mis en scène par cette pièce, ne pourrait-on pas reconnaître dans les oiseaux migrateurs de cette chanson d'amour l'emblème de l'Histoire même, une Histoire circulaire, absurde, d'éternel retour ?[21]

L'hiver redoublant ses ravages
Désole nos toits et nos champs
Les oiseaux sur d'autres rivages
Portent leurs amours et leurs chants.
[...]
Mais le calme d'un autre asile
Ne les rendra pas inconstants
Les oiseaux que l'hiver exile
Reviendront avec le printemps. (130–131)

21 Remerciements à Pierre Dumilan pour la relecture attentive de ce manuscrit.

Michel Delon (Paris)

Le Rhin des émigrés : Sénac de Meilhan (1797) et Bilderbeck (1807)[1]

L'historiographie de l'émigration outre-Rhin s'est parfois focalisée sur la ville de Coblence et sur l'armée des princes qui se réunit dès le début des événements parisiens, pour se disperser à l'arrivée des troupes françaises sur la rive gauche du fleuve. Le brassage franco-allemand autour du fleuve, limite non frontière, selon l'expression d'André Breton, dépasse la seule ville de Coblence. Les vagues successives d'émigrés, le déplacement du front militaire, plus tard la création des départements français de la Sarre, du Mont Tonnerre, de Rhin et Moselle et de la Ruhr, avec pour chefs-lieux respectifs Trèves, Mayence, Coblence et Aix-la-Chapelle[2], ont approfondi les échanges tout au long de l'axe rhénan. Littérairement aussi, la perspective doit être élargie. On a pris en compte les mémoires d'émigrés, le débat juridico-politique sur le statut des réfugiés et des exilés, la discussion sur les frontières naturelles[3], mais le roman d'émigration constitue aussi un témoignage qui mérite attention[4]. Je voudrais privilégier deux textes,

1 Depuis le colloque sur « Le Rhin », organisé par l'université de Bonn en octobre 2007 ont paru les beaux articles de Stéphanie Genand, « La frontière incertaine : enjeux d'un espace stratégique dans la littérature d'émigration (1793–1807) », *Dix-huitième siècle*, 42, 2010, et de Jean-Marie Roulin : « Frontières extérieures et frontières intérieures dans le roman d'émigration », *Parcours dissidents au XVIIIe siècle. La Marge et l'Écart*, sous la direction de Stéphanie Genand et Claudile Poulouin, Desjonquères, 2011. Une première version du présent article a été publiée dans *Dix-huitième siècle*, 2013, n° 45, p. 495–510. Il a été ici revu et actualisé.

2 Sur l'époque, voir le riche catalogue de l'exposition, *Unter der Trikolore. Sous le drapeau tricolore. 1794–1814. Trier in Frankreich. Napoléon in Trier. Trèves en France. Napoléon à Trèves*, Trèves, 2004, ainsi que le manuel d'histoire franco-allemande : Bernhard Struck, Claire Gantet, *Revolution, Krieg und Verflechtung 1789–1815,* Darmstadt, Wissenschaftliche Buchgesellschaft, 2008.

3 Voir en particulier les travaux de Jean-René Surateau, « Rheingrenze oder Rheinstrom / Le Rhin frontière ou le Rhin voie d'eau », dans *L'Idée de nation et l'idée de citoyenneté en France et dans les pays de langue allemande sous la Révolution*, Belfort, 1989, et plus récemment de Josef Smets, « Le Rhin, frontière naturelle de la France », *Annales historiques de la Révolution française*, 1998.

4 Voir Cl. Jaquier, « Romans suisses de l'émigration, au croisement de l'histoire et de l'utopie sociale », *Annales Benjamin Constant, 30, 2006 ;* Cl. Jaquier/Fl. Lotterie et C. Seth : *Destins*

L'Émigré de Sénac de Meilhan, paru à Brunschwick en 1797, peu diffusé à l'époque mais devenu un classique littéraire, depuis sa réédition par Étiemble dans un recueil de la Bibliothèque de la Pléiade[5], et un roman qui reste toujours absent des histoires littéraires, *Sophie de Listenai, ou Aventures et voyages d'une émigrée française en Allemagne et en Prusse*, publiés par Bilderbeck le jeune, à Paris en 1807.

Fils d'un médecin du roi, grand serviteur de la monarchie dont la signature sur la page de titre en 1797 rappelle les fonctions successives et les états de service, « ci-devant intendant d'Aunis, de Provence, Avignon et du Hainaut, et intendant général de la guerre et des armées du roi de France etc. etc. », Gabriel Sénac de Meilhan (1736–1803) a quitté la France dès juin 1790, séjourné à Londres, Aix-la-Chapelle et Rome et donné une des premières analyses politiques des événements dans *Des principes et des causes de la Révolution en France*, cette même année 1790[6]. Il se rend à Saint-Pétersbourg en 1791, mais ne réussit pas auprès de Catherine II. Il vit alors en Allemagne et se consacre à des activités littéraires. Il publie des essais politiques et un roman : avec un titre court à l'article défini, *L'Émigré* a l'ambition d'être le roman global d'un phénomène complexe. De longues lettres de réflexions politiques précisent l'enjeu historique du roman qui se substitue à l'impossible synthèse à chaud sur l'événement. L'histoire des individus s'intègre au bruit et à la fureur de l'époque. Louis François ou Ludwig Franz von Bilderbeck (1764–1856 ?) appartient à la génération suivante. C'est un Alsacien bilingue qui a publié dans les deux langues des traductions et des œuvres personnelles, dramatiques et romanesques, dont ce roman *Sophie de Listenai* qui se présente comme une correspondance véritable. Un nom propre féminin y a remplacé le nom commun masculin. À l'article défini de *L'Émigré* succèdent modestement les aventures et voyages d'*une émigrée.* Le général est confié au masculin, acteur sur la scène de l'histoire et penseur de ce qui lui advient. Le féminin rend compte d'un itinéraire particulier, d'une expérience individuelle.

L'urgence événementielle est retombée en 1807, beaucoup d'émigrés sont rentrés, certains se sont intégrés, même si les plus radicaux attendent le retour de Louis XVIII. L'émigration est en train de devenir un motif littéraire où le politique est évacué au profit du pittoresque. Les deux romans de Sénac et de Bilderbeck se présentent comme des recueils de lettres, une des formes domi-

---

romanesques de l'émigration, Paris, Desjonquères, 2007 ; S. Genand, *Romans de l'émigration (1797–1803)*, Paris, Honoré Champion, 2008. Le livre de Fernand Baldensperger reste une mine : *Le Mouvement des idées dans l'émigration française*, Plon-Nourrit, 1925.

5 *Romanciers du XVIIIe siècle*, éd. Étiemble, Paris : Gallimard, « Bibliothèque de la Pléiade », 1965.

6 Le texte a été réédité à la veille du bicentenaire de la Révolution : *Des principes et des causes de la Révolution en France.* Suivi d'extraits de *Du gouvernement, des mœurs et des conditions en France avant la Révolution.* Paris, Desjonquères, 1987.

nantes durant tout le siècle qui s'achève. Comme tels, ils récusent l'appellation de roman. « L'ouvrage qu'on présente au public est-il un roman, est-il une histoire ? Cette question est facile à résoudre. On ne peut appeler roman un ouvrage qui renferme des récits exacts de faits avérés[7]. » Les événements sont historiques, les personnages n'ont de sens que par rapport à la situation où ils se trouvent. « Ce livre n'est pas un roman, quoique le caractère du principal personnage, Sophie, ne soit pas très vraisemblable. Une femme qui porte à l'excès l'héroïsme de la vertu, dont l'innocence triomphe du malheur et de la séduction a paru à quelques personnes un être hors de la nature[8]. » L'ironie de celui qui se présente comme le simple éditeur du recueil rejoint l'Avertissement de l'éditeur des *Liaisons dangereuses*, prétendant qu'on n'a jamais vu une Demoiselle avec soixante mille livres de rente se faire religieuse, ni de Présidente, jeune et jolie, mourir de chagrin. Ce qui pourrait choquer la vraisemblance appartient à l'époque. Les catégories du crédible et de l'incroyable ont été bouleversées par la Révolution. La politique a transformé la poétique. Sénac insiste dans sa préface sur le caractère singulier et même exceptionnel du moment : « Tout est vraisemblable, et tout est romanesque dans la révolution de la France ; les hommes précipités du faîte de la grandeur et de la richesse, dispersés sur le globe entier, présentent l'image de gens naufragés qui se sauvent à la nage dans des îles désertes. » Le romanesque du naufrage et de la robinsonnade est devenu le propre de la réalité historique. « Les rencontres les plus extraordinaires, les plus étonnantes circonstances, les plus déplorables situations deviennent des événements communs, et surpassent tout ce que les auteurs de roman peuvent imaginer. » Le superlatif se perd dans le quotidien, l'extraordinaire se banalise. De son côté, Bilderbeck revient au modèle cyclique des révolutions au pluriel, ainsi qu'à un point de vue plus moral que politique : « J'ai pensé qu'on ne lirait pas sans intérêt l'histoire d'une victime de ces crises violentes qui agitent quelquefois les empires [...]. Il ne faut pas hésiter à placer sous les yeux des hommes le tableau de leurs passions, à placer en même temps, à côté, l'image des maux qu'elles entraînent après elles[9]. »

Aucun des deux romans épistolaires ne fournit la chronologie précise des missives. Deux dates apparaissent pourtant dans le roman de Sénac, qui suffisent à situer l'intrigue. La première lettre est la seule datée, de juillet 1793, tandis que le testament, rédigé par le marquis de Saint Alban peu de temps avant son suicide en plein tribunal révolutionnaire, l'est du 25 octobre de la même année. Une note infrapaginale se réfère encore à cette année : « Cette lettre a été écrite en 1793, et depuis cette époque, le roi de Prusse a donné des terres à plusieurs émigrés

7 Sénac de Meilhan : *L'Émigré*, Paris : Gallimard, « Folio », 2004, p. 32.

8 *Sophie de Listenai, ou Aventures et voyages d'une émigrée française en Allemagne et en Prusse*, publiés par L. Bilderbeck le jeune, Paris, 1807, t. I, p. i.

9 *Ibid.*, p. i–ij et v. Les références suivantes sont données dans le corps du texte par l'indication du tome et de la page.

français dans l'intérieur de ses États »[10]. Les événements mentionnés confirment la chronologie. Une lettre annonce « la plus affreuse nouvelle » : « la fille de Marie-Thérèse, la descendante de vingt Empereurs a succombé sous la hache des bourreaux » (p. 408). Le terme *hache*, poétiquement et politiquement noble, efface l'horreur égalitaire et mécanique de la guillotine. La fille de Marie-Thérèse doit mourir comme Marie Stuart, et non comme la masse anonyme des victimes de la Terreur. Quelque temps plus tôt, le père du héros a été « traîné sans connaissance à l'échafaud », il avait cessé de vivre « avant que la hache l'ait atteint » (p. 369). L'intrigue commence avec la prise de la citadelle de Mayence par le roi de Prusse, suivie de la blessure du héros, qui lui permet d'être recueilli par la comtesse de Loewenstein. Elle s'achève par le retour du marquis à l'armée. Saint Alban est alors arrêté par les troupes françaises, condamné à mort comme traître à la patrie, il se suicide à la lecture du verdict. Le testament est daté, mais le fragment de gazette qui relate les faits ne l'est pas. Les lettres de *Sophie de Listenai* ne sont pas non plus datées. Il faut se référer à l'actualité, mentionnée par les épistoliers, qui fournit un cadre chronologique. Dans le premier tome, Émilie regrette le départ de son amie Sophie, obligée de suivre son mari : « Voilà la révolution terminée, à votre procès près, messieurs les fuyards ; mais beaucoup reviennent et je ne puis concevoir la manie de M. de Listenai qui quitte la France au moment où le roi, en acceptant la constitution, a réuni tous les partis » (I, 176–177). Nous sommes donc à la fin de l'été 1791. Dans le tome suivant, l'hiver vient. Certaines femmes du monde n'osent plus aller à l'opéra à cause du froid (II, 222). Quelques pages plus loin, Sophie se promène « enveloppée dans [sa] pelisse, le visage caché dans [son] manchon » et glisse sur le verglas, car il gèle à Coblentz (III, 3). Au début du quatrième tome, la belle saison n'est pas encore avancée. On est au début du printemps (IV, 12). Les émigrés attendent impatiemment la reconquête de la France par l'armée des princes et par les troupes prussiennes. « Tout le monde assure ici que ce ne sera qu'une promenade militaire, et qu'il ne faudra que trois semaines au roi de Prusse pour arriver à Paris » (IV, 22). Sophie rencontre Édouard, un Allemand qui devient son ami ou, au sens classique, son amant, et le convainc de se rendre en France, tandis qu'elle-même suit son mari à Berlin. Rosenthal arrive à Paris en 1792, « précisément pour être témoin des événements du 10 août » (IV, 135). Le père de Sophie et le mari d'Émilie sont tués dans l'assaut des Tuileries. Des échos assourdis des événements parisiens arrivent sur les bords du Rhin. Sophie s'inquiète : « On parle de nouveaux troubles, de scènes affreuses à Paris. Je n'ai aucuns détails, et il paraît qu'on cherche à me les cacher » (IV, 119). Sophie traverse « l'armée prussienne et celle des princes français, campés à deux lieux de Trèves » (IV, 129). Les deux styles militaires lui

10 *L'Émigré*, p. 111. Les références suivantes sont données par l'indication p. suivie du numéro de la page. Elles se distinguent ainsi des références à *Sophie de Listenai*.

paraissent incompatibles comme s'ils appartenaient moins à deux nations qu'à deux époques différentes : « L'armée des princes m'a paru extrêmement brillante et leste ; tous les visages y sont rayonnants d'espoir et de gaieté ; on se croirait au temps de l'ancienne chevalerie. Mais l'armée prussienne offre un tout autre aspect : une discipline austère, un ton tout militaire, et le mécontentement d'être loin de ses foyers pour une cause étrangère, tout cela lui donne un air plus imposant peut-être, mais triste » (IV, 129–130). L'émigrée tient ici le même discours que les révolutionnaires, prompts à chanter l'épopée des Français pieds nus qui savent pourquoi ils se battent contre des stipendiés qui agissent sans savoir pour qui. Le séjour des personnages du roman est conditionné par les revers et les succès de ces troupes, par les avances et les replis de l'armée française du Rhin. L'histoire s'accélère à la fin du roman, qui abandonne la forme épistolaire et passe au récit à la première personne. Le dénouement coïncide avec le traité de Bâle. En avril 1795, la France signe la paix avec la Prusse, elle occupe les possessions prussiennes sur la rive gauche du Rhin « jusqu'à la pacification générale avec l'Empire ». Pour la première fois depuis plusieurs années, un apaisement semble s'esquisser. L'intrigue fournit également la date de naissance d'Édouard, né à Francfort-sur-le-Main, le 21 juillet 1767. Il a à peu près le même âge que le romancier. Il appartient à la grande génération de Bonaparte, Germaine de Staël, Benjamin Constant, Chateaubriand et tant d'autres, qui a vingt ans à la prise de la Bastille et fournit les cadres de la Révolution.

Les deux romans racontent l'histoire d'un couple franco-allemand. Chez Sénac, la comtesse de Loewenstein découvre blessé le marquis de Saint Alban, intégré à l'armée prussienne et touché lors d'un accrochage avec les patriotes français. Il a marché sur une rive du Rhin, s'est caché dans une barque de pêcheurs et a fini par traverser le fleuve. Cette traversée marque le début romanesque de l'intrigue, elle permet la rencontre des deux héros. La comtesse allemande est mariée, le marquis français a des obligations d'honneur envers l'armée dans laquelle il s'est engagé. Ils sont séparés par leur passé personnel et familial, mais la perspective d'un pont sur le Rhin demeure, à travers une métaphore qui remonte à l'Europe unifiée de l'empire romain. « C'est ainsi que le pont de César sur le Rhin était construit de manière que plus le fleuve était violent et impétueux, et plus le pont se renforçait et s'affermissait. » Une note explique : « Les poutres enfoncées dans le lit de la rivière ne sont point à plomb ; celles qui sont dans la partie supérieure sont pliées au cours de l'eau, et celles de dessous à rebours » (p. 191). L'intrigue romanesque de Sénac, les amours impossibles d'une Allemande et d'un Français valent comme métaphore d'un dialogue, non seulement entre deux peuples, mais également entre deux visions du monde. Le sentiment amoureux bouscule l'ordre ancien qu'incarnent les nobles allemands de la famille de l'héroïne, maniaques de titres nobiliaires et de généalogie. La force du roman est de sceller l'individuel et l'historique, le sentimental et le politique. Selon le même principe, le Rhin est à la fois un axe de communication, un enjeu stratégique et un paysage sensible. Avant d'y rencontrer le marquis, la comtesse avait l'habitude de se promener sur les bords du fleuve avec une amie. Elle écrit à celle-ci : « Je vous regrette bien, ma chère Victorine, et dans ces bois où nous aimions à nous égarer, et sur les bords du Rhin, où quelquefois nous restions des heures entières à jouir en silence d'une vue superbe [...]. Dans quelle douce rêverie nous étions souvent plongées toutes deux, en entendant le bruit de la chute du Rhin, près de Rudesheim ! » (p. 44–45). Le style de Sénac ne lui permet pas de s'attarder dans cette description et de rendre plus présent encore ce paysage de collines et de vignobles. Mais le Rhin y est bien principe et sensation.

Sophie de Listenai est exactement contemporain du *Corinne* de Mme de Staël. *Corinne* est sous-titré *ou l'Italie* : l'héroïne y devient le porte-parole de la mémoire nationale, elle incarne la culture du pays. Le récit comporte une visite détaillée de Rome et un itinéraire à travers la péninsule. Sophie de Listenai est une émigrée française qui suit son mari en exil ; le voyage lui permet de décrire à une amie restée en France le pays qu'elle traverse et de lui faire part de la culture qu'elle découvre. Elle rencontre donc un bel Allemand roturier – à la fois Adonis et Hercule (II, 230)[11] – qui n'a sans doute pas la même ambition pour l'Allemagne que Corinne pour l'Italie. Du moins, le roman présente-t-il au public français les grandes étapes d'un tour outre-Rhin et plusieurs titres de la nouvelle littérature germanique : un drame de Kotzebue, une romance de Bürger (II, 27)[12] ou *Stella* de Goethe (II, 192–196). Le couple est désormais celui d'une Française et d'un Allemand, chacun est marié de son côté. Sophie est l'épouse d'un noble français plutôt borné, intéressé par les seules questions militaires. Édouard Rosenthal est l'époux séparé d'une femme indépendante, excessive, prête à toutes les expériences, qui devient même la maîtresse d'un conventionnel français. Les péré-

11 Même dualité chez le marquis de Saint Alban, blond aux yeux noirs, dont la physionomie, au dire de la comtesse, « annonce de la vivacité et de la douceur » (p. 39). J'ai essayé d'étudier cette vibration du masculin, qui renvoie aux contradictions du moment historique, dans « Le visage d'Adonis sur le corps d'Hercule », *Tangence*, n° 89, Hiver 2009, « L'Invention de la normalité au siècle des Lumières », remanié dans le chapitre de l'*Histoire de la virilité* : « Hommes de fiction », *Histoire de la virilité*. I *L'Invention de la virilité. De l'Antiquité aux Lumières*, sous la direction de Georges Vigarzello, Seuil, p. 467–498.

12 L'intrigue insère une longue romance d'une cinquantaine de strophes. Une note précise : « Ce genre de romance est, je crois, peu connu des Français, mais il est très goûté en Allemagne. ‹ La Fille du ministre de Taubenheim ›, *Die Pfarrerstochter von Taubenheim*, est un modèle dans ce genre. Cette romance est de Bürger, poète célèbre en Allemagne, qui a donné aussi une des meilleures traductions en vers d'Homère. » Mme de Staël proposera une comparaison entre Goethe, Schiller et Bürger dans le chapitre « De la poésie allemande » du traité qui ne paraît finalement qu'en 1813 : « Goethe a plus d'imagination, Schiller plus de sensibilité, et Bürger est de tous celui qui possède le talent le plus populaire » (*De l'Allemagne*, GF, 1968, t. I, p. 231). « Bürger est de tous les Allemands celui qui a le mieux saisi cette veine de superstition qui conduit si loin dans le fond du cœur » (*ibid.*, p. 238).

grinations du couple émigré passent souvent par le Rhin. Sophie le décrit à son amie parisienne : « Après une navigation de deux jours sur le Rhin, nous sommes heureusement arrivés à Mayence, ma chère Émilie. Quel spectacle, à la fois riant et majestueux, présente ce fleuve dans son cours ! Quand nous partîmes, un léger brouillard dérobait à la vue une foule de petites îles qui, s'offrant à nos yeux, aux premiers rayons du soleil, parurent sortir tout à coup du sein des ondes » (I, 78). Une des lettres est écrite à bord même d'un bateau que l'épistolière nomme *yacht* et qui la conduit à Coblence.

« Nous n'étions plus sur ces rives agréables du Rhin. Le fleuve, en cet endroit, coule avec rapidité entre des montagnes élevées. Nous nous trouvions en ce moment vis-à-vis Bingen [...]. Non loin de Bingen, le cours du fleuve est, en quelque sorte, fermé par une barre de rochers à fleur d'eau qui ne laisse aux bateaux qu'un passage fort étroit » (I, 109). Les passagers du bateau assistent à un accident. Un autre bateau, remorqué par six chevaux, est entraîné par la force du courant. Les chevaux de halage tombent dans le fleuve. L'habileté des mariniers qui repoussent les rochers de leurs rames évite la catastrophe. La perception du fleuve change : « On me dit que le Rhin, jusqu'à une certaine distance, offrait une navigation périlleuse, à cause de la quantité des bancs de sable et de rochers à fleur d'eau que l'on y rencontre » (I, 111). Le regard esthétique jeté sur le paysage se ressent de ce qui vient de se passer. « Quel tableau majestueux et sauvage présente le Rhin en cet endroit ! encaissé entre des amas énormes de rochers à pic, il fuit au milieu d'eux avec rapidité ; leurs formes bizarres réjouissent la vue et effrayent la pensée ; tantôt ils paraissent prêts à se détacher de la montagne et vous menacer de leur chute, et tantôt ils semblent fermer entièrement le cours du fleuve. L'illusion est telle, qu'il faut se convaincre par soi-même qu'il existe un passage » (I, 109–112). On a glissé du riant[13] et majestueux au majestueux et sauvage. On pourrait s'arrêter à cet éloge du bizarre, réjouissant et inquiétant, qui est un avatar du sublime de Burke, en train de se diffuser et de se populariser, et qui caractérise une époque incertaine de ses valeurs[14]. Le fleuve réjouit et effraie, de même que les Alpes apparaissaient à Saint-Preux, un demi-siècle plus tôt, comme « des pays étrangers si bizarrement contrastés » et que ses successeurs de la fin du siècle les décrivent comme de « magnifiques horreurs »[15]. Les angoisses et les espoirs

13 Le paysage riant vient sans doute de Rousseau, voir ma contribution, « *Romantique* : sur l'apparition d'un mot en français », au recueil *Die Romantik, ein Gründungsmythos der europäischen Moderne*, A. Ernst et P. Geyer éd., Bonn University Press 2010, p. 99–109.

14 Fritz Schalk a esquissé l'histoire de la catégorie : « Das Wort *bizarr* im Romanischen », *Exempla romanischer Wortgeschichte*, Francfort-sur-le-Main, Vittorio Klosterrmann, 1966. Régine Borderie l'étudie avec précision au XIXe siècle dans *Bizarre, bizarrerie, de Constant à Proust*, Grenoble, Ellug, 2001. Le paysage exotique est un des « territoires du bizarre » (p. 32).

15 Voir l'analyse de Jean Gaudon : « Magnifiques horreurs. De la présence ou de l'absence d'une figure de rhétorique », *Le Préromantisme, hypothèque ou hypothèse*, Paris : Klincksieck 1975.

cristallisent autour de ce maître-fleuve, violent et maîtrisé, désordonné et humanisé : ces angoisses et espoirs sont individuels aussi bien qu'historiques. L'héroïne, qui a perdu sa mère et un nouveau-né, rapporte un cauchemar : « Cette nuit, je me suis trouvée, en songe, sur les bords du Rhin. Un orage affreux obscurcissait le ciel, et le tonnerre retentissait avec fracas. Je voulais fuir ; mais le sable fuyant sous mes pieds, je me voyais à chaque pas sur le point d'être engloutie dans le fleuve. J'allais cependant atteindre une riante prairie qui bordait le rivage, lorsqu'un monstre affreux s'élança du milieu du fleuve. Je m'écriai, je voulus fuir, et le monstre allait m'atteindre, lorsque j'entendis sur l'autre rive une musique douce et harmonieuse [...] » (III, 99–100). Sous la plume de l'épistolière, le cauchemar devient finalement « un songe à la fois si pénible et si doux », tandis que l'émotion éprouvée par l'héroïne de Sénac, dansant avec le marquis, est « un frémissement de terreur, mêlé cependant de quelque douceur » (p. 250). Plus loin, l'héroïne descend à nouveau le Rhin à bord d'un bateau jusqu'à Wesel. Le fleuve est à nouveau riant et apaisé : « Nous n'avons fait que coucher à Coblence, et de grand matin nous nous sommes embarqués sur un yacht qui nous a conduits ici. / Je n'ai vu qu'en passant les bords riants du Rhin, Neuwied créé par l'esprit de tolérance, Bonn et ses délicieux environs, les superbes et majestueuses Sept-Montagnes, Cologne et son port, Düsseldorf que nos compatriotes appellent le petit Paris. Je ne ferai que t'indiquer ces beaux lieux qui mériteraient une description plus détaillée » (IV, 43–44).

L'Émigré et *Sophie de Listenai* témoignent d'une culture européenne qui existe dans les élites avant la crispation nationaliste au début du XIXe siècle et qui se cherche encore à travers les déplacements de population et le brassage social du temps révolutionnaire. Les personnages des deux fictions parlent plusieurs langues. L'héroïne allemande de Sénac « sait fort bien l'italien, est fort instruite dans la littérature allemande dont elle fait beaucoup de cas, et sait le français au point de ne jamais laisser entrevoir par l'accent ou le mauvais choix de mots, qu'elle soit étrangère » (p. 58)[16]. Elle a lu *Werther* en compagnie d'une de ses amies. Avec le marquis de Saint Alban, elle mène une longue discussion à propos de *Clarissa Harlowe*, le roman de Richardson, sans doute connu en français dans l'adaptation de Prévost. Elle compare les mérites respectifs des romans de Mme de La Fayette, de Rousseau et de Richardson. L'héroïne française de Bilderbeck possède la même culture. À Coblence, elle dispose d' « une bibliothèque composée de livres italiens, français et allemands » (I, 197). Elle et son mari réagissent différemment à la nécessité de se perfectionner en allemand. Elle raconte à sa correspondante : « M. de Listenai ayant témoigné le regret d'avoir oublié le peu

16 La comtesse est attentive à la qualité de son français, elle écrit à son amie Émilie : « J'ai une extrême envie de faire connaissance avec le Président, j'aurais dit de faire *sa* connaissance, si le Marquis ne me reprenait sans cesse de cette expression qu'il dit allemande » (p. 351).

d'allemand qu'il savait jadis, M. Rosenthal s'offrit à lui donner des leçons qui furent acceptées sur le champ. Je suis devenue aussi son écolière, et en revanche, je lui enseigne l'italien » (I, 199). Édouard Rosenthal qui « parle plusieurs langues »[17] rend compte des progrès respectifs des deux élèves : « Sophie fait des progrès rapides dans notre langue ; elle a, pour apprendre, une incroyable facilité. Déjà elle commence à lire nos auteurs, mais elle s'obstine à ne vouloir pas prononcer un seul mot. M. de Listenai, au contraire, ne cache pas la mauvaise opinion qu'il a de notre littérature, et ne s'attache qu'à apprendre les phrases d'un usage fréquent, afin de pouvoir se faire entendre dans ce pays » (I, 234). « Son étude se borne à meubler sa tête de plus de mots qu'il peut, et les grimaces qu'il fait en les prononçant, nous réjouissent beaucoup. Je m'épuise à lui répéter que ces contorsions sont une peine inutile ; le préjugé que les Français ont généralement contre notre langue, lui fait croire que, pour la bien prononcer, il faut absolument se disloquer la mâchoire » (I, 234–235).

Un de leurs amis émigrés, le chevalier de Mercour, semble échappé d'un roman libertin et pousse jusqu'à la caricature la suffisance du petit-maître parisien. Il reste prisonnier d'un modèle français d'Ancien Régime, attendant de rentrer, au moment de la Restauration, comme si de rien n'était : « Les plaisirs sont restés à Paris et n'ont pas suivi en Germanie cette foule de leurs adorateurs qui sont venus s'y réfugier » (I, 86). Il se désintéresse de la politique : « Que m'importe à moi, qui gouverne le monde ! Que m'importe par quelles lois seront régis les troupeaux qui le peuplent ; jouir, voilà ma devise, que l'ambition, la vanité, l'avarice tournent toutes les têtes ; les nôtres [...] sous l'égide de la philosophie seront exemptes de l'épidémie générale. Que je hais ces dissertations politiques, ces cris, ces fureurs ! les insensés ! ils ne voient pas qu'ils perdent à projeter les courts instants qu'ils pourraient employer à jouir » (II, 91). Cette déclaration d'un hédonisme cynique n'est pas sans faire penser au comte de Saint Alban, le père du héros de Sénac. L'un des premiers préceptes du « premier recueil de maximes » qu'il fait parvenir à son fils affirme : « Le plus grand des biens est la volupté des sens ; l'art le plus nécessaire au bonheur est de savoir jouir [...] », mais plus nuancé et plus subtil que le chevalier de Mercour, il ajoute : « et de savoir s'abstenir pour jouir mieux et plus longtemps » (p. 365), ce qui est aussi un principe rousseauiste. M. de Listenai et le chevalier de Mercour incarnent ces émigrés qui ne veulent rien apprendre dans leur exil ni rien comprendre à la Révolution. Ils entrent en série avec d'autres personnages romanesques, le marquis de Fonrose dans *Félicie et Florestine* (1803) de Jeanne-Françoise Polier de Botens ou le comte d'Erfeuil dans *Corinne* (1807) de Germaine de Staël[18]. À

17 « Des voyages à Paris et à Londres lui ont procuré l'avantage de parler plusieurs langues. Il a de l'esprit, des connaissances, des talents » (III, p. 6).

18 « Végétation, apathie, langueur, voilà de quoi se compose mon existence depuis que j'habite

leurs yeux, Coblence, c'est « Versailles en laid » (I, 104)[19]. L'italique, qui servait à épingler le jargon libertin, souligne désormais le langage des émigrés, figés dans leurs préjugés gallocentriques : « Les émigrés affluent à Mayence. J'ai vu hier la belle financière, Mme Dupin. Elle m'a donné *sa parole d'honneur* que l'Allemagne est *du dernier maussade*, qu'on parle, à la vérité, français dans les cercles, mais qu'on conserve le *ridicule* usage de jouer la comédie en allemand ; qu'elle est *excédée* de la vie qu'on mène dans ce pays, et que si la *décence* permettait à *des gens comme il faut* de retourner en France, elle serait déjà à Paris » (I, 102–103). Cette surenchère dans ce qui ne s'appelle pas encore le snobisme est d'autant plus frappante que Mme Dupin est une bourgeoise enrichie. L'accusation d'ennui revient régulièrement sous la plume du chevalier contre les villes allemandes[20].

Le petit-maître perpétue le discours des romans libertins, et plus précisément celui de la marquise de Merteuil. Il reproche au sentimental Édouard Rosenthal « de confondre l'amour avec celle qui en est l'objet » (II, 7), de la même façon que Merteuil ironisait sur les « femmes à délire, et qui se disent à sentiment » qui « confondent sans cesse l'amour et l'amant »[21]. Il se vante d'avoir subjugué Rosenthal, « d'avoir su [s'] emparer de tous les ressorts de son âme, et de gouverner Sophie, sans qu'elle s'en aperçoive ». Il peut ajouter : « Semblable à une divinité,

---

ce triste pays [...] il m'est arrivé depuis que je suis ici de regretter la maison d'arrêts où j'étais à Paris. La crainte et l'espérance m'animaient au moins, tandis qu'ici je ne suis animé par rien, et je pourrais bientôt y périr d'ennui », écrit du pays de Vaud le marquis de Fonrose (*Félicie et Florestine* par l'auteur des *Mémoires d'une famille émigrée*, Genève, Paschoud, an XI, 1803, t. II, p. 19). J'ai proposé une analyse de ce roman : « Le contrepoint français dans le roman suisse. L'exemple de *Félicie et Florestine* de Jeanne-Françoise Polier de Botens », *Gallotropismus. Bestandteile eines Zivilisationsmodells und die Formen der Artikulation/ Gallotropisme. Les composantes d'un modèle civilisationnel et les formes de ces manifestations*, sous la direction de Wolfgang Adam, Ruth Florack et Jean Mondot, Heidelberg, Carl Winter, 2016, p. 93–101. Le comte d'Erfeuil part en Italie sans avoir tenté d'apprendre l'italien et récuse hautement toute influence étrangère : « Ne voudriez-vous pas [...] que nous admissions chez nous la barbarie tudesque, les nuits d'Young des Anglais, les concetti des Italiens et des Espagnols ? Que *deviendraient* le goût, l'élégance du style français après un tel mélange ? » (*Corinne*, VII, I, Folio, 1985, p. 177).

19 Plus tard, le comte de Listenai « ne peut s'empêcher de comparer Sans Souci à Versailles et de remarquer qu'à la cour de France tout était vivant et animé, tandis que celle de Frédéric n'offrait que silence et monotonie » (IV, p. 92). Son épouse fournit tous les arguments pour le réfuter.

20 De Mannheim : « La douleur et l'ennui, voilà nos seuls, nos véritables ennemis » (I, 92). De Coblence : « L'ennui y rend nos femmes laides à faire peur » (I, 107). De Trèves : « L'ennui règne ici entre la sottise et la vanité » (I, 149). « Je ne te dirai rien de Trèves dont l'ensemble m'a paru assez triste. J'ai remarqué, en traversant les rues, qu'il y pleut des moines et des prêtres, et je crois aussi de l'ennui » (I, 167–168). « Une maudite attaque de goutte, survenue au Commandeur, nous a encore arrêtés quinze mortels jours à Trèves, et a failli nous faire périr tous les deux : mon oncle de douleur, et moi d'ennui et d'impatience » (I, 242). Aussi Rosenthal craint-il, sous la mauvaise influence du chevalier, « d'ennuyer par la tournure simple et naturelle de ses idées » (II, 146).

21 *Les Liaisons dangereuses*, LXXXI, Paris, Le Livre de poche, 2002, p. 246.

je les inspire, je les guide et reste invisible à leurs yeux » (II, 220). Merteuil s'amusait déjà d'être sollicitée à la fois par la mère et par la fille : « N'est-il pas plaisant, en effet, de consoler pour et contre, et d'être le seul agent de deux intérêts directement contraires ? Me voilà comme la Divinité ; recevant les vœux opposés des aveugles mortels, et ne changeant rien à mes décrets immuables[22]. » La dangereuse efficacité du roué est d'imposer ses vues aux caractères moins fortement trempés. Comme Sophie, le lecteur peut craindre qu'Édouard Rosenthal soit de ceux-là et se laisse influencer par le libertin. Il remplace le naturel « par du brillant et de la gaieté »[23]. La Française rappelle à l'Allemand que ce qu'il a pris pour de la gaieté « n'en est que la grimace ». « La véritable gaieté est toute entière dans le cœur » (II, 146–147).

Livrée à la misère, défendant son honneur et sa vertu, l'héroïne renonce bientôt aux illusions de sa caste. Elle est prête à travailler de ses mains, lorsque les ressources viennent à manquer. Veuve, elle n'est pas révulsée à l'idée d'épouser un roturier. Elle se montre consciente de la nécessaire ouverture de la France traditionnelle et classique. « Il est étonnant de voir combien la langue française est répandue dans ce pays ; et nous qui sommes si vains de nos lumières, qui ne regardons qu'avec dédain les autres peuples, nous nous bornons à parler, et souvent fort mal, la nôtre. Le Français, en général, ne serait-il pas à l'égard des autres nations, ce que sont les habitants de la capitale à l'égard de ceux de la province ? Je commence à m'apercevoir qu'il serait bien utile à mes compatriotes de voyager plus qu'ils ne le font. Ils apprendraient à se défaire d'une foule de préjugés, et de cette présomption qui les rend quelquefois si ridicules aux yeux de leurs voisins » (I, 52–53). Le romancier, qui se dérobe, comme il se doit, derrière la fonction de simple éditeur de la correspondance, ajoute en note une leçon de relativisme culturel contre les jugements à l'emporte-pièce du chevalier : « Au reste on aurait tort de régler son opinion sur la nation allemande et les princes qui la gouvernent, d'après le jugement qu'en porte le chevalier. Il ne les a envisagés que sous le point de vue qui prêtait au ridicule, et, au lieu d'un portrait, il a fait une caricature. Quelques nations, la française surtout, sont dans l'usage absurde de juger les autres peuples en se les comparant, et de blâmer tout ce qui se fait autrement que chez eux ; c'est mettre le préjugé national à la place de la raison » (I, 158–159).

Sophie de Listenai découvre que les émigrés présents rejoignent une vague

---

22 *Ibid.*, LXIII, p. 188.

23 Le roman s'inscrit dans le vaste débat sur la gaieté française : voir Jocelyn Huchette, « La gaieté française ou la question du caractère national dans la définition du rire, de *L'Esprit des lois* à *De la Littérature* », *Dix-huitième siècle*, 32, 2000, et plus généralement *La Gaieté, caractère français ? Représenter la nation au siècle des Lumières (1715–1789)*, Paris, Classiques Garnier, 2015. On se souvient, plus haut, des visages de l'armée des princes « rayonnants d'espoir et de gaieté » (IV, p. 129).

d'émigration antérieure. Les aristocrates chassés par la Révolution retrouvent les réformés qui ont dû fuir la répression royale, un siècle plus tôt. L'exil politique et social succède à l'exil religieux. À Magdebourg, beaucoup d'enseignes sont françaises : « C'est que c'est à des Français, me répondit le fabricant, que Magdebourg doit sa splendeur : voilà un des effets de la révocation de l'édit de Nantes ; avant cette époque, notre ville, comme le reste de la Prusse, ne présentait pas un plus bel aspect que la Westphalie ; mais les réfugiés, en y apportant leurs capitaux et leur industrie, ont opéré cette heureuse métamorphose » (III, 57). Aussi y trouve-t-on des libraires et des cabinets de lecture français et allemands. À Cassel, peuplé « en grande partie de familles protestantes originaires de France », l'héroïne remarque à nouveau : « On ne peut faire un pas en Allemagne sans avoir à gémir sur la révocation de l'édit de Nantes » (IV, 121).

Plusieurs épisodes suscitent une comparaison entre les deux nations, sous la plume de Sophie de Listenai : « Je crois qu'il existe plus de lumières en Allemagne, et plus d'esprit chez nous, que cette vivacité qui permet aux Français d'effleurer une multitude d'objets, le grand usage de la société qui leur donne la faculté, au moyen de quelques mots techniques qu'ils ont appris, de traiter différents sujets, et de passer rapidement de l'un à l'autre, les font briller plus que les Allemands, qui, avec de grandes connaissances, n'ont pas aussi bien le talent de les faire valoir » (I, 53–54). L'esprit s'oppose aux connaissances, le brillant au sérieux. Comme dans *La Vie de Marianne*, Sophie se tord la cheville, mais à la différence de la narratrice de Marivaux, elle n'est pas secourue par un jeune noble, prompt à apprécier ses charmes. L'accident a eu lieu devant la boutique d'un apothicaire à Coblence. « Un Français se fût d'abord précipité vers moi pour me secourir, m'eût assuré qu'il était au désespoir, et m'eût fait cent questions en me disant bien des jolies choses sur mon accident : l'apothicaire allemand me vit tomber sans s'émouvoir ; mais s'apercevant ensuite de la douleur que je ressentais, il sortit, me présenta son bras et me conduisit dans sa boutique. Il ne prononça pas un seul mot, mais ses regards et l'expression de sa physionomie en disaient plus que ne l'eussent fait le désespoir et la galanterie à mes compatriotes » (III, 4). Soignée avec efficacité par l'apothicaire, elle peut conclure : « Voici en peu de mots la physionomie des deux nations : chez l'une, de l'originalité, peu de brillant, de la bonhomie, et même des ridicules. Chez nous, le vice et la corruption sous le masque de l'amabilité » (III, 5)[24]. Bilderbeck se montre plus critique que Sénac de Meilhan envers la suffisance française.

24 Le brillant est déjà critiqué par Rousseau : voir *La Littérature et le brillant*. Études recueillies par Anne Chamayou. En l'honneur de Pierre Malandain, Artois Presses Université, 2002. Quant à l'originalité, revendiquée comme une qualité anti-mondaine, elle a été théorisée par l'Anglais Edward Young dans ses *Conjectures on original composition* (1759), puis par les *Stürmer* allemands. Dans *De l'Allemagne* (1810), Mme de Staël saluera les Allemands : « Leur supériorité consiste dans l'indépendance de l'esprit, dans l'amour de la retraite, dans l'ori-

Le pays et le paysage rhénans sont au cœur de ces deux histoires de couples franco-allemands qui incarnent les espoirs, les difficultés, les tâtonnements d'une Europe en train de se chercher. Les amants de Sénac et de Bilderbeck sont finalement libérés de leurs interdits par le décès de leurs premiers conjoints respectifs, mais ils restent prisonniers de l'histoire en train de se faire brutalement. M. de Loewenstein meurt, la comtesse pourrait épouser le marquis, mais celui-ci doit partir pour l'armée des princes. Dans une histoire secondaire, la vicomtesse de Vassy épouse enfin l'homme qu'elle aime depuis sa jeunesse, mais elle ne connaît que « des éclairs de bonheur » (p. 302). L'un et l'autre sont fauchés par la Révolution. Dans la fiction de 1807, le pire est évité de justesse. M. de Listenai et Mme Rosenthal, les conjoints encombrants, disparaissent opportunément, mais Sophie reste réticente à l'égard d'un mariage avec un protestant. Elle se retire dans un couvent. Il faut la maladie qui menace d'emporter Édouard pour lever ses scrupules. Il raconte lui-même l'heureux dénouement *in extremis* l'aventure. Le médecin se charge d'avertir Mme de Listenai du mal qui emporte le jeune homme : « Alors toutes les résolutions de Sophie s'évanouirent, et le soir même elle arriva à Francfort [...]. Il n'est pas en mon pouvoir de peindre la scène touchante de notre première entrevue. La présence de Sophie, l'assurance que je reçus d'être bientôt son époux me rappelèrent des portes du tombeau, et agirent plus efficacement que les secrets de l'art de guérir » (IV, 277). Le récit peut s'arrêter : Sophie de Listenai, qui donnait son nom au roman, est devenue Mme Sophie Rosenthal. L'intérêt de ces inventions romanesques est de nouer le sentiment amoureux à la crise révolutionnaire, et la conscience nationale en train de se constituer aux bouleversements de l'histoire. L'arrivée d'émigrés au bord du Rhin fonde des couples franco-allemands qui laissent entrevoir un dépassement des antagonismes anciens. L'anecdote sentimentale devient métonymie du destin des peuples. Le blocage social et national dans *L'Émigré* fait place à une ouverture historique dans *Sophie de Listenai.* Le Rhin n'est plus infranchissable[25].

ginalité individuelle ». Voir Roland Mortier : *L'Originalité. Une nouvelle catégorie esthétique au siècle des Lumières*, Genève, Droz, 1982.

25 Cette ouverture historique est à rapprocher du sens de compromis et d'accommodement que Cl. Jaquier analyse chez les romancières suisses (« Romans suisses de l'émigration, au croisement de l'histoire et de l'utopie sociale », p. 224–226).

Stéphanie Genand (Rouen)

Sur les rives de l'histoire : L'exil au bord du Rhin et les désordres du temps (1803–1810)

Lorsqu'il pénètre sur les terres canadiennes et décrit l'immensité des paysages, Chateaubriand respire le parfum d'une liberté d'autant plus grisante qu'elle l'affranchit, momentanément, des soubresauts de l'histoire :

> Les fleuves du Canada sont sans histoire dans l'ancien monde ; autre est la destinée du Gange, de l'Euphrate, du Nil, du Danube et du Rhin. Quels changements n'ont-ils point vus sur leurs bords ! Que de sueur et de sang les conquérants ont répandus pour traverser dans leurs cours ces ondes qu'un chevrier franchit d'un pas à leur source[1] !

Préservé des signes qui saturent le paysage européen, rendu à sa seule puissance de décor naturel, le Nouveau Monde offre au voyageur émigré une virginité bienfaitrice et une trêve politique : nulle trace des cicatrices qui grêlent le territoire et rappellent la violence des drames qui s'y sont joués. L'espace jouit d'une parfaite autonomie qui le préserve de la contagion du temps.

Une telle indépendance frappe singulièrement le Français exilé par la Révolution. Les « fleuves du Canada » lui offrent une neutralité désormais impossible sur sa terre d'origine. La Terreur, dont les lois imposent la proscription des élites et la réquisition de leur patrimoine, soumet la noblesse à une double sanction qui l'exclut simultanément de l'espace et du temps. La propriété coupable s'ajoute à une identité abolie par les décrets de 1790 et 1794[2] : l'aristocratie se voit dès lors reléguée aux marges de l'histoire et du territoire. Cette douleur d'un espace inséparable du temps tragique ne disparaît pas avec la fin des mesures terroristes. Évoquant son retour en France en 1800, Chateaubriand souligne la charge historique des lieux tachés par le sang indélébile de la guillotine :

> Quant à la place Louis XV, elle était nue ; elle avait le délabrement, l'air mélancolique et abandonné d'un vieil amphithéâtre ; on y passait vite ; j'étais tout surpris de ne pas

1 François René Vicomte de Chateaubriand : *Mémoires d'outre-tombe*, Ière partie, Livre VIII, Paris : Gallimard 1951, Bibliothèque de la Pléiade, t. 1, p. 256.

2 Cf. Jean-Luc Chappey : « ‹ Du malheur d'être né de race noble… ›, Les pétitions des nobles face au décret du 27 germinal an II », in : Philippe Bourdin (dir.) : *Les Noblesses françaises dans l'Europe de la Révolution*, Presses universitaires de Rennes 2010, p. 53–68.

> entendre des plaintes ; je craignais de mettre le pied dans un sang dont il ne restait aucune trace ; mes yeux ne se pouvaient détacher de l'endroit du ciel où s'était élevé l'instrument de mort ; je croyais voir en chemise, liés auprès de la machine sanglante, mon frère et ma belle-sœur : là était tombée la tête de Louis XVI[3].

Constitutif du « temps historique » défini par Reinhart Koselleck comme la spécificité du tournant révolutionnaire[4], cet enchevêtrement des époques obscurcit le présent en nourrissant un sentiment d'étrangeté à son propre pays. L'exil décrété à la fin du XVIIIe siècle conjugue la perte du territoire et le deuil de la mémoire.

Cette complexité affecte plus particulièrement les espaces saturés d'événements historiques. Les fleuves, s'ils ne jouent pas le rôle dramatique des grandes places de Paris dans la scénographie révolutionnaire, concentrent les angoisses identitaires d'une époque traversée par les refondations. Leur fonction de limite naturelle leur confère une importance stratégique dans les guerres de conquête. Indissociables d'une histoire politique dont les grandes étapes se dessinent sur leurs rives, ils offrent simultanément un espace à franchir et un temps du souvenir. Le Rhin, placé par sa longueur et son tracé au cœur de l'espace européen, ajoute à cette cartographie le pesant héritage de la gloire monarchique. Sa célèbre traversée menée par Louis XIV, dans la guerre de Hollande en 1672, fige dans un tableau sublime la puissance militaire et l'apothéose du pouvoir :

> Tel fut ce passage du Rhin, action éclatante et unique, célébrée alors comme un des grands événements qui dussent occuper la mémoire des hommes. Cet air de grandeur dont le roi relevait toutes ses actions, le bonheur rapide de ses conquêtes, la splendeur de son règne, l'idolâtrie de ses courtisans [...] ; tout cela fit regarder à Paris le passage du Rhin comme un prodige qu'on exagérait encore[5].

Véritable scène fondatrice, ce passage du Rhin inscrit *Le Siècle de Louis XIV* dans une éternité affranchie des contraintes de l'histoire. Enraciné dans le destin du royaume, ce fleuve offre le troublant spectacle d'un paysage miroir de l'Ancien Régime.

Cette spécificité, si elle confère au Rhin la fonction d'une frontière à la fois géographique et politique, explique le rôle central qu'il joue pendant les évé-

---

3 François René Vicomte de Chateaubriand : *Mémoires d'outre-tombe*, IIème partie, Livre XIII, Paris : Gallimard 1951, Bibiothèque de la Pléiade, t. 1, p. 438–439.

4 Reinhart Koselleck : *Le Futur passé. Contribution à la sémantique des temps historiques*, Éditions de l'École des Hautes Études en Sciences Sociales 1979, trad. 1990, p. 277 : « Depuis la seconde moitié du XVIIIe siècle on voit se multiplier les indices soulignant avec emphase une notion de temps moderne. Le temps n'est plus seulement la forme dans laquelle se déroulent toutes les histoires, il acquiert lui-même une qualité historique. Ce n'est plus dans le temps mais par le temps que s'accomplit désormais l'histoire. »

5 Voltaire : *Le Siècle de Louis XIV* (1751), chap. X, Paris : Feret 1832, p. 391.

nements de la Révolution. Des réquisitoires contre l'aristocratie émigrée[6], qui trouve refuge sur ses côtes monarchiques, aux réflexions sur les limites d'un territoire étendu par les victoires napoléoniennes[7], les deux camps qui s'affrontent témoignent de l'importance cruciale qu'il revêt entre les deux siècles. Au-delà des divergences partisanes qui opposent le berceau de la royauté aux contours d'une nation moderne en 1800, le Rhin témoigne de la confusion temporelle qui caractérise cette époque de transition[8]. Comment le franchir sans emporter avec soi un passé monarchique ou le souvenir des guerres révolutionnaires ? Quelle identité ses rives confèrent-elles aux exilés qui fuient la Terreur puis les menaces du Consulat ? Qui est-on enfin sur l'autre rive de ce fleuve devenu frontière du siècle et d'un monde aboli ?

Deux œuvres résonnent particulièrement des questions soulevées par cette représentation : *Le Retour d'un émigré, ou Mémoires de M. d'Olban*, roman d'émigration publié en 1803 par un certain B. A. Picard[9], auquel s'ajoutent, sur un registre à la fois plus personnel et plus théorique, les écrits consacrés par Mme de Staël à son séjour outre-Rhin : *De l'Allemagne*[10], dont les premiers chapitres s'ouvrent sur une évocation célèbre des bords du fleuve, ainsi que sa *Correspondance*[11] et les *Carnets de voyage*[12] publiés à titre posthume. Outre qu'ils appartiennent à deux expériences différentes de l'exil, ces textes retracent le

---

6 Voir notamment *Le Commissionnaire de la ligue d'outre-Rhin, ou le Messager nocturne, contenant l'histoire de l'émigration française, les aventures galantes et politiques arrivées aux chevaliers français et à leurs dames dans les pays étrangers, des instructions sur leurs projets contre-révolutionnels, et des notices sur tous les moyens tentés ou à tenter contre la Constitution*, à Paris, chez Buisson, 1792.

7 Voir par exemple le *Partage de l'Europe, ou Observations morales, géographiques et politiques, sur la situation, les limites naturelles et les intérêts de tous les Etats de l'Europe, pouvant servir aujourd'hui de base à un traité de paix*, par une habitante des bords du Rhin, à Paris, chez Guerebart, an VIII, 1800.

8 Citons sur cet aspect un extrait de l'article récemment publié par Michael Rowe, « La Redécouverte du Rhin par les princes prussiens au lendemain de 1815 », in : Nicolas Bouginat/ Sylvain Venayre (dir.), *Voyager en Europe de Humboldt à Stendhal*, Nouveau Monde éditions 2007, p. 195 : « Le déclenchement de la révolution française en 1789 multiplia le nombre de visiteurs, mais ils ne faisaient que passer sur le chemin de Paris où ils auraient une expérience directe des événements. Et au retour, ils voyaient généralement les principautés ecclésiastiques rhénanes comme un repoussoir, par rapport à la dynamique et à l'esprit de progrès qu'ils avaient détectés en France. »

9 B. A. Picard : *Le Retour d'un émigré, ou Mémoires de M. d'Olban* (1803), rééd. S. Genand, in : *Romans de l'émigration (1797–1803)*, « L'âge des Lumières » n°42, Paris : Champion 2008, p. 339–531.

10 Germaine de Staël : *De l'Allemagne* (1810), rééd. S. Balayé, Paris : Garnier-Flammarion 1968.

11 Germaine de Staël : *Correspondance générale*, éd. B. Jasinski, t. V, Hachette 1982 et t. VI, Klincksieck 1993.

12 Simone Balayé : *Les Carnets de voyage de Mme de Staël, Contribution à la genèse de ses œuvres*, Genève : Droz 1971.

sentiment complexe d'une confusion des repères historiques : de la nation bouleversée au moi errant, le fleuve cristallise les chaos de l'époque.

Le Comte d'Olban, protagoniste du roman de Picard qui choisit les confins de l'Islande pour fuir la proscription en 1797, découvre à son retour les ruines qui bordent des côtes marquées par les terribles batailles qui s'y sont déroulées :

> J'arrive sur les bords du Rhin. Quel sentiment douloureux me saisit à l'aspect de ces rives désolées par la guerre ! Comment les contempler sans être ému ?... La méditation retient mes pas, et j'hésite sur ce que je dois penser de la nature humaine... Ô Volney ! Toi qui aimes à te promener parmi des ruines, viens dans ces lieux, viens visiter les plaines arrosées par le Rhin ; une rêverie philosophique te conduira dans des hameaux détruits par les feux du canon ; tu promèneras de tristes regards sur ces vallées, naguère théâtre de carnage et d'horreur, tombeaux de tant de milliers de soldats. Quel charme mélancolique d'interroger les monuments des hommes, de cueillir la première fleur née de la cendre des héros ! Veux-tu voir, ô Volney ! des ruines éloquentes ? Viens fixer tes yeux sur le vaste tableau que je contemple en frémissant ; mais hâte-toi : bientôt ces ruines auront disparu[13].

La relativité de toute civilisation jaillit de cet espace indéterminé, où les récentes histoires s'enchevêtrent et saturent les lieux d'une mémoire impossible à fixer. Le topos de la ruine, transformée par Chateaubriand et Volney en monument littéraire au tournant du siècle, s'aggrave ici de la perte de toute lisibilité politique. Après avoir parcouru l'Allemagne pour retrouver la France et sa famille qui l'attend dans l'Essonne, d'Olban éprouve le caractère transitoire des paysages traversés. Nulle direction politique ne s'y distingue parmi les vestiges et les morts. Lieu des mémoires stratifiées de l'Ancien Régime, le Rhin se livre au visiteur comme un musée béant des batailles monarchiques :

> Je vogue emporté par la vitesse d'un trait... Que les flots du Rhin sont rapides ! Comme ils roulent avec fracas !... Quelles pensées fait naître le murmure de ses eaux écumantes !... Il me semble que je suis porté sur des monceaux d'hommes, d'armes, de canons ensevelis au fond du fleuve, contre lesquels il se brise, en frémissant de voir sa course ralentie par ces digues invisibles. Pour me distraire de mes sombres idées, je regarde la rive gauche, depuis si longtemps objet de mes vœux. Elle approche... il n'est plus qu'un étroit intervalle... Je l'ai franchi d'un saut[14].

La perspective du « retour », autorisé par Bonaparte en 1802, dynamise seule cette traversée où le temps englouti freine l'impatience d'atteindre « la rive gauche ». Au sortir des méditations sur les soldats royaux ensevelis sous les ondes, d'Olban trouve paradoxalement, sur une terre qu'il a quittée depuis plus de quatre ans, la promesse d'une paix durablement installée entre les puissances de l'Europe :

13 *Le Retour d'un émigré,* Lettre LV, p. 508.
14 *Le Retour d'un émigré,* Lettre LVII, p. 517.

> Je quitte Venheim… J'entre dans le bateau qui doit me passer à l'autre bord, et tout en vous écrivant dans une petite chambre de ce bateau, j'attache souvent mes regards sur la rive qui fuit devant moi. Les peuples qui ont semé le ravage sur les bords du Rhin, pendant dix années consécutives, ont fini par faire de ce fameux fleuve la barrière qui sépare leurs états. Puisse-t-il, en coulant paisiblement entre les deux empires, ne voir que des peuples amis, heureux de leur union, et réparant, par leur commune amitié, les maux qu'occasionnèrent leur fureur ! Et puisse cette amitié durer aussi longtemps que le cours du fleuve[15].

Le Rhin, s'il charrie les souvenirs de la récente histoire collective, épouse ici l'appréhension du personnage à l'idée de renouer avec la vie civile. Le Comte, à qui les déserts de l'Islande ont permis d'oublier le calendrier révolutionnaire et le passage du temps, quitte le cycle des saisons pour une brusque immersion dans la violence des dates. À celle de son émigration, qu'aucun dépaysement n'estompera jamais[16], s'ajoute désormais celle du « retour » et des retrouvailles avec les siens. Vieilli, métamorphosé par les rencontres indigènes et la nécessité de subvenir à ses besoins sans les privilèges de l'aristocratie, d'Olban se sent à la fois proche du vieillard et du fantôme rayé du monde des vivants. Ce flottement trouve sur les rives du fleuve le troublant écho de son inquiétude. La couleur politique incertaine, qui voue momentanément les côtes rhénanes à l'indétermination et au désordre, rappelle à l'émigré la difficile jonction avec son territoire et son histoire. La traversée du Rhin permet certes de fouler à nouveau le sol français si longtemps désiré :

> Ô Dieu ! Me voilà dans la France ! Je foule le sol de ma patrie !… Je te salue, ô contrée où naquirent mes aïeux, où réside la grande famille à laquelle je m'honore d'appartenir ; tu ne seras plus arrosée du sang de tes habitants les plus illustres, mais des larmes de la joie et de la reconnaissance[17]…

Mais elle ne confère aucune certitude, soumettant au contraire l'exilé à l'épreuve initiatique de la perte des repères. Il faut, pour aborder la complexité politique du Consulat, avoir vu plusieurs générations de soldats engloutis dans ces eaux frontalières.

Une telle profondeur historique, si elle nourrit le mythe suscité par le Rhin dans la littérature française, trouble la représentation objective et transforme chaque traversée en épisode fondateur. Au proscrit qui renoue avec les joies du sol et tente de reconnaître des rivages familiers répond, à quelques années d'intervalle, l'angoisse de celle à qui les rives du fleuve rappellent l'injustice et la douleur

---

15 *Le Retour d'un émigré, Ibidem.*

16 Il écrit notamment à sa fille : « Ce fut un lundi, au mois de septembre 1797, qu'au lieu de la permission de rentrer en France, que je devais naturellement attendre, je reçus l'ordre de m'éloigner, sans délai, des limites françaises. » (*Le Retour d'un émigré*, Lettre XIII, p. 362).

17 *Le Retour d'un émigré*, Lettre LVII, p. 518.

de l'exil. Germaine de Staël, qui ne fuit pas la Révolution mais l'Empire, découvre en publiant *De l'Allemagne* en 1810 la profonde résistance rencontrée par ses idées. L'appel à se nourrir des modèles étrangers, joint à ses différents éloges du caractère national, ouvrent une nouvelle page de l'histoire des idées en substituant le génie à l'arbitraire des règles et de l'imitation. Bonaparte, déjà irrité par les vertus de l'échange vanté par ses deux grands romans[18], ordonne alors la saisie des exemplaires et interdit à l'auteur de s'approcher des barrières parisiennes. Préférant par défi quitter un pays dont la capitale lui offre un rayonnement indispensable, Staël se rend alors en Allemagne, avant de poursuivre un voyage qui la mène jusqu'à Londres et Saint-Pétersbourg. Si le décret pris par Bonaparte justifie la longueur du trajet qu'elle entreprend, elle n'a pas attendu ces fatales circonstances pour parcourir les pays européens. L'Allemagne, où elle se rend pour la première fois en 1803, lui laisse déjà le souvenir d'un passage douloureux de la frontière :

> Je réfléchissais en traversant le Rhin que l'on n'a jamais éprouvé une pitié assez profonde pour les Français qui ont été condamnés à quitter leur pays. Je me suis promenée longtemps sur le bord de la rive française du fleuve, hésitant à passer cette frontière qui a quelque chose de solennel. Le temps était froid, le ciel obscur ; tous ces présages qui ne font aucune impression dans les moments heureux de la vie oppressent un cœur déjà malade. Quand la douleur agite violemment notre âme, nous ne pouvons nous persuader que la nature entière y soit indifférente, et nous la supposons contraire à nos vœux, plutôt que de nous persuader nettement que la nature comme les hommes abandonne chaque être à ses propres forces pour supporter ses propres maux[19].

L'angoisse qui l'étreint en traversant le Rhin naît ici d'un tableau général des souffrances imposées par le dépaysement. Le fleuve, qui marque physiquement la séparation entre les deux territoires, solennise cette rupture en imposant l'épreuve d'une lente traversée. Le voyageur, loin de se découvrir par surprise sur une terre étrangère, épouse le mouvement progressif qui l'entraîne de la rive familière vers celle qui lui est inconnue. Cette durée, qui dramatise le passage des frontières, assombrit aussi la mémoire de l'exil en la lestant des représentations historiques. La tristesse qui gagne Mme de Staël se tisse de l'écho de tous les proscrits chassés de leur pays par l'arbitraire du pouvoir : les protestants, victimes de la révocation de l'Édit de Nantes, les émigrés, contraints d'abandonner leurs familles et leurs domaines. Sa fuite, décrétée en 1810, est d'autant plus cruelle qu'elle souligne le caractère cyclique des événements. Ni la Révolution ni le progrès des Lumières n'ont réussi à conjurer la répétition d'une scène qui confère une dimension tragique au chapitre XIII de *De l'Allemagne* :

---

18 *Delphine* (1802) et *Corinne ou l'Italie* (1807).

19 Simone Balayé : *Les Carnets de voyage de Mme de Staël, Contribution à la genèse de ses œuvres*, Genève : Droz 1971, p. 28.

> Cette frontière du Rhin est solennelle ; on craint, en la passant, de s'entendre prononcer ce mot terrible : Vous êtes hors de France. C'est en vain que l'esprit juge avec impartialité le pays qui nous a vus naître, nos affections ne s'en détachent jamais ; et quand on est contraint à le quitter, l'existence semble déracinée, on se devient comme étranger à soi-même. Les plus simples usages, comme les relations les plus intimes, les intérêts les plus graves, comme les moindres plaisirs, tout était de la patrie ; tout n'en est plus. On ne rencontre personne qui puisse vous parler d'autrefois, personne qui vous atteste l'identité des jours passés avec les jours actuels ; la destinée recommence, sans que la confiance des premières années se renouvelle ; l'on change de monde, sans avoir changé de cœur[20].

Ce passage du Rhin ne traduit pas seulement l'obligation effective de quitter le territoire français. Il confronte, plus douloureusement, la jeune femme « décrétée » à la perte de ses repères et aux clivages intimes de cette expatriation : « L'on change de monde, sans avoir changé de cœur. »

Un tel sentiment de déchirement, s'il désorganise le cours du temps, assimile l'arrivée sur les côtes rhénanes à l'expérience de la mort. Sans que le texte explicite l'ambivalence de cet « autre monde » qui pétrifie Mme de Staël, le silence, la solitude et la disparition de tout visage familier transforment le passage du Rhin en seuil irréversible pour ceux qui le franchissent. Sa correspondance, contemporaine de ses différents séjours en Allemagne, témoigne de la disproportion de l'espace et du temps qui séparent les deux rives :

> À la distance où nous sommes, il me semble que je m'adresse à vous comme d'un autre monde, et ma vie a tellement changé que je puis aisément me faire cette illusion[21]. Il faut vous dire que Fontanes n'est pas connu comme littérateur ni sous aucun rapport au-delà du Rhin ; je vous assure qu'il faut passer le Rhin pour se faire une idée de la postérité[22].

Inaccessible ou chargé des mêmes pouvoirs amnésiques que l'Achéron, le Rhin sépare le sujet de lui-même et l'invite à contempler les aléas de son propre destin. Celui de Mme de Staël, indissociable de la trajectoire politique de son père, résonne du fracas révolutionnaire et de la perte de celui qui fut un acteur décisif de l'Ancien Régime. La mort de Necker, survenue le 9 avril 1804 tandis que sa fille parcourt une première fois l'Allemagne, achève de métamorphoser les rives du Rhin en lieu de pèlerinage et de deuil :

> Me voici dans la même ville, dans la même chambre où tous les députés de la France vinrent chercher mon père il y a dix-neuf ans. J'étais là avec lui, j'avais dix-huit ans, je

20 Germaine de Staël : *De l'Allemagne* (1810), rééd. S. Balayé, Paris : Garnier-Flammarion 1968, p. 115.

21 Germaine de Staël : Lettre à Talleyrand du 3 avril 1808, in *Correspondance générale*, éd. B. W. Jasinski, Klincksieck, 1993, t. VI, p. 400.

22 Germaine de Staël : Lettre à Claude Hochet du 3 février 1804, in : *Correspondance générale*, éd. B. W. Jasinski, Hachette 1982, t. V, p. 218.

croyais à tous les bonheurs. Le Rhin, qui coule avec une étonnante rapidité sous les fenêtres de cette maison, ne faisait naître dans mon âme aucune pensée mélancolique, le cours du temps ne m'avait apporté jusqu'à ce jour que des prospérités toujours nouvelles[23].

Symboles d'une permanence perdue au milieu de l'obscurcissement politique, les flots confrontent l'exilée à l'impossible lisibilité de son parcours. La confiance dans la « perfectibilité » qui structure ses écrits achoppe, en 1810, sur une douloureuse inversion du cours des événements.

Le fleuve, s'il représente l'instrument privilégié de cette spatialisation du temps qui caractérise le tournant du siècle, devient un promontoire d'où les contemporains tentent de redonner un sens à leur époque. Charles Victor de Bonstetten, philosophe suisse dont les ouvrages nourrissent l'imposante bibliographie du Groupe de Coppet, retrace une expérience similaire dans son essai intitulé *L'Homme du midi et l'homme du Nord* :

Je viens d'exposer quelques souvenirs d'une vie très variée ; je viens de peindre les mœurs des nations que j'ai connues ; mais la plupart des tableaux que je viens de faire sont maintenant d'un autre monde, d'un temps antique, d'une époque au-delà de la grande barrière historique appelée Révolution. Presque tous ces tableaux ont disparu et n'ont laissé que des fragments qui nous rappellent ce qui n'est plus. Nous voyons les Alpes séparer des peuples, qui ne se ressemblent point. Il en est de même de cette grande Cordillère placée entre deux siècles ; elle sépare des hommes si différents d'eux-mêmes, que ceux qui comme moi ont vécu dans les deux époques, sont étonnés d'être les mêmes hommes[24].

Stupéfait par la vitesse du changement qui sépare le début du XIXe siècle de la Révolution, il confère au franchissement des Alpes une valeur d'étape politique. Mme de Staël, bouleversée par un passage du Rhin dont elle pressent elle aussi la charge historique, tente depuis l'Allemagne d'embrasser la totalité du XVIIIe siècle finissant. À la paralysie philosophique imposée par le mystère de la Terreur, « temps incommensurable[25] » qui ne saurait trouver sa place dans le tableau de l'époque qui s'achève, elle oppose le principe d'une séparation qui isole les excès de la Révolution :

Il me semble qu'on pourrait marquer dans le dix-huitième siècle, en France, deux époques parfaitement distinctes, celle dans laquelle l'influence de l'Angleterre s'est fait sentir, et celle où les esprits se sont précipités dans la destruction : alors les lumières se

23 Germaine de Staël : Lettre à O'Donnel du 30 juin 2008, in : *Correspondance générale*, t. V, p. 467.

24 Charles Victor Bonstetten : *L'Homme du midi et l'homme du Nord*, Genève-Paris, Paschoud, 1824, p. 203.

25 Germaine de Staël : *De l'Influence des passions* (1796), rééd. F. Lotterie, in : *Œuvres complètes*, série I, t. I, Paris : Champion 2008. Cette expression se trouve à la première page du texte.

> sont changées en incendie, et la philosophie, magicienne irritée, a consumé le palais où elle avait étalé ses prodiges[26].

La distance, initialement vécue comme une privation des repères familiers, devient l'instrument d'une pensée historique capable de se détacher des pesanteurs passées. Cette analyse critique de la Révolution, si elle en reste encore à des prémices qui seront développées dans *Des Circonstances actuelles*[27] et les *Considérations sur la Révolution française*, n'en autorise pas moins la pensée staëlienne à soumettre la littérature au même principe du « départ ». Franchir le Rhin libère le regard sur les romans considérés comme les chefs d'œuvre du XVIIIe siècle :

> Au milieu de cette gêne, les romans de Crébillon circulaient dans les mains de tout le monde, les ouvrages licencieux entraient, les ouvrages sérieux étaient seul arrêtés. Le mal que peuvent faire les mauvais livres n'est corrigé que par les bons. [...] Il y a deux routes à prendre en toutes choses : retrancher ce qui est dangereux, ou donner des forces nouvelles pour y résister. Le second moyen est le seul qui convienne à l'époque où nous vivons ; car l'innocence ne pouvant être de nos jours la campagne de l'ignorance, celle-ci ne fait que du mal. Tant de paroles ont été dites, tant de sophismes répétés, qu'il faut beaucoup savoir pour bien juger, et les temps sont passés où l'on s'en tenait en fait d'idées au patrimoine de ses pères[28].

Sans qu'un lien explicite relie ces « raffinements d'immoralité[29] » aux passions funestes de la Terreur, une même démarche pousse l'auteur de *De l'Allemagne* à introduire des frontières entre les différents âges de l'époque tourmentée qui s'achève. Consciente, comme Bonstetten et Chateaubriand, d'appartenir à deux univers historiques, Mme de Staël transforme l'exil au bord du Rhin en exercice de lucidité critique. La valeur temporelle de cette traversée du fleuve, si elle désoriente la Française incapable de vivre loin des salons parisiens, lui permet de s'affranchir des ancrages de la politique et du sol. Une fois la séparation consommée entre les deux rives, l'esprit s'inspire de cette déhiscence pour construire l'une des premières philosophies de l'histoire et le désir sincère d'une ouverture à l'autre.

26 *De l'Allemagne*, chap. 3, t. II, p. 108.

27 Germaine de Staël : *Des Circonstances actuelles qui peuvent terminer la Révolution et des principes qui doivent fonder la République en France* (1798), reéd. Lucia Omacini, in : *Œuvres complètes*, série III, t. I, Paris : Champion 2009 et *Considérations sur les principaux événements de la Révolution française* (1815), rééd. Paris : Taillandier 1983.

28 *De l'Allemagne*, chap. VI, t. I, p. 81.

29 *De l'Allemagne*, chap. IV, t. I, p. 72.

Lucien Calvié (Toulouse)

Henri Heine et l'exil

L'affect français de Heine : biographie et histoire politique

> Outre les chers parents que j'ai nommés [...], et ma pauvre épouse, je n'ai rien tant aimé sur cette terre que le peuple français, le cher pays de France.

Voilà ce qu'écrit Heine dans son testament de 1843, trois ans seulement après la grave crise franco-allemande autour de la récurrente question de la frontière du Rhin. Du printemps 1831 à sa mort en 1856, Heine a passé vingt-cinq ans de vie en France, essentiellement à Paris, avec quelques brefs séjours à la fois médicaux et touristiques en province, par exemple à Boulogne-sur-Mer ou à Cauterets, dans les Pyrénées centrales, une station thermale dont la réputation était alors à ses débuts.

Un quart de siècle en France, c'est-à-dire presque autant que les trente-quatre ans passés d'abord en terre allemande, de sa naissance en 1797 à Düsseldorf à 1831, si bien que l'on peut sans doute parler, à propos de ce très long exil, non plus seulement d'une rupture conjoncturelle à l'intérieur d'une vie principalement allemande, mais, structurellement, d'une deuxième vie ou d'une vie parallèle. Et cette deuxième vie est certainement aussi importante que la première, parfois même plus du point de vue de la production intellectuelle et littéraire, même si les éléments affectifs, esthétiques et idéologiques qui ont formé le jeune Heine en Allemagne jusqu'au tout début des années 1830 demeurent fondamentaux.

Parmi ces données fondatrices initiales, il faut en premier lieu souligner la spécificité de l'atmosphère rhénane ainsi que la poésie et, plus généralement, la littérature romantiques allemandes et leurs références supposées « populaires ». Et aussi l'étude assez peu enthousiaste – mais tout de même plus sérieuse qu'on le dit en général – du droit à Gœttingue, avec sa double référence positive, dans le cas du droit dit « naturel » ou « rationnel », et négative, dans celui du droit dit « historique ». Et enfin le hégélianisme berlinois, tout à la fois historique, juridique, politique et esthétique, absorbé à sa source, auprès de Hegel lui-même, qui complète et approfondit les références positives antérieures : les Lumières françaises, 1789 ainsi que l'œuvre émancipatrice, en particulier à l'égard des Juifs rhénans, de Napoléon Ier.

Les témoignages de l'affection et même de l'amour de Heine pour Paris – la centralisation politique et la concentration intellectuelle et artistique de la France à Paris sont pour lui un bienfait de la civilisation –, la France et les Français sont nombreux et forts, malgré le ton ironique qui caractérise en général ses propos, ou peut-être aussi parfois, précisément, en raison de ce ton qui peut parfois faire penser à ce que l'on appelait naguère un certain « esprit parisien » ou « français » : l'air de Paris, selon lui, guérit d'heureuse manière les blessures de l'âme ; toutes les rues et tous les arbres – des « arbres de la liberté » – y sont chargés d'héroïsme personnel, politique et historique ; le petit peuple y est accueillant et gai, les élites brillantes et ouvertes au monde.

Les Français sont pour Heine, comme il le note au début des années 1830 dans *De l'Allemagne*, le peuple social ou sociable par excellence, le « peuple de la société » (« *das Volk der Gesellschaft* »), ce peuple à la revigorante sociabilité qu'il oppose, implicitement ou explicitement, à la longue et ennuyeuse rumination solitaire et plus ou moins philosophique (« *Grübeln* ») des Allemands dans leur *Stube* enfumée, rumination qu'il a décrite dès 1822 dans un article sur Berlin, ces odeurs de tabac, de bière et de chou aigre – *Sauerkraut*, qui a donné le français choucroute – que Heine dit avoir retrouvées avec déplaisir à Paris dans les brasseries fréquentées par les exilés allemands.

Les données biographiques de cet exil qui n'en est plus vraiment un, tant il semble équivaloir à une deuxième fondation existentielle et intellectuelle – après la première sur les bords à la fois émancipés et romantiques du Rhin, puis chez les juristes de Gœttingue, et enfin à Berlin, au double contact des salons hérités de l'*Aufklärung* et du hégélianisme universitaire – sont bien connues.

On rappellera donc brièvement le milieu juif rhénan et petit-bourgeois, relativement laïcisé, de la naissance et de la jeunesse à Düsseldorf, décrites en 1826 dans *Le Tambour Legrand. Idées*, ainsi que la première expérience, dès avant 1820, d'une vie plus prospère et plus moderne auprès du banquier Salomon Heine, l'oncle de Hambourg. Düsseldorf était une ville sans ghetto, à la différence de Francfort-sur-le-Main, patrie de Goethe, certes, qui a décrit ce ghetto avec assez de sympathie dans *Poésie et Vérité*, mais aussi des Rothschild, et encore de Löw Baruch, alias Ludwig Börne, l'*alter ego* et le frère aîné et ennemi de Heine dans l'exil allemand du Paris des années 1830.

Capitale de la principauté de Berg rattachée à la Bavière, Düsseldorf n'est pas directement concernée par la création, de 1795 à 1799, sur la rive gauche du Rhin, de quatre départements intégrés à la République française, mais elle en est géographiquement et humainement fort proche. Par la suite, surtout à partir de 1806, avec un Grand-Duché de Berg confié par Napoléon à son beau-frère Joachim Murat, le système français se développe, essentiellement autour du Code civil, et se renforce encore à partir de 1811, lorsque Murat est fait roi de Naples, avec le passage de Berg sous l'autorité directe de l'Empereur. L'introduction du Code civil a en particulier comme conséquence une nette amélioration du statut des Juifs dans le sens de l'égalité civile. Napoléon vient en personne à Düsseldorf en novembre 1811 et cette visite automnale devient, dans *Le Tambour Legrand*, une visite printanière quelque peu christique aux yeux d'un jeune Heine admiratif et ébloui, qui fréquente à cette époque le lycée français de la ville.

De la période française de sa ville natale, jusqu'en 1814, Heine parlera toujours par la suite de manière positive. Certes, il n'est pas rare que la première jeunesse apparaisse, rétrospectivement, à l'adulte marqué par la vie et l'histoire, comme un asile de bonheur. Mais c'est régulièrement ce temps-là – autour de la figure sympathique du tambour Legrand logé chez les parents du futur poète –, celui d'une époque napoléonienne héritière et stabilisatrice de 1789 et de ses acquis, que le Heine de l'exil parisien, jusqu'à sa mort, opposera à tout ce qui, dans l'Allemagne de la Restauration, à partir de 1815 – Heine écrit encore au début des années 1850, dans le célèbre *Fragment sur Waterloo*, qu'à Waterloo, c'est malheureusement « l'humanité qui perdit la bataille » – , puis des décrets répressifs de Carlsbad (*Karlsbader Beschlüsse*) de 1819, lui a paru expliquer et justifier, en 1831, sa fuite hors d'Allemagne et son exil parisien définitif.

En 1830, la révolution de Juillet reprend pour Heine, comme pour bien des libéraux et révolutionnaires allemands et européens, le fil d'un progrès politique inauguré en 1789 et interrompu par la Restauration. Au prix d'une chronologie quelque peu fabriquée – leur rédaction, présentée comme anticipant l'événement révolutionnaire et le prophétisant, lui est en fait postérieure –, les *Lettres de Helgoland*, intégrées par la suite à *De l'Allemagne* et au livre sur Börne de 1840, témoignent de cette vague d'enthousiasme libéral et révolutionnaire faisant suite à une longue attente d'une quinzaine d'années.

L'exil comme refus de la « misère allemande »

Dans ces mêmes *Lettres de Helgoland*, Heine fait part de son désir, dès avant 1830, de quitter une étroite et étouffante Allemagne, décidément trop insupportable. Ce désir remonte en fait au tout début des années 1820. Heine écrit ainsi – en allemand, puis en français – en avril 1822 à son ami Christian Sethe, son camarade d'études à Düsseldorf, puis aux universités de Bonn et de Berlin, les fortes lignes que voici :

> Tout ce qui est allemand me répugne [...] La langue allemande me déchire les oreilles. Mes propres poésies me soulèvent parfois le cœur quand je vois qu'elles sont écrites en

> allemand […] *Je n'aurais jamais cru que ces bêtes qu'on nomme Allemands soient une race si ennuyante et malicieuse en même temps*[1].

Mais pour quelle destination partir ? fait-il mine de s'interroger dans les lettres fictives datées de l'été 1830 à Helgoland. Sont alors successivement écartées diverses possibilités d'exil. La séduisante Italie – Heine y a déjà fait un long voyage en 1828, propédeutique émancipatrice du grand déplacement parisien de 1831[2] – est trop soumise à une double tutelle « noire » et réactionnaire, celle de l'Autriche et de la Papauté ; l'Angleterre comme les États-Unis, bien que « libres », subissent à l'excès le règne inhumain de l'argent et de la machine – c'est là, au même moment, sur les États-Unis au moins, le point de vue d'un Stendhal ou d'un Lenau – et l'ours russe autocratique demeure bien trop inquiétant.

Ces éliminations successives sont prononcées au nom de quelques principes qui sont ceux du libéralisme révolutionnaire européen dès avant 1830, libéralisme particulièrement bien représenté dans le philhellénisme des années 1820, ce mouvement intellectuel et politique – avec le grand Byron au premier plan, et Heine, dès avant 1830, est parfois tenu pour une manière de « Byron allemand » – de soutien à la lutte émancipatrice des Grecs contre la domination ottomane, lutte elle-même inspirée par une première insurrection nationale des Serbes contre la même domination dès 1804.

À l'issue de cette série éliminatoire d'hypothèses rhétoriques, la nouvelle des Trois Glorieuses à Paris et de la fuite de Charles X, avec, quarante ans après, le retour de Lafayette, du drapeau tricolore et de *La Marseillaise*, apparaît comme une révélation de l'essentiel demeuré enfoui, mais qu'annonçait la phrase mise en évidence en français dans la lettre en allemand d'avril 1822 : « Moi aussi, s'écrie Heine, je suis fils de la Révolution. » Et lui aussi veut se saisir des armes bénies par sa mère, la Révolution, celle de 1789 comme celle de juillet 1830. D'où l'installation à Paris en mai 1831, au cœur de l'histoire en train de se faire, et de se faire, une fois encore, par le changement révolutionnaire.

L'Allemagne ainsi quittée est pour Heine ce que l'on pourrait appeler, d'un terme à la polysémie complexe, une patrie-marâtre qui maltraite un fils qui l'a pourtant aimée et l'aime encore beaucoup, ou encore une femme aimée qui ne répond pas à l'amour qu'elle a fait naître et le repousse. C'est du reste ainsi que l'on propose parfois d'interpréter la récurrence du thème, certes ancien et banal, de l'amour malheureux, ou de l'amour à sens unique, dans les poésies de Heine des années 1820[3]. D'où le choix d'un autre objet d'amour, d'une autre femme à

1 Le passage en italiques est en français dans le texte allemand.
2 Cf. Lucien Calvié, « *Le Soleil de la liberté* ». *Henri Heine (1797–1856), l'Allemagne, la France et les révolutions*, Paris : PUPS 2006 [cité par la suite « *Le Soleil de la liberté* »], p. 131–159.
3 Cf. Jost Hermand : « Amalie oder Germania ? Die Frage der unerwiderten Liebe im *Buch der*

aimer et donc aussi d'une manière de patrie de substitution, d'une « mère » ou d'une « femme » nouvelle qui, elle, à la différence de la patrie-marâtre initiale, a plusieurs fois béni les armes de la révolution politique : la France.

Au moment même, dès 1817 peut-être, où il écrit le poème napoléonophile bien connu intitulé « Les deux grenadiers » – ce poème a longtemps et symptomatiquement figuré, jusqu'aux années 1960, dans les manuels d'allemand de l'enseignement secondaire français –, et encore au tout début des années 1820, Heine se représente lui-même comme un patriote allemand amoureux d'une patrie malheureusement inexistante en tant qu'État et dont il souhaite l'unité, la grandeur et le bonheur. Aux universités de Bonn, puis de Gœttingue, de 1819 à 1821, il est indubitablement proche, même si cette proximité n'a rien de militant, des milieux oppositionnels issus de la *Burschenschaft*, cette association étudiante pan-allemande fondée à Iéna, revendiquant l'unité nationale et la liberté politique et interdite en 1819 par les décrets de Carlsbad[4].

Heine évoque de cent manières, des années 1820 à sa mort, en particulier dans *De l'Allemagne*, la confiscation, puis la mise sous le boisseau par les dynasties d'Ancien régime, à partir de 1813–1815 et plus encore de 1819, du mouvement national unitaire allemand. Et de ce triste tour de passe-passe, le romantisme allemand a, selon Heine, malheureusement été l'instrument aussi subtil qu'efficace en mettant au service de l'Ancien régime restauré ses propres références « populaires » ou prétendues telles, mais aussi, dans bien des cas, sa francophobie le plus souvent doublée d'antisémitisme[5].

Cette confiscation a tout particulièrement valu pour une Prusse à laquelle les traités de 1815 ont – scandaleusement, selon Heine – attribué la quasi-totalité de la Rhénanie, rives droite et gauche confondues, c'est-à-dire sa propre patrie rhénane dans laquelle les Prussiens sont, selon lui, infiniment moins chez eux que les Français qui y ont agi de manière plutôt bénéfique, à son avis, des années 1790 à 1814. Dans la vigoureuse préface française de décembre 1844 à la plus radicale de ses poésies politiques, *Germania, conte d'hiver*, quatre ans après la crise franco-allemande autour de la « question du Rhin », Heine affirme que le « libre » Rhin et la Rhénanie appartiennent d'abord aux Rhénans, dont à lui-même, le fils « libre » et « indépendant » du Rhin, mais en aucun cas aux Prussiens oppres-

Lieder », in : Erika Tunner (dir.), *Harry… Henri… Heinrich Heine*, Paris : Avinus 1998, p. 10–17.

4 Cf. Jost Hermand : « Eine Jugend in Deutschland. Heinrich Heine und die Burschenschaft », *in* : Jost Hermand/Michael Niedermeier, *Revolutio germanica. Die Sehnsucht nach der « alten Freiheit » der Germanen. 1750–1820*, Francfort/Berlin, etc. : Peter Lang 2002, p. 267–283.

5 Cf. Lucien Calvié : « Un romantique européen, critique du romantisme politique allemand : Heinrich Heine », *in* : Gérard Raulet (dir.), *Les Romantismes politiques en Europe*, Paris : Éditions de la Maison des Sciences de l'Homme 2009, p. 497–518.

seurs, et que c'est aux Rhénans eux-mêmes de choisir leur forme de gouvernement « par le suffrage universel ».

On peut penser qu'il s'agit là d'une résurgence significative, peut-être tout à fait consciente, du projet de république-sœur « cisrhénane » – comme au même moment pour les différentes républiques-sœurs, l'helvétique, la batave ou les italiennes (la cispadane, la romaine et la napolitaine ou parthénopéenne) –, projet élaboré par les « jacobins » rhénans de la fin des années 1790 désireux de rompre définitivement avec un Saint-Empire archaïque. On sait que le Directoire, en 1797, préféra à ce projet, assez difficile à mettre en œuvre, la solution plus radicale du rattachement à la République française – comme dans le cas des Pays-Bas autrichiens correspondant en gros au territoire de l'actuelle Belgique – de plusieurs départements de droit commun créés sur la rive gauche du fleuve[6].

Ce qui se manifeste ainsi de diverses façons dans les textes de Heine, c'est la conscience de la triste impossibilité, en terre allemande, d'une révolution politique ou « bourgeoise » de type français, c'est-à-dire la conscience de la « misère » politique allemande. Ce terme de « misère allemande » se rencontre peu chez Heine, mais l'idée y est bien, sous différentes modalités[7]. Et c'est cette même idée qui a été reprise et développée au cours des années 1840 par les jeunes hégéliens oppositionnels ou « de gauche » comme Arnold Ruge ou le jeune Karl Marx, qui fut un de ces jeunes hégéliens, puis leur critique[8], et, jusqu'au milieu du XXe siècle, par des penseurs d'orientation marxiste comme Franz Mehring, puis Georg Lukács.

6 Cf. Lucien Calvié : « Jacobinisme et idée nationale en Allemagne à l'époque révolutionnaire : le cas de Görres », *Annales Historiques de la Révolution française*, 282, (octobre-décembre 1990), p. 404–421 et *id.* : « Le modèle révolutionnaire français et l'Allemagne », in : Françoise Knopper et Jean Mondot (dir.), *L'Allemagne et le « modèle » français de 1789 à 1815*, Toulouse : PUM 2008, p. 13–28.

7 Cf. Lucien Calvié et François Genton (dir .), « *Misère allemande/Deutsche Misere* » (colloque international pour le bicentenaire de la naissance de Heine, Université Stendhal-Grenoble III, novembre 1997), *Chroniques allemandes*, 7 (1998/1999), 228 p.; Lucien Calvié : « Autour du bicentenaire de la naissance de Heine : de la *misère* heinéenne française à la récurrente *misère allemande* », *ibid.*, p. 151–165 et Ernst-Ullrich Pinkert : « Die *deutsche Misere* und *das Himmelreich auf Erde.* Anmerkungen zu Wolf Biermanns Auseinandersetzung mit Heinrich Heine », *ibid.*, p. 125–138.

8 Cf. Arnold Ruge, *Aux origines du couple franco-allemand. Critique du nationalisme et révolution démocratique avant 1848*, textes traduits, présentés et annotés par Lucien Calvié, Toulouse : PUM 2004 [cité par la suite *Aux origines*], en particulier p. 71–85.

Exil et « misère » juive en Allemagne

D'emblée ou presque, chez le jeune Heine des années 1820 et de la Restauration, la conscience de la « misère » politique de sa patrie-marâtre allemande se double de la conscience, plus intime et plus douloureuse encore, d'une « misère » juive particulière à l'intérieur de cette « misère » allemande dont la « misère » juive en Allemagne serait comme la cristallisation maladive.

Le problème principal, pour Heine, est que les milieux oppositionnels intellectuels d'orientation libérale et patriotique sont, dans la plupart des cas, fortement imprégnés d'un antisémitisme militant couplé à une bonne dose de francophobie ou de « gallophagie » (« *Franzosenfresserei* »). Ce terme de « gallophagie » a été popularisé par Börne, en 1836, dans son pamphlet *Menzel le gallophage*, à propos d'un influent critique littéraire de l'époque : Wolfgang Menzel. Celui-ci, formé dans les milieux de la *Burschenschaft*, fut un des plus grands ennemis de Heine, du moins à partir de la fin 1835 et de l'interdiction, en Prusse d'abord, puis dans l'ensemble de la Confédération germanique, des livres – ceux de Heine y compris – des écrivains de la Jeune Allemagne (Karl Gutzkow et Heinrich Laube en particulier), libéraux aussi bien sur le terrain politique que sur celui de la morale et de la religion[9].

Un des reproches majeurs que ces jeunes *Burschenschaftler*, patriotes déçus par les résultats du Congrès de Vienne – pas d'unité nationale allemande, mais une simple Restauration « metternichienne » de trente-six États dans le cadre d'une confédération sous hégémonie austro-prussienne et pas davantage d'intégration de l'Alsace-Lorraine germanophone à une Allemagne unifiée –, formulent après coup à l'égard de Napoléon est que l'Empereur, jusqu'aux guerres de libération (*Befreiungskriege*) de 1813–1815, ne s'est pas contenté, par des procédures et à des degrés divers – des départements de la rive gauche du Rhin à de simples alliances dynastiques, en passant par la vassalisation des États de la Confédération du Rhin – , d'intégrer une bonne part des terres allemandes du vieux Saint-Empire au système français, mais qu'il a eu le front d'y favoriser l'introduction – par imitation servile, selon les *Burschenschaftler* – de l'un des éléments les plus scandaleux, à leurs yeux, de la législation révolutionnaire française : l'égalité civile en faveur des Juifs sous ses différentes modalités juridiques, économiques et sociales.

Le problème central de la conscience politique de Heine, très tôt constitué, peut donc se formuler ainsi : les mêmes milieux oppositionnels qui, parce que tout à la fois libéraux et patriotes, ont plutôt sa sympathie, lui sont par ailleurs

9 Sur Menzel, cf. « *Le Soleil de la liberté* », *op. cit.*, p. 61–88. Sur la Jeune Allemagne, cf. Lucien Calvié, *Le Renard et les raisins. La Révolution française et les intellectuels allemands. 1789–1845*, Paris : ÉDI 1989, p. 99–117.

puissamment antipathiques en raison de leur antisémitisme le plus souvent doublé de francophobie. Cette contradiction majeure, il est vrai, par-delà le cas de sa réception particulièrement aiguisée chez Heine, traverse toute l'histoire politique et intellectuelle des Allemands au moins jusqu'aux mouvements de 1848, et même parfois bien au-delà, de façon parfois dramatique, jusqu'au cœur du XXe siècle.

Heine ne s'oppose donc pas seulement à l'ordre prusso-metternichien établi, ou rétabli en Allemagne à partir de 1815. Il s'oppose tout autant, et en même temps, à une très large fraction, fortement majoritaire, de l'opposition intellectuelle et politique à ce même ordre, celle des patriotes unitaires et libéraux qui sont, dans un même mouvement fallacieusement émancipateur, des antisémites et des francophobes. Antisémitisme parfois actif et physiquement dangereux, dès 1819, lorsque de véritables pogroms, tolérés et parfois encouragés par les autorités, ont lieu un peu partout dans la Confédération aux cris de « *Hep, Hep* », abréviation du latin *Hyerosolyma est perdita*, « Jérusalem est perdue ».

Au même moment, des pamphlets antisémites et des ouvrages savants, ou prétendus tels, de la même veine sont diffusés, par exemple ceux d'un historien de l'université de Berlin, Friedrich Rühs, dès 1816, *Sur la prétention des Juifs d'être des citoyens allemands* ou d'un philosophe de l'université de Heidelberg, Jakob Friedrich Fries, la même année, sur *Le Péril juif pour le bien-être et le caractère de l'Allemagne*, et ceux de Friedrich Julius Stahl, lui-même d'origine juive, mais converti au luthéranisme en 1819, l'année des pogroms.

Par ailleurs, dès 1815 et jusqu'aux années 1820, les différents États allemands abrogent une bonne part de la législation d'inspiration française, qui, par exemple en Prusse avec l'acte d'émancipation de 1812, avait précédemment amélioré le sort des Juifs. C'est cette abrogation qui fit perdre à Börne son emploi de fonctionnaire de justice dans la ville dite « libre » – Börne a toujours ironiquement souligné ces guillemets – de Francfort. Quant à Heine, cette Allemagne patriotique, celle d'une *Burschenschaft* dont, par patriotisme unitaire, il se sent pourtant proche au début des années 1820 à Bonn, puis à Gœttingue, n'a le plus souvent voulu voir en lui que « le Juif que l'on ne peut jamais effacer de soi », comme il l'écrit amèrement à son ami Moses Moser en octobre 1826. En janvier 1821, Heine est même exclu de l'université de Gœttingue pour une affaire de duel. Au même moment, il est également exclu du groupe local de la *Burschenschaft* auquel il avait adhéré. Cette exclusion a assurément pour fondement l'orientation judéophobe de la *Burschenschaft*, affirmée en 1820 lors d'une réunion secrète tenue à Dresde[10].

En Prusse, où un décret de 1823 a fermé aux Juifs l'accès aux professions

10 Cf. Eberhard Galley : « Heine und die Burschenschaft. Ein Kapitel aus Heines politischem Werdegang zwischen 1819 und 1830 », *Heine-Jahrbuch* 11 (1972), p. 66–78.

judiciaires et universitaires, de nombreuses conversions « économiques » de Juifs au luthéranisme sont officiellement organisées par une « Société pour conquérir des Chrétiens parmi les Juifs » créée en 1822. À ces conversions tentent de répondre, à Berlin, des Juifs libéraux comme le juriste hégélien Eduard Gans, par le biais d'une Société pour la culture et science juives (*Verein für Cultur und Wissenschaft der Juden*). Heine, inscrit à l'université de la ville en avril 1821, a adhéré à l'été 1822 avec son ami Moses Moser à cette société qui plaide pour l'intégration à la société civile, par l'égalité des droits, de Juifs conservant par ailleurs, s'ils le souhaitent, leur spécificité religieuse et culturelle.

Heine, sujet prussien depuis 1815, reçoit lui aussi en juin 1825 le baptême protestant, un mois avant l'obtention de son doctorat en droit à Gœttingue, où il a pu se réinscrire. Harry Heine devient ainsi Heinrich, avant d'être Henri – « Monsieur *Un rien* », disait-il comiquement en reproduisant à peu près la prononciation française de son nom – à Paris. Par ce baptême « de confort », il espère pouvoir exercer la profession d'avocat ou, plus généralement, une profession judiciaire – il fait des tentatives en 1825 à Hambourg, puis en 1830 – ou obtenir un poste universitaire à Munich, en 1828, puis à Berlin. Mais toutes ces tentatives d'intégration à la vie civile allemande, dans les secteurs auxquels pouvait lui donner accès son doctorat et son baptême simultanés, échouent.

Un « poisson dans l'eau » dans l'exil parisien

L'inconfort permanent de la situation du jeune Heine en Allemagne au cours des années 1820 n'est donc pas seulement de nature morale et politique. Il est d'abord tout à fait matériel et apparaît dans la difficulté permanente, comme Juif, à s'établir dans une profession assurée de quelque stabilité. Si l'exil parisien de 1831 – conçu dans un premier temps comme provisoire, comme du reste presque tous les exils – apparaît comme l'accomplissement d'une espérance de liberté individuelle et politique longtemps réprimée, il se fonde aussi, de manière plus immédiate, sur la saisie d'une possibilité nouvelle de carrière individuelle. Heine doit en effet exercer à Paris les fonctions de correspondant d'un important journal allemand de l'époque, la *Gazette d'Augsbourg* de l'éditeur libéral Cotta. À Munich déjà, en 1828, avant l'échec de sa candidature universitaire, Heine avait travaillé pour une revue d'orientation libérale du même éditeur, les *Nouvelles Annales politiques générales.*

Heine est un correspondant de presse parmi d'autres, certes, mais plus prestigieux , car auteur déjà connu, en Allemagne et même parfois en France, comme « l'auteur du *Buch der Lieder* » et, plus encore, comme « l'auteur des *Reisebilder* », ces récits en prose mêlant, en une séduisante rénovation du genre déjà ancien du récit de voyage, autobiographie et fiction, approche quasi journalistique du réel et méditation existentielle et philosophique ainsi que critique politique et religieuse et ironie esthétisante.

Cet exil parisien de Heine ne constitue pas un cas isolé ; près de 40 000 Allemands se trouvent à Paris au début des années 1840. Exil massif, surtout d'origine économique, vers la France – Paris principalement –, mais aussi la Confédération helvétique, la Belgique, la Grande-Bretagne et, déjà, les États-Unis. Pourtant, dans un texte peu connu d'octobre 1833 intitulé « Explication »[11], Heine fait dire à des émigrés allemands rencontrés, en partance vers l'Amérique, sur la route du Havre, qu'ils ne quittent pas l'Allemagne pour des raisons économiques, mais politiques. « Le pays est bon » et nourricier, auraient-ils expliqué, mais la liberté politique y est impossible. D'où la question cruciale posée, selon Heine, par ces émigrés : « Que devions-nous faire ? Fallait-il faire une révolution ? ». Heine prête ici à ces émigrés, présentés par ailleurs comme presque frustes, une motivation politique en fait très minoritaire, même si le nombre des exilés allemands à Paris pour raisons politiques tend à s'accroître à partir de l'été 1832 et de la répression qui frappe, dans la Confédération germanique, après la grande fête de Hambach, toutes les menées révolutionnaires ou simplement libérales, en particulier dans la presse.

Mais la question que Heine place de façon peu vraisemblable dans leur bouche, celle de la possibilité problématique d'une révolution politique de type français – 1789 « rejoué » en 1830 sur un mode mineur – en Allemagne, et donc de la « misère allemande », est, elle, bien présente dans son esprit, comme dans celui d'une partie – quantitativement faible, mais bien visible dans l'histoire intellectuelle et politique – des exilés allemands à Paris : Börne dès 1830, mais aussi, pour ne citer que les plus connus, ou les moins inconnus, Arnold Ruge et surtout Karl Marx en 1843–1844, avec qui Heine entretient un temps des rapports étroits, même si, par ailleurs, ses relations avec les organisations politiques d'exilés allemands à Paris n'ont jamais été des meilleures. Heine reprochait à leurs membres – en plus d'un goût immodéré pour le chou aigre, la bière et le tabac – leur proximité trop marquée avec le modèle encore prégnant de 1813 et de la *Burschenschaft*, celui d'un patriotisme teutomane n'évitant ni la judéophobie, ni son corollaire, la dangereuse francophobie.

Sa position de correspondant d'un grand journal allemand et d'écrivain déjà connu ont d'emblée constitué, pour le Heine parisien, la base de relations aisées avec les différentes composantes de la vie parisienne dans toute sa richesse. On connaît sa plaisanterie : si vous demandez à un petit poisson comment il se sent dans l'eau, il vous répondra : « aussi bien que Heine à Paris ! ». C'est un univers parisien assez « balzacien » qui est évoqué dans les grands écrits en prose de Heine, ses brillantes correspondances de presse ensuite réunies dans *De La*

---

11 Cf. « *Le Soleil de la liberté* », *op. cit.*, p. 126–130.

France, au début des années 1830, et dans *Lutèce*, au cours des années 1850, pour les articles du début des années 1840.

Sont ainsi largement évoqués les milieux dirigeants de la politique, avec en particulier les deux figures dominantes et en partie contrastées de Guizot et de Thiers – ce dernier par ailleurs lié à l'éditeur Cotta[12]. Ceux de la critique sociale, visant au-delà du modèle supposé exclusivement politique ou « bourgeois » de 1789, avec les saint-simoniens autour d'Enfantin au début des années 1830 – Heine a fréquenté leurs réunions –, puis Pierre Leroux et les divers groupes socialistes et communistes des années 1840, autour des souvenirs encore chauds, non seulement de 1830, mais aussi des différentes phases du processus révolutionnaire des années 1790. Ceux de la vie universitaire, intellectuelle et littéraire : les historiens Mignet – admiré par Heine dès avant 1830, comme aussi plus tard par Marx, pour l'aisance et la clarté de son histoire pionnière de la Révolution française –, Thiers et Guizot ; mais aussi Edgar Quinet – si proche de Heine à certains égards comme critique du nationalisme teutomane et du danger prussien dès après 1830 et plus encore au moment de la crise de 1840, et pourtant parfois victime de ses moqueries un peu lourdes[13] – et Michelet, dont Heine appuie longuement, dans un article de *Lutèce* du 1er juin 1843, le combat commun contre la présence du cléricalisme catholique dans l'enseignement supérieur et, déjà, pour la laïcité de l'enseignement public et la séparation de l'Église et de l'État. Ceux de la vie artistique aussi, avec par exemple le musicien Berlioz – la dernière personne, semble-t-il, à avoir fait visite à Heine avant sa mort – et le peintre Delacroix. Et, au tout premier plan du romantisme français des années 1830 et 1840, ceux qui furent sans doute les trois amis les plus sincères du Heine parisien : George Sand, la « chère cousine » toujours un peu protectrice ; le fidèle Théophile Gautier, à qui un passage de *De l'Allemagne* donne en 1841 l'argument du ballet *Giselle* et qui, aussitôt après la mort de Heine, fit paraître dans *Le Moniteur* un très bel article, fin et sensible, ensuite placé en tête de l'édition française des *Tableaux de voyage* de Heine chez Michel Lévy ; et Gérard de Nerval, excellent traducteur des poésies de Heine selon Heine lui-même, et capable même, selon ce dernier, de comprendre le sens d'un poème allemand sans connaître grand-chose, techniquement, de la langue allemande.

À la différence de ce qu'il a connu en Allemagne, Heine est frappé par la proximité et l'imbrication entre, d'une part, la vie politique et sociale et, d'autre part, la vie intellectuelle et littéraire en France, et par la double créativité que cette proximité et cette imbrication engendrent. Les cas de Guizot, de Thiers, de Quinet

12 Cf. Robert Marquant : *Thiers et le baron Cotta. Étude sur la collaboration de Thiers à la Gazette d'Augsbourg* (Travaux et Mémoires des Instituts français en Allemagne, 7), Paris : PUF, 1959.

13 Cf. « *Le Soleil de la liberté* », *op. cit.*, p. 185–198.

ou de George Sand sont ici particulièrement frappants et constituent les signes, pour Heine, d'une vie plus riche, plus libre et plus ouverte que celle des intellectuels allemands ruminant et méditant leur perpétuelle « misère » dans leur *Stube* enfumée, « misère » évoquée par Heine, on l'a vu, dès le début des années 1820 à propos de Berlin.

L'exil : double identité, « transfert » et « médiation »

Si la situation professionnelle et économique de Heine, comme correspondant de presse, est plutôt plus stable et plus sûre dans l'exil parisien qu'en Allemagne, ses rapports avec ses éditeurs français – Renduel, puis Michel Lévy, devenu par la suite Calmann-Lévy – demeurent aussi âpres et, si l'on peut dire, « balzaciens », en ces temps de garanties incertaines et balbutiantes pour les droits d'auteur et la propriété intellectuelle, qu'avec ses éditeurs en Allemagne – Cotta, puis surtout Campe. L'âpreté de ces rapports est accentuée, en Allemagne, par une censure plutôt plus rude et incertaine qu'en France et redoublée à partir de la fin 1835 et des décrets prussien et confédéral d'interdiction des œuvres d'une Jeune Allemagne à laquelle Heine est nommément intégré. Il en va de même pour ce qui est de ses rapports avec les revues de l'époque comme la *Revue des Deux Mondes* de Buloz, *L'Europe littéraire*, la *Revue de Paris* ou la *Revue du XIXe siècle*, où ses œuvres, assez souvent, paraissent d'abord comme articles, avant leur reprise sous forme de livres, parfois avant leur parution sous cette même et successive double forme en Allemagne.

À ces questions éditoriales, s'ajoute le problème récurrent et angoissant, parfois jusqu'à l'obsession, des pensions. D'une part, celle que lui verse son oncle, le banquier de Hambourg, et qui est arrêtée à la mort de celui-ci en 1844. Et, d'autre part, celle, versée comme à d'autres écrivains européens en exil, par le gouvernement français, à partir de 1836, à l'initiative de Thiers confirmée ensuite par Guizot. Pension « politique », celle-là, et que le gouvernement révolutionnaire provisoire arrête en 1848 : arrêt dont Heine, à tort sans doute, attribuera l'initiative à un Lamartine qu'il n'aime guère.

Cette double identité littéraire et éditoriale en France et en Allemagne ne recouvre pas une simple question technique de traduction, voire de traductibilité d'une langue à l'autre ou d'une « culture » à l'autre. En effet, d'une manière délibérée et pourtant trop souvent négligée ou minimisée, de nos jours, par la critique, Heine a eu d'emblée la volonté de devenir, en même temps que le « poète allemand » qu'il est dès les années 1820 et qu'il reste jusqu'à sa mort, un « écrivain français » et un prosateur français à part entière, reconnu comme tel par ses pairs et donc « tout à fait naturalisé », comme le note l'influent Sainte-Beuve dès 1833, deux ans seulement après l'installation de Heine à Paris. Jusqu'à la fin de ses jours, en effet, Heine a affirmé la supériorité d'une poésie allemande tenue pour « musicale » sur une poésie française qui ne serait qu'une « prose rimée » et rhétorique dont Lamartine – encore lui, mais que devient, dans cette perspective, Nerval, l'ami très cher ? – fournirait le meilleur et triste exemple. En retour, Heine a tenu la prose française, soit critique, avec Voltaire, soit narrative, avec Balzac ou George Sand, pour supérieure à l'allemande.

Cette volonté de construire une double et contrastive identité littéraire et éditoriale s'est prolongée jusqu'à la fin de la vie de Heine et s'est même accentuée au cours des années 1854–1856, au moment de la mise au point – à laquelle, irrémédiablement malade et paralysé depuis 1848, il consacre ses ultimes forces – de ses *Œuvres complètes* en français chez Michel Lévy frères, différentes, parfois de façon significative, dans leur composition et leur agencement interne de ses œuvres en allemand[14] : « exotisme » germanique parfois commercial, propre à séduire le public cultivé français de l'époque romantique, mais aussi recherche d'une présence plus forte et plus durable dans le double champ de la vie intellectuelle et politique, en France comme en Allemagne. Et cette question de la différenciation entre une œuvre allemande et une œuvre française a encore ressurgi plus d'un siècle plus tard, à l'occasion des vastes entreprises de réédition scientifique de Heine en RFA et en RDA à partir de la fin des années 1960, avec la participation de nombreux chercheurs français[15].

D'où la question suivante, plus vaste que celle – d'abord philologique, même si elle intègre aussi des questions de nature historique et politique sur l'évolution des rapports franco-allemands – de l'œuvre double, en allemand et en français : celle de Heine comme agent conscient, et fortement organisé, d'un « transfert » – comme on dit depuis une bonne vingtaine d'années à l'initiative de deux éminents chercheurs longtemps associés à partir de leurs nombreux travaux sur Heine, Michel Espagne et Michael Werner – ou d'une « médiation » – comme on peut également dire avec un sens assez voisin mais tout de même un peu différent, peut-être plus classiquement comparatiste[16] – entre Allemagne et France.

Du tout début des années 1830 aux années 1850, ce « transfert » ou cette « médiation » ont un contenu à double versant ou à double pente. De la France, terre d'exil plutôt maternelle, vers la patrie-marâtre allemande, ils développent, des articles de *De la France* à ceux de *Lutèce*, un tableau de la vie sociale et politique – du légitimisme réactionnaire aux divers courants du socialisme et du communisme, en passant par le républicanisme nostalgique des années 1790, par

14 Sur cette œuvre française de Heine dans ses rapports avec son œuvre allemande, cf. « *Le Soleil de la liberté* », *op. cit.*, p. 11–37.

15 Cf. *ibid.*, p. 15–16 et 22–23.

16 Cf. Marie-Claire Hoock-Demarle (dir.), « Heine le médiateur », *Romantisme*, 101 (1998/3).

le bonapartisme toujours renaissant et par les diverses nuances du libéralisme –, mais aussi intellectuelle, littéraire et artistique française.

De l'Allemagne vers la France, il s'agit surtout, dans *De l'Allemagne* en particulier, de littérature – de Lessing et de l'*Aufklärung* aux divers romantismes, en passant par Goethe et Schiller – de religion, autour de Luther et de ses suites, et de philosophie, de Kant à Hegel et à ses disciples, en passant par Fichte et Schelling. Par où l'on retrouve, en fait, la vie sociale et politique, en même temps qu'une perspective générale que l'on peut qualifier de franco-allemande, une des thèses centrales des textes de Heine – son morceau de bravoure le plus connu – étant celle du mouvement interne de la philosophie idéaliste allemande comme vaste métaphore de l'histoire politique de la France de 1789 à la monarchie de Juillet, en passant par l'Empire et la Restauration : la philosophie allemande comme théorie – consciente ou inconsciente – de la pratique politique française. On sait qu'à cette politique révolutionnaire française et à cette philosophie allemande, le théoricien social-démocrate Karl Kautsky, en 1907, ajoutera, à la suite de Marx lui-même, l'économie politique britannique comme une des « trois sources du marxisme »[17].

Cette thèse franco-allemande de Heine recoupe largement, en les schématisant pour leur conférer efficacité pédagogique et audience journalistique, des débats antérieurs, mais aussi contemporains, en Allemagne comme, dans une moindre mesure, en France. La question d'une synthèse, ou d'une convergence possibles entre pratique politique française et pensée allemande se trouve en effet largement posée dès la période révolutionnaire, en Allemagne, de Kant à Fichte et autour d'eux, comme aussi en France en particulier autour de Sieyès[18]. Et, plus tard, de 1830 et de la révolution de Juillet à la radicalisation des années 1840, en France, avec par exemple le trop oublié Quinet[19], et beaucoup plus massivement en Allemagne, autour du hégélianisme, des jeunes hégéliens et du jeune Marx, dans la perspective, au moment de la radicalisation du début des années 1840, d'une « entente franco-allemande » – selon la formule d'Arnold Ruge collaborant en 1843–1844 avec Marx à Paris, formule saluée et reprise par le républicain et socialiste français Louis Blanc[20] – de nature à la fois intellectuelle, politique et sociale, dans une perspective émancipatrice, voire révolutionnaire.

17 Karl Kautsky : *Les Trois Sources du marxisme. L'œuvre historique de Marx*, préface [1947] de Lucien Laurat, Paris : Spartacus-René Lefeuvre 1969.

18 Cf. les nombreux travaux de Jacques Guilhaumou, par exemple *Sieyès et l'ordre de la langue. L'invention de la politique moderne*, Paris : Kimé 2002, en particulier p. 165–197.

19 Cf. *Aux origines*, *op. cit.*, p. 63–68 et « *Le Soleil de la liberté* », *op. cit.*, p. 185–198.

20 Cf. *Aux origines*, *op. cit.*, p. 40–56.

La France comme pays des grands « organisateurs de la liberté »

À ses ennemis teutomanes et judéophobes restés en Allemagne - ennemis dont l'exemple le plus connu est Wolfgang Menzel, surtout à partir du tournant de la fin 1835 et de l'interdiction des écrits de la Jeune Allemagne –, l'attitude intellectuelle et politique du poète exilé apparaît comme une confirmation scandaleuse de sa trahison initiale, un ralliement politique - intéressé, qui plus est, en raison de la pension du gouvernement français perçue par Heine depuis 1836 –, plus ou moins habillé d'abstraction philosophique, à la cause française assimilée à celle, tout à la fois, de la révolution, de l'immoralité et de l'irréligion. En réponse à ces attaques, Heine, dans la préface de 1844 déjà mentionnée à *Germania, conte d'hiver*, définit son propre patriotisme, contre la teutomanie gallophage, comme un ralliement à la cause d'une révolution allemande à portée universelle, plus universelle encore que la française de 1789, car allant au-delà d'une simple émancipation « bourgeoise » ou politique, en direction d'une émancipation à la fois philosophique et sociale.

Ce radicalisme de Heine, en particulier en 1843–1844, au moment du séjour de Ruge et de Marx à Paris, provisoirement alliés dans leur projet avorté de revue révolutionnaire franco-allemande[21], fait parfois de lui une manière de « compagnon de route » intellectuel des exilés révolutionnaires allemands à Paris réunis en 1844 dans le journal *Vorwärts !*, dans lequel paraissent d'ailleurs certains de ses poèmes comme les très connus « Tisserands silésiens », à l'occasion du soulèvement de ces ouvriers du textile en 1844 [22].

Ce radicalisme ne constitue cependant pas, loin de là, la seule réponse de Heine à la francophobie réactionnaire et répressive et peut-être n'est-elle pas vraiment, en fin de compte, la plus significative. Une autre réponse, différente et trop souvent négligée par les commentateurs - par manque d'intérêt pour l'histoire des idées politiques dans sa relative autonomie par rapport à l'histoire sociale et par la relative absence d'intérêt des chercheurs pour la formation juridique de Heine, qu'il conviendrait sans doute de prendre plus au sérieux –, peut se lire, en filigrane, comme une véritable leçon de politique théorique et appliquée, dans l'éloge à la fois discret et tenace que Heine, depuis les années 1820, dès avant son installation en France, fait des conceptions juridiques et politiques françaises depuis 1789. Celles-ci sont présentées par lui, à travers leur pénétration dans les esprits et dans les pratiques au travers des changements de régime, de 1789 à la monarchie de Juillet, à la fois comme une garantie et une véritable école de la

21 Cf. *ibid.*, p. 40–85.

22 Cf. Jacques Grandjonc, *Marx et les communistes allemands à Paris. 1844. Contribution à l'étude de la naissance du marxisme*, Paris : Maspero 1974.

liberté individuelle, ou civile, et de la liberté politique, l'une et l'autre trop faiblement présentes dans la « misère » allemande.

Dès le début des années 1820, encore étudiant à Berlin, Heine, dans la ligne de l'enseignement des cours berlinois de Hegel sur le droit et la philosophie de l'histoire, oppose, dans un de ses premiers textes publiés, son bref essai sur la Pologne, les fallacieuses « libertés germaniques », qui ne sont en fait que des droits particuliers et des privilèges, codifiés aussi bien dans le Saint-Empire que dans l'ancienne constitution aristocratique polonaise, ce qu'il appelle la « liberté selon Washington », celle de la révolution américaine de la fin du XVIIIe siècle, qui est aussi celle de 1789, et qui fonde la liberté civile et politique sur l'égalité des droits [23].

Même lorsque Heine, dans *De la France* comme dans *Lutèce*, critique son pays d'exil dans tel ou tel de ses aspects, par exemple le culte des « grands souvenirs » – comme dira aussi Marx – de 1789 ou de 1793 chez les républicains français, la France reste toujours digne d'éloge : « Vive la France, *quand même* ! », telle est la formule que Heine place, en français, en tête du texte allemand de *De la France* (*Französische Zustände*). À ses yeux d'exilé, la France est d'abord le pays des « grands organisateurs de la liberté », ces juristes éminents, parfois sous l'Ancien régime, à la fois théoriciens et praticiens du droit et politiques actifs sous la Révolution et l'Empire, et encore après 1815 et 1830, le libéralisme oppositionnel de la Restauration, devenu après 1830 un libéralisme gouvernemental, développant l'élément peut-être le plus durable de 1789, avec le radicalisme jacobin.

Ces éminents « organisateurs » ont pour Heine ceci de spécifique qu'ils sont, à la fois, des théoriciens et des praticiens de la liberté. Ils ont su et savent « transformer la belle parole en acte salutaire », à l'exemple du trop discret Daunou. C'est à l'Académie des Sciences morales et politiques que Heine a écouté l'éloge de celui-ci, trois ans après sa mort en 1840, par Mignet, l'historien libéral de la Révolution, éloge longuement évoqué dans l'article de *Lutèce* daté du 21 juin 1843. Conventionnel proche des Idéologues sous le Directoire, organisateur des différentes « classes » de l'Institut de France en 1795 et 1796 – ce modèle, pour Heine, d'une science au service du peuple et de la liberté –, rédacteur en 1798 de la constitution de la république romaine sur le modèle de celle de l'an III, coauteur de celle de l'an VIII organisant le Consulat, membre du Tribunat sous l'Empire et opposant libéral à Napoléon, comme du reste beaucoup d'Idéologues et de membres de l'Institut, Daunou fut professeur d'histoire au Collège de France sous la Restauration. Il ne renonça pas pour autant à ses convictions juridiques et politiques.

C'est ainsi que Daunou – Heine ne cite pas ce texte, mais Mignet en a assurément eu connaissance –, dans la seizième leçon de son cours au Collège de

---

23 Cf. « *Le Soleil de la liberté* », *op. cit.*, p. 67–70.

France de 1821–1822 intitulée « Classification historique des gouvernements », reprend les distinctions établies par Aristote et par les orateurs et historiens d'Athènes, et précisées par Montesquieu en 1748 dans *De l'Esprit des lois*, entre la monarchie, l'aristocratie et la démocratie, et examine leurs formes dites « dégénérées », du despotisme et de la tyrannie à l'anarchie. Mais il souligne les difficultés de cette classification et affirme être au fond tenté par cette formule d'Helvétius dans une lettre à Montesquieu : « Je ne connais que deux espèces de gouvernement, les bons et les mauvais. »[24] En effet, selon Daunou, les différents types de gouvernement, ou de pouvoir, par-delà leurs classifications traditionnelles, se ramènent à deux :

> Les uns ont pour but le meilleur état possible des personnes et des choses qui sont les éléments naturels du corps social ; voilà les gouvernements nationaux. Les autres ne sont calculés que dans l'intérêt du pouvoir et des autres institutions qui composent le système politique ; voilà les gouvernements spéciaux ou artificiels : les premiers existent pour les gouvernés, les deuxièmes pour les gouvernants et les privilégiés.[25]

En conclusion, Daunou fait du mot « république » une sorte de synonyme de « bon gouvernement » ou de « gouvernement national », les autres formes de gouvernement se trouvant toutes plus ou moins rejetées du côté du despotisme. En pleine Restauration, Daunou en revient ainsi à la distinction majeure de la Révolution, en 1792 et déjà en 1789, entre la « nation », le « bien public » et les « patriotes », d'une part, et les divers « privilégiés », d'autre part, malheureusement et trop inextricablement liés au roi pour que celui-ci puisse être vraiment tenu pour le représentant de la « nation » tout entière.

L'éloge de Daunou par Mignet, en 1843, rejoint, chez Heine, une réflexion à la fois philosophique et historique sur la Révolution française dont les premiers éléments remontent au début des années 1820 et à l'enseignement reçu de Hegel à Berlin. Voici en effet ce qu'écrit encore Heine au sujet de Daunou, après avoir écouté l'éloge de Mignet :

> Cet homme [Daunou] avait, durant un demi-siècle, contribué à faire tourner la grande roue du temps, il avait, sous la République et l'Empire, rempli les fonctions les plus importantes, il avait été jusqu'à la fin de ses jours un défenseur irréprochable des droits de l'homme, un combattant inflexible contre la servitude de l'esprit, un de ces éminents organisateurs de la liberté, qui parlaient bien, mais agissaient mieux encore, et qui transformaient la belle parole en acte salutaire.

24 [Pierre-Claude-François Daunou] : *Journal des cours public de jurisprudence, histoire et belles lettres*, Collège de France, cours d'histoire de M. Daunou, Paris, 1821–1822, p. 228.

25 *Ibid.*, p. 229.

Hégélianisme, « science de la liberté » et « devenir-peuple de la liberté »

Ce que Heine, après avoir écouté l'éloge de Daunou par Mignet, aperçoit en 1843 dans la personne et l'action de Daunou, c'est une sorte de concentré de la spécificité politique et historique de la France. C'est l'union de la théorie et de la pratique, de la pensée claire et de l'action tranchante, mais aussi de la révolution la plus radicale et de sa stabilisation historique sous formes d'institutions durables. Ce pour quoi, aussi, Heine s'est exilé en France en 1831 et s'y est définitivement établi.

Ce qui est en jeu à propos de Daunou évoqué par Mignet, c'est cette « science de la liberté » déjà mentionnée par Heine douze ans plus tôt, en 1831, peu avant son départ pour Paris, dans l'introduction à un ouvrage d'un libéral allemand, Robert Wesselhöft, alias Kahldorf, sur les privilèges nobiliaires. Et cette référence de Heine, rarement signalée, à la « science de la liberté » – une formule qu'il put rencontrer chez Fichte, en référence à la Révolution française – traverse toute son œuvre, de l'essai sur la Pologne au début des années 1820 à *Lutèce*, en passant, entre autres, par 1831 et l'introduction au livre de Wesselhöft, par *De la France* en 1832 et par *Louis Boerne* en 1840.

Cette référence à une possible « science de la liberté » est toujours formulée à propos de la Révolution française et de ses prolongements intellectuels et politiques en 1830 et ensuite. Ce que signifie cette référence, c'est l'idée que le progrès politique, c'est-à-dire l'accroissement de la liberté pour chacun et pour tous, est inséparable de la connaissance et de la compréhension de l'Histoire, et donc aussi d'une « science » du changement historique. Par où l'on retrouve l'enseignement berlinois de Hegel, reçu avec attention par Heine, en particulier l'idée que l'Histoire est le lieu de la réalisation progressive de l'esprit ou de la raison, c'est-à-dire de la liberté.

La Révolution française, pour Heine, ce n'est donc pas seulement le radicalisme « montagnard » et la Terreur dont Mignet et Thiers – ces deux Provençaux, le premier né à Aix en 1796, un an avant Heine, et le second à Marseille en 1797, la même année que lui – ont écrit dès les années 1820 qu'elle était « nécessaire » en raison des « circonstances » intérieures et extérieures dramatiques. C'est aussi le libéralisme des Constituants de 1791 établissant une monarchie constitutionnelle, la recherche d'un équilibre institutionnel et politique sous le Directoire et, plus encore peut-être, la stabilisation intérieure napoléonienne, créatrice d'institutions juridiques et politiques durables et efficaces. Et c'est encore le libéralisme de la première moitié du XIXe siècle, avant comme encore après 1830.

Bref, la Révolution n'est pas tout entière dans la « vertu » de Robespierre, elle est aussi dans celle de Guizot – né en 1787, il n'a que dix ans de plus que Heine –, ce protestant nîmois moins ennuyeux qu'il y paraît et dont le père fut guillotiné sous la Terreur en 1794. Même le texte de *De la France* peut se lire – par-delà les moqueries de Heine sur un « juste milieu » un peu ennuyeux comme, en apparence du moins, la personne de Guizot elle-même – comme un éloge adroit, c'est-à-dire non dithyrambique, de la monarchie constitutionnelle comme forme politique équilibrée et porteuse d'avenir, entre les deux extrêmes de l'absolutisme monarchique « légitimiste » et de la république démocratique.

Par où la réflexion de Heine rejoint celle de son maître Hegel, dans certains passages de la *Philosophie du Droit* de 1821, et, plus encore, celle des hégéliens libéraux comme le juriste Eduard Gans[26], lié à Heine au début des années 1820, à Berlin, dans l'Association pour la science et la culture des Juifs. Par où, aussi, Heine retrouve les vues des historiens et des hommes politiques libéraux français sur 1830 comme point d'équilibre acceptable, permettant d'achever, aux deux sens possibles du mot, 1789. Or Guizot et Thiers sont à la fois historiens et hommes politiques, et c'est à eux, sans doute, que Heine s'intéresse le plus dans le milieu politique parisien. Le second ne lui a-t-il pas fait attribuer, comme à d'autres exilés, des Polonais en particulier, victimes de la répression politique dans leur pays d'origine, une pension par le gouvernement français en 1836, après l'interdiction financièrement pénalisante des livres de la Jeune Allemagne et de Heine lui-même, en Allemagne, à la fin 1835 ? Et cette pension n'a-t-elle pas ensuite été confirmée par Guizot ?

C'est encore cette double idée, d'une part, d'une possible « science de la liberté » comme synthèse du hégélianisme berlinois et de la pratique politique issue de 1789, et, d'autre part, de 1830 comme recherche d'un nouvel équilibre, par-delà la Révolution et la Restauration, que l'on retrouve, sous une forme plus ouverte à l'idée de changement qu'à celle de stabilisation, chez un libéral évoluant, en même temps que le journal *Le Globe*, vers la gauche et vers le saint-simonisme, le trop oublié Eugène Lerminier, professeur d'histoire des législations comparées au Collège de France à partir de 1831. Lié à Gans par le travail et l'amitié, Lerminier est l'introducteur principal en France, dans le domaine de l'histoire du droit et des théories politiques, d'un savoir nouveau sur la critique par Gans, hégélien libéral, du conservatisme historiciste de l'École historique du droit constituée en Allemagne autour de Savigny.

De même, l'éloge fréquent par Heine, dans *De la France*, en 1832, de la monarchie constitutionnelle comme forme stabilisée et équilibrée de l'État succédant à l'anarchie révolutionnaire, semble repris, pour partie au moins, de certains éléments l'enseignement de Hegel à Berlin. Cet éloge est encore formulé

26 Cf. Norbert Waszek : « Présentation : Édouard Gans (1797–1839). Un hégélien juif à Paris », *in* : Édouard Gans, *Chroniques françaises*, traduit de l'allemand par Myriam Bienenstock, Paris : Cerf 1993, p. 7–106.

une dizaine d'années plus tard, dans l'article de *Lutèce* daté du 6 mai 1843 – l'article ne se trouve pas dans les *Œuvres complètes* en français –, à propos de la politique de Guizot :

> Guizot est l'homme du progrès bien réglé et il voit à présent les chères conquêtes de la Révolution, chères du prix du sang, menacées plus que jamais par un orage mondial qui s'approche, menaçant [...]. La semence des principes libéraux a d'abord produit ses pousses vertes dans l'abstraction, mais tout cela doit commencer par croître et pénétrer tranquillement dans la réalité concrète la plus rugueuse. La liberté, qui jusqu'à présent n'est devenue homme qu'ici ou là, doit aussi passer dans les masses elles-mêmes, dans les couches les plus basses de la société, et devenir peuple. Ce *devenir-peuple de la liberté*[27], ce processus mystérieux, qui, comme toute naissance [...], a comme condition nécessaire le temps et la tranquillité, n'est assurément pas moins important que la proclamation des principes dont se sont occupés nos prédécesseurs. Le verbe se fait chair et la chair saigne. Nous avons devant nous moins de travail mais davantage de peine que nos prédécesseurs qui ont cru que tout était heureusement terminé après la proclamation solennelle des lois sacrées de la liberté et de l'égalité et leur sanction sur cent champs de bataille.

Pour qui douterait encore de la convergence, chez Heine, entre la Révolution française et ses principes, le libéralisme français et le hégélianisme dans son versant libéral, on peut signaler que le même Guizot est explicitement comparé à Hegel, quant au style et à la pensée, dans une version manuscrite de ce même passage de l'article du 6 mai 1843. Un discours de Guizot à la Chambre des députés, qui a mis à bas les arguments oppositionnels du « noble Lamartine », donne tout son sens, selon Heine, à l'affirmation de Hegel selon laquelle les discours politiques sont des facteurs de l'Histoire. Et Heine ajoute :

> Un jour avant, Guizot m'a rappelé encore tout particulièrement le grand maître, Hegel, précisément lorsque, en termes presque hégéliens, il a parlé à la Chambre de la fondation d'un état de paix bien réglé et tranquille, nécessaire selon lui à présent pour que les conquêtes de la Révolution soient digérées, pour que les principes abstraits pénètrent les rapports concrets, pour que la liberté s'incarne dans les masses. Ce *devenir-peuple de la liberté*, qui n'est possible que dans un état de tranquillité bien réglé, n'est assurément pas moins important que la promulgation des principes [...]

En insistant ainsi – autour de la notion centrale d'un « devenir-peuple de la liberté » qui n'est rien d'autre que la mise en pratique de la « science de la liberté » – sur les liens entre la Révolution française et le libéralisme de la Restauration et de la monarchie de Juillet, et en soulignant les convergences souterraines entre cet ensemble juridique et politique français et tout un versant de l'enseignement de Hegel, Heine rejoint, sans doute consciemment, une des tendances majeures des historiens et « doctrinaires » libéraux français : Guizot lui-même, après Benja-

27 Nous soulignons (L.C.).

min Constant déjà, mais aussi Thiers et Mignet. Cette tendance, c'est celle qui veut voir dans juillet 1830 la validation définitive de 1789, c'est-à-dire aussi l'achèvement du processus révolutionnaire sur un point d'équilibre acceptable et porteur d'avenir.

Cette position de Heine est très peu souvent signalée par les commentateurs. Peut-être parce que, du côté « modéré » ou conservateur, on ne souhaite pas trop souligner que, pour Heine – comme d'ailleurs pour Guizot et bien des libéraux français – le libéralisme politique est inséparable du fait révolutionnaire : 1789 repris en 1830. Et parce que, à l'inverse, du côté révolutionnaire ou « marxiste », on ne souhaite pas faire apparaître la relative modération politique de Heine, pourtant proche de Marx à Paris en 1843–1844, son souci du lent ancrage des principes de la Révolution dans le réel. Et aussi parce que cette modération paraît contredire les espoirs, formulés par Heine au moment de son amitié avec Marx, d'une révolution d'un type nouveau, « allemande » et universelle, philosophique et sociale tout à la fois, en rupture au moins partielle avec la révolution politique ou « bourgeoise », celle de 1789 et de 1830.

L'intellectuel, le politique et le sensible

Pour conclure, peut-être faut-il essayer de relativiser ce que l'exposé qui précède à de trop schématique et systématique, de trop politique et de trop reconstruit intellectuellement aussi, et qui ne correspond pas toujours vraiment aux impressions dominantes chez les lecteurs du poète et, dans une moindre mesure, du prosateur Heine, en allemand comme en français.

Tout d'abord, l'argumentation politique au sujet de la condition d'exilé, chez Heine, est inséparable de l'expression d'une sensibilité qui se traduit par ce que l'on pourrait appeler la transmission d'une vibration particulière de l'auteur à son lecteur, y compris de nos jours. Et l'expression de cette émotion est exempte d'ironie – chose d'autant plus remarquable que cette absence d'ironie est particulièrement rare chez Heine, toujours porté à ironiser sur toutes choses, en particulier sur ses propres sentiments. À propos de ses prédécesseurs allemands en exil à Paris, ces « jacobins » fuyant la réaction et la répression dont le plus illustre fut Georg Forster, l'organisateur principal de la république de Mayence de 1792 à 1794, Heine développe dans *De l'Allemagne*, au début des années 1830 – et le texte est encore repris dans *Louis Boerne* en 1840 –, une méditation émouvante sur la triste continuité répétitive de destin des écrivains oppositionnels allemands contraints à l'exil, de la dernière décennie du XVIIIe siècle aux années 1830, qui débouche sur la vision d'une éventuelle et encore plus triste prolongation de ce destin, et donc aussi de la « misère » allemande qui est à son fondement dans les périodes historiques à venir. Le lecteur, inévitablement, pense ici à l'exil antinazi et juif en France et à Paris à partir de 1933, d'autant plus que le souvenir de Heine était demeuré vivant et fécond chez certains de ces intellectuels en fuite. Il faut citer ici longuement, afin que cette émotion particulière soit bien perceptible :

> À l'époque de la première révolution, le sommeil le plus lourd, le plus allemand, pesait sur le peuple […], mais le mouvement le plus puissant ébranlait notre littérature. L'auteur le plus solitaire, qui vivait dans le coin le plus reculé de l'Allemagne, prenait part à ce mouvement [la Révolution], par suite d'une sorte d'affinité secrète, il en sentait l'importance sociale et l'exprimait dans ses écrits. Ce phénomène me fait penser aux grands coquillages marins […] qui, tout éloignés qu'ils puissent être de la mer, commencent à murmurer […] quand arrive l'heure du flux […] Hélas ! cette sympathie révolutionnaire tourna fort mal pour nos pauvres prédécesseurs […] Quelques-uns d'entre eux se sauvèrent à Paris […] J'ai vu dernièrement un vieux compatriote aveugle, qui est resté à Paris depuis cette époque […] J'ai vu aussi […] la mansarde où est mort le citoyen Georges Forster. Un sort plus cruel encore menaçait les amis de la liberté qui étaient restés en Allemagne ; ils savaient ce qu'ils savaient et se turent […] Quand Napoléon tomba […], ils ne prirent aucune part à l'enthousiasme politique qui, avec permission des autorités supérieures, fit alors explosion en Allemagne […] et quand la révolution de Juillet [1830] éclata […] nous vîmes ces vieux originaux […] relever la tête […] J'en entendis même un chanter ; car il nous chanta dans un café l'hymne marseillais, et c'est là que nous apprîmes la mélodie et les belles paroles […] il est toujours heureux que de semblables têtes grises restent en vie pour apprendre les chants aux jeunes gens. Nous ne les oublierons pas, et quelques-uns d'entre nous les feront chanter aux petits-fils qui ne sont pas encore nés ; mais beaucoup d'entre nous auront alors pourri, soit dans les cachots de l'Allemagne, soit dans les mansardes de l'exil.

On voit ici, de cette manière contrastive entre Allemagne et France si fréquente chez Heine à propos de son exil parisien, comment le grand chant d'espoir de « La Marseillaise » s'oppose, en Allemagne même, à la prolongation indéfinie de la « misère » politique des Allemands. Au moment du grand réveil libéral et révolutionnaire allemand qui, au début des années 1830, fait suite à la révolution de Juillet à Paris, « l'hymne marseillais » retrouve tout son sens et toute sa jeunesse révolutionnaires dans la bouche d'un vieux « jacobin » allemand silencieux depuis trop longtemps – et comme en exil dans sa propre patrie –, soudainement heureux de transmettre ainsi son espérance aux « jeunes gens » qui l'écoutent et, par leur intermédiaire, à l'avenir.

D'autres éléments, moins directement et moins explicitement politiques, participent aussi de cette forme particulière d'émotion à propos de la condition d'exilé. Il en va ainsi, par exemple, dans un texte de 1844 sur Ludwig Marcus, de la définition de la folie comme « maladie nationale » des Allemands en exil en France ; et aussi de la notion d'un exil de la langue allemande elle-même en France, par le biais de ceux qui la transportent avec eux, et donc aussi d'un exil de la poésie allemande – avec sa spécificité musicale si riche, selon Heine – hors de son terrain natal et nourricier.

Un poème particulièrement touchant, probablement écrit dès 1833, dans les premières années de l'exil, mais publié au début des années 1840 seulement dans les *Nouveaux Poèmes* (*Neue Gedichte*), est, de ce point de vue, très significatif. Il s'agit du poème « *In der Fremde* » (« À l'étranger »), dans lequel la « belle patrie », l'Allemagne natale, où poussaient le chêne fier et la douce violette, ne fut malheureusement qu'un « rêve », cette patrie où résonnait la langue allemande et où les baisers reçus étaient eux aussi « en allemand », ainsi que les si doux « je t'aime » (« *ich liebe dich* »).

Voici les deux dernières strophes de ce très beau poème, en allemand :

> Ich hatte einst ein schönes Vaterland.
> Der Eichenbaum
> Wuchs dort so hoch, die Veilchen nickten sanft.
> Es war ein Traum.
>
> Das küßte mich auf deutsch, und sprach auf deutsch
> (Man glaubt es kaum
> Wie gut es klang) das Wort : « ich liebe dich ! »
> Es war ein Traum.

Ce rêve évanoui et impossible de bonheur sur la terre natale, n'est-ce pas précisément ce que semble exclure d'emblée, en 1822, neuf ans pourtant avant l'exil effectif, la lettre à Christian Sethe déjà citée :

> Tout ce qui est allemand me répugne [...] La langue allemande me déchire les oreilles. Mes propres poésies me soulèvent parfois le cœur quand je vois qu'elles sont écrites en allemand.

Dialectique retournée du contre au pour, typiquement heinéenne, certes, et même de façon plus générale typiquement romantique si l'on veut, mais aussi expression d'une dialectique plus immédiate et plus concrète, celle de l'exil lui-même, dans laquelle l'exilé – en l'occurrence le poète, qui n'est pas forcément plus sensible que d'autres mais sait mieux exprimer ses propres sentiments et parfois aussi ceux de chacun – passe bien souvent du rejet radical de la patrie-marâtre, politiquement et humainement insupportable, surtout par contraste avec la bienfaisante et parfois généreuse patrie d'accueil et de substitution, au regret insurmontable de ce que la terre natale a d'irremplaçable : la langue et l'amour des êtres proches et d'abord aimés.

Bernd Kortländer (Düsseldorf)

Ein Gott im Exil. Heines Pariser Exil nach 1848

I.

An der Wende der Jahre 1852 und 1853 – Napoleon III. ließ sich zum Kaiser proklamieren und in Deutschland war der kurze Traum der Demokratie längst ausgeträumt – schrieb der todkranke Exilant Heinrich Heine in seiner viel zu kleinen und lärmigen Wohnung an der rue d'Amsterdam in Paris einen kurzen Text mit dem Titel »Die Götter im Exil«. Bereits seine Entstehungsgeschichte ist in vielfältiger Weise Spiegel und Ausdruck der Existenz des deutschen Dichters im französischen Exil.[1] Heine verfasste ihn für den Abdruck in einer französischen Zeitschrift, der »Revue des deux mondes«, schrieb ihn allerdings, wie alle seine Texte, zunächst auf Deutsch und ließ ihn dann übersetzen. Der Text erschien zuerst in seiner französischen Version unter dem Titel »Les dieux en exil«, und obwohl der Autor die deutsche Fassung eiligst verschiedenen deutschen Zeitschriften anbot, trat das ein, was er bereits befürchtet hatte und was eben ein typisches Emigrantenschicksal war: Die Räuber waren schneller und brachten eine unautorisierte Rückübersetzung des französischen Textes ins Deutsche auf den deutschen Markt, bevor das Original schließlich in einem Blatt des Verlages Brockhaus erscheinen konnte. Dort trug der Text noch den Namen »Die Götter im Elend«; für die Buchpublikation im Rahmen der »Vermischten Schriften« von 1854 rutschte – offenbar als Übernahme aus dem französischen Erstdruck – das Wort »Exil« in den Titel.

Worum geht es in dem Text? Heine greift auf ein Motiv zurück, das er seit der frühesten Zeit immer wieder bearbeitet hat – in den »Nordsee«-Gedichten, den

1 Vgl. die Geschichte der Entstehung in: Heinrich Heine. Historisch-kritische Gesamtausgabe der Werke. Düsseldorfer Ausgabe. Windfuhr, Manfred (Hg.). 16 Bde. Hamburg: Hoffmann und Campe, 1973–97 [Zit. als: DHA.]. Bd. 9: Elementargeister; Die Göttin Diana; Der Doktor Faust; Die Götter im Exil. Bearb. von Ariane Neuhaus-Koch, 1987, S. 1006–1031.

»Reisebildern«, den Deutschland-Schriften, »Atta Troll« usw.: Die Vertreibung und Unterdrückung der antiken Götterwelt durch das Christentum.[2]

An drei größeren Textstücken führt Heine dem Leser das Schicksal der Götter Bacchus/Dionysos, Merkur/Hermes und Jupiter/Zeus vor Augen. Bacchus, ich verwende jetzt, wie Heine, nur noch die lateinischen Namen, lebt mit zwei Gefährten am Ufer eines Tiroler Sees. Sie sind als Franziskaner-Mönche getarnt. Als Mönch ist Bacchus eine Respektsperson, Vorsitzender des geistlichen Gerichts und Exorzist. Einmal im Jahr unternehmen sie einen Ausflug zu einer geheimnisvollen Insel im See und feiern dort mit dem traditionellen Gefolge ein Bacchanal. Sie werden schließlich von dem Fischer belauscht, der sie alljährlich auf die Insel übersetzt.[3] Dieser will sein Geheimnis dem Prior des Franziskaner-Klosters anvertrauen und trifft dort zu seinem Entsetzen auf seinen nächtlichen Fahrgast, der ihn voller Ironie zu strengem Stillschweigen verpflichtet. Die drei Götterfiguren haben sich in Aussehen, Sprache und Handlungsweise völlig an ihre neue christliche Umgebung angepasst und sich dabei in außerordentlicher Weise erniedrigt, waren es nach Heines Worten doch »die ikonoklastischen Zeloten, die schwarze Bande der Mönche«, die »alle Tempel brachen und die verjagten Götter mit Feuer und Fluch verfolgten.«[4] Bacchus hat sich, indem er das »fromme schmutzige Gewand«[5] der als willige Helfer der Inquisition berüchtigten Franziskaner überzog, gewissermaßen ins Auge des Orkans begeben, präsentiert sich in der Tarnung seines ärgsten Feindes.

Merkur lebt nach der Vertreibung an der Küste Frieslands und organisiert den Transport der Seelen der Verstorbenen zur Toteninsel. Er hat sich das Ansehen eines wohlhabenden und anständigen holländischen Kaufmanns gegeben, trägt die passende Kleidung, z. B. statt der geflügelten Sandalen dicke Schnallenschuhe, und bewegt sich entsprechend »gravitätisch«.[6] Einige ikonographische

---

2 Das Motiv gehört zu jenem ungeheuer ausladenden Traditionsstrom des antiken Mythos, dem gerade von einer Arbeitsgruppe der Österreichischen Akademie der Wissenschaften im Netz eine 400-seitige Bibliographie gewidmet wurde. Auch Heine stützte sich auf vielfältige Quellen, die in der Forschung verschiedentlich untersucht wurden; vgl. zuerst Hermann Friedemann: *Die Götter Griechenlands. Von Schiller bis zu Heine.* Berlin: 1905; dann A.I. Sandor: The Exile of Gods. Den Haag: 1967; vor allem den Kommentar in DHA. – Verwunderlich ist allerdings, dass bislang noch niemand die Verbindung zur grandiosen Verserzählung von Evariste Parny »La Guerre des Dieux« untersucht hat, obwohl Heine Parny erwähnt.

3 Auch in den anderen beiden Episoden taucht die Figur des Schiffers/Matrosen auf, die gegenüber den Göttern jeweils die Sphäre der Menschen vertritt. Mit der Deutung dieser Konstellation hat sich zuletzt ein interessanter Aufsatz von Matilde de Pasquale beschäftigt: Il Materiale mitologico di Heinrich Heine in »Die Götter im Exil«. – In: *Mito e Parodia nella Letteratura del Diciannovesimo/ Ventesimo Secolo.* d'Orighia Gabriella/Weidenhüller, Ute (Hg.). Rom: 2007, S. 53–65.

4 DHA 9, S. 126.

5 Ebd., S. 129.

6 Ebd., S. 134.

Details wie der Geldbeutel und die vielen sehr kleinen Münzen verweisen auf den mythologischen Hintergrund. Für den Kenner, an den Heine seinen Text adressiert – gerade die Mythentravestie setzt das Vertrautsein mit dem Original voraus – verrät sich der maskierte Gott auch durch die plötzlich »leichtfüßigen Schritte«,[7] mit denen Merkur sich nach erfolgreicher Verhandlung mit dem Fischer entfernt, den er für den Seelentransport anheuert. Auch Merkur hat sich in Sprache, Aussehen und Handlungsweise beinahe vollkommen seiner neuen Umgebung angepasst, wenngleich einzelne Züge, wie gesehen, anders als bei Bacchus, dessen Mimikry perfekt ist, auf die göttliche Grundfigur zurückverweisen. Ebenfalls anders als bei Bacchus äußert Heine sich hier zur Wahl der Camouflage, die diesmal aus einem zentralen Zug des ›göttlichen‹ Charakters der Figur entwickelt wird: »Er hatte zu wählen zwischen den zwey Industrien [gemeint ist Dieb oder Kaufmann], die im Wesentlichen nicht sehr verschieden, da bey beiden die Aufgabe gestellt ist, das fremde Eigenthum so wohlfeil als möglich zu erlangen«. Da der »Diebesstand« in der »öffentlichen Meinung keine so hohe Achtung genießt«, während »die Kaufleute jetzt auf der Leiter der Ehre die höchste Staffel erklimmen«,[8] wurde Merkur Kaufmann, und er wurde sogar die Steigerungsform von Kaufmann, nämlich holländischer Kaufmann. Merkur wird zu einem Vertreter jener ›Pfeffersäcke‹ und Krämerseelen, die in der bürgerlichen Welt das Kommando übernommen haben; die seltsame Ware, mit der er handelt, grenzt ihn ebenso wenig aus der ehrenwerten Gesellschaft christlicher Kaufleute aus wie etwa den holländischen Sklavenhändler van Kock in dem kurz zuvor entstandenen Heineschen Gedicht »Das Sklavenschiff«.

Der dritte Großabschnitt schließlich zeigt uns den obersten der Götter, Jupiter, an seinem irdischen Zufluchtsort, einer ärmlichen Hütte auf der »Kanincheninsel« im Nordmeer, vom Rest der Welt getrennt durch eine Mauer aus Eis. Zeus lebt dort vom Tauschhandel mit Kaninchenfellen. Wie zuvor die beiden Fischer sind es auch hier einfache Seeleute, die Heine als Zeugen aufruft, Matrosen eines russischen Walfängers, die zufällig auf die Insel geraten. Jupiter hat sich im Gegensatz zu den anderen beiden Göttern nicht angepasst. Seine Gestalt und sein Habitus erinnern immer noch an den Gott, nur ist er völlig heruntergekommen, abgemagert, gealtert und auch in seinem Charakter verändert. Ihm zur Seite finden sich die ebenfalls stark veränderten Insignien seiner früheren Größe, der arg zerrupfte Adler und die völlig haarlose Ziege Amalthea. Jupiter spricht Altgriechisch und lässt sich von einem Matrosen den Zustand Griechenlands schildern. Er hört vom Untergang der antiken Welt, von zerstörten und entweihten Tempeln und bricht in Klagen und Trauer aus, ein für den obersten der Götter sehr untypisches Verhalten. Jupiter ist anders als die beiden

7 Ebd., S. 135.
8 DHA 9, S. 137.

anderen Götter in die völlige Einsamkeit gegangen, steht außerhalb der Gesellschaft, ein verelendetes Fundstück aus einer sehr vergangenen Epoche. Entsprechend groß ist die Kluft zwischen vergangener Größe und heutigem Elend: »er, der nur mit den Augen zu zwinkern brauchte, um den Erdkreis zu erschüttern ... er muß am Ende am Nordpol sich hinter Eisbergen verstecken, und um sein elendes Leben zu fristen, mit Kaninchenfellen handeln wie ein schäbiger Savoyarde!«[9]

Zunächst lohnt ein kurzer Blick auf die frühere Verwendung des Motivs der vertriebenen Götter bei Heine. Die Grenze zwischen früher und später wird dabei vom Jahr 1848 bezeichnet, denn seine Perspektive hat sich unter dem Eindruck der persönlich-gesundheitlichen und der von ihm so empfundenen gesellschaftlichen Misere nach 1848 entscheidend verschoben. In den zeitlich voraus liegenden Darstellungen gehen die Götter in den Untergrund, nicht ins Exil.[10] Sie passen sich in keiner Weise ihrer neuen christlichen Umwelt an, bekämpfen und terrorisieren sie, haben überdies ihren göttlichen Habitus und ihr Aussehen behalten: die wunderschöne Diana, die allenfalls etwas weniger keusch ist, die verführerische Venus, der jugendliche Apoll. Das Weiterleben im Mythos beschützt sie vor größeren Veränderungen. Erst mit dem Verlassen des Mythos kommt es zur Anpassung an die Verhältnisse der Christenwelt; das eine bedingt das andere. Die mythischen Götterfiguren wählen sich menschliche Gestalten als Exilorte, die altern und sich verändern, die aber doch nur die schützenden Hüllen sind, unter denen der mythische Kern weiterlebt.

Untereinander unterscheiden sich die drei Figuren zu allererst durch die Art und Weise ihrer Anpassung an die neue Umgebung. Bacchus tarnt sich in der Gestalt seines schlimmsten Feindes, kommt nur noch einmal im Jahr auf gespenstische Weise zu sich selbst als Gott zurück. Merkur knüpft an alte Muster an, verbirgt seine Göttlichkeit allerdings komplett hinter der Maske eines biederen Krämers. Jupiter schließlich versteckt sich in menschenfeindlicher Umgebung und kann deshalb ganz auf eine Tarnung verzichten. Wir haben hier im Grunde drei verschiedene Arten von Exil vor uns, Abstufungen von einem Extrem zum anderen: Bacchus ist der perfekt integrierte Exilant, der sich in der neuen Umgebung komplett neu definiert, und zwar in Form eines extremen Gegenentwurfs zur früheren Existenz. Nur bei bestimmten Gelegenheiten und dann ganz im Verborgenen bricht sie sich Bahn, was jedoch reicht, um das Unglück und die Verlogenheit der neuen Existenz offensichtlich zu machen. Weniger extrem ist der Neuentwurf des Merkur, der zumindest einige Elemente seiner Götterfigur in die Christenwelt mitnimmt. Bestimmte Teile davon muss auch er verleugnen, was ihm, im Gegensatz zu Bacchus, nicht immer perfekt

9 Ebd., S. 145.
10 Vgl. z. B. das Auftreten der Götter in der 1. Nacht der »Florentinischen Nächte«.

gelingt. Jupiter schließlich markiert jenen Typus von Exilanten, der gar nicht integriert ist und sich auch gar nicht erst um Anpassung bemüht. Er klinkt sich völlig aus der neuen Gesellschaft aus und versinkt ganz in Unglück, Elend und Selbstmitleid. Anders als die beiden anderen Götter ist er dadurch auch relativ leicht zu enttarnen – selbst die Besatzung des russischen Walfängers kommt ihm auf die Spur.

Doch ist eine solche Typologie unterschiedlicher Exilsituationen sicher nur ein Nebenprodukt des kleinen Textes. Viel wichtiger ist die Frage, was die Götter, als sie sich nach dem epochalen Einschnitt von 1848 endgültig in ihr Exil und damit in die Geschichte verabschieden, dorthin mitnehmen, welche Qualitäten mit ihnen zusammen abtauchen und welche Rolle sie in ihrer neuen Existenz für die menschliche Gesellschaft noch spielen? In unserem Text lassen sich dazu drei Felder deutlich unterscheiden: Sexualität, Geld und Macht.

Mit Bacchus geht nach 1848 jener Sensualismus endgültig ins Exil, den Heine in den Jahren der Julimonarchie noch für zukunftsfähig hielt. In der Auseinandersetzung mit dem Christentum war das ohne Zweifel der brisanteste Bereich, und insofern ist der hohe Grad der Tarnung des Bacchus nur zu gut zu verstehen. Der »Heiland der Sinnenlust« lebt am gefährlichsten unter den Christenmenschen, die den »Freudentanz des Heidenthums«, den »Cancan der alten Welt« »ohne hypokritische Verhüllung«, ohne »Dazwischenkunft der Sergents-de-ville einer spiritualistischen Moral« nicht ertragen können.[11] Bacchus steht für Sexualität und Körperlichkeit, für den Sensualismus und – in seiner Mönchsgestalt – für deren radikale Unterdrückung in der christlichen Gesellschaft. Er steht aber, gerade in der Ineinssetzung der beiden Gegensätze ›Mönch – Gott der Lust‹, auch für die Heuchelei der christlichen Moral und für die Kritik an dieser Moral. Nietzsche und Freud lassen grüßen.

Mit Merkur geht der Anspruch auf eine gerechte Verteilung der irdischen Güter ins Exil. Die Kaufmannsmentalität, die Religion des Geldes, der »das Palladium des sittlichen Staats,/ Das Eigenthum«[12] heilig ist, wie es etwa zeitgleich im Gedicht »Die Wanderratten« heißt, hat sich mit der Revolution endgültig als die staatstragende Mentalität durchgesetzt. Merkur steht einerseits in seiner Verkleidung als holländischer Kaufmann für diese neue Mentalität, gleichzeitig wird aber auf listige Weise auch hier die Kritik bereits durch die Figur des Gottes selbst eingebracht, ist er doch nicht nur Gott der Kaufleute, sondern auch Gott der Diebe. Was so ehrbar scheint, ist in Wahrheit Betrug. Der Gleichung Kaufmannsstand = Stand der Diebe entspricht die Gleichsetzung von Eigentum und Diebstahl: »La propriété c'est le vol!« Das Proudhonsche

11 Ebd., S. 130.
12 DHA 3, S. 335.

Schlagwort hat Heine verschiedentlich zitiert.[13] Die Gestalt des Merkur als Kaufmann spiegelt so die Siegergeschichte des Kapitalismus und zugleich seine radikale Kritik.

Mit Jupiter geht die Idee des großen Mannes, die Idee von Macht und Genie ins Exil. Nicht umsonst erinnert die Figur des Titanen auf der Nordmeerinsel, dessen Brauenblinzeln früher Welten erschüttert hat, an die Gestalt Napoleons auf St. Helena, von dem Heine in ähnlicher Weise spricht (»diese Lippen brauchten nur zu pfeifen – und das ganze heilige römische Reich tanzte«[14]). Über ihn siegten Missgunst und Neid seiner englischen Feinde ebenso wie Jupiter dem christlichen Mittelmaß erlegen ist, jenen Nachfahren der Ochsen, die früher zu seinen Ehren geopfert wurden. Wo das göttliche Genie des Jupiters verehrt wurde, werden jetzt im Zeichen des Kreuzes die Schweine gehütet.[15] Alles Schöne, alles Herrliche ist untergegangen in einem Meer von Trivialität und einer am Nutzen orientierten Welt. Das gilt ganz besonders für die Gesellschaften nach den europäischen Revolutionen von 1848, für die deutsche, aber auch für die französische.

II.

Wir haben beim Durchgang durch die Geschichten Abstufungen hinsichtlich der Kenntlichkeit der Götterfiguren in ihrem Körperexil festgestellt. Markus Küppers bemerkt in seiner Untersuchung zu Heines »Arbeit am Mythos«, dass die existenzielle, die Menschheit als Ganzes betreffende »Bedeutsamkeit, die Heine dem Mythos erzählerisch« zurück zu geben versucht, sich im Laufe der drei Geschichten verschiebt »hin zu einem latent autobiographischen Diskurs; in der Jupiter-Figur geht es ihm weniger um die Deformationserscheinungen, in die das Christentum die exilierten und verbürgerlichten Götter gezwungen hatte, sondern um ein individuelles ›Götter‹-Schicksal im Exil, das spiegelbildlich auch Heines eigene Lebensproblematik« in dieser Zeit wiedergibt.[16] Mit anderen Worten: das Mitleiden mit der gefallenen Größe der Jupiter-Gestalt, für das der Erzähler sich am Ende gar entschuldigt, ist nicht ganz selbstlos. Es hängt zusammen mit Heines eigenem Status als Exilant, der sich, genau wie der des Jupiters, nach 1848 durchgreifend geändert hatte. Seit seiner Übersiedlung nach Paris im Mai 1831 ergab sich aus der Exilsituation für Heines Leben und Werk ein komplexes Geflecht an konkreten Folgen und Bedeutungen. Daneben war Exil

13 Vgl. etwa »Atta Troll. Ein Sommernachtstraum«: »Eigenthum! Recht des Besitzes!/ O, des Diebstahls! O, der Lüge!« (DHA 4, S. 34).

14 »Ideen. Das Buch Le Grand«, DHA 6, S. 194.

15 Vgl. DHA 9, S. 143f.

16 Küppers, Markus: *Heinrich Heines Arbeit am Mythos.* Münster/ New York: 1994, S. 292.

aber auch stets, wie Michael Werner feststellt, »eine der Chiffren, die Heine selbst immer wieder und in verschiedenen Wendungen zur Charakterisierung seiner Schriftstellerexistenz«, aber auch seiner persönlichen Existenz heranzieht.[17] Dieser Chiffrencharakter des Exils verstärkt sich, als das tatsächliche räumliche Exil aufgrund der gesundheitlichen Situation des Dichters ohnehin zur Nebensache geworden war. »Ich weiß, nur mit der Kirchhofsgruft/ Vertausch ich dies fatale Zimmer«, heißt es im Gedicht Nr. 3 des Zyklus »Zum Lazarus« aus »Gedichte. 1853 und 1854«.[18] Heine erfährt als Kranker zum Tode eine neue Art des Exils: Die Exilierung aus der Gemeinschaft der Gesunden, Verbannung aus einem menschenwürdigen Leben ins Reich der Krankheit, der Schmerzen und des nahen Todes. In diesem neuen Exil, im Reich des Elends und des Unglücks, entdeckt Heine dann auch wieder die Religion für sich. Das Christentum sei nichts für Gesunde, schrieb er an eine befreundete Autorin. Elend ist ein ständig gebrauchtes Wort, wenn Heine seinen Zustand beschreibt: »Ich befinde mich übrigens noch immer in demselben elenden Zustande, und bitte Gott täglich, mir meine endliche Erlösung zu gönnen…« heißt es in dem Brief an den Redakteur Gustav Kolb vom 22. 3. 1853, mit dem er ihm »Die Götter im Elend« zum Abdruck anbietet.[19]

Begleitet und verstärkt wird diese neue Bedeutung von Exil für Heine durch das Erlebnis der gesellschaftlichen Ereignisse nach der Revolution von 1848 in Europa. Aus seiner Sicht waren diese Veränderungen, ich habe bereits darauf hingewiesen, katastrophal. Wieder an den ihm befreundeten Gustav Kolb schrieb er am 13. 2. 1852: »Die schönen Ideale von politischer Sittlichkeit, Gesetzlichkeit, Bürgertugend, Freiheit und Gleichheit, die rosigen Morgenträume des achtzehnten Jahrhunderts, für die unsere Väter so heldenmütig in den Tod gegangen, und die wir ihnen nicht minder martyrtumsüchtig nachträumten – da liegen sie nun zu unseren Füßen, zertrümmert, zerschlagen, wie die Scherben von Porzellankannen, wie erschossene Schneider.«[20] Das neue französische System verachtete er allenfalls deshalb nicht ganz so stark wie die deutschen Zustände, weil der Name Napoleon darin eine Rolle spielte. Ohnehin hielt er den Unterschied zwischen Deutschland und Frankreich jetzt für nur mehr gering. Im Nachwort zum »Romanzero« heißt es 1851, in Frankreich wie in Deutschland gebe es nur die Alternative »das absolute Königthum und die Republik«;[21] er dagegen halte an den demokratischen Idealen seines Lebens fest.

---

17 Werner, Michael: Ansichten des Exils. Zu einem Grundthema bei Heine, in: *»… und die Welt ist so lieblich verworren.« Heinrich Heines dialektisches Denken.* Fs. für Joseph A. Kruse. Kortländer, Bernd/ Singh, Sikander (Hg.), Bielefeld: 2004, hier S. 175–190, hier S. 175.

18 DHA 3, S. 199.

19 HSA 23, S. 275.

20 HSA 23, S. 181.

21 DHA 3, S. 180.

Für den nach-revolutionären Heine wird der Begriff des Exils zu einer Chiffre für das Ausgeschlossensein aus einer menschlichen Gemeinschaft, der er nicht mehr angehören kann, der er aber auch nicht mehr angehören will. Die Spannung von Freiwilligkeit und Zwang durchzieht sämtliche Konfigurationen von Heines Exil.[22] Sie ist für ihn Bedingung, um bei sich selbst bleiben zu können. Genau dieser Begriff von Exil als erzwungenem Ausschluss und freiwilligem Rückzug verbindet ihn mit der Jupiter-Figur unseres Textes. Auch Jupiter kann einer christlich gewordenen Welt nicht angehören, im Gegensatz zu seinen beiden Mitgöttern will er es aber offenbar auch nicht, zieht sich in die Unwirtlichkeit des Eismeeres zurück und präsentiert sich den Matrosen als »ein Unglücklicher, welcher einst bessere Tage gesehen.«

Eine ähnliche Formulierung wählt auch Heine in einem Artikel für die Augsburger »Allgemeine Zeitung« vom 15.4.1849, um die in seinem Leben, auch in der Art seines Exils eingetretenen Veränderungen zu charakterisieren. Er schreibt dort: »Unterdessen, ich will es freimütig gestehen, ist eine große Umwandlung mit mir vorgegangen: ich bin kein göttlicher Bipede mehr;... ich bin ... ein abgezehrtes Bild des Jammers, ein unglücklicher Mensch!«[23] Hier der Unglückliche, der – als Gott – bessere Tage gesehen hat, dort der unglückliche Mensch, der zuvor ein »göttlicher Bipede« war. Heine beschreibt den Weg ins Elend damals verschiedentlich als Verlust seiner Göttlichkeit. Er selbst hatte in den 30er und 40er Jahren zum Glauben an die Göttlichkeit des Menschen beigetragen. »Wir kämpfen nicht für die Menschenrechte des Volks, sondern für die Gottesrechte des Menschen, wir stiften eine Demokratie gleichherrlicher, gleichheiliger, gleichbeseligter Götter«, lautet das bekannte emphatische Zitat aus der Schrift »Zur Geschichte der Religion und Philosophie in Deutschland«.[24] Auch das erste Caput des »Wintermährchens« schwärmt 1844 noch von dem Himmelreich, das hier auf Erden errichtet werden soll. Solche Schwärmereien haben sich nach 1848 verloren. Jetzt macht er verschiedentlich Hegel für die Verbreitung dieser Vorstellung verantwortlich und schreibt in den »Geständnissen«: »... die Repräsentazionskosten eines Gottes, ..., sind ungeheuer; um eine solche Rolle mit Anstand zu spielen, sind besonders zwey Dinge unentbehrlich: viel Geld und viel Gesundheit. Leider geschah es, dass eines Tages – im Februar 1848 – diese beiden Requisiten mir abhanden kamen, und meine Göttlichkeit gerieth dadurch sehr ins Stocken.« Und mit deutlichem Querbezug zur Schrift von den Göttern im Exil heißt es an derselben Stelle: »Gleich vielen anderen heruntergekommenen Göttern jener Umsturzperi-

22 Vgl. Werner (Anm. 16), S. 189.
23 DHA 15, S. 112.
24 DHA 8, S. 61.

ode, musste auch ich kümmerlich abdanken und in den menschlichen Privatstand wieder zurücktreten.«[25]

Das Unglück des Jupiter – das Unglück des Autors: ihr Schicksal ist sehr ähnlich, aber doch nicht identisch. Für beide gilt: Sie sind in einem Exil jenseits der menschlichen Gesellschaft, beide bezeugen in ihrem Elend und ihrer Deformation den elenden und deformierten Zustand der Welt. Und doch scheint der Gott Jupiter dem unglücklichen Menschen und Dichter überlegen. Dieser verliert, wie er selbst beteuert, beim Sturz ins Elend seine Göttlichkeit, jener, der Gott, verliert sie, so heruntergekommen er auch sein mag, doch nicht ganz, ihre Attribute stehen, wenngleich ebenfalls in äußerst heiklem Zustand, ihm auch weiterhin zur Seite. Will sagen: Der Mythos ist zwar durch die Zeitläufte außer Kraft gesetzt, die Götter können, wie Robert C. Holub feststellt, effektiv nichts mehr zum Glück des Menschen beitragen, der Mythos ist aber doch nicht völlig zerstört.[26] Im Gegenteil hat die Göttlichkeit der Figuren sich nur in das Exil der menschlichen Hülle zurückgezogen, und es besteht zumindest die berechtigte Hoffnung, dass der Mythos irgendwann einmal wieder zum Leben erwachen kann. Hier kommen jetzt auch wieder Bacchus und Merkur ins Spiel: Auch die Hoffnung auf eine sensualistisch befreite und eine gerechte Welt ist mit den beiden Göttern nicht völlig verschwunden, sondern nur ins Exil gegangen, bleibt, bei aller Resignation und Skepsis, zumindest als Erinnerung gegenwärtig.

Dagegen ist die Existenz des vom Gott zum Menschen gewordenen Dichters offensichtlich zerstörbar: Er wird sterben, sein Körper ist dem sicheren Verschwinden geweiht, das unterscheidet die beiden Unglücklichen am Ende. Und doch stoßen wir auch beim sterblichen Dichter auf ein unzerstörbar-göttliches, quasi mythisches Element: Denn genau jener »unglückliche Mensch« und Dichter in seinem Exilort außerhalb der menschlichen Gesellschaft ist es, der für das Überleben der Götter und ihre Unsterblichkeit sorgt, indem er ihre Geschichte aufschreibt und überliefert. Als »Geschichtsschreiber«[27] empfiehlt Heine sich dem Publikum, und zwar als einer, der, anders als die Kompendienschreiber und Wissenschaftler, seine Figuren »zum wirklichen Leben« herauf beschwört, »durch die Zaubermacht des allgemein verständlichen Wortes, durch die Schwarzkunst eines gesunden, klaren, volksthümlichen Stiles!«[28] In der Tat: Die Götter werden erst durch die sprachliche Gestaltung wieder »zum wirklichen Leben« herauf beschworen, und der sterbliche Mensch gerät auf diese Weise in die Rolle des Mythenschöpfers, zum Schöpfergott: Am Anfang war das Wort! Zwar sind die Götter unsterblich, doch ohne den Dichter gäbe es sie gar nicht. Die

25 DHA 15, S. 36.

26 Holub, Robert C.: Heine als Mythologe, in: *Heinrich Heine. Ästhetisch-politische Profile.* Höhn, Gerhard (Hg.)Frankfurt a.M.: 1997, S. 314–329, hier S. 323.

27 DHA 9, S. 145.

28 Ebd., S. 126.

Dialektik dieses Spiels mit dem Mythos beschreibt sehr anschaulich die göttliche Macht und menschliche Ohnmacht des Dichters Heinrich Heine im Exil seines Krankenzimmers in Paris. Er selbst hat das poetisch in einem Gedicht aus der Abteilung »Zum Lazarus« in »Gedichte. 1853 und 1854«[29] zusammengefasst, mit dem ich schließen will:

Wie langsam kriechet sie dahin,
Die Zeit, die schauderhafte Schnecke!
Ich aber, ganz bewegungslos
Blieb ich hier auf demselben Flecke.

In meine dunkle Zelle dringt
Kein Sonnenstrahl, kein Hoffnungsschimmer,
Ich weiß, nur mit der Kirchhofsgruft
Vertausch ich dies fatale Zimmer.

Vielleicht bin ich gestorben längst,
Es sind vielleicht nur Spukgestalten
Die Phantasien, die des Nachts
Im Hirn den bunten Umzug halten.

Es mögen wohl Gespenster sein,
Altheidnisch göttlichen Gelichters;
Sie wählen gern zum Tummelplatz
Den Schädel eines toten Dichters.

Die schaurig süßen Orgia,
Das nächtlich tolle Geistertreiben,
Sucht des Poeten Leichenhand
Manchmal am Morgen aufzuschreiben.

29 DHA 3, S. 199.

Jean-Paul Cahn (Paris)

Les derniers émigrés français dans les régions rhénanes[1]

Ainsi formulé, et si l'on tient compte de la relation complexe de la France à son histoire, mon sujet ne va guère au-delà de la provocation. Il a certes le mérite de rappeler que, historiquement, les rives du Rhin virent à diverses reprises des Français trouver refuge en Allemagne dans des périodes difficiles. Mais ces Français qu'elles accueillirent dans les années 1950, et qui furent (à ce jour) les derniers émigrés (politiques) français en Allemagne, s'appelaient Ali Haroun, Ameziane Aït Ahcène, Mouloud Cassim, Naït Blecacem ou encore Hafid Keramane, et leurs noms, parfois variables, n'étaient pas toujours ceux de l'état civil, même s'ils figuraient sur leurs passeports. Ils refusaient d'être Français et ils voulaient que l'on les considérât comme des Algériens. Ils étaient originaires de départements français (et non de protectorats, comme les Marocains ou les Tunisiens) et à ce titre Français « de plein droit », même si la République et la société faisaient d'eux des citoyens de second ordre – au plan de la représentation parlementaire par exemple, des salaires ou tout simplement de la considération. Comme d'autres Français qui les avaient précédés de quelques siècles ils étaient en conflit d'intérêts et de conviction avec la France, ils avaient pris les armes pour faire valoir leur position et pour cette raison, selon les termes du droit international, ils étaient en « guerre civile » avec elle. Paris parlait de simple « ré-

1 Quatre livres parus à ce jour traitent de la question de la République fédérale face à la guerre d'Algérie. Dans l'ordre chronologique, il s'agit de la thèse de Sabah Bouhsini, *Die Rolle Nordafrikas (Marokko, Algerien, Tunesien) in den deutsch-französischen Beziehungen 1950 bis 1962*, Bonn, publiée à Aix-La-Chapelle en 2000 ; Jean-Paul Cahn et Klaus-Jürgen Müller, *La République fédérale d'Allemagne et la guerre d'Algérie (1954–1962)*, Paris 2003 ; Mathilde U. von Bülow, *The foreign policy of the Federal Republic of Germany, Franco-German relations, and the Algerian war, 1954-1962*, PhD, Cambridge, 2006 ; et Nassima Bougherara, *Les Rapports franco-allemands à l'épreuve de la question algérienne (1955–1963)*, Bern usw., 2006. Évoquons le n° 31, 3–4 de la *Revue d'Allemagne et des pays de langue allemande*, Strasbourg, juillet - décembre 1999, *L'Allemagne et la décolonisation française*. Ajoutons le travail d'habilitation que Friedrich, dit Fritz, Taubert a consacré à *La République démocratique allemande et la guerre d'Algérie 1954–1962*, Paris IV, 2008, publié en 2010 sous le titre *La Guerre d'Algérie et la République démocratique allemande. Le rôle de l'« autre » Allemagne pendant les « événements » (1954 à 1962)* aux Éditions universitaires de Dijon.

bellion » de ceux qu'elle désignait dans le langage habituel de « musulmans ». Mais il n'était plus question de religion, plutôt de politique – plus précisément de décolonisation et d'indépendance nationale.

Comme le souligne Mathilde U. von Bülow, ces hommes, car il s'agissait d'une population à très forte dominante masculine, se comportaient

> de manière peu traditionnelle. Ils voyageaient par exemple surtout dans un sens, de la France vers l'Allemagne. D'autre part ils ne franchissaient pas uniquement la frontière aux points de contrôle institutionnels, mais pour nombre d'entre eux, en des points illégaux, ce que l'on appelait la « frontière verte ». Il s'agissait, autre caractéristique, presque exclusivement de célibataires âgés de 20 à 45 ans, voyageant seuls. Pour la plupart ils étaient pauvres et démunis, ils ne parlaient pas l'allemand et ils étaient analphabètes. En outre ils n'étaient pas des citoyens français ordinaires, mais des « Français musulmans d'Algérie » (FMA). Enfin, en dépit de leurs passages de frontières à sens unique, ces FMA ne restèrent que provisoirement en Allemagne. Plus précisément leur immigration en République fédérale se limita aux six dernières années de la guerre d'indépendance franco-algérienne[2].

Ils n'avaient pas été chassés. La plupart d'entre eux avaient gagné l'Allemagne de leur propre initiative, ce qui ne signifiait pas qu'ils s'y étaient rendus de leur plein gré ; certains s'y trouvaient à la demande du mouvement qui fédérait leur combat, le Front de Libération Nationale (FLN) qui, ayant décidé de donner à son combat une dimension internationale, avait choisi la République fédérale comme centre d'action et de rayonnement dans l'Ouest européen. Nombre d'entre eux ne quittèrent le territoire allemand qu'une fois acquise l'indépendance de leur pays, donc après les accords d'Évian de mars 1962. Ce qui fait que, Français à leur arrivée, ils repartirent citoyens Algériens.

Les rives du Rhin s'inscrivent au nombre des régions qui, avec Stuttgart et Hambourg, et dans une mesure très particulière en raison de son statut *sui generis* la Sarre, ont constitué un lieu privilégié des activités du FLN en Allemagne à partir de 1957.

La « Fédération de France », direction en métropole du FLN, avait dû fuir l'Hexagone pour échapper à la densité d'un maillage policier qui, de toute manière, entravait son activité et faisait courir les pires dangers à ses dirigeants[3]. Elle s'installa en République fédérale – et plus particulièrement en Rhénanie. Ce choix répondait en tout état de cause à des considérations identiques à celle qui avait incité les diplomates français, bien avant Napoléon déjà, à vouloir faire du Rhin

2 Mathilde U. von Bülow, « Hôtes importuns. Des Algériens en République fédérale pendant la guerre d'Algérie (1957–1962) », *in* Jean-Paul Cahn et Bernard Poloni (éd.), *Migrations et identités : l'exemple de l'Allemagne aux XIX*e *et XX*e *siècles*, Presses universitaires du Septentrion, Lille, 2009.

3 Voir Ali Haroun, *La 7*e *Wilaya. La guerre du FLN en France (1954–1962)*, Paris 1986, 526 p.

une frontière naturelle de la France, voire à y favoriser l'expression d'un autonomisme régional anti-prussien dans les années 1920 : la proximité.

D'une manière générale la République fédérale présentait bien des avantages aux yeux des Algériens. Alliée de la France, dépendante d'elle dans des questions aussi essentielles que le devenir national allemand, elle n'avait cependant pas à prendre en compte ces intérêts coloniaux propres qui poussaient Bruxelles à soutenir Paris ; elle était plus grande territorialement que le Luxembourg, plus hospitalière que la Suisse, moins noyautée par la police et les services français que la Sarre qui regagnait progressivement le giron allemand après une décennie d'union économique, monétaire et douanière avec la France[4]. La Sarre ne pouvait être un point de chute. En avril 1955 avait été révélé ce que tout le monde savait déjà : les services secrets français écoutaient les conversations téléphoniques sarroises[5]. Tout le monde resta convaincu dans les années qui suivirent que la période transitoire, durant laquelle la Sarre était politiquement allemande et économiquement en phase préparatoire à son intégration à la RFA, ne changeait rien à cette présence française. Quand cette phase prit fin, le 6 juillet 1959, les Algériens avaient reconnu les avantages que présentait la RFA ; ils n'éprouvèrent nulle envie d'émigrer et le territoire sarrois resta pour l'écrasante majorité d'entre eux un simple point de passage.

Nous verrons d'abord l'aspect général, les problèmes généraux que posa aux autorités de la République fédérale l'arrivée de ces travailleurs-combattants d'Afrique du Nord, puis nous mettrons en évidence quelques spécificités rhénanes, pour examiner enfin un cas particulier dont les rives du Rhin furent témoin.

1. Problèmes généraux

Le gouvernement fédéral vit arriver ces FMA sans plaisir. Paris, qui savait déjà sans s'y résigner, combien une victoire militaire sur l'autonomisme était devenue aléatoire, exigeait de ses alliés, de la République fédérale en particulier, un soutien sans faille. La diplomatie française ne manquait pas de moyens de pression – ne serait-ce que parce que la France avait son mot à dire dans le règlement de la question allemande, mais aussi en raison de la question sarroise ou des négo-

4 Pour cette période, on pourra se reporter entre autres à Armin Heinen, *Saarjahre. Politik und Wirtschaft im Saarland 1945–1955,* Franz Steiner Verlag, Stuttgart, 1996, 603 p. ou encore à Jean-Paul Cahn, *Le Second Retour. Le rattachement de la Sarre à l'Allemagne (1955–1957),* Peter Lang, Berne etc., 1985, 321 p.

5 Cf. entre autres Gerhard Franz, *Der Sieg der Neinsager. 50 Jahre nach der Abstimmung über das Saarstatut,* Gollenstein Verlag, Blieskastel, 2005, p. 41 *sq.* Plus généralement sur la question sarroise, voir Armin Heinen, *op. cit.*

ciations puis de la mise en place du Traité de Rome. La dépendance allemande par rapport à la France s'accrut en 1958 / 1959 avec la crise de Berlin (et la déception qu'inspira à Konrad Adenauer l'attitude de Londres et de Washington). Paris avait besoin de Bonn, mais la réciproque n'était guère moins vraie.

Aspect moins visible, mais réel, les élections législatives de janvier 1956 avaient vu entrer à l'Assemblée nationale un nombre inattendu de poujadistes et elles n'avaient pas affaibli le groupe communiste. À Paris les gouvernements modérés, déjà précaires de par les institutions et les mœurs de la Quatrième République, s'en trouvèrent fragilisés davantage encore que par le passé. À tort ou à raison les Allemands, qui établissaient des rapprochements avec Weimar, s'en inquiétaient. Il fallait éviter ce qui risquait d'affaiblir la démocratie française.

1958–1959 fut une période charnière. Les événements d'Alger, de mai 1958, révélèrent au grand jour l'ampleur de la crise de confiance qui perturbait les relations entre le pouvoir politique et son armée. Ce facteur devait expliquer largement l'évolution d'Adenauer face à de Gaulle. Après avoir espéré en Pierre Pflimlin comme rempart contre le Général, la chancellerie allemande reconsidéra sa perception de de Gaulle en constatant que ses positions sur l'Europe ne concrétisaient pas les craintes que l'on avait eues ; dans un deuxième temps la fermeté de Paris face à Nikita Khrouchtchev dans la question de Berlin renforça le rapprochement. Mais les menaces politiques et même, contextuellement, physiques que fit peser sur le chef de l'État français l'évolution vers la solution d'une « Algérie algérienne », rejetée par une partie des cadres supérieurs de l'armée française entrés en révolte, incita Bonn à gérer sa part de la crise algérienne avec circonspection.

C'est dire que la présence algérienne sur le sol allemand fut perçue comme une menace potentielle pour les relations Paris – Bonn. Les nombreuses protestations des ambassadeurs de France successifs étaient là pour le rappeler. Pour autant il n'était pas aisé de s'y opposer. D'une part il était techniquement impossible d'encadrer ou de se débarrasser d'hommes à qui leur expérience de l'action clandestine avait appris à déjouer la surveillance policière – *a fortiori* dans une structure fédérale moins armée pour les contrôler qu'une organisation policière centralisée. D'autre part, doctrine Hallstein obligeant, face à une opinion mondiale favorable à la décolonisation, l'Auswärtiges Amt ne pouvait faire fi des pressions arabes en faveur du Front de Libération Nationale algérien, ni du préjudice que causerait à l'image internationale de la RFA un soutien trop exclusif à un État fauteur de guerre coloniale anachronique – quand la RDA se plaçait démonstrativement dans le camp de l'émancipation des peuples opprimés et exploités, attitude par laquelle elle pouvait espérer les bonnes grâces des Non-alignés, ce groupe constitué à Bandung et que l'accession de colonies à l'autonomie renforçait à l'ONU.

Bien qu'ils ne fussent jamais très nombreux ces Algériens ne manquaient pas de poser des problèmes spécifiques qui concernaient l'ensemble des régions allemandes qui les accueilleraient, ainsi que le gouvernement fédéral. Évoquons-en trois à titre d'exemple :

a) Entrés clandestinement en Allemagne ils ne cherchaient pas à s'intégrer. Ceux qui ne demandaient pas à bénéficier d'un statut de réfugiés politiques restaient ignorés du fichier central de l'immigration, l'*Ausländerzentralregister*, géré par le ministère fédéral de l'Intérieur. Les autres, peu nombreux, soulevaient des problèmes juridiques ardus : ils étaient porteurs de papiers d'identité français, et il était impossible de les faire bénéficier des dispositions sur le droit d'asile politique (art. 16,2 de la Loi fondamentale) sans dénier ouvertement à la France sa qualité de démocratie et d'État de droit. Paris demanda avec insistance, dans un premier temps, à exercer elle-même, par l'intermédiaire de ses consulats, la surveillance de ces citoyens français, exigence inacceptable pour les autorités d'une République fédérale souveraine depuis 1955 – et qui avait eu lieu depuis de se plaindre à plusieurs reprises des difficultés de certains Français à dépasser la période de l'occupation. Afin de les enregistrer et de les surveiller on opta pour des autorisations de séjour assez souples qui donnaient lieu à des « *blaue Karten* ». D'une manière générale on fit d'une application parfois presque laxiste de la législation sur les étrangers une incitation à sortir de la clandestinité.[6] En décembre 1959 fut créé un office central spécifique (*Meldekopf für Algerienangelegenheiten*) – que les Renseignements généraux français alimentèrent généreusement en informations !
Ce problème prenait une acuité particulière dans le cas de militaires. Paris évitait d'engager en Algérie des soldats Nord-africains, jugés trop peu sûrs. Les régiments français stationnés en Allemagne comptaient donc de nombreux soldats tunisiens, marocains et surtout algériens que le FLN appelait à la désertion – notamment par des tracts. Ce phénomène s'accentua avec la création, en 1958, d'un Gouvernement Provisoire de la République Algérienne (GPRA). Un certain nombre d'entre eux déserta et demanda l'asile en invoquant la clause de conscience – refus de combattre leur peuple et de servir dans une armée qui le combattait par des moyens non autorisés par les règlements internationaux.
Dans un cas comme dans l'autre la gestion de la situation était compliquée. Concernant les déserteurs Bonn s'en remit à la compétence en matière de justice et aux décisions des Länder – ce qui eut pour effet une gestion assez peu

6 Mathilde U. von Bülow, « Hôtes importuns. Des Algériens en République fédérale pendant la guerre d'Algérie (1957–1962) », *in* Jean-Paul Cahn et Bernard Poloni (éd), *Migrations et identités. L'exemple de l'Allemagne aux XIXe et XXe siècles, op. cit.*, entre autres p. 127.

cohérente de leurs cas, certains étant remis aux autorités françaises, d'autres non.

b) Les Algériens ne formaient pas un groupe homogène. Les deux autonomismes algériens, le FLN et son rival le Mouvement National Algérien (MNA), avaient élargi au territoire allemand la rivalité violente qui les opposait en France. Les autorités accordaient l'essentiel de leur attention aux membres du FLN. Ils constituaient une nébuleuse difficilement saisissable, beaucoup plus nombreux et plus actifs que les représentants du MNA. Certains séjournaient en Allemagne au titre de leurs activités autonomistes ; leur séjour était financé par le FLN. Rares étaient ceux que leur connaissance de la langue allemande et/ou leur compétence professionnelle qualifiaient pour des emplois rémunérés. Les autorités fédérales n'ignoraient pas que ces militants étaient structurés, comme en France, en unités actives numériquement faibles, adaptées à l'action révolutionnaire.

c) Il n'était pas rare que les activités de ces Algériens dépassent les limites de ce qu'autorisait la loi allemande – qu'au demeurant la plupart des Algériens connaissaient mal. À côté des crimes et délits individuels, que le FLN tentait d'endiguer en s'attribuant sur ses coreligionnaires une autorité proprement étatique, le Front de libération lui-même commettait en Allemagne des actions qui tombaient sous le coup de la loi. Évoquons-en deux.

   Si elle n'atteignait pas en Allemagne l'acuité qu'elle avait en France métropolitaine, la rivalité entre le MNA et le FLN donna néanmoins lieu à des enlèvements, séquestrations et même à des assassinats.

   Les activités clandestines et le combat révolutionnaire sont par nature onéreux. Leur financement était assuré notamment par le versement obligatoire au Front d'un « impôt révolutionnaire » par les Algériens. Ce terme même montre que le FLN entendait déjà exercer sur eux l'autorité d'une puissance étatique. Exigence de légitimité et besoin d'argent se rejoignaient : le refus du paiement donnait lieu à des sanctions violentes pouvant aller jusqu'à la peine de mort. De telles actions, bagarres, coups et blessures, enlèvements, séquestrations, assassinats… encombraient les services de police et la justice allemands, elles provoquaient un mécontentement dans l'opinion et elles suscitaient des démarches françaises auprès de l'Auswärtiges Amt. Les régions rhénanes furent le théâtre de quelques meurtres, de davantage d'enlèvements et séquestrations.

Majorité et opposition confondues, les milieux politiques fédéraux déléguèrent. Le SPD n'était pas moins soucieux que le gouvernement de préserver de bonnes relations avec Paris, et la majorité socialiste française, autour de Guy Mollet (SFIO), ne ménageait ni ses efforts ni ses pressions pour obliger les membres de l'Internationale socialiste à soutenir la France. Ainsi se dégagea tacitement un accord à Bonn : au plan fédéral on laisserait agir les syndicats et les structures caritatives (*DGB*, *Caritas*, etc.), pour le reste la gestion de la présence algérienne incombait prioritairement aux Länder.

Cela n'empêcha pas des élus fédéraux, en particulier des membres du *Bundestag*, ou encore des élus régionaux, de prendre fait et cause pour l'émancipation de l'Algérie. Quelques-uns se montrèrent particulièrement actifs : Hellmut Kalbitzer ou Peter Blachstein à Hambourg, Alwin Brück en Sarre, etc. Je reviendrai sur Hans-Jürgen Wischnwski, alors jeune député de Cologne. Au reste, des Allemands en nombre restreint s'engagèrent aux côtés du FLN. On les appela « *Kofferträger* », par référence aux « porteurs de valises » du réseau Francis Jeanson dont le procès eut un retentissement international. Leur action se concentra sur l'hébergement et le transport de personnes ou d'argent, mais la plupart refusèrent toujours de convoyer des armes.

2. Le choix des régions rhénanes

À son arrivée en Allemagne la Fédération de France y retrouva d'autres membres du FLN chargés d'y jeter les bases d'une activité autonomiste en Europe de l'Ouest. Leurs activités, distinctes par nature et par fonction, ne les rapprochèrent que rarement.

Elle s'installa d'abord à Cologne. Le choix des contrées rhénanes était à la fois géographique et humain. Ces régions présentaient l'avantage de la proximité avec la France. On pouvait discerner une dimension symbolique ou provocatrice dans la présence dans ces contrées dont Paris avait voulu à diverses reprises faire un glacis protégeant la France de l'Allemagne. En outre, alors que Hambourg par exemple attira des responsables de l'approvisionnement de l'Armée algérienne de libération nationale (ALN) en armes et de logistique (la ville hanséatique était un point nodal du trafic), la présence de la capitale fédérale sur les rives du fleuve expliquait que les Algériens qui assumaient des responsabilités politiques ou militaires importantes au sein du FLN choisirent de préférence Bonn elle-même, Cologne ou encore Düsseldorf, la capitale de Rhénanie du Nord – Westphalie, située au cœur de la conurbation Rhin-Ruhr. Enfin, et de manière plus terre-à-terre, cette région abritait des activités portuaires ou industrielles susceptibles d'accueillir ces travailleurs peu qualifiés qu'étaient les plus nombreux d'entre les militants algériens, parfois dans le secteur dans lequel ils avaient été salariés en France.

Deux personnalités rhénanes essentiellement différentes jouèrent un rôle important aux côtés des militants autonomistes. Georg Jungclas peut être considéré comme représentant d'un engagement fondamentalement idéologique. Trotskiste, il fit sienne la cause de l'indépendance algérienne qu'il défendit souvent avec plus de vigueur et de dévouement que de subtilité. S'il porta bientôt presque seul l'édition d'un journal qui, sous le titre de *Freies Algerien*, se faisait l'écho des positions du FLN (souvent sous la forme de simples traductions d'*El Moudjahid*), son côté trublion le poussa notamment à s'engager à bord d'une « Coccinelle » Volkswagen portant en grand la mention « Algérie libre » (*Freies Algerien*) dans la zone de sécurité lors du sommet Adenauer – de Gaulle de Bad Kreuznach, en 1958, dont on connaît l'importance pour les relations franco-allemandes. L'incident diplomatique fut évité de justesse, de Gaulle n'en étant vraisemblablement informé qu'*a posteriori*, mais l'affaire provoqua un fort mécontentement à la chancellerie, et pas uniquement parce qu'elle avait révélé la faiblesse de la protection policière de l'événement.

À l'opposé, l'engagement pragmatique ne saurait être mieux illustré que par Hans-Jürgen Wischnewski, alors jeune député de Cologne, qui venait du syndicalisme. L'affaire algérienne fut le premier épisode de l'implication dans les questions tiers-mondistes de celui qui s'illustrera plus tard comme ministre fédéral de ce la Coopération. Elle lui valut dans son parti le surnom de « Ben Wisch », peut-être donné par Willy Brandt. Comme la plupart de ceux qui s'engagèrent ses motivations n'étaient pas antifrançaises. On y retrouve les raisons évoquées par d'autres. Il avait été choqué par les méthodes auxquelles recourait Paris pour prolonger sa domination coloniale en Afrique du Nord, par le mépris avec lequel étaient traités les Algériens en général, par leur statut de Français au rabais, il déplorait que le parti social-démocrate se montrât par trop complaisant envers les choix de Guy Mollet et de l'aile nationale de la SFIO (Robert Lacoste, Max Lejeune, etc.) et craignait que l'engagement de la majorité des socialistes français en faveur de la cause coloniale ne portât préjudice à l'image internationale du socialisme, notamment dans les régions qui accédaient à l'indépendance ; tout en se montrant soucieux des retombées que son engagement pouvait avoir sur les rapports Paris – Bonn il estimait que la République fédérale ne pouvait refuser à d'autres un droit à l'autodétermination qu'elle revendiquait pour les Allemands. Ce fut là d'ailleurs l'argument qu'il évoquait le plus volontiers lorsque, à la suite des protestations de la SFIO (souvent par la voix de Robert Pontillon, qui exerça l'intérim de Guy Mollet tant que celui-ci fut au gouvernement), Ollenhauer le convoquait pour le rappeler à l'ordre – sans zèle excessif il est vrai.

Alors qu'un Jungclas sacrifiait volontiers à des actions spectaculaires, alors que les députés fédéraux du Nord (Hellmut Kalbitzer ou Peter Blachstein, grandement engagés pour des raisons idéologiques ou éthiques) s'employaient à faire connaître à l'opinion, par médias interposés, le combat algérien, la situation d'exploitation colonialiste qui régnait en Afrique du Nord, la noblesse et la justification du combat indépendantiste, Ben Wisch privilégiait l'assistance plus discrète mais plus fondamentale – que ce fût ponctuellement ou dans la durée. En jouant des relations dont il disposait au sein des jeunesses socialistes, il permit par exemple la rencontre très discrète de leaders algériens dans une auberge des *Falken* à proximité de Cologne – qu'il n'a toutefois pas encore été possible de localiser de manière plus précise ; il intervenait aussi, occasionnellement, lorsqu'un Algérien avait avec la justice des démêlés auxquels son statut de député lui permettait de remédier. Moins contextuellement il loua par exemple à son nom, à Cologne, des bureaux qu'il mit à la disposition du FLN, lequel put ainsi bénéficier de son immunité parlementaire. Pour des hommes dont l'activité ne pouvait pas toujours s'étaler au grand jour c'était là un avantage appréciable. Enfin Hans-Jürgen Wischnewski fut l'un des premiers Allemands qui effectuât auprès de l'Auswärtiges Amt des démarches visant à faire évoluer la diplomatie allemande vers une direction moins exclusivement favorable à la France. Le choix le plus judicieux dans cette démarche consista indubitablement à s'adresser à Paul Frank. Celui-ci avait été en poste à l'ambassade allemande de Paris avant de prendre en charge des responsabilités à la direction Europe de l'Ouest de la *Koblenzer Strasse*. Ce choix n'était pas le fruit du hasard. Frank avait déjà fait à son ministère, lors de son séjour en France, des propositions visant à faire davantage de la guerre d'Algérie un facteur des relations franco-allemandes en vue d'un « apurement des conséquences de la guerre [...] par une collaboration positive des deux pays dans des questions politiques d'intérêt commun »[7] – démarche qui s'était toutefois heurtée à l'hostilité des diplomates allemands de la génération précédente, ceux qui avaient fait une partie de leur carrière à la *Wilhelmstrasse*, et qui plaidaient une extrême circonspection dans la gestion de l'affaire algérienne, arguant, et en cela ils avaient l'oreille d'Adenauer, la nécessité de ménager Paris, *major partner* incontesté de la diplomatie allemande comparé au GPRA, voire aux diplomaties arabo-méditerranéennes. Par l'entremise de Wischnewski, Frank rencontra en toute discrétion à Bonn et à Cologne des leaders algériens. Les entretiens qu'il eut avec eux contribuèrent largement à l'évolution de la position de la République fédérale face à la question algérienne vers une moindre priorité française.

Si elle fut lieu d'accueil d'Algériens et point décisionnel de l'évolution allemande face à la guerre, la capitale fédérale fut aussi le théâtre de violences franco-algériennes. Celles-ci n'étaient pas seulement localisées en Afrique du Nord, bien qu'elles y fussent à leur apogée. En métropole également elles connaissaient des périodes dramatiques – le préfet Papon, sous de Gaulle, et la police française s'illustrant plus souvent qu'à leur tour de manière déplorable.

Nous avons évoqué les incidents entre Algériens en Allemagne. La France, nous l'avons vu, estimait que la République fédérale n'endiguait pas avec assez de vigueur l'action du FLN sur le territoire allemand. Le rôle de la République

7 Août 1956, cit. *in* Cahn – Müller, *op. cit.*, p. 97–98.

fédérale dans l'approvisionnement en armes du FLN ou encore le rapatriement par Bonn de légionnaires allemands déserteurs allaient constituer des sources de conflit toujours menaçantes. Les pressions se multipliaient pour obtenir de Bonn davantage de fermeté envers les Algériens présents sur son sol.

Or, à la suite de la formation du GPRA, en 1958, les indépendantistes décidèrent d'accentuer leur action en Allemagne et, puisqu'ils disposaient désormais d'un gouvernement dont il s'agissait d'affirmer dans la mesure du possible la légitimité, d'ouvrir des représentations à l'étranger. C'était là un volet d'une entreprise à la fois politico-diplomatique et médiatique d'envergure – dont faisait d'ailleurs partie la formation du gouvernement algérien provisoire[8]. Certains États sub-méditerranéens ou persiques accueillirent des représentants considérés comme « officiels » du FLN. Mais de telles représentations en Europe non communiste, en République fédérale particulièrement en raison de la proximité franco-allemande, avaient évidemment beaucoup plus de prix à leurs yeux[9]. Ils envoyèrent sur les bords du Rhin un jeune avocat que l'on disait promis à un grand avenir, Ameziane Aït Ahcène, qui déploya immédiatement une grande activité de propagande. Ce fut lui qui annonça en Allemagne, à Hambourg, la formation du gouvernement algérien. L'ambassade de Tunisie mit à sa disposition – et à celle de ses collaborateurs – des locaux, officiellement appelés « service social », mais cet affichage ne trompait personne : il s'agissait bel et bien d'une représentation semi-diplomatique de l'autonomisme algérien en Allemagne – qu'un rapport de l'ambassade de France à Bonn du 14 mars 1960 allait qualifier de « l'un des centres du FLN les plus importants d'Europe »[10].

Un tel état de fait était inacceptable pour Paris, et l'ambassade de France protesta énergiquement à diverses reprises. Mais, Bonn n'exerçant sur les diplomates tunisiens que des pressions modérées, la situation n'évoluait guère. Si bien qu'en novembre 1958, avec la complicité de membres du MNA, les services secrets français attentèrent à la vie d'Aït Ahcène devant l'ambassade.

8 L'évolution vers une solution diplomatique était indubitablement la cause majeure de la création du GPRA. Mais, joignant en quelque sorte l'utile à l'agréable, les autonomistes l'inscrivirent dans le contexte d'une opération plus large en direction de l'opinion internationale. La constitution d'une équipe algérienne de football en fut un autre volet d'importance médiatique réelle. La fuite vers Tunis de deux joueurs algériens, sélectionnés en équipe de France pour participer aux championnats du monde en Suède l'année même de cette compétition, fit grand bruit en Algérie comme en métropole.

9 Précisons toutefois que les Algériens gérèrent cette question au plus près de leurs intérêts. Ils tentèrent d'obtenir de Berlin-Est une représentation diplomatique en RDA, mais ils n'étaient pas prêts à en payer le prix, la reconnaissance de la RDA. Aussi le projet n'aboutit-il pas. Cf. Fritz Taubert, *op. cit.*

10 Cit. *in* Cahn – Müller, *op. cit.*, p. 290.

3. Des Algériens dans les prisons de Bonn

La conséquence des violences algériennes évoquées plus haut était que l'on trouvait parfois des hommes séquestrés dans des appartements ou dans des chambres d'hôtels, des blessés par armes diverses et même des cadavres. Ces découvertes donnaient naturellement lieu à enquête. S'établit ainsi un *network* d'affaires en cours qui venaient souvent s'alimenter mutuellement. Tel fut notamment le cas d'une enquête quelque peu particulière et qui mobilisa un temps une partie des forces de police du Land.

À l'origine des investigations, une idée algérienne : profiter de la réforme Rueff-Pinay et de l'introduction du « nouveau franc » en 1959 pour faire d'une pierre deux coups, enrichir le trésor de guerre du FLN tout en pesant sur les finances de la France. L'idée était simple : fabriquer en grande quantité de faux « anciens francs », destinés à disparaître, et les faire échanger au bénéfice du Front par les milliers d'Algériens vivant en métropole le jour de la conversion officielle contre bonne et authentique monnaie, le « nouveau franc ». Indépendamment de l'apport important que cela pouvait constituer, l'idée de faire financer une partie des armes algériennes par le Trésor public français avait quelque chose de séduisant. Cette démarche impliquait toutefois que les faux billets fussent d'excellente qualité.

C'est là que le bât blesse. On s'en remit à un faussaire hollandais sorti de prison, ce qui n'était probablement pas la meilleure garantie de succès, et, avec l'aide semble-t-il de Georg Jungclas, on l'installa à Düsseldorf sous protection et/ou surveillance algérienne. La capitale de Rhénanie du Nord – Westphalie avait d'importants besoins en main d'œuvre peu qualifiée et elle abritait déjà un certain nombre d'Algériens. Ceux qui étaient impliqués dans l'affaire pouvaient donc espérer passer inaperçus. Mais, chose surprenante de la part de combattants probablement expérimentés et habitués à la clandestinité, ces hommes eurent un comportement si étrange que des voisins avertirent la police et que l'entreprise fut démasquée. Il y eut même flagrant délit. « Le Sahara est immense, et c'est précisément chez nous qu'ils viennent faire ça », aurait déclaré Heinrich von Brentano.

Au bout de quelques mois l'enquête, minutieuse et efficace, conduisit à la mise en cause de deux représentants algériens de tout premier plan en Allemagne, Malek Daklaoui (alias Hafid Keramane) et Mouloud Cassim, les successeurs à Bonn d'Aït Ahcène. Pour l'Auswärtiges Amt l'affaire menaçait de devenir désagréable. Paris se plaignait que Keramane, dont la France avait demandé l'extradition à diverses reprises, pût toujours agir en Allemagne – y compris publiquement : à l'initiative de Wischnewski il avait pris ouvertement la parole à Cologne en janvier 1961.

Cette affaire, greffée sur d'autres délits de moindre importance, mettait les diplomates allemands en porte-à-faux face aux ministères fédéraux de l'Intérieur et de la Justice, que leurs fonctions conduisaient à rechercher les auteurs de tels actes et, dans la mesure où preuves il y avait, à les punir, alors que l'Auswärtiges Amt, qui appréciait les situations en termes diplomatiques et avait pris conscience que la guerre se terminerait nécessairement par l'indépendance de l'Algérie, réfléchissait à la manière d'organiser sans trop compliquer ses relations avec Paris les rapports germano-algériens futurs de telle manière que la RDA ne puisse pas y installer ses diplomates à la place de ceux de la RFA. Bien que l'on eût pris conscience du réalisme avec lequel les Algériens géraient leur guerre, et que l'on pensât que l'économie occidentale offrirait à Alger un partenaire plus attrayant que celle de l'Est, on ne pouvait faire fi totalement de la menace du FLN, relayée par certains diplomates arabes, de séparer au jour de l'indépendance ceux qui l'avaient aidé et ceux qui avaient soutenu la France.

Depuis le début de l'année 1961 le GPRA cherchait à établir des contacts officiels avec Bonn, son représentant, Hali L. Gani, rencontrait à Cologne des parlementaires des trois groupes du *Bundestag*[11] et en mars l'annonce de l'ouverture des entretiens d'Évian montrait l'urgence de préparer l'après-guerre. En raison des pressions plus fortes du Quai d'Orsay, Paris ayant besoin d'un soutien fort de ses alliés au moment de négocier, l'on ne pouvait se permettre d'aller aussi loin que Londres, où l'homologue en Grande-Bretagne de Gani, Messaoud Kellou, avait un entretien avec un membre du Cabinet. Mais il fallait afficher une certaine bonne volonté en direction des Algériens.

Malheureusement pour la *Koblenzer Strasse* le procureur général de République fédérale, à bout de patience face aux agissements magrébins en Allemagne, avait demandé à la police de pousser les investigations policières concernant Keramane et Mouloud Cassim. Et pour comble de malheur ces recherches lui avaient apporté les éléments de preuve dont il avait besoin pour fonder solidement des poursuites judiciaires. L'indépendance de la justice, effective en Allemagne, fit que l'on ne put empêcher l'incarcération des deux hommes à la suite de leur arrestation, le 21 avril, pour « actes de terrorisme sur la personne d'Algériens ». Il ne restait à l'Auswärtiges Amt qu'à jouer la montre, à louvoyer entre une France qui réclamait leur extradition, une justice allemande qui maintenait leur incarcération, et des représentants arabes qui exigeaient leur libération, relayés en cela par Hans-Jürgen Wischnewski qui effectuait démarche sur démarche, arguant qu'avec Malek Daklaoui la prison de Bonn renfermait le futur ambassadeur d'Algérie en République fédérale – ce qui se confirma d'ailleurs. Une

11 Citons Ernst Majonica (CDU), Ernst Achenbach (FDP) et Wischnewski (SPD). Ainsi, si l'Auswärtiges Amt s'en tenait à son refus de contacts directs au niveau des politiques, il n'objectait rien à des contacts avec des hauts fonctionnaires – Josef Jansen, par exemple (*Ministerialdirektor* à la *Koblenzer Strasse*), ni avec des élus – qui étaient après tout des représentants du peuple allemand.

partie de la presse arabe accusa Bonn d'entraver le combat anticolonialiste du FLN et les médias allemands s'interrogèrent – le *Handelsblatt* du 26 avril 1961, par exemple, qui parlait de « faute » eu égard au fait que Daklaoui représentait la tendance pro-occidentale au sein du FLN.

L'affaire fut traitée au plus haut niveau. Pour la chancellerie Hans Globke obtint des aménagements de leurs conditions de détention, marque de bonne volonté qui eut pour effet d'atténuer les ardeurs protestataires des ambassadeurs arabes. La solution fut favorisée par un cabinet d'avocats d'Essen, elle ne vint donc pas des bords du Rhin. L'entremise de Gustav Heinemann et surtout de Dieter Posser permit d'exfiltrer en toute discrétion les Algériens de République fédérale après une mise en liberté sous caution. Ce n'était pas la solution la plus élégante, mais elle présentait cet immense avantage en politique qu'elle ne suscita que des protestations limitées et diplomatiquement gérables.

Conclusion

La fin de la guerre d'Algérie entraîna le départ de la plupart des Algériens qui s'étaient installés dans les régions rhénanes. Les autorités, régionales et fédérales, virent partir avec quelque soulagement ces hommes qui, considérant pour la plupart leur séjour en Allemagne comme provisoire mais militant, n'éprouvèrent guère le souci de s'intégrer et géraient en priorité leur engagement politique. Consciente qu'il était de son intérêt d'entretenir les meilleures relations possibles avec les autorités allemandes à tous les niveaux, la direction du FLN avait pris des dispositions pour éviter incidents et exactions. Mais les impératifs de sa guerre contre la France, qu'il s'agît du financement de son armement ou de sa lutte contre le MNA, poussèrent le Front à des actes de violence, séquestrations ou assassinats, que la presse régionale en particulier relayait dans sa rubrique faits divers.

La conséquence en fut que l'opinion publique eut face à ces hommes qui étaient encore officiellement des Français, même s'ils refusaient cette étiquette, une attitude double. Ces combattants étaient Français aux yeux de la loi, mais n'étaient pas des combattants français, ils combattaient la France. Leur identité nationale officielle était aussi fictive que l'étaient les opérations de « maintien de l'ordre » dont se réclamait Paris, et qui étaient en réalité une vraie guerre. D'un côté l'opinion allemande éprouvait de la sympathie pour le combat qu'ils menaient pour se défaire du joug colonial, et les maladresses spectaculaires ou les crimes de la France, la torture, les déplacements de populations, le bombardement de Sakhiet-Sidi-Youcef par exemple, les répressions en métropole aussi, accentuèrent contextuellement cette approbation. Mais d'un autre côté, au quotidien, se manifestaient des réserves. D'une part leur présence, trop souvent évoquée à la rubrique « faits divers », était perçue comme un facteur d'insécurité.

Le souvenir de la présence d'Africains du Nord dans les troupes d'occupation françaises, en 1923 notamment, avait laissé dans la région un souvenir déplaisant qui se projetait sur ceux qui étaient là – même si leur âge exemptait la plupart d'entre eux de la suspicion d'avoir été des occupants. Pour le monde politique, conscient au niveau fédéral comme au plan régional de l'importance pour la République fédérale des relations franco-allemandes, leur départ fut également un soulagement.

V. Statt eines Epilogs / En guise d'épilogue

Johannes Birkhölzer (Wuppertal)
Mit einer Einführung von Matthias Schmandt (Bingen)[1]

Rheinansichten – neu gesehen

Im Jahre 1838 beklagte sich Karl Simrock im Vorwort seines in hoher Auflage erschienenen und bis heute populären Rheinbuches darüber, dass zwischen Köln und Mainz kaum ein Baum gefunden werden könne, der nicht schon eine Feder oder einen Grabstichel in Bewegung gesetzt habe. So vielfältig sei diese Gegend beschrieben, abgebildet und dargestellt worden, dass man zuletzt gar nicht mehr die Orte selbst aufsuchen müsse, sondern sich in aller Ruhe in den eigenen vier Wänden zuhause sein Bild vom Rhein machen könne!

Als Karl Simrock diese Zeilen schrieb, hatte die Rheinbegeisterung ihren ersten Höhepunkt erreicht. Fast eine Million Menschen reisten damals schon jährlich an den Rhein und erfanden hier den modernen Tourismus. Immer mehr Bilder vom Rhein mussten in Umlauf gebracht werden, um eine ständig steigende Nachfrage zu bedienen. Und vermutlich hatte Simrock recht: Vielleicht war nicht gerade jeder Baum zwischen Mainz und Köln, aber doch sicher jede markante Flußbiegung, jeder Fels und jede Burgruine im Jahre 1838 aus Tausenden von Abbildungen bekannt gewesen.

Schon vor knapp 175 Jahren gab es also eigentlich schon viel zu viele Bilder vom Rhein – und bei Zeitgenossen war der Eindruck entstanden, dass es nichts Neues mehr zu zeigen gab. Und da gehen wir nun im Jahre 2011 hin und eröffnen eine Ausstellung mit Werken eines bedeutenden zeitgenössischen Grafikers, die uns ein »Neues Sehen« der Ansichten vom Rhein versprechen – wie kann das sein?

Die Antwort ist eigentlich ganz einfach: Johannes Birkhölzer kann uns deshalb Neues vom Rhein zeigen, weil er einer der wenigen gegenwärtigen Künstler ist, die diese Landschaft um ihrer selbst willen ernst nimmt und der ihre Veränderung in den letzten 100, 150 Jahren deshalb wie kein zweiter Grafiker genau

1 Wiederabdruck der Einführung von Matthias Schmandt mit freundlicher Genehmigung des Autors aus: *Johannes Birkhölzer, Rheinansichten – neu gesehen.* Kritische Ansichten vom Rhein in einer Gegenüberstellung zu den romantisierenden Stichen des 19. Jahrhunderts. Folge von Aquatintaradierungen. Wuppertal 2011, S. 3–5.

und unsentimental dokumentiert hat. Die Rheingrafiker des späteren 19. Jahrhunderts hatten es ja längst aufgegeben, sich noch wirklich mit ihrem Motiv auseinanderzusetzen. Mit dem Rhein verdiente man sein Brot. Kaum einer der zahlreichen Stahlstecher und Lithographen konnte mehr auf Originalzeichnungen zurückgreifen, man bediente sich bei den Vorlagen anderer, kupferte gegenseitig voneinander ab. Dabei nahm man es ohne weiteres in Kauf, dass Landschaften abgebildet wurden, die so schon gar nicht mehr existierten. Der Verkaufserfolg der Ansichten beruhte ja geradezu darauf, romantische Klischees festzuschreiben und Ideallandschaften vorzuführen, in die der Betrachter sich hineinträumen durfte. So wird man auf den meisten der zahlreichen Rheinansichten jener Jahre, in denen Karl Simrock die oben zitierten Zeilen schrieb, noch vergeblich nach einem Dampfschiff suchen – obwohl doch der Liniendampferverkehr zwischen Mainz und Köln eigentlich schon seit 1827 zum festen Repertoire der rheinischen Landschaftsszenerie gehörte. Aber da das Dampfschiff von vielen Zeitgenossen eben als stinkendes, störendes Vehikel empfunden wurde, hat man es zunächst schlicht und ergreifend aus den Darstellungen ausgeblendet. Erst in den späten 40er Jahren kam man langsam nicht mehr umhin, die rußenden Schiffe zu zeigen und dem Betrachter nicht länger ausschließlich eine Armada luftig-leichter Segeljachten vorzugaukeln.

Noch einmal zwanzig Jahre später dann ist der technische Fortschritt zwar zum Thema der Druckgrafik vom Rhein geworden – aber wiederum ist der Blick der Künstler eher verschleiernd als erhellend. Nehmen wir zum Beispiel die zahlreichen Stahlstiche von Friedrich Foltz aus Bingen, die zwischen 1860 und 1880 ganz und gar den Markt für Rheinansichten dominierten. Seine Bilder haben zwar nicht mehr viel mit der Ruinen-Romantik vorausgegangener Künstlergenerationen zu tun: Foltz dokumentiert nun den technischen Fortschritt seiner Zeit, er leugnet aber zugleich den damit verbundenen Landschaftswandel. Bei ihm wird statt der romantischen Mittelalteridylle eben eine heile Welt der Technik inszeniert. So zeigt er uns beispielsweise eine Loreley, die ganz in traditionellem Gewande daherkommt: Der hohe, zerklüftete Fels ragt aus dem Wasser, nur der Vollmond, der sich im leicht bewegten Fluß spiegelt, erhellt die Szenerie. Doch dann entdeckt man, als ob sie schon immer zum romantischsten aller Felsen dazugehört hätte, auch die Öffnung des Eisenbahntunnels im Fuße der Loreley... Nicht im Entferntesten lässt das Bild erahnen, daß mit der Sprengung dieses Tunnels im Jahre 1859 tatsächlich manches von der Faszination des Loreley-Felsens unwiderruflich verlorengegangen war: Das weltberühmte siebenfache Echo zum Beispiel und die geheimnisvolle Hanselmannshöhle, von der so manche Legende zu berichten wusste...

Wie viel aufrichtiger sind dagegen die Ansichten von Johannes Birkhölzer! Auch auf seiner Loreley-Ansicht von 2001 ist der Eisenbahntunnel zu erkennen – und dazu noch Containerschiffe und Kohlefrachter, Autofähren, Campingbusse und der Signalturm für die Schiffahrt. Genau das ist sein Thema: Birkhölzer zeigt uns die moderne Prägung der Rheinlandschaft durch Technik und die Infrastruktur des Verkehrs. Dabei geht er akribisch vor: Selbst das Vorfahrt-Achten-Schild am Parkplatz ist sorgfältig ausgeführt. Und seine Dokumentationen folgen der strengen Methodik eines seriösen Historikers des Landschaftswandels: Birkhölzer konfrontiert uns mit Gegenüberstellungen. Er stellt zunächst Ausgangssituationen vor – Aufnahmen von Künstlerkollegen des 19. Jahrhunderts. Er hat exakt deren Standorte wieder aufgesucht und nimmt genau dieselben Perspektiven wie seine Vorgänger ein. Natürlich legen Birkhölzers Ansichten den Raubbau an der Natur schonungslos offen. Doch damit lässt er es nicht bewenden: Für einen Künstler seines Ranges wäre es auch unoriginell, einfach nur anzuklagen und die Landschaftszerstörung effekthascherisch zu sentimentalisieren: »Ihm geht es um Tatbestände und nicht um Stimmungen oder Konzepte« – so heißt es sehr treffend im Vorwort einer seiner Werkskataloge. Birkhölzers Rhein-Ansichten sind vielschichtig: Stets motivisch verdichtet und oft mit historischen und mythischen Bezügen angereichert, natürlich auch vom situativen Erleben des Künstlers beeinflusst, verbinden sie Wirklichkeitsdarstellung mit Abstraktion. So projiziert er in seine Loreley-Ansicht auch jene musizierende Blondine hinein, die durch Heine und Silcher unwiderruflich im kollektiven Bewußtsein der Deutschen und Japaner präsent ist. Birkhölzer zitiert die Gestalt der Loreley gleich in doppelter Form – einmal, sanft blickend und verführerisch auf ihrer Laute spielend, aus dem berühmten Gemälde von Carl Joseph Begas von 1835 und dann in der 30 Jahre jüngeren, dramatischeren Fassung Eduards von Steinle. Birkhölzer hat die beiden »Loreleyen« oben auf dem Fels platziert – dort, wo sie der Sage nach hingehören. Er lässt sie thronen über allen Eisenbahntunneln, Containerschiffen und Vorfahrt-Achten-Schildern. Und damit gibt er die ganz eigenartige Realität dieses Ortes noch im Jahre 2011 sehr treffend wieder. Wolfgang Minaty schreibt im Vorwort seiner Loreley-Anthologie: »Seien wir ehrlich. Wenn wir an der Loreley vorbeifahren: Beugen wir uns da nicht ein wenig vor? Drehen wir uns da nicht nach ihr um? Suchen wir sie nicht, oben auf dem Fels? Man sollte es nicht abstreiten. Wir schielen alle nach oben. Wir schauen den Fels rauf und runter. Ob verstohlen oder trotzig, ob amüsiert oder mit offenem Herzen – das ist nur eine Frage des Temperaments. Manche singen plötzlich ein Lied. Andere werden auf unerklärliche Weise still. Der Fels bei Stromkilometer 554, wir wissen es sehr gut, ist nicht irgendein Fels am Rhein.«

Also, wir sind ehrlich und stellen fest: Wir alle projizieren das Bild der traurigen Jungfrau Loreley auf den Felsen hinauf – trotz aller Eisenbahntunnel, Containerschiffe und Vorfahrt-Achten-Schilder. Birkhölzers Ansicht spiegelt genau unsere Wahrnehmung, in der die schlichte topographische Realität am Loreleyfelsen ebenso präsent ist wie die Sage. Er zeigt die Vielschichtigkeit eines einmaligen Ortes und mahnt uns zugleich, uns seiner Bedeutung bewusst zu sein. Aber es soll ja noch andere sagenhafte Felsen am Rhein geben – den Drachenfels zum Beispiel. Birkhölzers Radierung von 1999, die in Auseinandersetzung mit Stanfields verbreitetem Stahlstich »The Drachenfels« von 1834 entstand, gehört zu denjenigen seiner Arbeiten, die uns ganz besonders zum Nachdenken anregen sollten. Denn sie dokumentiert die zumindest partielle Zerstörung einer Silhouette, die zwar noch immer zu den schönsten und eindrucksvollsten Ansichten des gesamten Rheinlaufs zählt – »The castled crag of Drachenfels« -, die aber der Tourismus-Industrie des 20. Jahrhunderts doch unverkennbar ihren Tribut zollen musste. Derart brutal verstellen die Fluchten eines 70er Jahre-Gebäudes dem wandernden Maler den Blick auf den Felsen, dass es schon eines – in der Realität leider nicht verfügbaren – Kunst-Griffes bedurfte, um der Ansicht auch ihre historische Perspektive zu verleihen: den Röntgen-Blick nämlich, der Hindernisse transparent werden lässt und eine Bild-Komposition ermöglicht, auf der Altes und Neues wie in einem verstörenden Traum miteinander verschwimmt. Dass dieser Blick am Rhein vielerorts gefordert ist, wenn man sich denn ernsthaft auf den lohnenden Weg macht, die Schönheiten der Landschaft neu zu erkunden, das lehren uns Birkhölzers Ansichten – leider – immer wieder aufs Neue: Der Künstler reflektiert den Wandel einer einmaligen Kulturlandschaft, die – zumindest in Teilen – zum UNSESCO-Welterbe der Menschheit erklärt wurde. Wir tragen Verantwortung für dieses Erbe und stehen in der Pflicht, seine Entwicklung besonders sorgfältig zu beobachten. Nutzen wir also die Gelegenheit und schulen unsere Blicke an Johannes Birkhölzers eindrucksvollen Bildern.

1. Rheinfall bei Schaffhausen

2. Basel

3. Speyer

4. Mainz

5. Bingen

6. Pfalz bei Kaub

7. Loreley

8. Koblenz-Ehrenbreitstein

9. Nonnenwerth

10. Bonn

11. Köln

12. Nymwegen

HIC STETIT HIC FRENDI
Hier stond Claudius, tandenknarsend,
en zag met grimmige blik de wrekende
adelaars van de (Romeinse) legermacht
naderen.

Autorinnen und Autoren

Stefania Acciaioli ist Germanistin an der Universität Florenz und z. Zt. Lektorin für Italienisch an der Universität Köln.

Mechthild Albert ist Professorin für Romanische Philologie am Institut für Klassische und Romanische Philologie (Abteilung Romanistik) der Universität Bonn und Leiterin eines SFB-Projekts.

Thomas Becker ist Archivar und Akademischer Oberrat an der Universität Bonn.

Henryk Chudak ist em. Professor für Romanische Philologie an der Universität Warschau.

Jean-Paul Cahn ist em. Professor für Germanistik/Civilisation allemande an der Universität Paris IV-Sorbonne.

Lucien Calvié ist em. Professor für Germanistik an der Universität Toulouse.

Patrizio Collini ist Professor für deutsche Literatur an der Universität Florenz.

Michel Delon ist em. Professor für französische Literatur an der Universität Paris IV-Sorbonne.

Stephanie Genand ist Dozentin für Französische Literatur an der Universität Rouen.

Manfred Groten ist Professor i.R. für Mittelalterliche und Neuere Geschichte/ Rheinische Landesgeschichte an der Universität Bonn.

Roland Ißler ist Akademischer Rat für Didaktik der romanischen Sprachen am Institut für Klassische und Romanische Philologie (Abteilung Romanistik) der Universität Bonn.

Willi Jung ist Akademischer Direktor i.R. am Institut für Klassische und Romanische Philologie (Abteilung Romanistik) der Universität Bonn.

Irene Kann ist Germanistin und Theologin und hauptberuflich als Literaturreferentin tätig.

Bernd Kortländer ist ao. Professor für Romanische Philologie an der Universität Düsseldorf und war stellvertretender Direktor des Heinrich-Heine-Instituts Düsseldorf.

Ulrich Lappenküpper ist Professor für Geschichte und Geschäftsführer und Vorstand der Otto-von-Bismarck-Stiftung Friedrichsruh.

Michel Lichtlé ist Maître de conférences i.R. an der Universität Paris IV-Sorbonne und Chefredakteur der *Année Balzacienne* (Paris).

Wolfgang Matzat ist em. Professor für Romanische Philologie an der Universität Tübingen.

Françoise Mélonio ist em. Professorin für französische Literatur und Ideengeschichte an der Universität Paris IV-Sorbonne und am Institut de Sciences politiques Paris.

Helmut Meter ist em. Professor für Romanische Philologie an der Universität Klagenfurt.

Arlette Michel ist em. Professorin für französische Literatur an der Universität Paris IV-Sorbonne.

Marie-Louise von Plessen ist Historikerin, Museologin und Ausstellungskuratorin mit transnationaler Thematik zu Kultur-, Politik- und Gesellschaftsgeschichte.

Christian Schmitt ist Professor i.R. für Romanische Philologie (Sprachwissenschaft) am Institut für Klassische und Romanische Philologie (Abteilung Romanistik) der Universität Bonn.

Matthias Schmandt ist Leiter des Museums am Strom und des Kulturamts (mit Stadtarchiv) in Bingen am Rhein.

André Vanoncini ist ao. Professor i.R. für Romanische Philologie (Französisch) an der Universität Basel.